U0506747

中国古代名著全本译注丛书

韩非子译注

[战国]韩　非　著
张　觉等　译注

图书在版编目(CIP)数据

韩非子译注／(战国)韩非著，张觉等译注．—上海：上海古籍出版社，2016.7 (2025.5重印)
(中国古代名著全本译注丛书)
ISBN 978-7-5325-7822-1

Ⅰ.①韩… Ⅱ.①韩… ②张… Ⅲ.①法家②《韩非子》—译文③《韩非子》—注释 Ⅳ.①B226.5

中国版本图书馆CIP数据核字(2015)第236419号

中国古代名著全本译注丛书
韩非子译注
[战国]韩　非　著
张觉等　译注
上海古籍出版社出版发行
(上海市闵行区号景路159弄1-5号A座5F　邮政编码201101)
(1)网址：www.guji.com.cn
(2)E-mail：guji1@guji.com.cn
(3)易文网网址：www.ewen.co
江阴市机关印刷服务有限公司印刷
开本890×1240　1/32　印张27.375　插页5　字数530,000
2016年7月第1版　2025年5月第9次印刷
印数15,401—16,900
ISBN 978-7-5325-7822-1
K·2115　定价：59.00元
如有质量问题，请与承印公司联系

前　言

大凡人们需要的东西，才可能在社会上具有强大的生命力。反言之，具有强大的生命力而能经久不衰的，也必定是对人们有用的东西。《韩非子》之所以能够经历两千多年的筛选而仍然广为流传，其原因也无非如此。

现代曾有人说："韩非的文章如《五蠹》、《显学》之类，完全是一种法西斯式的理论。"[1]《五蠹》、《显学》之类是韩非的代表作，所以此言实际是说，韩非的学说就是一种法西斯式的理论。这种观点是不够公允的。我们现在还需要读《韩非子》，难道我们需要法西斯？

毋庸讳言，《韩非子》一书的确将人类那恶劣的情欲——贪欲和权势欲作了淋漓尽致的揭示与深刻入微的剖析。但平心而论，人类难道就没有这种恶劣的情欲？这种恶劣的情欲就不值得探究？诚如恩格斯所说："鄙俗的贪欲是文明时代从它存在的第一日起直至今日的起推动作用的灵魂。"[2] "自从阶级对立产生以来，正是人的恶劣的情欲——贪欲和权势欲成了历史发展的杠杆。"[3]可以说，一尘不染、六根清净的高士是十分罕见的，社会上绝大多数的人都不乏利欲之心，而在左右社会发展的统治管理阶层中，更不乏贪欲和权势欲。这种恶劣的情欲既然存在，何必因为其鄙俗而讳莫如深？应该说，《韩非子》中这些大胆而透彻的写真对于我们认识人类的本性与社会的现实是极有帮助的。

更为可贵的是，韩非不仅透视了这种鄙俗的贪欲和权势欲，而且还精心策划了一整套平衡人们情欲的方法——用法律来调整，用毁誉来制约，用权势来驾驭，用术数来操纵。这些方法中虽然不乏卑鄙肮脏乃至令人毛骨悚然的手段，但实际上是不能把它贬为法西斯的。我们应该看到，韩非所提供的这些卑鄙肮脏的手段，固然是先秦的思想成果在他头脑中经过深刻反思后的产物，但实际上不过是战国时代尖锐激烈的政治斗争与复杂诡诈的社会道德在理论界的投影。韩非之所以不厌其烦地申述那些卑鄙肮脏的东西，原因就在于那个社会是一个卑鄙肮脏的社会，搞政治的如果不了解如何用各种卑鄙肮脏的手段去对付各种卑鄙肮脏的东西，那就会被卑鄙肮脏所吞噬。这些卑鄙肮脏的手段，其实只是用来对付卑鄙肮脏之人的。对于卑鄙肮脏之人，为什么不能以其人之道还治其人之身呢？

其实，就是现在的世界，也并非那么纯粹，其间有光明也有黑暗，有民主也有强权，有法治也有专制，有真诚也有诡诈，有热忱也有阴险，有仁爱也有刻薄，有慈善也有暴虐，有施舍也有掠夺……如果我们仅仅了解其间善良的一面而不了解邪恶的一面，那就会把世界看得很美好，把所有的人都当作仁人君子，这实际上不是一种可爱的天真，而只是一种愚蠢的幼稚。这种人往往会缺乏应有的社会生存免疫力而容易上当受骗，乃至遭到原本可以避免的致命伤害。从这种意义上来说，那么即使是生活在现代的人，也还是应该读读《韩非子》，了解一些害人的罪恶勾当，以提高自己的防范能力，增强自己的社会免疫力。

大概是由于《韩非子》中有不少卑鄙肮脏的东西吧，所以一提到中国传统文化或国学，正人君子们往往都大谈儒家学说而不提法家思想，似乎中国传统文化或国学不过是儒学而已。其实，只要稍稍对中国的历史有所研究的人都会发现，儒家思想虽为中国历代统治者所宣扬，但韩非的一整套君主专制主义的政治策略却也始终是历代君主独裁政治的理论基础。诚如毛泽东所说："其教孔、孟者，其法亦必申、韩。"〔4〕孔、孟之道虽然显得冠冕堂皇，但实际上与世道人情并不十分切合，所以它早就被认为是

“迂远而阔於事情”[5]。至于后世俗儒，当然更在其下。还是毛泽东说得一针见血：“儒俗者万千，而贤者不一，不如过去法家之犹讲一些真话。儒非徒柔也，尤为伪者骗也。”[6]与其看一些骗人的不切实际的大道理，还不如听一些真话、了解一些社会真相与人之常情来得有用。诚如蒲阪圆所说：“诸子中，唯韩非书最切世用。”[7]

如果从政治层面上来看，那么儒家学说其实根本没有那么大的能量来支撑中国两千多年的帝国大厦而使整个国家机器正常运转，只有韩非的学说才具有强大的社会统制力。韩非的哲学虽然是一种斗争哲学，其学说也有种种缺陷，如鼓吹独裁、尊君抑民、无视人权、排斥百家、禁绝思想自由，但他的最终目标，则是想建成一个“强不陵弱，众不暴寡，耆老得遂，幼孤得长，边境不侵，君臣相亲，父子相保，而无死亡系虏之患”的法治社会[8]。这种以严厉的法治为背景、以强力为根基的太平社会，虽然只指望于“君臣相亲，父子相保”，没有孔子所向往的那种“天下为公”乃至“人不独亲其亲，不独子其子”的大同理想来得高尚[9]，但它毕竟不是一种乌托邦，对于人类社会来说，无疑更具有现实性。

韩非所向往的这种太平社会，只靠一些卑鄙肮脏的手段显然是建不成的。韩非作为一个划时代的政治理论家，他绝不可能仅仅关注那些卑鄙肮脏的东西。实际上，《韩非子》中除了那些卑鄙肮脏的东西，还有不少内容是为建成这种太平社会所设计的政治策略。这些政治策略中，有很多值得我们借鉴的精神财富，那就是其中所揭示的具有普遍意义的社会规律与政治原理。这些规律和原理，不但专制帝国的君主可用，就是后世的治国者以及各级管理人员也可借鉴。所以，时至今日，韩非学说仍不失为政治管理方面可供借鉴的一种锐利武器，即老子所说的“利器”。老子说：“国之利器，不可以示人。”[10]古人往往把这种国家的统治手段看作统治者的专利品而不轻易地披露给世人。然而，在人人都有可能成为政治家、管理者的今天，我们完全有必要以通俗的方式把它介绍给大家。

知人论世、了解概况是读书的前提，所以在阅读它之前，我们先对其人其书稍作介绍。

韩非，约生于韩釐王元年（公元前295年），死于秦王政十四年（公元前233年），是战国末期最为卓著的政治理论家，是一个集先秦诸子特别是法家学说大成从而促成一个崭新时代加速到来的大思想家。他出身于韩国贵族，是韩国的宗族公子。他的一生，正处于韩国横遭强邻侵凌，国土日削，濒于危亡之际。在青年时代，他即多次上书韩王，希望其励精图治，但都未被接受。面对韩王不修明法制，不奖励耕战，反而听信虚言浮说，尊重儒侠，放任工商牟利，以致法度混乱，禁令不行，廉直忠正的法术之士受制于枉法邪恶的奸臣，韩非十分愤慨，于是他针对现实中的种种弊端，总结了历史上的成败得失，写成了《孤愤》、《五蠹》等几十篇文章，以供韩王参考。公元前234年，秦王嬴政见其文而赞叹曰："嗟乎，寡人得见此人与之游，死不恨矣！"于是发兵攻韩，韩王只得派韩非出使秦国。韩非到秦国后，上书秦王主张保存韩国。李斯、姚贾等乘机陷害他，说他"终为韩，不为秦"，建议秦王"以过法诛之"，于是韩非被打入大牢。公元前233年，李斯派人送去毒药，令他自杀。他申诉无门，被迫自尽于云阳（在今陕西淳化县西北）狱中〔11〕。

《韩非子》一书共十万余字，分为五十五篇。就其主体而言，它实是一部政治学巨著，主要论述君主如何才能管好臣民、稳坐江山、富国强兵乃至称王称霸，亦即古人所称道的"帝王之学"。当然，书中除了论述法术、权势等主要内容，也论述了一些君主应该注意的道德修养、政治策略。同时，书中还有一些韩非对世道人情的剖析与感慨，对《老子》的解说，对论说素材的辑录，以及向君主的上书。

第一篇《初见秦》，是韩非初次求见秦王时的上书，所以表现出为秦国出谋划策忠心耿耿的姿态，说辞也大有纵横家的气概。

第二篇《存韩》，是韩非奉韩王之命出使秦国时向秦王的上书，所以主张保存韩国；李斯对此所作的驳议，也因为内容相关而附录在《存韩》中。

第三篇《难言》，是韩非青年时屡次上书劝谏韩王不被听用后向韩王的上书，文章详尽地分析了臣下向君主进言的困难，广征博引，辞采斐然，反映了作者渊博的历史知识与超人的文学才华。

第四篇《爱臣》，主张君主不能过于宠爱臣下，而必须限制他们的权势，是一篇论述治臣要领的短文；文章多用韵语，读上去朗朗上口。

第五篇《主道》，论君主的道术，全面地阐明了君主统治臣民的基本原则及其哲学基础，全文用韵，充分反映出《老子》的哲学思想与语言形式对韩非的影响，是韩非的代表作之一。

第六篇《有度》，主张治国要有法度，是一篇系统阐述韩非法治思想的代表作；文章结构严谨，警策迭出，很能反映韩文的风格。

第七篇《二柄》，全面论述了一系列有关刑赏的问题，是其术治学说的代表作之一；文章征引史事来说理，非常妥帖，比喻也十分形象生动。

第八篇《扬榷》，一般的《韩非子》读本都作《扬权》，“权”乃“榷”字之误，“扬榷”在古代是一个词，意为“大纲”；该篇与《主道》相似，也是一篇继承了老子的哲学思想，全面阐明君主独裁的政治原则的韵文，它充分反映出了韩非的理论素养与艺术才华。

第九篇《八奸》，针对臣下劫持君主的八种奸行，提出了相应的防范措施，是一篇专门论述治奸术的文章；该文不征引史事，完全是总结现实教训而写成的，它归纳得头头是道，很能说服人。

第十篇《十过》，指出君主应该避免的十种过错，并列举了因为这“十过”而遭祸的历史事实作为君主的借鉴；文章先列纲目，然后一一用故事说明，体裁别致，叙事也十分生动。

第十一篇《孤愤》，是抒写当时法术之士孤独与愤慨的代表作，它反映了当时权奸当道的严峻的政治现实；用词激越，笔端富有感情。

第十二篇《说难》与《难言》旨意相同，即论述向君主进说的困难，但比《难言》写得更为周详细密，充分显示了韩非对人情世故和君主心理的深入探讨，它体现了当时论说文的高度成就。

第十三篇《和氏》，与《孤愤》相类，它以和氏献璞被砍脚的故事来譬说法术之士的艰难处境，写得凄婉动人。

第十四篇《奸劫弑臣》，主要论述奸臣的奸行与治奸的措施，较全面地反映了韩非反对儒学而提倡法、术、势兼治的政治思想，是一篇可与众所称道的《五蠹》相媲美的政论文。

第十五篇《亡征》，如数家珍地一一列举了四十七种亡国的征兆，是对各种政治教训的理论概括；文章最后不但强调了亡国的内在根据，而且强调了亡国的外部条件，包含着合理的辩证法思想。

第十六篇《三守》，论述君主应该牢守的心藏不露、独自决断、亲理朝政等三条术治原则；“三守”与“三劫”对比十分鲜明，条理极为清楚。

第十七篇《备内》，是论述君主防备宫内贵臣、后妃、太子等劫弑篡位的文章，集中反映了韩非“人性自利”、“利”支配一切的社会观；文章最能体现韩文峻峭的风格，内容尖刻，用语露骨，韵散并出，比喻贴切。

第十八篇《南面》，论述明法、责实、变古等君人南面之术，突出地反映了韩非功利主义的思想原则。

第十九篇《饰邪》，从反对卜筮迷信开始，反复强调君主应以法令来整饬臣下邪恶枉法的行为，是一篇全面阐述韩非法治主张的代表作。

第二十篇《解老》、第二十一篇《喻老》，是我国解释《老子》的开山之作，在我国哲学史和训诂史上都具有重要的地位。两篇所不同的只在于解释的方法：《解老》主要通过阐述道理来解释《老子》，句法谨严；《喻老》主要通过具体事例来喻说《老子》，生动别致。当然，韩非解释《老子》，往往是在宣扬自己的哲学思想和政治思想，所以，这两篇是了解他法术思想的哲学基础和理论渊源的重要篇章。

《说林上》、《说林下》两篇，是韩非为了说理的需要而搜录的故事集；文笔生动活泼、言简意赅，实为后世史料卡片与笔记小说的滥觞。

第二十四篇《观行》，论述观察行为的原则，很能辩证地看问题；文章短小精巧，骈句迭出，用极端之事作喻，形象鲜明，很有说服力。

接下来几篇短文，第二十五篇《安危》论述国家的安定之术与危亡之道，第二十六篇《守道》论述保住国家政权之道，第二十七篇《用人》论述使用臣子的基本原则，都是在宣扬作者的法术思想；第二十八篇《功名》论述君主凭借势位立功成名的方法，偏重于阐发作者的势治学说；第二十九篇《大体》则从整体出发，论述了治理社会的关键原则与法治思想的哲学基础，描述了韩非的政治理想，是一篇高瞻远瞩的哲学短文。

至于《储说》六篇，汇集和储存了大量的史料、传说、寓言，用来说明其政治学说，因篇幅太大而别为“内”、“外”、“左”、“右”、“上”、“下”等篇。每篇先列出论纲为“经”，然后用若干事例来说明叫做“说”。“经”的文辞简明扼要，是

"说"的理论概括和事迹述略；"说"的叙述详明生动，是"经"的实证和具体说明。"经"、"说"配合紧密，相得益彰，后人称为连珠体，是韩非对文体的一大贡献。

接下来四篇《难》，是对各种历史人物的言、行的诘难辩驳，韩非借此阐发了他的政治思想，因篇幅较大而分为四篇。文章思路开阔，发聋振聩，读之令人耳目一新。它不但充分体现了"争鸣"的学术气氛，而且能增进读者的思辨力，有助于驳论文的写作。汉代的文人就已深受其影响，如司马相如的《难蜀父老》、东方朔的《答客难》，其篇题的命名显然受到了它的影响；王充《论衡》中有很多非难前人学说的篇章，也可能是受到了韩非《难》篇的启发。

第四十篇《难势》，批判了慎到的唯势论，集中地反映了韩非贤势并治乃至法势兼治的思想。

第四十一篇《问辩》，以问答的形式阐明了百家争鸣产生的原因以及韩非对于思想理论界的统制主张，是一篇评论学术思想的短文。

第四十二篇《问田》，通过徐渠与田鸠的问答，阐述了逐级提拔的任人原则；又通过堂谿公与韩非的对话，反映了韩非为民献身的崇高志趣。

第四十三篇《定法》，也以问答的形式，批判了商鞅单行法、申不害独用术的偏颇，阐明了韩非法术兼治的政治主张，是了解韩非法术思想及其思想渊源的重要篇章。

第四十四篇《说疑》，述说君主难以识别的各种奸臣行径，是韩非论述治臣止奸问题的重要篇章；篇内评述历史人物，征引传记、箴言，纵横驰骋，很能体现韩非论说的风貌。

接着，《诡使》一开始就指斥了君主所崇尚的措施与治国之道相违反，《六反》一开始就指出了六种无益之民受到赞誉、六种有益之民遭到诋毁的反常现象，《八说》一开始就列举了八种违背法治原则的道德观念，这三篇都是有破有立、在批判世俗观念的同时全面论述韩非政治思想的鸿篇巨制，是与《五蠹》不相上下的杰作。它们既全面地展现了韩非的思想，同时又全面地反映了当时的社会背景，具有重要的史料价值，而且文章也写得波澜壮阔。

第四十八篇《八经》，综述治理天下的八项带有经久性的常规法则，它全面地阐明了韩非有关法治、术治、势治等方面的要点，是韩非全部政治思想的一个纲领。它在政治思想方面的论述实可统摄整部《韩非子》，但在文辞上，则写得简约古奥，不能代表韩文的基本风格。

第四十九篇《五蠹》，集中地阐明了韩非的历史发展观，论证并宣扬了他的法治主张，指出了清除儒侠等五种国家蛀虫的必要性，结构宏伟，气派阔大，是历代公认的代表作。

第五十篇《显学》，批判了儒、墨这两个在当时最为显赫的学派，全面地论述了自己的法治主张。它不仅是韩非法治思想的代表作，而且也是中国学术思想史上的珍贵资料。其文“广譬长喻”令人“心骇而神动”〔12〕。

第五十一篇《忠孝》，论述了韩非守法事君、为父养亲的忠孝观，批判了儒家所宣扬的有违于忠孝之行的尧、舜、汤、武之道以及古今“烈士”不忠不孝的“乱术”。

第五十二篇《人主》，强调君主必须牢掌权势，注意任用法术贤智之士。

第五十三篇《饬令》是节录《商君书·靳令》而成的，强调整饬法令、实行刑赏，突出地反映了他对商鞅法治思想的继承。

第五十四篇《心度》，强调以法度刑赏来服民心，是一篇论述法治的短论。

第五十五篇《制分》，强调掌握赏罚时要有一个确定的界限，也是一篇专门论述刑赏、法治的短文。

笔者撰写本书的主旨在疏通文字，所以在写法上以简明为原则而不作学术研讨。原文直接使用我所校定的文本而不再列出校勘记，注释一般也不详明出处，书末也不列举参考文献。此举非为掠美，仅为主旨体例之所需。读者如果想进一步了解《韩非子》各善本之异同与本书注译之所本，以及有关《韩非子》的诸多学术问题，则可参阅拙著《韩非子校疏》与《韩非子校注》。为了显示原文条理，并便于在注释中使用参见法以节约篇幅，所以在每一段原文前加上了编号，以表示其篇、章、节的次序。至于译文，实为本书之主体，所以反复推敲，力求准确、明白、通俗；其原则是以直译为主，辅以意译，有时适当加些词句，不仅是为了畅达，同时也是为了充分揭示原文的意蕴，以弥补注释的不足。

本书主要由我完成，马静、徐鹏、孙枫、杨晶、刘妍妍、顾凤亚也参与了部分工作。学无止境，本书在某些方面虽然比我的旧作有所改进，但错误、不当之处恐仍难免，谨望读者多加指教。

当然，还须严肃指出的是，拙著《韩非子全译》于1992年出版后印行六万多册，但其后出版的一些《韩非子》译注或研究之作的作者好像都没有看到过拙著，所以他们在前言、后记、正文、注释或列出的参考文献中只字不提《韩非子全译》。但实际上，他们往往汲取了拙著中的某些说法。这是很不应该的。更有甚者，有些著作竟一字不差地剽窃我的译文(如华龄出版社2002年9月出版的《中国历代文化丛书》中的《韩非子》即如此)，或将我的译文稍加改写后出版。这种情况也发生在我译注的另外一些著作上。在知识产权保护日益受到重视的时代，我衷心希望我国的知识分子能加强自律，以与世界接轨。同时，我也希望我国的司法部门能真正承担起保护知识产权的历史责任。

张　觉

2006年10月29日于沪上金轩

【注释】

〔1〕郭沫若《十批判书》，东方出版社 1996 年 3 月版，第 497 页。

〔2〕恩格斯《家庭、私有制和国家的起源》，见《马克思恩格斯选集》第四卷，人民出版社 1995 年 6 月第 2 版，第 177 页。

〔3〕恩格斯《路德维希·费尔巴哈和德国古典哲学的终结》，见《马克思恩格斯选集》第四卷，人民出版社 1995 年 6 月第 2 版，第 237 页。

〔4〕中共中央文献研究室编《毛泽东读文史古籍批语集》，中央文献出版社 1993 年 11 月版，第 344 页。

〔5〕《史记·孟子荀卿列传》。

〔6〕中共中央文献研究室编《毛泽东读文史古籍批语集》，中央文献出版社 1993 年 11 月版，第 343 页。

〔7〕蒲阪圆《增读韩非子·题辞》。

〔8〕见《韩非子·奸劫弑臣》。

〔9〕见《礼记·礼运》。

〔10〕《老子·三十六章》。

〔11〕参见《史记·老庄申韩列传》。

〔12〕见张鼎文《校刻〈韩非子〉序》。

目　录

第一卷

初见秦第一

（第一篇　初次拜见秦王）

1.1　臣闻："不知而言，不智；知而不言，不忠。"为人臣，不忠当死[1]，言而不当亦当死。虽然，臣愿悉言所闻，唯大王裁其罪[2]。

【注释】

〔1〕当：判决。

〔2〕大王：指秦昭王。

【译文】

我听说："不知道便乱说，是不聪明；知道了却不肯说，是不忠诚。"做臣子的，不忠诚应当判死罪，说了如果不得当也应当判死罪。即使这样，我还是愿意把我的见解全都说出来，希望大王来判定我陈述见解的罪过。

1.2　臣闻：天下阴燕阳魏[1]，连荆固齐[2]，收韩而成从[3]，将西面以与秦强为难[4]。臣窃笑之。世有三亡，而天下得之，其此之谓乎！臣闻之曰："以乱攻治者亡，以邪攻正者亡，以逆攻顺者亡。"今天下之府库不盈，囷仓空虚，悉其士民，张军数十百万，其顿首戴羽为将军断死于前不至千人[5]，皆以言死。白刃在前，斧锧在后，而却走不能死也。非其士民不能死也，上不能故也。言赏则不与，言罚则不行，赏罚不信，故士民不死也。今秦出号令而行赏罚，有功无功相事也[6]。出其父母怀衽之中，生未尝见寇耳，闻战，顿足徒裼，犯白刃，蹈炉炭，断死于前者皆是也。夫断死与断生者不同，而民为之者，是贵奋死也。夫一人奋死可以对十，十可以对百，百可以对千，千可以对万，万可以克天下矣。今秦地折长补短，方数千里，名师数十百万。秦之号令赏罚、地形利害，天下莫若也。以此与天下[7]，天下不足兼而有也。是故秦战未尝不克，攻未尝不取，所当未尝不破[8]，开地数千里，此其大功也。然而兵甲顿，士民病，蓄积索，田畴荒，囷仓虚，四邻诸侯不服，霸王之名不成。此无异故，其谋臣皆不尽其忠也。

【注释】

〔1〕燕(yān)：诸侯国名，在今河北省北部和辽宁省南部。燕国是战国七雄之一，但在七国中力量较弱。魏：诸侯国名，在今河南省北部和东部、山西省西南部和河北省部分地区。

〔2〕荆：楚国的别称。战国时楚国的范围包括今湖北省全部、湖南省大部、河南省南部以及安徽、江西、浙江、江苏等省的部分地区。齐：诸侯国名，范围包括今山东省北部、东部和河北省东南部。

〔3〕韩：诸侯国名，在今河南省中部、山西省东南部。从(zòng)：通“纵”，南北为纵，这里指合纵。战国时苏秦主张齐、楚、燕、韩、赵、魏六国结成联盟对抗秦国，由于六国在位置上成南北向，所以称“合纵”。

〔4〕秦：诸侯国名，占有今陕西省大部和甘肃东南部及四川、河南

部分地区。

〔5〕至：通“止”。

〔6〕相：看。

〔7〕与：通“举”。

〔8〕当：通“挡”。

【译文】

我听说：天下各国以赵国为中心，北边连结燕国，南边连结魏国，又在联合楚国，加固与齐国的团结，收罗韩国，组成了串连南北的合纵联盟，准备向西来与秦国竭力作对。我私下里在讥笑他们。世界上有三种使国家灭亡的情况，而天下各国都有了，大概就是指的这种合纵攻秦的情形吧！我听说过这样的话：“拿混乱的国家去进攻安定的国家，就要灭亡；拿邪恶的国家去进攻正义的国家，就要灭亡；拿倒行逆施的国家去进攻顺应天道人心的国家，就要灭亡。”现在天下各国的国库里财物不充足，粮仓里空空荡荡，却征集了他们所有的民众，部署的军队号称上百万，其中在将军面前磕头宣誓、愿意头戴羽毛替将军到前线决一死战的人多得不止上千，他们口头上都说要去拼死。但等到敌人闪亮的刀口出现在面前的时候，即使斧头、砧板等腰斩的刑具放在后面时刻准备处决逃兵，他们还是要退却逃跑而不能拼死。这并不是它们的民众不能拼死作战，而是因为六国的君主不能使他们拼死的缘故啊。这些君主说要奖赏却不给，说要惩罚却不执行，赏罚不讲信用，所以士兵不肯拼死啊。现在秦国颁布法令而实行赏罚，有功无功都验看事实来论定。所以秦国的民众从他们父母的怀抱之中独立出来以后，有生以来也从未看见过敌人，但听说要打仗，就勇敢地跺脚赤膊，冒着敌人闪亮的刀剑，踏着敌人设置的烧红的炉炭，在前线决一死战的到处都是。那决心拼死和苟且贪生是不一样的，然而秦国的民众情愿与敌人拼死，这是因为秦国的国君推崇奋勇死战啊。一个人奋力死战，可以抵抗十个敌人；十个人奋力死战，可以抵抗一百个敌人；一百个人奋力死战，可以抵抗一千个敌人；一千个人奋力死战，可以抵抗一万个敌人；一万个人奋力死战，就可以征服天下了。现在秦国的土地截长补短，方圆有几千里，名震天下的精锐部队有上百万。秦国的法令赏罚、地形的便利，天下没有哪一个国家能及得上。凭这些去攻取天下，天下各国还不够秦国吞并与占有。所以秦国作战从来没有不胜利的，攻城略地从来没有不取得的，阻击的敌人从来没有不被打败的，扩大了几千里疆土，这是秦国的丰功伟绩啊。但是现在秦国的兵器铠甲破烂不堪，士兵疲劳困倦，积蓄用光，农田荒芜，粮仓空虚，四面相邻的诸侯国都不归服，称霸称王的功名不能成就。这没有别的缘故，是因为它的策划计谋的大臣都不能竭尽他们的忠诚啊。

1.3　臣敢言之：往者齐南破荆，东破宋〔1〕，西服秦，北破燕，中使韩、魏，土地广而兵强，战克攻取，诏令天下。齐之清济浊河，足以为限；长城巨防〔2〕，足以为塞。齐，五战之国也，一战不克而无齐。由此观之，夫战者，万乘之存亡也〔3〕。且臣闻之曰："削株无遗根，无与祸邻，祸乃不存。"秦与荆人战，大破荆，袭郢〔4〕，取洞庭、五湖、江南〔5〕，荆王君臣亡走，东服于陈〔6〕。当此时也，随荆以兵，则荆可举；荆可举，则民足贪也，地足利也，东以弱齐、燕，中以凌三晋〔7〕。然则是一举而霸王之名可成也，四邻诸侯可朝也，而谋臣不为，引军而退，复与荆人为和。令荆人得收亡国，聚散民，立社稷主，置宗庙令，率天下西面以与秦为难。此固以失霸王之道一矣〔8〕。天下又比周而军华下〔9〕，大王以诏破之，兵至梁郭下〔10〕。围梁数旬，则梁可拔；拔梁，则魏可举；举魏，则荆、赵之意绝〔11〕；荆、赵之意绝，则赵危；赵危，而荆狐疑；东以弱齐、燕，中以凌三晋。然则是一举而霸王之名可成也，四邻诸侯可朝也，而谋臣不为，引军而退，复与魏氏为和。令魏氏反收亡国，聚散民，立社稷主，置宗庙令。此固以失霸王之道二矣。前者穰侯之治秦也[12]，用一国之兵而欲以成两国之功，是故兵终身暴露于外，士民疲病于内，霸王之名不成。此固以失霸王之道三矣。

【注释】

〔1〕宋：诸侯国名，范围包括今河南省东部和山东、江苏、安徽之间的地区。

〔2〕巨防：齐国长城西端和济水交会处的一个关口，在今山东省平阴县北。

〔3〕乘（shèng）：古代的兵车，一乘包括一车四马、甲士三人、步卒七十二人。按照古代的礼制，天子拥有万辆兵车，诸侯拥有千辆兵车，大夫拥有百辆兵车。战国时期，诸侯的军事实力大大发展，出现了万乘之国。所以，本书的“万乘”泛指强大的诸侯国，“千乘”指弱小的诸侯国。

〔4〕郢：楚国都城，在今湖北省江陵市北。

〔5〕五湖：太湖。

〔6〕服：通“保”。陈：位于今河南淮阳县。

〔7〕三晋：韩、赵、魏三国。

〔8〕以：通“已”。

〔9〕华：华邑，又作华阳邑，春秋时属郑，战国时属魏，位于今河南省新郑市西北。

〔10〕梁：大梁，魏国国都，位于今河南省开封市。

〔11〕赵：诸侯国名，战国七雄之一，疆域包括今山西中部、陕西东北角、河北西南部。赵武灵王进行军事改革，攻灭了中山国，疆土又有所扩大。

〔12〕穰（ráng）侯：即魏冉，因受封于穰（位于今河南省邓州市），所以称为穰侯。他是秦昭襄王母宣太后的异父弟，昭襄王时四次任相。昭襄王七年（公元前300年），樗里疾死，他初次为相，四十一年（公元前266年），昭襄王改用范雎为相，他被罢免。

【译文】

我大胆地说说这种情况吧：往年齐国南面打败了楚国，东面打败了宋国，西面征服了秦国，北面打败了燕国，在中部能驱使韩国、魏国，领土广阔而兵力强大，战无不克，攻无不取，对天下各国发号施令。齐国那清澈的济水、混浊的黄河，足够用来当作它的防线；齐国的长城、巨防，足够用来作为它的要塞。齐国，是一个战胜了五次的国家，但由于一次战斗失利便没有了齐国。从这种情况来看，战争，关系到大国的存亡。况且我还听说过这样的话："砍树不要留根，做事不要和灾祸接近，祸害就不会发生。"从前，秦国与楚国作战，大破楚军，袭取了郢都，占领了洞庭湖、五湖、江南一带地区，楚国的君主臣子都逃跑了，在东面的陈城保命防守。在这个时候，如果带领军队追歼楚军，那么楚国就可以攻取；楚国可以攻取，那么楚国的民众就可以尽量搜刮，它的国土就可以充分利用，再在东部削弱齐国、燕国，在中部侵夺韩、赵、魏三国。这样看来，那么追击楚军这件事一干，称霸称王的功名就可以成就，四方诸侯就可以让他们来朝拜了，但是那些出谋划策的大臣却不这样做，反而带领着军队撤退，又和楚国人讲和，让楚国人能收复失去的领土，聚集溃散的民众，树立社稷坛上的神主，设置祭祀祖宗庙宇的官员，伙同天下各国向西来与秦国为敌。这本来已经是失去了一次统一天下称霸称王的机会了。接下来天下各国又紧密勾结而驻兵在华阳城下，大王下令把他们打败了，秦兵挺进到魏国国都大梁的外城下。只要把大梁包围个几十天，那么大梁就可以被攻下；攻下了大梁，那么魏国就可以攻取；攻取了魏国，那么楚国、赵国联合抗秦的意图就无法实现了；楚、赵两国联合抗秦的意图无法实现，那么赵国就危险了；赵国危险了，那么楚国就徘徊不前了；再在东面削弱齐国、燕国，在中部侵夺韩、赵、魏三国。这样看来，那么围攻大梁这件事一干，称霸称王的功名就可以成就，四方诸侯就可以让他们来朝拜了，但是那些出谋划策的大臣不这样做，反而带领着军队撤退了，又和魏国人讲和，让魏国人回过头来收复失去的国土，聚集流散的民众，树立社稷坛上的神主，设置祭祀祖宗庙宇的官员。这实在是已经失去了第二次统一天下称霸称王的机会了。从前穰侯魏冉治理秦国的时候，想用秦国一个国家的兵力来成就两个国家的功业，因此士兵终身在外面日晒雨淋，民众在国内疲惫不堪，称霸称王的功名不能成就。这实在是已经失去了第三次统一天下的机会了。

1.4 赵氏，中央之国也，杂民所居也，其民轻而难用也，号令不治，赏罚不信，地形不便，下不能尽其民力。彼固亡国之形也，而不忧民萌[1]，悉其士民军于长平之下[2]，以争韩上党[3]。大王以诏破之，拔武安[4]。当是时也，赵氏上下不相亲也，贵贱不相信也。然则邯郸不守[5]。拔邯郸，筦山东河间[6]，引军而去，西攻修武[7]，逾羊肠[8]，降代、上党[9]。代四十六县，上党七十县，不用一领甲，不苦一士民，此皆秦有也。以代、上党不战而毕为秦矣，东阳、河外不战而毕反为齐矣[10]，中山、呼沲以北不战而毕为燕矣[11]。然则是赵举，赵举则韩亡，韩亡则荆、魏不能独立，荆、魏不能独立，则是一举而坏韩、蠹魏、挟荆，东以弱齐、燕，决白马之口以沃魏氏[12]，是一举而三晋亡、从者败也。大王垂拱以须之，天下编随而服矣，霸王之名可成。而谋臣不为，引军而退，复与赵氏为和。夫以大王之明，秦兵之强，弃霸王之业，地曾不可得，乃取欺于亡国，是谋臣之拙也。且夫赵当亡而不亡，秦当霸而不霸，天下固以量秦之谋臣一矣。乃复悉士卒以攻邯郸，不能拔也，弃甲兵弩，战竦而却[13]，天下固已量秦力二矣。军乃引而复，并于孚下[14]，大王又并军而至，与战不能克之也，又不能反，军罢而去[15]，天下固量秦力三矣。内者量吾谋臣，外者极吾兵力。由是观之，臣以为天下之从，几不难矣。内者，吾甲兵顿，士民病，蓄积索，田畴荒，囷仓虚；外者，天下皆比意甚固。愿大王有以虑之也。

【注释】

〔1〕萌：通“氓”。民萌：泛指民众。

〔2〕长平：赵国地名，位于今山西省高平市西北。

〔3〕上党：韩国郡名，位于今山西省东南部。

〔4〕武安：赵国地名，位于今河北省武安县西南。

〔5〕邯郸：赵国都城，位于今河北省邯郸市。

〔6〕筦：通“管”。山东：战国时称崤山（在今河南省洛宁县西北）或华山以东为“山东”，而太行山以东也称“山东”。河间：战国时赵地，地处黄河与永定河之间，今属河北省。

〔7〕修武：赵国地名，位于今河南获嘉县。

〔8〕羊肠：要塞名，位于今山西省壶关东南。

〔9〕代：赵国郡名，位于今山西省东北部和河北省蔚（yù）县一带。

〔10〕东阳：赵国地名，位于太行山以东，今河北省南部。

〔11〕中山：国名，位于今河北省中部灵寿县到唐县一带，公元前296年为赵国所灭，此时为赵国之地。呼沲：即今河北省滹沱河。

〔12〕白马：古代黄河渡口，位于今河南省滑县东北。

〔13〕竦：通“悚”。

〔14〕孚：通“郛”，外城。

〔15〕罢：通“疲”。

【译文】

赵国，是地处中央的国家，是各方民众杂居的地方，它的百姓轻狂而难以使用，它的法令没有条理，赏罚不讲信用，地形不利于防守，向下又不能使它的百姓使出全部力量。它本来就有了亡国的形势，却还不顾念民众，征发它所有的士兵驻扎在长平城下，来争夺韩国的上党郡。大王下令把他们打败了，攻克了武安城。在这个时候，赵国君主和臣下不团结，大小官员互相猜疑。

这样，赵国的都城邯郸是守不住的。如果秦国攻克了邯郸，控制了太行山东面的河间地区，再带领军队离开那里，向西攻打修武，越过羊肠要塞，降服代郡、上党郡。这样，代郡的四十六个县，上党郡的七十个县，不用一副铠甲，不辛苦一个士兵，这些土地便都被秦国占有了。这样，代郡、上党郡不经过战斗而全部是秦国的领土了，东阳、滹沱河外一带地方不经过战斗反而全部是齐国的领土了，中山故国、滹沱河以北的地方不经过战斗而全部是燕国的领土了。这样的话，那么赵国就可以夺取了；赵国被夺取，那么韩国就会灭亡；韩国灭亡，那么楚国、魏国便不能独立；楚国、魏国不能独立，那么这一攻取邯郸的行动，便毁坏了韩国、蛀蚀了魏国、挟制了楚国，再在东边削弱齐国、燕国，决开白马渡口来灌淹魏国，这样，采取了一个行动便使韩、赵、魏三国全都灭亡，南北合纵的联盟就垮台了。大王只要垂衣拱手来等待，天下各国便会接连不断地来归服了，称霸称王的功名就可以成就。但是出谋划策的大臣不这样做，反而带领着军队撤退了，又和赵国人讲和。以大王的圣明、秦兵的强大，却丢失了称霸称王的功业，土地竟然不可以取得，还被将要灭亡的赵国所欺骗，这是出谋划策的大臣的笨拙啊！而且那赵国应该灭亡而没有灭亡，秦国应当称霸而没有称霸，天下各国实在是已经初次衡量到了秦国这些谋臣的智能了。秦国竟又动用所有的兵力去攻打邯郸，结果不能攻下，丢掉了铠甲兵器弓弩等，胆战心惊地撤退了，天下各国实在是已经再次衡量到了秦国的实力。秦军于是被拉回来，汇集在邯郸外城之下，大王又派了增援部队来，但和敌人作战却不能战胜他们，又不能主动撤退，等到军队疲劳不堪时才逃跑，天下各国实在是第三次衡量到了秦国的实力。对内人家看透了我国的谋臣，对外人家耗尽了我国的兵力。从这一点来看，我以为天下各国的联合抗秦，差不多是没有什么困难了。在国内，我们的铠甲兵器破烂不堪，士兵疲惫劳苦，积蓄缺乏，农田荒芜，粮仓空虚；在国外，天下各国联合的意向都很坚定。希望大王对这些情况能有所考虑。

1.5　且臣闻之曰：“战战栗栗[1]，日慎一日，苟慎其道，天下可有。”何以知其然也？昔者纣为天子[2]，将率天下甲兵百万[3]，左饮于淇溪[4]，右饮于洹溪[5]，淇水竭而洹水不流，以与周武王为难[6]。武王将素甲三千，战一日，而破纣之国，禽其身[7]，据其地而有其民，天下莫伤。知伯率三国之众以攻赵襄主于晋阳[8]，决水而灌之三月，城且拔矣，襄主钻龟筮占兆[9]，以视利害，何国可降。乃使其臣张孟谈。于是乃潜行而出，反知伯之约，得两国之众以攻知伯，禽其身，以复襄主之初。今秦地折长补短，方数千里，名师数十百万。秦国之号令赏罚、地形利害，天下莫如也。以此与天下[10]，可兼而有也。臣昧死愿望见大王，言所以破天下之从、举赵、亡韩、臣荆魏、亲齐燕、以成霸王之名、朝四邻诸侯之道。大王诚听其说，一举而天下之从不破，赵不举，韩不亡，荆、魏不臣，齐、燕不亲，霸王之名不成，四邻诸侯不朝，大王斩臣以徇国[11]，以为王谋不忠者也。

【注释】

〔1〕栗：通“慄”。

〔2〕纣：名受辛，商朝末代帝王，被周武王打败后自杀。

〔3〕将：与“率”同义，率领。

〔4〕淇溪：即今河南省东北部的淇水。

〔5〕洹溪：即今河南省北部的安阳河。

〔6〕周武王：姬发，他继承了父亲文王的遗志，带兵东征，消灭了商纣王，建立了西周王朝。

〔7〕禽：通“擒”。

〔8〕知伯：即智伯，指荀瑶，春秋末期晋国的六卿之一，后来被韩、赵、魏三家联合击败。赵襄主：即赵襄子，名无恤，战国初期晋国六卿

之一，公元前453年，他联合韩康子、魏宣子共同灭了智氏。晋阳：赵氏的封邑，位于今山西省太原市西南。

〔9〕钻龟：钻凿龟壳，指占卜。古代占卜，先在龟甲上钻凿槽穴，然后烧灼使其发生爆裂，龟甲发出的爆裂之声即是“卜”之字音，爆裂产生的裂纹即是“卜”或“兆”之字形，根据这兆纹来推断吉凶就是占卜。筮(shì)：算卦。古代算卦，先反复在一把蓍(shī)草中随意抽取，每次抽取后数一下，如果是奇数，即画一横“-”为阳爻；如果是偶数，即画二短横“--”为阴爻。抽取三次即得三爻，便可组成八卦中的卦象；抽取六次可得六爻，便可组成六十四卦中的卦象。根据所得卦象来推测吉凶就是算卦，古代称为“筮”。占兆：根据兆纹卦象进行推测。古代遇到大事先筮后卜。

〔10〕与：通“举”。

〔11〕徇(xùn)：巡行，示众。

【译文】

而且，我听说过这样的话：“诫惶诫恐，一天比一天谨慎，如果能够谨慎地遵循那正确的政治原则，那么天下就可以被他占有了。”凭什么知道它会这样呢？从前纣当天子，带领了天下百万大军，东边在淇溪喝水，西边在洹溪喝水，淇溪中的水被喝干了，而洹溪中的水也少得不能流动了，他拿这样庞大的军队来和周武王为敌。周武王带领了穿着为周文王服丧的白色铠甲的士兵三千人，在甲子日战斗了一天，便攻破了纣王的国都，活捉了他本人，占据了他的国土而拥有了他的民众，天下没有一个人怜悯他。智伯率领了智氏、韩氏、魏氏三国的军队到晋阳去攻打赵襄子，决开晋水河堤来灌没晋阳城达三个月之久，晋阳城将要被攻克了，赵襄子钻凿龟壳、抽取蓍草占问兆纹卦象，来预测吉凶，看应该投降给哪一个国家。于是就派遣了他的臣子张孟谈。在这个时候，张孟谈才偷偷地溜出了晋阳城，使韩、魏两家背叛了与智伯缔结的盟约，获得了韩、魏两家的军队来攻打智伯，活捉了他本人，因而恢复了赵襄子原有的地位。现在秦国的领土截长补短，方圆有几千里，名震天下的精锐部队有上百万。秦国的法令赏罚、地形的便利，天下没有哪一个国家能及得上。凭这些去攻取天下，天下各国就可以兼并而占有了。我冒着死罪希望能拜见大王，陈说一下用来破坏崤山以东六国的合纵联盟、攻取赵国、灭掉韩国、使楚国和魏国臣服、使齐国和燕国来亲附、从而成就称霸称王的功名、使四方诸侯来朝拜的谋略。大王如果真的听从了我的话，采取了这一行动而崤山以东六国的合纵联盟不能破坏，赵国不能攻下，韩国不能灭掉，楚国、魏国不来称臣，齐国、燕国不来亲附，称霸称王的功名不能成就，四方诸侯不来朝拜，请大王把我杀了在国内巡行示众，把我当作不忠心为大王谋划的人好了。

存韩第二

（第二篇　保存韩国）

2.1.1　韩事秦三十余年，出则为扞蔽，入则为席荐。秦特出锐师取韩地而随之〔1〕，怨悬于天下，功归于强秦。且夫韩入贡职，与郡县无异也。今日臣窃闻贵臣之计，举兵将伐韩。夫赵氏聚士卒，养从徒〔2〕，欲赘天下之兵，明秦不弱则诸侯必灭宗庙，欲西面行其意，非一日之计也。今释赵之患，而攘内臣之韩，则天下明赵氏之计矣。

【注释】

〔1〕特：只。取韩地而：当作“取地而韩”。

〔2〕从：通“纵”，指合纵，见1.2注。

【译文】

韩国侍奉秦国三十多年，在秦国的外事方面，它便是秦国的屏障，阻挡崤山以东各国的进攻；在秦国的内政方面，它便是秦国的草席和垫子，屈居在下供秦国使用。秦国只要一派出精锐的部队去夺取别国的土地，韩国便跟随在秦国后面作为后援，因而韩国与天下各国结下了怨仇，而功劳却属于强大的秦国。而且那韩国向秦国进贡供职，与秦国的郡、县没有什么两样。现在我私下里听说权贵大臣的计谋，要起兵去攻打韩国。可是大王是否知道，那赵国聚集士兵，收养鼓吹合纵联盟的徒党；打算联合各国的军队；到处宣扬秦国如果不被削弱，那么各诸侯一定会亡国；他们想向西实现那削弱秦国的意图，已经不是一朝一夕的权宜之计了。现在放下赵国这祸根不管，却去排除如同国内臣子一般的韩国，那么天下各国就明白赵国合纵攻秦的计谋是得当的了。

2.1.2　夫韩，小国也，而以应天下四击，主辱臣苦，上下相与同忧久矣。修守备，戒强敌，有畜积[1]，筑城池以守固。今伐韩，未可一年而灭，拔一城而退，则权轻于天下，天下摧我兵矣。韩叛，则魏应之，赵据齐以为原[2]，如此，则以韩、魏资赵假齐以固其从，而以与争强，赵之福而秦之祸也。夫进而击赵不能取，退而攻韩弗能拔，则陷锐之卒勤于野战，负任之旅罢于内攻[3]，则合群苦弱以敌而共二万乘，非所以亡赵之心也。均如贵人之计[4]，则秦必为天下兵质矣[5]。陛下虽以金石相弊[6]，则兼天下之日未也。

【注释】

〔1〕畜：通“蓄”。

〔2〕原：通“援”。

〔3〕罢：通“疲”。攻：通“供”。

〔4〕均：通“洵”，确实。

〔5〕质：箭靶子。

〔6〕以：与。

【译文】

韩国，是一个小国家，却要用来应付天下各国四面八方的攻击，所以君主受辱，臣下劳苦，君臣上下共同忧患的日子已经很长了。因此修筑了防御工事，防备强大的敌人，储备了物资，修筑了城墙、开挖了护城河以便坚守。现在去攻打韩国，不可能一年就把它灭掉，如果攻下了一座城池便退兵，那么秦国的力量就会被天下各国所轻视，天下各国就会来摧毁我们秦国的军队了。韩国如果背叛了秦国，那么魏国就会响应韩国，赵国背靠齐国而把齐国作为后援，像这样的话，那么就是拿韩国、魏国去资助赵国而赵国又凭借齐国来巩固他的合纵联盟，从而来和秦国决一胜负，这是赵国的福气，却是秦国的祸害啊。向前推进去攻打赵国不能取胜，退回来攻打韩国不能攻下，那么深入敌阵去攻坚的士兵在野外的战斗中就劳苦万分，而背负着军用物资的运输队伍在内部的供给工作中也疲劳不堪，这就是在纠合一群劳苦疲弱的人去对抗那联合起来的赵、齐两个拥有万辆兵车的大国，这不是用来灭掉赵国的主意啊。如果真是按照那权贵大臣的计谋去做，那么秦国就一定会成为天下各国用兵的目标了。陛下即使寿命长得可与金石同时衰亡，那兼并天下的日子也不会到来。

2.1.3　今贱臣之愚计：使人使荆，重币用事之臣，明赵之所以欺秦者；与魏质以安其心，从韩而伐赵[1]，赵虽与齐为一，不足患也。二国事毕，则韩可以移书定也[2]。是我一举，二国有亡形，则荆、魏又必自服矣。故曰：“兵者，凶器也。”不可不审用也。以秦与赵敌，衡加以齐，今又背韩，而未有以坚荆、魏之心。夫一战而不胜，则祸构矣。计者，所以定事也，不可不察也。韩、秦强弱[3]，在今年耳。且赵与诸侯阴谋久矣。夫一动而弱于诸侯，危事也；为计而使诸侯有意我之心，至殆也。见二疏[4]，非所以强于诸侯也。臣窃愿陛下之幸熟图之！攻伐而使从者间焉，不可悔也。

【注释】

〔1〕从：使动用法，使……跟从，引申为率领。

〔2〕移：檄文。

〔3〕韩：当作“赵”。

〔4〕见：同“现”。

【译文】

现在我这卑贱之臣的愚蠢计策是：派人出使到楚国去，用丰厚的礼物收买执政的大臣，讲明赵国欺骗秦国的手段；派出大王的骨肉之亲给魏国作人质来稳住他们的心；使韩国跟着我们去攻打赵国，赵国即使与齐国抱成一团，也不值得忧虑了。攻打赵、齐两国的事完毕后，那么韩国可以用一封檄文把它平定。这样，我们采取了一个行动，赵、齐两国就有了亡国的形势，那么楚国、魏国也就一定会主动降服了。所以说：“战争，是一种凶暴的工具。”不能不审慎地加以使用。以秦国和赵国对抗，再横向加上齐国作为赵国的后援，现在又反对韩国，也没有采取什么措施来坚定楚国、魏国和秦国联合的决心。这攻打韩国的一仗如果不能取胜，那么秦国的祸患就构成了。计谋，是决定事情成败的东西，是不可以不仔细加以审察的。赵国与秦国谁强谁弱，便在今年见分晓了。而且，赵国与诸侯各国暗中图谋秦国已经很久了。现在动用一下兵力去攻打韩国而在诸侯面前暴露出自己的微弱，这是件危险的事情；出谋划策而使诸侯产生算计我们的念头，这是最大的危险了。攻打韩国的计策已经暴露出这两种疏漏，那么它就决不是在诸侯面前称强的办法。我心里希望陛下能够再仔细考虑一下我的计策！如果攻打韩国而使合纵的国家钻了空子，那就懊悔也来不及了。

2.2.1　诏以韩客之所上书——书言韩子之未可举——下臣斯〔1〕。臣斯甚以为不然。秦之有韩，若人之有腹心之病也，虚处则㤥然〔2〕，若居湿地，著而不去〔3〕，以极走〔4〕，则发矣。夫韩虽臣于秦，未尝不为秦病，今若有卒报之事[5]，韩不可信也。秦与赵为难，荆苏使齐，未知何如。以臣观之，则齐、赵之交未必以荆苏绝也；若不绝，是悉赵而应二万乘也[6]。夫韩不服秦之义而服于强也，今专于齐、赵，则韩必为腹心之病而发矣。韩与荆有谋，诸侯应之，则秦必复见崤塞之患[7]。

【注释】

〔1〕2.2 三节是李斯给秦王政的上书。

〔2〕虚处：闲居。恢然：痛苦的样子。

〔3〕著(zhuó)：同“着”，附着。

〔4〕极：通“亟”，急。

〔5〕卒(cù)：通“猝”。

〔6〕赵：当作“秦”。

〔7〕崤塞：崤山的险塞，指函谷关。

【译文】

大王下令把韩国客人韩非献上的这文书——文书里说韩国还不可以攻取——下达给了您的臣子李斯。臣李斯认为韩非的说法是非常不对的。秦国边上有个韩国，就像人患了心腹部的疾病一样，平常没有事情的时候，就已经苦得很，好像居住在潮湿的地方，这毛病老是缠绕在身不能除去，而在急忙快跑的时候，这病就发作了。那韩国虽然对秦国称臣，但不一定就不是秦国的病灶，现在如果有突然报告来的事变，韩国是不可以信赖的。秦国和赵国为敌，派荆苏出使齐国去劝说他们和赵国绝交，不知道结果怎么样。依我看，齐国和赵国的邦交不一定会因为荆苏的劝说而断绝；如果他们不绝交，这就要竭尽秦国的兵力来对付两个拥有万辆兵车的大国。那韩国并不是屈服于秦国的道义而是屈服于秦国的强大，现在秦国集中兵力对付齐国、赵国，那么韩国一定会成为秦国心腹部的疾病而发作了。韩国与楚国如果合谋攻打秦国，诸侯各国起来响应他们，那么秦国一定又要看到兵败崤塞似的祸患了。

2.2.2 非之来也，未必不以其能存韩也为重于韩也。辩说属辞〔1〕，饰非诈谋，以钓利于秦，而以韩利窥陛下。夫秦、韩之交亲，则非重矣，此自便之计也。

【注释】

〔1〕属(zhǔ)：连缀。

【译文】

韩非这次来秦国，未必不是想以他能够保存韩国而在韩国谋取重要的地位。他善辩巧说，好话连篇，文过饰非，欺诈算计，以便在秦国捞取好处，而为了韩国的利益还来试探陛下。秦国和韩国的交往亲密了，那么韩非的地位就重要了，这是便利他自己的计策啊。

2.2.3 臣视非之言，文其淫说，靡辩，才甚。臣恐陛下淫非之辩而听其盗心，因不详察事情。今以臣愚议：秦发兵而未名所伐，则韩之用事者以事秦为计矣。臣斯请往见韩王〔1〕，使来入见。大王见〔2〕，因内其身而勿遣〔3〕，稍召其社稷之臣，以与韩人为市，则韩可深割也。因令象武发东郡之卒〔4〕，窥兵于境上而未名所之，则齐人惧而从苏之计，是我兵未出而劲韩以威擒，强齐以义从矣。闻于诸侯也，赵氏破胆，荆人狐疑，必有忠计。荆人不动，魏不足患也，则诸侯可蚕食而尽，赵氏可得与敌矣。愿陛下幸察愚臣之计，无忽！

【注释】

〔1〕韩王：指韩王安。

〔2〕大王：指秦王政。

〔3〕内：通“纳”。

〔4〕象：当作“蒙”。东郡：秦国郡名，位于今河南省北部。

【译文】

我仔细看了韩非的上书，他文饰那些惑乱人心的说法，用华丽的辞藻来辩说，才华横溢。我怕陛下被韩非的辩说所迷惑而听信了他那偷盗般的心计，以至于不详细地考察事情的真相。现在依我的愚蠢想法建议大王：秦国出兵而不说明去讨伐哪一个国家，那么韩国的执政者就会把侍奉秦国作为他们的策略了。臣李斯请求去见韩王，让韩王来进见。大王见了他，便把他本人扣留下来而不让他走，接着招呼韩国的执政大臣，拿韩王来与韩国人做交易，那么韩国的领土就可以向纵深方向割取了。接着再命令蒙武派出东郡的部队，让这些部队在国境上窥测而不说明到什么地方去，那么齐国人就会害怕而听从荆苏的计策与赵国绝交，这样，我们的军队还没有出境而强劲的韩国就被我们用威势擒住、强大的齐国就被我们用道义制服了。这件事被其他诸侯国听见后，赵国人就会吓破了胆，楚国人就会犹豫不决，他们一定会有忠于秦国的计议。楚国人按兵不动，魏国就不值得忧虑了，那么诸侯各国就可以被我们逐渐吃掉，对于赵国我们就可以和它较量一下了。希望陛下能够仔细审察一下我的计策，不要疏忽了！

2.3.0　秦遂遣斯使韩也〔1〕。李斯往诏韩王〔2〕，未得见，因上书曰：

【注释】

〔1〕本节是编集《韩非子》的人加进去的文字。

〔2〕诏：告。

【译文】

秦王便派遣李斯出使韩国。李斯到韩国后报告了韩王，却没能见到韩王，因而就上书给韩王说：

2.3.1 昔秦、韩勠力一意[1]，以不相侵，天下莫敢犯，如此者数世矣。前时五诸侯尝相与共伐韩，秦发兵以救之。韩居中国[2]，地不能满千里，而所以得与诸侯班位于天下、君臣相保者，以世世相教事秦之力也。先时五诸侯共伐秦，韩反与诸侯先为雁行以向秦军于关下矣。诸侯兵困力极，无奈何，诸侯兵罢。杜仓相秦，起兵发将以报天下之怨而先攻荆。荆令尹患之[3]，曰："夫韩以秦为不义，而与秦兄弟共苦天下。已又背秦，先为雁行以攻关。韩则居中国，展转不可知。"天下共割韩上地十城以谢秦，解其兵。夫韩尝一背秦而国迫地侵，兵弱至今。所以然者，听奸臣之浮说，不权事实，故虽杀戮奸臣，不能使韩复强。

【注释】

〔1〕本节以下是李斯给韩王安的上书。

〔2〕中国：指当时中原地区。

〔3〕令尹：楚国掌握军政大权的最高官职，相当于其他诸侯国的相。

【译文】

从前秦、韩两国齐心合力，因为不互相侵夺，所以天下没有哪一个国家敢侵犯我们，像这样已经有好几代了。过去五国诸侯曾经互相联合起来一起攻打韩国，秦国派出了军队来援救韩国。韩国地处中原，土地还不到一千里见方，它之所以能在天下与诸侯各国并起并坐、君臣都得到保全，是因为它世世代代都教导后代要侍奉秦国的作用啊。过去五个诸侯国一起来攻打秦国，韩国反而为诸侯们率先组成了队伍在函谷关下来对抗秦国的军队。各诸侯国因为军队困倦，力量耗尽，没有办法，他们只好退兵。后来杜仓做了秦国的宰相，调兵遣将来报各诸侯国的仇而首先攻打楚国。楚国的令尹对此十分焦虑，说："韩国认为秦国是不义的，却又和秦国结为兄弟共同危害天下各国。后来又背叛了秦国，率先组成了队伍来攻打函谷关。韩国才是一个地处中原、反复无常、变化莫测的国家。你们应该先攻打韩国啊。"诸侯各国就一起割取了韩国上党地区的十个城来向秦国谢罪，以此解除了秦兵。可见韩国曾经背叛秦国才一次，国家便受到威胁，国土便遭到侵夺，兵力衰弱，一直延续到现在。之所以造成这种局面，是因为听信了奸臣的空话，不权衡一下事实，所以后来即使杀掉了奸臣，也不能使韩国重新强盛起来了。

2.3.2　今赵欲聚兵士，卒以秦为事〔1〕，使人来借道，言欲伐秦，其势必先韩而后秦。且臣闻之："唇亡则齿寒。"夫秦、韩不得无同忧，其形可见。魏欲发兵以攻韩，秦使人将使者于韩〔2〕。今秦王使臣斯来而不得见，恐左右袭曩奸臣之计，使韩复有亡地之患。臣斯不得见，请归报，秦、韩之交必绝矣。斯之来使，以奉秦王之欢心，愿效便计，岂陛下所以逆贱臣者邪〔3〕？臣斯愿得一见，前进道愚计，退就菹戮〔4〕，愿陛下有意焉。今杀臣于韩，则大王不足以强；若不听臣之计，则祸必构矣。秦发兵不留行，而韩之社稷忧矣。臣斯暴身于韩之市，则虽欲察贱臣愚忠之计，不可得已〔5〕。边鄙残，国固守，鼓铎之声闻于耳，而乃用臣斯之计，晚矣。且夫韩之兵于天下可知也，今又背强秦。夫弃城而败军，则反掖之寇必袭城矣〔6〕。城尽则聚散，聚散则无军矣。

城固守，则秦必兴兵而围王一都，道不通，则难必，谋，其势不救，左右计之者不用，愿陛下熟图之。若臣斯之所言有不应事实者，愿大王幸使得毕辞于前，乃就吏诛不晚也。秦王饮食不甘，游观不乐，意专在图赵，使臣斯来言，愿得身见，因急与陛下有计也。今使臣不通，则韩之信未可知也。夫秦必释赵之患而移兵于韩，愿陛下幸复察图之，而赐臣报决〔7〕。

【注释】

〔1〕卒(cù)：通“猝”。

〔2〕将：送。

〔3〕逆：迎。

〔4〕菹(zū)：古代把人剁成肉酱的酷刑。

〔5〕已：通“矣”。

〔6〕掖：同“腋”，胳肢窝。反掖之寇：反叛于胳肢窝下的敌人，喻指君主近侧的敌人。

〔7〕报：判罪。

【译文】

现在赵国想聚集士兵，突然向秦国发起进攻，派人来韩国借路，说是要去攻打秦国，但他们势必先夺取了韩国，然后才进攻秦国。况且我听说过这样的话：“嘴唇没有了，门牙就会受寒。”秦、韩两国不能没有共同的忧患，这种情形已经可以看到。魏国想出兵来攻打韩国，秦国派人把魏国的使者送交韩国。现在秦王派遣我李斯来到韩国却不能见到陛下，我怕您身边的大臣又要沿袭过去奸臣的计策，使韩国再次发生丧失领土的祸患。臣李斯如果不能见到陛下，请让我回去汇报一下，那么秦、韩两国的邦交一定要断绝了。我李斯出使到韩国来，是为了讨秦王的欢喜，也愿意向陛下献上有利于韩国的计谋，难道陛下就用这样的方式来接待我？臣李斯希望能见陛下一面，到您面前陈说一下我愚蠢的计谋，然后再退出来接受碎尸的刑罚，希望陛下把我的这个要求放在心上。现在把我杀死在韩国，那么大王不能够因此而强大；如果不听我的计策，那么韩国的祸患一定要造成了。秦国如果出兵而不再停止前进，那么韩国的政权就令人担心了。等到臣李斯暴尸在韩国的街头，那么即使想考虑我这贱臣的愚拙忠诚的计谋，也不可能了。等到边境残破，国都坚守，战鼓、战铃的声音在耳边回响，然后才采用我李斯的计谋，那就晚了。而且那韩国的兵力，在天下也早已被看透了，现在却又背叛了强大的秦国。韩国如果抛弃了城邑，又让军队打了败仗，那么在内部造反的叛军一定会袭取城邑了。大小城邑都陷落了，那么民众就流散了，民众流散，那就没有军队了。韩国如果坚守城邑，那么秦国一定会派遣军队来包围大王的一个大城，使它的道路不能通行，那么它的困难就是必然的事了，即使出谋划策，那形势也没法挽救，大王身边的大臣们的计策根本没用，我希望陛下仔细考虑一下这种情况。如果我李斯说的话有不符合事实的，也希望大王能让我在您面前把话说完，然后再把我交给狱吏判罪处死也不迟啊。秦王吃东西不觉得香甜，游览不觉得快乐，心里专门在考虑攻取赵国，他派臣子李斯来进说，我希望能亲自见到您，因为我急着要和陛下商量计策啊。现在我这出使的大臣都不能和陛下对话，那么韩国对秦国的忠诚就不得而知了。那秦国就一定会释免赵国的祸患而把兵力转移到韩国，希望陛下能再次仔细审察考虑一下这个问题，然后才给我判决。

难 言 第 三

（第三篇　难于进言）

3.1　臣非非难言也，所以难言者：言顺比滑泽，洋洋纚纚然〔1〕，则见以为华而不实〔2〕；敦祗恭厚〔3〕，鲠固慎完，则见以为掘而不伦〔4〕。多言繁称，连模拟物，则见以为虚而无用；总微说约，径省而不饰，则见以为刿而不辩。激急亲近，探知人情，则见以为谮而不让；闳大广博，妙远不测〔5〕，则见以为夸而无用。家计小谈，以具数言，则见以为陋；言而近世，辞不悖逆，则见以为贪生而谀上；言而远俗，诡躁人间〔6〕，则见以为诞。捷敏辩给〔7〕，繁于文采，则见以为史〔8〕；殊释文学〔9〕，以质信言，则见以为鄙；时称《诗》、《书》，道法往古，则见以为诵。此臣非之所以难言而重患也。

【注释】

〔1〕纚纚（sǎ）：有条理。

〔2〕见：被。

〔3〕祗（zhī）：敬。

〔4〕掘：通“拙”。

〔5〕妙：通“渺”，远。

〔6〕躁：通“噪”。

〔7〕给：通“急”，快速。

〔8〕史：史家著作喜欢铺排，所以引申指辞藻浮华而不质朴。

〔9〕文学：指古代文献典籍，像《诗》、《书》、《礼》、《乐》、《春秋》等等，是儒家借来宣传自己政治主张的典籍。

【译文】

我韩非不是认为说话很难，我之所以说很难说话，是因为：话说得顺从亲切，流畅圆润，洋洋洒洒，有条不紊的样子，就被认为是华美好听而不实在；但如果话说得老实诚恳，恭敬忠厚，耿直坚定，谨慎周到，那就被认为是笨拙而不伦不类。长篇大论，繁征博引，联系到类似的道理，拿相似的事物作比方，就被认为是虚浮而没有什么用处；但如果把精微的道理概括起来说得很简要，直截了当、言辞简略而不加修饰，那就被认为是太刻露而不会辩说。如果话说得激烈畅快，触犯了君主的亲信，摸透了别人的内心奥秘，就被认为是谗毁他人而自高自大不谦让；但如果话说得海阔天空，漫无边际，玄妙深远而不可捉摸，那就被认为是浮夸而不切实用。计议家常，谈论小事，把具体的事情详细地一一论列，就被认为是浅陋而没有见识；话说得切近世俗，言论不违背世道人情，就被认为是贪生怕死而阿谀奉承君主；但如果话说得远离世俗，奇异独特而轰动了社会，那就被认为是荒诞不经。话说得敏捷巧妙，对答如流，富于文采，就被认为是华丽而不质朴；但完全抛弃了文献典籍，用质朴的话老老实实地直说，那就被认为是粗野鄙陋；然而经常称引《诗经》、《尚书》等经典，称道取法古代的文献，就又被认为是掉书袋。这些就是我觉得很难向君主进言并深感忧虑的原因。

3.2　故度量虽正〔1〕，未必听也；义理虽全，未必用也。大王若以此不信，则小者以为毁訾诽谤，大者患祸灾害死亡及其身。故子胥善谋而吴戮之〔2〕，仲尼善说而匡围之〔3〕，管夷吾实贤而鲁囚之〔4〕。故此三大夫岂不贤哉？而三君不明也。上古有汤[5]，至圣也；伊尹[6]，至智也。夫至智说至圣，然且七十说而不受[7]，身执鼎俎为庖宰，昵近习亲，而汤乃仅知其贤而用之。故曰：以至智说至圣，未必至而见受，伊尹说汤是也；以智说愚必不听，文王说纣是也[8]。故文王说纣而纣囚之；翼侯炙[9]；鬼侯腊[10]；比干剖心[11]；梅伯醢[12]；夷吾束缚；而曹羁奔陈[13]；伯里子道乞[14]；傅说转鬻[15]；孙子膑脚于魏[16]；吴起收泣于岸门[17]，痛西河之为秦[18]，卒枝解于楚[19]；公叔痤言国器反为悖[20]，公孙鞅奔秦[21]；关龙逢斩[22]；苌弘分胣[23]；尹子阱于棘[24]；司马子期死而浮于江[25]；田明辜射[26]；宓子贱、西门豹不斗而死人手[27]；董安于死而陈于市[28]；宰予不免于田常[29]；范雎折胁于魏[30]。此十数人者，皆世之仁贤忠良有道术之士也，不幸而遇悖乱暗惑之主而死。然则虽贤圣不能逃死亡避戮辱者，何也？则愚者难说也，故君子难言也。且至言忤于耳而倒于心，非贤圣莫能听，愿大王熟察之也。

【注释】

〔1〕故：发语词，同“夫”。

〔2〕子胥：即伍子胥，名员，字子胥，春秋时楚国大夫伍奢次子。楚平王七年（公元前522年）伍奢被杀，他出逃，经历宋、郑等国入吴，后为吴国大夫，帮助吴王阖闾攻破楚国，以功封于申，故又称申胥。吴王夫差时，他曾劝吴王拒绝越国求和。公元前484年，夫差伐齐，他又以越为心腹之患，劝勿攻齐。夫差怒，赐剑（剑名属镂，见52.3）逼他自杀，因死。

〔3〕仲尼：即孔子，名丘，字仲尼，生于公元前551年，卒于公元

前479年，鲁国陬(zōu)邑(今山东曲阜)人，春秋末期著名的思想家和教育家，儒家学派的创始人。他在鲁国做过司寇(掌管刑狱的最高长官)，不很得志。后来周游列国，宣传自己的政治主张，也没有得到赏识和重用。晚年回到鲁国从事著述和讲学，广收弟子，从而形成了影响极大的儒家学派。他的言行，主要记载在他的弟子或再传弟子所编纂的《论语》一书中。他信而好古，崇尚尧、舜，主张恢复周礼。他的思想体系的核心是“仁”。这个“仁”主要体现在孝、悌、忠、信的道德礼教以及“君君、臣臣、父父、子子”的等级秩序上。他的学说被后世的封建统治者改造利用，成为封建社会的统治思想。匡：春秋时宋国地名，位于今河南省长垣县西南。鲁定公侵匡时，阳虎曾虐待过匡人，孔子的容貌与阳虎相似，孔子周游列国经过匡时，匡简子以为是阳虎，所以发动甲士三千包围了他。

〔4〕管夷吾：姓管，名夷吾，字仲，常称管仲，是春秋初期具有法家思想的政治家。齐襄公十二年(公元前686年)，齐将乱，为了避难，管仲、召忽奉公子纠出奔鲁国，鲍叔牙奉公子小白出奔莒国。这一年，襄公被杀后，小白于次年先入齐国立为桓公，大败鲁军，鲁国被迫按桓公的要求杀了公子纠，把管仲囚禁了交还齐国。管仲回齐后，由鲍叔牙推荐，被齐桓公任命为相(参见本书23.26，36.8.1)。他在齐国进行政治改革，划分行政区，任命官吏逐级管理，并设有选拔人才的制度，士经三次审选，可选为“上卿之赞(辅助)”。他推行富国强兵的政策，使齐国国力大振，齐桓公因此而成就了霸业。桓公尊他为“仲父”，死后赐给他谥号“敬”，所以又称管敬仲。鲁：诸侯国名，范围包括今山东省西南部和河南、江苏省部分地区，都城在今曲阜。

〔5〕汤：姓子，名履，又称武汤、天乙、成汤，原为商族领袖，后来任用伊尹为相，灭掉夏桀，建立了商朝。

〔6〕伊尹：一名伊挚，商汤的相。伊尹想求得汤的任用而没有什么途径。汤娶有莘氏的女儿，他就作为有莘氏女儿的陪嫁之臣，当厨师来接近汤。汤发现他有才能，就任用他为相。后来他帮助汤攻灭了夏桀。

〔7〕七十：泛指多次。

〔8〕文王：周文王，姓姬，名昌，周武王姬发的父亲，商纣王时为西伯(西方各部落的首领)，又为三公之一，因为对商纣王杀害翼侯、鬼侯不满而被囚禁于羑里(今河南省汤阴县北)。

〔9〕翼侯：即鄂侯，商纣王的大臣，三公之一，因劝阻商纣王杀害鬼侯而被烤死做成了干肉。

〔10〕鬼侯：又作“九侯”，商纣王的大臣，三公之一，因所献女儿

不合商纣王的心意而被杀。腊(xī)：干肉。

〔11〕比干：商纣王的叔父，商王文丁(太丁)的儿子，所以常称为“王子比干”。比干竭力劝谏纣王，纣王发怒说：“我听说圣人的心有七窍。”于是就剖开比干的心来观察。

〔12〕梅伯：商纣王的臣子。醢(hǎi)：古代一种刑罚，把人杀死后剁成肉酱。

〔13〕曹羁：春秋时曹国大夫。鲁庄公二十四年冬，他因为劝谏君主不被听从而出奔到陈国。

〔14〕伯里子：即百里奚，春秋时人，原是虞国大夫，晋献公灭虞，他被俘成为奴隶。后来晋献公把女儿嫁给秦国，把他作为陪嫁之臣。他在途中外逃，被楚国人抓住。秦穆公听说他有才能，就用五张黑羊皮把他赎了去，并授之以国政，称他为五羖大夫。后来，他与蹇叔、由余等共同帮助秦穆公建立了霸业。

〔15〕傅说(yuè)：原是奴隶，后做了商王武丁的相。

〔16〕孙子：指孙膑，孙武的后代，战国时著名的军事家。他曾经与庞涓一起学习兵法，庞涓当了魏惠王的将军，自以为才能不及孙膑，就召来孙膑，诬陷他而使他遭受了膑刑。

〔17〕吴起：战国初期杰出的军事家，早期法家的代表人物，卫国左氏(今山东曹县北)人，初任鲁将，继任魏将，屡建战功，被魏文侯任为西河守。文侯死，武侯仍使他为西河守，后遭陷害而逃到楚国，不久任令尹，辅佐楚悼王实行变法，审明法令，废除贵族特权，整顿统治机构，裁减冗员。他的变法促进了楚国的富强。公元前381年，楚悼王死，宗室大臣作乱，用乱箭射死吴起后，又将他五马分尸。吴起有军事著作传世(见49.12)，但早已亡佚，现存《吴子》六篇，是后人伪托之作。收：是“拭”字之误。拭：揩。岸门：在今山西河津市南。吴起任西河守时，魏武侯听了王错的诋毁而召回吴起，他来到岸门，回望西河，不禁流泪。仆人问他为什么，吴起擦着泪回答说：“西河不久将为秦国所取了。”

〔18〕西河：战国时魏国郡名，位于今陕西东部黄河西岸地区。

〔19〕枝解：即肢解，一种分裂肢体的酷刑。

〔20〕公叔痤：战国时魏惠王的相国，他生病后对魏惠王说：“我的家臣公孙鞅有奇才，请让他来治国。”惠王对身边的人说：“公叔病得太厉害了，要我把国家交给公孙鞅管，岂不悖哉?”

〔21〕公孙鞅：即商鞅，公孙氏，名鞅，战国中期卫国人，所以也称卫鞅，是战国时杰出的政治家，法家的代表人物。他初为魏相公叔痤的

家臣。秦孝公元年(公元前361年)下令求贤，他闻令入秦，进说秦孝公。在秦孝公的支持下，于孝公三年(公元前359年，一说在六年)实行变法，奖励耕战，废除贵族世袭特权，制定按军功大小给予爵位等级的制度，推行连坐法。秦孝公十二年，他进一步变法，合并乡邑，废除井田制，改革赋税制度。他的两次变法，促成了秦国的强大。秦孝公二十二年(公元前340年)，他因战功封於(wū，位于今河南省内乡县东)、商(位于今陕西商州区东南)十五邑，号商君，因而称为商鞅。公元前338年，秦孝公死，他被公子虔等诬害，被攻杀后车裂示众。他的政治理论保存在《商君书》中，可参阅。

〔22〕关龙逄(páng)：又作“关龙逢”，夏桀的大臣。桀为酒池，他竭力劝谏而被桀所杀。

〔23〕苌弘：春秋时周灵王、景王、敬王的贤大夫，公元前492年，周人听信谗言而杀苌弘。其事迹也可参见本书31.6.7。胣(chǐ)：开肠剖腹。

〔24〕尹子：指尹文公固。

〔25〕司马：掌管军政的官。子期：战国时人，即楚国子西之弟公子结，任楚国大司马。公元前479年白公胜作乱时被杀。

〔26〕田明：即田光。辜射：即辜磔(zhé)，是古代一种分尸示众的酷刑。

〔27〕宓(mì)子贱：名不齐，春秋时鲁国人，孔子弟子，曾治理过单(shàn)父，见本书32.1.1。西门豹：魏文侯时为邺县县令，名闻天下。

〔28〕董安于：一作董阏于，春秋末期晋国人，晋卿赵鞅的家臣。晋国内乱，晋卿智伯(荀跞)发现安于有才干，怕他对己不利，于是威逼赵鞅迫使安于自杀。安于死后，尸首被摆在市中示众。

〔29〕宰予：字子我，所以又叫宰我，春秋时鲁国人，孔丘的弟子，以善辩著称。田常：即田成子，也叫陈恒、陈成子，春秋时齐国的大臣。他的祖先陈公子陈完因内乱而逃到齐国，从此将陈氏改为田氏。田完的后代逐渐强盛。到齐悼公时，陈釐子田乞已控制了齐国大权。田乞死后，他的儿子田常代立，继续推行他父亲争取民众的办法，用大斗出贷，用小斗收取。齐简公四年(公元前481年)，田常杀死简公，拥立齐平公，任相国。从此，齐国的政权完全由田氏控制。

〔30〕范雎(jū)：字叔，战国时魏国人。早年在魏国时，曾受人陷害而被打断肋骨，后逃到秦国，改名张禄，做了秦昭襄王的相，受封于应(位于今河南省鲁山县东北)，号应侯。

【译文】

所以原则虽然正确，君主却不一定会听从；道理虽然完备，君主却不一定会采用。大王如果认为这些话不真实，那么轻的就会把进说者的进说当作是诋毁诽谤，重的就会使祸患、灾害、死亡降临到进说者的头上。所以伍子胥善于为吴王出谋划策而吴王逼他自杀了，孔子善于游说而宋国匡人围攻了他，管仲实在是个贤能的人而鲁国把他囚禁捆绑了。这三个大夫难道不贤能吗？是吴、宋、鲁三国的君主不明智啊。在远古时代，商汤是最圣明的君主，伊尹是最聪明的臣子。那最聪明的臣子去向最圣明的君主进说，但还是游说了七十多次而没有被接受，直到伊尹亲自拿着锅子砧板等去做商汤的厨师，和商汤亲近熟悉了，然后商汤才知道他贤能而任用了他。所以说：以最聪明的臣子去游说最圣明的君主，不一定一到场就被接受，伊尹游说商汤就是这样；以聪明的臣子去劝说愚昧的君主就一定不会被听从，周文王劝说商纣王就是这样。过去周文王劝说商纣王而商纣王把他囚禁了；鄂侯劝说商纣王而被烤死了；鬼侯劝说商纣王而被杀死做成了干肉；比干劝说商纣王而被剖开心脏；梅伯劝说商纣王而被剁成肉酱；管仲在鲁国受到捆绑；曹羁劝说曹伯不被听从而逃到陈国；百里奚在路上讨饭；傅说做奴隶时被转卖；孙膑在魏国因庞涓的谗毁而遭受削掉膝盖骨的酷刑；吴起当西河守被魏武侯召回时在岸门擦泪，痛惜西河郡将成为秦国的土地，最后在楚国因为变法得罪了旧贵族而被五马分尸；公叔痤病重时向魏惠王推荐国家的栋梁之才公孙鞅却被认为是神志错乱，公孙鞅只好投奔秦国；关龙逢向夏桀进谏而被杀；苌弘被开肠剖腹；尹子被抛尸在荆棘丛中；司马子期死后尸体漂在长江上；田明被分尸；宓子贱、西门豹不与人争斗却死在别人手中；董安于死了以后还被陈列在街上示众；宰予不免被田常杀了；范雎在魏国时被打断了肋骨。这十几个人，都是世间仁厚、贤能、忠贞、优秀而有本领的人，不幸碰上昏乱愚昧的君主而遭到杀害。这样看来，那么即使是贤能圣明的人也不能逃脱死亡、避免受刑凌辱，这是为什么呢？就是因为愚昧的君主难以劝说啊，所以贤能的君子难以说话。而且，最实惠的话，如果逆耳而不顺心，那么不是贤君圣人是没有谁能听得进去的，希望大王仔细思考一下我的这些话吧。

爱臣第四

（第四篇　宠爱臣下）

4.1　爱臣太亲，必危其身；人臣太贵，必易主位；主妾无等[1]，必危嫡子[2]；兄弟不服，必危社稷。臣闻：千乘之君无备，必有百乘之臣在其侧，以徙其民而倾其国；万乘之君无备，必有千乘之家在其侧，以徙其威而倾其国。是以奸臣蕃息，主道衰亡。是故诸侯之博大，天子之害也；群臣之太富，君主之败也。将相之管主而隆家，此君人者所外也。万物莫如身之至贵也，位之至尊也，主威之重，主势之隆也。此四美者，不求诸外，不请于人，议之而得之矣[3]。故曰：人主不能用其富，则终于外也。此君人者之所识也[4]。

【注释】

〔1〕主：正妻。

〔2〕嫡子：正妻的儿子。

〔3〕议：通“义”，合宜，适当，指符合一定的规矩。

〔4〕识(zhì)：记住。

【译文】

君主宠爱臣下过分亲近，一定会危害到君主本人；大臣过分尊贵，一定会改变君主的地位；王后和妃子如果不分等级，一定会危害到王后所生的儿子；国君的兄弟如果不服从国君，一定会危害到国家。我听说：拥有千辆兵车的国君，如果没有防备，就一定有拥有百辆兵车的大臣在他的身旁，来夺走他的民众而颠覆他的国家；拥有万辆兵车的国君，如果没有防备，就一定有拥有千辆兵车的大夫在他的身旁，来夺走他的威势而颠覆他的国家。因此奸臣繁殖滋长起来，君主的一切就衰亡了。所以诸侯的领地广阔、兵力强大，是天子的祸害；大臣们过分富裕，是君主的失败。大将宰相控制了君主而使大臣私门兴盛起来，这是君主应该摒除的事情。世间各种事物之中，没有什么能及得上君主身体的极端宝贵、君主地位的极端尊严、君主威势的极端重要、君主权力的至高无上。这四种美好的东西，不必从本身之外去寻觅，不必向别人去求取，君主只要合理地使用它就能得到它了。所以说：君主如果不会使用他的这些财富，那么结果就会被奸臣排斥在外。这是当君主的所要牢记的。

4.2　昔者纣之亡，周之卑，皆从诸侯之博大也〔1〕；晋之分也〔2〕，齐之夺也〔3〕，皆以群臣之太富也。夫燕、宋之所以弑其君者〔4〕，皆以类也〔5〕。故上比之殷、周〔6〕，中比之燕、宋，莫不从此术也。是故明君之蓄其臣也〔7〕，尽之以法，质之以备。故不赦死，不宥刑。赦死宥刑，是谓威淫，社稷将危，国家偏威。是故大臣之禄虽大，不得藉威城市〔8〕；党与虽众，不得臣士卒。故人臣处国无私朝，居军无私交，其府库不得私贷于家。此明君之所以禁其邪。是故不得四从〔9〕，不载奇兵；非传非遽〔10〕，载奇兵革，罪死不赦。此明君之所以备不虞者也〔11〕。

【注释】

〔1〕从：由。

〔2〕晋：诸侯国名，范围包括今山西省大部和河北西南部及河南、陕西等省部分地区。晋之分：西周初，周成王把它封给自己的弟弟叔虞，建都于唐（今山西翼城西），称为唐侯。后来叔虞的儿子燮迁居到晋水旁，改称为晋侯。周是姬姓，晋国为姬氏世袭，所以为姬氏之国。晋景公十二年（公元前588年）开始设置六卿。晋昭公时（公元前531年—公元前526年），六卿逐渐强大。晋顷公十二年（公元前514年），赵氏、韩氏、魏氏、智氏、范氏、中行（háng 杭）氏等六卿用国法诛灭晋国的宗族，夺取了姬氏宗族的封地，各任命自己的儿子为大夫。这样，晋国的政权完全控制在六卿手中。晋定公二十二年（公元前490年），范昭子士吉射、中行文子荀寅败而奔齐。晋出公十七年（公元前458年），智氏、赵氏、韩氏、魏氏尽分范氏、中行氏之地。晋出公二十二年（公元前453年），赵、韩、魏三家又灭智氏，三分其地。从此，三家分晋之势成，晋君反而成为附庸。周威烈王二十三年（公元前403年），周天子命（即承认）魏斯、赵籍、韩虔为诸侯。周安王二十六年（公元前376年），魏武侯、韩哀侯、赵敬侯灭晋侯而三分其地。史称“三家分晋”。

〔3〕齐：见1.2注。齐之夺：西周初，周天子把它封给吕尚，以后便为吕尚后代世袭，所以齐国是吕氏之国。齐简公四年（公元前481年），田常杀死了齐简公吕壬，控制了齐国的政权。齐康公十九年（公元前386年），田常的曾孙田和被周安王立为诸侯，就把齐康公吕贷迁往海边，吕氏从此断绝了君位的继承权，齐国由田氏掌握，历史上称为田齐。

〔4〕燕：见1.2注。公元前318年，燕王子哙（kuài）把君位让给相国子之。子之三年（公元前315年），太子平等起兵攻打子之。次年（公元前314年），齐宣王乘机攻占燕国，子哙和子之被杀。宋：见1.3注。公元前370年，宋国司城（国内掌管土木建筑工程的最高长官）子罕（姓戴，氏皇，名喜，字子罕）废掉宋桓侯，夺取了宋国的政权。弑（shì）：古代臣杀君、子杀父叫做“弑”。

〔5〕以：此。

〔6〕殷：商朝的第十代帝王盘庚把首都迁到殷（在今河南省安阳县），以后商也称作殷。

〔7〕蓄：通“畜”。

〔8〕藉：借。藉威城市：即“藉威于城市”，意为“从他占有的城市中借得威势”。

〔9〕四：通“驷”。

〔10〕传(zhuàn)：驿站或驿站的车马都泛称为“传”。此指驿车驿马。遽(jù)：送信的快车或快马。

〔11〕虞：意料。

【译文】

从前商纣王的灭亡，周王朝的衰微，都是由于它诸侯的强大；晋国被瓜分，齐国被篡夺，都是因为大臣们过分富裕。那燕国、宋国的臣子劫杀他们的君主的原因，都是这一类。所以上面对照商王朝、周王朝，中间对照燕国、宋国，没有什么臣子不是靠这种手段来篡夺君主权位的。所以明智的君主豢养他的臣子，用法律来规范他们的一切，用各种措施来督责他们。所以不赦免死罪，不减轻刑罚。赦免死罪减轻刑罚，这叫做君主威势的失散，这样，国家政权将遭到危害，国家的辅佐大臣会从旁取得威势。所以大臣的俸禄即使很丰厚，也不能让他们凭借受封的城市来造成威势；他们的党羽即使很多，也不能让他们将士兵变成自己的臣属。所以臣子在朝廷任职时不准有私家的朝会，在军队任职时不准有私下的外交，他们金库中的钱财不准私自借给私家。这是明智的君主用来禁止大臣犯上作恶的办法。所以大臣外出，不得乘坐四匹马拉的车子并跟着随从的车，不得在车上携带出人意料的兵器；如果不是传递紧急公文的马车，装载了出人意斜的兵器和铠甲，就判处死刑而不予赦免。这是明智的君主用来防备意外的办法。

主道第五

（第五篇 君主的统治术）

5.1 道者[1]，万物之始[2]，是非之纪也[3]。是以明君守始以知万物之源，治纪以知善败之端。故虚静以待令[4]，令名自命也，令事自定也。虚则知实之情[5]，静则知动者正。有言者自为名[6]，有事者自为形[7]；形名参同[8]，君乃无事焉，归之其情[9]。故曰：君无见其所欲[10]，君见其所欲，臣自将雕琢[11]；君无见其意，君见其意，臣将自表异。故曰：去好去恶[12]，臣乃见素[13]；去旧去智[14]，臣乃自备[15]。故有智而不以虑，使万物知其处[16]；有行而不以贤[17]，观臣下之所因；有勇而不以怒[18]，使群臣尽其武。是故去智而有明，去贤而有功，去勇而有强。群臣守职，百官有常；因能而使之，是谓习常[19]。故曰：寂乎其无位而处，漻乎莫得其所[20]。明君无为于上[21]，群臣竦惧乎下[22]。明君之道：使智者尽其虑，而君因以断事，故君不穷于智；贤者勑其材[23]，君因而任之，故君不穷于能；有功则君有其贤，有过则臣任其罪，故君不穷于名。是故不贤而为贤者师，不智而为智者正[24]。臣有其劳，君有其成功〔25〕，此之谓贤主之经也〔26〕。

【注释】

〔1〕道：韩非所说的道，有广狭两种意义。广义的道，是指天地万物的普遍法则，也就是整个宇宙发展的客观规律，它是产生天地万物的总根源。狭义的道，是指君主的统治术，即君主控制和使用群臣的策略、手段。这里的“道”是广义的“道”。

〔2〕始：开始，本原。道家认为，道是产生天地万物的总根源。

〔3〕纪：纪纲，法度，准则。

〔4〕虚：空虚，指心里没有成见。静：安静，指行动不急躁，一切都按法办事。韩非所说的“虚静”，借用了道家“虚静”的说法而注入了新的内容，所以与道家常称说的“虚静”含义不同。道家所说的“虚静”，是指空虚寂静，没有形体没有声音，无思无欲。令：衍文。

〔5〕实：事实，指外界客观事物，也兼指人们的内在本质。情：内情，真相。

〔6〕名：名称，这里指发表的言论。

〔7〕形：形状，情形，此指事情。

〔8〕参：检验，验证。同：会合，指把它们放在一起加以对比，看是否相同。

〔9〕归：回归，这里是使动用法，使……回归。之：它们，指臣下发表的意见与所做的事情。情：真实。这句的意思是：(臣下)使言行归向真实。

〔10〕无：同“毋”，不要，别。见(xiàn)：同“现”，表现。

〔11〕雕琢：雕刻加工，引申为言语行为上的修饰。

〔12〕好(hào)：喜爱。恶(wù)：憎恶。

〔13〕见(xiàn)：同“现”，表现，露出。素：同“愫”，真情。

〔14〕旧：故，“故”在古代有巧的意思，指技巧、伪诈，与“智”意义相近。去旧去智：原文应该是“去智去旧”，“旧”与下句“备”押韵。去掉智巧，是为了保证法的客观性和稳定性，使法的实施不受君主好恶的干扰。

〔15〕备：防备，慎重对待。君主不用智巧，一切都按法办事，那么臣下就用法来要求自己，谨慎地去做他们的事了。

〔16〕使万物知其处，是为了使它们各处本分，这样，整个社会就秩序井然、有条不紊了。

〔17〕贤：贤能，有道德有才能。这句应该理解为“有贤而不以行”。君主有了德才也不用它来做事，是为了使臣下无法凭借君主的贤能来欺骗君主。

〔18〕怒：通“努”，尽力，奋发。

〔19〕习：通“袭”，因循，沿袭。习常：遵循永恒的规范。

〔20〕漻：通“寥”，空廓，空虚，没有形体。

〔21〕无为：无所作为，指顺应自然，排除成见，不用智慧来干扰法治，不暴露自己的才能，不表现好恶，一切按法办事。韩非所说的“无为”，虽然是借用了道家的术语，但含义是不同的。道家的“无为”，是一种完全放任不加治理的消极主张，而韩非所说的“无为”，则是一种治理臣民的方法。

〔22〕竦（sǒng）：通“悚”，恐惧。乎：于，在。君主无为，既不用智虑，又不表示好恶，臣下捉摸不透君主的心意，所以都诚惶诚恐地在下面履行自己的职责而不敢为非作歹，这就是韩非所说的无为而治。

〔23〕勑（chì）：同“敕”，通“饬”，整顿，整治。材：通“才”，才干。贤能的人锻炼自己的才干，是为了给君主效劳。

〔24〕正：君长。

〔25〕功：和上下文不押韵，是衍文。

〔26〕经：常规，常用的原则。

【译文】

道，是产生天地万物的本原，是判定是非的准则。因此英明的君主遵循着这个本原来了解万物的根源，研究这个准则来了解善恶成败的起因。所以君主要用虚无安静的态度来对待一切，使名称根据它所反映的内容自己来给自己命名，使事情按照它所具有的性质自己来确定自己的内容。内心虚无而没有成见，就能了解事实的真相；安静不急躁，就能了解到行动的规律。让进说的人自己来发表言论，君主不要事先规定言路；让办事的人自己去做事，君主不要事先规定他怎么做；君主只要拿臣下做的事和他发表的言论互相对比验证、看是否互相契合，在这方面君主用不着做其他的事，臣下就会说真话、做实事了。所以说：君主不要表现出自己的欲望，君主显露出自己的欲望，臣下便将粉饰自己的言行来迎合君主的欲望；君主不要表现出自己的想法，君主泄露了自己的想法，臣下将利用君主的想法而独自表现出异常的才能。所以说：君主不流露出自己的爱好，不显出自己的厌恶，臣下就会表现出真情；君主不用自己的心机，不用自己的智慧，臣下就会自己防范自己。所以君主有了智慧也不用它来谋划事情，而是一切按法办事，使各种事物都明了它们各自的处所，人人都明白自己的职分；君主有了德才也不用它来做事，而是用它来观察臣下立身行事的依据；君主有了勇力也不用来逞强，而是让群臣使尽他们的勇力。所以君主不用自己的智慧，一切依法办事，就有了明智；不用自己的德才，使臣下各尽其能，就有了治国的功绩；不用自己的勇力，用群臣的勇力，就有了国家的强大。群臣都坚守自己的岗位，各尽职责，百官的行动都有常规；君主根据各人的才能来使用他们，这叫做遵循常规。所以说：是多么的寂静啊，君主没有把自己放置在尊贵的君位上；是多么的空廓啊，臣下没有一个能知道君主的处所。英明的君主在上面无所作为，群臣便在下面提心吊胆了。英明君主的统治方法是：使聪明的人绞尽他们的脑汁来出谋划策，而君主便根据他们的考虑来决断事情，所以君主在智慧方面不会枯竭；使贤能的人锻炼自己的才干，君主便根据他们的才能来任用他们，所以君主在才能方面也不会穷尽；如果有了功劳，那么因为是君主决断、君主用人所取得的，所以君主就有了那贤能的名声；一旦有了失误，那么由于是臣下出的主意、是臣下干的，所以臣下就得承担那失误的罪名，所以君主在名誉方面也不会不如意。所以没有才能的君主却可以做能人的老师，不聪明的君主却可以做聪明人的君长。臣下承担那劳苦，君主享受那成功，这是贤明的君主永远遵守的法则。

5.2　道在不可见[1]，用在不可知。虚静无事，以暗见疵；见而不见[2]，闻而不闻，知而不知。知其言以往，勿变勿更，以参合阅焉[3]。官有一人，勿令通言，则万物皆尽。函掩其迹[4]，匿其端[5]，下不能原[6]；去其智，绝其能，下不能意。保吾所以往而稽同之[7]，谨执其柄而固握之。绝其能望[8]，破其意，毋使人欲之[9]。不谨其闭，不固其门，虎乃将存。不慎其事，不掩其情，贼乃将生。弑其主，代其所，人莫不与[10]，故谓之虎。处其主之侧，为奸臣，闻其主之忒[11]，故谓之贼。散其党，收其余，闭其门，夺其辅，国乃无虎。大不可量，深不可测，同合刑名[12]，审验法式，擅为者诛，国乃无贼。是故人主有五壅：臣闭其主曰壅，臣制财利曰壅，臣擅行令曰壅，臣得行义曰壅，臣得树人曰壅。臣闭其主，则主失位；臣制财利，则主失德[13]；臣擅行令，则主失制；臣得行义，则主失明[14]；臣得树人，则主失党。此人主之所以独擅也，非人臣之所以得操也。

【注释】

〔1〕不可见：不可能被臣下看见。

〔2〕而：如，好像。

〔3〕参合：即上文的“参同”，是把言与行放在一起对比验证的一种考察方法。阅：检阅，考察。

〔4〕函：通“含”，包容，包含。

〔5〕端：开头，头绪，指念头。

〔6〕原：推原，推测。

〔7〕保：守住，不泄露。往：向往。稽：考核，验证。稽同：即上文的“参合”。

〔8〕望：衍文。

〔9〕欲：贪求。之：指君主的权柄。

〔10〕与：结交，亲附。

〔11〕闻：是“间”的误字。间(jiàn)，窥伺，侦察。忒(tè)：过失。

〔12〕同合：会同，审核，指把它们放在一起比较考察，看是否相合。刑：通“形”。同合刑名：即前文的“形名参同”。

〔13〕德：奖赏的大权。参见 7.1。臣下控制了奖赏用的财物，所以说“主失德”。

〔14〕明：通“萌”、“氓”，老百姓，民众。

【译文】

君主的统治术在于隐蔽，使臣下无法测度；术的运用在于变幻莫测，使臣下不能了解。君主应该毫无成见、平心静气、无所作为，从暗地里来观察臣下的过错；看见了好像没看见，听见了好像没听见，知道了好像不知道。了解了臣下的意见以后，不要去改变它，不要去更动它，而是用对照验证的形名术去考察它。每个官职只配置一个人，不要让他们互相通气，那么一切事情都会暴露无遗。君主包藏掩盖起自己的行踪，隐藏起自己的念头，臣下就无法推测了；排除自己的智慧，抛弃自己的才能，臣下就不能揣测了。君主应该不泄露自己的意向来考核臣下是否和自己一致，谨慎地抓住自己的权柄而牢固地掌握它。君主应该抛弃自己的才能，来破除臣下对自己的测度，不要使别人来图谋自己。君主如果不谨慎地搞好自己的防守，不加固自己的大门，杀君篡权的老虎就将存在。不谨慎地处理自己的政事，不掩盖隐藏自己的真情，乱贼就将产生。他们杀掉自己的君主，取代君主的地位，而人们没有一个不顺从的，所以我把他们叫做老虎；他们待在自己君主的身边，做奸臣，偷偷地窥测他们君主的过失，所以我把他们叫做乱贼。解散他们的朋党，收拾他们的残渣余孽，封闭他们的家门，夺取他们的帮凶，国家就没有老虎了。君主的统治术，大得不可以度量，深得不可以探测，考核形和名是否相合，审查和检验法规的实施情况，擅自胡作非为的就给予惩罚，国家就没有乱贼了。所以，君主有五种被蒙蔽的情况：臣下封闭他们的君主而不让他们的君主听政叫做君主被蒙蔽，臣下控制了国家的财富和利益叫做君主被蒙蔽，臣下擅自发号施令叫做君主被蒙蔽，臣下可以施行仁义给人好处叫做君主被蒙蔽，臣下可以扶植人叫做君主被蒙蔽。臣下封闭了他的君主而不让君主处理政务，那么君主就会失去尊贵的地位；臣下控制了国家的财富和利益，那么君主就失去了能使人感恩戴德的奖赏大权；臣下擅自发号施令，那么君主就失去了用来控制臣民的命令；臣下能施行仁义给人好处，那么君主就失去了民众；臣下能扶植人，那么君主就失去了党羽。这处理国家政事、使用国家财富、发布命令、给人好处、提拔官员的权力，都是君主应该独揽的，而不是臣下可以把持的。

5.3　人主之道，静退以为宝〔1〕。不自操事而知拙与巧〔2〕，不自计虑而知福与咎〔3〕。是以不言而善应，不约而善增〔4〕。言已应，则执其契〔5〕；事已增，则操其符〔6〕。符契之所合，赏罚之所生也。故群臣陈其言，君以其言授其事，事以责其功。功当其事，事当其言，则赏；功不当其事，事不当其言，则诛。明君之道，臣不得陈言而不当。是故明君之行赏也，暧乎如时雨〔7〕，百姓利其泽；其行罚也，畏乎如雷霆〔8〕，神圣不能解也。故明君无偷赏，无赦罚。赏偷，则功臣墯其业〔9〕；赦罚，则奸臣易为非。是故诚有功，则虽疏贱必赏；诚有过，则虽近爱必诛。疏贱必赏，近爱必诛，则疏贱者不怠，而近爱者不骄也。

【注释】

〔1〕退：谦让，不为人先，不抛头露面。

〔2〕不亲自操劳事务，并不是不管事，而是静退在后，让臣下去操劳，而君主自己只是用形名参同的方法加以检验，所以君主就能知道臣下办事办得差，还是办得好。

〔3〕咎：失误，祸患。君主不亲自谋划，而使臣下去考虑，自己只用形名参同的方法去考察，所以能知道臣下的计谋是得福，还是得祸。

〔4〕约：约束。

〔5〕契：券，是古代的一种凭证。古代在竹简或木简上刻字，刻好后剖为两半，双方各留一半，验证时将两半相合，看是否契合。

〔6〕符：信符，古代国君命官封爵或调兵遣将所用的凭证，用竹、木、铜、玉等材料制成，上面刻有文字，刻好后剖成两半，君臣双方各执一半，验证时将两半相合，看是否符合，以辨真假。

〔7〕暧(ài)：浓云遮盖的样子。

〔8〕畏：通“威”，威严。

〔9〕墮：通“惰”，懈怠。业：职业。随便施行赏赐，就可使人不劳而获，所以人们就不会致力于建功立业。

【译文】

君主的统治原则，以安静退让为贵。君主不亲自操劳事务而能知道臣下的事情办得笨拙还是办得巧妙，不亲自谋划而能知道臣下的计谋会得福还是会得祸。因此，君主虽然不说话，但臣下却能提出很好的意见来报答君主；君主虽然对臣下做的事情不作硬性规定，但臣下却能用很好的技能来增加做事的功效。臣下的言论已经汇报上来了，君主就把它当作券契握在手中；臣下做的事已经增加了功效，君主就把它当作信符拿在手里。信符和券契对合验证的结果，就是赏罚产生的依据。所以群臣陈述自己的意见，君主根据他们的意见分别给他们事做，然后根据他们的职事来责求他们的成绩。如果取得的成绩和他的职事相当，完成职事的情况和他的话相符合，就给予奖赏；如果取得的成绩和他的职事不相当，完成职事的情况和他的话不相符合，就加以惩处。英明君主的统治原则，是臣下不可以陈述了意见而做不到。所以，英明的君主施行奖赏，充沛得啊就像那及时雨，百姓都贪图他的恩惠；英明的君主执行刑罚，威严得啊就像那雷霆，就是君主本人也不能解除它。所以英明的君主没有随随便便不合法度的奖赏，没有可以赦免的刑罚。奖赏如果苟且随便，那么就是有功之臣也懒得去干自己的事业；刑罚如果可以赦免，那么奸臣就会轻易地为非作歹。所以，如果确实有功劳，那么即使是疏远卑贱的人也一定给予奖赏；确实有过错，那么即使是君主亲近喜爱的人也一定加以惩处。君主对疏远卑贱的人也一定给予奖赏，对亲近喜爱的人也一定加以惩处，那么疏远卑贱的人做事就不会懈怠，而君主亲近喜爱的人也不会骄横放纵了。

第二卷

有度第六

（第六篇　奉行法度）

6.1　国无常强，无常弱。奉法者强，则国强；奉法者弱，则国弱。荆庄王并国二十六[1]，开地三千里；庄王之氓社稷也，而荆以亡。齐桓公并国三十[2]，启地三千里；桓公之氓社稷也，而齐以亡。燕襄王以河为境[3]，以蓟为国[4]，袭涿、方城[5]，残齐，平中山，有燕者重，无燕者轻；襄王之氓社稷也，而燕以亡。魏安釐王攻赵救燕[6]，取地河东；攻尽陶、魏之地[7]；加兵于齐，私平陆之都[8]；攻韩拔管[9]，胜于淇下；睢阳之事[10]，荆军老而走；蔡、召陵之事[11]，荆军破；兵四布于天下，威行于冠带之国；安釐死而魏以亡。故有荆庄、齐桓公，则荆、齐可以霸；有燕襄、魏安釐，则燕、魏可以强。今皆亡国者，其群臣官吏皆务所以乱而不务所以治也。其国乱弱矣，又皆释国法而私其外，则是负薪而救火也，乱弱甚矣！

【注释】

〔1〕荆庄王：即楚庄王，春秋五霸之一，芈姓，名旅，公元前613

年—公元前591年在位。

〔2〕齐桓公：名小白，春秋时齐国国君，公元前685年—公元前643年在位，靠了管仲的辅佐，成就霸业，为春秋五霸之一。但在管仲死后，他重用了投其所好的竖刁、易牙、开方等人，结果遭到了他们的暗害。

〔3〕燕襄王：即燕昭王，又叫昭襄王，名职，战国时燕国君主，公元前311年—公元前279年在位。

〔4〕蓟(jì记)：燕国的都城，位于今北京市西南。

〔5〕袭：重叠。涿(zhuō)：燕国地名，位于今河北省涿县。方城：燕国地名，位于今河北省固安县西南。

〔6〕魏安釐(xī希)王：名圉(yǔ)，战国时魏国君主，公元前276年—公元前243年在位。攻赵救燕：当作"攻燕救赵"。

〔7〕陶：定陶，位于今山东省定陶县北。魏：指卫，原位于今河南省东北部，后疆域缩小，只剩下濮阳一带，和陶接壤。战国后期，卫国长期依附魏国，所以用"魏"指称"卫"。攻尽陶、魏之地：公元前254年，魏乘胜攻取了秦国占有的定陶。次年，卫怀君依附秦国，想搞连横，魏囚杀怀君，灭掉卫国。

〔8〕平陆：战国时齐国五都之一，位于今山东省汶上县西北。

〔9〕管：韩国地名，位于今河南省郑州市东北。

〔10〕睢(suī)阳：宋国地名，位于今河南省商丘市南。

〔11〕蔡：指上蔡，楚国地名，位于今河南省上蔡县西南。召(shào)陵：楚国地名，位于今河南省郾(yǎn)城县东。

【译文】

国家没有永久不变的强盛，也没有永久不变的衰弱。奉行法度的君主强劲有力，坚决实行法治，那么国家就强盛；奉行法度的君主软弱无力，实行法治不坚决，那么国家就衰弱。楚庄王吞并了二十六个国家，开拓了几千里疆土；但当楚庄王丢下国家身亡以后，楚国便因此而衰微了。齐桓公吞并了三十个国家，扩展了几千里领土；但当齐桓公丢下国家死了以后，齐国便因此而衰微了。燕昭襄王把黄河作为自己的国界，把蓟作为自己的国都，又把涿和方城作为国都的外围屏障，攻破了齐国，平定了中山国，当时得到燕国支持的国家就被人重视，没有得到燕国支持的国家就被人看不起；但当燕昭襄王丢下国家死了以后，燕国便因此而衰微了。魏安釐王攻打燕国，援救赵国，在黄河以东夺取了土地；全部攻占了定陶、卫国的领土；又对齐国用兵，把平陆这大城市占为己有；又攻打韩国夺取管地，在淇水边大获全胜；在睢阳发生的魏、楚战事中，楚军被拖垮而逃跑了；在上蔡和召陵的战役中，楚军被魏国摧毁了；在那个时候，魏国的军队遍布天下，在那衣冠楚楚的礼仪之邦耀武扬威；但安釐王一死，魏国便因此而衰微了。所以，有了楚庄王、齐桓公，那么楚国、齐国就可以称霸；有了燕昭襄王、魏安釐王，那么燕国、魏国就可以强盛。现在这些国家都衰微了，就是因为这些国家的群臣百官都一心去干那些使国家混乱的勾当而不去做使国家安定太平的事务。这些国家已经混乱衰弱了，他们却又都丢掉了国法，在那国法的规定之外营私舞弊，这实是在背着柴草去救火，国家的混乱衰弱就更加厉害了！

6.2　故当今之时，能去私曲就公法者〔1〕，民安而国治；能去私行行公法者，则兵强而敌弱。故审得失有法度之制者加以群臣之上，则主不可欺以诈伪；审得失有权衡之称者以听远事〔2〕，则主不可欺以天下之轻重。今若以誉进能〔3〕，则臣离上而下比周〔4〕；若以党举官，则民务交而不求用于法〔5〕。故官之失能者其国乱。以誉为赏、以毁为罚也，则好赏恶罚之人，释公行〔6〕，行私术，比周以相为也〔7〕。忘主外交，以进其与，则其下所以为上者薄矣。交众、与多，外内朋党，虽有大过，其蔽多矣。故忠臣危死于非罪，奸邪之臣安利于无功。忠臣之所以危死而不以其罪，则良臣伏矣；奸邪之臣安利不以功，则奸臣进矣。此亡之本也。若是，则群臣废法而行私重、轻公法矣〔8〕。数至能人之门〔9〕，不壹至主之廷；百虑私家之便〔10〕，不壹图主之国。属数虽多，非所尊君也；百官虽具，非所以任国也。然则主有人主之名，而实托于群臣之家也。故臣曰：亡国之廷无人焉。廷无人者，非朝廷之衰也；家务相益[11]，不务厚国[12]；大臣务相尊[13]，而不务尊君；小臣奉禄养交，不以官为事。此其所以然者，由主之不上断于法，而信下为之也。故明主使法择人，不自举也；使法量功，不自度也[14]。能者不可弊[15]，败者不可饰，誉者不能进，非者弗能退[16]，则君臣之间明辩而易治[17]，故主雠法则可也[18]。

【注释】

〔1〕“私”和“公”相对而言，“私”指臣下的，“公”指国家的、君主的。曲：不正直，指歪门邪道。就：靠近，趋向。

〔2〕权：秤锤。衡：秤杆。权衡：秤，比喻法度。称(chèng)：同“秤”，与“权衡”意义相同，比喻法度。

〔3〕进：晋升，提拔。能：有能力的人，人才，但这里不是指真正的人才，因为靠名声选拔到的人，并不是真正有能力的人，所以下文说这是“失能”。

〔4〕比周：勾结。群臣在下面互相勾结，是为了互相吹捧来博取名誉，从而得到君主的提拔。

〔5〕用于法：在合法中进用，即凭自己的功劳得到进用。

〔6〕行：道，指法度。公行：国家的法度。

〔7〕相为：我为你、你为我，即互相帮助照顾，这里指相互之间包庇利用。

〔8〕重：权。

〔9〕数(shuò)：屡次。能人：有才能的人，这里指那些结党营私而当权的奸臣。因为他们蒙蔽了君主，君主认为他们有才能，所以称他们为“能人”。

〔10〕私家：“私”与“公”相对，“家”与“国”相对。诸侯统治的地方叫“国”，卿大夫统治的地方叫“家”。韩非的文章中，“国”的统治者称“君主”、“人主”、“君”、“主”、“上”等，“家”的统治者

称“人臣”、“臣”、“下”等。有关君主的、“国”的称“公”，有关臣下的称“私”。因此，这里“私家”连称。私家，是指大夫以下臣下的家庭。君主的家庭则叫“公室”。便：利益，好处。

〔11〕益：富，使动用法。相益：相互使对方富裕。

〔12〕厚：富，使动用法，使……富裕。

〔13〕尊：使……尊贵。

〔14〕度(duó)：估量，推测。

〔15〕弊：通“蔽”，遮盖。

〔16〕非：通“诽”，毁谤，诽谤。

〔17〕辩：通“辨”，辨别。

〔18〕雠：用。

【译文】

所以在现在这个时代，能够除去臣下谋取私利的歪门邪道而追求实施国法的国家，民众就安定，国家就太平；能够除去臣下谋取私利的行为而实行国法的国家，就兵力强大，而敌人相对变得弱小了。所以，审察是非得失时掌握了法度的规定的君主凌驾在群臣之上，那么君主就不可能被臣下用狡诈虚伪的手段来欺骗；审察是非得失时拥有了由秤锤秤杆组成的秤这种工具的君主来听取远方的事情，那么君主就不可能被臣下用天下的轻重来欺骗了。现在如果根据声誉来提拔人才，那么臣下就会背离君主而在下面紧密勾结互相吹捧；如果根据朋党关系来推举官吏，那么臣民就会致力于勾结拉拢而不再在法律的规定内凭功劳求得任用。所以任命官吏不拿才能作为标准而只根据声誉和朋党关系的，那国家就会混乱。如果拿赞颂的好话作为奖赏的依据，拿诋毁的坏话作为惩罚的依据，那么喜欢奖赏、厌恶惩罚的人，就会抛弃了国家的法度，玩弄阴谋手段，抱成一团来互相帮助吹捧。他们不顾君主的利益而在朝廷外面私下结交，进用他们的党羽，那么这些下层官吏替君主着想和尽力的地方也就少了。这些人结交广泛、党羽众多，在朝廷内外结成私党，即使犯了大罪，为他们掩盖罪责的人也多得很。所以忠臣在无罪的情况下也免不了危难与死亡，而奸臣在无功的情况下却得到平安与利益。忠臣遭受危难死亡的原因并不是因为他们有罪，那么贤良的臣子就会潜伏退隐了；行奸作恶的臣子平安得利并不是因为有功，那么奸臣就会钻进来了。这是国家衰亡的根本原因啊。像这样，那么群臣就会废弃法治而玩弄自己的权势、轻视国法了。他们屡次奔走于红人的门下，一次也不到君主的朝廷上；百般考虑私家的利益，一点也不为君主的国家着想。这样的下属数量即使很多，也不是使君主尊贵的人；各种官员虽然都具备了，也不是用来担当国家大事的人。这样，那么君主虽然有了君主的名义，而实际上却依附于群臣私门。所以我说：丧失了国家政权的朝廷上没有臣子。所谓朝廷上没有臣子，并不是说朝廷衰落，臣子缺乏；而是指臣下致力于相互帮忙来发家致富，却不努力使国家富裕；大臣致力于互相推崇，而不努力使君主尊贵；小臣拿了俸禄去供养私下结交的党徒，而不把公职当回事。这样的状况之所以会形成，是由于君主不在上面按法裁决事情，而任凭臣下去处理它们。所以英明的君主用法制来选择人才，不凭自己的感觉来提拔；用法制来衡量功劳，不凭自己的主观意识来估量。这样，有才能的人就不会被埋没，败坏事情的人就不能文过饰非，徒有虚名的人就不能够当官晋升，有功劳而被毁谤的人就不会被降职或罢官，可见，一切依法办事，那么君臣双方都能够明确地辨别功过是非，而国家也就容易治理了，所以君主用法就可以了。

6.3　贤者之为人臣，北面委质[1]，无有二心；朝廷不敢辞贱，军旅不敢辞难；顺上之为，从主之法，虚心以待令而无是非也[2]。故有口不以私言，有目不以私视，而上尽制之。为人臣者，譬之若手，上以修头，下以修足；清暖寒热，不得不救入；镆铘傅体[3]，不敢弗搏。无私贤哲之臣[4]，无私事能之士[5]。故民不越乡而交，无百里之慼[6]。贵贱不相逾[7]，愚智提衡而立[8]，治之至也。今夫轻爵禄，易去亡[9]，以择其主，臣不谓廉。诈说逆法，倍主强谏[10]，臣不谓忠。行惠施利，收下为名，臣不谓仁。离俗隐居，而以作非上〔11〕，臣不谓义。外使诸侯，内耗其国〔12〕，伺其危险之陂〔13〕，以恐其主曰："交非我不亲，怨非我不解。"而主乃信之，以国听之，卑主之名以显其身，毁国之厚以利其家，臣不谓智。此数物者〔14〕，险世之说也，而先王之法所简也〔15〕。先王之法曰〔16〕："臣毋或作威〔17〕，毋或作利〔18〕，从王之指〔19〕；无或作恶，从王之路〔20〕。"古者世治之民，奉公法〔21〕，废私术，专意一行，具以待任〔22〕。

【注释】

〔1〕北面：向北。古代君主向南坐，臣下朝见时则向北，所以说"北面"。质：身体。委质：把身体托付给君主，表示愿意为君主效死。或认为"委质"即委身于地，是指人臣拜见君主时屈膝下跪、五体投地，来表示俯首从命。一说："质"通"贽"（zhì），是古代初次拜见尊长时所送的礼物。委质：初次相见向尊长献礼，这里指向君主献礼，表示尊敬君主。这几种说法都讲得通。

〔2〕虚心：指心里没有成见和私心杂念。参见5.1注。心里没有成见和私心杂念，所以也就没有个人的是非之见了。无是非：不说对也不说不对，指顺从命令，不加批评。

〔3〕镆铘：同"莫邪"，宝剑名。相传是吴国大夫莫邪所作。傅：通"附"，靠近。

〔4〕无：通"毋"，不，不要。私：偏爱，不公道地对待。无私：不偏袒，指公道地使用，不徇私枉法。

〔5〕事：同"使"。

〔6〕慼：通"戚"，亲戚。

〔7〕逾：逾越，超越，指不超出自己的名分界限。

〔8〕提：持，拿着。衡：秤，引申为平衡。提衡：拿着秤，引申为保持平衡，使两样东西保持平等。立：存在，生存。

〔9〕易：轻易，意动用法，把……看得很轻，看轻。

〔10〕倍：通"背"，违背。

〔11〕作：是“诈”的误字。非：通“诽”，毁谤。

〔12〕内耗其国：在国内耗费自己的国家，指消费俸禄，损耗国家的财富。

〔13〕伺：窥测，侦察。陂(bēi)：山边，引申为边际。危险之陂：危险之际。

〔14〕物：事物。此数物：这几种东西，指儒家提倡的廉、忠、仁、义、智五种德行。

〔15〕先王：已经死去的圣明帝王，这里指韩非理想中推行法治的古代君主。简：简慢，怠慢，看不起。

〔16〕下面五句与《尚书·洪范》中的文字不完全相同，可能是引自其他古书。

〔17〕毋：不要。或：有。作：行，做。作威：逞威风，指私下大兴杀戮刑罚，建立自己的威势。

〔18〕作利：施行恩惠。

〔19〕指：通“旨”。

〔20〕路：道路，指行动的途径，此指法度。

〔21〕奉：遵从，遵守。

〔22〕具：通“俱”，都。

【译文】

有德有才的人做臣子，在朝廷上向北把自己的身体托付给君主使用，一心一意为君主效劳；在朝廷上不敢推辞卑贱的官职，在军队里不敢逃避危险的战役，听从君主的指使，服从君主的法令，排除自己的成见和私心杂念来等待君主的命令而不加然否。所以臣子有了嘴巴而不为私家辩说，有了眼睛而不为私家察看，嘴巴、眼睛完全由君主来控制。做臣子的，拿他打比方就好像手一样，上面用它来修饰头，下面用它来料理脚；身体受到冷热侵袭，不能不援助插手；那锋利的宝剑逼近身体，不能不搏斗。君主不偏袒贤能聪明的臣子，不偏爱使用才能为君主卖力的人士。所以臣民不到他乡结私交，没有百里以外的亲戚。官职高的和官职低的都各守自己的职责而不越俎代庖，愚笨的和聪明的都依法受赏受罚而相互平等地生活着，这是政治的最高境界啊。现在那种轻视爵位俸禄，随便离开本国逃亡到外国，去另行选择自己的君主，我不认为是清廉。欺诈地进说而违反了国法，违背君主的意图而强行劝谏，我不认为是忠诚。施行恩惠给人好处，收买民心来造成自己的声望，我不认为是仁爱。避世隐居，而用欺骗性的言论诽谤君主，我不认为是节义。外面出使到其他诸侯国和他们勾结，对内破费自己的国家，趁国家危险的时候，就来恐吓他们的君主说："和外国的结交没有我就不能够亲近，外国的怨恨没有我就不能够解除。"而君主竟然相信了他，把整个国家都拿来听任他处理，结果贬低了君主的名望来炫耀他自己，毁掉了国家的财富来便利他私家，这种行为，我不认为是明智。这清廉、忠诚、仁爱、节义、明智几种东西，是流行于乱世的说法，是古代圣明帝王的法令所怠慢摒弃的。古代圣明帝王的法令说："臣下不要私下大兴刑罚来建立自己的威势，不要私下施行奖赏施舍来收买民心，要顺从君主的旨意；不要为非作歹，要遵循君主的法度。"古代太平盛世的民众，奉公守法，抛弃了谋取私利的手段，把自己的思想和行动都集中起来，全部用来听候君主的任用。

6.4　夫为人主而身察百官，则日不足，力不给〔1〕。且上用目，则下饰观；上用耳，则下饰声；上用虑，则下繁辞。先王以三者为不足，故舍己能而因法数、审赏罚〔2〕。先王之所守要〔3〕，故法省而不侵。独制四海之内，聪智不得用其诈，险躁不得关其佞〔4〕，奸邪无所依。远在千里外，不敢易其辞；势在郎中〔5〕，不敢蔽善饰非；朝廷群下，直凑单微，不敢相逾越〔6〕。故治不足而日有余，上之任势使然也。

【注释】

〔1〕给(jǐ)：足，够。

〔2〕因：依靠，凭借。数：术。审：审察，弄明白。审察赏罚是为了严格地实行它。

〔3〕所守：所把握的，指“因法数，审赏罚”。要：要领，关键。

〔4〕险：通“憸”，奸邪，阴险。躁：通“噪”，喧哗。关：措置。佞：能说会道，巧言谄媚。憸者多心计，善于巧言谄媚，噪者说话多，所以“险躁”与“佞”相对。

〔5〕势：权力，职权。郎中：君主侍从近臣。臣子的事情都由郎中通报给君主，所以郎中的权势可以用来蔽善饰非。

〔6〕不敢相逾越：不敢互相逾越职守，指各人只做好本职工作。

【译文】

做君主如果亲自去考察百官，那么时间就会不够，精力就会不足。而且，君主如果用眼睛去观察，那么臣下便会把外观乔装打扮一番，使君主看不到真相；君主如果用耳朵去探听，那么臣下就会花言巧语，使君主听不出其中的诡诈；君主如果动脑筋去思索，那么臣下就会把话说得头绪纷繁，使君主拿不定主意。古代的圣明帝王认为君主只用眼睛、耳朵、脑子这三样东西是不够的，所以不靠自己的才能而依靠法术、严明赏罚。古代的圣明帝王所把握住的法术赏罚是十分关键的，所以法令简省而君权不受侵害，独自控制着国内的一切，聪明有才智的人不能玩弄他们的诈骗术，阴险而能说会道、喋喋不休的人不能施展他们谄媚的口才，奸诈邪恶的人没有什么可以凭借的东西。臣下出使远在千里之外，也不敢改变君主的嘱托而随便乱说；权位处在郎中，也不敢隐瞒好人好事，掩饰坏人坏事；中央统治机构中的群臣百官，都直接聚集各自微薄的力量给君主，不敢互相逾越职守。所以君主要治理的事少得不够做而时间绰绰有余，这是君主运用权势依靠法术赏罚才使它这样的啊。

6.5　夫人臣之侵其主也，如地形焉，即渐以往[1]，使人主失端，东西易面而不自知[2]。故先王立司南以端朝夕[3]。故明主使其群臣不游意于法之外[4]，不为惠于法之内，动无非法。法，所以凌过游外私也[5]；严刑，所以遂令惩下也[6]。威不贷错[7]，制不共门[8]。

威、制共，则众邪彰矣〔9〕；法不信，则君行危矣〔10〕；刑不断，则邪不胜矣。故曰：巧匠目意中绳〔11〕，然必先以规矩为度；上智捷举中事，必以先王之法为比。故绳直而枉木斫，准夷而高科削〔12〕，权衡县而重益轻，斗石设而多益少〔13〕。故以法治国，举措而已矣〔14〕。法不阿贵〔15〕，绳不挠曲〔16〕。法之所加，智者弗能辞，勇者弗敢争。刑过不避大臣，赏善不遗匹夫。故矫上之失，诘下之邪，治乱决缪〔17〕，绌羡齐非〔18〕，一民之轨，莫如法。属官威民〔19〕，退淫殆〔20〕，止诈伪，莫如刑。刑重，则不敢以贵易贱〔21〕；法审，则上尊而不侵。上尊而不侵，则主强而守要〔22〕，故先王贵之而传之。人主释法用私，则上下不别矣。

【注释】

〔1〕即渐：即“积渐”，逐渐。

〔2〕易面：改变方向。东西易面：东西颠倒。

〔3〕司南：古代测定方向的一种仪器，功能与现在的指南针一样。端：正。朝夕：早晨和傍晚，这里指东方和西方。太阳早晨从东方升起，傍晚在西方落下，所以用朝夕来指东西。

〔4〕游：纵，放纵。意：意图，意念。

〔5〕凌：侵凌，打击。过游：越轨放纵，此承上文“游意于法之外”而言，指违法行为。外：使……在外，摒弃，排除。

〔6〕遂：通，贯彻。遂令：使法令通行。

〔7〕贷：当作“贰”，因字形相近而致误。错：通“措”，施行。威不贰错：威势不能在君臣两方面都施行，指君主要独揽大权。

〔8〕制：权力，政权。共(gǒng)：两手相合叫“共”，这里用来表示“两”。

〔9〕众邪：各种邪恶，指众多的奸臣、坏人。彰：明显，这里指明目张胆、肆无忌惮。

〔10〕行：将。

〔11〕意：揣度，臆测，估计。中(zhòng)：合。

〔12〕准：水准，测量水平的仪器。夷：平。科：坎，坑穴。

〔13〕斗石：量容积的工具，十斗为一石。

〔14〕举：实行。措：放置。举措：做与不做。

〔15〕阿(ē)：偏袒，曲从。

〔16〕绳：墨线。挠：通“桡”，屈服。挠曲：向弯曲屈服，迁就弯曲。绳不挠曲：比喻法度不迁就不正直的邪恶行为。

〔17〕决：判决，解决。缪(liáo)：通“缭”，缠结，比喻纠纷。

〔18〕绌：通“黜”，减少，削减。羡：多余。齐：整治，纠正。

〔19〕属：当作“厲”，字形相近而误。厲：通“励”，劝勉，激励。威：威吓，使……害怕。

〔20〕退：消除，打退。淫：荒淫。殆：通“怠”，懒散。

〔21〕易：轻视。上文说“刑过不避大臣，赏善不遗匹夫”，所以这里说，臣下不敢凭高贵的地位去轻视那些卑贱的人。

〔22〕则：因为。守要：把握住治国的关键。

【译文】

臣下侵害他的君主，就像地形迷惑走路人那样，逐渐地变化下去，使君主迷失方向，东西方位调了个头自己还不知道。所以古代的圣明帝王设置了指南的仪器来正确地判断东方和西方。所以英明的君主使他的群臣不在法律的规定之外打主意，也不在法律的规定之内私下施行恩惠去收买民心，一举一动没有不合法的。法是用来打击违法行为和摒弃私行的工具，严厉的刑罚是用来贯彻法令、惩罚臣下的工具。威势不能由君臣两方面来施行，权力不能出自君臣两个门户，君主必须独揽大权。威势和权力由君臣双方共有，那么奸臣们就会明目张胆地活动了；执行法令不讲信用，那么君主就要危险了；执行刑罚不坚决果断，那么邪恶的东西就多得不堪承受了。所以说：有技术的木匠用眼睛来测度就能合乎笔直的墨线，但他必定首先把圆规和角尺当作标准；智能高的人靠他的敏捷聪慧来办事就能符合事理，但他必定把古代圣明帝王的法度当作参照。所以墨线拉直了，弯曲的木头就可以被砍削；水准仪放平了，凸凹的地方就可以被削平；秤悬挂起来了，就可以减去重的、增加轻的来使秤杆平衡；斗、石设置了，就可以减去多的增加少的来使斗和石满平。所以用法律来治理国家，不过是合法的就推行、不合法的就弃置不做罢了。法律不偏袒权贵，法律的准绳不屈从于邪恶就像墨线不迁就弯曲的木料那样。受法律制裁的人，即使是有才智的人也不能用言辞来辩解，即使是勇敢的人也不敢用武力来抗争。惩罚罪过不回避权贵大臣，奖赏善行不遗漏普通民众。所以纠正君主的过失，追究臣下的邪恶，治理混乱，解决纠纷，削减过分，整治错误，统一人民的行为规范，没有什么能及得上法律。激励官吏，威慑民众，消除淫乱怠惰，制止欺诈虚伪，没有什么能及得上刑罚。刑罚严厉，那么大臣就不敢凭高贵的地位去轻视那些地位低下的人；法律严明，那么君主就受到尊重而不被侵害。君主受到尊重而不被侵害，是因为君主强劲有力而把握住了赏罚、法治这个治国的关键，所以古代的圣明帝王看重刑罚、法治而把它传了下来。如果君主放弃了法治而任用臣下，那么君臣之间就没有区别了。

二柄第七

（第七篇　两种权柄）

7.1　明主之所导制其臣者[1]，二柄而已矣[2]。二柄者，刑、德也。何谓“刑、德”？曰：杀戮之谓“刑”，庆赏之谓“德”[3]。为人臣者畏诛罚而利庆赏[4]，故人主自用其刑德，则群臣畏其威而归其利矣。故世之奸臣则不然[5]，所恶，则能得之其主而罪之；所爱，则能得之其主而赏之。今人主非使赏罚之威利出于己也，听其臣而行其赏罚，则一国之人皆畏其臣而易其君、归其臣而去其君矣。此人主失刑德之患也。夫虎之所以能服狗者，爪牙也，使虎释其爪牙而使狗用之，则虎反服于狗矣。人主者，以刑德制臣者也。今君人者释其刑德而使臣用之，则君反制于臣矣。故田常上请爵禄而行之群臣[6]，下大斗斛而施于百姓[7]，此简公失德而田常用之也[8]，故简公见弑。子罕谓宋君曰[9]：“夫庆赏赐予者，民之所喜也，君自行之；杀戮刑罚者，民之所恶也，臣请当之。”于是宋君失刑而子罕用之，故宋君见劫[10]。田常徒用德而简公弑，子罕徒用刑而宋君劫。故今世为人臣者兼刑德而用之，则是世主之危甚于简公、宋君也，故劫杀拥蔽之[11]。主非失刑德而使臣用之[12]，而不危亡者，则未尝有也。

【注释】

〔1〕导：通“道”，由。

〔2〕柄：权柄，机要。

〔3〕庆：奖励，表扬。赏：奖赏，赏赐。

〔4〕利：以……为利，贪图，喜欢。

〔5〕故：通“顾”，可是，但是。则：却。

〔6〕田常：见3.2注。上：上层，指在朝廷。请：请求，指向君主求取。行：施。

〔7〕下：下层，指在民间。斛(hú)：量容积的器具，古代十斗为一斛。

〔8〕简公：春秋时齐悼公的儿子，名壬。公元前485年，悼公被杀，他被立为齐国国君，在位四年，为田常所杀。德：奖赏大权。

〔9〕子罕：春秋战国时宋国有两个子罕，这里指战国时的皇喜，姓戴，氏皇，名喜，字子罕。他曾任宋国司城(国内掌管土木建筑工程的最高长官)，所以有的书上又写成“剔成”、“易成肝”(“剔成”、“易成”与“司城”形近，“肝”与“罕”音近)。他后来废掉了宋桓侯，夺取了宋国的政权。宋君：指宋桓侯，战国时宋国国君，又称“辟公”，子姓，名兵，或作“璧兵”、“辟兵”、“璧”。

〔10〕见劫：被劫持，指君权被强夺。

〔11〕拥：通“壅”，堵塞，隔绝。

〔12〕非：是“兼”的坏字，当作“兼”。

【译文】

英明的君主用来控制他臣下的手段，不过是两种权柄罢了。这两种权柄，就是“刑”和“德”。什么叫做“刑”、“德”呢？就是：杀戮的权力叫做“刑”，奖赏的权力叫做“德”。做臣下的害怕杀头惩罚而贪图奖励赏赐，所以，君主如果亲自使用那刑赏的大权，那么群臣就害怕君主用刑的威势而追求君主行赏的好处了。但是当代的奸臣却不是这样，对他所憎恶的人，就能从他君主那里取得刑赏大权来惩治他们；对他所喜欢的人，就能从他君主那里取得刑赏大权来奖赏他们。现在如果君主不是使赏罚的威势和好处出于自己，而听任他的臣下去行使自己的赏罚大权，那么全国的民众就都害怕他的臣子而看轻他们的君主、归附他的臣子而背离他们的君主了。这是君主失去刑赏大权的祸害啊。老虎之所以能够制服狗，是因为它的脚爪和牙齿，假使老虎去掉了它的脚爪和牙齿而让狗来使用它们，那么老虎反而要被狗制服了。君主，是依靠刑赏大权来控制臣下的。现在君主如果抛弃了自己的刑赏大权而让臣下去使用它，那么君主反而要被臣下控制了。过去田常在朝廷向君主求取爵位、俸禄而把它赐给群臣，在民间加大斗、斛来把粮食施舍给百姓，这是齐简公丧失了奖赏大权而田常使用了它，所以齐简公被杀掉了。子罕对宋桓侯说："奖赏恩赐这种事，是民众所喜欢的，请您自己去施行它吧；杀戮刑罚这种事，是民众所憎恶的，请让我来承担它吧。"于是宋桓侯失去了用刑的权力而子罕使用了它，所以宋桓侯被劫持了。田常单单用了奖赏的权力，简公就被杀掉了；子罕单单用了刑罚的权力，宋桓侯就被劫持了。所以，当今社会上做臣子的兼有了刑罚和奖赏两种大权来使用它们，那么当今君主的危险就比齐简公、宋桓侯更厉害了，所以现在的臣子劫持、杀害、隔绝、蒙蔽他们的君主。君主同时失去了刑罚和奖赏两种大权而让臣下去使用它们，却又不危险灭亡的，那是从来没有过的啊。

7.2　人主将欲禁奸，则审合刑名者[1]，言异事也。为人臣者陈而言[2]，君以其言授之事，专以其事责其功。功当其事，事当其言，则赏；功不当其事，事不当其言，则罚。故群臣其言大而功小者则罚，非罚小功也，罚功不当名也；群臣其言小而功大者亦罚，非不说于大功也[3]，以为不当名也害甚于有大功[4]，故罚。昔者韩昭侯醉而寝[5]，典冠者见君之寒也，故加衣于君之上。觉寝而说，问左右曰："谁加衣者？"左右对曰：

"典冠。"君因兼罪典衣与典冠。其罪典衣，以为失其事也；其罪典冠，以为越其职也。非不恶寒也〔6〕，以为侵官之害甚于寒。故明主之畜臣，臣不得越官而有功，不得陈言而不当。越官则死，不当则罪。守业其官〔7〕，所言者贞也〔8〕，则群臣不得朋党相为矣。

【注释】

〔1〕审：审察，仔细考察。合：会合，考核，指把形与名放在一起加以对比，看是否符合。刑：通"形"，情形，形状，此指事情。名：名称，此指言论。

〔2〕而：其，他的。

〔3〕说：通"悦"，喜欢，高兴。

〔4〕韩非主张严格地按法办事，认为功不当名就扰乱了法制，所以说它的害处比有大功还厉害。

〔5〕韩昭侯：战国时韩国国君，公元前358年—公元前333年在位。他具有法治思想，于公元前351年任用申不害为相，实行政治改革。

〔6〕恶：憎恶，厌恶。

〔7〕守：奉守，掌管。业：职业，职务。守业其官：即守职于其官，承上文"不得越官而有功"而言。

〔8〕贞：当，一致，指符合（事实）。所言者贞：承上文"不得陈言而不当"。

【译文】

君主将要禁止奸邪，就得审察考核实际情形是否与名称相合，这也就是看臣下的言论是否不同于他们所做的事。让做臣子的陈述他的意见，君主便根据他的意见交给他职事，然后专门根据他的职事来责求他的成绩。如果取得的成绩和他的职事相当，完成职事的情况和他的话相符合，就给予奖赏；如果取得的功绩和他的职事不相当，完成职事的情况和他的话不相符合，就加以惩罚。所以，群臣之中那些话说大了而功绩小的就要惩罚，这不是惩罚他取得的功绩小，而是惩罚他取得的功绩与他的言论不相当；群臣之中那些话说小了而功绩大的也要惩罚，这并不是不喜欢大功，而是认为功绩与言论不相当的危害超过了他所取得的大功，所以要惩罚。从前韩昭侯喝醉了酒睡着了，掌管君主帽子的侍从看见君主受寒了，所以把衣服盖在君主的身上。韩昭侯睡醒后很高兴，问身边的侍从说："盖衣服的是谁?"身边的侍从回答说："是掌管帽子的侍从。"韩昭侯因而同时惩处了掌管衣服的侍从和掌管帽子的侍从。他惩处掌管衣服的侍从，是认为他没有尽到他应尽的职责；他惩处掌管帽子的侍从，是认为他超越了他的职责范围。韩昭侯并不是不怕着凉，而是认为侵犯他人职权的危害比着凉更厉害。所以英明的君主畜养驾驭臣下时，臣下不得超越了职权去立功，也不可以说话与做事不相当。超越了职权就处死，言行不一致就治罪。各个臣子都在他自己的职权范围内恪守职务而不越职去取功，所说的话与所做的事相当，那么群臣就不能拉党结派、互相帮助、狼狈为奸了。

7.3　人主有二患：任贤，则臣将乘于贤以劫其君；妄举，则事沮不胜[1]。故人主好贤，则群臣饰行以要君欲[2]，则是群臣之情不效；群臣之情不效，则人主无以异其臣矣。故越王好勇而民多轻死[3]；楚灵王好细腰而国中多饿人[4]；齐桓公妒外而好内[5]，故竖刁自宫以治内[6]；桓公好味，易牙蒸其子首而进之[7]；燕子哙好贤[8]，故子之明不受国[9]。故君见恶[10]，则群臣匿端[11]；君见好，则群臣诬能[12]。人主欲见，则群臣之情态得其资矣。故子之，托于贤以夺其君者也；竖刁、易牙，因君之欲以侵其君者也。其卒，子哙以乱死，桓公虫流出户而不葬[13]。此其故何也？人君以情借臣之患也。人臣之情，非必能爱其君也，为重利之故也。今人主不掩其情，不匿其端，而使人臣有缘以侵其主，则群臣为子之、田常不难矣。故曰："去好去恶，群臣见素[14]。"群臣见素，则大君不蔽矣。

【注释】

〔1〕沮(jǔ)：败坏。不胜：不堪，不能胜任。

〔2〕要(yāo)：迎合。

〔3〕越王：指越王勾践，春秋末年越国的君主。轻：轻视，看轻。轻死：不怕死。越王好勇而民多轻死：参见30.3.6。

〔4〕楚灵王：又称荆灵王，名围，春秋时楚国国君，公元前540年—公元前529年在位。楚灵王喜欢细腰，他的臣下为了使腰变细，都只吃一顿饭，等到一年，朝廷上的大臣多面黄肌瘦。

〔5〕齐桓公：见6.1注。

〔6〕竖刁：齐桓公宠爱的侍仆。宫：阉割，把生殖器割掉。

〔7〕易牙：齐桓公宠信的近臣。

〔8〕子哙(kuài)：战国时燕国国君。

〔9〕子之：子哙的相国。明不受国：指子之授意潘寿所说的"子之必不受"(参见35.3.3)。实际上，这只是子之的一个圈套，子之表面上说不接受王位，实际上因此而得国，造成燕国大乱，结果齐国帮助燕太子攻子之，子哙、子之被杀。

〔10〕见(xiàn)：同"现"，表现，流露。

〔11〕匿：隐藏。端：事端，事物的一个方面。

〔12〕诬：欺骗，捏造。诬能：捏造才能，指迎合君主的爱好，虽然无能，也冒充有才能，以讨好君主而求得任用。

〔13〕户：门。齐桓公患重病，他的五个儿子在竖刁、易牙等人的怂恿下争立太子，他一死，竖刁、易牙就作乱，他五个儿子相互攻伐，结果宫中空空，没人给桓公敛棺，桓公的尸体放在床上六十七日，尸体上的蛆虫都爬到了门外。

〔14〕见(xiàn)：同"现"，表现，露出。素：通"愫"，真情。君主不表现好恶，臣下便没有什么可因循的，所以只得显出他们的真情。

【译文】

君主有两种忧患：任用贤能的人，那么臣下将会凭借自己的才干来劫持他的君主；胡乱地提拔官吏，那么事情就会败坏得不可收拾。所以君主喜爱贤能的人，那么群臣就粉饰自己的行为来迎合君主的欲望，这样，群臣的真情就不会显露出来了；群臣的真情不显露出来，那么君主也就没有办法来识别他臣子的真假好坏了。过去越王勾践喜爱勇敢，民众中就涌现出很多不怕死的人；楚灵王喜欢细腰，国内就有很多为了使自己的腰变细而饿肚子的人；齐桓公忌妒外朝的卿大夫而爱好后宫的女色，所以竖刁把自己阉割了来治理后宫的事务；齐桓公爱好美味的食物，易牙就蒸了自己儿子的头进献给桓公；燕王子哙爱好贤名，所以子之表面上不肯接受王位。所以君主对什么事流露出自己的厌恶，那么群臣就会把君主所厌恶的那一方面的事情隐蔽起来；君主表现出自己的爱好，那么群臣就会冒充有这方面的才能。君主的欲望表现出来，那么群臣在表现自己的情态时就得到了它的资助。所以，子之，是依靠了子哙的爱好贤名来篡夺他君位的；竖刁、易牙，是依顺了君主的欲望来侵害他君主的。那结果，子哙因为战乱而死了，齐桓公尸体上的蛆虫爬出了门也得不到安葬。这其中的缘故是什么呢？就是君主把自己的内情资助给了臣子而招致的祸害啊。臣子的内心，不一定会爱他的君主，而是因为看重利益的缘故才装出忠爱君主的样子。现在君主不掩盖自己的真情，不隐藏自己的念头，而使臣下有所凭借来侵害他们的君主，那么群臣成为子之、田常那样的人就很容易了。所以说：“君主不表现出自己的爱好，不流露出自己的厌恶，群臣便会露出真情。”群臣露出真情，那么君主就不会被蒙蔽了。

扬 榷 第 八

（第八篇　主要纲领）

8.1　天有大命[1]，人有大命。夫香美脆味[2]，厚酒肥肉，甘口而疾形；曼理皓齿，说情而捐精[3]。故去甚去泰，身乃无害。权不欲见[4]，素无为也[5]。事在四方，要在中央[6]。圣人执要，四方来效。虚而待之，彼自以之[7]。四海既藏，道阴见阳[8]。左右既立，开门而当[9]。勿变勿易，与二俱行[10]。行之不已，是谓履理也。

【注释】

〔1〕大命：指具有普遍意义的客观规律。

〔2〕脆：柔嫩。味：食物。

〔3〕说：通“悦”。

〔4〕见（xiàn）：同“现”。

〔5〕素：朴素，指不加修饰、任其自然。

〔6〕要：机要大权，指国家政权。

〔7〕以：用。

〔8〕道：由。

〔9〕当：受，指听取意见。

〔10〕二：指形名。

【译文】

自然界有它的客观规律，人类也有它的客观规律。芳香甜美柔嫩的食物，醇厚的酒，肥嫩的肉，虽然可口，但如果食用不当，就会吃坏身体。皮肤纹理细腻嫩滑、牙齿洁白可爱的美女，虽然使人性情畅快，但如果沉溺过度，就会丧失精力。所以去掉过度的淫乐、去掉过分的吃喝，身体才不会受到损害。君主治理臣下的权谋不要显露出来，而应该任其自然、无所作为。具体的事务分配给各地，主要的大权集中在中央。圣明的君主掌握住了关键的大权，四面八方的臣民就会来效劳了。君主虚静无为地对待他们，他们自会使出自己的才能。天下已经藏在胸中，就可以从暗处来观察那暴露在自己面前的一切了。辅佐大臣已经确立，君主就广开门路来听取群臣的意见。听取了意见以后，不去改变它，不去更动它，而将听取意见和形名参验的方法一起推行。实行这种办法永不停止，这就可以叫做遵循事理来办事了。

8.2　夫物者有所宜，材者有所施，各处其宜，故上下无为。使鸡司夜，令狸执鼠，皆用其能，上乃无事。上有所长，事乃不方〔1〕。矜而好能，下之所欺；辩惠好生〔2〕，下因其材。上下易用，国故不治。

【注释】

〔1〕方：法，得法。

〔2〕惠：通“慧”。生：发。

【译文】

万物都有它适宜的位置，才能都有它施展的地方，各人都处在自己合宜的位置上，所以君臣上下都无所作为。使公鸡掌管夜里的时间来报晓，叫猫捕捉老鼠，如果都像这样来使用臣下的才能，君主就没有什么事了。君主有了特长来加以施展，办事就会不得法。君主如果自高自大而喜欢逞能，就会成为臣下欺骗的对象；君主如果有了口才智慧而好发议论来卖弄自己的小聪明，臣下就会凭借君主的才能。君臣上下颠倒了各自的效用，国家就不能治好。

8.3 用一之道〔1〕，以名为首，名正物定〔2〕，名倚物徙。故圣人执一以静，使名自命，令事自定。不见其采〔3〕，下故素正〔4〕。因而任之，使自事之；因而予之，彼将自举之；正与处之〔5〕，使皆自定之。上以名举之〔6〕，不知其名，复修其形〔7〕。形名参同〔8〕，用其所生。二者诚信，下乃贡情。

【注释】

〔1〕一：指“道”，参见5.1注。

〔2〕物：“物”与“名”相对，与“形”的涵义相同，参见5.1注。

〔3〕见(xiàn)：同“现”。

〔4〕故：乃。素：通“愫”，真情。

〔5〕与：以。

〔6〕名：指言论。

〔7〕修：治。形：指事。

〔8〕形名参同：参见5.1注。

【译文】

运用道的方法，是把确定名称摆在首位。名称端正了，那么它所反映的事物内容也就确定了；名称出了偏差，那么它所反映的事物内容也就游移不定了。所以圣明的君主用虚静的态度来掌握道，使名称根据它所反映的内容自己来给自己命名，使事物按照它所具有的性质自己来确定自己的内容。君主不表现出自己的智能，臣下也就老实纯正了。接着便根据他们表现出来的才能去任用他们，使他们自己去从事各自的工作；接着再根据他们的职务分配给他们事情，他们就会自己去操办这些事情了；端正了名分来安置臣下，使他们都能自己确定自己的职责。君主根据臣下的言论来提拔他们，由于不知道他们的言论是否恰当，就再去考查他们做的事情。君主拿臣下做的事情和他们发表的言论互相对比验证，看是否互相契合，然后利用这种验证所产生的结果作为依据来进行赏罚。赏和罚这两种事如果确实讲信用，那么臣下就会向君主献出真情。

8.4　谨修所事，待命于天，毋失其要，乃为圣人。圣人之道，去智与巧。智巧不去，难以为常。民人用之，其身多殃；主上用之，其国危亡。因天之道，反形之理，督参鞠之〔1〕，终则有始〔2〕。虚以静后，未尝用己。凡上之患，必同其端；信而勿同〔3〕，万民一从。

【注释】

〔1〕鞠：通“鞫”，寻根究底。

〔2〕有：通“又”。

〔3〕信：听任。

【译文】

谨慎地处理好自己所从事的参验形名、信赏必罚等大事，遵循自然的规律，不要失去那关键的国家大权，才能成为圣明的君主。圣明君主的治国原则，是不用智谋和巧诈。如果智谋和巧诈不去掉，就难以使自己的治国方法成为治国的常规。老百姓如果使用智谋和巧诈，那么他们本身就会多灾多难；君主如果使用智谋和巧诈，他的国家就会危险灭亡。君主治国，要遵循自然界的普遍规律，然后回过头来寻求事物的具体规律和治民之道，再用自然的普遍规律来考察检验彻底摸透这具体规律和治民之道，这样终而复始，反复无穷。明君治国，内心虚无而安静退让，从来不用自己的智慧和才能。大凡君主的祸患，在于坚决地赞同臣下的一面之词；如果任凭臣下发表言论而不去赞同它，那么民众就会一致服从君主了。

8.5　夫道者，弘大而无形；德者[1]，核理而普至[2]。至于群生，斟酌用之[3]，万物皆盛[4]，而不与其宁[5]。道者，下周于事[6]，因稽而命[7]，与时生死[8]。参名异事[9]，通一同情[10]。故曰：道不同于万物，德不同于阴阳[11]，衡不同于轻重，绳不同于出入，和不同于燥湿[12]，君不同于群臣。凡此六者，道之出也。道无双，故曰“一”。是故明君贵独道之容[13]。君臣不同道，下以名祷。君操其名，臣效其形，形名参同，上下和调也。

【注释】

〔1〕德：古代哲学概念，指具体事物内在的本质属性。

〔2〕理：事理，指各种具体事物的内在规律。

〔3〕斟酌：酒筛得少叫斟，筛得多叫酌，这里指生物从道那里吸取得有多有少。

〔4〕盛：通“成”。

〔5〕宁：安宁，静止。

〔6〕周：遍。

〔7〕稽：合，相当。而：其。命：指规律。

〔8〕生死：使动用法，指道使各种事物或生或死。

〔9〕事：“事”与“名”相对，与“形”同义，参见5.1注。

〔10〕一：指“道”。

〔11〕阴阳：古代哲学概念，是构成各种事物的基因，它们是正反矛盾而又统一的。

〔12〕和：小笙，一种用来调声律的乐器。

〔13〕容：貌。

【译文】

道这个东西，广大而又没有形状；德这个东西，合于具体事物的规律而又普遍地存在着。至于各种生物，都或多或少地汲取并利用了道，万物都依靠道形成，可是道并不随着万物的止息而止息。道这个东西，在天下普遍地存在于各种事物之中，因而它和各种事物的具体规律都相当，所以它随着时间的变化而使各种事物一会儿生一会儿死。用名称来考察，那么各种事物是不同的；但用道来贯通，那么各种事物的实质都是相同的。所以说：道和它所生成的万物不同，德和它所包含的阴阳不同，衡器和它所测量的轻重不同，墨线和它所要矫正的凸出凹进不同，和这种调正声音的乐器与它所要调正的影响声音的干燥潮湿不同，君主和他所控制的群臣不同。所有这六种情况，都是道衍生出来的。道是独一无二的，所以叫做“一”。因此英明的君主崇尚道那种独一无二的样子。君主和臣子的办事原则是不同的，臣下用自己的建议去向君主祈求，君主所做的是掌握好臣下的建议，臣下所做的是贡献出自己的实绩，实绩和建议经过检验相符合了，君臣上下的关系就和谐一致了。

8.6　凡听之道，以其所出〔1〕，反以为之入〔2〕。故审名以定位，明分以辩类〔3〕。听言之道，溶若甚醉〔4〕。唇乎齿乎，吾不为始乎；齿乎唇乎，愈惛惛乎〔5〕。彼自离之，吾因以知之；是非辐凑〔6〕，上不与构〔7〕。虚静无为，道之情也；叄伍比物〔8〕，事之形也。叄之以比物，伍之以合虚。根干不革，则动泄不失矣〔9〕。动之溶之，无为而改之〔10〕。喜之，则多事；恶之，则生怨。故去喜去恶，虚心以为道舍。上不与共之，民乃宠之；上不与义之〔11〕，使独为之。上固闭内扃，从室视庭，咫尺已具，皆之其处〔12〕。以赏者赏〔13〕，以刑者刑；因其所为，各以自成。善恶必及，孰敢不信？规矩既设，三隅乃列。

【注释】

〔1〕出：发出。所出：指所发表出来的言论。

〔2〕入：与“出”相对，即“进入”，这里用作名词，指返回到臣下用来检验其实绩的标准。以为之入：以(所出)作为其复核标准。

〔3〕分(fèn)：名分，本分，职分。辩：通“辨”。类：事。

〔4〕溶：化解，引申指闲散歇息。

〔5〕惛惛：糊涂。

〔6〕辐凑：同“辐辏”，车轮上的辐条聚集在车毂上叫“辐辏”，比喻向中心归聚。

〔7〕构：结。

〔8〕参伍：三与五，表示错综复杂，引申为反复比较检验。比：并列，排比。

〔9〕泄：歇。

〔10〕改：是“攻”的误字；“攻”是治理的意思。

〔11〕义：通“议”。

〔12〕之：到。

〔13〕以：使。

【译文】

大凡听取意见的方法是，根据臣下所发表出来的意见，反过来把它作为检验臣下实绩的标准。所以君主审察臣下的言论来确定他们的职位，明确臣下的职责来区别他们所要做的事情。听取意见的方法，是若无其事地像喝得酩酊大醉似的。臣下摇唇鼓舌啊、咬文嚼字啊，我不先开口啊；臣下咬文嚼字啊、摇唇鼓舌啊，我更加要糊里糊涂啊。他们自己分析自己的意见，我因而从中了解到他们的底细；正确的意见和错误的意见都像车轮上的辐条聚集在车毂上那样集中到君主这里，君主却不要和他们纠缠在一起。虚无安静无所作为，是由道的本质所决定的；把各方面的事物放在一起比较验证，是由事物的实际情形所决定的。用排比具体事物的方法来验证一切，用会合抽象概念的方法来考核一切。如果国家的法制这个根本十分巩固，那么君主无论是行动还是歇息都不会有什么过失了。君主无论是行动还是歇息，都以无为的原则来治理臣下。君主如果喜欢臣子，他们就会讨好君主而多事；君主如果厌恶臣子，他们就会对君主产生怨恨。所以君主要去掉喜爱，去掉厌恶，使内心虚无以便作为容纳道的处所。君主不和臣下共同使用权力，民众就会爱戴君主；君主不要和臣下商议事情，而要使他们独自去办事。君主要紧紧地关住内室的门，从内室来观察厅堂，咫尺的短距离已经具备，那么一切都呈现在君主的视野中了。使该赏的都得到奖赏，使该罚的都受到惩罚；赏和罚都依据臣下的所作所为，各人得到的赏罚都是由他们自己造成的。善恶一定得到相应的赏罚，哪个还敢不忠诚老实呢？只要法度已经设立，那么其他的方面就都可以安排好了。

8.7　主上不神，下将有因；其事不当，下考其常〔1〕。若天若地，是谓累解〔2〕；若地若天，孰疏孰亲？能象天地，是谓圣人。欲治其内，置而勿亲；欲治其外，官置一人；不使自恣，安得移并？大臣之门，唯恐多人。凡治之极，下不能得。周合刑名，民乃守职；去此更求，是谓大惑。猾民愈众，奸邪满侧。故曰：毋富人而贷焉，毋贵人而逼焉，毋专信一人而失其都国焉；腓大于股，难以趣走〔3〕。主失其神，虎随其后。主上不知，虎将为狗〔4〕。主不蚤止〔5〕，狗益无已〔6〕。虎成其群，以弑其母〔7〕。为主而无臣，奚国之有？主施其法，大虎将怯；主施其刑，大虎自宁。法刑狗信〔8〕，虎化为人，复反其真〔9〕。

【注释】

〔1〕考：成。

〔2〕累：祸患，指妨碍“道”的主观因素。解：解除。

〔3〕趣：通“趋”。
〔4〕为：有。
〔5〕蚤：通“早”。
〔6〕已：止。
〔7〕母：比喻君主。
〔8〕狗：“苟”之误字。
〔9〕反：通“返”。

【译文】

君主不能做到神秘莫测，臣下就会有机可乘；君主处事不当，臣下就会将君主的不当行为变成自己行动的常规。君主像上天、像大地那样虚静无为，这就叫做祸患被除去了；像大地、像上天那样虚静无为，还会对谁疏远、对谁亲近呢？能够像天地那样虚静无为，这样的人就可以称为圣人了。想要治理好宫廷内的事，那就设置近臣而不要去亲近他们；想要治理好朝廷外的事，那就应当每个官职只设置一个官员；不让臣下擅自为所欲为，哪能再有动用吞并他人职权的事呢？大臣的门下，只怕会聚了很多的人。大凡政治的最高境界，是臣下不能得到不应该得到的东西。把形和名合在一起加以对比验证，臣民就会安守本职；丢掉了这种法术而另找办法，这就叫做最大的迷惑。这样，狡猾的百姓就会越来越多，奸邪的臣子就会布满在君主的身旁。所以说：不要使别人过分富裕而弄得自己去向他借贷，不要使别人地位太尊贵而弄得自己受到他的威逼，不要专门信任一个人而弄得自己丧失了都城和国家。小腿比大腿大，就难以疾走快跑。君主如果丢掉了他神秘莫测的道术而可以被测知，篡权杀君的老虎就会跟在他的后面。君主如果还不知道，老虎就会有走狗了。君主如果不及早制止，走狗就会增加个不停。老虎成就了它的团伙，就会来杀掉它的君主。做了君主而没有忠于自己的臣子，还能拥有什么国家呢？君主施行他的法令，大老虎就会害怕；君主施行他的刑罚，大老虎自会服帖。法令、刑罚如果确实执行了，老虎就会变成人，又恢复他做臣子的本色。

8.8 欲为其国，必伐其聚；不伐其聚，彼将聚众。欲为其地，必适其赐；不适其赐，乱人求益。彼求我予，假仇人斧；假之不可，彼将用之以伐我。黄帝有言曰[1]：“上下一日百战。”下匿其私，用试其上；上操度量，以割其下。故度量之立，主之宝也；党与之具，臣之宝也。臣之所不弑其君者，党与不具也。故上失扶寸[2]，下得寻常[3]。有国之君，不大其都；有道之臣，不贵其家。有道之君，不贵其臣；贵之富之，备将代之[4]。备危恐殆[5]，急置太子，祸乃无从起。

【注释】

〔1〕黄帝：传说中的远古帝王，姓公孙，居轩辕之丘，故号轩辕氏。又居姬水，因改姓姬。国于有熊，故亦称有熊氏。传说他曾打败姜姓部落首领炎帝以及九黎族蚩尤，从而被各部落推为部落联盟首领。因有土德之瑞，故号黄帝。他在位时代约在公元前26世纪。法家说他“内行刀锯(刑罚)，外用甲兵”(《商君书·画策》)，是一个实行法治的帝王。战国汉初道家中的黄老学派把他与老子说成是本学派的创始人。

〔2〕扶寸：古代长度单位，四指之宽为一扶，一指之宽为一寸。

〔3〕寻常：古代长度单位，八尺为一寻，二寻为一常。

〔4〕备：当作“彼”。

〔5〕殆：危险。

【译文】

想要治理好自己的国家，一定要铲除臣下的朋党团伙；如果不铲除臣下的朋党团伙，他们将聚集得越来越多。想要管理好自己的田地，一定要使自己的分封赏赐恰如其分；如果不是按照法令适当地赏赐田地，那么乱臣贼子就会要求增加自己的封地。他们来求取，我就给他们，这就等于把斧头借给了仇人；把斧头借给仇人是不可以的，因为他们将会用它来砍我本人。黄帝有过这样的话：“君主和臣下一天内有上百次的冲突。”臣下隐藏起自己的私心，用来试探自己的君主；君主掌握了法度，用来制裁自己的臣子。所以法度的设立，是君主的法宝；朋党的形成，是臣子的法宝。臣下不杀掉他君主的原因，是朋党还没有形成。所以君主在执行法度时稍有失误，臣下就会从中获得数十倍的私利。掌握了国家政权的君主，不能让臣下封地的都城扩大；懂得治国原则的臣子，不让自己的家臣显贵。懂得治国原则的君主，不让自己的臣子显贵；如果使臣下高贵而富裕，他们就将取代君主。要防备危险而害怕出乱子，就得赶快设立太子，这样，灾祸就无从发生了。

8.9　内索出圄〔1〕，必身自执其度量。厚者亏之，薄者靡之〔2〕。亏靡有量，毋使民比周，同欺其上。亏之若月，靡之若热。简令谨诛，必尽其罚。

【注释】

〔1〕内(nà)：通“纳”，纳入。索：大绳子，古代常用它来捆绑犯人。出：使……出去。圄(yǔ 宇)：监狱。内索出圄：即“纳人于绳索，出人于监狱”，指逮捕犯人和释放犯人。

〔2〕靡：侈，多。

【译文】

将人囚禁或把人放出监狱，君主一定要亲自掌握好那法度。处刑太重的律令就给它减轻，处刑太轻的律令就给它加重。减轻和加重刑罚都有一定的法度，以免臣民狼狈为奸，共同来欺骗他们的君主。减轻律令上的刑罚，要像月亮亏缺那样渐渐削减；加重律令上的刑罚，要像加热物体那样逐渐加温。君主要简省律令，谨慎惩处，但一定要彻底实施他的刑罚。

8.10　毋弛而弓〔1〕，一栖两雄〔2〕。一栖两雄，其斗嗬嗬〔3〕。豺狼在牢〔4〕，其羊不繁。一家二贵，事乃无

功。夫妻持政，子无适从。

【注释】

〔1〕弓：比喻赏罚大权。

〔2〕栖：鸟窝，比喻职位。雄：雄鸟，比喻占据职位的当权者。

〔3〕噘噘：争斗得声嘶力竭的样子。

〔4〕豺狼：比喻凶残的官吏。

【译文】

不要放松你的弓，否则，一个鸟窝里就会有势均力敌的两只雄鸟。一个鸟窝里有势均力敌的两只雄鸟，它们就会斗得你死我活。豺狼待在羊圈里，那羊圈里的羊就不会增多了。一个家庭有两个主管，做事就没有功效。夫妻共同当家，儿子就不知道去顺从谁了。

8.11　为人君者，数披其木〔1〕，毋使木枝扶疏〔2〕；木枝扶疏，将塞公闾，私门将实，公庭将虚，主将壅围。数披其木，无使木枝外拒；木枝外拒，将逼主处。数披其木，毋使枝大本小〔3〕；枝大本小，将不胜春风；不胜春风，枝将害心〔4〕。公子既众〔5〕，宗室忧唫〔6〕。止之之道，数披其木，毋使枝茂。木数披，党与乃离。掘其根本〔7〕，木乃不神。填其汹渊，毋使水清〔8〕。探其怀〔9〕，夺之威。主上用之，若电若雷。

【注释】

〔1〕数(shuò 朔)：屡次。木：比喻朝廷大臣。

〔2〕枝：比喻朝廷大臣的党羽。

〔3〕本：接近根部的树干，比喻君主的势力。

〔4〕心：比喻君主与太子。

〔5〕公子：君主的儿子，除太子外，凡是正妻生的次子及妾生的儿子都称公子。

〔6〕宗室：指有继位权的嫡长子（又称“世子”）一系的家族。唫：“吟”的古字。

〔7〕根：比喻公子的权势。本：衍文。

〔8〕清：激，奔腾。“汹”和“清”，都用来比喻奸党气焰的嚣张。

〔9〕探：掏，伸进去摸取东西，探测。

【译文】

做君主的，要经常整修臣僚权贵这棵树木，不要使它的树枝茂密；它的树枝茂密，将堵住君主的宫门，大臣的门下将充实得门庭若市，君主的朝廷上将空虚得无人问津，君主将被壅蔽围困。君主一定要经常整修臣僚权贵这棵树木，不要使它的树枝向外延伸；它的树枝向外延伸，将逼迫君主的住处。君主一定要经常整修臣僚权贵这棵树木，不要使它的树枝大而树干小；树枝大而树干小，树干将承受不了春风；树干承受不了春风，树枝将会损害树心。公子已经人数众多，那么嫡长子一系的家族就会忧虑而哀叹了。制止他们的办法，就是经常整修臣僚权贵这棵树木，不要使它的树枝茂密。这棵树木经常被整修，朋党就会分崩离析。掘掉了树根，树木就没有精神。填塞那汹涌的深潭，不要让潭水泛滥奔腾。要摸清臣下的胸怀，剥夺他们的权威。君主要使用自己的权势，果断得像闪电、像雷击。

八奸第九

（第九篇　八种奸术）

9.1.0　凡人臣之所道成奸者有八术[1]：

【注释】

〔1〕道：由。奸：邪恶。

【译文】

大凡臣子用来使他们的罪恶阴谋得逞的有八种手段：

9.1.1　一曰在“同床”[1]。何谓“同床”？曰：贵夫人，爱孺子[2]，便僻好色[3]，此人主之所惑也。托于燕处之虞[4]，乘醉饱之时，而求其所欲，此必听之术也。为人臣者内事之以金玉，使惑其主，此之谓“同床”。

【注释】

〔1〕在：衍文。

〔2〕孺子：年轻美貌的姬妾。

〔3〕便僻（pián bì）：即“便嬖”，善于阿谀逢迎而得宠的人。

〔4〕燕：通“宴”，安闲。虞：通“娱”。

【译文】

第一叫做“同床”。什么叫做“同床”？就是：高贵的皇后夫人，得宠的姬妾妃子，善于逢迎谄媚的美女，这些都是君主所醉心的。让她们依靠君主退朝后和她们同居时的欢乐，趁君主酒醉饭饱的时候，来求取她们想要的东西，这是一种使君主一定能听从的手段。做臣子的在内中用金玉珍宝来奉承贿赂她们，让她们去蛊惑君主，这就叫做“同床”。

9.1.2　二曰“在旁”。何谓“在旁”？曰：优笑侏儒〔1〕，左右近习，此人主未命而唯唯、未使而诺诺、先意承旨、观貌察色以先主心者也。此皆俱进俱退、皆应皆对、一辞同轨以移主心者也。为人臣者内事之以金玉玩好，外为之行不法，使之化其主，此之谓“在旁”。

【注释】

〔1〕优：优伶，演员。优笑：引人发笑的演员。

【译文】

第二叫做“在旁”。什么叫做“在旁”？就是：供君主取乐能使人发笑的滑稽演员和矮人，君主身边的侍从和亲信，这些都是君主还没有下命令就说“是是是”、还没有使唤他们就说“好好好”、在君主的意思还没有表达出来之前就能奉承君主的意图、能靠观颜察色来事先摸到君主心意的人啊。这些又都是进一起进、退一起退、共同应诺、共同回答、靠统一口径和一致行动来改变君主主意的人啊。做臣子的在内中用金银玉器、珍贵的玩物奉承贿赂他们，在外面替他们干非法的事，然后让他们腐蚀改造他们的君主，这就叫做“在旁”。

9.1.3　三曰“父兄”。何谓“父兄”？曰：侧室公子[1]，人主之所亲爱也；大臣廷吏，人主之所与度计也。此皆尽力毕议、人主之所必听也。为人臣者事公子侧室以音声子女，收大臣廷吏以辞言，处约言事[2]，事成则进爵益禄，以劝其心，使犯其主，此之谓"父兄"。

【注释】

〔1〕侧室：君主的家族中，除宗室（有继位权的嫡长子一系的家族）以外，都称为侧室。公子：见8.11注。

〔2〕处：定。

【译文】

第三叫做"父兄"。什么叫做"父兄"？就是：君主的兄弟儿子，是君主亲近宠爱的人；权贵大臣、朝廷上的官吏，是和君主一起谋划国家大事的人。这些都是竭尽全力一起议论而君主一定能听从的人。做臣子的用动听的音乐和美丽的少女来侍奉讨好君主的儿子和兄弟，用花言巧语来笼络收买权贵大臣和朝廷上的官吏，和他们订立盟约，叫他们按他的意图去给君主谋划事情，事情如果成功，就答应给他们晋级加薪，用这种方法来鼓他们的劲，使他们去干扰他们的君主，这就叫做"父兄"。

9.1.4 四曰"养殃"。何谓"养殃"？曰：人主乐美宫室台池，好饰子女狗马以娱其心，此人主之殃也。为人臣者尽民力以美宫室台池，重赋敛以饰子女狗马，以娱其主而乱其心，从其所欲，而树私利其间，此谓"养殃"。

【译文】

第四叫做"养殃"。什么叫做"养殃"？就是：君主喜欢修筑美化宫殿房屋、亭台楼阁、池塘园林，爱好装饰打扮少女狗马来寻欢作乐，这是君主的祸殃啊。做臣子的用尽民力来修筑美化宫殿房屋、亭台楼阁、池塘园林，重征赋税来装饰打扮少女狗马，以便使他们的君主寻欢作乐而神魂颠倒，他们顺从了君主的欲望而在修饰亭台楼阁和美女狗马的过程中大捞油水，这就叫做“养殃”。

9.1.5　五曰“民萌”〔1〕。何谓“民萌”？曰：为人臣者散公财以说民人〔2〕，行小惠以取百姓，使朝廷市井皆劝誉己，以塞其主而成其所欲，此之谓“民萌”。

【注释】

〔1〕萌：通“氓”。民萌：泛指民众。

〔2〕说：通“悦”。

【译文】

第五叫做“民萌”。什么叫做“民萌”？就是：做臣子的挥霍公家的财物来讨好民众，施行小恩小惠来收买百姓，使朝廷和城市乡村的人都称赞他们自己，用这种办法来蒙蔽他们的君主而使他们的欲望得逞，这就叫做“民萌”。

9.1.6　六曰“流行”。何谓“流行”？曰：人主者，固壅其言谈，希于听论议〔1〕，易移以辩说。为人臣者求诸侯之辩士，养国中之能说者，使之以语其私——为巧文之言、流行之辞，示之以利势，惧之以患害，施属虚辞以坏其主〔2〕，此之谓“流行”。

【注释】

〔1〕希：通“稀”。

〔2〕施：设置，编造。属(zhǔ)：连缀。

【译文】

第六叫做“流行”。什么叫做“流行”？就是：君主本来就不畅通他的言路，很少去听取别人的议论，所以很容易被动听的游说打动而改变主意。做臣子的就搜罗各国能言善辩的说客，收养国内能说会道的人，派他们为自己的私利去向君主进说——让他们设计了巧妙文饰的话语和流利圆通的言辞，用有利的形势来启发君主，用灾难祸害来恐吓君主，杜撰虚假的言辞来损害君主，这就叫做“流行”。

9.1.7　七曰“威强”。何谓“威强”？曰：君人者，以群臣百姓为威强者也。群臣百姓之所善，则君善之；非群臣百姓之所善，则君不善之。为人臣者，聚带剑之客，养必死之士，以彰其威，明为己者必利，不为己者必死，以恐其群臣百姓而行其私，此之谓“威强”。

【译文】

第七叫做“威强”。什么叫做“威强”？就是：统治民众的君主，是靠群臣百姓来形成强大的威势的。群臣百姓认为好的，君主就认为它好；群臣百姓不认为好的，君主也就不认为它好。做臣子的，聚集携带刀剑的侠客，豢养亡命之徒，借此来显示自己的威势，说明帮他的一定会有好处，不帮他的一定会被杀死，用这个来恐吓他的群臣百姓而谋求他的私利，这就叫做“威强”。

9.1.8　八曰“四方”。何谓“四方”？曰：君人者，国小则事大国，兵弱则畏强兵。大国之所索，小国必听；强兵之所加，弱兵必服。为人臣者，重赋敛，尽府库，虚其国以事大国，而用其威求诱其君；甚者举兵以聚边境而制敛于内，薄者数内大使以震其君[1]，使之恐惧，此之谓“四方”。

【注释】

〔1〕内：通“纳”。

【译文】

第八叫做“四方”。什么叫做“四方”？就是：当君主的，自己国家小就得侍奉大国，兵力弱小就害怕强大的军队。大国的勒索，小国一定会听从；劲旅压境，弱小的军队一定会屈服。做臣子的，重征赋税，耗尽国库，挖空自己的国家去侍奉大国，而利用大国的威势来勾引诱惑自己的君主；厉害的，还发动大国的军队聚集在边境上来挟持国内，轻一点的，便屡次招引大国的使者来恐吓自己的君主，使君主害怕，这就叫做“四方”。

9.1.9　凡此八者，人臣之所以道成奸[1]，世主所以壅劫、失其所有也，不可不察焉。

【注释】

〔1〕道：由。

【译文】

大凡这八种方法，是臣子用来使他们的阴谋得逞的手段，也是当代君主受蒙蔽胁迫以致丧失了自己所拥有的权势的原因，这是君主不可不仔细审察的啊。

9.2.1　明君之于内也，娱其色而不行其谒，不使私请[1]。

【注释】

〔1〕这是针对第一种奸术“同床”所提出的防范措施。

【译文】

英明的君主对于宫内的皇后爱妃，玩弄她们的美色而不听从她们的求情，不让她们私下里说情请求。

9.2.2　其于左右也，使其身必责其言，不使益辞[1]。

【注释】

〔1〕这是针对第二种奸术“在旁”所提出的防范措施。

【译文】

英明的君主对于左右侍从，在使用他们的时候一定要严格督责他们的言论，不让他们夸大其词。

9.2.3　其于父兄大臣也，听其言也必使以罚任于后，不令妄举[1]。

【注释】

〔1〕这是针对第三种奸术“父兄”所提出的防范措施。

【译文】

英明的君主对于叔伯、兄弟、权贵大臣，在听取他们意见的时候，一定使他们对于后果承担法律责任，不让他们胡乱地建议。

9.2.4　其于观乐玩好也，必令之有所出，不使擅进，不使擅退，群臣虞其意[1]。

【注释】

〔1〕这是针对第四种奸术“养殃”所提出的防范措施。“不使擅进，不使擅退，群臣虞其意”当作“不使擅进擅退，不使群臣虞其意”。虞：通“娱”。

【译文】

英明的君主对于观赏娱乐的东西、珍贵的玩物，一定让它们有正当的出处，不让大臣们擅自进献，擅自裁减，也不让大臣们来讨自己的欢心。

9.2.5　其于德施也，纵禁财、发坟仓、利于民者[1]，必出于君，不使人臣私其德[2]。

【注释】

〔1〕禁：皇宫。坟：大。

〔2〕这是针对第五种奸术“民萌”所提出的防范措施。

【译文】

英明的君主对于恩惠的施行，诸如发放君主府库中的财物、动用国家大粮仓中的粮食等有利于民众的事，一定出自君主的决定，不让臣下将这些恩德归于他们自己。

9.2.6　其于说议也，称誉者所善，毁疵者所恶，必实其能，察其过，不使群臣相为语[1]。

【注释】

〔1〕这是针对第六种奸术“流行”所提出的防范措施。

【译文】

英明的君主对于臣下的进说议论，不论是赞誉别人的人所赞美的人，还是诋毁别人缺点的人所丑化的人，一定去核实他们的才能，考察他们的错误，不让群臣互相吹捧或诽谤。

9.2.7　其于勇力之士也，军旅之功无逾赏，邑斗之勇无赦罪，不使群臣行私财〔1〕。

【注释】

〔1〕这是针对第七种奸术“威强”所提出的防范措施。

【译文】

英明的君主对于勇敢强劲的斗士，对他们在军队作战中的功劳不破格奖赏，对他们在乡间私斗中的不法行为不赦免罪过，不让群臣利用个人的财富收买勇士来谋求私利。

9.2.8　其于诸侯之求索也，法则听之，不法则距之〔1〕。所谓亡君者，非莫有其国也，而有之者皆非己有也。令臣以外为制于内，则是君人者亡也。听大国为救亡也，而亡亟于不听，故不听。群臣知不听，则不外诸侯；诸侯之不听，则不受之臣诬其君矣〔2〕。

【注释】

〔1〕这是针对第八种奸术“四方”所提出的防范措施。距：通“拒”。

〔2〕受：通“授”。之：指代“听大国可救亡”的说法。

【译文】

英明的君主对于诸侯各国的要求与勒索，合法的就听从他们，不合法的就拒绝他们。被称为亡国之君的，并非没有了他的国家，而是有了国家也都不属于他自己掌管。让臣下利用外国的势力对国内实行控制，那么这统治者就是亡国之君了。听从大国来挽救自己的灭亡，那灭亡比不听从更快，所以不应当听从大国。群臣知道君主不会听从大国，那就不会向外勾结诸侯了；诸侯不被听从，那就不会把那些听从大国能救亡的邪说授予臣子来欺骗他们的国君了。

9.3　明主之为官职爵禄也，所以进贤材劝有功也。故曰：贤材者处厚禄，任大官；功大者有尊爵，受重赏。官贤者量其能，赋禄者称其功。是以贤者不诬能以事其主〔1〕，有功者乐进其业，故事成功立。今则不然，不课贤不肖、论有功劳，用诸侯之重〔2〕，听左右之谒，父兄大臣上请爵禄于上，而下卖之以收财利及以树私党。故财利多者买官以为贵，有左右之交者请谒以成重。功劳之臣不论，官职之迁失谬。是以吏偷官而外交〔3〕，弃事而财亲〔4〕。是以贤者懈怠而不劝，有功者隳而简其业，此亡国之风也。

【注释】

〔1〕诬：欺骗，捏造，冒充。

〔2〕重：权势。

〔3〕偷：苟且。官：职位，职守。

〔4〕亲：爱，贪图。

【译文】

英明的君主设置官职、爵位、俸禄，是要用它来提拔有才能的人，勉励有功劳的人。所以说：有才能的人就得到丰厚的俸禄，做大官；功劳大的人就拥有尊贵的爵位，受重赏。使贤能的人当官时一定衡量他的才能，授予俸禄时一定衡量他的功劳。因此，有才能的人不去追求与自己的才能不相匹配的高官要职来为他的君主服务，有功劳的人乐于向君主进献自己的功业，所以君主的事业能成就、功名能建立。现在却不是这样，君主不去考核官吏是否有德才，不去评定他们是否有功劳，而是任用各国诸侯器重的人，听从左右近臣的请求，于是叔伯、兄弟、权贵大臣在上面向君主求取爵位俸禄，而在下面又出卖它来搜刮钱财货物并靠它来培植私党。所以财货多的人就靠买官而成了尊贵的人，同君主的左右近臣有交往的人就靠近臣的请求而成了有权势的人。有功劳的臣子得不到应有的评定，官职的升迁又失误错乱。因此官吏都敷衍塞责而与国外诸侯结交，以便让诸侯器重自己；又不顾自己的职事而只在财物上兜圈子，以便用它去贿赂左右近臣。因此有才能的人便变得松懈懒惰而不肯卖力，有功劳的人便毁弃而怠慢自己的事业，这是亡国的风气啊。

第三卷

十过第十

（第十篇　十种过错）

10.0　十过：一曰行小忠，则大忠之贼也。二曰顾小利，则大利之残也。三曰行僻自用[1]，无礼诸侯，则亡身之至也[2]。四曰不务听治而好五音[3]，则穷身之事也。五曰贪愎喜利，则灭国杀身之本也。六曰耽于女乐，不顾国政，则亡国之祸也。七曰离内远游而忽于谏士，则危身之道也。八曰过而不听于忠臣，而独行其意，则灭高名为人笑之始也。九曰内不量力，外恃诸侯，则削国之患也。十曰国小无礼，不用谏臣，则绝世之势也[4]。

【注释】

〔1〕僻：邪恶。

〔2〕至：到来，引申指形成。

〔3〕五音：即宫、商、角、徵(zhǐ)、羽五种音调，相当于现在简谱中1、2、3、5、6五个音级。这里泛指音乐。

〔4〕世：父亲死后由儿子继承其位叫“世”，引申指继承。

【译文】

十种过错：一是奉行对私人的小忠，那是对大忠的一种戕害。

二是只顾小利，那是对大利的一种残害。三是放肆作恶，刚愎自用，对待诸侯没有礼貌，那是使自己身亡的成因。四是不致力于治理国政而爱好音乐，那是使自己陷于困境的事情。五是贪婪固执、利迷心窍，那是亡国杀身的祸根。六是沉迷于歌女，不顾国家的政事，那就有国家灭亡的祸害。七是离开朝廷到远处游玩而对劝谏的大臣不加理睬，那是危害自身的做法。八是犯了错误而不听忠臣的劝告，一意孤行，那是丧失崇高的名声而被人讥笑的开始。九是对内不衡量一下自己的力量，而去依靠外国诸侯，那就有国土被割削的祸患。十是国家弱小而没有礼貌，又不听劝谏的大臣，那就有断绝后嗣的趋势。

10.1　奚谓小忠？昔者楚共王与晋厉公战于鄢陵〔1〕，楚师败，而共王伤其目。酣战之时，司马子反渴而求饮〔2〕，竖谷阳操觞酒而进之〔3〕。子反曰：“嘻！退！酒也。”谷阳曰：“非酒也。”子反受而饮之。子反之为人也，嗜酒，而甘之，弗能绝于口而醉。战既罢，共王欲复战，令人召司马子反，司马子反辞以心疾。共王驾而自往，入其幄中，闻酒臭而还〔4〕，曰：“今日之战，不穀亲伤。所恃者，司马也，而司马又醉如此，是亡楚国之社稷而不恤吾众也〔5〕。不穀无复战矣。”于是还师而去，斩司马子反以为大戮。故竖谷阳之进酒，不以雠子反也，其心忠爱之而适足以杀之。故曰：行小忠，则大忠之贼也。

【注释】

〔1〕楚共(gōng)王：名审，春秋时楚国君主，公元前590年—公元前560年在位。晋厉公：名州蒲，又名寿曼，春秋时晋国君主，公元前580年—公元前573年在位。鄢(yān)陵：郑国地名，位于今河南省鄢陵

县西北。公元前575年，晋国和楚国曾在鄢陵大战，晋国获胜。

〔2〕司马：掌管军政的官。子反：楚国公子，名侧，字子反。

〔3〕竖：年轻的仆人。

〔4〕臭(xiù)：气味。

〔5〕亡：通“忘”。

【译文】

什么叫做对私人的小忠？过去楚共王和晋厉公在鄢陵打仗，楚国的军队战败了，而楚共王伤了自己的眼睛。当战斗最激烈的时候，楚国的司马子反口渴了要水喝，童仆谷阳拿了杯酒进献给子反。子反说：“呸！拿下去！这是酒啊。”谷阳说：“这不是酒。”子反就接过来把它喝了。子反这个人生性喜爱喝酒，因而觉得这酒很甜美，不能停嘴而喝醉了。战斗已经结束了，楚共王想再战，派人去叫司马子反，司马子反用患有心病的理由加以推辞。楚共王乘着马车亲自去了，走进他的帐幕中，闻到酒的气味便回去了，说：“今天的战斗，我自身也受伤了。所要依靠的，就是司马，而司马又醉成这样，这是忘记了楚国的国家大业而不爱惜我的部下啊。我不再打仗了。”于是退兵而去，杀了司马子反把他陈尸示众。所以童仆谷阳的献酒，并不是因为仇恨子反，他的内心对子反是很忠诚热爱的，但恰恰是因此把子反给害了。所以说：奉行对私人的小忠，那是对大忠的一种戕害。

10.2　奚谓顾小利？昔者晋献公欲假道于虞以伐虢〔1〕。荀息曰〔2〕：“君其以垂棘之璧与屈产之乘赂虞公〔3〕，求假道焉，必假我道。”君曰：“垂棘之璧，吾先君之宝也；屈产之乘，寡人之骏马也。若受吾币不假之道，将奈何？”荀息曰：“彼不假我道，必不敢受我币。若受我币而假我道，则是宝犹取之内府而藏之外府也，马犹取之内厩而著之外厩也。君勿忧。”君曰：“诺。”乃使荀息以垂棘之璧与屈产之乘赂虞公而求假道焉。虞公贪利其璧与马而欲许之。宫之奇谏曰[4]："不可许。夫虞之有虢也，如车之有辅[5]。辅依车，车亦依辅，虞、虢之势正是也。若假之道，则虢朝亡而虞夕从之矣。不可，愿勿许。"虞公弗听，遂假之道。荀息伐虢，克之，还反[6]，处三年，兴兵伐虞，又克之。荀息牵马操璧而报献公，献公说曰[7]："璧则犹是也。虽然，马齿亦益长矣。"故虞公之兵殆而地削者，何也？爱小利而不虑其害。故曰：顾小利，则大利之残也。

【注释】

〔1〕晋献公：名诡诸，春秋时晋国君主，公元前676年—公元前651年在位。虞：周文王时建立的诸侯国，姬姓，位于今山西平陆县北。虢(guó)：指北虢，古国名，姬姓，位于今河南三门峡和山西平陆县一带，公元前655年为晋所灭。

〔2〕荀息：晋国大夫。

〔3〕垂棘：晋国地名。屈产：晋国地名，位于今山西石楼县东南。乘：指代马。

〔4〕宫之奇：虞国的大夫。

〔5〕辅：车子两旁绑在车轮外的直木，用来增强车辐的承载力。

〔6〕反：通"返"。

〔7〕说：通"悦"。

【译文】

什么叫做只顾小利？从前晋献公想向虞国借路去攻打虢国。荀息说："大王如果用垂棘出产的玉璧与屈产的马匹去贿赂虞国的君主，再向他要求借路，那么他一定会把道路借给我们。"晋献公说："垂棘出产的那玉璧，是我先祖的宝贝；屈产的马匹，是我使用的骏马。如果他接受了我们的礼物而不把道路借给我们，我们将怎么办呢？"荀息说："他如果不把道路借给我们，那就一定不敢接受我们的礼物。如果他接受了我们的礼物而把道路借给我们，那么这宝玉就好像是从宫内的宝库中把它取出来而又把它藏到宫外的宝库里，那马就好像是从宫内的马棚里把它牵出来而又把它拴到宫外的马棚里。大王不要担忧。”晋献公说：“好。”于是就派荀息拿垂棘的玉璧和屈产的良马送给虞国的国君而向他请求借路。虞公贪图那玉璧与良马而想答应晋国的要求。大夫宫之奇劝谏说：“不能答应。虞国边上有个虢国，就好像车子有两旁的夹木一样。夹木依靠车子，车子也依靠夹木，虞、虢两国的形势正是这样。如果把道路借给晋国，那么虢国早上灭亡，而虞国在晚上也就会跟着它灭亡了。万万不能。请别答应。”虞公不听宫之奇的话，就把道路借给了晋国。荀息攻打虢国，攻克了它，回来后，过了三年，举兵攻打虞国，又攻克了它。荀息牵着骏马拿着玉璧来回报晋献公，献公高兴地说：“玉璧倒还是这样。尽管如此，马的年龄却也增加了。”那虞公兵力被摧毁、国土被割削的原因是什么呢？就是因为贪图小利而不想想它的害处。所以说：只顾小利，那是对大利的一种残害。

10.3　奚谓行僻？昔者楚灵王为申之会〔1〕，宋太子后至〔2〕，执而囚之；狎徐君〔3〕；拘齐庆封〔4〕。中射士谏曰〔5〕：“合诸侯，不可无礼，此存亡之机也。昔者桀为有戎之会而有缗叛之〔6〕，纣为黎丘之蒐而戎、狄叛之〔7〕，由无礼也。君其图之！”君不听，遂行其意。居未期年〔8〕，灵王南游，群臣从而劫之。灵王饿而死乾溪之上〔9〕。故曰：行僻自用，无礼诸侯，则亡身之至也。

【注释】

〔1〕楚灵王：见7.3注。申：诸侯国名，位于今河南省南阳市北。

〔2〕宋太子：名佐，宋平公的儿子。

〔3〕狎（xiá）：轻侮。徐：诸侯国名，地处今安徽省泗县一带。

〔4〕庆封：齐国的大夫。

〔5〕中射士：宫中的武职卫士。

〔6〕桀：名履癸，夏朝末代帝王，被商汤所灭。有：名词词头。有戎：国名，即“有仍”，在今山东济宁东南。有缗(mín)：部落名，在今山东金乡县南。

〔7〕纣：名受辛，商朝末代帝王，被周武王打败后自杀。黎丘：地名，位于今河南省虞城县北。蒐(sōu)：春天围猎，用来检阅军队。戎：我国古代西部的少数民族。狄：我国古代北部的少数民族。

〔8〕期(jī)年：一周年。

〔9〕乾溪：楚国地名，位于今安徽亳(bó)州市东南。

【译文】

什么叫做作恶？从前楚灵王举行申地的诸侯集会，宋国的太子迟到了，便将他逮捕囚禁起来；又轻慢侮弄徐国的君主；还拘捕了齐国的庆封。楚国有个宫中卫士劝谏说：“会合诸侯，不可以无礼，这是关系到国家存亡的关键。过去夏桀在有戎举行诸侯的集会而有缗背叛了他，商纣王在黎丘举行围猎检阅诸侯而戎、狄背叛了他，这都是由于无礼的缘故啊。大王还是好好考虑考虑吧！”楚灵王不听，还是按照自己的意思去做。过了不到一年，楚灵王到南方去游览视察，群臣跟从着而劫持了他，灵王便饿死在乾溪边上。所以说：放肆作恶，刚愎自用，对待诸侯没有礼貌，那是使自己身亡的成因。

10.4 奚谓好音？

昔者卫灵公将之晋[1]，至濮水之上[2]，税车而放马[3]，设舍以宿。夜分，而闻鼓新声者而说之[4]，使人问左右，尽报弗闻。乃召师涓而告之曰[5]：“有鼓新声者，使人问左右，尽报弗闻。其状似鬼神，子为我听而写之[6]。”师涓曰：“诺。”因静坐抚琴而写之。师涓明日报曰：“臣得之矣，而未习也，请复一宿习之。”灵公曰：“诺。”因复留宿。明日而习之，遂去之晋。

晋平公觞之于施夷之台[7]。酒酣，灵公起。公曰："有新声，愿请以示。"平公曰："善。"乃召师涓，令坐师旷之旁[8]，援琴鼓之。未终，师旷抚止之，曰："此亡国之声，不可遂也。"平公曰："此道奚出？"师旷曰："此师延之所作，与纣为靡靡之乐也。及武王伐纣，师延东走，至于濮水而自投。故闻此声者，必于濮水之上。先闻此声者，其国必削，不可遂。"平公曰："寡人所好者，音也，子其使遂之。"师涓鼓究之。

平公问师旷曰："此所谓何声也？"师旷曰："此所谓清商也[9]。"公曰："清商固最悲乎？"师旷曰："不如清徵。"公曰："清徵可得而闻乎？"师旷曰："不可。古之听清徵者，皆有德义之君也。今吾君德薄，不足以听。"平公曰："寡人之所好者，音也，愿试听之。"师旷不得已，援琴而鼓。一奏之，有玄鹤二八，道南方来[10]，集于郎门之垝[11]；再奏之而列；三奏之，延颈而鸣，舒翼而舞，音中宫商之声，声闻于天。平公大说[12]，坐者皆喜。

平公提觞而起为师旷寿，反坐而问曰[13]："音莫悲于清徵乎？"师旷曰："不如清角。"平公曰："清角可得而闻乎？"师旷曰："不可。昔者黄帝合鬼神于泰山之上，驾象车而六蛟龙，毕方并辖[14]，蚩尤居前[15]，风伯进扫，雨师洒道，虎狼在前，鬼神在后，腾蛇伏地[16]，凤皇覆上，大合鬼神，作为清角。今主君德薄[17]，不足听之。听之，将恐有败。"平公曰："寡人老矣，所好者音也，愿遂听之。"师旷不得已而鼓之。

一奏而有玄云从西北方起；再奏之，大风至，大雨随之，裂帷幕，破俎豆，隳廊瓦。坐者散走，平公恐惧，伏于廊室之间。晋国大旱，赤地三年。平公之身遂癃病。

故曰：不务听治，而好五音不已，则穷身之事也。

【注释】

〔1〕卫灵公：名元，春秋时卫国君主，公元前534年—公元前493年在位。

〔2〕濮水：古代水名，在今河南省东北部，今已不存。

〔3〕税：通“脱”，解开。

〔4〕说：通“悦”。

〔5〕师涓：卫国的乐师，名涓。

〔6〕写：仿效。

〔7〕晋平公：名彪，春秋时晋国君主，公元前557年—公元前532年在位。施夷：晋国地名，位于今山西省曲沃县西。

〔8〕师旷：字子野，春秋时期晋国的乐师，善于辨音。

〔9〕清：纯正。清商：指以纯正的商音为主音的乐曲。

〔10〕道：由。

〔11〕郎：通“廊”。

〔12〕说：通“悦”。

〔13〕反：通“返”。

〔14〕辖：车轴两端的插销。

〔15〕蚩(chī)尤：古代九黎族首领。

〔16〕腾蛇：也作“螣蛇”，传说中的神蛇。

〔17〕主：当作“吾”。

【译文】

什么叫做爱好音乐？

从前卫灵公将要到晋国去，来到濮水边上，卸下车驾，放马休息，布置了住处来过夜。夜半，他听见有人弹奏新的乐曲，便爱上了它，派人去问左右的侍从，都回报说没有听见。于是就把师涓召来而告诉他说："有人在弹奏新的乐曲，我派人问左右的侍从，都回报说没有听见。那样子好像是鬼神弹出来的，您给我听了以后再把它模拟出来吧。"师涓说："好。"便静静地坐着抚弄琴弦来模仿它。师涓第二天回报说："我已经把它学到了，但还没有熟练，请让我再练它个一夜。"灵公说："好。"就又住了一夜。到次日，师涓便熟悉了这乐曲，就出发到晋国去。

晋平公在施夷的高台上设酒宴来招待他们。酒喝得正畅快的时候，卫灵公站起来了。他说："有一支新的乐曲，我希望把它弹出来给大家听听。"晋平公说："好。"于是就召来师涓，叫他坐在晋平公的乐师师旷的旁边，把琴拿过来弹奏这曲调。乐曲还没有弹完，师旷便按住琴弦阻止师涓说："这是亡国的音乐，不可以把它弹完。"晋平公说："你这道理是从哪里来的?"师旷说："这是商纣王的乐师师延制作的曲子，是他给商纣王制作的颓废淫荡的音乐。到周武王讨伐商纣王的时候，师延向东逃跑，来到濮水便自己投水死了。所以听到这支乐曲的，一定是在濮水的边上。先听到这曲调的人，他的国家一定会削弱，所以这曲调不可以弹完。"晋平公说："我所爱好的，是音乐。您还是让他把这曲子弹完吧。"师涓弹完了这曲子。

晋平公问师旷说："这是平常所说的什么乐调呢?"师旷说："这就是所谓的清商乐调。"晋平公说："清商的乐调真是最悲凉的吗?"师旷说："还不及清徵悲凉。"晋平公说："清徵的乐调可以弹出来听听吗?"师旷说："不可以。古代听清徵乐调的，都是有德行道义的君主。现在您的德行还浅薄，还不能听这乐调。"晋平公说："我所爱好的，是音乐。请让我听它一下试试看。"师旷不得已，就拿过琴来弹奏。把它弹了一遍，便有十六只黑色的仙鹤从南方飞来，聚集在游廊门上的屋脊上；把它弹了第二遍，这些仙鹤便排列成行；把它弹了第三遍，这些仙鹤便伸长了脖子鸣叫，张开了翅膀跳舞，它们的叫声合乎悦耳动听的宫调和商调的音乐声，这叫声响彻云霄。晋平公十分喜悦，在座的人也都很高兴。

晋平公拿着酒杯站起来给师旷祝寿，回到座位上后又问道：

“乐调没有比清徵更悲凉的吗?”师旷说:“清徵还不及清角悲凉。”晋平公说:“清角可以弹出来听听吗?”师旷说:“不可以。从前黄帝在泰山的顶上会合鬼神,驾着象牙装饰的车子,而用六条蛟龙拉车,木神毕方护在车辖的两旁,蚩尤在前面开路,风神向前扫除尘土,雨神接着清洗道路,虎狼在前面,鬼神在后面,螣蛇趴在地下,凤凰在上面飞翔,大规模地会合鬼神,因此制作成清角的乐调。现在您的德行浅薄,还不能够听它。如果听了这种乐调,恐怕会有损害的。”晋平公说:“我老了,所爱好的是音乐。请让我把它听个够吧。”师旷不得已,便弹奏这乐调。弹了一遍,便有黑色的云从西北方升起来;弹了第二遍,狂风刮来,大雨随着狂风而下,吹裂了帐幕,打破了碗具,摔毁了廊屋上的瓦片。在座的人都四散逃跑,平公惊恐害怕,趴在走廊和内室之间。晋国大旱,一连三年田地都光光的不长一根草。平公的身子也因此得了瘫痪病。

所以说:不致力于治理国政而爱好音乐没个完,那是使自己陷于困境的事情。

10.5 奚谓贪愎?

昔者智伯瑶率赵、韩、魏而伐范、中行[1],灭之[2]。反归[3],休兵数年,因令人请地于韩。韩康子欲勿与[4],段规谏曰:“不可不与也。夫知伯之为人也[5],好利而骜愎[6]。彼来请地而弗与,则移兵于韩必矣。君其与之。与之,彼狃[7],又将请地他国。他国且有不听,不听,则知伯必加之兵。如是,韩可以免于患而待其事之变。”康子曰:“诺。”因令使者致万家之县一于知伯。知伯说,又令人请地于魏。宣子欲勿与[8],赵葭谏曰:“彼请地于韩,韩与之。今请地于魏,魏弗与,则是魏内自强而外怒知伯也。如弗予,其措兵于魏必矣。不如予之。”宣子诺，因令人致万家之县一于知伯。知伯又令人之赵请蔡、皋狼之地[9]，赵襄子弗与。知伯因阴约韩、魏将以伐赵。

襄子召张孟谈而告之曰：“夫知伯之为人也，阳亲而阴疏。三使韩、魏而寡人不与焉[10]，其措兵于寡人必矣。今吾安居而可？”张孟谈曰：“夫董阏于[11]，简主之才臣也[12]，其治晋阳[13]，而尹铎循之[14]，其余教犹存，君其定居晋阳而已矣。”君曰：“诺。”乃召延陵生[15]，令将车骑先至晋阳[16]，君因从之。

君至，而行其城郭及五官之藏[17]。城郭不治，仓无积粟，府无储钱，库无甲兵，邑无守具。襄子惧，乃召张孟谈曰：“寡人行城郭及五官之藏，皆不备具，吾将何以应敌？”张孟谈曰：“臣闻：‘圣人之治，藏于臣[18]，不藏于府库；务修其教，不治城郭。’君其出令，令民自遗三年之食，有余粟者入之仓；遗三年之用，有余钱者入之府；遗有奇人者使治城郭之缮[19]。”君夕出令，明日，仓不容粟，府无积钱，库不受甲兵。居五日而城郭已治，守备已具。

君召张孟谈而问之曰：“吾城郭已治，守备已具，钱粟已足，甲兵有余。吾奈无箭何[20]？”张孟谈曰：“臣闻董子之治晋阳也，公宫之垣皆以荻蒿楛楚墙之[21]，有楛高至于丈，君发而用之。”于是发而试之，其坚则虽箘簵之劲弗能过也[22]。君曰：“吾箭已足矣，奈无金何？”张孟谈曰：“臣闻董子治晋阳也，公宫令舍之堂，皆以炼铜为柱、质。君发而用之。”于是发而用之，有余金矣。

号令已定，守备已具，三国之兵果至，至则乘晋阳之城，遂战，三月弗能拔。因舒军而围之，决晋阳之水以灌之。围晋阳三年，城中巢居而处，悬釜而炊，财食将尽，士大夫羸病。襄子谓张孟谈曰："粮食匮，财力尽，士大夫羸病，吾恐不能守矣！欲以城下，何国之可下?"张孟谈曰："臣闻之：'亡弗能存，危弗能安，则无为贵智矣。'君释此计者。臣请试潜行而出，见韩、魏之君。"

张孟谈见韩、魏之君，曰："臣闻：'唇亡齿寒。'今知伯率二君而伐赵，赵将亡矣。赵亡，则二君为之次。"二君曰："我知其然也。虽然，知伯之为人也，粗中而少亲，我谋而觉，则其祸必至矣。为之奈何?"张孟谈曰："谋出二君之口而入臣之耳，人莫之知也。"二君因与张孟谈约三军之反，与之期日。夜遣孟谈入晋阳，以报二君之反。襄子迎孟谈而再拜之，且恐且喜。

二君以约遣张孟谈〔23〕，因朝知伯而出，遇智过于辕门之外。智过怪其色，因入见知伯，曰："二君貌将有变。"君曰："何如?""其行矜而意高，非他时之节也。君不如先之。"君曰："吾与二主约谨矣，破赵而三分其地，寡人所以亲之，必不侵欺。兵之著于晋阳三年，今旦暮将拔之而向其利〔24〕，何乃将有他心？必不然。子释，勿忧，勿出于口。"

明旦，二主又朝而出，复见智过于辕门。智过入见曰："君以臣之言告二主乎?"君曰："何以知之?"曰：

"今日二主朝而出，见臣而其色动，而视属臣[25]。此必有变，君不如杀之。"君曰："子置勿复言。"智过曰："不可！必杀之。若不能杀，遂亲之。"君曰："亲之奈何？"智过曰："魏宣子之谋臣曰赵葭，韩康子之谋臣曰段规，此皆能移其君之计。君与其二君约：破赵国，因封二子者各万家之县一。如是，则二主之心可以无变矣。"知伯曰："破赵而三分其地，又封二子者各万家之县一，则吾所得者少。不可！"智过见其言之不听也，出，因更其族为辅氏。

至于期日之夜，赵氏杀其守堤之吏而决其水灌知伯军。知伯军救水而乱，韩、魏翼而击之，襄子将卒犯其前，大败知伯之军而擒知伯。知伯身死军破，国分为三，为天下笑。

故曰：贪愎好利，则灭国杀身之本也。

【注释】

〔1〕智伯瑶：见1.5注。范：指范昭子士吉射，范献子士鞅之子。中行(háng)：指中行文子荀寅，荀偃之孙。

〔2〕范氏、中行氏被灭之事，参见4.2注。

〔3〕反：通"返"。

〔4〕韩康子：韩简子的儿子，名虎。

〔5〕知：通"智"。知伯：即智伯瑶。

〔6〕骜：通"傲"。

〔7〕狃(niǔ)：习惯。

〔8〕宣子：又作"桓子"，晋国的卿。

〔9〕皋狼：晋国地名，位于今山西省离石区西北。

〔10〕与(yù)：参与。

〔11〕董阏于：见3.2注。

〔12〕简主：指赵简子，名鞅，赵襄子的父亲。

〔13〕晋阳：见1.5注。

〔14〕尹铎：赵襄子的家臣。

〔15〕延陵生：赵襄子的家臣。

〔16〕将(jiàng)：率领。

〔17〕五官：泛指百官。

〔18〕臣：当作“民”。

〔19〕奇(jī)：多余。

〔20〕箭：造箭用的小竹。

〔21〕垣(yuán)：墙。荻(dí)：芦苇类植物。蒿：通“稾”(gǎo)，稻麦的秆子。楛(hù)：荆棘类植物。楚：灌木名，即“荆”。

〔22〕菌：通“箘”。箘簬：一种坚硬的竹子。

〔23〕以：通“已”。

〔24〕向：通“享”。

〔25〕属：下属。

【译文】

什么叫做贪婪固执？

从前智伯瑶率领赵、韩、魏三国去攻打范氏、中行氏，把他们消灭了。回来后，把部队休整了几年，便派人到韩国去要土地。韩康子想不给，他的家臣段规劝谏说：“不能不给啊。智伯这个人的性子，贪利而且傲慢暴戾。他来要土地而不给他，那么他一定要调动军队来攻打韩国了。您还是给他吧。给了他，他习惯了，又会向其他国家要土地。其他国家将会有不听从他的，如不听从，那么智伯就一定会对它用兵。这样，韩国就可以避免祸患而等待那事态的变化再伺机行事。”韩康子说：“好。”便派遣使者去向智伯赠送了一个有万户人家的县。智伯很高兴，又派人到魏国去要土地。魏宣子想不给，他的家臣赵葭劝谏说：“智伯向韩国要土地，韩国给了他。现在来向魏国要土地，魏国不给，那么这是魏国在国内自恃强大而在国外激怒智伯了。如果不给，那么他一定会对魏国用兵了。不如给他。”魏宣子同意了，便派人赠送了一个有万户人家的县给智伯。智伯又派人到赵国去要蔡、皋狼的地盘，赵襄子不给。智伯便暗中约韩、魏两国准备去攻打赵国。

赵襄子召见了家臣张孟谈而告诉他说：“智伯的为人，表面上和人亲近而暗地里却疏远得很。他现在三次派使者到韩国、魏国去，而我这里他却不派人来，他一定要对我用兵了。现在我们住到哪里才行呢?”张孟谈说：“那董阏于，是简子手下很有才干的家臣。他曾经治理过晋阳，而后尹铎又依照他的政策来治理，所以那良好的余风遗教至今仍然存在着，您还是定居在晋阳算了吧。”赵襄子说：“好。”于是便召见了家臣延陵生，派他率领车马先到晋阳去，赵襄子便随后出发。

赵襄子一到晋阳，便巡视晋阳的内城外城以及各处官府的储备。只见城墙没修好，粮仓里没有积余的粮食，金库内没有储蓄起来的铜钱，军用仓库中没有盔甲和兵器，城内没有防守的设施。赵襄子害怕了，就召见张孟谈说：“我去巡视了城墙以及各处官府的储备，都不完备，我们将用什么去对付敌人呢?”张孟谈说：“我听说：‘圣人治国，粮食钱财都藏在老百姓家里，而不藏在公家的仓库里；致力于搞好他的教化，而不单单去修理城郭。’您还是发布命令，命令百姓自己留下三年的粮食，有多余的粮食就把它交到国家的粮仓里；各自留下三年的费用，有多余的钱就把它交到国家的金库中；留下必要的劳动力，有多余的劳动力就派他们来搞城墙的修理。”赵襄子晚上发布了命令，第二天，粮仓里便不能再容纳粮食了，金库内没有地方再能堆积铜钱了，军用仓库中不能再接受盔甲兵器了。过了五天而城墙已经修好了，防守的设施也已经准备好了。

赵襄子又召见张孟谈而问他说：“我们的城墙已经修好了，防守的设施也已经准备好了，钱财粮食已经富足了，盔甲兵器已绰绰有余了。但是我没有造箭用的竹竿，这该怎么办呢?”张孟谈说：“我听说董阏于治理晋阳的时候，卿大夫家的围墙都是用芦荻、秸秆、楛杆、荆条等筑成的，其中有高达一丈的楛杆可以做箭杆，您就把它拆出来使用吧。”于是把这楛杆拆出来试了试，它的坚硬程度就是强劲的箘簵也不能超过它。赵襄子说：“我的箭杆已经足够了，但没有做箭头的金属，怎么办呢?”张孟谈说：“我听说董阏于治理晋阳的时候，卿大夫以及县令家中的厅堂，都用冶炼过的铜做柱子和垫柱石，您就把它拆出来使用吧。”于是把它拆出来使用，便有多余的金属了。

号令已经制定，防守的设施已经准备就绪，三国的军队果然到了。到了就攀登晋阳城，于是就打起仗来，但过了三个月也没能把晋阳城攻下来，便把军队疏散开来包围了晋阳城，并掘开晋水的堤坝来淹晋阳城。这样把晋阳城包围了三年，城内的人都在高处做了像鸟窝似的棚来居住，把锅子吊起来烧饭，财物和食品都快用完了，官员们都瘦弱多病。赵襄子对张孟谈说："粮食缺乏，财力枯竭，官员们瘦弱多病，我们恐怕守不住了！我想打开城门投降，你看应该向哪个国家投降？"张孟谈说："我听说过这样的话：'不能使灭亡的生存下去，不能使危险的转变为安全，那就没有必要尊重智慧了。'您放弃这种打算吧。请让我试着偷偷地溜出城去，见一见韩国、魏国的君主。"

张孟谈见了韩国、魏国的君主，便说："我听说：'嘴唇没有了，门牙就会遭受寒冷。'现在智伯率领了你们二位君主来攻打赵国，赵国快要灭亡了。但是赵国灭亡后，那么你们二位君主就会成为第二个赵国，也会被智伯所灭。"两位君主说："我们知道那事情会这样。但即使如此，智伯的为人，心地粗暴野蛮而缺少仁爱，我们的谋划如果被发觉，那么那灾祸就一定会降临了。对这种情况该怎么办呢？"张孟谈说："计谋出自你们二位君主的口中而进入我的耳中，别人是没有谁知道它的。"韩、魏两位君主便与张孟谈制定了三国军队的反攻计划，并与他约定了日期。夜里便派遣张孟谈进晋阳城，去向赵襄子报告两位君主的反叛计划。赵襄子迎接了张孟谈，向他拜了两次，又惊恐又高兴。

韩、魏两位君主已经和张孟谈约定并派遣他回晋阳城后，便去朝见智伯，出来的时候，在营门的外面碰到智过。智过觉得他们的脸色反常，就进去谒见智伯，说："那两位君主从脸色上看要叛变了。"智伯说："怎么个说法?"智过说："他们行动傲慢，趾高气扬，与过去的气派不同。您不如先下手。"智伯说："我与两位君主约定得很慎重，攻破赵国后三家平分赵国的土地，我用这个来笼络他们，他们一定不会暗算我的。军队驻扎在晋阳已经三年，现在很快就要把城攻下来而分享那战利了，怎么还会有其他的打算呢？一定不会这样的。您放心，不要忧虑，也不要再把这种话说出口了。"

第二天早上，韩、魏两位君主又朝见智伯出来，又在营门遇见了智过。智过进去见了智伯说：“您把我的话告诉给两位君主了吗?”智伯说：“你怎么知道的?”智过说：“今天两位君主朝见您出来时，看见我以后，他们的脸色也变了，而且避开我的眼光去看他们的侍从。这两个君主肯定要叛变了，您不如把他们杀了。”智伯说：“请你把这些话放在一边不要再说了。”智过说：“不行!一定要把他们杀掉。如果不能把他们杀掉，那么就得亲近他们。”智伯说：“亲近他们该怎么办呢?”智过说：“魏宣子的参谋叫赵葭，韩康子的参谋叫段规，这两个人都能够改变他们君主的计划。您就和他们的两个君主约定：等攻破赵国后，便封给这二位每人一个有万户人家的县。像这样，那么韩、魏两位君主的心就可以不变了。”智伯说：“攻破赵国后三国平分赵国的土地，还要封给这二位每人一个有万户人家的县，那么我所得到的就很少了。不行!”智过看见自己的话不被听从，便出走了，接着还把他的家族改姓为辅。

到了约定的那天晚上，赵国人杀掉了智伯手下守卫堤坝的军吏并打开那堤坝放水灌淹智伯的部队。智伯的部队因为救水而乱作一团，韩、魏两国军队便在两侧夹攻智伯的部队，赵襄子则带领士兵迎头痛击智伯的正前方，把智伯的部队打得大败，并且活捉了智伯。智伯自身被杀死，部队被打败，国土被瓜分为三块，被天下的人所讥笑。

所以说：贪婪固执、利迷心窍，那是亡国杀身的祸根。

10.6 奚谓耽于女乐?

昔者戎王使由余聘于秦[1]，穆公问之曰[2]：“寡人尝闻道而未得目见之也，愿闻古之明主得国失国何常以。”由余对曰：“臣尝得闻之矣，常以俭得之，以奢失之。”穆公曰：“寡人不辱而问道于子，子以俭对寡人，何也?”由余对曰：“臣闻昔者尧有天下[3]，饭于土簋[4]，饮于土铏。其地南至交趾[5]，北至幽都[6]，东西至日月之所出入者，莫不宾服。尧禅天下，虞舜受之〔7〕，作为食器，斩山木而财之〔8〕，削锯修之迹，流漆墨其上，输之于宫以为食器。诸侯以为益侈，国之不服者十三。舜禅天下而传之于禹〔9〕，禹作为祭器，墨染其外，而朱画其内，缦帛为茵，蒋席颇缘，觞酌有采，而樽俎有饰。此弥侈矣，而国之不服者三十三。夏后氏没〔10〕，殷人受之，作为大路〔11〕，而建九旒，食器雕琢，觞酌刻镂，四壁垩墀〔12〕，茵席雕文。此弥侈矣，而国之不服者五十三。君子皆知文章矣，而欲服者弥少。臣故曰：俭其道也。”

由余出，公乃召内史廖而告之曰〔13〕：“寡人闻：‘邻国有圣人，敌国之忧也。’今由余，圣人也，寡人患之，吾将奈何？”内史廖曰：“臣闻戎王之居，僻陋而道远，未闻中国之声。君其遗之女乐〔14〕，以乱其政，而后为由余请期，以疏其谏。彼君臣有间而后可图也。”君曰：“诺。”乃使史廖以女乐二八遗戎王，因为由余请期。戎王许诺，见其女乐而说之〔15〕，设酒张饮，日以听乐，终岁不迁，牛马半死。由余归，因谏戎王，戎王弗听，由余遂去之秦。秦穆公迎而拜之上卿〔16〕，问其兵势与其地形。既以得之，举兵而伐之，兼国十二，开地千里。

故曰：耽于女乐，不顾国政，亡国之祸也。

【注释】

〔1〕戎：我国周代西北地区的少数民族，分布在今黄河上游一带。

聘：受君主委托而出国访问。古代把诸侯之间或诸侯与天子之间派使节互相访问叫做“聘”。

〔2〕穆公：指秦穆公，名任好，春秋时秦国君主，公元前659年—公元前621年在位。

〔3〕尧：传说中的圣明帝王。尧死后，由舜继位。

〔4〕簋(guǐ)：盛饭之器。

〔5〕交趾：地名，位于今越南。

〔6〕幽都：地名，即34.3.3的“幽州之都”，在今北京市北。

〔7〕虞：虞代，即舜在位的时代，约在公元前22世纪。舜：是上古有虞氏一朝的帝王，所以又称为虞舜。他受尧的禅让继位，在位48年，是传说中的圣明帝王。

〔8〕财：通“裁”。

〔9〕禹：传说中夏朝的帝王。他奉舜的命令治理洪水，采取疏通河道的办法，开掘了济水、漯(tà)水、汝水、汉水、淮河、泗水等，导流入海，获得成功，因此被舜选为继承人。舜死后他称帝天下，建立了夏王朝。从他开始结束了帝位禅让制，所谓传子而不传贤。

〔10〕夏：夏代，是禹建立的王朝，它的年代约在公元前21世纪—公元前16世纪。

〔11〕路：通“辂”。

〔12〕四：是“白”的误字。垩(è)：白色的土。墀(chí)：宫殿前台阶上面的空地。

〔13〕内史：主管租税收入和全国财政开支的官吏。廖：人名，姓王。

〔14〕遗(wèi)：赠送。

〔15〕说：通“悦”。

〔16〕上卿：国中最尊贵的大臣。

【译文】

什么叫沉迷于歌女？

从前戎王派由余到秦国访问，秦穆公问他说：“我曾经听说过治国的原则，但还没有能够亲眼看见治国的具体措施，现在我希望能听听古代的英明天子常常因为什么而得到了诸侯国的拥护或失去了诸侯国的拥护。”由余回答说：“我曾经听说过这原因了，常常因为节俭而得到了诸侯国的拥护，因为奢侈而失去了诸侯国的拥护。”秦穆公说：“我不顾耻辱而向您请教治国的方法，您却用节俭来回答我，为什么呢?”由余回答说：“我听说从前尧统治天下的时候，用土烧制成的碗吃饭，用土烧制成的杯喝水。但他的领土南面到交趾，北面到幽都，东面、西面分别到太阳月亮升起、落下的地方，没有什么诸侯不臣服。尧禅让天下，虞舜接受了它以后，制作饮食器具，便砍伐山上的树木来做它，用刀、锯砍削锯割成器后还把那砍削锯割的痕迹修光，在它上面涂刷漆和墨，再把它运送到宫中作为饮食的器皿。诸侯各国认为他奢侈起来了，不服从的诸侯国就有了十几个。舜禅让天下而把它传给了禹，禹制作祭祀的器具，用墨涂在它们的外面，而用红色的朱砂描画它们的内壁，用没有彩色花纹的丝绸当作车上的垫子，用蒋草做成的席子还饰有斜纹的边，觞、酌等酒杯酒勺上画有彩色的花纹，而樽、俎等酒具食器上都有装饰，这些东西更加奢侈了，因而不服从的诸侯国有三十几个。夏王朝灭亡后，商王朝的人接受了天下，便制造了天子乘坐的高级车子大辂，并树起了有九条飘带的旗帜，饮食器具都经过精雕细琢，觞、酌等酒器都经过雕刻，把墙壁都涂成白色，还用白色的垩土来铺饰台阶上的空地，车上的垫子和席子都雕饰了花纹。这些东西更加奢侈了，因而不服从的诸侯国有五十几个。在上位的人都注意到华丽的文采了，但是愿意服从他们的诸侯国却更加少了。所以我要说：节俭是治国的原则。”

由余出去后，秦穆公就召见内史王廖并告诉他说：“我听说：‘邻国有圣人，是敌国的忧患。’现在由余是圣人，我很担心他，我们该怎么办呢?”内史王廖说：“我听说戎王的住处，偏僻简陋而路途遥远，他还没有听见过中原地区的音乐。您还是送给他一些歌女，用来搅乱他的国政，然后替由余请求延长回国的期限，用来减少他的劝谏。他们君臣之间有了隔阂以后就可以打他们的主意了。”穆公说：“好。”就派内史王廖把十六个歌女送给了戎王，接着又替由余请求延长回国的时间。戎王答应了，他看见了那些歌女便十分喜欢她们，于是置办酒宴搭起帐篷痛饮，每天的时间都用来听歌女唱歌，整年不迁居，牛马老待在一个地方没有水草吃而死了一半。由余回去后，便劝谏戎王，戎王不听，由余就离开戎王到了秦国。秦穆公迎接了他并任命他为上卿，向他询问戎王的兵力及其地理形势。已经从由余那里获得了这些情况，便起兵攻打戎王，吞并了十二个国家，扩大了上千里的领地。

所以说：沉迷于歌女，不顾国家的政事，那就有国家灭亡的祸害。

10.7　奚谓离内远游？昔者齐景公游于海而乐之〔1〕，号令诸大夫曰："言归者死。"颜涿聚曰〔2〕："君游海而乐之，奈臣有图国者何？君虽乐之，将安得？"齐景公曰："寡人布令曰：'言归者死。'今子犯寡人之令。"援戈将击之。颜涿聚曰："昔桀杀关龙逢而纣杀王子比干〔3〕，今君虽杀臣之身以三之可也。臣言为国，非为身也。"延颈而前曰："君击之矣！"君乃释戈趣驾而归〔4〕。至三日，而闻国人有谋不内齐景公者矣〔5〕。齐景公所以遂有齐国者〔6〕，颜涿聚之力也。故曰：离内远游，则危身之道也。

【注释】

〔1〕齐景公：名杵臼，春秋时齐国君主，公元前547—前490年在位。

〔2〕颜涿聚：齐国大夫。

〔3〕关龙逢、王子比干：见3.2注。

〔4〕趣(cù)：通"促"。

〔5〕内：通"纳"。

〔6〕遂：安。

【译文】

什么叫做离开朝廷到远处游玩？从前齐景公到渤海去游玩而玩得很痛快，就向各位大夫发布命令说："建议回去的就处死。"颜涿聚说："您在海上游玩得很快乐，但臣子中如果有谋取国家政权的，您对他怎么办？您虽然觉得在海上游玩很快乐，但到时候您能从哪里再得到这种快乐呢？”齐景公说：“我已经发布命令说：‘建议回去的就处死。’现在您违犯了我的命令。”于是拿起长戈要杀他。颜涿聚说：“从前桀杀了关龙逢而纣杀了王子比干，现在您即使杀了我的身体来使我成为第三个为国而死的忠臣也是可以的，我的建议是为了国家，不是为了我自己。”便伸出脖子走上前去说：“您斩这脖子吧！”齐景公便放下了长戈急忙驾车回去了。回到朝廷后才三天，就听说国都内已经有谋划不让齐景公回来的人了。齐景公之所以能安定地统治齐国，是靠了颜涿聚的力量啊。所以说：离开朝廷到远处游玩，那是危害自身的做法。

10.8　奚谓过而不听于忠臣？

昔者齐桓公九合诸侯〔1〕，一匡天下〔2〕，为五伯长〔3〕，管仲佐之。管仲老，不能用事，休居于家。桓公从而问之，曰：“仲父家居有病，即不幸而不起此病〔4〕，政安迁之？”管仲曰：“臣老矣，不可问也。虽然，臣闻之：‘知臣莫若君，知子莫若父。’君其试以心决之。”

君曰：“鲍叔牙何如〔5〕？”管仲曰：“不可。鲍叔牙为人，刚愎而上悍〔6〕。刚则犯民以暴，愎则不得民心，悍则下不为用。其心不惧，非霸者之佐也。”

公曰：“然则竖刁何如〔7〕？”管仲曰：“不可。夫人之情莫不爱其身。公妒而好内，竖刁自獖以为治内〔8〕。其身不爱，又安能爱君？”

曰：“然则公子开方何如〔9〕？”管仲曰：“不可。齐、卫之间不过十日之行〔10〕，开方为事君、欲适君之故，十五年不归见其父母，此非人情也。其父母之不亲也，又能亲君乎？”

公曰：“然则易牙何如？”管仲曰：“不可。夫易牙为君主味，君之所未尝食唯人肉耳，易牙蒸其子首而进之，君所知也。人之情莫不爱其子，今蒸其子以为膳于君，其子弗爱，又安能爱君乎？”

公曰：“然则孰可？”管仲曰：“隰朋可〔11〕。其为人也，坚中而廉外，少欲而多信。夫坚中，则足以为表；廉外，则可以大任；少欲，则能临其众；多信，则能亲邻国。此霸者之佐也，君其用之。”君曰：“诺。”

居一年余，管仲死，君遂不用隰朋而与竖刁〔12〕。刁莅事三年，桓公南游堂阜〔13〕，竖刁率易牙、卫公子开方及大臣为乱。桓公渴馁而死南门之寝——公守之室，身死三月不收，虫出于户。

故桓公之兵横行天下，为五伯长，卒见弑于其臣，而灭高名，为天下笑者，何也？不用管仲之过也〔14〕。

故曰：过而不听于忠臣，独行其意，则灭其高名为人笑之始也。

【注释】

〔1〕九：虚数，表示多。

〔2〕一：统一，一致。匡：匡正，端正。一匡天下：当时诸侯无视周天子，互相攻伐，齐桓公靠了管仲的辅助，会合诸侯，订立盟约，暂时制止了混战的局面，所以说“一匡天下”。

〔3〕五伯：即五霸，春秋时先后称霸的五个诸侯，指齐桓公、晋文公、楚庄王、吴王阖闾、越王勾践。

〔4〕即：如果。

〔5〕鲍叔牙：春秋时齐国大夫，曾奉公子小白出奔莒，后来小白回

国即位为桓公，任命他为相国，他辞谢而推荐管仲，所以以知人著称。

〔6〕上：通“尚”。

〔7〕竖刁：见7.3注。

〔8〕豮(fén)：阉割。

〔9〕开方：卫国的公子，在齐国做官。

〔10〕卫：诸侯国名，范围包括今河南省东北部和河北、山东省部分地区。

〔11〕隰(xí)朋：春秋时齐国大夫。

〔12〕与：通“举”。

〔13〕堂阜：齐国地名，位于今山东蒙阴县西北。

〔14〕用：指听。

【译文】

什么叫做犯了错误而不听忠臣的劝告？

从前齐桓公多次会合诸侯，使天下归于一致而恢复了正道，成为五霸中的第一个，管仲辅助他。管仲老了，不能治理政事了，退休住在家中。桓公去问候他，说：“仲父在家病着，假如不幸而因为这毛病不能起床了，您的政事该移交给谁呢？”管仲说：“我老了，不值得您咨询了。虽然这样，我曾听说过这样的话：‘了解臣子，没有谁及得上君主；了解儿子，没有谁及得上父亲。’您还是试着按您的想法来决定这人选吧。”

桓公说：“鲍叔牙怎么样？”管仲说：“不行。鲍叔牙的为人，强硬任性而崇尚凶暴。强硬，那就会用粗暴的态度侵扰民众；任性，那就得不到民众的衷心拥护；凶暴，那么臣民就不会听他使用。他心里什么都不怕，所以不是霸主的辅佐。”

桓公说：“这样的话，那么竖刁怎么样？”管仲说：“不行。人的本性没有不爱自己身体的。您忌妒卿大夫而爱好后宫的女色，竖刁自己阉割了，依靠这种办法来为您管理后宫。他自己的身体都不爱，又怎么会爱君主呢？”

桓公说：“这样的话，那么公子开方怎么样？”管仲说：“不行。齐国、卫国之间不超过十天的行程，开方为了侍奉您、想要迎合您的缘故，十五年不回家看望他的父母亲，这不是人之常情。他连父母都不亲爱，还能亲爱君主么？”

桓公说："这样的话，那么易牙怎么样？"管仲说："不行。易牙为您主管伙食，您不曾吃过的只有人肉罢了，易牙便蒸了他儿子的头进献给您，这是您所知道的啊。人的感情没有不爱自己儿子的，现在他蒸了自己的儿子拿来作为菜肴献给您，他连儿子都不爱，又怎么会爱君主呢？"

桓公说："这样说来，那么哪一个行呢？"管仲说："隰朋行。他的为人，内心坚定忠贞而行为清高廉洁，淡泊寡欲而很守信用。内心坚定忠贞，就足够用来作为臣民的表率；行为清高廉洁，就可以担任重大的职务；淡泊寡欲，就能够在上统治他的民众；很守信用，就能够亲近邻国。这是霸主的辅佐啊，您还是任用他吧。"桓公说："行。"

过了一年多，管仲死了，桓公终于没有任用隰朋而举用了竖刁。竖刁执政三年，桓公到南方的堂阜去游览，竖刁便率领了易牙、卫国公子开方以及权贵大臣造反。桓公因为又渴又饿而死在南门的卧室——那是桓公的家族所守卫的房子，桓公死了三个月也没有收葬，尸体上的蛆虫都爬到了门外。

齐桓公的军队曾在天下横冲直撞，他成了五霸之首，但最后却被他的臣子杀害了，而他崇高的名声也丧失了，被天下的人所讥笑，这是为什么呢？是不听管仲的过错啊。

所以说：犯了错误而不听忠臣的劝告，一意孤行，那是丧失自己的崇高名声而被人讥笑的开始。

10.9　奚谓内不量力？昔者秦之攻宜阳〔1〕，韩氏急。公仲朋谓韩君曰〔2〕："与国不可恃也，岂如因张仪为和于秦哉〔3〕？因赂以名都而南与伐楚，是患解于秦而害交于楚也。"公曰："善。"乃警公仲之行，将西和秦。楚王闻之〔4〕，惧，召陈轸而告之曰〔5〕："韩朋将西和秦，今将奈何？"陈轸曰："秦得韩之都一，驱其练甲，秦、韩为一以南乡楚〔6〕，此秦王之所以庙祠而求也，其为楚害必矣。王其趣发信臣〔7〕，多其车、重其币以奉韩，曰：‘不穀之国虽小，卒已悉起，愿大国之信意于秦也[8]。因愿大国令使者入境视楚之起卒也。’”韩使人之楚，楚王因发车骑陈之下路[9]，谓韩使者曰：“报韩君，言弊邑之兵今将入境矣[10]。”使者还报韩君，韩君大悦，止公仲。公仲曰：“不可。夫以实告我者[11]，秦也；以名救我者，楚也。听楚之虚言而轻诬强秦之实祸[12]，则危国之本也。”韩君弗听，公仲怒而归，十日不朝。宜阳益急，韩君令使者趣卒于楚[13]，冠盖相望而卒无至者。宜阳果拔，为诸侯笑。故曰：内不量力，外恃诸侯者，则国削之患也。

【注释】

〔1〕宜阳：韩国地名，在今河南宜阳县西。

〔2〕公仲朋：韩宣惠王的相国。韩君：指韩宣惠王。

〔3〕张仪：战国时魏国人，当时为秦惠文王的相国。

〔4〕楚王：指楚怀王。

〔5〕陈轸：游说之士。

〔6〕乡：通“向”。

〔7〕趣(cù)：通“促”。

〔8〕信(shēn)：通“申”。

〔9〕下路：即夏路，楚国通向北方的大路。

〔10〕弊：通“敝”。

〔11〕告：当为“害”字之误。

〔12〕诬：欺骗，引申指不实事求是地看待。

〔13〕趣(cù)：通“促”。

【译文】

什么叫做对内不衡量一下自己的力量？从前秦国攻打韩国的宜阳，韩国很危急。公仲朋对韩宣惠王说：“盟国不可以依靠，哪里及得上通过张仪去和秦国讲呢？为此用一个著名的大城去贿赂秦国而和秦国一起向南讨伐楚国，这样，就从秦国那里解除了韩国的祸患而祸害集中到楚国那里了。”韩王说：“好。”于是严肃地准备好公仲朋出使的事，将到西方去和秦国讲和。楚王听说了这件事，十分害怕，便召见陈轸而告诉他说：“韩国的公仲朋将到西方和秦国讲和，现在该怎么办？”陈轸说：“秦国得到韩国的一座大城，驱使它的精锐部队，秦国、韩国抱成一团向南来攻打楚国，这是秦王在宗庙中祭祀而祈求的事，它必定会成为楚国的祸害了。您还是赶快派出可以信任的臣子，他们的车子该多一些，他们的礼品该贵重些，用来奉献给韩国，对韩王说：‘敝人的国家虽然小，但士兵已经全部调动起来准备救贵国了，希望贵国不要委曲自己的意志向秦国求和。为此，请贵国派使者到我们国境里来视察一下楚国所动员起来的士兵。’”韩国便派人到楚国去，楚王就调发了军车骑兵，把它们排列在韩国使者所要经过的楚国通往北方的道路旁，对韩国的使者说：“请您去报告韩王，说敝国的军队今天将要进入韩国的国境了。”使者回去报告韩王，韩王十分高兴，便阻止公仲朋去向秦国求和。公仲朋说：“不行。那用实力来危害我们的，是秦国；用空话来救援我们的，是楚国。听信楚国的空话而看轻无视强大的秦国所带来的实际祸患，那是危害国家的祸根啊。”韩王不听公仲朋的劝谏，公仲朋便愤怒地回家了，十天不上朝。宜阳更加危急了，韩王便命令使者到楚国去催促救兵，使者的帽子、车盖在路上蝉联不断以至可以互相望得见，但救兵却没有到来的。宜阳结果被攻破了，韩王也因而被诸侯们所讥笑。所以说：对内不衡量自己的力量，而只是对外依靠诸侯，就会有国家土地被割削的祸患。

10.10　奚谓国小无礼？

昔者晋公子重耳出亡[1]，过于曹[2]，曹君袒裼而观之[3]。釐负羁与叔瞻侍于前[4]。叔瞻谓曹君曰：“臣观晋公子，非常人也。君遇之无礼，彼若有时反国而起兵[5]，即恐为曹伤[6]。君不如杀之。”曹君弗听。釐负羁归而不乐，其妻问之曰：“公从外来而有不乐之色，何也?”负羁曰：“吾闻之：‘有福不及，祸来连我。’今日吾君召晋公子，其遇之无礼。我与在前[7]，吾是以不乐。”其妻曰：“吾观晋公子，万乘之主也；其左右从者，万乘之相也。今穷而出亡，过于曹，曹遇之无礼。此若反国，必诛无礼，则曹其首也。子奚不先自贰焉?”负羁曰：“诺。”盛黄金于壶，充之以餐，加璧其上，夜令人遗公子。公子见使者，再拜，受其餐而辞其璧。

公子自曹入楚，自楚入秦。入秦三年，秦穆公召群臣而谋曰：“昔者晋献公与寡人交，诸侯莫弗闻。献公不幸离群臣，出入十年矣。嗣子不善，吾恐此将令其宗庙不祓除而社稷不血食也。如是弗定，则非与人交之道。吾欲辅重耳而入之晋，何如?”群臣皆曰：“善。”公因起卒，革车五百乘，畴骑二千[8]，步卒五万，辅重耳入之于晋，立为晋君。

重耳即位三年，举兵而伐曹矣。因令人告曹君曰：“悬叔瞻而出之，我且杀而以为大戮。”又令人告釐负羁曰：“军旅薄城[9]，吾知子不违也。其表子之闾，寡人将以为令，令军勿敢犯。”曹人闻之，率其亲戚而保釐负羁之闾者七百余家。此礼之所用也。

故曹，小国也，而迫于晋、楚之间，其君之危犹累卵也，而以无礼莅之，此所以绝世也。

故曰：国小无礼，不用谏臣，则绝世之势也。

【注释】

〔1〕重耳：晋献公之子，献公听信宠妾骊姬的谗言而杀了太子申生，又将杀群公子，所以重耳出亡。十余年后回国，即位为晋文公，后成为春秋五霸之一。

〔2〕曹：春秋时诸侯国名，位于今山东省定陶县西。

〔3〕曹君：指曹共(gōng)公。袒裼(tǎn xī)：脱去上衣露出肩背。

〔4〕釐负羁：春秋时曹国大夫。叔瞻：春秋时郑国大夫，此文记为曹国大夫，可能有误。

〔5〕反：通“返”。

〔6〕即：则。

〔7〕与(yù)：参与。

〔8〕畴：类，同等。

〔9〕薄：通“迫”。

【译文】

什么叫做国家弱小而没有礼貌？

从前晋公子重耳出国流亡，经过曹国的时候，曹国国君让他赤膊洗澡，从而去观看他连长在一起的肋骨。当时曹国的大夫釐负羁和叔瞻侍候在国君跟前。叔瞻对曹国国君说：“我看晋公子，不是个平常的人。您对待他没有礼貌，他如果有机会回国当了君主而起兵，那恐怕会成为曹国的祸害。您不如杀了他。”曹国国君没听叔瞻的劝谏。釐负羁回到家中闷闷不乐，他的妻子问他说：“夫君从外面回来而有不快乐的脸色，为什么呢？”釐负羁说：“我听说过这样的话：‘君主有福，轮不到我；君主的灾祸来了，一定会连累我。’今天我们的国君召见晋公子，他对待晋公子没有礼貌。我当时也夹在里面，我因此才闷闷不乐。”他的妻子说：“我看晋公子，将是一个拥有万辆兵车的大国的君主；他身边的随从，也都将成为大国的卿相。现在他走投无路而出国流亡，经过曹国时，曹国对待他没有礼貌。这个人如果得势回到晋国，一定会惩罚对他无礼的人，那么曹国就首当其冲了。您为什么不先把自己和国君区别开来呢？”釐负羁说：“好。”于是就把黄金装在壶里，再用食物把壶装满，在壶上加了块玉璧，在夜间派人去赠送给晋公子。公子接见了使者，行了再拜礼，接受了他的食物而退还了他的玉璧。

晋公子从曹国到楚国，从楚国到秦国。进入秦国三年了，秦穆公召集大臣们商量说："从前晋献公和我结交，各国诸侯没有不知道的。晋献公不幸谢世，到现在已经十年左右了。继承王位的儿子晋惠公不成器，我怕他将要使晋国的宗庙得不到扫除而土地神、谷神得不到活杀牲畜的祭祀。像这种情况我们再不去平定，那么就不是和人交朋友的态度了。我想帮助重耳让他回到晋国去，怎么样?"大臣们都说："好。"秦穆公便起兵，动用了包有皮革的坚固兵车五百辆，同一规格的精选马匹两千匹，步兵五万人，辅助重耳使他回到了晋国，让他登位做了晋国的君主。

重耳登上王位才几年，便起兵去攻打曹国了。他为此而派人去告诉曹国国君说："把叔瞻吊出城来，我准备杀了他把他陈尸示众。"又派人告诉釐负羁说："军队压城，我知道您不会反对我。请在您住的里巷门上做好标记，我将根据您的标记下达命令，使军队不敢去侵犯。"曹国人听到这个消息后，带着他们的亲戚来到釐负羁居住的里巷里来求取保护的有七百多家。这是釐负羁从前对待晋公子有礼貌的作用啊。

曹国，是个弱小的国家，而且夹在晋国、楚国之间，曹国国君的危险就好像垒起来的蛋一样，却还以没有礼貌的态度去对待晋公子，这便是他断绝后嗣的原因啊。

所以说：国家弱小而无礼，又不听从劝谏的大臣，那就有断绝后嗣的趋势。

第四卷

孤愤第十一

（第十一篇　孤独与愤慨）

11.1　智术之士[1]，必远见而明察[2]，不明察，不能烛私[3]；能法之士[4]，必强毅而劲直，不劲直，不能矫奸。人臣循令而从事，案法而治官[5]，非谓重人也[6]。重人也者，无令而擅为，亏法以利私，耗国以便家[7]，力能得其君[8]，此所为重人也[9]。智术之士明察，听用，且烛重人之阴情；能法之士劲直，听用，且矫重人之奸行。故智术能法之士用，则贵重之臣必在绳之外矣[10]。是智法之士与当涂之人[11]，不可两存之仇也。

【注释】

〔1〕智：通“知”，通晓，明了。术：统治臣民的策略和手段。智术之士：精通术的人，指精通法术的法治理论家。

〔2〕远见：看得远。明察：观察得分明，指眼光敏锐，能透彻地察见事物。

〔3〕烛：照见，洞察。私：隐私，阴情，指私下的勾当，阴谋诡计。

〔4〕能法之士：能够执法的人，指推行法术的法治实践家。

〔5〕案：通“按”，按照。官：官职，职务。治官：治理政事，履行职责。

〔6〕重人：权臣，擅自操纵大权的人。下文的“贵重之臣”、“当涂之人”、“邪臣”、“私门”、“大臣”等都是指这种人。

〔7〕家：指大臣的私家。参见6.2注。

〔8〕力：力量，指权力，权势。得：得到，引申为掌握，控制。

〔9〕为：通“谓”，说。

〔10〕绳：木工用的墨线，比喻法律。在绳之外：在墨线之外，即在被削除的部分，比喻不为法律所容，要受到法律制裁。

〔11〕智法之士：“知术能法之士”的省称，统指法术之士。涂：通“途”，道路。当途：当道，当权，掌权。

【译文】

懂得统治术的人，一定目光远大而且能明察秋毫，如果不能明察秋毫，那就不能洞察营私舞弊的阴谋诡计；能够执行法令的人，一定坚强果断而刚劲正直，如果不刚劲正直，那就不能纠正违法乱纪的罪恶活动。臣子遵照君主的命令来参与政事，按照法令来履行职责，这并不是我所说的权臣啊。权臣这种人，没有君主的命令就擅自行动，破坏了国法来使自己得利，破费了国家财富来便利家邑，权势能够控制住他的君主，这才是我所说的权臣。懂得统治术的人能明察秋毫，如果被君主听信而任用，就将洞察权臣的阴谋；能够执行法令的人刚劲正直，如果被君主听信而任用，就将纠正权臣违法乱纪的罪恶活动。所以通晓统治术、能够执行法令的人如果被任用，那么这种地位高贵掌握大权的权臣一定是在法律的准绳之外要被铲除了。这样看来，精通统治术以及执行法令的法术之士与当道掌权的权臣，是不可能同时并存的仇敌啊。

11.2　当涂之人擅事要，则外内为之用矣。是以诸侯不因，则事不应，故敌国为之讼〔1〕；百官不因，则业不进〔2〕，故群臣为之用；郎中不因〔3〕，则不得近主，故左右为之匿〔4〕；学士不因，则养禄薄礼卑，故学士为之谈也。此四助者，邪臣之所以自饰也。重人不能忠主而进其仇[5]，人主不能越四助而烛察其臣[6]，故人主愈弊而大臣愈重[7]。

【注释】

〔1〕讼：通“颂”，颂扬。

〔2〕业：职业，职务。

〔3〕郎中：君主的侍从官，主管通报和警卫工作。

〔4〕左右：君主身边的侍从，指郎中。

〔5〕仇：仇敌，即上文提到的与重人“不可两存”的“智法之士”。

〔6〕越：越过，超出。越四助：指冲破这四种辅助势力制造的假象。

〔7〕弊：通“蔽”，蒙蔽。大臣：指重人。

【译文】

当道掌权的权臣独揽了处理国家政事的机要大权，那么国外的诸侯和国内的大臣都要为他效劳了。这是因为：各国诸侯如果不依靠他，那么到他的国度里办事就不会被答应，所以和他匹敌的国家都为他歌功颂德；群臣百官如果不依靠他，那么职务就得不到晋升，所以群臣百官都为他奔走效劳；服侍君主的郎中如果不依靠他，那么就不能够接近君主，现在靠了他而当上了君主身边的侍从，所以那些君主身边的侍从也都为他隐瞒罪行；学者如果不依靠他，那么不但给养薪俸微薄，而且在礼节上的待遇也低下，所以学者也都为他吹捧。诸侯、群臣、郎中、学者这四种帮凶，是奸邪的权臣用来粉饰自己的工具。权臣不能忠于君主而推荐自己的仇敌——法术之士，君主不能越过这四种帮凶来审察他手下的权臣，所以君主受到的蒙蔽越来越深而权臣的权势越来越大。

11.3 凡当涂者之于人主也，希不信爱也[1]，又且习故[2]。若夫即主心、同乎好恶[3]，固其所自进也[4]。官爵贵重，朋党又众，而一国为之讼[5]。则法术之士欲干上者[6]，非有所信爱之亲、习故之泽也，又将以法术之言矫人主阿辟之心[7]，是与人主相反也。处势卑贱，无党孤特。夫以疏远与近爱信争，其数不胜也[8]；以新旅与习故争[9]，其数不胜也；以反主意与同好争[10]，其数不胜也；以轻贱与贵重争，其数不胜也；以一口与一国争，其数不胜也。法术之士操五不胜之势[11]，以岁数而又不得见；当涂之人乘五胜之资，而旦暮独说于前[12]。故法术之士奚道得进，而人主奚时得悟乎？故资必不胜而势不两存，法术之士焉得不危？其可以罪过诬者，以公法而诛之；其不可被以罪过者，以私剑而穷之[13]。是明法术而逆主上者，不僇于吏诛[14]，必死于私剑矣。朋党比周以弊主[15]，言曲以便私者，必信于重人矣。故其可以功伐借者[16]，以官爵贵之；其不可借以美名者，以外权重之。是以弊主上而趋于私门者，不显于官爵，必重于外权矣。今人主不合参验而行诛[17]，不待见功而爵禄，故法术之士安能蒙死亡而进其说？奸邪之臣安肯乘利而退其身？故主上愈卑，私门益尊。

【注释】

〔1〕希：同“稀”，少。

〔2〕习：亲近。故：故旧，老关系，指熟悉。

〔3〕即：就，靠近，迎合。

〔4〕自：由，从。进：进身，向上爬。

〔5〕一国：全国，指国内的百官、郎中、学士等人。讼：通“颂”，颂扬。

〔6〕则：而，可是。法术之士：即知术能法之士。干：求。

〔7〕阿(ē)：偏袒，曲从，迎合。辟：通“僻”，邪恶，这里指重人的罪恶。

〔8〕数：定数，常规，情理。

〔9〕旅：客。新旅：新到的旅客，比喻陌生，交情不深厚。

〔10〕反主意：违反君主的心意，指上文“将以法术之言矫人主阿辟之心”。同好：投合君主的爱好，指上文“同乎好恶”而言。

〔11〕操：掌握，引申为占据。势：形势。

〔12〕说(shuì)：进说，劝说。

〔13〕穷：穷尽，指结束生命，暗杀。

〔14〕僇：通“戮”，杀害。

〔15〕比周：勾结。弊：通“蔽”。

〔16〕功伐：功劳。

〔17〕合：会合，指把言与事、名和实放在一起比较，看是否符合。参验：检验，验证。合参验：(用事实来)比较验证。“合参验”是韩非提倡的一种考核办法，即所谓的形名术，可参见5.2、7.2注。

【译文】

凡是当道掌权的权臣在君主那里，是很少不被信任宠爱的，而且又是君主亲近熟悉的老关系，至于那迎合君主的心意、投合君主的爱好和厌恶，本来就是他们用来进身的手段。他们官职重要权力大、爵位显贵地位高，党羽又多，因而全国都为他们说好话。而想求得君主任用的法术之士，既没有被信任宠爱的亲密关系，又没有亲近熟悉的老关系那种恩泽，还将用法术的理论去矫正君主偏袒邪恶的思想，这是与君主互相反对的。他们所处的地位又十分低下，也没有党羽，孤独无依。拿关系疏远的人与关系亲近、受到宠爱信任的人相争，从那情理上来说，是不会取胜的；拿新来的游子与亲近熟悉的老关系相争，从那情理上来说，是不会取胜的；拿违反君主心意的人与投合君主爱好的人相争，从那情理上来说，是不会取胜的；拿职务轻微、地位卑贱的人与地位高贵、官职重要的人相争，从那情理上来说，是不会取胜的；拿孤立无援的一张嘴与全国都为他说好话的人相争，从那情理上来说，不会取胜的。法术之士处在这五种不能取胜的形势下，而且时间长得用年度来计算也还不能够见到君主；而当道掌权的权臣凭借着这五种能取胜的条件，而且早晨、晚上每时每刻都能在君主面前单独劝说。所以法术之士靠什么门路才能够得到任用，而君主到什么时候才能够醒悟呢？所以，法术之士凭借的条件一定不能取胜而客观的形势又决定了他们不能与权臣同时并存，那么法术之士哪能不危险呢？他们之中可以用罪名来加以诬陷的，就凭借国家的法律来把他们杀掉；他们之中不能强加以罪名的，就用私门豢养的刺客来了结他们。这样看来，精通法术而违背君主心意的人，不被杀于官吏的惩处，就一定死于刺客的暗杀了。而那些拉党结派紧密勾结来蒙蔽君主、花言巧语歪曲事实来使权臣得利的人，就一定会被权臣信任了。所以他们之中可以用功劳作为凭借的，就用封官加爵的办法来使他们显贵；其中不可以用美好的名声作为凭借的，就利用外国诸侯的势力来使他们担任重要的职务。因此，那些蒙蔽君主而投奔到权臣门下的人，不是因为封官加爵而获得显贵，就必定由于外国诸侯的势力而得到了重用。现在君主不用事实来核对验证就行使刑罚，不等见到臣下的功劳就给予爵位俸禄，所以法术之士怎么能冒着死亡的危险来进献他们的主张？奸诈邪恶的权臣又哪里肯处在有利的时机而罢手引退呢？所以君主的地位越来越低下，而权臣的地位越来越尊贵。

11.4　夫越虽国富兵强〔1〕，中国之主皆知无益于己也〔2〕，曰："非吾所得制也。"今有国者虽地广人众，然而人主壅蔽，大臣专权，是国为越也。智不类越〔3〕，而不智不类其国，不察其类者也。人主所以谓齐亡者〔4〕，非地与城亡也，吕氏弗制而田氏用之；所以谓晋亡者〔5〕，亦非地与城亡也，姬氏不制而六卿专之也〔6〕。今大臣执柄独断，而上弗知收，是人主不明也。与死人同病者，不可生也；与亡国同事者〔7〕，不可存也。今袭迹于齐、晋，欲国安存，不可得也。

【注释】

〔1〕越：春秋时期南方的一个诸侯国，范围包括今浙江省大部和江苏、江西省部分地区，春秋末曾一度强盛，所以这里说“国富兵强”。

〔2〕中国：见2.3.1注。越国与中原各诸侯国离得很远，中原各国无法控制它。所以，它虽然富强，中原各国的君主也都知道对自己没有什么益处。

〔3〕智：通“知”。类：类似，相似。

〔4〕主：当作“之”。齐亡：见4.2注。

〔5〕晋亡：见4.2注。

〔6〕卿：诸侯国内的高级官爵，在公之下，大夫之上。六卿：指晋国的范氏、中行氏、智氏、赵氏、韩氏、魏氏六大家族。专：独占。

〔7〕事：行，做事。

【译文】

越国虽然国富兵强，中原各国的君主也都知道它对自己没有什么益处，他们都解释其中的缘由说：“那不是我所能控制得了的。”现在拥有国家的君主虽然其国家地大物博、人口众多，然而君主被蒙蔽，大臣独揽大权，这样的话，自己的国家也就成了越国了，它不再是君主所能控制得了的了。君主知道自己的国家不像越国那样遥远而无法控制，却不知道自己的国家现在被大臣专权已经不像自己的国家，这是不明了自己的国家与越国的相似啊。人们所以说齐国灭亡了，并不是指它的土地和城市被消灭了，而是指原来统治齐国的吕氏已经不能控制它而田氏统治了它；所以说晋国灭亡了，并不是指它的土地和城市被消灭了，而是指原来统治晋国的姬氏王朝不能控制它而范氏、中行氏、智氏、赵氏、韩氏、魏氏等六卿霸占了它。现在大臣掌握了国家大权而独断专行，但君主却不知道收回这大权，这是君主不英明的表现啊。与死人患了同一种毛病的人，不可能活下去；与灭亡了的国家采取同样做法的国家，不可能存在下去。现在沿着齐国、晋国的老路而重蹈覆辙，想使国家安全地存在下去，是不可能的。

11.5　凡法术之难行也，不独万乘[1]，千乘亦然。

人主之左右不必智也，人主于人有所智而听之，因与左右论其言，是与愚人论智也；人主之左右不必贤也，人主于人有所贤而礼之，因与左右论其行，是与不肖论贤也。智者决策于愚人，贤士程行于不肖〔2〕，则贤智之士羞而人主之论悖矣〔3〕。人臣之欲得官者，其修士且以精絜固身〔4〕，其智士且以治辩进业〔5〕。其修士不能以货赂事人，恃其精洁；而更不能以枉法为治；则修智之士不事左右、不听请谒矣〔6〕。人主之左右，行非伯夷也〔7〕，求索不得，货赂不至，则精辩之功息〔8〕，而毁诬之言起矣。治辩之功制于近习，精洁之行决于毁誉，则修智之吏废，则人主之明塞矣。不以功伐决智行，不以叁伍审罪过〔9〕，而听左右近习之言，则无能之士在廷，而愚污之吏处官矣。

【注释】

〔1〕乘（shèng）：见1.3注。

〔2〕程：衡量，度量，品评。行：品行。

〔3〕羞：耻辱，指贤智之士受耻辱。

〔4〕修士：道德修养高尚的人，指法术之士。且：将。精：通“清”，清白。絜：通“潔”，廉洁。固：坚持，约束。身：自身。以精絜固身：以廉洁来约束自己，即保持自身的廉洁。

〔5〕智士：有智慧的人，指法术之士。辩：通“辨”，分辨，分明。治辩：办事分明，即不枉法。进：使……长进。

〔6〕“不事左右”指修士而言，“不听请谒”指智士而言。修士廉洁，所以不用货赂侍奉左右；智士治辩不枉法，所以不听请谒。

〔7〕伯夷：商朝末年孤竹国国君的长子。开始时，孤竹君让伯夷的弟弟叔齐做自己的继承人。孤竹君死后，叔齐把君位让给伯夷，他不接受。两人都不肯当君主，就投奔周国，后来周武王进军讨伐商王朝，他们竭力反对，认为武王不孝不仁。武王灭商后，他们认为这是奇耻大辱，

于是逃避到首阳山，下决心不吃周朝的粮食，结果饿死在首阳山下。古代都把伯夷说成是清高廉洁的典范，韩非这里沿袭了这种说法。

〔8〕精辩：指上文的“精絜”和“治辩”。息：停止，止息。

〔9〕叁伍：见8.6注。

【译文】

大致说来，法术的难以推行，不仅拥有万辆兵车的大国是这样，就是拥有千辆兵车的小诸侯国也是这样。君主身边的近臣不一定聪明，但君主在人们中间发现了自己认为是有智慧的人而听取他们的意见时，却还要和身边的近臣评论他们的意见，这便是和愚蠢的人来评论聪明的人了；君主身边的近臣不一定贤能，但君主在人们中间发现了自己认为是贤能的人而礼遇尊重他们的时候，却还要和身边的近臣评论他们的德行，这便是和没有德才的人来议论有德才的人了。有智慧的人要由愚蠢的人来裁决自己的计谋，有德才的人要由无能之辈来评定自己的德行，那么有德才有智慧的人士就会受到羞辱，而君主的论断也就必然是谬误的了。臣子中想得到官位的，那些道德修养高尚的人将以清白廉洁来约束自己，那些有智慧的人将以为政清明来使自己的功业有所长进。那些道德修养高尚的人不会用财物贿赂去侍奉权臣，而是依仗着自己的清白廉洁；那些有智慧的人，更不可能用违反法令的手段来处理政事。这样看来，那品德高尚以及有智慧的人就不会去侍奉君主身边的近臣，也不会接受私下的说情拜托了。而君主身边的左右近臣，品行并不像伯夷那样清高廉洁，他们求取勒索的东西没有得到，财物没有送来，那么修智之士清白廉洁、为政清明的功绩就会被他们抹杀，而毁谤诬陷的言论也就起来了。为政清明的功绩被君主身边的亲信所控制，清白廉洁的品行得由这些亲信们的诋毁或吹捧来判断，那么品德高尚以及有智慧的官吏就要被罢免，而君主的明察也就会被蔽塞了。不根据功劳来评定臣下的智慧和德行，不通过多方面的比较检验来审查罪行和过错，而一味听从身边亲信的话，那么无能之辈就会在朝廷中掌权，而愚蠢腐败的小吏就会占据大官的职位了。

11.6　万乘之患，大臣太重；千乘之患，左右太信：此人主之所公患也。且人臣有大罪，人主有大失，臣主之利与相异者也[1]。何以明之哉？曰：主利在有能而任官，臣利在无能而得事；主利在有劳而爵禄，臣利在无功而富贵；主利在豪杰使能[2]，臣利在朋党用私[3]。是以国地削而私家富，主上卑而大臣重。故主失势而臣得国，主更称蕃臣而相室剖符[4]。此人臣之所以谲主便私也[5]。故当世之重臣，主变势而得固宠者[6]，十无二三。是其故何也？人臣之罪大也。臣有大罪者，其行欺主也，其罪当死亡也。智士者远见而畏于死亡，必不从重人矣；贤士者修廉而羞与奸臣欺其主[7]，必不从重臣矣。是当涂者之徒属，非愚而不知患者，必污而不避奸者也。大臣挟愚污之人，上与之欺主，下与之收利侵渔，朋党比周，相与一口，惑主败法，以乱士民，使国家危削，主上劳辱，此大罪也。臣有大罪而主弗禁，此大失也。使其主有大失于上，臣有大罪于下，索国之不亡者，不可得也。

【注释】

〔1〕与相异：当作“相与异”，不相同。

〔2〕豪杰使能：对豪杰使用其才能。

〔3〕用私：使用臣属。

〔4〕更：改变。蕃：通“藩”，属国，封建王朝分给诸侯王的封国。蕃臣：从属国的臣子，领有封地的臣属。更称蕃臣：改称臣属。相室：指相国，是国内最高的执政大臣。剖：剖分。符：见5.3注。剖符：古代用符作为君臣间的凭证。君主任命官吏、分封领地、调兵遣将时，把符分成两半，一半留在朝廷，一半交给官吏作为凭证，这叫做剖符。剖符的

大权应该是君主掌握的。相室剖符：执政大臣用信符任命官吏、发号施令。指大臣掌握了政权，行使君主的权力，即上面所说的“主失势而臣得国”。

〔5〕谲：欺诈。便私：利私。

〔6〕主变势：君主改变了权势，指君权更替，新的君主掌握大权，改变了政治形势。

〔7〕修：有修养，美好。廉：方正，正直。羞：羞耻，意动用法。

【译文】

拥有万辆兵车的大国的祸患，是大臣的权势太重；拥有千辆兵车的小国的祸患，是君主对身边的近臣太信任：这是君主们共同的忧患啊。况且臣子有了严重的罪行，是因为君主有了重大的失误，臣子和君主之间的利害关系是不同的。凭什么来说明这一点呢？那就是：君主的利益在于谁有才能就任命他当官，臣子的利益在于没有才能而得到官职；君主的利益在于谁有了功劳就给他爵位和俸禄，臣子的利益在于没有功劳而富裕高贵；君主的利益在于发现豪杰而使用他们的才能，臣子的利益在于拉党结派而任用自己的党羽。因此，君主的国土被侵占割削而大臣的家邑反而富裕，君主的地位十分低下而大臣的地位反而重要。所以君主失去了权力和威势而大臣控制了国家，君主改称自己为受封的藩臣而执政的相国行使君权剖分信符来任命官吏、发号施令。这就是臣下欺诈君主、谋取私利的目的啊。所以当代掌握了大权的大臣，在君权更替、新的君主掌握大权而改变了政治形势以后还能保持尊宠的，十个里面还不到两三个。这样的情况，它的缘故是什么呢？是因为这种臣子的罪恶太严重了。犯有严重罪行的臣子，他们的罪状是欺骗君主，他们的罪刑应当是处死。聪明的人目光远大而害怕死亡，一定不会追随权臣了；贤能的人品德美好廉洁而认为和奸臣一起去欺骗他的君主是可耻的，也一定不会追随权臣了。这样看来，那些当权之人的党徒部属，不是愚蠢而不懂得祸患的傻瓜，就一定是贪污腐败而不回避作恶的亡命之徒。权臣挟持了这些愚蠢腐败的人，向上和他们一起欺骗君主，向下与他们一起搜刮贪污侵害掠夺百姓的钱财，结成死党，狼狈为奸，互相统一口径，随声附和，迷惑君主，破坏法制，以此来扰乱民众，使国家危急、国土被侵占割削，君主忧劳屈辱，这是严重的罪行啊。臣下有了严重的罪行而君主却不去禁止，这是重大的失误啊。假使一个国家的君主在上面有这样大的失误，而臣子在下面有这样大的罪恶，想要求得国家不灭亡，是不可能的。

说难第十二

（第十二篇　游说的困难）

12.1　凡说之难[1]：非吾知之有以说之之难也[2]，又非吾辩之能明吾意之难也，又非吾敢横失而能尽之难也[3]。凡说之难：在知所说之心[4]，可以吾说当之[5]。

【注释】

〔1〕说(shuì)：谏说，进说，游说。

〔2〕之：第一个“之”是代词，指事理；第二个“之”是代词，指谏说的对象，即君主；第三个“之”是结构助词，相当于“的”。

〔3〕失：通“佚”（yì），放肆。横佚：等于说“放纵”，纵横放肆，无所顾忌。以上几句是说，向君主进说的困难，不在于我言之无理、词不达意、没有胆气。

〔4〕所说：进说的对象，指君主。心：心意。

〔5〕以：用。当：适应，迎合。之：指代“所说之心”。

【译文】

大凡游说的困难：不是我能否了解事理从而拥有用来说服君主的论据这样的困难，也不是我能否辩说分析事理从而能阐明我的主张这样的困难，也不是我能否敢于毫无顾忌从而能够把我所知道的事理全部讲出来这样的困难。大凡游说的困难：在于了解被劝说的君主的心理，然后设法用我的话去迎合这种心理。

12.2　所说出于为名高者也，而说之以厚利，则见下节而遇卑贱〔1〕，必弃远矣。所说出于厚利者也，而说之以名高，则见无心而远事情〔2〕，必不收矣。所说阴为厚利而显为名高者也〔3〕，而说之以名高，则阳收其身而实疏之〔4〕；说之以厚利，则阴用其言显弃其身矣。此不可不察也。

【注释】

〔1〕见：被看成。

〔2〕心：心计，谋略。

〔3〕阴：暗地里，指心底里。显：明，公开，指表面上。

〔4〕阳：明里，表面上。

【译文】

所劝说的君主属于追求高尚名声的人，如果用重利去劝说他，那么游说者就会被看作是节操卑下的人而得到卑微下贱的待遇，也必定会被抛弃和疏远了。所劝说的君主属于追求重利的人，如果用名声的高尚去劝说他，那么游说者就会被看作是没有头脑而脱离实际，也必定不会被录用了。所劝说的君主是心底里追求重利而表面上追求高尚名声的人，如果用名声的高尚去劝说他，那么他就会表面上录用游说的人而实际上却会疏远这游说的人；如果用重利去劝说他，那么他就会暗地里采用游说者的意见而表面上会抛弃这游说者。这是不可以不明察的啊。

12.3　夫事以密成，语以泄败。未必其身泄之也，而语及所匿之事〔1〕，如此者身危。彼显有所出事，而乃以成他故，说者不徒知所出而已矣，又知其所以为，如此者身危。规异事而当〔2〕，知者揣之外而得之〔3〕，事泄于外，必以为己也，如此者身危。周泽未渥也[4]，而语极知，说行而有功，则德忘[5]；说不行而有败，则见疑，如此者身危。贵人有过端[6]，而说者明言礼义以挑其恶[7]，如此者身危。贵人或得计而欲自以为功，说者与知焉[8]，如此者身危。强以其所不能为[9]，止以其所不能已[10]，如此者身危。故与之论大人，则以为间己矣；与之论细人[11]，则以为卖重[12]。论其所爱，则以为藉资[13]；论其所憎，则以为尝己也。径省其说，则以为不智而拙之；米盐博辩，则以为多而交之[14]。略事陈意，则曰怯懦而不尽；虑事广肆，则曰草野而倨侮。此说之难，不可不知也。

【注释】

〔1〕及：涉及，触及。匿：隐藏。所匿之事：（君主心中）所隐藏着的事。

〔2〕规：规划，谋划。异：异常。当：中肯，合意。

〔3〕知：通“智”。揣（chuǎi）：估量，猜测。

〔4〕周：密，亲密。泽：恩宠，情谊。周泽：交情。渥：深厚。

〔5〕德：奖赏，参见7.1。

〔6〕贵人：地位尊贵的人，指君主。过端：错事，缺点，短处。

〔7〕挑：拨弄，挑动，挑出。

〔8〕与（yù）：参与。

〔9〕强（qiǎng）：勉强。

〔10〕已：停止，罢休。

〔11〕细人：小人，指君主身边的侍从。

〔12〕卖重：卖弄权势。侍从地位低微，但有权有势，与君主谈论侍从，那么君主会以为是想借侍从来卖弄权势。

〔13〕藉（jiè）：凭借。资：资助。藉资：借助，指凭借君主所喜爱的人来拉关系，以作为自己的资助。

〔14〕多：啰唆。交：通“駁”，驳杂。

【译文】

事情因为秘密而成功，讲话因为泄露秘密而失败。不一定是游说者本人故意要把事情泄露出去，而是在无意之中谈到了君主要保密的事，像这样的游说者生命就危险了。那君主表面上做出了某件事，但只是为了用它来办成其他的事，游说的人不是单单知道君主做出的那件事而已，又进一步了解到君主做这件事的目的是为了办成其他的事，像这样的游说者生命就危险了。游说者替君主谋划非同寻常的事情而与君主的心意相合，但聪明的人在外面猜测这件事情并把它猜出来了，这样，事情就泄露到外面去了，而君主却一定会认为是游说的人泄露的，像这样的游说者生命就危险了。君主对游说者的恩宠还没有深厚，而游说者谈起话来却把知道的东西全都讲了，如果他的说法行得通而且有了功效，那么他的奖赏也会被君主遗忘；如果他的说法行不通而且有了失败，那么就会被君主怀疑；像这样的游说者生命就危险了。地位尊贵的君主有了缺点，而游说的人明白地谈论礼义来揭出他的不良行为，像这样的游说者生命就危险了。君主有时候得到了理想的计谋，而且想把这计谋作为自己的功绩，但游说者参与并且了解了这一计谋，像这样的游说者生命就危险了。勉强君主去做他没有能力做的事，阻止君主去做他不肯罢休的事，像这样的游说者生命就危险了。所以，游说的人如果和君主议论权贵大臣，那么君主就会认为是在离间自己与大臣的关系；如果和君主议论侍从，那么君主就会认为游说者想借他们与君主的亲近关系来卖弄权势、炫耀自己。如果议论君主喜爱的人，那么君主就会认为游说者是想把他们作为自己的依靠和凭借；如果议论君主憎恶的人，那么君主就会认为是在试探自己。游说的人如果把自己的话说得直截了当、简单扼要，那么君主就会认为他不聪明而把他当作笨人来看待；游说的人如果像唠家常那样将类似柴米油盐等琐碎小事广博地加以议论，那么君主就会认为他太啰唆而讨厌他说得太驳杂。游说的人如果简略地叙说事情，只陈述它的大意，那么君主就会说他胆小怕事而没把话说完；游说的人如果谋划事情时广泛放肆地陈述意见，君主就会说他粗野而傲慢。这些游说的难处，是不可以不知道的啊。

12.4　凡说之务，在知饰所说之所矜而灭其所耻[1]。彼有私急也，必以公义示而强之[2]。其意有下也，然而不能已[3]，说者因为之饰其美而少其不为也[4]。其心有高也，而实不能及，说者为之举其过而见其恶[5]，而多其不行也。有欲矜以智能，则为之举异事之同类者[6]，多为之地[7]，使之资说于我[8]，而佯不知也以资其智。欲内相存之言[9]，则必以美名明之，而微见其合于私利也。欲陈危害之事，则显其毁诽，而微见其合于私患也[10]。誉异人与同行者，规异事与同计者。有与同污者，则必以大饰其无伤也；有与同败者，则必以明饰其无失也。彼自多其力，则毋以其难概之也[11]；自勇之断，则无以其谪怒之[12]；自智其计，则毋以其败穷之[13]。大意无所拂悟[14]，辞言无所击摩[15]，然后极骋智辩焉。此道所得，亲近不疑而得尽辞也。

【注释】

〔1〕饰：粉饰，美化。矜：自夸，自美。灭：掩盖，遮蔽。

〔2〕示：给人看，显示，指明。强(qiǎng)：劝勉，鼓励。

〔3〕已：止，抑制。

〔4〕少：看不起，不满，抱怨。

〔5〕见：同“现”，显现，揭示。

〔6〕异：其他。

〔7〕地：事理的根据。

〔8〕资：取，借取。

〔9〕内：通“纳”，进献。存：保全。

〔10〕微：隐约地，暗暗地。见：同“现”，显示。微见：暗示。

〔11〕概：量米粟时刮平斗斛用的木板，引申为刮平，这里是纠正、

挫伤的意思。

〔12〕谪：过失。怒：激怒。

〔13〕穷：困，窘迫，难堪，使动用法。

〔14〕大意：主旨，指进说的主要内容。悟：通“忤”。拂悟：违反，抵触。

〔15〕击摩：摩擦，抵触。

【译文】

大凡游说的要领，在于懂得美化君主自鸣得意的地方而掩盖他认为耻辱的地方。君主有私自的迫切要求，虽然不一定符合国家的利益，但游说的人必须指明这是合乎国家利益的而劝勉他去做。君主心里有卑鄙的念头，但却不能抑制，游说的人就应该替他把这种卑鄙的念头粉饰成是美好的，而嫌他不去做。君主心里有崇高远大的愿望，而实际上不可能达到，游说的人就应该给他举出这种愿望的缺点，而且揭示出这种愿望的坏处，而称赞他不去做。有的君主想拿自己的智慧和能力来自我炫耀，那么游说的人就应该给他举出类同的其他事情，多给他提供依据，使他能从我这里取得说话的材料，而我却假装不知道，像这样来资助他的智慧。游说的人想要进献保全君主私利的话，那么必须用符合国家利益的美好名义来阐明它，而又暗示它是合乎君主的个人利益的。游说的人想要陈述对君主有危害的事情，那么就应该说明这种事情如果做了将会受到的诋毁和非议，而又暗示它是与君主的个人祸患联系在一起的。游说的人应该称赞与君主有同样品行的其他人，应该谋划与君主所做的事有同样计策的其他事情。如果有人与君主有同样的污点，那就必须尽量粉饰他，说他的污点没有什么害处；如果有人与君主遭到同样的失败，那就必须用明白的话来粉饰他，说他的失败并没有什么损失。君主如果自以为他的能力很强，那就不要用他难以办到的事来折服他；君主如果自以为他的决断很勇敢，那就不要用他决断中的过失来惹他生气；君主如果自以为他的计谋很高明，那就不要用他过去的失败来使他难堪。游说的基本内容没有违反君主的地方，游说时的言辞没有与君主抵触的地方，然后就可以对君主尽情地施展自己的智慧和口才了。这种方法所得到的结果，就是君主对自己亲近而不怀疑，从而能够畅所欲言。

12.5　伊尹为宰[1]，百里奚为虏[2]，皆所以干其上也[3]。此二人者，皆圣人也；然犹不能无役身以进[4]，如此其污也！今以吾言为宰虏，而可以听用而振世，此非能仕之所耻也[5]。夫旷日离久[6]，而周泽既渥，深计而不疑，引争而不罪，则明割利害以致其功[7]，直指是非以饰其身[8]。以此相持，此说之成也。

【注释】

〔1〕伊尹：见3.2注。

〔2〕百里奚：见3.2注。

〔3〕干：求。

〔4〕役：仆役，供人役使的人。这里是使动用法。

〔5〕仕：通“士”。

〔6〕旷：长久地耗费。旷日：历时久远。离：经。

〔7〕割：剖析，裁断。致：获致，取得。

〔8〕饰：通“饬”，整治，端正。

【译文】

伊尹当厨师，百里奚做奴隶，都不过是一种求取他们君主重用的手段。这两个人，都是才智道德杰出的圣人；但还是不能不使自己成为供人役使的人来获得进用，他们的卑鄙竟像这样啊！现在即使把我的言论看作是像厨师、奴隶那种卑贱的人所讲的，只要这些言论可以被采用来拯救时世，那就决不是有才能的人所感到耻辱的事了。游说的人旷日持久，君主的恩宠已经深厚了，自己深入地为君主策划已不会被怀疑了，引起了争论也不会被治罪了，那就可以明白地决断事情的利害得失来造就君主的功业，直截了当地指明是非曲直来端正君主的人品。能像这样和君主互相对待，这便是游说的成功。

12.6　昔者郑武公欲伐胡[1]，故先以其女妻胡君以娱其意。因问于群臣："吾欲用兵，谁可伐者？"大夫关其思对曰[2]："胡可伐。"武公怒而戮之，曰："胡，兄弟之国也。子言伐之，何也？"胡君闻之，以郑为亲己[3]，遂不备郑。郑人袭胡，取之。宋有富人，天雨墙坏。其子曰："不筑，必将有盗。"其邻人之父亦云。暮而果大亡其财。其家甚智其子，而疑邻人之父。此二人说者皆当矣，厚者为戮，薄者见疑[4]，则非知之难也，处知则难也。故绕朝之言当矣[5]，其为圣人于晋[6]，而为戮于秦也，此不可不察。

【注释】

〔1〕郑武公：名掘突，春秋初期郑国君主。胡：诸侯国名，在今河南省郾城县东南与安徽省阜阳市西北一带，公元前495年被楚国所灭（参见《左传·定公十五年》），此文所记或有误。

〔2〕关其思：郑国大夫，周平王八年（公元前763年）被杀。

〔3〕郑：诸侯国名，位于今河南省中部。

〔4〕见：被。

〔5〕绕朝：人名，春秋时秦国的大夫。据《左传·文公十三年》与马王堆三号汉墓出土的帛书《春秋事语》记载，晋国的大夫士会逃亡在秦国，晋国怕秦国用士会，于是就派魏寿余假装以魏地叛晋降秦，以诱骗士会回国。绕朝识破了晋国的计谋，劝诫秦康公说："魏寿余这次来，实是为了诱骗士会，请您别接收他。"但康公没有听绕朝的劝告。魏寿余到秦国后，请求康公派在秦的晋国人（指士会）与他一起先到晋国就可接收魏地的事进行谈判。康公便派士会前往。士会临行时，绕朝对士会说："你不要以为秦国没有人识破晋国的意图，只是我的意见没有被采用罢了。"士会回晋后，觉得绕朝的才智对自己的威胁很大，于是就派间谍到秦国谗毁绕朝，说："绕朝这个人对魏寿余的事情一清二楚，他

要靠我去求得晋国的重用。”秦康公听信了谗言，就杀掉了绕朝。韩非这里所谓“绕朝之言”，即是指绕朝劝诫秦康公的话。

〔6〕这句意为：他在晋国人看来是圣人。

【译文】

从前郑武公想要攻打胡国，故意先把自己的女儿嫁给胡国的君主来使他心里高兴。接着又问大臣们：“我想用兵，哪一个国家可以攻打？”大夫关其思回答说：“胡国可以攻打。”郑武公愤怒地把他杀了，说：“胡国，是联姻之邦。你建议去攻打它，为什么呢？”胡国的君主听说了这件事，认为郑国是和自己友好的，于是就不防备郑国了。结果郑国人偷袭了胡国，夺取了它的土地。宋国有一个富翁，天下了雨而家里的墙被冲坏了。他的儿子说：“墙如果不砌好，一定会发生偷窃。”他邻居家的老人也这么说。在那天夜里，他的财物果然丢了很多。他家里的人都认为他的儿子很聪明，但却怀疑邻居家的老人。关其思和邻居家的老人这两个人说的话都是恰当的，但重则被杀掉，轻则被怀疑，这样看来，那么并不是认识事理有困难，而是处理这种认识才很困难。所以绕朝劝诫秦康公的话是适当的，他在晋国被看成是极端明智的人，但在秦国却被杀掉了，这是不可以不明察的啊。

12.7　昔者弥子瑕有宠于卫君〔1〕。卫国之法：窃驾君车者罪刖〔2〕。弥子瑕母病，人间往夜告弥子〔3〕，弥子矫驾君车以出〔4〕。君闻而贤之，曰：“孝哉！为母之故，忘其刖罪。”异日，与君游于果园，食桃而甘，不尽，以其半啖君。君曰：“爱我哉！忘其口味以啖寡人〔5〕。”及弥子色衰爱弛，得罪于君，君曰：“是固尝矫驾吾车，又尝啖我以余桃。”故弥子之行未变于初也，而以前之所以见贤而后获罪者，爱憎之变也。故有爱于主，则智当而加亲；有憎于主，则智不当见罪而加疏。

故谏说谈论之士，不可不察爱憎之主而后说焉。

【注释】

〔1〕弥子瑕：人名，春秋时卫灵公的宠臣。卫君：指卫灵公，见10.4注。

〔2〕罪：惩处，施刑。刖(yuè)：砍去脚的刑罚。

〔3〕间(jiàn)：隐秘，秘密。

〔4〕矫：假托(命令)，擅自。

〔5〕味：美味的食物。

【译文】

从前弥子瑕受到卫灵公的宠爱。那时卫国的法律规定：偷着驾驭君主车子的人处以砍去脚的刑罚。恰巧弥子瑕的母亲生了病，有人在夜间秘密地去告诉弥子瑕，弥子瑕便假托君主的命令驾驭着君主的车子出去了。卫灵公听说后认为他有德行，说："真孝顺啊！因为母亲的缘故，忘记了自己要被处以砍去脚的刑罚。"又有一天，弥子瑕和卫灵公在果园里游玩，吃到一只桃子觉得很甜，就不吃完，拿这吃剩下来的半只桃子给卫灵公吃。卫灵公说："真爱我啊！留下自己嘴边的美味食物来给我吃。"等到弥子瑕脸色衰老宠爱减退时，得罪了卫灵公，卫灵公说："这个人本来就曾假托我的命令用了我的车子，又曾经拿他吃剩下来的桃子给我吃。"弥子瑕在当初的行为并没有改变，但在从前被看作是有德行的事情而到后来却招致了罪名，这是因为君主对弥子瑕的爱憎态度有了改变的缘故啊。所以臣子如果受到君主的宠爱，那么他的智谋就会被认为很适当而更加被亲近；如果受到君主的憎恶，那么他的智谋就会变得不适当，并被认为有罪过而更加被疏远。所以向君主提批评意见和议论是非的人，不可以不审察君主对自己的爱憎，然后再进行游说。

12.8　夫龙之为虫也〔1〕，柔可狎而骑也〔2〕；然其喉下有逆鳞径尺，若人有婴之者〔3〕，则必杀人。人主亦有逆鳞，说者能无婴人主之逆鳞，则几矣[4]。

【注释】

〔1〕虫：古代对动物的泛称。

〔2〕狎：戏弄。

〔3〕婴：通“撄”，触犯，碰。

〔4〕几：接近，差不多。

【译文】

龙作为一种动物，在它和顺驯服的时候可以随便戏弄而骑着玩；但它的喉部下面有倒长的鳞片长一尺左右，如果有人触犯了这鳞片，那么龙就一定会把人杀死。君主也有倒长的鳞片，游说的人如果能不触犯君主那倒长的鳞片，也就差不多算是善于游说的了。

和氏第十三

（第十三篇　和氏之璧）

13.1　楚人和氏得玉璞楚山中[1]，奉而献之厉王[2]。厉王使玉人相之，玉人曰："石也。"王以和为诳，而刖其左足。及厉王薨，武王即位[3]，和又奉其璞而献之武王。武王使玉人相之，又曰："石也。"王又以和为诳，而刖其右足。武王薨，文王即位[4]。和乃抱其璞而哭于楚山之下，三日三夜，泪尽而继之以血。王闻之，使人问其故，曰："天下之刖者多矣，子奚哭之悲也？"和曰："吾非悲刖也，悲夫宝玉而题之以石[5]，贞士而名之以诳，此吾所以悲也。"王乃使玉人理其璞而得宝焉，遂命曰"和氏之璧"。

【注释】

〔1〕和氏：指卞和，春秋时期楚国人。璞：未雕琢过的玉石。楚山：即荆山，在今湖北南漳县西北。

〔2〕厉王：当指楚武王熊通之兄蚡冒，名熊眴（shùn），公元前757年—公元前741年在位，"厉王"可能是熊通自立为武王后给他追加的谥号。

〔3〕武王：楚武王熊通，蚡冒熊眴之弟，公元前740年—公元前690年在位。

〔4〕文王：楚文王熊赀(zī)，是楚武王的儿子，公元前689年—公元前677年在位。

〔5〕题之以石：以“石”称之。

【译文】

楚国人卞和在楚山中得到一块玉石，捧着把它献给楚厉王。厉王派治玉的工匠去鉴定它，玉匠说：“这是块石头。”厉王认为卞和是在欺骗自己，就砍掉了他的左脚。到厉王死了以后，楚武王登上了王位，卞和又捧着那块玉石把它献给武王。武王让治玉的工匠鉴定它，玉匠又说：“是块石头。”武王也认为卞和是在欺骗自己，就砍掉了他的右脚。武王死了，楚文王登上了王位。卞和便抱着那块玉石在楚山脚下痛哭，哭了三天三夜，眼泪都流完了，接着又流出血来。文王听说了这件事，派人去询问他痛哭的缘故，对他说：“天底下被砍去脚的人很多，你为什么要哭得这样悲伤呢?”卞和说：“我并不是因为被砍去了脚而悲伤，我悲伤的是那珍贵的宝玉却被称为石头，忠贞诚实的人却被称为骗子，这才是我悲伤的原因啊。”于是文王派治玉的工匠雕琢那块玉石，果然从这玉石中得到了珍贵的宝物，于是就把它命名为“和氏之璧”。

13.2　夫珠玉，人主之所急也。和虽献璞而未美，未为主之害也，然犹两足斩而宝乃论，论宝若此其难也！今人主之于法术也，未必和璧之急也；而禁群臣士民之私邪。然则有道者之不僇也[1]，特帝王之璞未献耳[2]。主用术，则大臣不得擅断，近习不敢卖重；官行法，则浮萌趋于耕农[3]，而游士危于战陈[4]；则法术者乃群臣士民之所祸也。人主非能倍大臣之议[5]，越民萌之诽，独周乎道言也[6]，则法术之士虽至死亡，道必不论矣。

【注释】

〔1〕僇：通“戮”。

〔2〕特：只。

〔3〕萌：通“氓”，民。浮萌：游民。趍：同“趋”。

〔4〕陈：通“阵”。

〔5〕倍：通“背”。

〔6〕周：合。

【译文】

珍珠美玉，是君主所迫切追求的东西。卞和即使献上的玉石还不够完美，也没有成为君主的祸害啊，但还是要到两只脚被砍掉后这珍宝才能被论定，鉴定珍宝的竟然这样困难！现在君主对于法术，不一定像追求和氏之璧那样急迫；而法术还要禁止群臣士民的自私和邪恶，所以必然会遭到更厉害的攻击。这样看来，那么掌握了法术的人没有被杀害，只是因为法术这一成就帝王大业的法宝还没有进献罢了。君主运用了权术，那么大臣就不能够专权独断，左右亲近宠幸的侍从就不敢卖弄权势；国家实行了法治，那么游手好闲的人就得奔赴农业第一线，而游侠之士也得在战斗的阵地上冒着生命危险去作战；这样的话，那么法术这东西便是群臣士民会视同祸害的政治措施了。君主如果不能违背大臣的议论，摆脱民众的诽谤，独立地使自己的思想与法术之言相符合，那么法术之士即使到死，他们的学说也一定不会被认可了。

13.3　昔者吴起教楚悼王以楚国之俗〔1〕，曰：“大臣太重，封君太众。若此，则上逼主而下虐民，此贫国弱兵之道也〔2〕。不如使封君之子孙三世而收爵禄，绝灭百吏之禄秩〔3〕，损不急之枝官，以奉选练之士。”悼王行之期年而薨矣，吴起枝解于楚。商君教秦孝公以连什伍〔4〕，设告坐之过〔5〕，燔《诗》、《书》而明法令，塞私门之请而遂公家之劳〔6〕，禁游宦之民而显耕战之士。

孝公行之，主以尊安，国以富强，八年而薨，商君车裂于秦[7]。楚不用吴起而削乱，秦行商君法而富强。二子之言也已当矣，然而枝解吴起而车裂商君者，何也？大臣苦法而细民恶治也。当今之世，大臣贪重，细民安乱，甚于秦、楚之俗，而人主无悼王、孝公之听，则法术之士，安能蒙二子之危也而明己之法术哉？此世所以乱无霸王也。

【注释】

〔1〕吴起：见3.2注。楚悼王：战国时楚国君主，名类，公元前401年—公元前381年在位。

〔2〕贪：当作“贫”，形近而误。

〔3〕绝灭：繁体字作“絶滅”，是“纔減”之形误，“纔”通“裁”，所以“绝灭”应为“裁减”之误。

〔4〕商君：见3.2注。秦孝公：战国时秦国国君，名渠梁，公元前361年—公元前338年在位。

〔5〕坐：判罪受罚，这里指“连坐”，即联保组织中有一人犯罪，其他的人如果不告发，就连带一同受罚。

〔6〕遂：通。

〔7〕车裂：古代一种用车分裂身体的酷刑，俗称“五马分尸”，即把头和四肢分别拴在五辆车上，用马拉开，撕裂肢体。

【译文】

从前吴起拿楚国的风气来教导楚悼王，说：“大臣的权势太重，有封邑的贵族太多。像这样的话，那么他们就会对上威胁君主，对下残害民众，这是使国家贫穷、使兵力削弱的根源啊。不如使有封邑的贵族的子孙只传三代，此后就收回他们的爵位和俸禄，裁减群臣百官的俸禄，撤销那些无关紧要的多余的官职，用这些节省下来的钱去供养经过选拔和训练的士兵。”楚悼王实行吴起的办法才一周年就死了，吴起便在楚国受到了分裂肢体的酷刑。

商鞅教秦孝公把老百姓连结成了十家为一什、五家为一伍的联保组织，设置了告发奸邪和株连处罚的罪责，烧掉《诗经》、《尚书》等儒家经典而彰明法令，杜绝臣子私下的请托而畅通为国家效劳的门路，限制贬抑那些靠奔走游说来谋取官职的人而使从事农耕和作战的人显贵起来。孝公实行了商鞅的办法，君主因而得到尊重，地位更为稳固，国家也因此富庶强盛了，十八年后秦孝公死了，商鞅便在秦国被五马分尸。楚国不任用吴起而削弱混乱，秦国实行了商鞅的法制而国富兵强。这两位先生的主张已被证明是正确的了，然而把吴起分裂肢体而将商鞅五马分尸的原因又是什么呢？这是因为大臣们觉得实行了法治太苦而小民憎恨法治啊。在现在的社会上，大臣贪图权势，小民喜欢混乱，这种情况比当初秦国和楚国的风气还要严重，而现在的君主又没有楚悼王、秦孝公那种对法术之士的信从，那么法术之士又怎么能冒着吴起、商鞅二人那种被分尸的危险去阐明宣传自己的法术主张呢？这就是当今社会混乱不堪而没有人能成为统一天下的霸王的原因啊。

奸劫弑臣第十四

（第十四篇　奸邪、劫主、弑君之臣）

14.1　凡奸臣皆欲顺人主之心以取亲幸之势者也[1]。是以主有所善，臣从而誉之；主有所憎，臣因而毁之。凡人之大体[2]，取舍同者则相是也[3]，取舍异者则相非也。今人臣之所誉者，人主之所是也，此之谓同取；人臣之所毁者，人主之所非也，此之谓同舍。夫取舍合而相与逆者[4]，未尝闻也。此人臣之所以信幸之道也。夫奸臣得乘信幸之势以毁誉进退群臣者，人主非有术数以御之也，非参验以审之也[5]，必将以曩之合己信今之言，此幸臣之所以得欺主成私者也。故主必欺于上而臣必重于下矣，此之谓擅主之臣。

【注释】

〔1〕幸：宠爱。势：权势，地位。

〔2〕大体：大致的情形，一般情况。

〔3〕取：选取，赞成。舍：舍弃，反对。是：肯定。

〔4〕逆：抵触，不顺。

〔5〕参验：检验，用事实加以比较验证。参验是一种考核办法，即参验形名，参见5.2、7.2注。

【译文】

凡是奸臣都想通过依顺君主的心意来取得被君主亲近宠爱的地位。因此，君主所喜爱的，奸臣便跟着赞美他(她、它)；君主所憎恶的，奸臣便跟着诋毁他(她、它)。大凡人的通性，取舍相同、志同道合的人就互相认可，取舍不同、观点分歧的人就互相反对。现在奸臣所赞美的，是君主所认可的，这叫做有共同的取向；奸臣所诋毁的，是君主所反对的，这叫做有共同的舍弃。那对于事物的看法取舍一致的人相互之间再发生对立冲突的事，还从来没有听说过啊。这就是奸臣所以被君主信任和宠爱的道理。奸臣是能够凭借被君主信任和宠爱的地位来毁谤或称赞、提拔或罢免群臣的人，君主如果没有权术去驾驭他，不用参验形名的办法去审察他，那就一定会因为他过去和自己观点一致而轻信他现在的话，这就是那些得宠的奸臣所以能够欺骗君主而成就私利的原因。所以君主必定在上面受欺骗而奸臣必定在下面掌握着重要的权力，这叫做控制君主的臣子。

14.2　国有擅主之臣，则群下不得尽其智力以陈其忠，百官之吏不得奉法以致其功矣。何以明之？夫安利者就之，危害者去之，此人之情也。今为臣，尽力以致功、竭智以陈忠者，其身困而家贫，父子罹其害；为奸利以弊人主、行财货以事贵重之臣者[1]，身尊家富，父子被其泽[2]：人焉能去安利之道而就危害之处哉？治国若此其过也，而上欲下之无奸、吏之奉法，其不可得亦明矣。故左右知贞信之不可以得安利也，必曰："我以忠信事上、积功劳而求安，是犹盲而欲知黑白之情，必不几矣[3]；若以道化、行正理、不趋富贵、事上而求安[4]，是犹聋而欲审清浊之声也，愈不几矣。二者不可以得安，我安能无相比周、蔽主上、为奸私以适重人哉[5]?”此必不顾人主之义矣。其百官之吏亦知方正之不可以得安也，必曰：“我以清廉事上而求安，若无规矩而欲为方圆也，必不几矣；若以守法、不朋党、治官而求安，是犹以足搔顶也，愈不几也。二者不可以得安，能无废法、行私以适重人哉?”此必不顾君上之法矣。故以私为重人者众，而以法事君者少矣。是以主孤于上而臣成党于下，此田成之所以弑简公者也[6]。

【注释】

〔1〕弊：通“蔽”，蒙蔽。行：施，赐，赠送。事：侍奉，奉承。重：重要，指权势重，身居要职。

〔2〕被：蒙受。

〔3〕几：通“冀”，希望。

〔4〕道：术，此指法术。趋：趋向，投奔，投靠。

〔5〕适：适合，迎合。重人：权臣，掌握大权、身居要职的奸臣。

〔6〕田成杀掉齐简公的事，可参见7.1注。

【译文】

国家有了控制君主的臣子，那么群臣就不可能充分发挥自己的智慧和力量来表达自己对君主的忠诚，各种官职上的官吏就不可能奉公守法来做出自己的成绩了。用什么来说明这种论点呢?见安全有利的就靠近它，见危险有害的就离开它，这是人们的常情。现在做臣子的，那些使尽全力来建立功绩、绞尽脑汁来向君主效忠的，他们本人处境困难而家庭十分贫穷，父亲子女都遭受到他们的拖累；而那些做邪恶的事来谋取私利以致蒙蔽君主、赠送财物来奉承地位高贵身居要职的权臣的臣子，本身地位尊贵而家庭十分富裕，父亲子女都享受到他们的好处：人们哪能离开安全有利的门路不走而去靠近危险有害的地方呢？治理国家的过错竟像这样，而君主还想要臣下没有邪恶的行为、官吏都奉公守法，这种政治局面的不可能得到也就十分明显了。所以，君主身边的近臣知道忠贞诚实是不可能用它来取得安乐和利益的，就一定会说："我靠忠贞老实侍奉君主、不断立功去求取安乐，这就好像是瞎子想要知道黑色和白色的实际情况一样，一定是没有什么指望的了；如果用法术来改变世道人心、按照正确的原则来办事、不去投靠豪门贵族、只是一心侍奉君主来求取安乐，这就好像是聋子想要辨别声音的高扬清亮和低沉粗重，更加没有什么指望了。这两种办法都不可能用来取得安乐，我怎么能不和别人互相勾结、蒙蔽君主、干邪恶的勾当去谋取私利从而来迎合身居要职的权臣呢?"这些人就一定不会再顾全臣子侍奉君主的道德准则了。那些担任各种职务的官吏也知道正直无邪是不可能用它来取得安乐的，就一定会说："我靠清白无私廉洁奉公来侍奉君主而求取安乐，这就好像是没有圆规和角尺却要画方形和圆形，一定是没有什么指望的了；如果靠遵守法令、不拉党结派、干好本职工作来求取安乐，这就好像是用脚来搔头顶，更加没有什么指望了。这两种办法都不可能用来取得安乐，我能不废弃法令、干私下的勾当来迎合身居要职的权臣吗?"这些人就一定不会再顾全君主的法令了。所以用私行来帮助权臣的人很多，而用法术来侍奉君主的人就很少了。因此君主在上面孤立无援而臣子在下面结成了死党，这就是田常杀掉齐简公的原因啊。

14.3　夫有术者之为人臣也，得效度数之言[1]，上明主法，下困奸臣[2]，以尊主安国者也。是以度数之言得效于前，则赏罚必用于后矣。人主诚明于圣人之术而不苟于世俗之言[3]，循名实而定是非，因参验而审言辞，是以左右近习之臣，知伪诈之不可以得安也，必曰："我不去奸私之行，尽力竭智以事主，而乃以相与比周、妄毁誉以求安，是犹负千钧之重陷于不测之渊而求生也[4]，必不几矣。"百官之吏亦知为奸利之不可以得安也，必曰："我不以清廉方正奉法，乃以贪污之心枉法以取私利，是犹上高陵之颠堕峻溪之下而求生〔5〕，必不几矣。”安危之道若此其明也，左右安能以虚言惑主？而百官安敢以贪渔下？是以臣得陈其忠而不弊〔6〕，下得守其职而不怨。此管仲之所以治齐而商君之所以强秦也〔7〕。

【注释】

〔1〕效：献出。度：法度。数：术数。
〔2〕困：使……穷困，制服。
〔3〕苟：“拘”字之误，拘泥，束缚。
〔4〕钧：古代重量单位，三十斤为一钧。渊：深水潭。
〔5〕陵：大土山。颠：通“巅”，山顶。
〔6〕弊：通“蔽”。
〔7〕管仲、商君：见3.2注。

【译文】

掌握了统治术的人做臣子，能够向君主献上有关法术的建议，对上彰明君主的法令，对下使奸臣走投无路，以此来使君主尊贵、国家安定。因此，有关法术的建议能够在前面向君主献上，那么赏罚就一定能在后面施行了。君主如果真正能明察圣人的法术而不拘泥于世俗的议论，根据名称和事实是否符合来确定是非，凭借对事实的检验来审察言论，那么君主身边亲近熟悉的宠臣，就知道诡诈是不可能用来取得安乐的，就一定会说：“我不抛弃邪恶的谋取私利的罪恶勾当，尽心竭力来侍奉君主，却竟然以互相勾结、胡乱毁谤或捧场来求取安乐，这就好像是背着上千钧的重量掉到了深得不可测量的水潭中还想求得生存一样，一定是没有什么指望的了。”各种官职上的官吏也知道干邪恶的勾当去谋取私利是不可能用来取得安乐的，就一定会说：“我不用清白廉洁正直无邪奉公守法来求取安乐，竟然带着贪利卑污的念头违反法令来谋取私利，这就好像是登上了高山的山顶后又坠落到峻峭的山谷之下而求生，一定是没有什么指望的了。”安乐和危险的道理就像这样的明白，君主身边的近臣怎么能用假话空话来迷惑君主？而群臣百官又怎么敢因为贪婪而鱼肉百姓？因此，臣下能够向君主献上自己的忠诚而不蒙蔽君主，官吏能够恪守自己的职责而不怨恨君主。这就是管仲用来治理齐国的方法以及商君用来使秦国强大的措施啊。

14.4 从是观之，则圣人之治国也，固有使人不得不爱我之道，而不恃人之以爱为我也。恃人之以爱为我者危矣，恃吾不可不为者安矣。夫君臣非有骨肉之亲，正直之道可以得利，则臣尽力以事主；正直之道不可以得安，则臣行私以干上。明主知之，故设利害之道以示天下而已矣。夫是以人主虽不口教百官，不目索奸邪，而国已治矣。人主者，非目若离娄乃为明也[1]，非耳若师旷乃为聪也[2]。目必不任其数[3]，而待目以为明[4]，所见者少矣，非不弊之术也[5]。耳必不因其势[6]，而待耳以为聪，所闻者寡矣，非不欺之道也。明主者，使天下不得不为己视，天下不得不为己听，故身在深宫之中而明照四海之内。而天下弗能蔽弗能欺者，何也？暗乱之道废而聪明之势兴也。故善任势者国安，不知因其势者国危。古秦之俗[7]，君臣废法而服私[8]，是以国乱兵弱而主卑。商君说秦孝公以变法、易俗而明公道[9]，赏告奸，困末作而利本事[10]。当此之时，秦民习故俗之有罪可以得免、无功可以得尊显也[11]，故轻犯新法。于是犯之者其诛重而必，告之者其赏厚而信。故奸莫不得而被刑者众，民疾怨而众过日闻[12]。孝公不听，遂行商君之法。民后知有罪之必诛而私奸者众也[13]，故民莫犯，其刑无所加。是以国治而兵强，地广而主尊。此其所以然者，匿罪之罚重而告奸之赏厚也。此亦使天下必为己视听之道也。至治之法术已明矣，而世学者弗知也。

【注释】

〔1〕离娄：又叫离朱，传说是黄帝时代的人，视力特别好，能看得清百步以外极细小的东西。

〔2〕师旷：见10.4注。

〔3〕目：看。必：诚，如果。任：用。数：术。

〔4〕待：等待，引申为依靠。

〔5〕弊：通“蔽”。

〔6〕耳：听。因：凭借，依靠。

〔7〕古秦：指变法前的秦国。

〔8〕服：用。

〔9〕秦孝公：见13.3注。

〔10〕困：使……穷困，抑制。末作：不重要的劳作，指工商业。利：使……有利，奖励。本事：根本的大事，指农业，包括耕种与手工纺织。

〔11〕故：旧。

〔12〕疾：憎恨，厌恶。过：指责，责难。

〔13〕“私”字承上省“诛”字。有罪必诛，所以被惩处的私行和奸人很多，人们知道了，也就不敢再去犯法，刑罚也就没有施加的对象了。

【译文】

从上面所论述的这些情况来看，那么圣人治理国家，本来就有使人不得不爱我的办法，而不依靠别人因为仁爱的原因才来为我效劳。依靠别人因为仁爱的原因来为我效劳的，那就危险了；依靠我使人不得不为我效劳的办法，就能安定了。君臣之间并没有骨肉之亲，正直无邪的办法可以用来取得利益，那么臣下就尽心竭力来侍奉君主；正直无邪的办法不能用来取得安乐，那么臣下就会搞私下的勾当来侵犯君主了。英明的君主懂得这个道理，所以设立了使人得利和受害的办法——赏罚制度——把它公布给天下的臣民就是了。因此，君主虽然不是亲口去教育训导群臣百官，不是亲眼去监察搜索坏人坏事，而国家却已经治理好了。做君主的，并不是眼睛像离娄那样才算是视力好，也不是耳朵像师旷那样才算是听觉灵敏。观察事物如果不运用自己的权术，而依靠眼睛来作为自己的视力，那么能看到的东西就少了，这绝不是不受蒙蔽的方法。打听情况如果不依靠自己的权势，而依靠耳朵来作为自己的听力，那么能听到的东西就少了，这绝不是不受欺骗的办法。英明的君主，使天下的臣民不得不为自己去观察事物，使天下的臣民不得不为自己去打听情况，所以自己住在深邃的宫殿之中就能明察四海之内。天下的臣民不能蒙蔽、不能欺骗他们君主的原因是什么呢？是因为愚昧混乱的办法被废除了而使自己耳聪目明的权势被建立了。所以善于运用权势的君主，他的国家就安定；不知道依靠自己权势的君主，他的国家就危乱。古时候秦国的风俗，君臣废弃法治而用自己的私智，因此国家混乱兵力衰弱而君主地位卑微。商君劝说秦孝公改变旧法、移风易俗来彰明奉公为国的原则，奖赏告发奸邪的行为，抑制对国家富强无关重要的劳作——工商业，而奖励关系到国家富强的根本大业——耕织。在这个时候，秦国的民众习惯于有罪可以赦免、无功可以显贵的旧风俗，所以轻易地触犯新法。在这个时候，对触犯新法的人，商君的惩罚严厉而且一定执行；对告发奸邪的人，商君的奖赏优厚而且严守信用。所以奸邪的人没有不被发现的而受到惩处的人很多，百姓痛恨埋怨新法，众人的责难每天都能听见。秦孝公不加理睬，坚决推行商君的法令。民众后来知道有了罪一定要被惩处而被惩处的私行和奸人很多，所以民众中没有一个再敢违犯新法，以至于国家的刑罚竟没有施加的对象了。因此国家安定而兵力强大，领土广阔而君主尊贵。秦国之所以会这样，是因为对包庇隐藏罪犯的人处罚严厉而对检举揭发奸邪的人奖赏优厚的缘故啊。这也是使天下的臣民必须为自己去监察打听情况的办法啊。能使国家大治的法术已经是这样地明白了，而现今社会上的那些学者们却一点也不知道。

14.5　且夫世之愚学，皆不知治乱之情，谰诶多诵先古之书[1]，以乱当世之治；智虑不足以避阱井之陷[2]，又妄非有术之士。听其言者危，用其计者乱，此亦愚之至大而患之至甚者也。俱与有术之士有谈说之名，而实相去千万也，此夫名同而实有异者也。夫世愚学之人比有术之士也，犹蚁垤之比大陵也[3]，其相去远矣。而圣人者，审于是非之实，察于治乱之情也。故其治国也，正明法，陈严刑，将以救群生之乱，去天下之祸，使强不陵弱，众不暴寡，耆老得遂[4]，幼孤得长，边境不侵，君臣相亲，父子相保，而无死亡系虏之患[5]，此亦功之至厚者也！愚人不知，顾以为暴[6]。愚者固欲治而恶其所以治，皆恶危而喜其所以危者。何以知之？夫严刑重罚者，民之所恶也，而国之所以治也；哀怜百姓轻刑罚者，民之所喜，而国之所以危也。圣人为法国者[7]，必逆于世而顺于道德[8]。知之者，同于义而异于俗[9]；弗知之者，异于义而同于俗。天下知之者少，则义非矣。

【注释】

〔1〕谵诶（zhé jiá）：喋喋不休。诵：述说。

〔2〕阱：为防御或捕捉野兽而挖的陷坑。陷：陷入，掉入，指陷入阱井的危害。

〔3〕垤（dié）：蚂蚁做窝时堆在穴口的小土堆，也叫“蚁封”、“蚁冢”。

〔4〕耆（qí）：老人。遂：如愿，称心如意，指顺利地生活，享尽天年。

〔5〕系：捆绑。

〔6〕顾：反。

〔7〕为法国：即“为法于国”，在国内推行法治。

〔8〕道德：治国的规律，指韩非所主张的法术。
〔9〕义：合宜的道德、行为或道理，这里指韩非提倡的法术。

【译文】

再说，现今社会上那些愚蠢的学者，都不了解国家是治是乱的实际情况，只是喋喋不休地大量搬弄古书上的道德说教，来扰乱当代的治理；他们的智谋还不够用来避开掉入陷阱与水井的危险，却还要胡乱地非难法术之士。听信了他们的言论，国家就会危险；采用了他们的计策，国家就会混乱；这些也就是最愚蠢而对国家的危害又是最严重的人了。他们同样和法术之士享有谈论政治、劝说君主的名声，而实际上却相差十万八千里，这些就是那名声相同而实质不同的人啊。现今社会上那些愚蠢的学者和法术之士相比，就好像蚂蚁洞口的小土堆和大山相比一样，相差得也太远了。而圣人，能够明白是非曲直的实际情况，能够明察是治是乱的真相。所以他治理国家的时候，公正地彰明法令，设置了严厉的刑法，将用它来解除民众遭受的祸乱，消除天下的灾难，使强者不欺侮弱者，人多的大国不残害人少的小国，老人能够如愿地享尽天年，幼孩孤儿能够得到抚育而成长，边境不受侵犯，君臣之间能够亲密相处，父子之间能够互相护养，而没有战死逃亡以及被囚禁俘虏的祸患，这也就是最大的功绩啦！愚蠢的学者不懂得这些道理，反而以为这些做法是暴虐无道的。愚蠢的人固然想要国家治理得好，但却憎恶那用来治好国家的方法；都憎恶国家危亡，但却喜欢那导致国家危亡的因素。凭什么知道他们是这样的人呢？施行严厉的刑罚，是民众所厌恶的，但却是国家所以能治好的方法；同情怜悯百姓而减轻刑罚，是民众所喜爱的，但却是国家发生危亡的原因。圣人在国内推行法治，必定要违反世俗偏见而顺应治国的规律。懂得这个道理的人，就会赞同那合宜的法术主张而不苟同于世俗的偏见；不懂得这个道理的人，就会反对那合宜的法术主张而赞同世俗的偏见。天下懂得这个道理的人少，那么这合宜的法术主张就被认为是错的了。

14.6　处非道之位〔1〕，被众口之谮〔2〕，溺于当世之

言，而欲当严天子而求安，几不亦难哉[3]？此夫智士所以至死而不显于世者也[4]。楚庄王之弟春申君有爱妾曰余[5]，春申君之正妻子曰甲。余欲君之弃其妻也，因自伤其身以视君[6]，而泣曰：“得为君之妾，甚幸。虽然，适夫人非所以事君也，适君非所以事夫人也。身故不肖[7]，力不足以适二主。其势不俱适，与其死夫人所者，不若赐死君前。妾以赐死[8]，若复幸于左右，愿君必察之，无为人笑。”君因信妾余之诈，为弃正妻。余又欲杀甲而以其子为后，因自裂其亲身衣之里以示君，而泣曰：“余之得幸君之日久矣[9]，甲非弗知也，今乃欲强戏余。余与争之，至裂余之衣。而此子之不孝，莫大于此矣。”君怒，而杀甲也。故妻以妾余之诈弃，而子以之死。从是观之，父之爱子也，犹可以毁而害也。君臣之相与也，非有父子之亲也，而群臣之毁言，非特一妾之口也，何怪夫贤圣之戮死哉！此商君之所以车裂于秦而吴起之所以枝解于楚者也[10]。凡人臣者，有罪固不欲诛，无功者皆欲尊显。而圣人之治国也，赏不加于无功，而诛必行于有罪者也。然则有术数者之为人也，固左右奸臣之所害，非明主弗能听也。

【注释】

〔1〕非道：受到非难的法术。

〔2〕被：遭受。谮(zèn)：诬陷。

〔3〕几：通“岂”。

〔4〕智士：有智慧的人，指法术之士。显：显扬，传扬。显于世：在社会上享有声望，这是指智士的政治主张得到实现而受到社会的器重。

〔5〕楚庄王：见6.1注。春申君：楚庄王之弟。非指战国时楚国贵族黄歇。

〔6〕视：通“示”，给人看。

〔7〕故：通“固”，本来。不肖：不贤，无能。

〔8〕以：通“已”，已经。

〔9〕得幸君：即“得幸于君”。

〔10〕车裂：见13.3注。吴起、枝解：见3.2注。

【译文】

法术之士处在自己的法术主张被非议的地位，又受到众人的诬陷，淹没在当代的流言蜚语之中，却想面对着严厉的君主去求得自身的安全，哪能不困难呢？这就是那有智谋的法术之士到死也不能在社会上显扬的原因啊。楚庄王的弟弟春申君有一个宠爱的妾名叫余，春申君正妻的儿子名叫甲。余想要让春申君遗弃他的正妻，便自己打伤了自己的身体来让春申君看，并哭泣着说：“我能够做您的妾，感到十分幸运。但即使如此，顺从了夫人就无法来侍候您，顺从了您却又无法去侍候夫人。我自己本来就不成器，没有能力来顺从服侍好你们两人。现在那实际的情势是不能同时顺从侍候你俩，与其死在夫人那里，还不如在您的面前赐我一死。我被恩赐一死以后，如果您又爱上了您身边的其他人，希望您一定要明察这种难以同时侍候好夫人与您的情况，不要再被别人笑话。”春申君便相信了妾余的欺骗，为了妾而遗弃了正妻。余又想杀掉甲而让她的儿子作为继承人，便自己撕裂了她贴身衣服的里层来给春申君看，并哭泣着说：“我余得到您宠爱的日子已经很长了，甲不是不知道啊，今天他竟然要强行调戏我。我和他抗争，以至于撕裂了我的衣服。这儿子这样不孝，实在没有什么罪行比这个更大的了。”春申君发怒了，便杀掉了甲。所以春申君的正妻因为妾余的欺骗而被遗弃了，而他的儿子也因为妾余的一番话被杀死了。从这一点来看，父亲就是那样地爱儿子，但还是可以因为别人的谗毁而把儿子杀害了。君臣之间的相互交往，并没有父子之间那种亲密的关系；而群臣的毁谤，又不是单单一个妾的嘴巴所能比拟的，因此，那些贤能圣明的人被杀死又有什么奇怪的呢？这就是商君在秦国被五马分尸的原因，也是吴起在楚国被肢解的缘由啊。凡是做臣子的，有了罪本来就不想受到惩处，没有功劳的却都想得到尊贵的地位和显赫的名声。而圣人治理国家，奖赏不加给没有功劳的人，而对于有罪的人刑罚一定要执行。这样的话，那么掌握了统治术的圣人生活在社会上，本来就是君主身边的奸臣所要陷害的对象，不是英明的君主是不会听信他们的法术主张的。

14.7　世之学者说人主，不曰“乘威严之势以困奸邪之臣”，而皆曰“仁义惠爱而已矣”。世主美仁义之名而不察其实，是以大者国亡身死，小者地削主卑。何以明之？夫施与贫困者，此世之所谓仁义；哀怜百姓不忍诛罚者，此世之所谓惠爱也。夫有施与贫困，则无功者得赏；不忍诛罚，则暴乱者不止。国有无功得赏者，则民不外务当敌斩首〔1〕，内不急力田疾作，皆欲行货财事富贵、为私善立名誉以取尊官厚俸。故奸私之臣愈众，而暴乱之徒愈胜，不亡何待？夫严刑者，民之所畏也；重罚者，民之所恶也。故圣人陈其所畏以禁其邪，设其所恶以防其奸，是以国安而暴乱不起。吾以是明仁义爱惠之不足用，而严刑重罚之可以治国也。无棰策之威、衔橛之备〔2〕，虽造父不能以服马〔3〕；无规矩之法、绳墨之端，虽王尔不能以成方圆〔4〕；无威严之势、赏罚之法，虽尧、舜不能以为治。今世主皆轻释重罚严诛，行爱惠，而欲霸王之功，亦不可几也〔5〕。故善为主者，明赏设利以劝之，使民以功赏而不以仁义赐；严刑重罚以禁之，使民以罪诛而不以爱惠免。是以无功者不望，而有罪者不幸矣。托于犀车良马之上〔6〕，则可以陆犯阪阻之患[7]；乘舟之安，持楫之利[8]，则可以水绝江河之难[9]；操法术之数[10]，行重罚严诛，则可以致霸王之功。治国之有法术赏罚，犹若陆行之有犀车良马也、水行之有轻舟便楫也，乘之者遂得其成。伊尹得之[11]，汤以王[12]；管仲得之，齐以霸；商君得之，秦以强。此三人者，皆明于霸王之术，察于治强之数，而不以牵于世俗之言[13]；适当世明主之意，则有直任布衣之士，立为卿相之处[14]；处位治国，则有尊主广地之实：此之谓足贵之臣。汤得伊尹，以百里之地立为天子；桓公得管仲，立为五霸主[15]，九合诸侯，一匡天下[16]；孝公得商君，地以广，兵以强。故有忠臣者，外无敌国之患，内无乱臣之忧，长安于天下，而名垂后世，所谓忠臣也。若夫豫让为智伯臣也[17]，上不能说人主使之明法术度数之理以避祸难之患，下不能领御其众以安其国[18]。及襄子之杀智伯也[19]，豫让乃自黔劓[20]，败其形容，以为智伯报襄子之仇。是虽有残形杀身以为人主之名，而实无益于智伯若秋毫之末[21]。此吾之所下也，而世主以为忠而高之。古有伯夷、叔齐者[22]，武王让以天下而弗受[23]，二人饿死首阳之陵[24]。若此臣，不畏重诛，不利重赏，不可以罚禁也，不可以赏使也，此之谓无益之臣也。吾所少而去也，而世主之所多而求也。

【注释】

〔1〕“外”字当在“不”字前。当：抵挡。

〔2〕捶：通“箠”，马鞭。策：马鞭。衔：马嚼子，勒在马口中的铁。橛(jué)：马嚼子，马口所衔的横木。备：设备，装备。

〔3〕造父：人名，春秋时晋国人，善于驾车。

〔4〕王尔：古代巧匠。

〔5〕几：通“冀”，希望。

〔6〕托：寄托，依靠。犀：坚固。

〔7〕犯：触犯，冒犯，冲撞。阪：山坡。阻：要塞，险要的地方。患：忧患，患难。陆犯阪阻之患：指在陆地上冲破艰难险阻。

〔8〕持：通“恃”，倚仗，依赖。

〔9〕绝：越过，横渡。

〔10〕数：技术，方法。

〔11〕伊尹：见3.2注。

〔12〕汤：见3.2注。

〔13〕牵：牵制，拘泥。

〔14〕为：于，在。卿：古代高级官名、爵位名，在公之下、大夫之上。相：辅助君主掌管国事的最高官吏，后来称作相国、宰相、丞相。

〔15〕五霸：见10.8注。

〔16〕一匡天下：见10.8注。

〔17〕豫让：春秋末期晋国人。原为晋卿智伯的家臣，公元前453年，赵襄子杀智伯，他下决心要为智伯报仇，就改姓换名，自毁面容，用漆涂身破坏皮肤，吞炭使哑，一再谋刺赵襄子，没有成功，被捕后自杀。智伯：见1.5注。

〔18〕领：带领，领导。御：驾驭，控制。

〔19〕襄子：见1.5注。

〔20〕黔(qián)：黑色，用作动词，指涂黑皮肤。劓(yì)：割掉鼻子。

〔21〕若：像。秋毫：兽类在秋天新长出来的毫毛。末：末端。秋毫之末：形容极其微小。

〔22〕伯夷、叔齐：见11.5注。

〔23〕武王：见1.5注。至于他把天子的位置让给伯夷、叔齐的说法，其他史书上没有记载。

〔24〕首阳之陵：指首阳山，位于今山西省运城市西南。

【译文】

当代的学者劝说君主，不说“凭借威严的权势去抑制奸邪的臣子”，却都说“只要仁义惠爱就可以治国了”。当代的君主欣赏仁义的名声而不去考察它的实质，因此程度严重的就导致国家灭亡而君主身死，程度稍轻的也使得国家领土削减而君主地位低下。凭什么来说明这一点呢？施舍周济贫困的人，这是世俗所谓的仁义；同情怜悯百姓而不忍心施行刑罚，这是世俗所谓的惠爱。但有了对贫困者的施舍周济，那么没有功劳的人就会得到赏赐；不忍心施行刑罚，那么暴虐作乱的人就不能被禁止。国家有了没有功劳就得到奖赏的人，那么臣民对外就不致力于抵挡入侵的敌人而斩首杀敌，在国内就不急切地尽力从事耕作，而都想进行贿赂去奉承豪门贵族，做私下的好事来树立声誉，用这种办法来谋取高官厚禄。所以干邪恶的勾当而谋取私利的奸臣越来越多，而暴虐作乱的党徒更加占优势了，这样下去，国家不是灭亡，还能等得到什么好结果呢？严刑，是民众所害怕的东西；重罚，是民众所厌恶的东西。所以圣人设置了民众所害怕的严刑来禁止他们的邪恶，设立了民众所厌恶的重罚来防止他们的狡诈，因此国家安定而暴虐作乱的事件不发生。我因此而明白了仁义惠爱不值得采用，而严刑重罚可以用来治理国家。如果没有马鞭的威势、马嚼子的装备，即使是造父这样的驾车能手也不能靠他来制服骏马；如果没有圆规、角尺的规范和墨线的正直，即使是王尔这样的巧匠也不能靠他来制作方形和圆形；如果没有威严的权势、赏罚的制度，即使是尧、舜这样的贤君也不能靠他们来进行治理。现在的君主都轻率地放弃了严刑重罚，奉行仁爱慈惠，还想建立称霸称王的功业，这也是不可能有什么希望的啊。所以善于做君主的人，彰明奖赏的制度、设置获得利禄的规章来鼓励臣民，使臣民因为有了功劳而受到奖赏，不是因为君主奉行仁义而受到恩赐；设置了严刑重罚来限制臣民，使臣民因为犯了罪而受到惩处，不是因为君主奉行仁爱慈惠而被赦免。因此，没有功劳的人不指望得到赏赐，而有罪的人也没有侥幸逃脱惩罚的心理了。坐上坚固的车子，驾上优良的骏马，就可以在陆地上克服山坡险阻造成的困难；凭借船的安稳，依靠船桨的便利，就可以在水上越过江河阻隔的困难；掌握了法术之道，实行严刑重罚，就可以取得称霸称王的功业。治理国家有了法术赏罚，就好像在陆地上行进有了坚固的车子和优良的马匹、在水面上航行有了轻快的船只和便利的船桨，凭借法术赏罚的人就能获得成功。伊尹掌握并运用了法术赏罚，商汤因此而称王天下；管仲掌握并运用了法术赏罚，齐桓公因此而称霸诸侯；商君掌握并运用了法术赏罚，秦国因此而强大无敌。这三个人，都明白使君主称霸称王的法术，清楚使国家安定强大的方法，而不把自己局限在世俗的议论之中；由于合乎当时英明君主的心意，因此就有了他们这种直接被提拔任用的平民百姓，一下子站在贵卿、相国的位置上；他们处在这样的高位上来治理国家，就有了使君主尊贵、使领土扩大的实绩：这种人才称得上是值得尊重的大臣。商汤得到了伊尹，只依靠了百里见方的领土就做了天子；齐桓公得到了管仲，就成为春秋五霸的第一个霸主，多次会合诸侯，使天下归于一致而恢复了正道；秦孝公得到了商君，领土因此而扩大，兵力因此而强大。所以君主有了忠臣，对外就不会有敌国入侵的灾难，对内也不会有奸臣作乱的忧患，活着可以使天下长治久安，死了可以使自己的名声流传到后代，有这种功德的臣子才是我所说的忠臣。至于那豫让做智伯的家臣，向上不能劝说自己的主子使他明了法度术数等治国之道来避免遭灾受难的祸患，向下又不能领导智伯的民众来安定智伯的封国。等到赵襄子杀掉了智伯，豫让才自己涂黑了皮肤，割去了鼻子，毁坏了自己的形体容貌，用这种办法去为智伯报赵襄子的仇。这种臣子虽然有残害自己的容貌、献出自己的生命来为君主效劳的名声，而实际上对于智伯没有一点点好处。这种臣子是我所鄙视的，但当代的君主却认为他忠于君主而尊崇他。古代有伯夷、叔齐这种人，周武王把天子的位置让给他们而他们也不接受，两个人宁愿饿死在首阳山。像这样的臣子，不怕严厉的刑罚，不贪图优厚的奖赏，不可以用刑罚来限制他们，不可以用奖赏来驱使他们，这叫做对君主没有裨益的臣子。这种臣子是我所鄙视而抛弃的，但却是当代的君主所赞赏而访求的。

14.8　谚曰：“厉怜王〔1〕。”此不恭之言也。虽然，古无虚谚，不可不察也。此谓劫杀死亡之主言也〔2〕。人主无法术以御其臣，虽长年而美材，大臣犹将得势擅事主断而各为其私急，而恐父兄豪杰之士借人主之力以禁诛于己也，故弑贤长而立幼弱，废正的而立不义〔3〕。故《春秋》记之曰〔4〕："楚王子围将聘于郑〔5〕，未出境，闻王病而反〔6〕。因入问病，以其冠缨绞王而杀之，遂自立也。齐崔杼〔7〕，其妻美，而庄公通之〔8〕，数如崔氏之室〔9〕。及公往，崔子之徒贾举率崔子之徒而攻公。公入室，请与之分国，崔子不许；公请自刃于庙，崔子又不听；公乃走，逾于北墙。贾举射公，中其股，公坠，崔子之徒以戈斫公而死之，而立其弟景公〔10〕。"近之所见：李兑之用赵也〔11〕，饿主父百日而死〔12〕；卓齿之用齐也〔13〕，擢湣王之筋〔14〕，悬之庙梁，宿昔而死〔15〕。故厉虽痈肿疕疡〔16〕，上比于《春秋》，未至于绞颈射股也；下比于近世，未至饥死擢筋也。故劫杀死亡之君，此其心之忧惧，形之苦痛也，必甚于厉矣。由此观之，虽"厉怜王"可也。

【注释】

〔1〕厉(lài)：通"癞"。癞病是一种恶疮，又称为麻风，患者皮肤麻木变厚，表面形成结节，毛发脱落，手指足趾变形。"厉"在这里指生麻风病的人。厉怜王：生麻风病的人可怜君主。言外之意是：君主的痛苦比自己的癞病还厉害，因为麻风病虽然是一种恶病，但与君主所受到的劫杀相比，却要好得多。

〔2〕谓：通"为"，给，对。

〔3〕的：通"嫡"。正的：正统的嫡子，指合法的继承人。按照古代的宗法制度，王位必须由大宗一系的嫡长子世袭，这才是正统的。不义：不适宜，指不该立的人，也就是不符合宗法继承原则的人。

〔4〕《春秋》：古代的史书，这里指《左氏春秋》，即《左传》。下面

的事分别记载于《左传》昭公元年(公元前 541 年)和襄公二十五年(公元前 548 年)。

〔5〕王子围：春秋时楚共(gōng)王审的儿子，或称王子，或称公子，名围，当时任楚国令尹。公元前 541 年，他杀掉楚王郏(jiá)敖自立，为楚灵王，参见 7.3 注。聘：见 10.6 注。郑：见 12.6 注。

〔6〕反：通“返”，返回。

〔7〕崔杼(zhù)：春秋时齐国大夫。

〔8〕庄公：指齐庄公，名光，春秋时齐国君主，公元前 553—公元前 548 年在位。

〔9〕数(shuò)：屡次，多次。如：往，到。

〔10〕景公：指齐景公，见 10.7 注。

〔11〕李兑：战国时赵国的大臣，当时任司寇。用赵：任用于赵，在赵国掌权。

〔12〕主父：即赵武灵王，名雍，战国时赵国国君，公元前 325—公元前 299 年在位。公元前 299 年，他把王位传给小儿子何(称惠文王)，自号主父。公元前 295 年，李兑帮助赵惠文王与赵武灵王长子章争夺君权，与公子成合谋，把赵武灵王困在沙丘宫达三个月，赵武灵王因此被饿死。

〔13〕卓齿：也写作“淖齿”，战国时楚将。公元前 284 年，燕、秦、楚等五国联合攻齐，燕将乐毅攻入齐国首都临淄，齐湣(mǐn)王逃到莒(jǔ，在今山东省莒县)。后来楚国变换策略，派卓齿率兵救齐，做齐湣王的相。卓齿又杀掉湣王，与燕国瓜分掠夺到的土地和宝器。

〔14〕擢(zhuó)：抽。湣王：战国时齐国国君，约公元前 301—公元前 284 年在位。

〔15〕宿：停留。昔：夜。宿昔：隔了一夜，形容时间短。

〔16〕痈肿：一种毒疮，患者的皮肤和皮下组织发炎化脓，非常疼痛。这里指癞疮的化脓。疕(bǐ)：头疮，痂疮，患者头发脱落。这里指癞疮造成的毛发脱落。疡：一种皮肤溃疡病，患者皮肤化脓溃疡。这里指癞疮的溃疡腐烂。

【译文】

谚语说：“生癞疮的人哀怜君主。”这是对君主大不恭敬的话。但尽管如此，古代并没有什么虚妄的谚语，所以不可以不细加审察。这实是针对那些被劫杀而死亡的君主说的。君主如果没有法术来驾驭自己的臣子，那么即使年龄大、资质好，大臣们还是会取得君主的权势、独揽国家的政事、执掌决断的大权，而各自去干他们的私人要事，他们害怕君主的叔伯和兄弟以及掌握了法术的豪杰之士凭借君主的力量来约束和惩办自己，所以就杀掉贤能年长的君主而拥立年幼懦弱的君主，废掉应该继位的嫡长子而拥立不该继位的人。所以《春秋左传》记载说："楚国的王子围受君主委托将到郑国去进行国事访问，还没有出境，听说楚王生病就回来了。接着便进宫去询问楚王的病情，用他的帽带把楚王勒死了，于是就自己立为楚王。齐国的大夫崔杼，他的妻子崔氏很漂亮，齐庄公和她通奸，屡次到崔氏的房间里。等到庄公再次前往的时候，崔杼的家臣贾举率领了崔杼的门徒去攻打庄公。庄公跑进房间，请求和崔杼瓜分齐国，崔杼不答应；庄公请求在宗庙里用刀自杀，崔杼又不肯听从；庄公就逃跑，翻越北墙。贾举用箭射庄公，射中了他的大腿，庄公便坠落在地，崔杼的门徒就用长戈砍斩庄公而把他杀死了，接着崔杼就拥立了庄公的弟弟景公。"最近所见到的有：李兑在赵国掌权，把主父饿了上百天而把他饿死了；卓齿在齐国得到了任用，便抽了齐湣王的筋，把他吊在宗庙的梁上，过了一夜就死了。所以癞疮虽然化脓溃烂，弄得毛发脱落，但向上和《春秋左传》所记载的事情相比，还没有落到勒脖子、射大腿的地步；向下和近代发生的事情相比，还不至于饿死、抽筋啊。所以被劫杀而死亡的君主，他们内心的忧惧，肉体上的痛苦，一定比生癞疮的人更厉害。从这种情况来看，即使是"生癞疮的人哀怜君主"，也是合适的啊。

第五卷

亡征第十五

（第十五篇　灭亡的征兆）

15.1.1　凡人主之国小而家大[1]，权轻而臣重者，可亡也。

【注释】

〔1〕国：诸侯的封地。家：卿大夫的封地。

【译文】

凡是君主的国家弱小而卿大夫的封国强大，君主的权势轻而臣下的权势重，这种国君可能会亡国。

15.1.2　简法禁而务谋虑，荒封内而恃交援者，可亡也。

【译文】

轻视法律禁令而致力于计谋智巧，荒废了境内的治理而依赖结交外国来求得援救，这种国君可能会亡国。

15.1.3　群臣为学，门子好辩[1]，商贾外积，小民右仗者[2]，可亡也。

【注释】

〔1〕门子：卿大夫的嫡子。

〔2〕右：崇尚。仗：兵器的总称。

【译文】

群臣研治儒、墨之学，卿大夫的嫡子爱好辩说，商人在国库之外聚敛货财，平民百姓崇尚弄枪舞剑，这种国君可能会亡国。

15.1.4　好宫室台榭陂池，事车服器玩，好罢露百姓[1]，煎靡货财者[2]，可亡也。

【注释】

〔1〕罢露：通“疲羸”。

〔2〕煎：榨取。靡：浪费。

【译文】

爱好兴建宫殿馆舍高台敞屋、筑堤挖池，讲究车马服装、器用玩物，喜欢搞得老百姓疲劳羸弱，榨取与浪费百姓的货物钱财，这种国君可能会亡国。

15.1.5　用时日，事鬼神，信卜筮而好祭祀者[1]，可亡也。

【注释】

〔1〕卜：占卜。古代占卜，先在龟甲上钻凿槽穴，然后烧灼使其发生爆裂，龟甲发出的爆裂之声即是“卜”之字音，爆裂产生的裂纹即是

“卜”或“兆”之字形，根据这兆纹来推断吉凶就是占卜。筮(shì)：算卦。古代算卦，先反复在一把蓍(shī)草中随意抽取，每次抽取后数一下，如果是奇数，即画一横“—”为阳爻；如果是偶数，即画二短横“--”为阴爻。抽取三次即得三爻，便可组成八卦中的卦象；抽取六次可得六爻，便可组成六十四卦中的卦象。根据所得卦象来推测吉凶就是算卦，古代称为“筮”。

【译文】

办事得用占候来选择吉日良辰，崇拜侍奉鬼神，迷信占卜算卦，喜欢祭祀，这种国君可能会亡国。

15.1.6 听以爵不待参验，用一人为门户者，可亡也。

【译文】

听取意见只根据说话人的爵位高低而不依靠用事实来加以检验，只把一个人作为吸取意见的窗口，这种国君可能会亡国。

15.1.7 官职可以重求，爵禄可以货得者，可亡也。

【译文】

官职可以靠权势求得，爵位俸禄可以用钱财买到，这种国君可能会亡国。

15.1.8 缓心而无成，柔茹而寡断[1]，好恶无决而无所定立者，可亡也。

【注释】

〔1〕茹：通“懦”。

【译文】

思想松垮懒散而不求有成，软弱胆怯而优柔寡断，对好坏不会判断因而拿不定主意，这种国君可能会亡国。

15.1.9　饕贪而无餍〔1〕，近利而好得者，可亡也。

【注释】

〔1〕饕（tāo）：极度贪婪。

【译文】

极其贪婪而没有个满足，追求财利而爱占便宜，这种国君可能会亡国。

15.1.10　喜淫辞而不周于法〔1〕，好辩说而不求其用，滥于文丽而不顾其功者，可亡也。

【注释】

〔1〕周：合。

【译文】

喜欢浮夸的言辞而不合于法度，爱好巧妙的辩说而不去追求它的实用价值，陶醉于文采的美妙而不顾它的功效，这种国君可能会亡国。

15.1.11　浅薄而易见〔1〕，漏泄而无藏，不能周密

而通群臣之语者，可亡也。

【注释】

〔1〕见(xiàn)：同“现”。

【译文】

性格不深沉而容易外露，经常泄露机密而藏不住话，不能严守秘密而把大臣们的话透露出去，这种国君可能会亡国。

15.1.12 很刚而不和[1]，愎谏而好胜[2]，不顾社稷而轻为自信者，可亡也。

【注释】

〔1〕很：通“狠”。

〔2〕愎(bì)：固执。

【译文】

凶狠强硬而不随和，固执地不听别人的劝谏而喜欢盛气凌人，不顾国家的安危而轻薄地自以为是，这种国君可能会亡国。

15.1.13 恃交援而简近邻，怙强大之救而侮所迫之国者[1]，可亡也。

【注释】

〔1〕怙(hù)：倚仗。

【译文】

依赖外交外援而怠慢邻近的国家，倚仗强大国家的援救而轻侮紧靠着的邻国，这种国君可能会亡国。

15.1.14 羁旅侨士[1]，重帑在外[2]，上间谋计[3]，下与民事者[4]，可亡也。

【注释】

〔1〕羁：寄。旅：客。

〔2〕帑(tǎng)：钱财。

〔3〕间(jiàn)：参与。

〔4〕与(yù)：参与。

【译文】

寄居在国内的外客与侨居在国内的游士，他们的大量钱财留在国外，却让他们在上面参与出谋划策，在下面干预民众的事务，这种国君可能会亡国。

15.1.15 民信其相，下不能其上[1]，主爱信之而弗能废者，可亡也。

【注释】

〔1〕能：意动用法，认为……有才能。

【译文】

民众都相信他们的相国，以致臣下都认为自己的君主无能，但君主仍然宠爱信任相国而不能把他废除，这种国君可能会亡国。

15.1.16 境内之杰不事，而求封外之士，不以功伐课试，而好以名问举错[1]，羁旅起贵以陵故常者，可亡也。

【注释】

〔1〕问：通“闻”。错：通“措”。

【译文】

国内的杰出人才不加以任用，反而去追求国外的人士，不按功劳进行考核，而喜欢根据名望声誉来提拔安置官吏，侨居在国内的外客被起用到尊贵的位置上而凌驾于本国的旧官老臣之上，这种国君可能会亡国。

15.1.17　轻其适正〔1〕，庶子称衡，太子未定而主即世者，可亡也。

【注释】

〔1〕适(dí)：通“嫡”。正：与“嫡”同义。嫡正：正统的嫡子，指合法的继承人。

【译文】

君主使自己正妻所生的长子地位轻微，而让其他的儿子和他抗衡，太子还没有确定而君主就去世了，这种国君可能会亡国。

15.1.18　大心而无悔，国乱而自多，不料境内之资而易其邻敌者，可亡也。

【译文】

狂妄自大而又不悔悟，国家混乱不堪还自吹形势大好，不估量一下国内的实力而藐视邻近的敌国，这种国君可能会亡国。

15.1.19　国小而不处卑，力少而不畏强，无礼而侮大邻，贪愎而拙交者，可亡也。

【译文】

国家弱小而不肯处在低下的地位，力量微弱而不怕强大的国家，没有礼貌而侮辱强大的邻国，贪婪固执而不善于外交，这种国君可能会亡国。

15.1.20　太子已置，而娶于强敌以为后妻，则太子危。如是，则群臣易虑；群臣易虑者，可亡也。

【译文】

太子已经确立，却从强大的敌国娶了女人作为皇后，那么太子就危险了。像这样，那么大臣们就会变心；大臣们变心，这种国君可能会亡国。

15.1.21　怯慑而弱守，蚤见而心柔懦〔1〕，知有谓可〔2〕，断而弗敢行者，可亡也。

【注释】

〔1〕蚤：通“早”。
〔2〕有：通“又”。

【译文】

胆小怕事而不能坚持自己的意见，问题早已发现而心肠软弱不敢去解决，事情知道了又说可以做，但有了决断却不敢实施，这种国君可能会亡国。

15.1.22　出君在外而国更置，质太子未反而君易子〔1〕。如是则国携〔2〕；国携者，可亡也。

【注释】

〔1〕反：通“返”。

〔2〕携(xié)：通“慵”（xié)，有二心。

【译文】

出国的君主还在国外而国内另立了君主，在国外当人质的太子还没有回国而君主另立了太子。像这样，那么国内的臣民就会有二心；国内的臣民有二心，这种国君可能会亡国。

15.1.23　挫辱大臣而狎其身〔1〕，刑戮小民而逆其使，怀怒思耻而专习，则贼生；贼生者，可亡也。

【注释】

〔1〕狎：亲近而不庄重。

【译文】

折磨污辱了大臣而又亲近他们，处罚了平民百姓而又违反情理去使用他们，这些人怀恨在心、不忘耻辱却受到专任和亲近，那么劫杀君主的事就会发生；发生劫杀君主的事，这种国君可能会亡国。

15.1.24　大臣两重，父兄众强，内党外援以争事势者，可亡也。

【译文】

大臣中有两个同时被重用，君主的叔伯、兄弟都强大，他们各自在国内拉党结派、在国外寻求援助来争夺政权，这种国君可能会亡国。

15.1.25　婢妾之言听，爱玩之智用，外内悲惋而数行不法者[1]，可亡也。

【注释】

〔1〕数(shuò)：屡次。

【译文】

婢女小妻的话被听从，便嬖弄臣的想法被采用，朝廷内外都为此悲痛惋惜而君主还是屡次干不合法度的事，这种国君可能会亡国。

15.1.26　简侮大臣，无礼父兄，劳苦百姓，杀戮不辜者，可亡也。

【译文】

对大臣轻视怠慢，对叔伯、兄弟没有礼貌，使老百姓劳累困苦，又杀戮无罪的人，这种国君可能会亡国。

15.1.27　好以智矫法，时以行杂公，法禁变易，号令数下者，可亡也。

【译文】

喜欢凭自己的聪明才智去改变法制，常常把自己的德行夹杂在法令中当作人们行动的准则，法律禁令不断改变，号召命令屡次下达，这种国君可能会亡国。

15.1.28 无地固，城郭恶，无畜积[1]，财物寡，无守战之备而轻攻伐者，可亡也。

【注释】

〔1〕畜：通“蓄”。

【译文】

没有险要易守的地形，内城外城又都坏得一塌糊涂，国家没有积蓄，财物缺少，没有防守和作战的准备而轻易发动战争，这种国君可能会亡国。

15.1.29 种类不寿，主数即世，婴儿为君，大臣专制，树羁旅以为党，数割地以待交者，可亡也。

【译文】

国君的种族寿命不长，君主频频去世，婴儿当国君，大臣不但独揽了国家政权，而且又扶植了在国内侨居的外客游士把他们作为自己的党羽，并屡次割让领土去款待盟国，这种国君可能会亡国。

15.1.30 太子尊显，徒属众强，多大国之交，而威势蚤具者[1]，可亡也。

【注释】

〔1〕蚤：通“早”。

【译文】

太子尊贵显赫，党羽人数众多、势力强盛，又与很多大国都有结交，他的威势过早具备了，这种国君可能会亡国。

15.1.31　变褊而心急[1]，轻疾而易动发，心悁忿而不訾前后者[2]，可亡也。

【注释】

〔1〕变：通“辩”，忧郁。褊：气量狭小。

〔2〕悁(yuān)：恼怒。訾(zī)：考虑。

【译文】

内心忧郁、胸襟狭窄而性情急躁，轻率浮躁而容易冲动，心里有了愤怒就不能思前顾后了，这种国君可能会亡国。

15.1.32　主多怒而好用兵，简本教而轻战攻者，可亡也。

【译文】

君主经常发怒而喜欢用兵打仗，忽视务农练兵而轻易地发动战争，这种国君可能会亡国。

15.1.33　贵臣相妒，大臣隆盛，外藉敌国、内困百姓以攻怨雠，而人主弗诛者，可亡也。

【译文】

处在高位的权贵互相妒忌，大臣兴旺强盛，他们在外依靠敌国、对内困苦百姓来攻击自己怨恨的仇人，而君主却不能惩除他们，这种国君可能会亡国。

15.1.34　君不肖而侧室贤[1]，太子轻而庶子伉，官吏弱而人民桀。如此，则国躁；国躁者，可亡也。

【注释】

〔1〕侧室：君主的家族中，除宗室（有继位权的嫡长子一系的家族）以外，都称为侧室。

【译文】

君主没有德才而他的兄弟却很贤能，太子微弱而其他的儿子强盛，官吏软弱而民众凶暴。像这样，那么国家就动荡不安；国家动荡不安，这种国君可能会亡国。

15.1.35　藏怨而弗发，悬罪而弗诛，使群臣阴憎而愈忧惧，而久未可知者，可亡也。

【译文】

心里对臣子怀有怨恨而不发出来，对犯了罪的臣子迟迟不加惩处，使群臣暗中憎恨君主而更加担心害怕，以致过了很久臣子们还是不能知道自己会有什么结果，这种国君可能会亡国。

15.1.36　出军命将太重，边地任守太尊，专制擅命，径为而无所请者，可亡也。

【译文】

派出军队时授予将军的权力太大，任命边疆地区的郡守时给他们的地位太高，让他们独揽处理政事和发号施令的大权，可以直接处理一切事情而不需要向君主请示报告，这种国君可能会亡国。

15.1.37　后妻淫乱，主母畜秽，外内混通，男女无别，是谓两主；两主者，可亡也。

【译文】

皇后正妻淫乱，太后畜养淫乱的姘夫，宫廷内外胡乱地私通，男女之间没有尊卑之分，以致皇后、太后等和君主势力相当而分庭抗礼，这叫做两个主子；有了两个主子的国家，这种国君可能会亡国。

15.1.38　后妻贱而婢妾贵，太子卑而庶子尊，相室轻而典谒重。如此，则内外乖；内外乖者，可亡也。

【译文】

皇后正妻地位低下而婢女小妾地位高贵，太子被贬抑而其他的儿子反受到尊重，相国的权势轻微而主管通报传达的侍从官的权势重大。像这样，那么宫廷内外的正常秩序就被违背了；宫廷内外正常秩序被违背的国家，这种国君可能会亡国。

15.1.39　大臣甚贵，偏党众强，壅塞主断而重擅国者，可亡也。

【译文】

大臣地位很高，他的党羽人数众多而势力强大，以致封锁了君主的决定而又完全控制了国家政权，这种国君可能会亡国。

15.1.40　私门之官用，马府之世绌[1]，乡曲之善举，官职之劳废，贵私行而贱公功者，可亡也。

【注释】

〔1〕马府：即幕府，指立过军功的将士。世：父亲死后由儿子继承其位叫“世”，引申指继承人，子孙后代。绌：通“黜”。

【译文】

大臣门下的家臣被任用，而立过军功的将帅幕府中的后代却被废黜不用，偏僻乡村中的那些有好名声的隐士被提拔，而官署中那些辛劳工作的官吏却被罢免，尊重谋取私利的行为而鄙视为国家立功的劳作，这种国君可能会亡国。

15.1.41　公家虚而大臣实，正户贫而寄寓富，耕战之士困，末作之民利者，可亡也。

【译文】

国力空虚而大臣充实，有正式常住户口的人家贫穷而没有固定户籍来寄居的人却很富裕，种田打仗的人困苦，做工经商的人获利，这种国君可能会亡国。

15.1.42　见大利而不趋，闻祸端而不备，浅薄于争守之事，而务以仁义自饰者〔1〕，可亡也。

【注释】

〔1〕饰：通“饬”，整治。

【译文】

看见了重大的利益却不去追求，听见了祸乱的苗头却不去防备，对于战争攻守的事情见识十分浅薄，而致力于用仁义来要求自己，这种国君可能会亡国。

15.1.43　不为人主之孝，而慕匹夫之孝，不顾社稷之利，而听主母之令，女子用国，刑余用事者[1]，可亡也。

【注释】

〔1〕刑余：受过宫刑的人，指宦官。

【译文】

不奉行君主的孝道去致力于保住自己的尊贵地位、治理好国家以使自己的祖宗永远得到祭祀供奉，而仰慕平民百姓的孝行去致力于服从、赡养父母，不顾国家的利益，而听从太后的命令，让女人当道治国，让宦官执政，这种国君可能会亡国。

15.1.44　辞辩而不法，心智而无术，主多能而不以法度从事者，可亡也。

【译文】

能说会道而不合法度，头脑聪明而不懂权术，君主很有才能但不按照法度来办事，这种国君可能会亡国。

15.1.45　亲臣进而故人退，不肖用事而贤良伏，无功贵而劳苦贱。如是，则下怨；下怨者，可亡也。

【译文】

亲近的臣子被任用而原来的臣子被辞退，德才不好的人掌权而德才兼优的人被埋没，没有功劳的人地位显贵而为国家辛苦劳动的人地位却很卑贱。像这样，那么臣民就怨恨；臣民怨恨的国家，这种国君可能会亡国。

15.1.46 父兄大臣禄秩过功，章服侵等，宫室供养大侈[1]，而人主弗禁，则臣心无穷；臣心无穷者，可亡也。

【注释】

〔1〕大(tài)：同“太”。

【译文】

叔伯、兄弟、大臣的俸禄等级超过了他们的功劳所应该得到的标准，他们的旗章车服逾越了规定的等级，他们的住房、给养都太奢侈，而君主却不加禁止，那么臣下的欲望就没有止境；臣下的欲望没有止境的国家，这种国君可能会亡国。

15.1.47 公婿公孙与民同门，暴慠其邻者[1]，可亡也。

【注释】

〔1〕慠：同“傲”。

【译文】

皇亲国戚如果和老百姓住在同一个里巷门内，对他们的邻居横行霸道，这种国君可能会亡国。

15.2 亡征者，非曰必亡，言其可亡也。夫两尧不能相王，两桀不能相亡；亡、王之机，必其治乱、其强弱相踦者也[1]。木之折也必通蠹[2]，墙之坏也必通隙[3]。然木虽蠹，无疾风不折；墙虽隙，无大雨不坏。

万乘之主，有能服术行法以为亡征之君风雨者[4]，其兼天下不难矣！

【注释】

〔1〕踦(qī)：偏重，不平衡。

〔2〕通蠹：通于蠹。

〔3〕通隙：通于隙。

〔4〕服：行，用。

【译文】

有了亡国征兆的国君，不是说他一定会亡国，而是说他可能会亡国。两个像尧一样的贤明君主不可能互相统治对方，两个像桀一样的暴君不可能互相消灭对方；使对方灭亡或向对方称王的时机，一定是在他们的治乱、他们的强弱不相平衡的时候。树木的折断一定是因为被蛀虫蛀通了，墙壁的倒塌一定是因为被裂缝贯穿了。然而树木虽然被蛀蚀了，没有狂风是不会折断的；墙壁虽然裂开了，没有暴雨是不会倒塌的。拥有万辆兵车的大国君主，如果有谁能运用术治实行法治从而使自己成为摧毁已有亡国征兆的国君的狂风暴雨，那么他兼并天下也就很容易了。

三守第十六

（第十六篇　三条守则）

16.1.0　人主有三守。三守完，则国安身荣；三守不完，则国危身殆。何谓三守？

【译文】

君主有三条应该遵守的原则。这三条原则遵守得周到，那么国家就安定，自身也荣耀；这三条原则遵守得不好，那么国家就危险，自身也危险。这三条守则是什么呢？

16.1.1　人臣有议当途之失、用事之过、举臣之情〔1〕，人主不心藏而漏之近习能人〔2〕，使人臣之欲有言者，不敢不下适近习能人之心，而乃上以闻人主。然则端言直道之人不得见，而忠直日疏。

【注释】

〔1〕当途：当道，当权，掌权。

〔2〕能人：有才能的人，这里指那些结党营私而当权的奸臣。因为他们蒙蔽了君主，君主认为他们有才能，所以称他们为“能人”。

【译文】

第一，臣子中有人议论当道掌权的过失、处理政事的错误、提拔臣子的真情，君主不把这些话藏在心里而泄漏给身边的亲信和红人，使臣子中那些有话要对君主说的人不敢不先向下去迎合亲信、红人的心意，然后才向上把这些话说给君主听。这样的话，那么说话正直、办事公正的人君主就见不到了，而忠诚耿直的人就一天天被疏远了。

16.1.2 爱人，不独利也，待誉而后利之；憎人，不独害也，待非而后害之。然则人主无威而重在左右矣。

【译文】

第二，君主喜欢某一个人，不是独自做主去给他好处，而要等到身边的人称赞他以后才给他好处；君主憎恨某一个人，不是自己做主去给他害处，而要等到身边的人非议他以后才给他害处。这样的话，那么君主就没有威势，而权势全落在身边的人手里了。

16.1.3 恶自治之劳惮[1]，使群臣辐凑之变[2]，因传柄移藉[3]，使杀生之机、夺予之要在大臣，如是者侵。

【注释】

〔1〕惮：通“瘅”，劳累。

〔2〕辐凑：同“辐辏”，车轮上的辐条聚集在车毂上叫“辐辏”，比喻向中心归聚。

〔3〕藉：通“阼”，势位。

【译文】

第三，君主厌恶亲自治理政事的劳累，使群臣像车辐聚集于车毂似的归聚中心发生了变化——从直接聚集在君主的周围变为聚集在亲信、红人的周围，从而权柄和势位发生转移，使生杀、赏罚的机要大权都握在大臣手中，像这样的君主就要受到侵害了。

16.1.4　此谓三守不完。三守不完，则劫杀之征也。

【译文】

上述这些就是三条原则遵守得不好。三条原则遵守得不好，那是君主将要被劫持杀害的征兆啊。

16.2.0　凡劫有三：有明劫，有事劫，有刑劫。

【译文】

大凡臣下劫持君主的情况有三种：有明目张胆地来劫持，有通过政事来劫持，有利用刑罚来劫持。

16.2.1　人臣有大臣之尊，外操国要以资群臣〔1〕，使外内之事非己不得行。虽有贤良，逆者必有祸，而顺者必有福。然则群臣莫敢忠主忧国以争社稷之利害。人主虽贤，不能独计，而人臣有不敢忠主〔2〕，则国为亡国矣〔3〕。此谓国无臣。国无臣者，岂郎中虚而朝臣少哉〔4〕？群臣持禄养交，行私道而不效公忠。此谓明劫。

【注释】

〔1〕资：取。

〔2〕有：通“又”。

〔3〕亡：指不能控制国家大权。
〔4〕郎中：君主侍从近臣。

【译文】

臣子有了大臣的尊贵地位，在宫廷之外操纵了国家大权来网罗控制群臣，使朝廷内外的事情没有他就不能办。即使有贤能优秀的人才，反对他的也一定会遭殃，而顺从他的一定会得福。这样，那么群臣之中就没有人再敢忠于君主、忧虑国事来为国家的利害关系而抗争了。君主即使贤能，也不可能独自一个人决策，而臣子又不敢忠于君主，那么这国家就成为君主丧失权势的国家了。这叫做国家没有臣子。所谓国家没有臣子，哪里是指宫廷内的郎中缺乏而朝廷上的大臣稀少呢？而是指群臣拿了俸禄去豢养同党，走后门、搞私下交易而不向公家献出自己的忠心。这就是公开地来劫持君主。

16.2.2　鬻宠擅权，矫外以胜内，险言祸福得失之形以阿主之好恶[1]。人主听之，卑身轻国以资之，事败与主分其祸，而功成则臣独专之。诸用事之人，壹心同辞以语其美，则主言恶者必不信矣[2]。此谓事劫。

【注释】
〔1〕阿(ē)：迎合。
〔2〕主：首，带头。

【译文】

卖弄君主对自己的宠爱，独揽了国家的大权，假托外国诸侯的势力来制服国内的臣民，危言耸听地渲染祸福得失的情形来迎合君主的爱憎。君主听从了他，就降低身份轻视国家利益去资助他；事情失败了，他就和君主平分那造成祸害的责任；而大功告成，他就独自霸占这成果。因而所有处理政事的人，一心一意异口同声地来说他好，那么，带头说他不好的人也就必然不被君主相信了。这是通过政事来劫持君主。

16.2.3　至于守司囹圄、禁制、刑罚[1]，人臣擅之。此谓刑劫。

【注释】

〔1〕制：君主的命令。

【译文】

至于掌管监狱、禁令、刑罚，臣子独揽了这些权力，这是利用刑罚来劫持君主。

16.2.4　三守不完，则三劫者起；三守完，则三劫者止。三劫止塞，则王矣。

【译文】

三条应该遵守的政治原则遵守得不好，那么这三种劫持君主的事就会发生；三条守则遵守得好，那么这三种劫持君主的事就会被制止。这三种劫持被制止杜绝，那么君主就能称王天下了。

备内第十七

（第十七篇　防备宫内）

17.1　人主之患在于信人。信人，则制于人。人臣之于其君，非有骨肉之亲也，缚于势而不得不事也。故为人臣者，窥觇其君心也无须臾之休[1]，而人主怠慠处其上，此世所以有劫君弑主也。为人主而大信其子，则奸臣得乘于子以成其私，故李兑傅赵王而饿主父[2]。为人主而大信其妻，则奸臣得乘于妻以成其私，故优施傅丽姬杀申生而立奚齐[3]。夫以妻之近与子之亲而犹不可信，则其余无可信者矣。

【注释】

〔1〕觇(chān)：偷看，侦察。

〔2〕见14.8注。

〔3〕优：优伶，演员。优施：春秋时晋献公的俳优，名施。丽姬：即骊姬，晋献公的宠姬。申生：晋献公的太子。奚齐：骊姬的儿子。骊姬想立奚齐为太子，在优施的教唆下诋毁而害死了申生。

【译文】

君主的祸患在于信任别人。信任别人，那就会被别人所控制。臣子对于他们的君主，不是因为有什么骨肉之亲才为君主效劳的，而是因为受到权势的约束而不得不为君主效劳。所以做臣子的，窥测他们君主的心意没有一会儿停止过，而君主却懈怠傲慢地高居在他们的上面，这就是世上会发生劫持国君杀害人主的原因啊。做君主的如果十分信任自己的儿子，那么奸臣就能凭借这儿子来使自己的阴谋得逞，所以李兑辅佐赵惠文王而把赵武灵王饿死了。做君主的如果十分信任自己的妻子，那么奸臣就能利用这妻子来使自己的阴谋得逞，所以优施教骊姬进谗言杀死了申生而立奚齐为太子。凭妻子这样的接近关系和儿子这样的亲爱身份，尚且不可以信任，那么其余的人就没有可以信任的了。

17.2　且万乘之主、千乘之君，后妃、夫人、适子为太子者〔1〕，或有欲其君之蚤死者〔2〕。何以知其然？夫妻者〔3〕，非有骨肉之恩也，爱则亲，不爱则疏。语曰："其母好者其子抱〔4〕。"然则其为之反也，其母恶者其子释。丈夫年五十而好色未解也〔5〕，妇人年三十而美色衰矣。以衰美之妇人事好色之丈夫，则身见疏贱，而子疑不为后，此后妃、夫人之所以冀其君之死者也。唯母为后而子为主，则令无不行，禁无不止，男女之乐不减于先君，而擅万乘不疑，此鸩毒扼昧之所以用也〔6〕。故《桃左春秋》曰："人主之疾死者不能处半。"人主弗知，则乱多资。故曰：利君死者众，则人主危。故王良爱马〔7〕，越王勾践爱人，为战与驰。医善吮人之伤，含人之血，非骨肉之亲也，利所加也。故舆人成舆，则欲人之富贵；匠人成棺，则欲人之夭死也。非舆人仁而匠人贼也。人不贵，则舆不售；人不死，则棺不买。情非憎人也，利在人之死也。故后妃、夫人、太子之党成而欲君之死也，君不死，则势不重。情非憎君也，利在君之死也。故人主不可以不加心于利己死者。故“日月晕围于外，其贼在内；备其所憎，祸在所爱”。是故明王不举不参之事，不食非常之食；远听而近视以审内外之失，省同异之言以知朋党之分，偶叁伍之验以责陈言之实[8]；执后以应前，按法以治众，众端以参观；士无幸赏，赏无逾行[9]；杀必当，罪不赦：则奸邪无所容其私。

【注释】

〔1〕适(dí)：通“嫡”。

〔2〕蚤：通“早”。

〔3〕夫(fú)：发语词。

〔4〕好(hào)：爱。

〔5〕解(xiè)：通“懈”。

〔6〕鸩(zhèn)：一种毒鸟，此指用鸩的羽毛泡成的毒酒。昧：通“刎”，割。

〔7〕王良：赵简子的车夫，以善于驾车闻名。

〔8〕偶：对比。叁伍：见8.6注。

〔9〕行：赏赐。

【译文】

况且拥有万辆兵车的大国君主和拥有千辆兵车的小国君主，他们的王后妃子、夫人以及正妻生的长子做了太子的，或有想要他们的君主早一点死的人。凭什么知道他们会这样呢？因为那妻子，与丈夫并没有骨肉般的恩情，相爱就亲近，不爱就疏远。俗话说：“那母亲受到宠爱的，她的孩子就常被父亲抱在怀里。”照这样的话，那么如果把它反过来说，那母亲被厌恶的，她的孩子就要被父亲抛弃了。成年的男子年龄到了五十岁而爱好女色的本性还没有减弱，妇女年龄到了三十岁而美丽的容貌已经衰退了。拿衰退了美貌的女人去侍奉那爱好女色的男人，那么她自己就会被疏远和看不起，而她的儿子也疑心自己不能再成为继承人，这就是王后妃子、夫人希望她们的君主死掉的原因。只有母亲成了太后而儿子做了君主，那么发布了命令就没有不执行的，下达了禁令就没有敢违反的，男女之间的欢乐也不比过去的君主在世时差，而独揽拥有万辆兵车的大国的政权更是毫无疑问的了，这就是用鸩酒毒杀、绞缢扼杀、刎割斩杀等被使用的原因啊。所以《桃左春秋》说："君主生病而死的不能达到半数。"君主不懂得这个道理，那么奸臣作乱就有了更多的凭借了。所以说：认为君主死了对自己有利，这样的人众多，那么君主就危险了。所以王良爱马，越王勾践爱人，是为了打仗和赶路。医生善于吮吸别人的伤口，口含别人的脓血，这并不是因为他和病人有骨肉之亲，而是因为利益被加在这些事上面，这样做可以获利。所以造车的人造成了车子，就希望别人富贵；木匠打好了棺材，就希望别人夭折早死。这并不是因为造车的人仁慈而木匠残忍，而是因为别人不富贵，那么车子就卖不掉；别人不死，那么棺材就没人买。木匠的本意并不是憎恨别人，而是因为他的利益在别人的死亡上。所以后妃、夫人、太子的私党结成以后就希望君主快死去，因为君主如果不死，那么她们的权势就不大。她们的本意并不是憎恨君主，而是因为她们的利益在君主的死亡上。所以君主不能不对那些因为自己的死亡而有利可图的人多加留心。所以常言道："太阳月亮有白色的光圈围绕在外面，它们的毛病却出在内部；防备自己所憎恨的人，祸根却在所亲爱的人身上。"所以英明的帝王不做没有检验过的事情，不吃不寻常的食物；既打听远方的情况又观察身边的事情来审察朝廷内外的失误，省察附和的与分歧的言论来了解党派的区分，对照那将多方面的情况进行比较后所得到的检验结果来督责臣子陈述意见的诚实；拿事后的结果来对照事前的言行，按照法令来治理民众，根据各方面的情况来检验观照；对于官吏，没有侥幸的奖赏，对应该奖赏的，也不超越法制胡乱行赏；杀头的一定和他的罪行相当，有罪的一律不给赦免。这样的话，那么奸诈邪恶的人就没有地方能施展他们的阴谋了。

17.3　徭役多，则民苦；民苦，则权势起；权势

起，则复除重[1]；复除重，则贵人富。苦民以富贵人，起势以藉人臣，非天下长利也。故曰：徭役少，则民安；民安，则下无重权；下无重权，则权势灭；权势灭，则德在上矣。今夫水之胜火亦明矣，然而釜鬵间之[2]，水煎沸竭尽其上，而火得炽盛焚其下，水失其所以胜者矣。今夫治之禁奸又明于此，然守法之臣为釜鬵之行，则法独明于胸中，而已失其所以禁奸者矣。上古之传言，《春秋》所记，犯法为逆以成大奸者，未尝不从尊贵之臣也。然而法令之所以备，刑罚之所以诛，常于卑贱，是以其民绝望，无所告诉。大臣比周，蔽上为一，阴相善而阳相恶，以示无私；相为耳目，以候主隙；人主掩蔽，无道得闻；有主名而无实，臣专法而行之——周天子是也[3]。偏借其权势，则上下易位矣。此言人臣之不可借权势也。

【注释】

〔1〕复：免除赋税徭役。

〔2〕鬵(xín)：大釜，大锅。

〔3〕周天子：指东周王朝的天子。战国时自周显王起，周天子一直寄居在西周公和东周公的封邑内，已经名存实亡。

【译文】

徭役多了，那么民众就劳苦；民众劳苦，那么管理徭役的官吏的权势就发展起来了；他们的权势发展起来，那么由于他们能免除民众的徭役和赋税而权势更重了；由于他们能免除民众的徭役和赋税而权势更重，那么这些地位高贵的当权者就富裕了。辛苦民众来使地位高贵的当权者发财，造成了权势来使臣下有所凭借，这不符合国家的长远利益。所以说：徭役少，那么民众就平安无事了；民众平安无事，那么臣下就没有重大的权力了；臣下没有重大的权力，那么他们的权势就消灭了；臣下的权势消灭了，那么恩德就全归于君主了。现在那水能够胜过火的道理也已经很清楚了，然而用锅子把水、火隔开，水就在锅子的上面被煮沸烧干，而火却能在锅子的下面猛烈地燃烧，这是因为水失去了它用来胜过火的条件。现在那法治能够禁止奸邪的道理比这水能胜过火的道理更清楚，然而执法的臣子在干锅子的行当，把推行法治的君主与为非作歹的奸臣隔开，那么法治单单在君主的心里明白，却已经失去了它用来禁止奸邪的作用了。从远古的传说、《春秋》等史书上的记载来看，违犯法令造反作乱而成为巨奸的，都出自尊贵的大臣。然而法令所防备的，刑罚所处罚的，通常都针对地位低下的人，因此民众感到绝望，没有地方去申诉冤屈。大臣们互相勾结，蒙蔽君主而抱成一团；暗地里非常友好而在表面上又假装互相憎恨，用来表示他们没有私下的交情；他们为自己的同党做耳目，来窥测君主的疏漏；而君主被蒙蔽了，没有什么门路能够了解他们的阴谋；这样，虽然有了君主的名义却没有君主的实际权力，大臣垄断了国家的法令而独断专行——周天子就是这样。君主身旁的辅佐大臣借用了君主的权势，那么君臣上下就改变了地位。这是说君主不可以让臣下借用权势啊。

南面第十八

（第十八篇　向南听政）

18.1　人主之过，在已任在臣矣[1]，又必反与其所不任者备之，此其说必与其所任者为雠，而主反制于其所不任者。今所与备人者，且曩之所备也。人主不能明法而以制大臣之威，无道得小人之信矣[2]。人主释法而以臣备臣，则相爱者比周而相誉，相憎者朋党而相非[3]，非誉交争，则主惑乱矣。人臣者，非名誉请谒无以进取，非背法专制无以为威，非假于忠信无以不禁——三者，惛主坏法之资也。人主使人臣虽有智能，不得背法而专制；虽有贤行，不得逾功而先劳[4]；虽有忠信，不得释法而不禁——此之谓明法。

【注释】

〔1〕任在臣：当作“任臣”。

〔2〕道：由。

〔3〕非：通“诽”。

〔4〕劳：慰劳，赏赐。

【译文】

君主的错误，在于已经任用了官吏，又一定要反过来和那些没有被任用的人去防备他们，这些没有被任用者的意见一定会和那些已被任用的人作对，这样，君主反而被那些没有被任用的人控制了。更何况现在和君主一起防备别人的人，还是过去被君主防备的人。君主如果不能彰明法度来制约大臣的威势，那就无从取得小民的信仰了。君主放弃了法制而用臣子去防备臣子，那么互相亲爱的臣子就会紧密勾结而互相吹捧，互相仇恨的臣子就会各自结成私党而互相诽谤。诽谤和吹捧交相争斗，那么君主就迷惑昏乱了。做臣子的，不被吹捧以及托人说情就没有办法晋升，不违反法制而专权独断就没有办法造成自己的威势，不假借忠诚老实的名声就没有办法不受禁令的约束——这三种手段，是搞昏君主、破坏法制的依托。君主应该使臣下即使有了智慧和才能，也不得违反法制而专权独断；即使有了贤能的行为，也不得在取得功效之前先得到赏赐；即使有了忠诚老实的品德，也不得摆脱法纪而不受约束——这就叫做彰明法度。

18.2.0　人主有诱于事者，有壅于言者，二者不可不察也。

【译文】

君主有被事情诱惑的，有被言论蒙蔽的，这两种情况不可不加审察啊。

18.2.1　人臣易言事者，少索资，以事诬主。主诱而不察，因而多之，则是臣反以事制主也。如是者谓之"诱"[1]，诱于事者困于患。其进言少，其退费多，虽有功，其进言不信。不信者有罪，事有功者必赏[2]，则群臣莫敢饰言以惛主。主道者，使人臣前言不复于后，后言不复于前，事虽有功，必伏其罪[3]，谓之任下。

【注释】

〔1〕诱：根据上下文，“诱”下当有“于事”二字。

〔2〕事有功者必赏：当作“事虽有功不赏”。

〔3〕复：合。

【译文】

臣子中把做事说得很容易的人，他们索取的费用很少，用自己善于办事来欺骗君主。君主受到他们的诱惑后不加审察，便夸奖他们，这样的话，那么臣下就会反过来用办事来控制君主了。像这样的情况就叫做“被事情诱惑”，被事情诱惑的君主就会被祸患搞得焦头烂额。他们进见君主时所说的费用很少，但他们回去办事时花费却很多，他们即使办事有了成效，他们进见君主时讲的话也是不诚实的。不诚实的人有罪，所以他们即使办事有了成效也不给奖赏，这样的话，那么群臣就没有谁再敢吹牛夸口来迷惑君主了。君主的统治手段应该是，假如臣下先前说的话和后来办的事不合，或者后来说的话和先前办的事不合，事情即使办成了，也一定要使他们受到应得的惩罚，这叫做使用臣下的方法。

18.2.2　人臣为主设事而恐其非也[1]，则先出说，设言曰[2]：“议是事者，妒事者也。”人主藏是言，不更听群臣；群臣畏是言，不敢议事。二势者用，则忠臣不听而誉臣独任。如是者谓之“壅于言”，壅于言者制于臣矣。主道者，使人臣必有言之责，又有不言之责。言无端末、辩无所验者，此言之责也；以不言避责、持重位者，此不言之责也。人主使人臣，言者必知其端以责其实，不言者必问其取舍以为之责，则人臣莫敢妄言矣，又不敢默然矣，言、默则皆有责也。

【注释】

〔1〕设：设计。

〔2〕设：陈。

【译文】

臣下为君主筹划了事情而又怕被别人非议，就预先出外游说，使人扬言说："议论这件事情的人，就是嫉妒这件事情的人。"君主心里记住了这种话，就不再听信群臣了；群臣害怕这种话，就不敢议论这件事情了。君主不听群臣、群臣不敢议论这两种情形起了作用，那么君主就不听信忠臣的话而专门任用那些徒有虚名的臣子了。像这样的情况就叫做"被言论蒙蔽"，被言论蒙蔽的君主就会被臣下控制了。君主的统治手段应该是，使臣下一定负有说话不当的罪责，又负有该说不说的罪责。说话无头无尾、辩词无从验证的，这就是说话不当的罪责；用不说话来逃避责任以保住重要官位的，这是该说不说的罪责。君主使用臣下，对说话的臣子，一定要了解他说话的头绪，并用它来责求他的办事实效；对不说话的臣子，一定要问清他对某事是赞成还是反对，并把它作为他的责任。像这样的话，那么臣下就没有谁再敢乱说了，又不敢沉默了，说话和沉默就都有责任了。

18.3　人主欲为事，不通其端末，而以明其欲〔1〕，有为之者，其为不得利，必以害反。知此者，任理去欲〔2〕。举事有道，计其入多、其出少者，可为也。惑主不然，计其入，不计其出，出虽倍其入，不知其害，则是名得而实亡。如是者，功小而害大矣。凡功者，其入多，其出少，乃可谓功。今大费无罪而少得为功，则人臣出大费而成小功，小功成而主亦有害。

【注释】

〔1〕以：通“已”。

〔2〕理：指法纪。

【译文】

君主想做某事，如果还没有搞清楚那事情的头绪以及后果就已经把自己的想法透露了出去，有这种行为的君主，他做的事情不但不能得利，而且一定会以受害作为对他的报应。懂得了这种道理的君主，就会凭借法度而去掉自己的主观欲望。做事情有一定的原则，计算下来那收入多而支出少的事情，是可以做的。糊涂的君主却不是这样，他们只盘算那收入，而不考虑那支出，支出即使是那收入的两倍，他们也不知道那害处，这样的话，那么名义上虽然是得到了，而实际上却是失去了。像这样的话，那么功效微小而损失就十分重大了。大凡功效这东西，那收入多而支出少的，才可以称为功效。现在耗费大了并没有罪过而稍有所得就被认为有功，那么臣下就会支出大量的费用去成就微小的功效，这微小的功效即使成就了，而君主也还是有损失的。

18.4　不知治者，必曰：“无变古，毋易常。”变与不变，圣人不听，正治而已。然则古之无变，常之毋易，在常古之可与不可。伊尹毋变殷〔1〕，太公毋变周〔2〕，则汤、武不王矣。管仲毋易齐〔3〕，郭偃毋更晋〔4〕，则桓、文不霸矣〔5〕。凡人难变古者，惮易民之安也。夫不变古者，袭乱之迹；适民心者，恣奸之行也。民愚而不知乱，上懦而不能更，是治之失也。人主者，明能知治，严必行之。故虽拂于民心，立其治。说在商君之内外而铁殳重盾而豫戒也〔6〕。故郭偃之始治也，文公有官卒；管仲始治也，桓公有武车——戒民之备也。

是以愚赣窳惰之民[7]，苦小费而忘大利也，故夤、虎受阿谤[8]；而辗小变而失长便[9]，故邹贾非载旅[10]；狃习于乱而容于治[11]，故郑人不能归。

【注释】

〔1〕伊尹：见3.2注。

〔2〕太公：即吕尚，姜姓，号太公望，俗称姜太公。相传他七十岁时在渭水边钓鱼，周文王按占卜的预示出猎而访得了他，于是尊他为师。后来他辅佐周武王灭商而使周王朝一统天下，因有功而封于齐。

〔3〕管仲：见3.2注。

〔4〕郭偃：春秋时晋国大夫，曾帮助晋文公成就了霸业。

〔5〕桓：齐桓公，名小白，春秋时齐国国君，靠了管仲的辅佐，成就霸业，为春秋五霸之一。文：晋文公，见10.10注。

〔6〕殳(shū)：一种长柄兵器。重：重叠。豫：通“预”。

〔7〕赣(zhuàng)：通“戆”，刚直而愚蠢，鲁莽。窳(yǔ)：懒惰。惰：通“惰”。

〔8〕夤(yín)、虎：指陈国大夫庆寅、庆虎。阿：通“诃”，斥责。

〔9〕辗：通“震”，惊恐，害怕。

〔10〕载：任。载旅：征兵。

〔11〕狃：随意，不在意，引申指习惯。容：宽缓。

【译文】

不懂得治理国家的人总是说：“不要改变古代的社会制度，不要更改常规惯例。”究竟是改变还是不改变古代的一套，圣人不听别人怎么说，只是看它能否使治国的措施更正确更有效罢了。这样的话，那么古代的社会制度是否不要改变，常规惯例是否不要更改，就在于这些常规惯例、古制古法是可行还是不可行。伊尹如果不改变商国的古制惯例，姜太公如果不改变周国的古制惯例，那么商汤、周武王就不能称王天下了。管仲如果不更改齐国的古制惯例，郭偃如果不改革晋国的古制惯例，那么齐桓公、晋文公就不能称霸了。大凡不愿改变古制古法的人，是因为害怕去改变民众业已形成的对旧传统的爱好。但是，不改变古制古法，是在重蹈乱国的覆辙；迎合民众的愿望，是一种放纵邪恶的行为。民众愚蠢而不知道祸乱，君主软弱而不能改变古制古法，这是政治的失误啊。当君主的，他的明智，能够懂得治国的措施；他的严格，是一定要实行这些措施。所以，即使违背了民众的愿望，还是要建立起自己的一套治国措施。这种论点的解说在商君进出时用铁殳和层层盾牌来预防。所以郭偃刚开始治理晋国的时候，晋文公备有国家的军队；管仲刚开始治理齐国的时候，齐桓公配备了全副武装的战车——这些都是防备民众的措施啊。因此愚蠢鲁莽闲散懒惰的人，总是为微小的花费发愁而忘记了将要取得的巨大利益，所以陈国大夫庆寅、庆虎受到斥责毁谤；他们害怕小小的变法而不顾丢失长远的利益，所以邹贾非难征兵的制度；他们习惯于国家的混乱而不抓紧治理，所以郑国人无家可归。

饰邪第十九

（第十九篇　整治邪恶）

19.1　凿龟数策[1]，兆曰“大吉”，而以攻燕者，赵也。凿龟数策，兆曰“大吉”，而以攻赵者，燕也。剧辛之事燕[2]，无功而社稷危；邹衍之事燕[3]，无功而国道绝。赵代先得意于燕[4]，后得意于齐，国乱节高，自以为与秦提衡，非赵龟神而燕龟欺也。赵又尝凿龟数策而北伐燕，将劫燕以逆秦，兆曰“大吉”。始攻大梁而秦出上党矣[5]；兵至釐而六城拔矣[6]；至阳城[7]，秦拔邺矣[8]；庞援揄兵而南[9]，则鄣尽矣[10]。臣故曰：赵龟虽无远见于燕，且宜近见于秦。秦以其“大吉”，辟地有实，救燕有有名[11]。赵以其“大吉”，地削兵辱，主不得意而死。又非秦龟神而赵龟欺也。初时者，魏数年东乡攻尽陶、卫[12]，数年西乡以失其国，此非丰隆、五行、太一、王相、摄提、六神、五括、天河、殷抢、岁星非数年在西也[13]，又非天缺、弧逆、刑星、荧惑、奎、台非数年在东也[14]。故曰：龟策鬼神不足举胜，左右背乡不足以专战。然而恃之，愚莫大焉。

【注释】

〔1〕凿龟：钻凿龟壳，指占卜，参见1.5注。策：蓍(shī)草的茎。数策：数蓍草的茎，指筮(shì)，即算卦，参见1.5注。

〔2〕剧辛：战国时赵国人，后来逃到燕国。公元前242年，他任将军去攻打赵国，因为轻敌而被打败，燕军损失两万人。

〔3〕邹衍：战国时齐国人，后来到燕国为燕昭王之师。

〔4〕代：赵国郡名，位于今山西省东北部和河北省蔚(yù)县一带。赵代：单指赵，"代"是连类而及之词。

〔5〕大梁：指勺梁，位于今河北省完县。上党：原韩国郡名，位于今山西省东南部，当时属秦。

〔6〕釐：通"狸"，燕国地名，在今河北省任邱县西北。

〔7〕阳城：燕国地名，在今河北省完县东南。

〔8〕邺：在今河北省临漳县西南，当时属赵。

〔9〕庞援：即庞煖(xuān)，赵国将军。揄(yú)：引。

〔10〕鄗：赵国地名，位于今山西省高平县西。

〔11〕上一"有"字通"又"。

〔12〕乡：通"向"。攻尽陶、卫：见6.1注。

〔13〕丰隆、五行、太一、王相、摄提、六神、五括、天河、殷抢、岁星：古代星名。在古代占星术中，这些都是吉星，它们运行到某一星宿，则地上与这一星宿相对应的国家就吉利。

〔14〕天缺、弧逆、刑星、荧惑、奎、台：古代星名。在古代占星术中，这些都是凶星，它们运行到某一星宿，则地上与这一星宿相对应的国家就遭殃。

【译文】

钻凿龟甲、计算蓍草来预占吉凶，得到的兆象是"大吉"，从而根据这吉利的预兆去攻打燕国的，是赵国。钻凿龟甲、计算蓍草来预占吉凶，得到的兆象是"大吉"，从而根据这吉利的预兆去攻打赵国的，是燕国。剧辛侍奉燕国，不但没有功劳，反而使国家危险了；邹衍侍奉燕国，不但没有功劳，反而使治国之道荡然无存。赵国首先在和燕国的战争中如愿以偿而感到满意，后来又在和齐国的战争中如愿以偿而心满意足，尽管它国内混乱得很，却趾高气扬了，自以为和秦国势均力敌了，这并不是因为赵国的龟甲灵验而燕国的龟甲骗人。赵国又曾经钻凿龟甲、计算蓍草预占吉凶而向北去攻打燕国，想要威逼燕国去抗拒秦国，那得到的兆象也是“大吉”。但是，刚刚开始攻打大梁，秦国就从上党出兵来攻打赵国了；赵军攻打到釐城，而自己的六个城就已经被秦军攻破了；赵军攻打到阳城，秦军已经攻克了邺城；等到庞煖引兵向南救援时，鄣地早就被秦军全部占领了。所以我要说：赵国的龟甲即使对远征燕国是否能成功缺乏预见，也应该对抗拒邻近的秦国有所预见。秦国靠了那龟甲所预示的“大吉”，既有了开辟疆土的实绩，又有了援救燕国的名声。赵国靠了那龟甲所预示的“大吉”，却是领土被割削，军队受屈辱，君主悼襄王也因为在战争中不能如愿而死了。这又不是秦国的龟甲灵验而赵国的龟甲骗人啊。开始的时候，魏国几年之间向东进军而全部攻取了陶邑、卫国，但几年向西进军攻打秦国却丧失了它的国土，这并不是因为丰隆、五行、太一、王相、摄提、六神、五括、天河、暗红色的天枪、岁星等吉星这几年在西方保佑秦国，也不是因为天缺、弧逆、太白、荧惑、奎、台等凶星这几年在东方惩罚魏国。所以说：龟甲蓍草鬼怪神灵不能够用它来推断战争的胜利，而星体在天空中所处的位置或左或右、其运行的方向或背着某国或向着某国也不能够用它来决断战争的结局。既然这样，人们却还要依赖它们，真是愚蠢到了极点。

19.2　古者先王尽力于亲民，加事于明法。彼法明，则忠臣劝；罚必，则邪臣止。忠劝邪止而地广主尊者，秦是也；群臣朋党比周以隐正道行私曲而地削主卑者，山东是也[1]。乱弱者亡，人之性也；治强者王，古之道也。越王勾践恃大朋之龟与吴战而不胜[2]，身臣入宦于吴；反国弃龟[3]，明法亲民以报吴，则夫差为擒[4]。故恃鬼神者慢于法，恃诸侯者危其国。曹恃齐而不听宋，齐攻荆而宋灭曹[5]。荆恃吴而不听齐，越伐吴而齐灭荆[6]。许恃荆而不听魏，荆攻宋而魏灭许[7]。郑恃魏而不听韩，魏攻荆而韩灭郑[8]。今者韩国小而恃大国，主慢而听秦。魏恃齐、荆为用，而小国愈亡；故恃人不足以广壤，而韩不见也。荆为攻魏而加兵许、鄢[9]，齐攻任、扈而削魏[10]；不足以存郑[11]，而韩弗知也。此皆不明其法禁以治其国，恃外以灭其社稷者也。

【注释】

〔1〕山东：战国时称崤山（在今河南省洛宁县西北）或华山以东为"山东"，此指齐、楚、燕、韩、赵、魏六国。

〔2〕勾践：春秋末年越国的君主。朋：古代货币单位。

〔3〕反：通"返"。

〔4〕夫差（chāi）：吴王阖闾之子，春秋末年吴国国君，公元前495年—公元前473年在位。初在夫椒（今江苏苏州西南太湖中）打败越兵，乘胜攻破越国国都，迫使越王勾践臣服。继而北伐，在艾陵（今山东莱芜东北）大败齐兵。公元前482年，在黄池（今河南封丘西南）和诸侯会盟，与晋争霸，越国乘虚攻入吴国国都。公元前473年，越国再度兴兵攻灭吴国，夫差被迫自杀。

〔5〕宋灭曹：在公元前487年。

〔6〕荆：当为"阳"，在今山东沂水县西南。阳伯为召康公的后代，后为齐所灭。

〔7〕许：周分封的诸侯国，姜姓，公元前506年迁容城（在今河南鲁山县东南）。公元前504年灭于郑，后附于楚，最后灭于魏。

〔8〕韩灭郑：在公元前375年。

〔9〕鄢：魏国地名，位于今河南鄢陵县西北。

〔10〕任：魏国地名，位于今山东省济宁市北。扈：魏国地名，位于今河南省原阳县西。

〔11〕郑：公元前375年韩灭郑后，将国都迁于此。此即指韩国国都，位于今河南省新郑市。

【译文】

古代圣明的帝王致力于亲爱民众，从事于彰明法度。他们的法度彰明了，那么忠臣就受到了鼓励；刑罚一定执行，那么奸臣就被禁止了。忠臣被鼓励，奸臣被禁止，因而领土扩大、君主尊贵的，秦国就是这样；群臣拉党结派紧密勾结来埋没正确的治国法术，大搞谋取私利的歪门邪道，因而国土沦丧、君主卑微的，崤山以东的齐、楚、燕、赵、韩、魏六国就是这样。混乱弱小的国家就会衰亡，这是人类社会的固有特点；安定强大的国家就能称王天下，这是自古以来的道理。越主勾践依仗着价值二十大贝的最珍贵的元龟所占得的吉兆去和吴国作战，结果失败了，自己和臣子都到吴国去做奴仆；回国后抛弃了龟甲，彰明法度、亲爱民众以求报复吴国，那么吴王夫差就被他擒获了。所以依仗鬼神保佑的就会忽视法治，依仗别国诸侯援助的就会危害自己的国家。曹国依仗齐国的援助而不听从宋国，结果齐国攻打楚国而宋国灭掉了曹国。阳国依仗吴国的援助而不听从齐国，结果越国讨伐吴国而齐国灭掉了阳国。许国依仗楚国的援助而不听从魏国，结果楚国攻打宋国而魏国灭掉了许国。郑国依仗魏国的援助而不听从韩国，魏国攻打楚国而韩国灭掉了郑国。现在，韩国弱小却依仗大国的援助，君主懈怠于治理内政而只是听从秦国。试看魏国将依赖齐国、楚国的援助作为自己的治国方略，结果使弱小的魏国越来越衰微；所以，依赖别人是不能够用来扩大领土的，但韩国却没有看见这一点。楚国为了攻打魏国而出兵攻取许、鄢，齐国攻打任、扈而侵占了魏国的领土；同样，韩国听从秦国也是不能够用来保存韩国的首都新郑的，但韩国却还不了解这一点。上述这些都是不彰明自己的法律禁令来治理自己的国家，只是依赖外援从而使自己的国家政权灭亡的例子啊。

19.3　臣故曰：明于治之数，则国虽小，富；赏罚敬信，民虽寡，强。赏罚无度，国虽大，兵弱者，地非其地，民非其民也。无地无民，尧、舜不能以王，三代不能以强。人主又以过予，人臣又以徒取。舍法律而言先王明君之功者，上任之以国。臣故曰：是愿古之功，以古之赏赏今之人也；主以是过予，而臣以此徒取矣。

主过予，则臣偷幸；臣徒取，则功不尊[1]。无功者受赏，则财匮而民望；财匮而民望，则民不尽力矣。故用赏过者失民，用刑过者民不畏。有赏不足以劝，有刑不足以禁，则国虽大，必危。

【注释】

〔1〕尊：用作被动词，被看重。

【译文】

所以我要说：明白了治国之道，那么国家即使很小，也会富裕；奖赏和惩罚谨慎守信，那么人口即使很少，也会强大。奖赏和惩罚没有法度，国家即使很大，兵力也会很弱，因为那土地已经不是自己所能利用的土地，民众已经不是自己所能役使的民众。没有土地和民众，即使是尧、舜这样的贤明君主也不能称王天下，即使是夏禹、商汤、周武王所建立的这三个强大的王朝也不能靠它们来取得强盛。但是现在的君主却还把土地和民众错误地赏给臣下，而臣下又把土地和民众白白地占为己有。那些置法律于不顾而只是宣扬古代圣明帝王英明君主的功绩的人，君主却把整个国家都托付给他们。所以我说：这是指望取得古代圣明帝王英明君主那样的功绩，却拿古代圣明帝王英明君主给有功者的奖赏来奖赏现在这些空谈的人；君主把土地和民众错误地赏给臣下，而臣下把土地和民众白白地占为己有了。君主错误地给予奖赏，那么臣下就怀有侥幸得赏的心理；臣下能白白地取得赏赐，那么功劳就不会被看重。没有功劳的人受到奖赏，那么国家的财产就会匮乏，而民众就会指望得到额外的赏赐；国家的财产匮乏而民众指望得到额外的赏赐，那么民众就不会为君主尽心竭力了。所以施行奖赏不合法度就会失去民众，而执行刑罚不合法度民众就会不害怕。有了奖赏却不能用它来鼓励民众为国家出力，有了刑罚却不能用它来禁止民众为非作歹，那么国家即使很大，也一定很危险。

19.4　故曰：小知不可使谋事[1]，小忠不可使主法。荆恭王与晋厉公战于鄢陵[2]，荆师败，恭王伤。酣战，而司马子反渴而求饮，其友竖谷阳奉卮酒而进之。子反曰："去之！此酒也。"竖谷阳曰："非也。"子反受而饮之。子反为人嗜酒，甘之，不能绝之于口，醉而卧。恭王欲复战而谋事，使人召子反，子反辞以心疾。恭王驾而往视之，入幄中，闻酒臭而还，曰："今日之战，寡人目亲伤。所恃者司马，司马又如此，是亡荆国之社稷而不恤吾众也。寡人无与复战矣。"罢师而去之，斩子反以为大戮。故曰：竖谷阳之进酒也，非以端恶子反也[3]，实心以忠爱之，而适足以杀之而已矣。此行小忠而贼大忠者也。故曰：小忠，大忠之贼也。若使小忠主法，则必将赦罪以相爱，是与下安矣，然而妨害于治民者也。

【注释】

〔1〕知：通"智"。

〔2〕以下参见10.1注。

〔3〕端：故意。

【译文】

所以说：玩弄小聪明的人不可以让他谋划事情，只对私人效忠的人不可以使他掌管法制。楚恭王和晋厉公在鄢陵打仗，楚国的军队战败了，楚恭王也受了伤。当战斗最激烈的时候，楚国的司马子反口渴了要水喝，他的亲信童仆谷阳捧了杯酒递给子反。子反说："把它拿走！这是酒啊。"童仆谷阳说："这不是酒。"子反就接过来把它喝了。子反这个人生性喜爱喝酒，觉得这酒很甜美，所以不能停嘴，结果喝醉而睡着了。楚恭王想再打一仗而要谋划战事，派人去叫子反，子反用患有心病的理由加以推辞。楚恭王乘了车去看他，走进帐幕中，闻到酒的气味就回去了，说："今天的战斗，我的眼睛也受伤了。所要依靠的就是司马，但司马又像这个样子，这是忘记了楚国的国家大业而不爱惜我的部下啊。我不要再和晋国打仗了。"便退兵而离开了鄢陵，杀了子反把他陈尸示众。所以说：童仆谷阳的献酒，并不是因为他故意憎恨子反，从他内心来说，是因为忠诚并热爱子反，但恰恰是因为这个原因而足以把子反给害死罢了。这是奉行对私人的小忠而戕害了大忠的例子。所以说，奉行对私人的小忠，是对大忠的一种戕害。如果让奉行小忠的人掌管法制，那么他必将赦免罪犯来表示相爱，这样，他和下面的人倒是平安相处了，但却妨害了治理民众。

19.5　当魏之方明《立辟》、从宪令行之时[1]，有功者必赏，有罪者必诛，强匡天下，威行四邻；及法慢，妄予，而国日削矣。当赵之方明《国律》、从大军之时[2]，人众兵强，辟地齐、燕；及《国律》慢，用者弱，而国日削矣。当燕之方明《奉法》、审官断之时[3]，东县齐国，南尽中山之地；及《奉法》已亡，官断不用，左右交争，论从其下，则兵弱而地削，国制于邻敌矣。故曰：明法者强，慢法者弱。强弱如是其明矣，而世主弗为，国亡宜矣。语曰："家有常业，虽饥不饿；国有常法，虽危不亡。"夫舍常法而从私意，则臣下饰于智能[4]；臣下饰于智能，则法禁不立矣。是妄意之道行，治国之道废也。治国之道，去害法者，则不惑于智能，不矫于名誉矣。昔者舜使吏决鸿水[5]，先令有功而舜杀之；禹朝诸侯之君会稽之上[6]，防风之君后至而禹斩之〔7〕。以此观之，先令者杀，后令者斩，则古者先贵如令矣。故镜执清而无事〔8〕，美恶从而比焉〔9〕；衡执正而无事，轻重从而载焉。夫摇镜则不得为明，摇衡则不得为正，法之谓也。故先王以道为常，以法为本。本治者名尊，本乱者名绝。凡智能明通，有以则行，无以则止。故智能单道，不可传于人。而道法万全，智能多失。夫悬衡而知平，设规而知圆，万全之道也。明主使民饰于道之故〔10〕，故佚而有功〔11〕。释规而任巧，释法而任智，惑乱之道也。乱主使民饰于智，不知道之故，故劳而无功。释法禁而听请谒，群臣卖官于上，取赏于下〔12〕，是以利在私家而威在群臣。故民无尽力事主之心，而务为交于上。民好上交，则货财上流而巧说者用。若是，则有功者愈少。奸臣愈进而材臣退〔13〕，则主惑而不知所行，民聚而不知所道〔14〕。此废法禁、后功劳、举名誉、听请谒之失也。凡败法之人，必设诈托物以来亲〔15〕，又好言天下之所希有，此暴君乱主之所以惑也，人臣贤佐之所以侵也。故人臣称伊尹、管仲之功〔16〕，则背法饰智有资；称比干、子胥之忠而见杀〔17〕，则疾强谏有辞。夫上称贤明，下称暴乱，不可以取类，若是者禁。君之立法，以为是也。今人臣多立其私智、以法为非者，是邪以智，过法立智。如是者禁，主之道也。

【注释】

〔1〕《立辟》：魏国的刑书。

〔2〕《国律》：赵国的刑书。

〔3〕《奉法》：燕国的刑书。

〔4〕饰：通“饬”，整治。

〔5〕鸿：通“洪”。

〔6〕朝：使动用法，使……朝见。会(kuài)稽：山名，在今浙江绍兴市南。

〔7〕防风：夏朝的诸侯国，位于今山东高苑县。

〔8〕无事：无为。

〔9〕比：比拟。

〔10〕明主使民饰于道之故：据下文，此当作“明主使民饰于法，知道之故”。

〔11〕佚：通“逸”。

〔12〕赏：通“偿”。

〔13〕材：通“才”。

〔14〕道：由，从。

〔15〕来：通“徕”。

〔16〕伊尹、管仲：见3.2注。

〔17〕比干、子胥：见3.2注。

【译文】

当魏国正在彰明《立辟》、从事于法令推行的时候，有功劳的一定给予奖赏，有罪行的一定给予惩处，强大得可以匡正天下，威武得可以在四方邻国横冲直撞；等到法治懈怠，胡乱地给予奖赏，国土便一天天被割削了。当赵国正在彰明《国律》、从事于扩大军队的时候，人口众多，兵力强大，到齐国、燕国开辟领土；等到《国律》的实行懈怠，执政者软弱无能，国土便一天天被割削了。当燕国正在彰明《奉法》、重视官方决策的时候，向东把齐国的土地作为自己的郡县，向南和赵国、齐国一起全部攻取了中山国的领土；等到《奉法》的推行已经衰微，官方的决策不被采用，君主身边的亲信互相争权夺利，赏罚的决断听从臣下，那就兵力衰弱而领土被人割削，国家被邻近的敌国控制了。所以说：彰明法制的国家就强盛，怠慢法制的国家就衰弱。使国家强盛、衰弱的办法，它的明白已经像这样了，而当代的君主却还不搞法治，那么他的国家衰弱灭亡也是应该的了。俗话说："家庭有了固定的产业，即使碰上荒年也不会挨饿；国家有了固定的法制，即使遇到危难也不会衰亡。"舍弃了固定的法制而依个人的意念来治国，那么臣下就会在智巧和才能方面修养提高自己；臣下努力造就自己的智巧和才能，那么法律禁令就不能存在下去了。这样，随心所欲的做法就通行起来，治国的正确方法就被废弃了。治国的正确方法，是除掉那些妨害法治的做法，这样就不会再被智巧和才能所迷惑，不会再被虚假的名誉所欺骗了。从前舜派遣官吏去排除洪水，在命令下达之前立功的，舜就把他们杀了；禹让各诸侯国的君主到会稽山上朝见他，防风部落的君主迟到了，禹就把他杀了。从这些事迹来看，在命令下达之前而擅自行动的，要杀掉；行动落后于命令的，也要杀掉；那么古代的人已经率先重视按照法令来办事了。所以镜子保持明亮而不受干扰，美和丑自会在镜子中类似地映照出来；秤杆保持平正而不受干扰，轻和重自会在秤杆上衡量出来。摇动镜子就不能使它保持明亮，摇动秤杆就不能使它保持平正，这就是说的法治的情况啊。所以古代的圣明帝王把天地万物的客观规律作为办事的常规，把法治作为治国的根本。这根本性的法制搞得好的，君主的名位就尊贵；法制混乱的，君主的名位就丧失。凡是有智慧有才能而圣明通达的人，也只有掌握了这规律和法制并用它们来办事治国，才能行得通，否则就行不通。所以智慧才能是偏于一隅的小道，不可以传给人。利用规律和法制来办事就万无一失，依靠智慧和才能来办事失误就多。挂起了秤杆来搞平衡，设置了圆规来画圆，这是万无一失的办法。英明的君主使民众按照法制来规范自己，这是懂得了治国规律的缘故，所以虽然安逸闲暇，也有功绩。丢掉了圆规而单凭技巧，抛弃了法制而单用智慧，这是糊涂昏乱的办法。昏乱的君主使民众在智巧方面修养提高自己，这是不懂得治国规律的缘故，所以虽然辛苦劳累，却没有成绩。抛弃了法律禁令而听从私人的请求说情来任用人，那么群臣就在上面出卖官爵，而从下面取得报酬，因此财利就归于豪门贵族而威势就转移到群臣身上了。所以民众没有尽心竭力地侍奉君主的心意，而致力于和上面的大臣搞结交。民众倾心于向上巴结大臣，那么货物钱财就向上流到大臣手中而善于花言巧语的人就被录用了。像这样，那么有功之臣就越来越少了。奸臣越来越多地得到进用而有才干的臣子被斥退，那么君主就会被奸臣迷惑而不知道怎么干，民众就会被奸臣笼络在一起而不知道遵循什么。这就是废弃法律禁令、把功劳放在次要的地位、根据虚假的名声和赞誉来提拔人、听从私人的请求说情来任用人所造成的过失啊。凡是破坏法制的人，一定会设置骗局假托某事来招致君主的亲近，又喜欢谈说天下罕见的东西，这就是残暴昏乱的君主被迷惑的原因，也是贤能的辅佐大臣被侵害的缘故。所以臣下称颂伊尹、管仲的成功，那么他们违背法制而致力于智巧就有了根据；称颂比干、伍子胥的忠诚而被杀，那么他们激烈而强硬地向君主进谏就有了借口。奸臣们上称商汤任用伊尹、桓公任用管仲的贤能和明智，下说纣杀比干、夫差杀子胥的残暴和昏乱，这根本不可以拿来作类比，像这样的行为要禁止。君主设立法治，是由于认为它正确。现在臣子中有很多标榜他们个人的智巧而认为法治是错误的人，他们用智巧来肯定邪恶的行为，非议法治来使他们的智巧站住脚。像这样的行为要禁止，这是做君主的原则。

19.6　明主之道，必明于公私之分，明法制，去私恩。夫令必行，禁必止，人主之公义也；必行其私，信于朋友，不可为赏劝，不可为罚沮，人臣之私义也。私义行则乱，公义行则治，故公私有分。人臣有私心，有公义。修身洁白而行公行正，居官无私，人臣之公义也；污行从欲[1]，安身利家，人臣之私心也。明主在上，则人臣去私心行公义；乱主在上，则人臣去公义行私心。故君臣异心，君以计畜臣，臣以计事君。君臣之交，计也。害身而利国，臣弗为也；富国而利臣，君不行也。臣之情，害身无利；君之情，害国无亲。君臣也者，以计合者也。至夫临难必死，尽智竭力，为法为之。故先王明赏以劝之，严刑以威之。赏刑明，则民尽死；民尽死，则兵强主尊。刑赏不察，则民无功而求得，有罪而幸免，则兵弱主卑。故先王贤佐尽力竭智[2]。故曰：公私不可不明，法禁不可不审，先王知之矣。

【注释】

〔1〕从：通“纵”。

〔2〕此句承上文“故先王明赏以劝之，严刑以威之”而言，“智”下省“于明赏严刑”五字。

【译文】

英明君主的原则是：一定要明白公与私的分别，彰明国家的法制，摒除臣子私下的小恩小惠。命令一下达臣民就一定执行，禁约一颁布臣民就一定不做，这是君主维护国家利益的原则；一定要按照自己的个人欲望来干，对朋友守信用，不可能被奖赏所鼓励，不可能被刑罚所阻止，这是臣子维护个人私利的原则。维护个人私利的原则风行，国家就混乱；维护国家利益的原则风行，国家就安定；所以公和私是有分别的。臣子有为个人打算的私心，也有维护国家利益的公义。提高自身的修养、廉洁清白而尽力为国、办事正直，当官有了权而不谋取私利，这是臣子维护国家利益的公义；不端正自己的行为，放纵自己的欲望，只顾使自身安逸、使自己的家庭得利，这是臣子为个人打算的私心。英明的君主在上统治，那么臣子就丢掉私心而奉行公义；昏乱的君主在上统治，那么臣子就抛弃了公义而按照私心来办事。所以君主与臣子有着不同的心思，君主按照自己的打算来畜养臣子，臣子按照自己的打算来侍奉君主。君臣之间的交往，是一种算计。损害自身来使国家得利，臣子是不干的；使国家富裕后让臣子得利，君主是不干的。臣子的内心，是认为损害了自身也就没有了利益；君主的内心，是认为损害了国家也就失去了与臣子的亲近。君主和臣子，是按照算计的原则结合起来的。至于那臣子遇到危难而坚决拼死，为君主绞尽脑汁、竭尽全力，那是因为法令的缘故才这样做的。所以古代的圣明帝王彰明奖赏的制度来鼓励臣民，严格刑罚的执行来威慑臣民。赏罚严明，那么臣民就会为君主拼命；臣民能为君主拼命，那么兵力就强大、君主就尊贵。刑罚和奖赏不分明，那么臣民没有功劳也会要求得到赏赐，而有了罪行却想侥幸得到赦免，这样的话，那么兵力就衰弱、君主就卑贱。所以古代的圣明帝王和贤能的辅佐大臣都竭尽自己的力量和智慧来严明赏罚。所以说：公私的分别不可不清楚，法律禁令不可不严明，古代的圣明帝王早已懂得这个道理了。

第六卷

解老第二十

（第二十篇　解释《老子》）

20.1.1　德者[1]，内也；得者，外也。“上德不德[2]”，言其神不淫于外也[3]。神不淫于外，则身全。身全之谓德。德者，得身也[4]。凡德者，以无为集[5]，以无欲成，以不思安，以不用固。为之欲之，则德无舍；德无舍，则不全。用之思之，则不固；不固，则无功。无功，则生于德[6]。德则无德[7]，不得则在有德[8]。故曰：“上德不德，是以有德[9]。”

【注释】

〔1〕20.1 九节解释《老子》第三十八章中的内容。

〔2〕上德：指道德最高尚的人。不德：一般解《老子》的人都把这个“德”解释为“自以为有德”；韩非把这个“德”理解为“得”，“不德”就是“不去取得”，指不求取外界的东西。

〔3〕淫：游。神不淫于外：精神不游荡到自己心意之外。

〔4〕得身：得于身。韩非认为，道德是人心内部的东西，不能从人身外部去取得。只要保全了自身，就有了德。所以说，德是从自身得到的。

〔5〕无为：指顺应自然，不求有所作为。

〔6〕则：即，乃。德：与上文“不德”的“德”同，通“得”，指“用之思之”这种人为地去求取的行为。这句是说：没有功效是来自人为

地去取得。也就是说，用德、思德这种人为地去求取的行为，结果导致了无功。

〔7〕前“德”字：与上文“不德”之“德”同，通“得”，指人为地去求得的行为。德则无德：人为地去取得就没有道德。韩非认为，人有贪得之心，就会不择手段为非作歹，所以也就没有道德了。这是他对《老子》三十八章的“下德不失德，是以无德”的发挥。

〔8〕在：居于，处于。韩非认为，人没有求取之心，就能安于本分，保全心身，这样，就有德了。

〔9〕这是《老子》三十八章中的话。但韩非在这里解释的应该是《老子》三十八章的开头四句，即：“上德不德，是以有德。下德不失德，是以无德。”

【译文】

道德，是人身内部的东西；取得，是人身外部的东西。《老子》所说的“上德不德”，是说道德高尚的人不把自己的心思花在追求自身之外的东西上面。不把自己的心思花在追求自身之外的东西上面，那么自己的身体就能保全了。自身得到了保全就叫做有道德。道德，是从自身取得的。大凡道德这东西，因为无所作为才得以凝聚，因为没有欲望才得以成全，因为不假思索才得以安定，因为不加使用才得以稳固。如果努力地去造就它，主观地去强求它，那么道德就无法停留而游荡到身外了；道德无法停留而游荡到身外，那么自身就得不到保全了。如果花力气去使用它，费尽心机去思索它，那么道德就不能稳固；道德不能稳固，那么就会劳而无功。自身不能得到保全，尽心竭力而没有功绩，这种不良的后果便是产生于人为地去求取道德的行为。人为地去求取道德，就没有道德；不去人为地求取，就属于有道德的人了。所以《老子》说：“道德高尚的人不去人为地求得，因此有德。”

20.1.2　所以贵无为、无思为虚者，谓其意无所制也。夫无术者，故以无为、无思为虚也。夫故以无为、无思为虚者，其意常不忘虚，是制于为虚也。虚者，谓其意无所制也。今制于为虚，是不虚也。虚者之无为也，不以无为为有常。不以无为为有常，则虚；虚，则德盛；德盛之谓上德。故曰："上德无为而无以为也[1]。"

【注释】

〔1〕无以为：无为(wèi)而为(wéi)，没有什么目的而做。道德高尚的人无所作为而达到了虚无的境界，他们的主观意识已不再受什么制约，所以说他们"无以为"。

【译文】

所以推崇那些无所作为、无所思虑而达到了虚无境界的人，是称道他们的主观意识不再受到什么制约。那种没有道术的人，却故意用无所作为、无所思虑的手段去争取达到虚无的境界。这种有意识地用无所作为、无所思虑的手段去争取达到虚无境界的人，他们的意念中常常没有忘记那虚无的目标，这就被那虚无的目标所牵制了。所谓达到了虚无境界的人，是指他们的意念不再受到什么制约。现在被虚无的目标所制约，这就不是什么虚无了。达到了虚无境界的人，他们的无所作为，是不把无所作为当作是经常要留心的事的。不把无所作为当作是经常要留心的事，那就达到了虚无的境界；达到了虚无的境界，那他的道德就伟大了；道德伟大的人也就是道德高尚的人。所以《老子》说："道德高尚的人无所作为而又不是为了达到什么目的才这样做的。"

20.1.3　仁者，谓其中心欣然爱人也[1]。其喜人之有福，而恶人之有祸也，生心之所不能已也[2]，非求其报也。故曰："上仁为之而无以为也[3]。"

【注释】

〔1〕中心：内心。欣然：喜悦的样子。

〔2〕生心：生于心，发自内心。已：止，抑制住。

〔3〕为之：指有所作为。以：为，为了。无以为：无为(wèi)而为(wéi)，没有什么目的而做。仁慈的人爱人是出于一种天性，并不是为了达到什么目的才这样干的。

【译文】

仁，是指从心底里喜欢爱别人。怀有仁慈之心的人喜欢别人有福，而不喜欢别人有祸，这是出自内心的不可遏抑的一种自然的情感，并不是为了要取得别人的报答。所以《老子》说："非常仁慈的人努力地去行善，但并不是为了达到什么目的才这样做的。"

20.1.4　义者，君臣上下之事，父子贵贱之差也，知交朋友之接也[1]，亲疏内外之分也。臣事君宜[2]，下怀上、子事父宜，众敬贵宜，知交友朋之相助也宜，亲者内而疏者外宜。义者，谓其宜也。宜而为之，故曰："上义为之而有以为也[3]。"

【注释】

〔1〕交：结交，熟人。朋：同学。友：志同道合的朋友。接：接触，交往。

〔2〕宜：合宜，适度，指符合一定的规矩。

〔3〕有以为：有为(wèi)而为(wéi)，有一定的目的而做，指按照一定的准则去从事。有道义的人无论做什么事都按照一定的规矩，适度而为，所以说他们都带有一定的目的才这样干的。

【译文】

义，是君主与臣子、上级和下级之间的一种办事原则，是父亲和儿子、地位高贵的人和地位低下的人之间的一种等级差别，是知己、熟人、同学、朋友之间的一种交往之道，是关系亲近的人和关系疏远的人之间一种内外分别的准则。臣子侍奉君主要符合一定的规矩，部下归附上司、儿子侍奉父亲要符合一定的规矩，下贱的民众敬重地位高贵的人要符合一定的规矩，知己、熟人、朋友、同学互相帮助要符合一定的规矩，亲近的人被当作内部的人来接纳而关系疏远的人被当作外部的人来排斥也都要符合一定的规矩。所谓义，是指所做的事情都要符合一定的规矩。讲究义的人都要按照一定的规矩去做各种事情，所以《老子》说："非常有道义的人有所作为，但都带有一定的目的才这样干的。"

20.1.5　礼者，所以貌情也[1]，群义之文章也[2]，君臣父子之交也，贵贱贤不肖之所以别也。中心怀而不谕[3]，故疾趋卑拜而明之[4]；实心爱而不知，故好言繁辞以信之[5]。礼者，外节之所以谕内也[6]。故曰：礼以情貌也。凡人之为外物动也，不知其为身之礼也[7]。众人之为礼也，以尊他人也，故时劝时衰。君子之为礼，以为其身[8]；以为其身，故神之为上礼[9]；上礼神而众人贰，故不能相应；不能相应，故曰："上礼为之而莫之应。"众人虽贰，圣人之复恭敬尽手足之礼也不衰。故曰："攘臂而仍之[10]。"

【注释】

〔1〕貌：体现。

〔2〕群义：各种义。就是上一节所说的"臣事君"、"下怀上"、"子事父"、"众敬贵"、"知交友朋之相助"、"亲者内而疏者外"这些适度的人际关系。文章：本指刺绣或画面上错杂的色彩或花纹，引申而指表现道义的礼乐制度。

〔3〕谕：告诉，用言语表明。

〔4〕疾趋：快速地小步走，这是古人一种表示敬意的礼貌走法。

〔5〕信(shēn)：通"申"，申述，申明。

〔6〕节：礼节。谕：表明。
〔7〕为：行，讲求。
〔8〕为：治理，引申为修养。
〔9〕神：神通，精通。
〔10〕攘臂：捋袖出臂，表示精神振奋、态度坚决。仍：因袭，依旧。

【译文】

礼，是用来体现心中感情的仪式，是规定各种适度的人际关系的制度，是规定君臣父子之间相处关系的准则，是用来区别高贵和卑贱、贤能和不肖的手段。心里有着怀念归附之情而不便用言语来表白，所以用快速地小步走和下跪叩拜等礼貌动作来表明自己内心的怀念和归顺；内心爱着别人而不能被别人了解，所以就用连篇的好话来申述自己的爱。礼，是用来表明内心思想感情而体现在外表的礼节。所以说：礼是用来体现心中感情的仪式。大凡人被外界的事物感动的时候，就不知道他应该讲求自身的礼节了。一般人讲求礼节，是为了用来尊重别人，所以有时候卖力有时候懈怠。君子讲求礼节，是用它来增进他自身的修养；君子用礼节来增进自身的修养，所以能精通礼节而成为最有礼节的人；最有礼节的人精通礼节而一般的人对礼节三心二意、不甚了了，所以两者就不能相应；两者不能相应，所以《老子》说：“最有礼节的人讲求礼节而没有人能与他相应。”一般的人虽然对礼节三心二意、不甚了了，但讲求礼节的圣人还是毕恭毕敬地遵行所有作揖跪拜的礼节而不懈怠。所以《老子》说：“捋起袖子伸出胳膊精神振奋地依旧讲求礼节。”

20.1.6　道有积而德有功〔1〕；德者，道之功〔2〕。功有实而实有光；仁者，德之光〔3〕。光有泽而泽有事；义者，仁之事也〔4〕。事有礼而礼有文〔5〕；礼者，义之文也〔6〕。故曰：“失道而后失德，失德而后失仁，失仁而后失义，失义而后失礼。”

【注释】

〔1〕德：当作“积”。韩非认为，道是天地万物的普遍法则，是历久不衰的，所以它随着时间的推移会积聚起来，这种法则的积聚就能产生功效。也就是说：按照这不断积累的法则办事，就能获得实际功效。

〔2〕韩非认为，有道德的人，能够按照道来办事，从而获得实际的功效，所以说：德是道的功效。

〔3〕韩非认为，仁慈的人做事，一切发自内心，没有能够像有德的人这样遵循道来办事，仅仅得到了有德者的一些思想上的光彩，所以说：仁是德的光芒。

〔4〕韩非认为，讲义的人做事，不像仁爱的人那样一切发自内心，而都有一定的实际目的，把发自内心的仁爱化成了办事的行为惯例，所以说：义是关于仁的事情。

〔5〕文：指礼乐制度。

〔6〕韩非认为，讲求礼节的人一切按礼节制度办事，而不像讲义的人仅仅按一定的行为习惯来行动，他把义给制度化了。所以说：礼是义的制度。

【译文】

道会积聚起来，而道的积聚能产生功效；德，就是道的功效。功效有一定的实际内容，而实际内容带有一定的思想光彩；仁，就是德的光彩。思想的光彩有一定的润泽，而润泽伴有一定的事情；义，就是关于仁的事情。办事有一定的礼节，而礼节有一定的制度；礼，就是义的制度。所以《老子》说：“失去了道以后，也就失去了德；失去了德以后，也就失去了仁；失去了仁以后，也就失去了义；失去了义以后，也就失去了礼。”

20.1.7　礼为情貌者也，文为质饰者也。夫君子取情而去貌，好质而恶饰。夫恃貌而论情者，其情恶也；须饰而论质者，其质衰也。何以论之？和氏之璧〔1〕，不饰以五采；隋侯之珠〔2〕，不饰以银黄〔3〕。其质至美，物不足以饰之。夫物之待饰而后行者，其质不美也。是以父子之间，其礼朴而不明，故曰："礼薄也。"凡物不并盛，阴阳是也[4]；理相夺予，威德是也；实厚者貌薄，父子之礼是也。由是观之，礼繁者，实心衰也。然则为礼者，事通人之朴心者也[5]。众人之为礼也，人应则轻欢，不应则责怨。今为礼者事通人之朴心，而资之以相责之分[6]，能毋争乎？有争则乱，故曰："夫礼者，忠信之薄也，而乱之首乎[7]。"

【注释】

〔1〕和氏之璧：见本书13.1。

〔2〕隋：姬姓诸侯国，位于今湖北省。隋侯之珠：相传隋国国君救了一条受了伤的大蛇，后来这条蛇从江中衔了一颗大珠来报答他，因而人们称之为隋侯珠。

〔3〕银黄：一种珍宝。

〔4〕阴阳：古代哲学概念，是构成各种事物的基因，它们是正反矛盾而又统一的。

〔5〕通人之朴心：开通人们的淳朴自然之心。《庄子·应帝王》载有一则故事，说南海之帝儵与北海之帝忽为了报答中央之帝浑沌的热情款待，见浑沌没有七窍，于是就给他开凿七窍，每天开凿一窍，结果到第七天浑沌就死了。韩非暗用了这个典故，意思是说：讲求礼节的人，去开通人们的淳朴自然之心，虽然似乎是为了使人际关系更为文明，但却像儵与忽凿浑沌之七窍一样，由于不能顺应自然，反而扼杀破坏了人的本性。

〔6〕分(fèn)：名分。

〔7〕乎：也。

【译文】

礼是内心情感的一种外在表现，文采是对内在本质的一种装饰。君子抓住那内在的真情而不去管他外在的表现，注重内在的本质而厌恶外表的装饰。那些依靠外在的表现来让人判断自己内心情感的人，他们的内心肯定是丑恶的；那些等外表修饰以后才让人来论断其内在本质的东西，它们的本质一定是衰败不堪的。凭什么对此下这样的结论呢？卞和献给楚王的玉璧，不用赤、黄、蓝、白、黑等种种色彩去修饰；隋侯的宝珠，不用贵重的银黄去装饰。它们的质地好到了极点，其他的东西也就不够资格来装饰它们了。那些要等装饰以后才能流行的东西，它们的质地肯定是不好的。因此父亲和儿子之间，那礼节便质朴自然而不用什么客气礼貌的话语和行动来表明，所以《老子》说："礼是淡薄的。"大凡事物不能够同时旺盛，那阴阳双方就是这样；事理总是处在夺取与给予的相互对立之中，那刑罚和奖赏就是这样；内在感情深厚的外在表现就淡薄，父子之间的礼节就是这样。从这种情况来看，礼节繁多复杂，就是内心真实感情衰竭的表现。这样看来，那么讲求礼节的人，实是从事于开通人们的淳朴之心但却破坏了他们本性的人。所以一般人讲求礼节，别人还了礼，就轻浮地欢天喜地；别人没有还礼，就责怪怨恨。现在讲求礼节的人致力于破坏人们淳朴的本性，又给众人提供了互相责怪的名目，这能不发生争执吗？有了争执就会产生祸乱，所以《老子》说："礼这个东西，是内心的忠诚淡薄的表现，又是祸乱的发端啊。"

20.1.8　先物行、先理动之谓前识〔1〕。前识者，无缘而妄意度也〔2〕。何以论之？詹何坐〔3〕，弟子侍，牛鸣于门外。弟子曰："是黑牛也而白题〔4〕。"詹何曰："然，是黑牛也，而白在其角。"使人视之，果黑牛而以布裹其角。以詹子之术，婴众人之心〔5〕，华焉殆矣〔6〕！故曰："道之华也。"尝试释詹子之察〔7〕，而使五尺之愚童子视之〔8〕，亦知其黑牛而以布裹其角也。故以詹子之察，苦心伤神，而后与五尺之愚童子同功，是以曰："愚之首也。"故曰："前识者，道之华也，而愚之首也。"

【注释】

〔1〕行：道，言。动：感。前识：超前意识，先于经验的见识。

〔2〕度(duó)：揣测。

〔3〕詹何：战国时楚国的隐士。

〔4〕题：额。

〔5〕婴：通“撄”，扰动。

〔6〕殆：几乎。

〔7〕尝试：如果。

〔8〕尺：周代1尺相当于今19.91厘米。

【译文】

在事物出现之前就能断言、在事理显露之前就能感觉到，这叫做超前意识。这种先于经验的见识，是一种没有根据而胡乱地凭主观意念来进行的猜测。凭什么对它下这样的结论呢？有一次詹何坐着，他的学生侍候在旁边，有头牛在门外叫着。他的学生说：“这是一头黑牛，但它的额头是白色的。”詹何说：“是的，这是头黑牛，但白色的部分在它的角上。”派人去验看，果然是头黑牛，而用白布包住了它的角。拿詹先生的道术，来混淆视听、扰乱人心，花巧得也差不多了！这种表面上的花巧，好像是聪明地掌握了道似的，所以《老子》说：“先于经验的见识，是道的浮华。”如果舍去詹先生那无须经验的明察，而派个身长不到一米的傻孩子去看一下那头牛，也会知道它是头黑牛而用白布包住了它的角。所以，用詹先生的明察，费尽心机、绞尽脑汁，然后才能和不到一米长的蠢孩子取得同样的功效，因此《老子》说：“先于经验的见识，是愚蠢的开端。”所以《老子》上说：“超前意识，是道的浮华，是愚蠢的开端。”

20.1.9　所谓“大丈夫”者，谓其智之大也。所谓“处其厚不处其薄”者，行情实而去礼貌也。所谓“处其实不处其华”者，必缘理不径绝也〔1〕。所谓“去彼取此”者，去貌、径绝而取缘理、好情实也。故曰：

"去彼取此。"

【注释】

〔1〕径：陆地上不沿着路走。绝：河流中不沿着水流的方向横渡。径绝：与"缘理"相对，指不按照事理来干。

【译文】

《老子》所说的"大丈夫"，是说他智慧很高。《老子》所说的"立身于淳厚而不立身于淡薄"，是指致力于表现自己内在的真情实感而去掉外表的礼节礼貌。《老子》所说的"立身于朴实而不立身于浮华"，是指无论什么事情，一定根据事理去加以判断而不是超越了事理凭主观意念直接去加以判断。《老子》所说的"舍去那淡薄和浮华，采取这淳厚与朴实"，是指去掉外表的礼貌以及不根据事理来判断事物的主观臆测而致力于遵循事理来判断事物以及注重内在的真情实感。所以《老子》说："大丈夫舍去那淡薄和浮华，采取这淳厚与朴实。"

20.2.1　人有祸〔1〕，则心畏恐；心畏恐，则行端直；行端直，则思虑熟；思虑熟，则得事理。行端直，则无祸害；无祸害，则尽天年〔2〕。得事理，则必成功。尽天年，则全而寿。必成功，则富与贵。全寿富之谓福，而福本于有祸〔3〕，故曰："祸兮福之所倚〔4〕。"以成其功也。

【注释】

〔1〕20.2 五节解释《老子》第五十八章中的内容。

〔2〕天年：自然的寿命。

〔3〕本：来源。

〔4〕这句实是说，灾祸里存在着幸福。

【译文】

人有了灾祸，那么心里就会恐惧不安；心里恐惧不安，那么行为就能正直不邪；行为正直不邪，那么考虑问题就能深思熟虑；考虑问题深思熟虑，那么就能够认识到事物的内在规律。行为正直不邪，就不会有什么祸患灾害；没有祸患灾害，就能够寿终正寝。能够认识到事物的内在规律，办事就一定能成功。能够寿终正寝，那就保全了自己的生命而且获得了长寿。办事一定能成功，那么就会富裕而且高贵。保全生命、获得长寿、财产富裕，就是幸福，而这幸福来源于有了灾祸，所以《老子》说："灾祸啊，是幸福依存的地方。"这是因为灾祸成就了幸福的功业。

20.2.2　人有福，则富贵至；富贵至，则衣食美；衣食美，则骄心生；骄心生，则行邪僻而动弃理。行邪僻，则身死夭；动弃理，则无成功。夫内有死夭之难而外无成功之名者，大祸也。而祸本生于有福，故曰："福兮祸之所伏〔1〕。"

【注释】

〔1〕这句实是说，幸福里隐藏着灾祸。

【译文】

人有了福气，那么荣华富贵就会到来；荣华富贵得到了，那么穿的吃的就会美好丰盛；穿的吃的美好丰盛，那么骄傲放纵的心理就会产生；骄傲放纵的心理产生了，那么行为就会邪恶不轨而行动也会违背事理。行为邪恶不轨，那么身体就会死亡夭折；行动违背事理，那么就不会有什么成功。本身有死亡夭折的灾难而在外又没有成功的名声，这是严重的灾祸啊。而这灾祸来源于有了幸福，所以《老子》说："幸福啊，是灾祸潜伏的地方。"

20.2.3　夫缘道理以从事者，无不能成。无不能成者，大能成天子之势尊，而小易得卿、相、将军之赏禄。夫弃道理而妄举动者，虽上有天子、诸侯之势尊，而天下有猗顿、陶朱、卜祝之富[1]，犹失其民人而亡其财资也。众人之轻弃道理而易妄举动者，不知其祸福之深大而道阔远若是也，故谕人曰："孰知其极[2]？"

【注释】

〔1〕猗顿：周代人名，依靠经营盐业起家，后来又到猗氏经营畜牧业而致富，其财产可与王公相比拟，因而驰名天下。陶朱：即范蠡，春秋末期越国大臣，他帮助越王勾践灭掉吴国后，改名换姓来到陶邑（位于今山东定陶）经商而自称朱公，十九年之中三次获利千金，年老后其子孙继承家业，财产积累至巨万，所以言富者都称说陶朱公。卜祝：占卜和求神祝福的人，这种人在当时也是很富裕的。

〔2〕极：终极，究竟。

【译文】

遵循事物的规律来办事的人，没有不成功的。办事没有不成功，那么功业大的就能够成就天子的权势和尊严，而功业小的也能够轻易地获得卿、宰相、将军等高官厚禄。抛开了事物的客观规律而轻举妄动的人，即使在朝廷上有天子或诸侯的权势与尊严，又在天下拥有像猗顿、陶朱公、占卜者、祝告人那样多的财富，还是会失去普天下民众的拥护并且丧失他所有的财产。一般的人之所以轻易地抛弃了事物的规律而轻举妄动，是由于不知道那祸福互相转化规律的深奥与重大以及自然规律的阔大深远会像这样，所以《老子》提醒人们说："谁知道灾祸和幸福互相转化的究竟？"

20.2.4　人莫不欲富贵全寿，而未有能免于贫贱死夭之祸也。心欲富贵全寿，而今贫贱死夭，是不能至于其所欲至也。凡失其所欲之路而妄行者之谓迷，迷则不能至于其所欲至矣。今众人之不能至于其所欲至，故曰“迷”。众人之所不能至于其所欲至也，自天地之剖判以至于今。故曰：“人之迷也，其日故以久矣[1]。”

【注释】

〔1〕故：通“固”。以：通“已”。

【译文】

没有人不想财产富裕、地位高贵、保全生命、获得长寿，但却还是没有能避免贫穷、卑贱、死亡、夭折的灾祸。心里想富裕、高贵、健康、长寿，但现在却贫穷、卑贱、死亡、夭折，这是没有能够达到他所想达到的目的。凡是失去了他所想走的路而胡乱地行走的，就叫做迷惑；迷惑了，就不能到达他所想到达的目的地了。现在人们不能达到他们所想达到的目的，所以《老子》说他们“迷惑”。人们不能达到他们所想达到的目的的情况，从开天辟地一直延续到现在。所以《老子》说：“人们的迷惑啊，这种日子本来已经很久了。”

20.2.5　所谓“方”者[1]，内外相应也，言行相称也。所谓“廉”者[2]，必生死之命也，轻恬资财也。所谓“直”者[3]，义必公正[4]，公心不偏党也。所谓“光”者[5]，官爵尊贵，衣裘壮丽也。今有道之士，虽中外信顺[6]，不以诽谤穷堕[7]；虽死节轻财[8]，不以侮罢羞贪[9]；虽义端不党[10]，不以去邪罪私；虽势尊衣美，不以夸贱欺贫。其故何也[11]？使失路者而肯听习问知，即不成迷也。今众人之所以欲成功而反为败者，生于不知道理而不肯问知而听能。众人不肯问知听能，而圣人强以其祸败适之[12]，则怨。众人多而圣人寡，寡之不胜众，数也[13]。今举动而与天下之为雠，非全身长生之道也，是以行轨[14]，节而举之也。故曰："方而不割[15]，廉而不秽[16]，直而不肆，光而不耀。"

【注释】

〔1〕方：方正，指品行端正规矩。

〔2〕廉：清廉，有节操。

〔3〕直：正直。

〔4〕义：通"议"，议论。

〔5〕光：光荣，指显贵。

〔6〕信：说话真诚。顺：应，指外表和内心相应。

〔7〕穷：不通达，指胸襟不坦白。堕：堕落，指外表和内心有差距。

〔8〕死节：为节操而死。

〔9〕罢(pí)：通"疲"。羞：使……感到羞耻。

〔10〕义：通"议"。

〔11〕其：那，指"虽中外信顺……不以夸贱欺贫"等"圣人"的行为。

〔12〕祸：通"过"。适(zhé)：通"谪"。

〔13〕数：理数。

〔14〕轨：规范，指"方"、"廉"、"直"、"光"等合乎法度的行为。

〔15〕割：裁断，评判。

〔16〕秽：污秽，邪恶，用作动词，指揭露指责污秽邪恶的行为。

【译文】

《老子》所说的"方"，是指内心和外表互相一致，言论和行为互相符合。《老子》所说的"廉"，是指坚决地按照命运来处理自己的生死，该活着的就不去找死，该死亡的就不苟且偷生；又把资产财富看得很轻微淡薄。《老子》所说的"直"，是指议论一定公正，出于公心而不偏袒、不结党营私。《老子》所说的“光”，是指官职大，爵位高，衣服皮袍瑰伟华丽。现在有了这“方”、“廉”、“直”、“光”等道德品质的圣人，即使自己内心与外表真诚老实、相互一致，也不因此而指责议论那些襟怀不坦白、表里不一致的人；即使自己能够殉身就义，轻视财富，也不因此而侮辱那些软弱无能没有气节的人，耻笑那些贪图财利的人；即使自己的议论公正、不结党营私，也不因此而弹劾奸邪不正的人，责怪自私的人；即使自己地位尊贵、衣着华美，也不因此在地位低下的人面前夸耀自己，也不欺侮贫穷的人。有道德的圣人这样做的原因是什么呢？假如迷失道路的人肯向熟悉道路的行人打听一下，或向了解道路的内行请教一下，就不会成为迷路的人了。现在一般的人之所以想成功却反而变成了失败的人，是由于他们不懂得事物的内在规律而又不肯向懂得这规律的知识分子请教，或者向按这规律办事的能人打听。一般的人不肯去请教懂得规律的知识分子，也不肯去听听按照规律来办事的能人，但如果有道德的圣人硬要拿他们的错误过失去责备他们，那么他们就要怨恨圣人了。一般的人人数众多，而有道德的圣人人数很少，少数不能胜过多数，这是常理。现在如果一举一动都和天下的人作对，这就不是保全身体、延长寿命的办法了，因此圣人奉行法度的时候，有节制地来实行它。所以《老子》说：“自己的行为方正规矩，但不去裁断批判别人；自己清高廉洁，但不去揭别人的丑；自己正直无私，但不肆意指责别人；自己显贵光荣，但不向别人炫耀。”

20.3.1　聪明睿智[1]，天也；动静思虑，人也。人也者，乘于天明以视，寄于天聪以听，托于天智以思虑。故视强，则目不明；听甚，则耳不聪；思虑过度，则智识乱。目不明，则不能决黑白之分；耳不聪，则不能别清浊之声；智识乱，则不能审得失之地[2]。目不能决黑白之色则谓之盲，耳不能别清浊之声则谓之聋，心不能审得失之地则谓之狂。盲则不能避昼日之险，聋则不能知雷霆之害，狂则不能免人间法令之祸。书之所谓“治人”者，适动静之节，省思虑之费也。所谓“事天”者，不极聪明之力，不尽智识之任。苟极尽，则费神多；费神多，则盲聋悖狂之祸至，是以啬之。啬之者，爱其精神、啬其智识也。故曰：“治人事天莫如啬。”

【注释】

〔1〕20.3 共五节都是解释《老子》第五十九章中的内容。睿(ruì)：通达，明智。

〔2〕地：依据。

【译文】

听力、视力、聪明智慧，是天生的；举止、思虑，是人为的。人这种动物，凭着天生的视力来看，借着天生的听力来听，靠着天生的智力来思考。所以，看东西看得太过分，那么眼睛的视力就会变坏；听声音听得太厉害，那么耳朵的听力就会衰退；思考问题超过了一定的限度，那么脑子就会昏乱。眼睛的视力不好，就不能判断黑色和白色的不同；耳朵的听力不好，就不能区别清亮悠扬和粗重凝浊的声音；脑子昏乱，就不能审察成功与失败的根源。眼睛不能判断黑、白的颜色就叫做眼瞎，耳朵不能辨别清亮悠扬和粗重凝浊的声音就叫做耳聋，脑子不能审察成功与失败的根源就叫做狂乱。眼瞎了就不能避开白天中的危险，耳聋了就不能了解雷霆的危害，狂乱了就不能避免触犯人间法令而带来的祸殃。《老子》书上所说的“处理人为的”，是指协调举止的节奏，节省思虑的消耗。所说的“使用天生的”，是指不要极度地发挥听力和视力的功能，不要全负荷地使用脑子的承受能力。假如毫无保留地使用它们，那么耗费的精神就太多了；耗费的精神太多，那么眼瞎、耳聋、狂乱的灾祸就会到来，因此要吝啬它们。

吝啬它们，就是爱惜那精神、吝啬那脑力啊。所以《老子》说："处理人为的、使用天生的，没有比吝啬更为重要的了。"

20.3.2　众人之用神也躁，躁则多费，多费之谓侈。圣人之用神也静，静则少费，少费之谓啬。啬之谓术也[1]，生于道理。夫能啬也，是从于道而服于理者也。众人离于患[2]，陷于祸，犹未知退，而不服从道理。圣人虽未见祸患之形，虚无服从于道理，以称"蚤服"[3]。故曰："夫谓啬[4]，是以蚤服。"

【注释】

〔1〕谓：通"为"。

〔2〕离：通"罹"(lí)，遭。

〔3〕蚤：通"早"。

〔4〕谓：惟。

【译文】

一般的人使用自己的精神往往很浮躁；很浮躁，那么精神的消耗就多了；精神消耗得多叫做浪费。圣人使用自己的精神往往很安静；很安静，那么精神的消耗就少了；精神消耗得少叫做吝啬。吝啬作为一种方法，产生于事物的内在规律。能够吝啬自己的精神，这是遵循了天地万物的普遍规律而又服从于各种事物的具体规律。一般的人遭遇忧患，陷入祸害之中，仍然不知道退却，不服从事物的规律。圣人虽然还没有见到祸患的形成，却早就能毫无成见地服从于事物的内在规律，因此被称为"早服从"。所以《老子》说："正因为圣人吝啬自己的精神，所以能早日服从事物的内在规律。"

20.3.3　知治人者，其思虑静；知事天者，其孔窍虚。思虑静，故德不去；孔窍虚，则和气日入[1]。故曰“重积德”。夫能令故德不去、新和气日至者，蚤服者也[2]。故曰：“蚤服，是谓重积德。”积德而后神静，神静而后和多，和多而后计得，计得而后能御万物，能御万物则战易胜敌，战易胜敌而论必盖世，论必盖世，故曰“无不克”。“无不克”本于“重积德”，故曰：“重积德，则无不克。”战易胜敌，则兼有天下；论必盖世，则民人从。进兼天下而退从民人，其术远，则众人莫见其端末。莫见其端末，是以莫知其极。故曰：“无不克，则莫知其极。”

【注释】

〔1〕和气：也简称“和”，古代哲学概念，即中和之气，是阴阳二气达到某种和谐程度后生成的一种具有相对稳定性的基因。

〔2〕蚤：通“早”。

【译文】

懂得料理人为的动静思虑的人，他的思虑就安静；懂得使用天生的听力、视力、智力的人，他的七窍就空虚。思虑安静，原有的道德就不会失去；七窍空虚，那么安和的精气就会天天进来。所以《老子》说“重叠地积累道德”。能够使原有的道德不丧失、新的安和之气天天来到的人，是早日服从事物的内在规律的人。所以《老子》说：“早日服从事物的内在规律，这叫做重叠地积累道德。”积累道德以后，精神便能安静；精神安静以后，安和之气就能增多；安和之气增多以后，计谋就能得当；计谋得当以后，便能驾驭各种事物；能够驾驭各种事物，那么打起仗来就很容易打败敌人；作战容易打败敌人，那么这理论策略一定能够压倒当代；理论策略一定能够压倒当代，所以《老子》说“无往而不胜”。“无往而不胜”根源于“重叠地积累道德”，所以《老子》

说："重叠地积累道德，就会无往而不胜。"打仗容易战胜敌人，那么就能兼并占有天下；理论策略一定能够压倒当代，那么民众就会服从。打仗进取能兼并天下而功成身退能使民众服从，他的道术就极其深远了，那么一般的人就没有谁能看得出它的开端和结束。没有人能看得出它的开端和结束，因此没有人能知道它的究竟。所以《老子》说："无往而不胜，那就没有人能知道他那道术的究竟。"

20.3.4　凡有国而后亡之、有身而后殃之，不可谓能有其国、能保其身。夫能有其国，必能安其社稷；能保其身，必能终其天年；而后可谓能有其国、能保其身矣。夫能有其国、保其身者，必且体道〔1〕；体道，则其智深；其智深，则其会远〔2〕；其会远，众人莫能见其所极。唯夫能令人不见其事极，不见其事极者为保其身、有其国。故曰："莫知其极。""莫知其极，则可以有国。"

【注释】

〔1〕体：行。

〔2〕会(kuài)：计。

【译文】

凡是拥有了国家以后又让它灭亡、有了身体以后又使它遭殃的，不可以说他能享有自己的国家、能保护自己的身体。能够享有自己国家的人，一定能够使象征国家政权的土地神和谷神平安无事；能够保护自己身体的人，一定能够享尽自己那天赋的寿命；做到这些以后，才可以说他能享有自己的国家、能保护自己的身体了。那些能享有自己国家、保护自己身体的人，一定会身体力行地遵行事物的客观规律；遵行客观规律，那么他的思辨力就一定很深刻；他的思辨力深刻，那么他的算计就一定很深远；他的算计深远了，一般的人就没有谁能看得见他的究竟。只有这种遵行规律的人才能使人看不见他做事的究竟，使人看不见自己做事的究竟是为了保护自己的身体、享有自己的国家。所以《老子》说："没有人知道他的究竟。""没有人知道他的究竟，就可以享有国家了。"

20.3.5 所谓"有国之母"："母"者，道也；道也者，生于所以有国之术[1]；所以有国之术，故谓之"有国之母"。夫道以与世周旋者，其建生也长，持禄也久。故曰："有国之母，可以长久。"树木有曼根[2]，有直根。根者，书之所谓"柢"也。柢也者，木之所以建生也；曼根者，木之所以持生也。德也者，人之所以建生也；禄也者，人之所以持生也。今建于理者，其持禄也久，故曰"深其根"。体其道者，其生日长，故曰"固其柢"。柢固，则生长；根深，则视久[3]，故曰："深其根，固其柢，长生久视之道也。"

【注释】

〔1〕于：语助词。

〔2〕曼：通"蔓"。

〔3〕视：活。

【译文】

《老子》所说的"享有国家的母体"：这"母体"，就是指统治术；统治术这个东西，能产生出用来享有国家的方法；它产生出用来享有国家的方法，所以《老子》称它为"享有国家的母体"。用统治术来与社会周旋的人，他立身的时间就长久，保持禄位的时间也长久。所以《老子》说："享有国家的母体，可用来使自己长存久安。"树木有横向蔓延出来的根须，有笔直向下的主根。主根，就是《老子》书上所说的"柢"。柢，是树木用来立身的部分；横向蔓延出来的根须，是树木用来维持生命的部分。道德，是人用来立身的东西；禄位，是人用来维持生命的东西。现在立身于遵循事理的人，他保持禄位的时间就长久，所以《老子》说"加深他的根须"；奉行那统治术的人，他的政治生命就长久，所以《老子》说"加固他的主根"。主根加固了，那么生命就长了；根须加深了，那么活得就久了；所以《老子》说："加深他的根须，加固他的主根，是延长生命使他长久存活的根本方法。"

20.4.1　工人数变业则失其功〔1〕，作者数摇徙则亡其功〔2〕。一人之作，日亡半日，十日则亡五人之功矣；万人之作，日亡半日，十日则亡五万人之功矣。然则数变业者，其人弥众，其亏弥大矣。凡法令更则利害易，利害易则民务变，务变之谓变业。故以理观之：事大众而数摇之〔3〕，则少成功；藏大器而数徙之，则多败伤；烹小鲜而数挠之，则贼其泽；治大国而数变法，则民苦之。是以有道之君贵静，不重变法，故曰："治大国者若烹小鲜。"

【注释】

〔1〕20.4两节解释《老子》第六十章的内容。数(shuò)：屡次。

〔2〕作：耕作。摇：动。徙：迁移。

〔3〕事：同"使"。

【译文】

工人屡次变更职业就会丧失自己的工作效率，农民屡次动迁就会失去自己的功效。一个人工作，每天损失半天，十天就损失了五个人工的工作成果；一万个人工作，每天损失半天，十天就损失了五万个人工的工作成果。这样看来，屡次变更职业，这种人越多，那损失就越大。大凡法令改变了，那么得利受害的情况也就改变了；得利受害的情况改变了，那么民众从事的事情也就会跟着变化；民众从事的事情发生变化，就叫做变更业务。所以从事理上来看：役使广大的民众而屡次变动他们的工作，就会减少劳动成果；珍藏贵重的器物而屡次搬迁它们，就会增加破损；烹煮小鲜鱼而屡次搅动它，就会伤害它表面的光泽；治理大国而屡次变更法令，那么民众就被它害苦了。因此，掌握了统治术的君主注重安静稳定，不赞成经常改变法令，所以《老子》说："治理大国就好像烹煮小鲜鱼。"

20.4.2　人处疾则贵医，有祸则畏鬼。圣人在上，则民少欲；民少欲，则血气治而举动理；举动理，则少祸害。夫内无痤疽瘅痔之害而外无刑罚法诛之祸者[1]，其轻恬鬼也甚。故曰："以道莅天下，其鬼不神。"治世之民，不与鬼神相害也。故曰："非其鬼不神也，其神不伤人也。"鬼祟也疾人之谓鬼伤人，人逐除之之谓人伤鬼也[2]。民犯法令之谓民伤上，上刑戮民之谓上伤民。民不犯法，则上亦不行刑；上不行刑之谓上不伤人。故曰："圣人亦不伤民。"上不与民相害，而人不与鬼相伤，故曰："两不相伤[3]。"民不敢犯法，则上内不用刑罚，而外不事利其产业。上内不用刑罚，而外不事利其产业，则民蕃息。民蕃息而畜积盛。民蕃息而畜积盛之谓有德。凡所谓祟者，魂魄去而精神乱，精神乱则无德。鬼不祟人，则魂魄不去；魂魄不去，而精神不乱；精神不乱之谓有德。上盛畜积而鬼不乱其精神，则德尽在于民矣。故曰："两不相伤，则德交归焉[4]。"言其德上下交盛而俱归于民也。

【注释】

〔1〕痤疽(cuó jū)：毒疮。浅的叫"痤"，深的叫"疽"。瘅(dàn)：通"疸"。

〔2〕"鬼祟也疾人之谓鬼伤人，人逐除之之谓人伤鬼也"两句当在"治世之民"之上。

〔3〕两：两方面。依韩非的解释，"两"指君与民、人与鬼两个方面。

〔4〕交：都。

【译文】

人处在疾病之中就尊重医生，有了祸害就害怕鬼。如果圣人在上面统治，那么人民就清心寡欲；人民清心寡欲，那么他们的血气就和顺而行动也合理；行动合理，那么他们就很少有祸害了。那种在身体上没有痈疮、黄疸、痔疮等疾病的危害而体外又没有按刑惩罚、依法治罪的祸患的人，他们对鬼就轻视淡漠得很。所以《老子》说："用道来统治天下，那鬼就不神奇了。"生活在太平盛世中的人民，不和鬼的神奇作用互相伤害。所以《老子》说："不是那鬼不神奇，而是它们的神奇作用不伤害人。"鬼作怪而使人生病叫做鬼伤害人，人驱除鬼的作祟叫做人伤害鬼。人民违犯法令叫做人民伤害君主，君主用刑罚来惩处杀戮人民叫做君主伤害人民。人民不犯法，那么君主也不用刑罚；君主不用刑罚叫做君主不伤害人民。所以《老子》说："圣人也不伤害人民。"君主不与人民互相伤害，而人也不与鬼互相伤害，所以《老子》说："两方面都不互相伤害。"人民不敢犯法，那么君主对他们的身体就不用刑罚，而在他们的身体外部也不致力于从他们的产业中求取利益。君主对他们的身体不用刑罚，而在他们的身体外部不致力于从他们的产业中求得利益，那么人民就会繁衍孳生。人民繁衍孳生，那么他们的积蓄就多了。人民繁衍生息而财产积蓄很多就叫做有道德。一般所说的作祟，是指丧魂落魄而精神错乱，精神错乱那就没有道德了。鬼不对人作祟，那么人的魂魄就不会离开身体；魂魄不离开身体，那么精神就不会错乱；精神不错乱就叫做有道德。君主使人民的积蓄很多而鬼又不使他们的精神错乱，那么道德就都在人民身上了。所以《老子》说："两方面都不伤害人民，那么道德就都归聚到人民那里了。"这是说他们的道德上上下下都盛美而又都归聚到人民那里了。

20.5.1　有道之君〔1〕，外无怨雠于邻敌，而内有德泽于人民。夫外无怨雠于邻敌者，其遇诸侯也外有礼义；内有德泽于人民者，其治人事也务本。遇诸侯有礼义，则役希起〔2〕；治民事务本，则淫奢止〔3〕。凡马之所以大用者，外供甲兵而内给淫奢也。今有道之君，外希用甲兵，而内禁淫奢。上不事马于战斗逐北，而民不以马远淫通物〔4〕，所积力唯田畴。积力于田畴，必且粪灌。故曰："天下有道，却走马以粪也〔5〕。"

【注释】

〔1〕20.5 共五节都是解释《老子》第四十六章中内容的。

〔2〕希：通"稀"。

〔3〕淫：过度。

〔4〕淫：游。

〔5〕却：止。

【译文】

有道德的君主，在国外与相邻的势均力敌的国家没有什么仇恨，而在国内对人民有恩德。在国外与相邻的势均力敌的国家没有什么仇恨的君主，他在款待诸侯的时候，在外交场合有一定的礼节和道义；在国内对人民有恩德的君主，他在管理民众事务的时候，致力于最根本的农业。对待诸侯有礼节有道义，那么战争就很少发生；管理民众的事务致力于农业这个根本，那么过度的奢侈就被禁止了。大凡马之所以被大大地加以使用，是因为它对外要供给部队作打仗用，而对内要供给人们过度的奢侈浪费的需要。现在有道德的君主，对外很少用兵，而对内禁止过度的奢侈。君主不在作战交锋和追击败敌中使用马，而人民又不用马到远处游荡运输货物，所积聚起来的力量只用在农田上。积聚的力量都用在农田上，那么马必将用来施肥灌溉了。所以《老子》说："社会政治清明，就会把奔跑着的马歇下来用来施肥。"

20.5.2　人君无道，则内暴虐其民，而外侵欺其邻国。内暴虐，则民产绝；外侵欺，则兵数起。民产绝，则畜生少；兵数起，则士卒尽。畜生少，则戎马乏；士卒尽，则军危殆。戎马乏，则将马出；军危殆，则近臣役。"马"者，军之大用〔1〕；"郊"者，言其近也。今所以给军之具于将马近臣。故曰："天下无道，戎马生于郊矣。"

【注释】

〔1〕用：用具。

【译文】

君主昏庸无道，那么对内就残暴地虐待他的人民，而对外就侵略欺负他的邻国。在国内残暴地虐待人民，那么人民的产业就会被糟蹋光；对外侵略欺负邻国，那么战争就会屡屡发生。人民的产业被搞光了，那么畜养的牲口就会减少；战争屡次发生，那么士兵就会死光。牲畜减少，那么战马就会缺乏；士兵死光，那么军队就会危险。战马缺乏，那么将帅的马也要被拉出去打仗；

军队危险，那么君主身边的将帅也要派出去参加战斗。《老子》所说的“马”，是军队的重要工具；《老子》所说的“郊”，是指将帅与君主的亲近。现在用来供给军队的工具和兵源已经轮到了将帅的马和君主身边的将帅身上，所以《老子》说：“社会政治黑暗，战马就出于近郊了。”

20.5.3　人有欲，则计会乱〔1〕；计会乱，而有欲甚；有欲甚，则邪心胜；邪心胜，则事经绝〔2〕；事经绝，则祸难生。由是观之，祸难生于邪心，邪心诱于可欲。可欲之类，进则教良民为奸〔3〕，退则令善人有祸〔4〕。奸起，则上侵弱君；祸至，则民人多伤。然则可欲之类，上侵弱君而下伤人民。夫上侵弱君而下伤人民者，大罪也。故曰：“罪莫大于可欲。”是以圣人不引五色，不淫于声乐；明君贱玩好而去淫丽。

【注释】

〔1〕会(kuài)：计。

〔2〕经：通“径”。“径绝”见20.1.9注。

〔3〕进：进用，引申为提倡。

〔4〕退：屏退，引申为禁止。

【译文】

人有了欲望，那么计算谋虑就会错乱；计算谋虑错乱，那么产生的欲望就更加厉害了；产生的欲望更加厉害，那么邪恶的念头就占了上风；邪恶的念头占了上风，那么事情就不按照事理来干了；事情不按照事理来干，那么祸害灾难就发生了。从这种情况来看，祸害灾难来自邪恶的念头，而邪恶的念头又诱发于可以引起欲望的东西。可以引起欲望的那类东西，提倡它的话，就会使好人做坏事；禁止它的话，就会让好人遭到祸害。邪恶的事情发生了，那么向上就会侵害和削弱君主；灾祸到来了，那么民众就有很多要受到伤害。这样看来，那么可以引起欲望的那类东西，在上面会侵害削弱君主而在下面会伤害人民。在上面侵害削弱了君主而在下面伤害了人民，这是一种极大的罪过。所以《老子》说："罪过没有比可以引起欲望的东西更大的了。"因此圣人不被五彩缤纷的颜色所引诱，不沉湎于音乐；英明的君主卑视珍贵的玩物而抛弃过分的华丽。

20.5.4　人无毛羽，不衣则不犯寒〔1〕；上不属天而下不著地〔2〕，以肠胃为根本，不食则不能活；是以不免于欲利之心。欲利之心不除，其身之忧也。故圣人衣足以犯寒，食足以充虚，则不忧矣。众人则不然，大为诸侯，小余千金之资，其欲得之忧不除也。胥靡有免，死罪时活，今不知足者之忧终身不解。故曰："祸莫大于不知足。"

【注释】

〔1〕犯：胜。

〔2〕属(zhǔ)：连。著(zhuó)：同"着"，附着。

【译文】

人身上不长兽毛鸟羽，所以不穿衣服就不能战胜寒冷；人在上面不依附于天空而在下面不扎根大地，拿肠胃作为生命的根本源泉，所以不吃东西就不能活下去；因此不免有贪图得利的思想。贪图得利的思想不去掉，便成了人生的忧虑。所以，圣人穿衣服只求能用来克服寒冷，吃东西只求能用来充饥，这就没有什么忧虑了。一般的人却不是这样，大的做了诸侯，小的积余了上千金的钱财，但他们想得利的忧虑还是不能排除。囚犯总有一天被释放，犯死罪的人有时也能活下来，现在不知满足者的忧虑终身不能解脱。所以《老子》说："祸患没有比不知满足更大的了。"

20.5.5　故欲利甚于忧[1]，忧则疾生；疾生而智能衰；智能衰，则失度量；失度量，则妄举动；妄举动，则祸害至；祸害至而疾婴内[2]；疾婴内，则痛祸薄外；痛祸薄外，则苦痛杂于肠、胃之间；苦痛杂于肠、胃之间，则伤人也憯；憯，则退而自咎；退而自咎也生于欲利。故曰："咎莫憯于欲利。"

【注释】

〔1〕于：则。

〔2〕婴：通"撄"，扰乱。

【译文】

所以，想要得利想得太厉害，就会忧虑万分；忧虑万分，就会生病；生病了，那么智慧就会衰退；智慧衰退了，就会丧失行动的准则；丧失了行动的准则，就会轻举妄动；轻举妄动，那么祸害就来到了；祸害来到了，那么疾病就会侵扰内心；疾病侵扰了内心，那么疼痛的灾难就迫近到身体表面；疼痛的灾难迫近到身体表面，那么内心的苦恼和体表的疼痛便错杂在肠、胃之间；苦恼和疼痛会聚在肠、胃之间，那么对人的伤害就够惨痛的了。受到了惨痛的伤害，那才静下来引咎自责；静下来引咎自责来自贪利。所以《老子》说："引咎自责没有比贪利更惨痛的了。"

20.6　道者[1]，万物之所然也[2]，万理之所稽也[3]。理者，成物之文也[4]；道者，万物之所以成也。故曰：道，理之者也[5]。物有理，不可以相薄[6]；物有理不可以相薄，故理之为物之制。万物各异理，而道尽稽万物之理〔7〕，故不得不化〔8〕；不得不化，故无常操〔9〕；无常操，是以死生气禀焉〔10〕，万智斟酌焉〔11〕，万事废兴焉〔12〕。天得之以高〔13〕，地得之以藏〔14〕，维斗得之以成其威〔15〕，日月得之以恒其光，五常得之以常其位〔16〕，列星得之以端其行〔17〕，四时得之以御其变气，轩辕得之以擅四方〔18〕，赤松得之与天地统〔19〕，圣人得之以成文章。道，与尧、舜俱智，与接舆俱狂〔20〕，与桀、纣俱灭〔21〕，与汤、武俱昌〔22〕。以为近乎，游于四极；以为远乎，常在吾侧；以为暗乎，其光昭昭；以为明乎，其物冥冥。而功成天地，和化雷霆〔23〕，宇内之物，恃之以成。凡道之情：不制不形，柔弱随时，与理相应。万物得之以死，得之以生；万事得之以败，得之以成。道，譬诸若水，溺者多饮之即死，渴者适饮之即生；譬之若剑戟，愚人以行忿则祸生，圣人以诛暴则福成。故得之以死，得之以生；得之以败，得之以成〔24〕。

【注释】

〔1〕道：见5.1注。指天地万物的普遍法则，也就是整个宇宙发展的客观规律，它是产生天地万物的总根源。

〔2〕然：如此，形成。

〔3〕理：事理，指各种具体事物的内在规律。稽：合，相当。

〔4〕文：纹理，指体现道的各种具体法则。

〔5〕理：使……有事理。之：指代万物。

〔6〕薄：迫近，指侵扰。

〔7〕韩非认为，理是各种具体事物的法则，而道是天地万物的普遍法则，所以说，道把理全都包括了。

〔8〕不得不化：道不能不变化。各种事物无不在变化之中，道是反

映各种事理的普遍法则，所以道也就不能不随之而发生变化。

〔9〕无常操：没有永恒的操持，即没有永远不变的常规。这是韩非“世异则事异”、“事异则备变”（见49.4）的历史发展观以及变法论的理论基础。

〔10〕气：自然界的现象。禀：受，承受，引申指性情或气质的天然生成。

〔11〕斟酌：酒筛得少叫斟，筛得多叫酌，这里指人的智慧从道那里吸取得有多有少，从而呈现出智商的有高有低。

〔12〕韩非认为，世界上没有一成不变的东西，因此任何事物都处在或死或生、或高或低、或废或兴的变化之中。

〔13〕之：它，指变化着的道。下同。

〔14〕藏：收藏，储藏，指包容万物而博大丰富。

〔15〕维斗：北斗星。古人认为北斗星是众星的纲维，所以称之为维斗。成其威：形成了它的威势。古人认为北斗星处于天的中心，众星都围绕着它。它的地位与君主相似，所以韩非说它有威势。

〔16〕五常：指天之五行，即金、木、水、火、土五星。常其位：使它们的方位固定不变。古人将五星与五方相配，即东方木星，南方火星，西方金星，北方水星，中央土星，所以韩非说“五常得之以常其位”。

〔17〕列星：排列位置固定而定时出现的恒星。端：正。

〔18〕轩辕：轩辕氏，指黄帝，见8.8注。擅：拥有，据有。

〔19〕赤松：赤松子，姓赤松，名时乔，字受纪。传说他得道成仙，常生不死。统：统一。与天地统：与天地成为一统，指与天地一样长寿。

〔20〕接舆：春秋末期楚国人，姓陆，名通，字接舆。楚昭王时政治昏暗，它就装作发疯，人们都叫他“楚狂”。

〔21〕桀、纣：见10.3注。

〔22〕汤：见3.2注。武：指周武王姬发，见1.5注。

〔23〕和：和气，中和之气，是阴阳二气达到某种和谐程度后生成的一种具有相对稳定性的基因。化：生成。

〔24〕这一节文字，没有引用《老子》的话，从它的内容来看，可能是在解释《老子》第十四章、第二十三章、第三十九章中的有关内容。

【译文】

道，是使天地万物成为这个样子的总规律，是与各种事理相当的总法则。理，是构成具体事物的具体法则；道，是万物得以形成的普遍法则。所以说：道，是使各种事物具有具体法则的东西。事物各有自己的具体法则，所以不会互相侵扰；事物有各自的具体法则而不会互相侵扰，所以这具体的法则就成为具体事物的支配者。各种事物各有不同的具体法则，而道与各种事物的具体法则都相当，所以它不能不随着不同的具体法则而变化；道不能不随着不同的具体法则而变化，所以它没有永恒不变的规则。道没有永恒不变的规则，因此，死与生这种自然现象由于这种变化无常的道而天然地生成了，各人的智慧由于这种变化无常的道而有低有高，各种事物由于这种变化无常的道而有衰败有兴盛。天得到了它因而高远无比，地得到了它因而储藏丰富，北斗星得到了它因而形成了自己的威势，太阳月亮得到了它因而使自己的光辉永恒不绝，金、木、水、火、土五大行星得到了它因而使自己的方位固定不变，罗列于天空的恒星得到了它因而使自己的运行保持正常，四季得到了它因而能驾驭自己的节气变化，黄帝得到了它因而能控制四面八方，赤松子得到了它因而与天地一样长寿，圣人得到了它因而制成了礼乐制度。道，和尧、舜在一起就表现为聪明，和接舆在一起就表现为发疯，和夏桀、商纣王在一起就表现为灭亡，和商汤、周武王在一起就表现为兴盛。道这个东西，认为它就在附近吧，它却游荡在四方的尽头；认为它离得很远吧，它却常常在我们的身旁；认为它很昏暗吧，它的光芒却闪闪发亮；认为它很明亮吧，它这种东西又黑洞洞看不见摸不着。但是，道的功能造成了天地，道的元气生成了雷霆；宇宙间的东西，都靠了它才得以形成。大致说来，道的真实情况是：既不造作又不表露，它柔和文弱地随时变化着来和各种事物的具体法则相适应。各种东西得到了它可以因此而死亡，得到了它也可以因此而生存；各种事情得到了它可以因此而失败，得到了它也可以因此而成功。道，把它来作比方就好像水，沉没在水中的人因为过多地喝了它就死了，快渴死的人适量地喝了它就活了；把它来作比方又好像是剑和戟，愚蠢的人拿它来行凶泄怒，那么祸害就发生了，圣人用它来除暴去害，那么幸福就造成了。所以各种东西得到了它可以因此而死亡，得到了它也可以因此而生存；各种事情得到了它可以因此而失败，得到了它也可以因此而成功。

20.7　人希见生象也[1]，而得死象之骨，案其图以想其生也[2]，故诸人之所以意想者皆谓之“象”也。今道虽不可得闻见，圣人执其见功以处见其形[3]。故曰：“无状之状，无物之象。”

【注释】

〔1〕这一节解释的是《老子》第十四章中的内容。

〔2〕案：通“按”。

〔3〕见(xiàn)：同“现”，显现。

【译文】

人们很少见到活象，而得到了死象的骨骼，就按照这骨骼的样子来想象那活象的样子，所以人们靠主观意识想象出来的东西都叫做“象”。现在道虽然不可能被听见或看见，但圣人拿它显现出来的功效去推测揭示它的形象。所以《老子》说：“道是没有显露形状的形状，是没有实体的形象。”

20.8　凡理者[1]，方圆、短长、粗靡、坚脆之分也[2]，故理定而后可得道也。故定理有存亡，有死生，有盛衰。夫物之一存一亡、乍死乍生、初盛而后衰者，不可谓“常”。唯夫与天地之剖判也具生，至天地之消散也不死不衰者谓“常”。而常者，无攸易，无定理。无定理，非在于常所，是以不可道也。圣人观其玄虚[3]，用其周行[4]，强字之曰“道”，然而可论。故曰：“道之可道，非常道也。”

【注释】

〔1〕这一节解释的主要是《老子》第一章中的内容，也兼及《老子》第二十五章中的内容。

〔2〕脆："脃"之俗字，柔软娇嫩。

〔3〕圣人：指老子。

〔4〕用：以。

【译文】

大致说来，理这种事物的具体法则，就是方与圆、短与长、粗与细、坚硬与柔嫩等等不同性质的区别原则，所以理确定以后，这些性质才可以得到说明。所以确定的理之中有存在的有消亡的，有死去的有活着的，有兴盛的有衰微的。事物之中那些一会儿存在一会儿又消亡、忽然死了忽然又活了、开始很兴盛而到后来又衰微了的东西，是不可以称它为"永恒"的。只有那种和上天和大地的开辟一起产生，直到天地消亡的时候仍然不死去不衰微的东西才可以叫做"永恒"。而这永恒的东西，既没有什么更换，却也没有确定不变的理。它没有确定不变的理，也就不是处在那固定的状态之中，因此它是不可能加以说明的。圣人观察到它的玄妙虚无，根据它的普遍运行规律，勉强给它起了个名字叫做"道"，然后才可以论说它。所以《老子》说："道如果可以说明白，就不是永恒的道了。"

20.9.1　人始于生而卒于死[1]。始之谓"出"，卒之谓"入"。故曰："出生入死。"人之身三百六十节，四肢、九窍，其大具也。四肢与九窍十有三者[2]，十有三者之动静尽属于生焉，属之谓"徒"也，故曰："生之徒也十有三者。"至死也，十有三具者皆还而属之于死，死之徒亦有十三。故曰："生之徒十有三，死之徒十有三。"凡民之生生[3]，而生者固动；动尽则损也；而动不止，是损而不止也；损而不止，则生尽；生尽之谓死，则十有三具者皆为死死地也。故曰："民之生生而动，动皆之死地之十有三[4]。"是以圣人爱精神而贵处静。

【注释】

〔1〕20.9两节解释的是《老子》第五十章中的内容。

〔2〕有：通"又"。

〔3〕生生：以生为生，指看重生命和生活。

〔4〕之死地：至死地。

【译文】

人的生命开始于出生而结束于死亡。开始叫做"出"，结束叫做"入"。所以《老子》说："出于生，入于死。"人的身体有三百六十个部分，双手双脚这四肢以及嘴巴、眼睛、耳朵、鼻孔、尿道口、肛门等九个孔窍，是其中的重要器官。四肢与九窍共十三个部分，这十三个部分的举止都属于生存，而属也可以叫做"类"，所以《老子》说："生存的一类是十三个。"到死了以后，这十三个器官又都反过来把自己归属于死亡，那么死亡的一类也有十三个。所以《老子》说："生存的一类是十三个，死亡的一类是十三个。"大凡老百姓都把自己的生命当作生命来看待而十分看重自己的生活，而注重生活的人本来就要为自己的生活而活动；活动得筋疲力尽了，那么生命就要受到损害；然而他们的活动还是不停止，这样，生命继续受到损害也不停止；生命受到不断的损害，那么生命就会耗尽；生命耗尽就叫做死，那么这十三个器官也都因此而死在这死亡的境地中了。所以《老子》说："老百姓看重自己的生活而活动，活动以后都要走向死亡地界的是十三个。"因此圣人爱惜精神而崇尚置身于安静淡泊。

20.9.2　此甚大于兕、虎之害[1]。夫兕、虎有域，动静有时。避其域，省其时，则免其兕、虎之害矣。民独知兕、虎之有爪角也，而莫知万物之尽有爪角也，不免于万物之害。何以论之？时雨降集，旷野闲静，而以昏晨犯山川，则风露之爪角害之。事上不忠，轻犯禁令，则刑法之爪角害之。处乡不节，憎爱无度，则争斗之爪角害之。嗜欲无限，动静不节，则痤疽之爪角害之。好用其私智而弃道理，则网罗之爪角害之〔2〕。兕、虎有域，而万害有原〔3〕，避其域，塞其原，则免于诸害矣。凡兵革者，所以备害也。重生者，虽入军无忿争之心；无忿争之心，则无所用救害之备〔4〕。此非独谓野处之军也。圣人之游世也，无害人之心，则必无人害；无人害，则不备人。故曰："陆行不遇兕、虎〔5〕。"入山不恃备以救害，故曰："入军不备甲兵。"远诸害，故曰："兕无所投其角，虎无所错其爪〔6〕，兵无所容其刃〔7〕。"不设备而必无害，天地之道理也。体天地之道〔8〕，故曰："无死地焉。"动无死地，而谓之"善摄生"矣。

【注释】

〔1〕兕(sì)：雄性的犀牛。
〔2〕网罗：指自然法则。
〔3〕原：同"源"。
〔4〕备：指兵器。
〔5〕此句当在上文"则免于诸害矣"之后，今译文移正。
〔6〕错：通"措"。
〔7〕容：容纳，置放。
〔8〕体：行。

【译文】

老百姓看重自己的生活而拼命活动的祸害比犀牛、老虎的祸害要大得多。犀牛、老虎有一定的活动区域，他们的行动和止息有一定的时间。如果避开它们的活动区域，注意它们的活动时间，就可以避免那犀牛、老虎的伤害了。老百姓单单知道犀牛、老虎有爪和角，却不知道各种事物都有爪和角，所以不能避免各种事物的伤害。凭什么对此下这样的结论呢？及时的雨水降临汇集，空旷的原野安闲寂静，人们却在黄昏和清晨跋山涉水，那么冷风寒露的爪和角就会伤害他们。侍奉君主不忠诚，轻率地违犯禁令，那么刑法的爪和角就会伤害他们。居住在乡间不节制约束自己，爱憎没有法度，那么争吵狠斗的爪和角就会伤害他们。嗜好与欲望没有个限度，行动举止不加节制，那么痈疮的爪和角就会伤害他们。喜欢凭自己的个人智巧来办事而不遵循事物的客观规律，那么天罗地网的爪和角就会伤害他们。犀牛和老虎有一定的活动区域，而各种祸害都有它们的根源，避开犀牛和老虎的活动区域，堵塞各种祸害的根源，就可以避免各种祸害了。所以《老子》说："在陆地上行走不会碰上犀牛和老虎。"大凡兵器盔甲这种东西，是用来防备受害的工具。看重自己生命的人，即使进入军营之中也没有愤怒争斗的心思；没有愤怒争斗的心思，那么就没有地方用得着防止受害的长兵器了。这不单单是指在野外驻扎的军队而言。圣人生活在社会上，也没有害人的心肠，这样也就一定没有人来伤害自己；没有人来伤害自己，就用不着去防备人。进入军队驻防的山野不靠什么兵器来防止受害，所以《老子》说："进入军营用不着准备盔甲兵器。"远离了各种祸害，所以《老子》说："犀牛没有地方撞它的角，老虎没有地方施展它的爪，兵器没有地方用它的刀口。"不设置防备而必然没有什么祸害，这是大自然的普遍规律。这种人遵行大自然的普遍规律，所以《老子》说："在他那里没有死亡的境地。"在社会上活动而没有招致死亡的地方，因而《老子》说他是"善于保养自己的生命"了。

20.10.1　爱子者慈于子[1]，重生者慈于身，贵功者慈于事。慈母之于弱子也，务致其福，则事除其祸；事除其祸，则思虑熟；思虑熟，则得事理；得事理，则必成功；必成功，则其行之也不疑；不疑之谓勇。圣人之于万事也，尽如慈母之为弱子虑也，故见必行之道；见必行之道，则明，其从事亦不疑；不疑之谓勇。不疑生于慈，故曰："慈，故能勇。"

【注释】

〔1〕20.10 共四节都是解释《老子》第六十七章中内容的。

【译文】

喜欢子女的人溺爱自己的子女，看重生命的人偏爱自己的身体，崇尚功绩的人热爱自己的事业。和善慈爱的母亲对于幼小的孩子，致力于给他们造福，那么就会致力于排除他们的祸害；致力于排除他们的祸害，那么就会深思熟虑；深思熟虑，那么就能掌握事物的内在规律；掌握了事物的内在规律，那么就一定能成功；一定能成功，那么母亲做事就不再迟疑不决了；不迟疑就叫做勇敢。圣人对于各种事情，都像慈母为自己那幼小的孩子所考虑的那样，所以能发现势在必行的规律；发现了势在必行的规律，那么就明智了，他做起事来也不会再迟疑不决了；不迟疑就叫做勇敢。不迟疑产生于慈爱，所以《老子》说："慈爱，所以能勇敢。"

20.10.2　周公曰〔1〕："冬日之闭冻也不固，则春夏之长草木也不茂。"天地不能常侈常费，而况于人乎？故万物必有盛衰，万事必有弛张，国家必有文武，官治必有赏罚。是以智士俭用其财，则家富；圣人爱宝其神，则精盛；人君重战其卒，则民众；民众，则国广。是以举之曰："俭，故能广。"

【注释】

〔1〕周公：姓姬，名旦，周武王姬发之弟，因其采邑在周（位于今陕西省岐山县东北），故称周公。他辅助武王灭商，有功而受封于曲阜称鲁，但他未到封地而留佐武王。武王死后，成王年幼，他摄政，其弟管叔、蔡叔等不服，联合武庚与东方夷族反叛，他出师平叛。成王七年，已年长，周公便还政于成王，所以成为历史上有名的贤臣。接着他又率师东伐淮夷、残奄。

【译文】

周公姬旦说："冬天冰封地冻冻得不坚硬，那么明年春夏的草木生长就不茂盛。"天地不能够经常浪费经常消耗，更何况是人呢？所以各种东西必然有兴盛有衰微，各种事情必然有松弛有紧张，国家必然有文治有武功，官吏治人必然有奖赏有惩罚。因此明智的人节约地使用自己的财产，那么家里就会富裕；圣人爱惜珍视自己的精神，那么精力就会旺盛；君主不轻易让自己的士兵去打仗，那么人口就会众多；人口众多，那么国家就广大了。因此，《老子》称道它说："节俭，所以能广大。"

20.10.3　凡物之有形者，易裁也，易割也。何以论之？有形，则有短长；有短长，则有小大；有小大，则有方圆；有方圆，则有坚脆〔1〕；有坚脆，则有轻重；有轻重，则有白黑。短长、大小、方圆、坚脆、轻重、白黑之谓理。理定而物易割也。故议于大庭而后言则立，权议之士知之矣。故欲成方圆而随其规矩，则万事之功形矣。而万物莫不有规矩〔2〕，议言之士，计会规矩也〔3〕。圣人尽随于万物之规矩，故曰："不敢为天下先。"不敢为天下先，则事无不事〔4〕，功无不功〔5〕，而议必盖世，欲无处大官，其可得乎？处大官之谓"为成事长"。是以故曰："不敢为天下先，故能为成事长。"

【注释】

〔1〕脆:“脃”之俗字,柔软娇嫩。

〔2〕规矩:指规律。

〔3〕会:合。

〔4〕不事:不成为事。

〔5〕不功:不成为功。

【译文】

大凡有形状的事物,就容易被裁判,容易被决断。凭什么对它下这样的结论呢?因为有了形状,就会有度量上的长与短;有了度量上的长与短,就会有面积上的大与小;有了面积上的大与小,就会有形状上的方与圆;有了形状上的方与圆,就会有质地上的坚硬与柔嫩;有了质地上的坚硬与柔嫩,就会有质量上的轻与重;有了质量上的轻与重,就会有颜色上的黑与白。长与短、大与小、方与圆、坚硬与柔嫩、轻与重、黑与白等等性质的规定性就叫做理。理确定以后,那么事物也就容易决断了。所以在大庭广众之下计议事情,在后面发言就能站得住脚,善于权谋的说客早就懂得这个道理了。所以想要画成方形和圆形就得按照那圆规和角尺,做各种事情都像这样,那么各种事情的功效也就形成了。而万事万物没有什么东西没有“规矩”,出谋划策的人,就是在谋划如何使自己的计谋合于“规矩”。圣人完全随着各种事物的“规矩”来做事,所以《老子》说:“不敢做天下的先行者。”不敢做天下的先行者,那么事情就没有办不成的,功业就没有建立不了的,而他的理论策略必定能压倒当代,像这样的话,想要使自己不处在重要的官位上,那可能么?处在重要的官位上也就是“成了成就事业的长官”。因为这个缘故,所以《老子》说:“不敢做天下的先行者,所以能够成为成就事业的长官。”

20.10.4　慈于子者不敢绝衣食,慈于身者不敢离法度,慈于方圆者不敢舍规矩。故临兵而慈于士吏,则战胜敌;慈于器械,则城坚固。故曰:“慈,于战则胜,以守则固。”夫能自全也而尽随于万物之理者，必且有天生。天生也者，生心也，故天下之道尽之生也。若以慈卫之也，事必万全，而举无不当，则谓之“宝”矣。故曰：“吾有三宝，持而宝之〔1〕。”

【注释】

〔1〕《老子》第六十七章原文为：“我有三宝，持而保之：一曰慈，二曰俭，三曰不敢为天下先。”

【译文】

溺爱自己孩子的人不敢断绝孩子的衣服、食物，爱护自己身体的人不敢违反法令制度，热衷于画方画圆的人不敢舍弃圆规和角尺。所以，面临战争而能爱护士兵和下级军官，就能战胜敌人；能爱护战备设施和兵器，那么城池就能坚不可摧。所以《老子》说：“慈爱，用于打仗，就能取胜；用来防御，就能坚守。”那种能够保全自己而完全遵循各种事物的规律来办事的人，他身上必将有大自然所要生成的东西。这大自然所要生成的东西，就是让他生出一种能遵循规律而不敢做天下先行者的思想，所以天下的普遍规律都由这种思想反映出来了。如果用慈爱来护卫这种思想，那么办事一定万无一失，而行动也不会有什么不恰当的地方，那当然可以称之为“宝”了。所以《老子》说：“我有三件宝，我保住它们而且珍视它们。”

20.11　书之所谓“大道”也者〔1〕，端道也。所谓貌“施”也者〔2〕，邪道也。所谓“径”大也者，佳丽也。佳丽也者，邪道之分也。“朝甚除”也者〔3〕，狱讼繁也。狱讼繁，则田荒；田荒，则府仓虚；府仓虚，则国贫；国贫而民俗淫侈；民俗淫侈，则衣食之业绝；衣食之业绝，则民不得无饰巧诈；饰巧诈，则知采文；知采文之谓“服文采”。狱讼繁，仓廪虚，而有以淫侈为俗[4]，则国之伤也若以利剑刺之。故曰：“带利剑。”诸夫饰智故以至于伤国者[5]，其私家必富；私家必富，故曰：“资货有余。”国有若是者，则愚民不得无术而效之；效之，则小盗生。由是观之，大奸作，则小盗随；大奸唱，则小盗和。竽也者，五声之长者也，故竽先则钟瑟皆随，竽唱则诸乐皆和。今大奸作，则俗之民唱；俗之民唱，则小盗必和。故“服文采，带利剑，厌饮食，而货资有余者，是之谓盗竽矣”[6]。

【注释】

〔1〕本节解释《老子》第五十三章中的内容。

〔2〕施(yí)：通“迆”(yǐ)，邪，斜。

〔3〕除：通“涂”，污泥，引申指肮脏。

〔4〕有：通“又”。

〔5〕故：巧，伪诈。

〔6〕竽：比喻倡导者。

【译文】

《老子》书上所说的“大路”，是指正道。所说的外形“歪斜”，是指邪道。所说的“小路”被看重，是因为小路美好华丽。而美好华丽，便是邪道的一部分。《老子》所说的“官衙很脏”，是指诉讼案件繁多。诉讼案件繁多，那么农田就会荒芜；农田荒芜了，那么金库粮仓就会空虚；金库粮仓空虚了，那么国家就贫困了；国家贫困而民间的风俗却仍然过分奢侈；民间的风俗过分奢侈，那么衣服和食品的产业就会断绝；衣服和食品的产业断绝了，那么人们就不能不乔装打扮巧妙地来诈骗钱财；乔装打扮巧妙地来诈骗钱财，那么就会致力于漂亮的打扮；致力于漂亮的打扮就是“穿华丽的衣服”。诉讼案件繁多，仓库空虚，却又以过分的奢侈作为风俗，那么国家受到的伤害就好像是用锋利的宝剑刺它一样。所以《老子》说：“佩带锋利的宝剑。”凡是那种用智慧巧诈来装扮自己以至于使国家受到伤害的人，他自己家里一定很富裕；私人的家里一定很富裕，所以《老子》说：“资金财物有积余。”国家中有了像这样的人，那么愚蠢的老百姓也就不能不想办法来仿效他们；老百姓仿效他们，那么小贼就会产生。从这种情况来看，大奸产生了，那么小贼也就跟着出现了；大奸倡导起来，那么小贼就会附和。竽，是吹奏宫、商、角、徵、羽这五种乐调中最主要的乐器；所以竽先演奏了，那么钟鼓琴瑟等都跟着它响起来了；竽先吹响了，那么各种乐器也就会与它应和。现在大奸产生了，那么庸俗的人就跟着倡导起来了；庸俗的人倡导起来，那么小贼一定会附和。所以《老子》说：“穿着华丽的衣服，佩戴着锋利的宝剑，饮食充足，而财物资金有余的，这种人叫做盗贼中的竽。”

20.12　人无愚智[1]，莫不有趋舍；恬淡平安，莫不知祸福之所由来。得于好恶、怵于淫物[2]，而后变乱。所以然者，引于外物、乱于玩好也。恬淡有趋舍之义，平安知祸福之计。而今也玩好变之，外物引之，引之而往，故曰“拔”。至圣人不然，一建其趋舍，虽见所好之物不能引，不能引之谓“不拔”；一于其情，虽有可欲之类神不为动，神不为动之谓“不脱”。为人子孙者，体此道以守宗庙不灭之谓“祭祀不绝”[3]。身以积精为德，家以资财为德，乡国天下皆以民为德。今治身而外物不能乱其精神，故曰：“修之身[4]，其德乃真。”真者，慎之固也。治家，无用之物不能动其计，则资有余，故曰：“修之家，其德有余。”治乡者行此节，则家之有余者益众，故曰："修之乡，其德乃长。"治邦者行此节，则乡之有德者益众，故曰："修之邦，其德乃丰。"莅天下者行此节，则民之生莫不受其泽，故曰："修之天下，其德乃普。"修身者，以此别君子小人；治乡、治邦、莅天下者，各以此科适观息耗[5]；则万不失一。故曰："以身观身，以家观家，以乡观乡，以邦观邦，以天下观天下。吾奚以知天下之然也？以此。"

【注释】

〔1〕这一节解释《老子》第五十四章中的内容。

〔2〕怵：通"訹"（chù），引诱。淫：过度。

〔3〕体：行。

〔4〕修：行。之：它，指"不拔"、"不脱"的道德原则。修之身：即"修之于身"，把它贯彻施行到身上。

〔5〕此科：这些条目，指"长"、"丰"、"普"。适（dì）：通"谛"（dì），审察。息耗：善恶。

【译文】

人不论是愚蠢的还是聪明的，无不有一定的取舍；在淡泊寡欲平静安定的时候，没有不知道祸福是从什么地方来的。但被爱好和厌恶的欲望所俘虏、被奢侈的消费品所引诱以后，人的思想就昏乱了。之所以会这样，是因为被外界的事物所引诱，被珍贵的玩物所迷惑了啊。淡泊寡欲的时候有取舍的标准，平静安定的时候知道对祸福的考虑。而现在珍贵的玩物来惑乱他，外界的事物来引诱他，引诱他他就跟着去了，所以《老子》称之为"拔掉"。至于圣人就不是这样，他始终如一地确立自己的取舍标准，即使看见他所喜爱的东西也不会被引诱过去，不能把他引诱过去就叫做"拔不掉"；他使自己的情操专一不二，即使有可以引起欲望的那类东西，他的心神也不因此而动摇，心神不因此而动摇就叫做“不脱落”。做人家子孙的，奉行这个“拔不掉”、“不脱落”的道德原则来守护宗庙而不被灭掉就叫做“祭祀不断”。保养身体以积聚精神为德行，经营家庭以积蓄财产为德行，治理乡里、国家、天下都以造福人民为德行。现在修身养心而外界的事物不能惑乱他的精神，所以《老子》说：“用它来修身养心，他的德行就纯真了。”所谓纯真，是指真诚谨慎的思想意识很坚定。经营家庭，没有用的东西不能动摇他的盘算，那么财产就会有积余了，所以《老子》说：“用它来经营家庭，他的德行就有积余了。”治理乡里的人奉行这个“拔不掉”、“不脱落”的道德原则，那么有积余的家庭就更加多了，所以《老子》说：“用它来治理乡里，他的德行就增长了。”治理国家的人奉行这个道德原则，那么乡里有德行的人就更加多了，所以《老子》说：“用它来治理国家，他的德行就丰赡了。”统治天下的人奉行这个道德原则，那么人民的生活无不享受到他的恩泽，所以《老子》说：“用它来治理天下，他的德行就普遍了。”对于修身养心的人，用纯真这一道德标准来识别他们是德行高尚的君子呢，还是没有德行的小人；对于治理乡里、治理国家、治理天下的人，分别用这些相当的条目来仔细审察他们的好坏得失；这样就万无一失了。所以《老子》说：“凭借德行纯真的身心来观察其他人的身心，凭借财产有积余的家庭来观察其他的家庭，凭借德行增长的乡里来观察其他的乡里，凭借德行丰赡的国家来观察其他的国家，凭借德行普遍的天下来观察其他天子统治的天下。我凭什么来了解天下的情况呢？就凭这些。”

第七卷

喻老第二十一

（第二十一篇　譬说《老子》）

21.1.1　天下有道〔1〕，无急患，则曰静，遽传不用〔2〕。故曰："却走马以粪〔3〕。"天下无道，攻击不休，相守数年不已，甲胄生虮虱〔4〕，燕雀处帷幄，而兵不归。故曰："戎马生于郊。"

【注释】

〔1〕21.1共五节说明的是《老子》第四十六章中的内容。

〔2〕遽传：见4.2注。

〔3〕却：止。

〔4〕虮(jǐ)：虱子的卵。

【译文】

社会政治清明，没有紧急的祸患战乱，就叫做安静，传送紧急公文的车马也就不用了。所以《老子》说："歇下奔跑着的马用来施肥。"社会政治黑暗，攻打别人不肯罢休，互相防守已经好几年了也不能停止戒备，以至于铠甲、战盔里长出了虱子，燕子和麻雀都在军营的帐幕中做巢居住，但士兵还是不能回家。所以《老子》说："战马生于近郊。"

21.1.2　翟人有献丰狐、玄豹之皮于晋文公〔1〕。文公受客皮而叹曰："此以皮之美自为罪。"夫治国者，以名号为罪，徐偃王是也〔2〕；则以城与地为罪，虞、虢是也〔3〕。故曰："罪莫大于可欲。"

【注释】

〔1〕翟(dí)：即"狄"，古代我国北部的一个民族。晋文公出亡时曾奔翟。丰：大。

〔2〕徐：见10.3注。徐偃王：据《史记·秦本纪》记载，徐偃王是周穆王时徐国的君主。古代诸侯一般不称王，由于当时徐国强大，所以他在国内自号偃王。

〔3〕虞、虢：其事详见10.2与21.6。

【译文】

翟族有人将大狐狸以及黑豹的皮献给晋文公。晋文公收下了客人的兽皮而叹息说："这些野兽因为皮的美丽而使自己遭了罪。"那治理国家的君主，为了名声、称号而造成罪过的，徐偃王就是这样；而因为城邑和土地造成祸患的，虞、虢两国就是这样。所以《老子》说："罪过没有比可以引起欲望更大的了。"

21.1.3　智伯兼范、中行而攻赵不已〔1〕，韩、魏反之，军败晋阳，身死高梁之东〔2〕，遂卒被分，漆其首以为溲器。故曰："祸莫大于不知足。"

【注释】

〔1〕智伯兼范、中行而攻赵不已：见10.5及其注。

〔2〕高梁：晋国地名，位于今山西临汾市东北。

【译文】

智伯兼并了范氏、中行氏而又攻打赵氏不肯罢休，韩氏、魏氏背叛了他，结果他的军队在晋阳打了败仗，他自己也死在高梁的东边，于是他的封地终于被瓜分掉了，他的头骨也被油漆了用作为酒杯。所以《老子》说："祸害没有比不知满足更大的了。"

21.1.4 虞君欲屈产之乘与垂棘之璧[1]，不听宫之奇，故邦亡身死。故曰："咎莫憯于欲得。"

【注释】

〔1〕虞君欲屈产之乘与垂棘之璧：见10.2注。

【译文】

虞国的君主贪图屈产的良马和垂棘的玉璧，不听宫之奇的劝告，所以国亡身死。所以《老子》说："灾祸没有比贪得更惨痛的了。"

21.1.5 邦以存为常，霸王其可也；身以生为常，富贵其可也。不欲自害[1]，则邦不亡，身不死。故曰："知足之为足矣。"

【注释】

〔1〕"欲"上当有"以"字。

【译文】

国家以保持生存作为永久遵循的根本原则，那么要称霸称王也就有可能了；身体以保持生命作为永久遵循的根本原则，那么富贵荣华也就有可能了。不拿贪欲来害自己，那么国家就不会灭亡，身体也不会死去。所以《老子》说："知道满足也就满足了。"

21.2　楚庄王既胜[1]，狩于河雍[2]，归而赏孙叔敖[3]。孙叔敖请汉间之地——沙石之处。楚邦之法，禄臣再世而收地，唯孙叔敖独在。此不以其邦为收者，瘠也，故九世而祀不绝。故曰："善建不拔，善抱不脱，子孙以其祭祀世世不辍。"孙叔敖之谓也。

【注释】

〔1〕此节说明的是《老子》第五十四章中的内容。楚庄王：见6.1注。

〔2〕雍：即衡雍，位于今河南省原阳县西。

〔3〕孙叔敖：楚庄王时的令尹。

【译文】

楚庄王已经取得了胜利，在黄河、衡雍之间打猎逞威风，回国后奖赏孙叔敖。孙叔敖请求分封汉水附近的土地——那是沙石满地的地方。楚国的法律规定，享受俸禄的大臣到第二代就要收回封地，只有孙叔敖的封地还独自保存着。这不拿他的封地作为收回对象的原因，是那土地太贫瘠了，因此孙叔敖子孙九代都因享有这块封地而祭祀不断。所以《老子》说："善于树立的不会被拔掉，善于抱住的不会脱手，子孙靠了他而祭祀代代不中断。"这是在说孙叔敖啊。

21.3　制在己曰"重"[1]，不离位曰"静"。重，则能使轻；静，则能使躁。故曰："重为轻根，静为躁君。"故曰："君子终日行，不离辎重也。"邦者，人君之辎重也。主父生传其邦[2]，此离其辎重者也，故虽有代、云中之乐[3]，超然已无赵矣。主父，"万乘之主，而以身轻于天下"。无势之谓"轻"，离位之谓"躁"，是以生幽而死。故曰："轻则失臣，躁则失君。"主父之谓也。

【注释】

〔1〕此节解说的是《老子》第二十六章。

〔2〕主父：见14.8注。

〔3〕代：见1.4注。云中：赵国郡名，位于内蒙古自治区托克托县东北。

【译文】

控制臣下的大权掌握在君主自己手中叫做"重"，不离开君位叫做"静"。权势重大，就能役使权势轻微的臣民；处在君位上而虚静无为，就能役使不在君位上的躁动的臣民。所以《老子》说："重是轻的根本，静是躁的主宰。"所以《老子》又说："君子整天走路，不离开装载着重要物资的给养车。"国家，是君主赖以生存的物资给养车。主父活着的时候就把他的国家传给了小儿子，这是离开了他的物资给养车啊，所以即使有代郡、云中郡的快乐，却远远地已经没有赵国了。主父，就是《老子》所说的"拥有万辆兵车的大国君主，却使自己在天下处于轻微的地位"。没有权势叫做"轻"，离开君位叫做"躁"，因此他活活地被围困而饿死了。所以《老子》说："权势轻微就会失去臣子，躁动就会失去君位。"这是在说主父啊。

21.4.1　势重者〔1〕，人君之渊也。君人者，势重于人臣之间，失则不可复得也〔2〕。简公失之于田成〔3〕，晋公失之于六卿〔4〕，而邦亡身死。故曰："鱼不可脱于深渊。"赏罚者，邦之利器也〔5〕，在君则制臣，在臣则胜君。君见赏〔6〕，臣则损之以为德；君见罚，臣则益之以为威。人君见赏，而人臣用其势；人君见罚，人臣乘其威。故曰："邦之利器，不可以示人。"

【注释】

〔1〕21.4两节解说的是《老子》第三十六章中的内容。

〔2〕势重于人臣之间，失则不可复得也：当作"失势重于人臣之间，则不可复得也"。

〔3〕简公失之于田成：见7.1原文及注。

〔4〕晋公失之于六卿：见4.2注。

〔5〕利器：有利的工具，指运用国家权力的手段。

〔6〕见(xiàn)：同"现"。

【译文】

权势，好比是君主赖以生存的深水潭。君主如果把自己的权势丢到臣子中间，那就不可能再得到它了。齐简公把权势丢给了田成，晋国的君主把权势丢给了六卿，因而国亡身死。所以《老子》说："鱼不可以脱离深水潭。"赏和罚，是国家的统治手段，如果掌握在君主手中就可以制服臣下，如果掌握在臣子手中就能胜过君主。君主如果表示要赏赐，臣下就会把这赏赐减少一些以自己的名义赐给人来作为自己的恩德；君主如果表示要用刑罚，臣下就会把这刑罚加重一些来造成自己的威势。可见，君主暴露出奖赏的意图，那么臣下就会利用他的权势；君主暴露出用刑的意图，那么臣下就会凭借他的威势。所以《老子》说："国家的统治手段，不可以把它拿出来给别人看。"

21.4.2 越王入宦于吴〔1〕，而观之伐齐以弊吴。吴兵既胜齐人于艾陵〔2〕，张之于江、济，强之于黄池〔3〕，故可制于五湖〔4〕。故曰："将欲翕之，必固张之〔5〕；将欲弱之，必固强之。"晋献公将欲袭虞，遗之以璧马〔6〕；知伯将袭仇由〔7〕，遗之以广车。故曰："将欲取之，必固与之。"起事于无形，而要大功于天下〔8〕，

“是谓微明”。处小弱而重自卑，谓“损弱胜强”也。

【注释】

〔1〕越王入宧于吴：见19.2注。

〔2〕艾陵：齐国地名，在今山东博山县东南。

〔3〕黄池：宋国地名，在今河南封丘县西南。

〔4〕五湖：太湖。

〔5〕固：通“姑”。

〔6〕晋献公将欲袭虞，遗之以璧马：见10.2。遗(wèi)：赠送。

〔7〕知伯：见1.5注。仇由：春秋时狄族国名，位于今山西省盂县东北。

〔8〕要(yāo)：取。

【译文】

越王勾践到吴国去给吴王夫差当奴仆，而示意夫差去攻打齐国以便搞垮吴国。吴国的军队已经在艾陵战胜了齐军，于是就把军队铺陈部署在长江到济水之间，又靠了军队在黄池逞强，所以才会被越国制服在太湖。所以《老子》说：“要想收敛它，必须暂且使它张开；要想削弱它，必须暂且使它强大。”晋献公将要袭击虞国，就先拿垂棘的宝玉和屈产的骏马送给虞国的君主；智伯将要袭击仇由，就先拿宽阔的大车送给仇由国的君主。所以《老子》说：“要想夺取它，必须暂且送给它。”在不露形迹之中开始做事，而在天下取得了举世瞩目的大功，所以《老子》说“这叫做行事隐微而功效明显”。处在弱小的地位而又进一步贬抑自己，这就是《老子》所说的“贬损弱小的来胜过强大的”。

21.5.1　有形之类[1]，大必起于小；行久之物，族必起于少。故曰：“天下之难事必作于易，天下之大事必作于细。”是以欲制物者于其细也。故曰：“图难于其易也，为大于其细也。”

【注释】

〔1〕21.5 共三节解说的是《老子》第六十三章中的内容。

【译文】

有形状的东西，大的一定是从小的发展起来的；经历久远的事物，多的一定是从少的发展起来的。所以《老子》说："天下的难事一定是从容易的事发展起来的，天下的大事一定是从细小的事发展起来的。"因此，要想控制事物，就必须在它还细小的时候下手。所以《老子》说："想要解决困难的事情，就必须在它还容易解决的时候下手；治理大事，就必须在它还细小的时候着手。"

21.5.2 千丈之堤，以蝼蚁之穴溃；百尺之室，以突隙之烟焚[1]。故曰：白圭之行堤也塞其穴[2]，丈人之慎火也涂其隙，是以白圭无水难，丈人无火患。此皆慎易以避难、敬细以远大者也。

【注释】

〔1〕突：烟囱。烟：繁体字作"煙"，是"熛"之误字。熛(biāo)：迸飞的火星。

〔2〕白圭：战国时魏惠王的相国，治水专家。

【译文】

上千丈的长堤，因为蝼蛄蚂蚁所打的洞穴而溃决；上百尺的高房子，因为烟囱裂缝中迸出的火星而被烧毁。所以人们都称道说：白圭巡视堤坝的时候填塞那蝼蛄和蚂蚁打的洞穴，老年人谨慎地对待火种而用泥涂塞那烟囱的裂缝，因此白圭守护的地方没有水灾，那老年人居住的房子没有火灾。这些都是谨慎地对待容易解决的事来避免难以解决的事、慎重地对待细小的漏洞来避开大祸的例子啊。

21.5.3　扁鹊见蔡桓公[1]，立有间[2]，扁鹊曰：“君有疾在腠理[3]，不治将恐深。”桓侯曰：“寡人无。”扁鹊出。桓侯曰：“医之好治不病以为功。”居十日，扁鹊复见，曰：“君之病在肌肤，不治将益深。”桓侯不应。扁鹊出，桓侯又不悦。居十日，扁鹊复见，曰：“君之病在肠胃，不治将益深。”桓侯又不应。扁鹊出，桓侯又不悦。居十日，扁鹊望桓侯而还走，桓侯故使人问之。扁鹊曰：“疾在腠理，汤熨之所及[4]；在肌肤，针石之所及也；在肠胃，火齐之所及也[5]；在骨髓，司命之所属，无奈何也。今在骨髓，臣是以无请也。”居五日，桓侯体痛，使人索扁鹊，已逃秦矣。桓侯遂死。故良医之治病也，攻之于腠理。此皆争之于小者也。夫事之祸福亦有腠理之地，故曰：“圣人蚤从事焉[6]。”

【注释】

〔1〕扁鹊：春秋、战国之际的名医，姓秦名越人，鄚(mò)县(位于今河北省任丘市)人。蔡桓公：当为“晋桓公”之误，“晋桓公”也作“晋桓侯”，公元前338年—公元前369年在位。

〔2〕有间(jiàn)：一会儿。

〔3〕腠(còu)理：汗毛孔。

〔4〕汤：热水，指用热的药汤浸泡。熨(wèi)：用药物热敷。汤熨之所及：(腠理)是药汤与热敷所能触及的地方。

〔5〕齐(jì)：通“剂”。

〔6〕蚤：通“早”。

【译文】

扁鹊拜见晋桓侯，站了一会儿，扁鹊说：“您有点毛病在汗毛孔，如果不治疗，恐怕会加重。”桓侯说：“我没有什么毛病。”

扁鹊出去了。桓侯说："医生喜欢给没有疾病的人治病来作为自己的功劳。"过了十天，扁鹊又拜见桓侯，说："您的疾病在肌肉与皮肤之间，如果不治疗，就会更加严重。"桓侯不加理睬。扁鹊出去了，桓侯又很不高兴。过了十天，扁鹊又拜见桓侯，说："您的疾病在肠胃，如果不治疗，就会更加严重。"桓侯又没有理会他。扁鹊出去了，桓侯又很不高兴。过了十天，扁鹊远远望见桓侯便转身跑了，桓侯特地派人去询问他。扁鹊说："毛病在汗毛孔，用药汤浸泡、用药物热敷就能奏效了；在肌肉与皮肤之间，使用金针、石针来针灸就能奏效了；在肠胃，服用火煎的汤剂就能奏效了；在骨髓，这是主管生命的司命神所管辖的，对它就没有什么办法了。现在君主的疾病在骨髓，我因此不再请求给他治病了。"过了五天，桓侯身体疼痛，派人去找扁鹊，扁鹊已经逃到秦国了。桓侯也就死了。所以好的医生治病，一定是在病灶还处在汗毛孔的时候就去治疗它。这些都是争取把事情解决在细小阶段的例子啊。事情的祸福也有类似汗毛孔的疾病这种刚露苗头而容易采取措施的阶段，所以《老子》说："圣人对它及早加以处理。"

21.6　昔晋公子重耳出亡〔1〕，过郑，郑君不礼。叔瞻谏曰："此贤公子也，君厚待之，可以积德。"郑君不听。叔瞻又谏曰："不厚待之，不若杀之，无令有后患。"郑君又不听。及公子返晋邦，举兵伐郑，大破之，取八城焉。晋献公以垂棘之璧假道于虞而伐虢〔2〕，大夫宫之奇谏曰："不可，唇亡而齿寒，虞、虢相救，非相德也。今日晋灭虢，明日虞必随之亡。"虞君不听，受其璧而假之道。晋已取虢，还反，灭虞。此二臣者，皆争于腠理者也，而二君不用也。然则叔瞻、宫之奇亦虞、郑之扁鹊也，而二君不听，故郑以破，虞以亡。故曰："其安，易持也；其未兆，易谋也。"

【注释】

〔1〕这一节说明的是《老子》第六十四章中的内容。重耳之事见10.10及其注。

〔2〕晋献公之事见10.2及其注。

【译文】

从前晋公子重耳出国流亡，经过郑国的时候，郑国的君主郑文公对他没有礼貌。郑国的大夫叔瞻劝谏郑文公说："这是个贤能的公子啊，您好好款待他，可以积累恩德。"郑文公不听这些劝告。叔瞻又劝他说："如果您不去好好款待他，那就不如把他杀了，不要使自己有以后的祸患。"郑文公又不听。等到重耳返回晋国，便兴兵讨伐郑国，把它打得大败，攻取了郑国八个城邑。晋献公用垂棘的玉璧去向虞国借路来攻打虢国，大夫宫之奇劝谏说："不能答应。嘴唇没有了，门牙就会受寒。虞国和虢国互相救援，并不是在互施恩德，而是由于两国有着唇齿相依、同存同亡的关系啊。今天如果晋国灭掉了虢国，明天虞国一定会跟着灭亡。"虞国的君主不听宫之奇的劝告，接受了晋国的玉璧而把道路借给了晋国。晋国已经攻取了虢国，回国后，又消灭了虞国。叔瞻和宫之奇这两个臣子，都是在祸害还处在汗毛孔的时候就争取要制止它的人，只不过两位君主不听他们罢了。这样看来，那么叔瞻、宫之奇，也就是虞国、郑国的扁鹊啊，但两位君主不听他们，所以郑国因此而被攻破，虞国因此而被消灭。所以《老子》说："事情处于稳定的时候，就容易控制；事情还没有显露出征兆的时候，就容易设法对付。"

21.7　昔者纣为象箸而箕子怖〔1〕，以为："象箸必不加于土铏，必将犀玉之杯；象箸玉杯必不羹菽藿，必旄、象、豹胎；旄、象、豹胎必不衣短褐而食于茅屋之下，则锦衣九重，广室高台。吾畏其卒，故怖其始。"居五年，纣为肉圃，设炮烙〔2〕，登糟丘，临酒池，纣遂以亡。故箕子见象箸以知天下之祸。故曰：“见小曰明。”

【注释】

〔1〕本节说明的是《老子》第五十二章中的内容。箕子：商纣王的叔父，为太师，封于箕（位于今山西太谷东北）。

〔2〕烙：通“格”。

【译文】

从前商纣王做了象牙筷子而箕子就恐惧了，他认为：“象牙筷一定不会用在陶土烧制的菜碗上，那就一定要用犀牛角和宝玉做的杯子；象牙筷和玉杯一定不用它来吃豆类叶子熬煮的浓汤，那就一定要吃牦牛、大象、豹子等的胚胎；吃了牦牛、大象、豹子等的胚胎就一定不会再穿着粗布衣服而住在草屋之中吃东西，那就要穿着用华美的织锦缎做的衣服好几套，住在宽敞的房子里，坐在高高的土台上。我害怕这事情将导致的后果，所以对它的开始感到恐惧。”过了五年，商纣王搞了挂着肉类的场所，设置了烤肉用的铜格，登上了酒糟堆积成的小山，面对着盛酒的池子畅饮，商纣王便因此灭亡了。那箕子看见了象牙筷便因此而预感到了天下的灾祸。所以《老子》说：“能看到事物那细微的苗头叫做明察。”

21.8　勾践入宦于吴〔1〕，身执干戈为吴王洗马〔2〕，故能杀夫差于姑苏〔3〕。文王见詈于王门〔4〕，颜色不变，而武王擒纣于牧野〔5〕。故曰：“守柔曰强。”越王之霸也不病宦，武王之王也不病詈。故曰：“圣人之不病也，以其不病，是以无病也。”

【注释】

〔1〕此节说明的是《老子》第五十二章与七十一章中的内容。勾践

入宧于吴：见 19.2 注。

〔2〕洗(xiǎn)：通“先”。

〔3〕姑苏：吴国国都，位于今江苏省苏州市。

〔4〕见：被。詈(lì)：骂。王：古“玉”字。

〔5〕牧野：古代地名，位于今河南省淇县南。

【译文】

越王勾践到吴国去做奴仆，亲自拿着盾和戈等兵器做吴王的马前卒，所以能把吴王夫差杀死在姑苏。周文王在镶玉的王宫门下被商纣王辱骂，脸色不变，所以他的儿子武王后来能在牧野擒获纣王。所以《老子》说：“能保持柔顺叫做强大。”越王能称霸天下，是因为他不把做奴仆看作为耻辱；周武王能称王天下，是因为他不把辱骂看作为耻辱。所以《老子》说：“圣人不把那些事看作为耻辱，因为他不把那些事看作为耻辱，因此就没有了耻辱。”

21.9.1　宋之鄙人得璞玉而献之子罕〔1〕，子罕不受。鄙人曰：“此宝也，宜为君子器，不宜为细人用。”子罕曰：“尔以玉为宝，我以不受子玉为宝。”是鄙人欲玉，而子罕不欲玉。故曰：“欲不欲，而不贵难得之货。”

【注释】

〔1〕21.9 共三节说明的是《老子》第六十四章中的内容。子罕：指乐(yuè)喜，春秋时期宋国的贤臣，宋平公(公元前 575—公元前 532 年在位)时任司城。

【译文】

宋国有个乡下人得到了一块没有加工过的玉石而把它献给乐喜，乐喜不肯收下。这乡下人说：“这是珍宝啊，应该拿来做成大官的器物，不应该把它作为平民百姓的用具。”乐喜说：“你把玉当作珍宝，我把不接受您的玉看作为珍宝。”这样看来，是这个乡下人追求玉，而乐喜不追求玉。所以《老子》说：“把不追求当作自己的追求，因而不看重那些难得的财物。”

21.9.2 王寿负书而行，见徐冯于周涂[1]。冯曰：“事者，为也；为生于时，知者无常事[2]。书者，言也；言生于知，知者不藏书。今子何独负之而行？”于是王寿因焚其书而儛之。故知者不以言谈教，而慧者不以藏书箧。此世之所过也，而王寿复之，是学不学也。故曰：“学不学，复归众人之所过也。”

【注释】

〔1〕徐冯：周国的隐士。涂：通“途”。

〔2〕知：通“智”。

【译文】

王寿背着书赶路，在周国的道路上遇见了徐冯。徐冯说：“事情，是人们的各种行为造成的；而种种行为又产生于当时的具体情况，所以聪明的人不可能去做那些永恒不变的事情。书籍，是人们的各种言论构成的，而种种言论产生于对各种具体事物的认识，所以有智慧的人是不收藏书籍的。现在您为什么偏要背着它走路呢？”于是王寿便焚烧了自己的书并挥扬那灰烬。所以聪明的人不用书上的言论来说教，而有智慧的人不用藏书在小箱子中。这种不学习古书的态度是社会所非议的，而王寿却又重新恢复了这种做法，这是把不学习当作为自己的学习。所以《老子》说：“把不学习当作为自己的学习，又重新回归到众人所非议的做法上来了。”

21.9.3　夫物有常容，因乘以导之。因随物之容，故静则建乎德，动则顺乎道。宋人有为其君以象为楮叶者，三年而成。丰杀茎柯〔1〕，毫芒繁泽，乱之楮叶之中而不可别也。此人遂以功食禄于宋邦。列子闻之曰〔2〕："使天地三年而成一叶，则物之有叶者寡矣。"故不乘天地之资而载一人之身，不随道理之数而学一人之智，此皆一叶之行也。故冬耕之稼，后稷不能羡也〔3〕；丰年大禾，臧获不能恶也。以一人力，则后稷不足；随自然，则臧获有余。故曰："恃万物之自然而不敢为也。"

【注释】

〔1〕丰：肥大。杀（shài）：衰减，瘦小。茎：草木的主干，此指叶子的主脉。柯：树枝，此指叶子的支脉。

〔2〕列子：列御寇，战国时郑国人，是著名的道家人物。

〔3〕后稷：姓姬，名弃，周部族的始祖，因为他善于种植农作物，所以在尧、舜时代任农官。羡：余。

【译文】

万物都有它固有的形态，因而可以凭借它的这种形态来引导它。因为能够顺应万物的形态来引导它，所以静止的时候就能够立足于事物的本质属性，行动的时候就能够顺应事物的客观规律。宋国有个人给他的君主把象牙雕刻成楮树的叶子，雕刻了三年才雕成。那叶子上有肥大的主脉、瘦小的支脉，毫毛细芒繁多而有光泽，把它混杂在真的楮树叶之中就不能辨别出来。这个人就靠了这一功劳在宋国做官吃俸禄。列子听说了这件事说："假如自然界也是三年才长成一片叶子，那么植物中有叶子的也就很少了。"不凭借自然界的资助而把任务都压到一个人的身上，不顺应自然规律的理数而去学习一个人的智巧，这些都是三年雕出一片叶子的行为啊。所以，冬天耕种的庄稼，就是靠善于种植农作物的后稷去栽培，也不能使它超过常规而长得很茂盛；丰收年成生长粗壮的禾苗，就是让奴婢们去管理，也不会使它一塌糊涂。依靠一个人的能力，那么就是后稷来栽培也还不够；顺应自然，那么让奴婢们去管理也就绰绰有余了。所以《老子》说："依靠万物的自然成长而不敢主观地去有所作为。"

21.10.1 空窍者[1]，神明之户牖也。耳目竭于声色，精神竭于外貌，故中无主。中无主，则祸福虽如丘山，无从识之。故曰："不出于户，可以知天下；不窥于牖，可以知天道。"此言神明之不离其实也。

【注释】

〔1〕21.10 共两节解说的是《老子》第四十七章中的内容。

【译文】

耳朵、眼睛等孔穴，是精神的门窗。如果听力、视力全部消耗在音乐美色上，精神全部消耗在外貌仪表上，那么内心就会没有主宰。内心没有主宰，那么祸福即使像山陵那样高大而摆在眼前，也没有办法认识它们了。所以《老子》说："不从门口出去，就可以知道天下的事情；不从窗户向外探看，就可以知道日月星辰的运行情况。"这是说人的精神不能离开自己的身体啊。

21.10.2 赵襄主学御于王子期[1]，俄而与於期逐，三易马而三后。襄主曰："子之教我御，术未尽也？"对曰："术已尽，用之则过也。凡御之所贵：马体安于车，人心调于马，而后可以进速致远。今君后则欲逮臣，先则恐逮于臣。夫诱道争远，非先则后也，而先后心皆在于臣，上何以调于马〔2〕？此君之所以后也。”白公胜虑乱〔3〕，罢朝，倒杖而策〔4〕，锐贯颇〔5〕，血流至于地而不知。郑人闻之曰：“颇之忘，将何为忘哉?”故曰：“其出弥远者，其智弥少〔6〕。”此言智周乎远，则所遗在近也。是以圣人无常行也。能并智〔7〕，故曰：“不行而知。”能并视，故曰：“不见而明。”随时以举事，因资而立功，用万物之能而获利其上，故曰：“不为而成。”

【注释】

〔1〕赵襄主：见1.5注。王子期：即王良，见17.2注。

〔2〕上：通“尚”。

〔3〕白公胜：春秋时楚平王太子建之子。公元前479年，白公胜在吴国被召回后作乱，杀死令尹子西、司马子期，劫持楚惠王，控制了楚国国都，后被叶公打败，自缢死。

〔4〕杖：执持。而：其。

〔5〕颇：同“颐”。

〔6〕智：通“知”。

〔7〕智：通“知”。

【译文】

赵襄子向王子於期学习驾驭马车，过了不久就和王子於期竞赛，但换了三次马而三次都落在王子於期的后面。襄子说：“您教我驾车，那技术还没有全部教给我吗?”王子於期回答说：“技术已经全部教给您了，但您在运用这技术的时候却犯了错误。大致说来，驾驭马车所应注重的是：马的身体套在车上要安稳，人的心思要和马的动作协调，然后才可以前进得快而到达远方。现在您落后了，就想赶上我；跑在前面，又怕被我赶上。引导马在路上作远程竞赛，不是跑在前面，就是跑在后面，而您无论在前在后，心思都在我身上，那么还拿什么来和马协调呢？这就是您落后的原因啊。”白公胜想作乱的时候，一次下朝，他倒拿着他的马鞭，那马鞭头上的针尖刺穿了他的面颊，鲜血直淌到地上他还不知道。郑国人听说了这件事以后说："面颊都被忘记了，那是为什么忘记的呢？"所以《老子》说："那出去得愈远的人，他知道的东西就愈少。"这是说人的智慧只在远处兜圈子，那么遗失的东西就会在近处了。因此圣人没有固定不变的行动而是远近兼顾。这样，就能够同时知道远近的事情，所以《老子》说："不出行就能够知道天下的事情。"这样，也就能够同时观察到远近的事情，所以《老子》说："不察看就能够明白天下的事情。"因顺适当的时机来办事，凭借外界的条件来立功，利用万物的性能而在这上面获得利益，所以《老子》说："不干就能够成功。"

21.11　楚庄王莅政三年[1]，无令发，无政为也。右司马御座而与王隐曰[2]："有鸟止南方之阜，三年不翅，不飞不鸣，嘿然无声[3]，此为何名？"王曰："三年不翅，将以长羽翼；不飞不鸣，将以观民则。虽无飞，飞必冲天；虽无鸣，鸣必惊人。子释之，不谷知之矣。"处半年，乃自听政。所废者十，所起者九，诛大臣五，举处士六，而邦大治。举兵诛齐，败之徐州[4]；胜晋于河雍，合诸侯于宋，遂霸天下。庄王不为小害善[5]，故有大名；不蚤见示[6]，故有大功。故曰："大器晚成，大音希声。"

【注释】

〔1〕此节说明的是《老子》第四十一章中的内容。

〔2〕右司马：楚国掌管军政的副官。隐：通"谚"。

〔3〕嘿：同"默"。

〔4〕徐州：应作"俆(shū)州"，今山东滕州市南。

〔5〕害：衍文。

〔6〕蚤：通"早"。见：同"现"。

【译文】

楚庄王临朝执政三年，既没有什么命令发布，也没有什么政策推行。右司马侍候在旁边而给庄王打了个谜说："有只鸟栖息在南方的土丘上，三年不动翅膀，不飞翔不鸣叫，默默地没声响，这是什么名堂?"庄王说："三年不动翅膀，将因此而使翅膀上的羽毛得到生长；不飞翔不鸣叫，将因此而观察民众的行为准则。虽然现在没有飞翔，但飞起来必定会直冲云霄；虽然现在没有鸣叫，但叫起来必定会惊动人世。你就丢开这桩心事吧，我已经知道你的用意了。"过了半年，庄王便亲自处理政事。废弃的事情有十件，举办的事情有九件，惩处大臣五人，提拔没有做官的读书人六个，而国家治理得非常好。又起兵征讨齐国，在徐州打败了它；在黄河与衡雍之间战胜了晋国；在宋国会合诸侯，于是就称霸天下。庄王不忙着去做那微小琐碎的好事，所以能有伟大的名望；不较早地表露出自己的才能，所以能有伟大的功绩。所以《老子》说："伟大的人才较晚取得成就，伟大的名望较少声张。"

21.12.1　楚庄王欲伐越〔1〕，杜子谏曰："王之伐越，何也?"曰："政乱兵弱。"杜子曰："臣愚患之。智如目也，能见百步之外而不能自见其睫。王之兵自败于秦、晋，丧地数百里，此兵之弱也；庄蹻蹻为盗于境内而吏不能禁〔2〕，此政之乱也。王之弱乱，非越之下也，而欲伐越，此智之如目也。"王乃止。故知之难，不在见人，在自见。故曰："自见之谓明。"

【注释】

〔1〕21.12 共两节说明的是《老子》第三十三章中的内容。

〔2〕庄蹊(xī)蹻(jué)：即庄蹻，战国时楚国的造反者。

【译文】

楚庄王想要攻打越国，杜子劝谏说："大王要攻打越国，为什么呢？"庄王说："因为越国政治混乱而兵力弱小。"杜子说："我愚昧地为您攻打越国的事担忧。智慧就像眼睛一样，能看见百步之外的东西而不能看见自己的眼睫毛。大王的军队自己被秦国、晋国打败了，丧失了领土几百里，这是兵力的衰弱啊；庄蹻在国内造反作乱而官吏不能禁止他，这是政治的混乱啊。大王的兵力衰弱、政治混乱，不在越国之下，却还想攻打越国，这就是智慧像眼睛一样只见百步之外而看不见自己眼睫毛的情形啊。"楚庄王这才打消了进攻越国的念头。所以了解事物的困难，不在于认识别人，而在于认识自己。所以《老子》说："能够认识自己就叫做明察。"

21.12.2　子夏见曾子[1]。曾子曰："何肥也？"对曰："战胜，故肥也。"曾子曰："何谓也？"子夏曰："吾入见先王之义则荣之[2]，出见富贵之乐又荣之，两者战于胸中，未知胜负，故臞。今先王之义胜，故肥。"是以志之难也，不在胜人，在自胜也。故曰："自胜之谓强。"

【注释】

〔1〕子夏：卜商，字子夏，孔子弟子。曾子：指曾参（shēn），字子舆，孔子弟子，以行孝道而闻名。

〔2〕荣：以……为荣耀，引申为喜欢。

【译文】

子夏见到曾子。曾子说："你怎么胖啦？"子夏回答说："我战斗胜利了，所以胖了。"曾子说："你这话是什么意思？"子夏说："我在家学习到古代圣明君王的大道理便爱上了它，出门看见了荣华富贵的快乐又爱上了它，这两种思想在心里斗争，过去一直不知道哪一种会胜利、哪一种会失败，所以消瘦了。现在古代君王的大道理在我心里取得了胜利，所以我胖了。”因此一个人树立志向的困难，不在于战胜别人，而在于战胜自己。所以《老子》说：“能够战胜自己就叫做坚强。”

21.13 周有玉版[1]，纣令胶鬲索之[2]，文王不予；费仲来求[3]，因予之。是胶鬲贤而费仲无道也。周恶贤者之得志也，故予费仲。文王举太公于渭滨者[4]，贵之也；而资费仲玉版者，是爱之也。故曰：“不贵其师，不爱其资，虽知大迷[5]，是谓要妙。”

【注释】

〔1〕本节说明的是《老子》第二十七章中的内容。

〔2〕胶鬲(gé)：商纣王的臣子。

〔3〕费仲：商纣王的执政大臣，善于阿谀。

〔4〕太公：见18.4注。

〔5〕知：通“智”。

【译文】

周国有玉版，商纣王派胶鬲去索取它，周文王不给；而费仲来要，便给了他。这是因为胶鬲有德才而费仲没有德行啊。周国厌恶贤能的人得志，所以把玉版给了费仲。周文王从渭水边上把太公提拔起来，这是尊重他；而给费仲玉版，这是爱护他。所以《老子》说：“不尊重自己可以依靠的老师，不爱护自己可以利用的对象，那么即使聪明，也是极大地迷惑了，这是精要微妙的道理。”

说林上第二十二

（第二十二篇　传说的林薮上编）

22.1　汤以伐桀[1]，而恐天下言己为贪也，因乃让天下于务光[2]。而恐务光之受之也，乃使人说务光，曰："汤杀君而欲传恶声于子，故让天下于子。"务光因自投于河。

【注释】

〔1〕汤：见3.2注。以：通"已"。桀：见10.3注。

〔2〕务光：夏朝末年的隐士。

【译文】

商汤已经打败了夏桀，而怕天下的人说自己是贪心，因而就把统治天下的大权让给务光。但又怕务光真的接受了君权，于是就派人劝说务光，说："汤杀了君主却想把这坏名声转嫁给您，所以才把统治天下的大权让给您。"务光因而跳河自杀了。

22.2　秦武王令甘茂择所欲为于仆与行事[1]。孟卯曰[2]："公不如为仆。公所长者，使也。公虽为仆，王犹使之于公也。公佩仆玺而为行事，是兼官也。"

【注释】

〔1〕秦武王：战国时秦国君主，名荡，公元前310年—公元前307年在位。甘茂：秦武王时为左丞相。仆：驾驭马车的人，此指主管君主车马的官。行事：使者。

〔2〕孟卯：即芒卯，又作昭卯，战国时齐国人，因善辩而被魏国任用为相。

【译文】

秦武王叫甘茂在主管君主车马的仆与主管传达君命的行事这两种官职中选择自己所想做的官。孟卯对甘茂说："您不如做仆。您所擅长的，是做使者。您虽然做了仆这种官，秦武王还是会把使者的职事交给您。您佩带了仆的官印而又做了行事，这就兼有两个官职了。"

22.3　子圉见孔子于商太宰〔1〕。孔子出，子圉入，请问客。太宰曰："吾已见孔子，则视子犹蚤虱之细者也。吾今见之于君。"子圉恐孔子贵于君也，因谓太宰曰："君已见孔子，亦将视子犹蚤虱也。"太宰因弗复见也。

【注释】

〔1〕商：指宋国，因为宋国的君主是商王朝王族的后代，因而后世称宋为商。太宰：相当于宰相的官。

【译文】

子圉使孔子见到了宋国的太宰。孔子出来后，子圉进去，请问那客人孔子怎么样。太宰说："我见到了孔子，因而再看您就觉得您像微小的跳蚤虱子一般。我现在要让他去见国君。"子圉怕孔子被国君看重，就对太宰说："国君见到孔子后，也将把您看作为跳蚤虱子了。"太宰因而不再让孔子去见国君了。

22.4 魏惠王为臼里之盟[1]，将复立于天子[2]。彭喜谓郑君曰[3]："君勿听。大国恶有天子，小国利之。若君与大不听，魏焉能与小立之？"

【注释】

〔1〕魏惠王：战国时魏国君主，又称为梁惠王（参见30.4.1注），名罃。臼里：位于今河南洛阳市西北。

〔2〕于：语助词。

〔3〕郑君：即韩王。公元前375年，韩灭郑而把国都迁于郑（位于今河南新郑市），所以把韩称为郑。

【译文】

魏惠王举行了臼里的诸侯盟会，准备重新拥立名存实亡的周天子。彭喜对韩王说："您不要听从。力量强大的国家讨厌有天子，力量弱小的国家才觉得天子对自己有利。如果您和力量强大的国家都不听从，魏国哪能与力量弱小的国家拥立天子呢？"

22.5 晋人伐邢[1]，齐桓公将救之。鲍叔曰[2]："太蚤[3]。邢不亡，晋不敝；晋不敝，齐不重。且夫持危之功，不如存亡之德大。君不如晚救之以敝晋，齐实利。待邢亡而复存之，其名实美。"桓公乃弗救。

【注释】

〔1〕邢：周代诸侯国，姬姓，原都在今河北邢台，后迁到夷仪（位于今山东聊城市西南）。

〔2〕鲍叔：指鲍叔牙，齐桓公的大臣。

〔3〕蚤：通"早"。

【译文】

晋国人攻打邢国，齐桓公将要援救邢国。鲍叔牙对齐桓公说："还太早。邢国不被灭亡，晋国就不会疲惫；晋国没有疲惫，齐国的地位就不会显得重要。再说那扶持处在危险之中的国家的功德，不如恢复灭亡的国家的功德大。您不如晚一点去援救邢国来使晋国疲惫，这对齐国实更有利。等到邢国灭亡以后再使它重新存在下去，那名声就更美好了。"齐桓公就不去援救邢国了。

22.6　子胥出走〔1〕，边候得之。子胥曰："上索我者，以我有美珠也。今我已亡之矣。我且曰：'子取吞之。'"候因释之。

【注释】

〔1〕子胥：见3.2注。出走：指他出逃到吴国。

【译文】

伍子胥出逃，防守边界关卡的官吏抓住了他。伍子胥说："君主搜捕我，是因为我有颗美丽的宝珠。现在我已经把它丢了。您如果把我遣送给国君，我将对国君说：'是您把它拿去吞食了。'"这守关的官吏因怕国君剖腹取珠而放了他。

22.7　庆封为乱于齐而欲走越〔1〕。其族人曰："晋近，奚不之晋？"庆封曰："越远，利以避难。"族人曰："变是心也，居晋而可；不变是心也，虽远越，其可以安乎？"

【注释】

〔1〕庆封：春秋时齐景公的相国，公元前546年，他灭掉崔氏执政，次年被鲍氏、高氏、栾氏合谋进攻，先奔鲁，后奔吴。

【译文】

庆封在齐国作乱而想出逃到越国去。他同族的人对他说："晋国很近，为什么不到晋国去?"庆封说："越国遥远，有利于避难。"他同族的人说："如果改变这作乱的心思，居住在晋国也就可以了；如果不改变这作乱的心思，即使远居越国，难道就可以安宁了么?"

22.8　智伯索地于魏宣子[1]，魏宣子弗予。任章曰[2]："何故不予?"宣子曰："无故请地，故弗予。"任章曰："无故索地，邻国必恐。彼重欲无厌，天下必惧。君予之地，智伯必骄而轻敌，邻邦必惧而相亲。以相亲之兵待轻敌之国，则智伯之命不长矣。《周书》曰[3]：'将欲败之，必姑辅之；将欲取之，必姑予之。'君不如与之以骄智伯。且君何释以天下图智氏，而独以吾国为智氏质乎[4]?"君曰："善!"乃与之万户之邑。智伯大悦，因索地于赵，弗与，因围晋阳。韩、魏反之外，赵氏应之内，智氏自亡。

【注释】

〔1〕此节可参见10.5及其注。

〔2〕任章：魏宣子的家臣。

〔3〕《周书》：即《逸周书》，是周朝的史书。

〔4〕质：箭靶子。

【译文】

智伯向魏宣子索取土地，魏宣子不给。任章说："什么缘故不给他?"魏宣子说："他无缘无故来要求割地，所以我不给。"任章说："无缘无故来索取土地，邻国必然恐惧。他反复索求贪得无厌，天下各国必然害怕。您给了他土地，他必然会骄傲轻敌，而邻国必然会因为害怕他而互相亲近团结。以互相亲近团结的军队来对付轻敌的国家，那么智伯的寿命就不长了。《周书》说：‘将要打败他，必须暂且辅助他；将要夺取他，必须暂且送给他。’您不如把土地送给他来使他骄傲。况且您为什么放弃用天下的力量来图谋智伯的办法，而单单把我们魏国作为智伯的攻击目标呢?”魏宣子说：“好!”就给了智伯一个住有万户人家的城市。智伯非常高兴，接着又向赵国索取土地，赵国不给，智伯因而围攻晋阳。韩氏、魏氏在晋阳城外背叛了他，赵氏在晋阳城内作接应，智伯便灭亡了。

22.9　秦康公筑台三年〔1〕。荆人起兵，将欲以兵攻齐。任妄曰：“饥召兵，疾召兵，劳召兵，乱召兵。君筑台三年，今荆人起兵，将攻齐，臣恐其攻齐为声，而以袭秦为实也，不如备之。”戍东边，荆人辍行。

【注释】

〔1〕秦康公：春秋时秦国君主，名罃。

【译文】

秦康公让民众建造观赏游乐用的高台已历时三年。楚国人调动军队，将要用兵攻打齐国。任妄说：“荒年会招来敌兵，疾病瘟疫会招来敌兵，百姓劳苦会招来敌兵，政局混乱会招来敌兵。您建造高台已经三年，现在楚国人调动军队，将要攻打齐国，我怕他们拿攻打齐国来虚张声势，而实际上是来袭击秦国，不如对他们加以防备。”于是秦国就派兵防守东面的边境，楚国人就停止了进兵。

22.10　齐攻宋，宋使臧孙子南求救于荆。荆大说[1]，许救之，甚欢[2]。臧孙子忧而反[3]。其御曰："索救而得，今子有忧色，何也?"臧孙子曰："宋小而齐大。夫救小宋而恶于大齐，此人之所以忧也，而荆王说，必以坚我也。我坚而齐敝，荆之所利也。"臧孙子乃归。齐人拔五城于宋而荆救不至。

【注释】

〔1〕说：通"悦"。

〔2〕欢：通"劝"。

〔3〕反：通"返"。

【译文】

齐国攻打宋国，宋国派臧孙子到南方去向楚国求救。楚王非常高兴，答应援救他们，十分起劲。臧孙子十分忧虑地回国去。他的车夫说："来求救而获得成功，现在您却有忧虑的脸色，为什么呢?"臧孙子说："宋国弱小而齐国强大。援救了弱小的宋国而得罪了强大的齐国，这是使人忧虑的事情，但楚王非常高兴，他一定是用答应援救我们来坚定我们抵抗齐国的决心。我们坚决抵抗，那么齐国就会疲惫，这是楚国的利益所在啊。"臧孙子于是回到国内。齐国人在宋国攻破了五座城池而楚国的救兵也没到。

22.11 魏文侯借道于赵而攻中山[1]，赵肃侯将不许[2]，赵刻曰："君过矣。魏攻中山，而弗能取，则魏必罢[3]。罢，则魏轻；魏轻，则赵重。魏拔中山，必不能越赵而有中山也。是用兵者魏也，而得地者赵也。君必许之。许之而大欢，彼将知君利之也，必将辍行。君不如借之道，示以不得已也。"

【注释】

〔1〕魏文侯(? —公元前 387):名斯,战国时魏国的建立者,公元前 424 年—公元前 387 年在位。

〔2〕赵肃侯:公元前 349 年—公元前 326 年在位,与魏文侯不同时,此当作赵烈侯,名籍,公元前 408 年—公元前 400 年在位。

〔3〕罢:通“疲”。

【译文】

魏文侯向赵国借用道路来攻打中山国,赵烈侯准备不答应,赵刻说:“您错了。魏国攻打中山国,如果不能夺取它,那么魏国必然会疲惫不堪。魏国疲惫不堪,那么它的地位就轻微了;魏国的地位轻微了,那么赵国的地位就相对重要了。魏国如果攻下中山国,必然不能越过赵国去统治中山国。这样的话,那么用兵的是魏国,而得到土地的是赵国。您一定要答应他。但答应他时如果太高兴,他将会知道您从他的进攻之中可以得到好处,他必将停止行动。您不如把道路借给他,又做出无可奈何的情态给他看。”

22.12　鸱夷子皮事田成子〔1〕。田成子去齐,走而之燕,鸱夷子皮负传而从。至望邑〔2〕,子皮曰:“子独不闻涸泽之蛇乎?泽涸,蛇将徙。有小蛇谓大蛇曰:‘子行而我随之,人以为蛇之行者耳,必有杀子。不如相衔负我以行,人以我为神君也。’乃相衔负以越公道。人皆避之,曰:‘神君也。’今子美而我恶。以子为我上客,千乘之君也;以子为我使者,万乘之卿也。子不如为我舍人。”田成子因负传而随之,至逆旅,逆旅之君待之甚敬,因献酒肉。

【注释】

〔1〕鸱夷子皮:田成子的家臣。田成子:即田常,见 3.2 注。

〔2〕望邑：地名，位于今河北。

【译文】

鸱夷子皮侍奉田成子。田成子离开齐国，逃往燕国，鸱夷子皮背着出入关口时须交验的符牒跟在后面。来到望邑的时候，子皮对田成子说："您难道没听说过干湖之蛇的故事么？有一个湖泊干枯了，蛇准备迁移。有一条小蛇对大蛇说：'您在前面走而我跟着您，人们就会把我们当作是一般过路的蛇，那就必然会有人杀掉您。我们不如互相衔着而您背着我走，人们就会把我当成神灵了。'于是大蛇就和小蛇互相衔着并把它背着爬上了大路。人们都避开它们，说：'这是神灵啊。'现在您长得俊美而我生得丑陋，把您作为我的上等客人，那么我就会被人看成是拥有千辆兵车之国的君主；把您作为我的使者，那么我就会被人看成是拥有万辆兵车之国的贵卿。您不如做我的侍从，那么我就会被人看成是大国的君主了。"田成子因而背着符牒跟着鸱夷子皮，来到一家旅馆，旅馆的主人对待他们十分恭敬，还献上了酒肉款待他们。

22.13　温人之周〔1〕，周不纳客。问之曰："客耶？"对曰："主人。"问其巷人而不知也，吏因囚之。君使人问之曰："子非周人也，而自谓非客，何也？"对曰："臣少也诵《诗》，曰〔2〕：'普天之下，莫非王土；率土之滨，莫非王臣。'今君，天子，则我天子之臣也。岂有为人之臣而又为之客哉？故曰'主人'也。"君使出之。

【注释】

〔1〕温：地名，在今河南温县西南。周：指东周国的都城雒邑，位于今河南省洛阳市白马寺以东。

〔2〕以下四句诗引自《诗经·小雅·北山》。

【译文】

有个温邑的人到东周国国都雒邑去，当时东周国不准外客入境，因而问他说："你是外来客吗?"他回答说："我是本国的主人。"于是又问他同巷居住的人，他却不知道，守城的官吏便囚禁了他。周国的君主派人去问他说："您并不是周国人，却说自己不是外客，这是为什么?"他回答说："我小时候朗读《诗经》，那《诗经》上说：'遍及青天覆盖下，无地不属君王家；沿着陆地到海滨，无人不是王家臣。'现在您周国国君是天子，那么我就是天子的臣民。哪有做了别人的臣民而又成为他的外客呢? 所以我说'我是本国的主人'。"周国国君便派人把他放了。

22.14　韩宣王谓樛留曰〔1〕："吾欲两用公仲、公叔〔2〕，其可乎?"对曰："不可。晋用六卿而国分〔3〕，简公两用田成、阚止而简公杀〔4〕，魏两用犀首、张仪而西河之外亡〔5〕。今王两用之，其多力者树其党，寡力者借外权。群臣有内树党以骄主，有外为交以削地，则王之国危矣。"

【注释】

〔1〕韩宣王：即韩宣惠王，战国时韩国君主。

〔2〕公仲：即10.9的公仲朋，他继公叔伯婴而任韩宣惠王的相国。公叔：即公叔伯婴，他在公仲朋任相国之前任韩宣惠王的相国。

〔3〕晋用六卿而国分：见4.2注。

〔4〕简公两用田成、阚止而简公杀：齐悼公被杀后，其儿子壬即位，就是简公，由田成子与阚止任左右相。阚止得宠于简公，于是田常以大斗出贷、以小斗收回来收买民心。接着他指挥部属杀死了阚止与简公。

〔5〕犀首：战国时魏国人公孙衍的号，他在公元前319年为魏相。张仪：战国时魏国人，他在公元前322年任魏相。西河：3.2注。

【译文】

韩宣惠王对樛留说："我想同时重用公仲朋与公叔伯婴，可以吗？"樛留回答说："不可以。晋国任用赵氏、魏氏、韩氏、中行氏、范氏、智氏等六卿而国家被瓜分，齐简公同时重用田成子、阚止而齐简公被杀掉，魏国同时重用公孙衍与张仪而西河郡一带的外围地区便丧失了。现在大王同时重用他们，他们之中力量强大的就会建立他们的私党，力量弱小的就会借用外国的势力。群臣之中有的在国内建立私党来傲慢地对待君主，有的在国外搞结交诸侯来割取本国的土地，那么大王的国家就危险了。"

22.15　绍绩昧醉寐而亡其裘。宋君曰："醉足以亡裘乎？"对曰："桀以醉亡天下，而《康诰》曰'毋彝酒'者[1]；'彝酒'，常酒也。常酒者，天子失天下，匹夫失其身。"

【注释】

〔1〕《康诰》：《尚书》篇名。毋彝酒：此句见于今本《尚书·酒诰》而不在《尚书·康诰》，是因为古本《尚书·酒诰》包括在《尚书·康诰》中。

【译文】

绍绩昧喝醉后睡着了而丢了他的皮衣。宋国国君说："喝醉了酒就会丢失皮衣吗？"绍绩昧回答说："桀因为酒醉而丢失了统治天下的大权，因而《康诰》说出了'别彝酒'这样的话；所谓'彝酒'，就是指常常喝酒。常常喝酒的人，如果是天子，就会失去统治天下的大权；如果是老百姓，就会丧失自己的生命。"

22.16　管仲、隰朋从于桓公而伐孤竹[1]，春往冬反[2]，迷惑失道。管仲曰："老马之智可用也。"乃放老马而随之，遂得道。行山中无水，隰朋曰："蚁冬居山之阳，夏居山之阴。蚁壤一寸而仞有水。"乃掘地，遂得水。以管仲之圣而隰朋之智，至其所不知，不难师于老马与蚁。今人不知以其愚心而师圣人之智，不亦过乎？

【注释】

〔1〕管仲：见3.2注。隰（xí）朋：春秋时齐国大夫。孤竹：国名，在今河北省卢龙县西。

〔2〕反：通"返"。

【译文】

管仲、隰朋跟随齐桓公去攻打孤竹国，在春天出发前往，到冬天才返回，所以迷失了道路。管仲说："老马的智力可以利用。"于是就放开老马让它自己走，而大家跟着它，便找到了道路。走到山中没有了水，隰朋说："蚂蚁冬天住在山的南面，夏天住在山的北面。蚂蚁洞口的土堆高一寸，在它下面七尺深的地方就有水。"于是就按照蚂蚁洞来挖地，便找到了水。就凭管仲这种人的圣明和隰朋这种人的智慧，对于自己不知道的东西，也都不惜向老马和蚂蚁请教，现在的人不知道用自己的愚蠢之心去学习圣人的智慧，不也是错误的吗？

22.17　有献不死之药于荆王者〔1〕，谒者操之以入。中射之士问曰〔2〕："可食乎？"曰："可。"因夺而食之。王大怒，使人杀中射之士。中射之士使人说王，曰："臣问谒者，曰'可食'，臣故食之，是臣无罪而罪在谒者也。且客献不死之药，臣食之而王杀臣，是死药也，是客欺王也。夫杀无罪之臣而明人之欺王也，不如释臣。”王乃不杀。

【注释】

〔1〕荆王：指楚顷襄王。

〔2〕中射之士：宫中的卫士。

【译文】

有个人进献长生不死的药给楚顷襄王，朝廷中的传达官拿着这仙药进宫。有个宫中卫士问他说：“这药可以吃吗？”传达官说：“可以。”这个宫中卫士便抢过来把它吃了。楚王十分恼火，就派人去杀掉这个宫中卫士。宫中卫士托人游说楚王，说：“我问传达官，他说‘可以吃’，所以我才把它吃了，这件事我没有罪过而罪过在传达官身上。再说那外客进献这长生不死的药，我吃了它而大王就把我杀了，那么这是死药了，这样看来，那就是外客在欺骗大王啊。杀掉了没有罪过的臣子而又表明别人把您大王骗了，那还不如放了我。”楚王于是就不杀他了。

22.18 田驷欺邹君〔1〕，邹君将使人杀之。田驷恐，告惠子〔2〕。惠子见邹君，曰：“今有人见君，则眣其一目，奚如？”君曰：“我必杀之。”惠子曰：“瞽，两目眣，君奚为不杀？”君曰：“不能勿眣。”惠子曰：“田驷东慢齐侯〔3〕，南欺荆王。驷之于欺人，瞽也，君奚怨焉？”邹君乃不杀。

【注释】

〔1〕田驷：战国时赵国人。邹：诸侯国名，在今山东邹县东南。

〔2〕惠子：名施，战国时宋国人，曾任魏惠王的相国。

〔3〕慢：通“谩”，欺骗。

【译文】

田驷欺骗邹国国君，邹国国君将要派人去杀死他。田驷恐惧了，把这事告诉了惠子。惠子拜见邹国国君，说："现在如果有个人来见您，却闭上他的一只眼睛，不屑一顾，您会怎样呢？"邹国国君说："我一定宰了他。"惠子说："瞎子，两只眼睛都闭着不看您，您为什么不杀掉？"邹国国君说："因为他不能不闭着眼睛。"惠子说："田驷在东面欺骗齐国国君，在南边欺骗楚国国王。田驷在骗人方面，就如同瞎子闭着眼睛一样已成了本性，您为什么要怨恨他呢？"邹国国君于是就不杀田驷了。

22.19　鲁穆公使众公子或宦于晋〔1〕，或宦于荆。犁鉏曰："假人于越而救溺子，越人虽善游，子必不生矣。失火而取水于海，海水虽多，火必不灭矣，远水不救近火也。今晋与荆虽强，而齐近，鲁患其不救乎！"

【注释】

〔1〕鲁穆公：名显，公元前409年—公元前377年在位。

【译文】

鲁穆公使自己的儿子们有的到晋国去做官，有的到楚国去做官。犁鉏说："到遥远的越国去借了人来抢救落水的孩子，越国人虽然善于游泳，这孩子也一定活不了了。失了火而到大海中去取水来救，海水虽然很多，这火也必然灭不掉了，远处的水救不了近处的火啊。现在晋国与楚国虽然强大，但齐国和我们靠近，鲁国的祸患靠晋、楚两国恐怕救不了吧！"

22.20　严遂不善周君〔1〕，患之。冯沮曰〔2〕："严遂相〔3〕，而韩傀贵于君〔4〕。不如行贼于韩傀，则君必以为严氏也。"

【注释】

〔1〕严遂：战国时韩哀侯的大臣。周：指战国时的小国西周，它是周考王(公元前440年—公元前426年在位)分封的诸侯国，开国君主是西周桓公(考王弟，名揭)，建都河南(王城位于今河南洛阳市西部)。公元前367年，又从中分裂出小国东周。公元前256年，西周君背离秦国，和其他诸侯国搞合纵攻秦，被秦击败，西周君(西周武公)奔秦，尽献其邑三十六。秦又将西周公(西周文公)迁往惮狐。公元前249年，秦灭东、西周。

〔2〕冯沮：西周国的大臣。

〔3〕严遂相：当作“严遂欲相”，因为任韩哀侯相的是韩傀，并不是严遂。

〔4〕韩傀：韩哀侯的相国，为聂政所刺杀。

【译文】

严遂与周国的君主关系不好，周国的君主很担心他。冯沮对周国的君主说：“严遂想要做宰相，而宰相韩傀却受到韩哀侯的器重。您不如派人行刺韩傀，那么韩哀侯一定会认为这是严遂干的而把他除掉。”

22.21　张谴相韩，病将死。公乘无正怀三十金而问其疾[1]。居一月，自问张谴，曰：“若子死，将谁使代子?”答曰：“无正重法而畏上，虽然，不如公子食我之得民也。”张谴死，因相公乘无正。

【注释】

〔1〕金：古代重量单位，即“镒”，先秦以黄金二十两或二十四两为一镒(yì)，也称一金。

【译文】

张谴任韩国的宰相，病得快要死了。公乘无正带着三十镒黄金去慰问他的疾病。过了一个月，韩国的国君亲自去慰问张谴，说："如果您死了，将让谁来接替您？"张谴回答说："公乘无正重视法治而敬畏皇上，虽然这样，却不如公子食我得民心。"张谴死了以后，韩国的国君便让公乘无正做了宰相。

22.22　乐羊为魏将而攻中山[1]，其子在中山。中山之君烹其子而遗之羹[2]，乐羊坐于幕下而啜之，尽一杯。文侯谓堵师赞曰："乐羊以我故而食其子之肉。"答曰："其子而食之，且谁不食？"乐羊罢中山，文侯赏其功而疑其心。孟孙猎，得麑，使秦西巴载之持归，其母随之而啼。秦西巴弗忍而与之。孟孙归，至而求麑。答曰："余弗忍而与其母。"孟孙大怒，逐之。居三月，复召以为其子傅。其御曰："曩将罪之，今召以为子傅，何也？"孟孙曰："夫不忍麑，又且忍吾子乎？"故曰："巧诈不如拙诚。"乐羊以有功见疑。秦西巴以有罪益信。

【注释】

〔1〕乐(yuè)羊：魏文侯的将军。

〔2〕遗(wèi)：赠送。

【译文】

乐羊当了魏国的大将去攻打中山国，他的儿子却在中山国。中山国的国君把他的儿子煮了并把这肉羹送给乐羊，乐羊坐在军帐中吃这肉羹，吃完了一杯。魏文侯对堵师赞说："乐羊因为我的缘故而吃了他儿子的肉。"堵师赞回答说："他的儿子他都吃，那还有谁他不会吃呢？"乐羊从中山国回来，魏文侯奖赏他的功劳而怀疑他的忠心。鲁国的孟孙打猎，抓到一只小鹿，派秦西巴把它装上车押送回去，小鹿的母亲跟在后面啼叫个不停，秦西巴不忍心而把小鹿放掉还给了母鹿。孟孙回家，一到家便向秦西巴索取小鹿。秦西巴回答说："我不忍心而还给了它的母亲。"孟孙十分生气，就把他撵走了。过了三个月，又召回秦西巴让他做自己儿子的师傅。孟孙的车夫对孟孙说："过去您要惩处他，现在却召回他让他当您儿子的师傅，这是为什么呢?"孟孙说："他这个人不忍心残害小鹿，还会忍心残害我的儿子吗?"所以常言道："巧妙的欺诈不如笨拙的诚实。"乐羊因为有功而被怀疑，秦西巴因为有罪而更受信任。

22.23　曾从子，善相剑者也〔1〕。卫君怨吴王〔2〕。曾从子曰："吴王好剑。臣，相剑者也。臣请为吴王相剑，拔而示之，因为君刺之。"卫君曰："子为之是也，非缘义也，为利也。吴强而富，卫弱而贫。子必往，吾恐子为吴王用之于我也。"乃逐之。

【注释】

〔1〕相(xiàng)：鉴别。

〔2〕卫君：指卫出公。吴王：指夫差。

【译文】

曾从子，是一个善于鉴别宝剑的人。卫出公怨恨吴王夫差。曾从子说："吴王夫差喜欢宝剑，而我是一个鉴别宝剑的人。请让我去给吴王鉴别宝剑，我把剑拔出来给他看的时候，就乘机为您刺杀他。"卫出公说："您说去做这件事倒是可行的，但不是为了义，而是为了利。现在吴国强大而富裕，卫国弱小而贫穷。您如果一定要去，我怕您会被吴王利用来对付我哩。"于是就把他驱逐了。

22.24　纣为象箸〔1〕，箕子怖，以为象箸不盛羹于土簋，则必犀玉之杯；玉杯象箸必不盛菽藿，则必旄、象、豹胎；旄、象、豹胎必不衣短褐而舍茅茨之下，则必锦衣九重，高台广室也。称此以求，则天下不足矣。圣人见微以知萌，见端以知末，故见象箸而怖，知天下不足也。

【注释】

〔1〕以下见21.7注。

【译文】

纣做了象牙筷，箕子便惶恐不安了，认为用了象牙筷，就不会把菜羹盛在陶制的食器中，那就一定要用犀牛角和宝玉做的杯子；用了玉杯和象牙筷就必然不会用它来装豆类叶子所熬煮的粗劣食物，那就一定要装牦牛、大象、豹子等的胚胎；吃了牦牛、大象、豹子等的胚胎就一定不会再穿着粗布衣服而住在茅草盖的屋顶之下，那就一定要穿着用华美的织锦缎做的衣服好几套，住在高高的土台上那宽敞的房子里。照这个样子追求下去，那么天底下的东西也就不够他享用了。圣人看见了微小的事情就能因此而知道它将萌发的其他事情，看见了事情的开头就能因此而知道事情的结果，所以箕子看见了纣的象牙筷就恐惧了，因为他知道天底下的东西会不够纣享用的。

22.25　周公旦已胜殷〔1〕，将攻商盖〔2〕。辛公甲曰〔3〕：“大难攻，小易服。不如服众小以劫大。”乃攻九夷〔4〕，而商盖服矣。

【注释】

〔1〕周公旦：见20.10.2注。

〔2〕商盖：即奄，商王朝的属国，故又称商奄，位于今山东曲阜县。

〔3〕辛公甲：即辛甲，原为商纣王的大夫，因为多次劝说商纣王不被听从而出奔周，被周任为太史。

〔4〕九：虚数，泛指多。

【译文】

周公姬旦已经战胜了商纣王，将要去攻打商盖。辛公甲说："大国难以攻取，小国容易征服。不如先征服各个小国来威慑胁迫大国。"于是就攻打了东方的各个小部族，而商盖也就归服了。

22.26　纣为长夜之饮[1]，惧以失日[2]，问其左右，尽不知也。乃使人问箕子。箕子谓其徒曰："为天下主而一国皆失日，天下其危矣。一国皆不知而我独知之，吾其危矣。"辞以醉而不知。

【注释】

〔1〕长夜：漫长的黑夜，指关上门窗，点起灯烛，以白日为黑夜。

〔2〕惧：繁体字作"懼"，当为"懽"字之误，"懽"同"欢"。

【译文】

纣搞了关上门窗、点上灯烛、以一百二十日为一夜的酒宴，欢乐得忘记了日期，问他身边的人，都说不知道。于是就派人去问箕子。箕子对他的门徒说："做了天下的主子而整个国都的人都不知道日期，国家也就危险了。整个国都的人都不知道而只有我一个人知道日期，我也就危险了。"于是便用自己喝醉了酒因而不知道日期的话作了推辞。

22.27　鲁人身善织屦，妻善织缟，而欲徙于越。或谓之曰："子必穷矣。"鲁人曰："何也？"曰："屦为履之也，而越人跣行；缟为冠之也，而越人被发[1]。以子之所长，游于不用之国，欲使无穷，其可得乎?”

【注释】

〔1〕被：通“披”，分散。被发：散发，指不扎发髻。

【译文】

有个鲁国人自己善于编织草鞋麻鞋，妻子善于编织生绢，因而想搬迁到越国去。有人对他说：“您一定要穷困了。”这个鲁国人说：“为什么呢?”那人说：“做了鞋子是为了穿它，但越国人却光着脚走路；织了生绢是为了戴它，但越国人却披头散发不戴头巾。凭您的特长，到用不着它的国家去活动，要想使您不穷困，那可能么?”

22.28 陈轸贵于魏王〔1〕。惠子曰：“必善事左右。夫杨，横树之即生，倒树之即生，折而树之又生。然使十人树之而一人拔之，则毋生杨〔2〕。至以十人之众树易生之物而不胜一人者，何也？树之难而去之易也。子虽工自树于王，而欲去子者众，子必危矣。”

【注释】

〔1〕魏王：指魏惠王。

〔2〕毋：通“无”。

【译文】

陈轸受到魏惠王的器重。惠施对他说：“您一定要好好侍奉君主的侍从。那杨树，横着栽它它活了，倒过来栽它它活了，折断了来栽它它也能活。但是如果十个人栽它而一个人拔它，那就没有活的杨树了。至于这靠了十个人的多数去栽种这十分容易成活的东西却不能胜过一个人的原因，是什么呢？是因为栽培它困难而除去它容易啊。您虽然善于在君主那里树立自己，但如果想要除掉您的人很多，您就一定要危险了。”

22.29　鲁季孙新弑其君[1]，吴起仕焉[2]。或谓起曰：“夫死者，始死而血，已血而衄[3]，已衄而灰，已灰而土。及其土也，无可为者矣。今季孙乃始血，其毋乃未可知也。”吴起因去之晋[4]。

【注释】

〔1〕君：指鲁悼公，名宁，公元前468年—公元前431年在位。

〔2〕吴起：见3.2注。

〔3〕衄(nǜ)：同“衄”，缩。

〔4〕晋：指魏，因为魏国为三晋之一，所以又称“晋”。

【译文】

鲁国的季孙刚杀掉他的君主，吴起就到他那里去做官。有人对吴起说：“被杀死的人，刚死的时候流血；血已经流完了，皮肉就开始萎缩；皮肉已经完全萎缩了，就开始腐烂成灰；肉体已经完全腐烂成灰，就变成了泥土。到他变成了泥土，就不可能再作怪了。现在季孙才刚刚使鲁国的君主流血，他的结果恐怕还不可以预料吧。”吴起因而离开鲁国到了魏国。

22.30　隰斯弥见田成子[1]，田成子与登台四望，三面皆畅，南望，隰子家之树蔽之，田成子亦不言。隰子归，使人伐之。斧离数创[2]，隰子止之。其相室曰[3]：“何变之数也[4]？”隰子曰：“古者有谚曰：‘知渊中之鱼者不祥。’夫田子将有大事，而我示之知微，我必危矣。不伐树，未有罪也；知人之所不言，其罪大矣。”乃不伐也。

【注释】

〔1〕隰(xí)斯弥：春秋时齐国大夫。田成子：见3.2注。

〔2〕离：割。

〔3〕相室：大夫家中的管家。

〔4〕数(sù)：通“速”。

【译文】

齐国大夫隰斯弥去见田成子，田成子和他一起登上高台向四面眺望，三面都畅通无阻，但向南望去，隰斯弥家的树却把远方遮住了，田成子也不说什么话。隰斯弥回到家中，派人砍伐树木。斧头刚砍出几个伤口，隰斯弥就阻止了砍树的人。他的管家说：“为什么变得这样快呢？”隰斯弥说：“古时候有句谚语说：‘知道深渊中的鱼的人不吉利。’田成子将要干一番改朝换代的大事，而我却向他显示出我已经知道了他的秘密，这样我就一定会危险了。不砍掉树，没有什么罪过；知道了别人不愿说出来的事情，那罪过就大了。”于是就不砍树了。

22.31 杨子过于宋东之逆旅〔1〕。有妾二人，其恶者贵，美者贱。杨子问其故，逆旅之父答曰〔2〕：“美者自美，吾不知其美也；恶者自恶，吾不知其恶也。”杨子谓弟子曰：“行贤而去自贤之心，焉往而不美？”

【注释】

〔1〕杨子：指杨朱，战国时魏国的道家人物。

〔2〕父(fǔ)：老年人，此指主人。

【译文】

杨朱走过宋国东部的一个旅馆。旅馆的主人有两个妾，其中长得丑的被器重，长得美的被看不起。杨朱询问其中的缘故，旅馆的主人回答说："长得美的自以为美而很傲慢，所以我不觉得她美；长得丑的自以为丑而很谦卑，所以我不觉得她丑。"杨朱对自己的学生说："自己的行为贤能而又去掉了自以为贤能的想法，到哪里不受到赞美呢?"

22.32　卫人嫁其子而教之曰："必私积聚。为人妇而出，常也；其成居，幸也。"其子因私积聚，其姑以为多私而出之。其子所以反者[1]，倍其所以嫁。其父不自罪于教子非也，而自知其益富[2]。今人臣之处官者，皆是类也。

【注释】

〔1〕反：通"返"。

〔2〕知：通"智"。

【译文】

有个卫国人嫁自己的女儿时教育她说："你一定要私下积蓄。做人家的妻子而被休了赶出门，是常有的事；那成功地终身住下去，是侥幸的事。"他的女儿因此便私下积蓄，她的婆婆觉得她多积私房钱而把她休了。这卫国人的女儿带回来的钱财，比他用来嫁女儿的嫁妆和花费多了一倍。她的父亲不怪罪自己在教育女儿方面教得不对，反而自以为他这样来增加财富是很明智的。现在身居官职的臣子，都是这一类人。

22.33　鲁丹三说中山之君而不受也，因散五十金事其左右。复见，未语，而君与之食。鲁丹出，而不反舍[1]，遂去中山。其御曰："反见[2]，乃始善我，何故去之?"鲁丹曰："夫以人言善我，必以人言罪我。"未出境，而公子恶之曰："为赵来间中山。"君因索而罪之。

【注释】

〔1〕反：通"返"。

〔2〕反：复。

【译文】

鲁丹三次去游说中山国的国君都没有被接受，因而分发了五十金黄金去奉承中山国国君的侍从。然后再去拜见中山国的国君，还没有开口说话，中山国的国君便赐给他食物了。鲁丹出来后，不回旅馆，马上就离开中山国。他的车夫说："这又一次觐见中山国国君时，才开始待我们好，什么缘故要离开中山国呢?"鲁丹说："因为别人的话而待我好，也一定会因为别人的话而加罪于我。"他们还没有走出中山国国境，而公子就毁谤他说："鲁丹是为赵国来探测中山国的。"中山国的国君便搜捕并惩处了他。

22.34　田伯鼎好士而存其君，白公好士而乱荆[1]。其好士则同，其所以为则异。公孙友自刖而尊百里[2]，竖刁自宫而谄桓公[3]。其自刑则同，其所自刑之为则异。慧子曰[4]："狂者东走，逐者亦东走。其东走则同，其所以东走之为则异。故曰：同事之人，不可不审察也。"

【注释】

〔1〕白公：见21.10.2注。

〔2〕公孙友：当作“公孙支”，秦穆公的大臣。百里：指百里奚，见3.2注。

〔3〕竖刁：见7.3注。谄：“谄”之俗字。

〔4〕慧：通“惠”。惠子，即惠施，战国时宋国人，是名家的代表人物。

【译文】

田伯鼎喜爱士人而保全了他的君主，白公胜喜爱士人而扰乱了楚国。他们喜爱士人倒是相同的，但他们用士人来做的事却不同。公孙支砍掉了自己的脚而使百里奚得到了重用，竖刁割去了自己的生殖器而去谄媚齐桓公。他们给自己用刑倒是相同的，但他们给自己用刑的目的却不同。惠施说：“发疯的人向东跑，追赶的人也向东跑。他们向东跑倒是相同的，但他们向东跑的目的却不同。所以说：对于做同样事情的人，不可不仔细地去加以考察啊。”

第八卷

说林下第二十三

（第二十三篇　传说的林薮下编）

23.1　伯乐教二人相踶马[1]，相与之简子厩观马[2]。一人举踶马。其一人从后而循之，三抚其尻而马不踶。此自以为失相。其一人曰："子非失相也。此其为马也，踒肩而肿膝[3]。夫踶马也者，举后而任前，肿膝不可任也，故后不举。子巧于相踶马，而拙于任肿膝[4]。"夫事有所必归，而以有所肿膝而不任，智者之所独知也。惠子曰："置猿于柙中，则与豚同。"故势不便，非所以逞能也。

【注释】

〔1〕伯乐：是春秋时秦穆公的臣子，善于相马。但此文的伯乐指春秋末赵简子的臣子王良，因为他也善于相马，所以号伯乐。踶（dì）：踢。

〔2〕简子：见10.5注。

〔3〕踒（wō）：腿脚跌伤。

〔4〕任："在"字之误。"在"是观察的意思。

【译文】

伯乐教两个人鉴定踢人的马，和他们一起来到赵简子的马棚来看马。一个人挑选出一匹踢人的马。那另一个人在后面来回跟着它，多次抚摸它的屁股而这匹马却不踢人。这个挑选马的人自以为看错了。那另一个人说："您并不是看错了。这一匹作为马来看，前腿跌伤而膝部肿大。那踢人的马，抬起后腿就得把身体的重量压到前腿上，而这匹马那肿大的膝部不能承担体重，所以后腿不能抬起来。您善于识别踢人的马，但不善于察看它那肿大的膝部。"事情都有一定的归宿，而因为有了肿大的膝部才不能承担体重的道理，只有聪明的人才知道。惠施说："把猿关在木笼子里，就和小猪一样了。"所以形势不利，就没有办法来表现才能了。

23.2　卫将军文子见曾子〔1〕，曾子不起而延于坐席〔2〕，正身于奥。文子谓其御曰："曾子，愚人也哉！以我为君子也，君子安可毋敬也？以我为暴人也，暴人安可侮也？曾子不僇〔3〕，命也。"

【注释】

〔1〕卫将军文子：即公孙弥牟，卫灵公的孙子，曾任卫国将军，死后的谥号为"文子"，所以称"卫将军文子"。曾子：曾参，孔子的学生。

〔2〕延：引导。

〔3〕僇：通"戮"。

【译文】

卫国的将军文子去见曾子，曾子没有站起来而只是叫他到坐席上就座，自己却端正了身体坐在正室西南角的尊位上。过后文子对自己的车夫说："曾子，真是个蠢人啊！他如果把我当作君子，对君子怎么可以不尊敬呢？他如果把我当作是残暴的人，对残暴的人怎么可以侮辱呢？曾子不被杀掉，是靠了他的命运吧。"

23.3　鸟有翢翢者〔1〕，重首而屈尾〔2〕，将欲饮于河，则必颠，乃衔其羽而饮之。人之所有饮不足者，不可不索其羽也。

【注释】

〔1〕翢(zhōu)翢：鸟名。

〔2〕屈(jué)：短。

【译文】

鸟中有一种叫做翢翢的，头部沉重而尾巴短小，如果要到河边喝水，就一定会跌倒，于是它就得靠另一只翢翢衔着它的羽毛来让它喝水。人们之中有想“喝水”而能力又不够的，不能不索取“翢翢的羽毛”来让同伴“衔着”啊。

23.4　鳣似蛇〔1〕，蚕似蠋〔2〕。人见蛇则惊骇，见蠋则毛起。渔者持鳣，妇人拾蚕，利之所在，皆为贲、诸〔3〕。

【注释】

〔1〕鳣(shàn)：同“鳝”。

〔2〕蠋(zhú)：豆叶上的大青虫。

〔3〕贲：孟贲，春秋时卫国的勇士。诸：专诸，春秋时吴国的勇士。

【译文】

黄鳝像蛇，蚕像青虫。人们看见蛇就惊恐害怕，看见青虫就汗毛竖起。但打鱼的人手握黄鳝，养蚕的妇女用手拾蚕，可见在有利可图的地方，人们都成了孟贲、专诸般的勇士。

23.5　伯乐教其所憎者相千里之马，教其所爱者相驽马。千里之马时一，其利缓；驽马日售，其利急。此《周书》所谓“下言而上用”者[1]，惑也。

【注释】

〔1〕《周书》：即《逸周书》，是周朝的史书。

【译文】

伯乐教自己所憎恶的人去鉴定千里马，教自己所喜爱的人去鉴定普通的劣马。千里马每个季度也不过碰上个一次，所以鉴定这种马的利益来得慢；普通的劣马每天都有人买卖，所以鉴定这种马的利益来得快。这就是《周书》所说的“卑下的言论而有上等的用途”吧，但它实在是一种迷惑啊。

23.6　桓赫曰：“刻削之道：鼻莫如大，目莫如小。鼻大可小，小不可大也；目小可大，大不可小也。”举事亦然。为其不可复者也[1]，则事寡败矣。

【注释】

〔1〕复：重复，引申指补救。

【译文】

桓赫说：“雕刻的原则是：鼻子不如先大一些，眼睛不如先小一些。鼻子大可以修小，刻小了就不能再使它大起来；眼睛小可以修大，刻大了就不能再使它小下去。”做事也是这样。谨慎地去做那些不可以补救的事，那么事情就很少有失败的了。

23.7　崇侯、恶来知不适纣之诛也[1]，而不见武王之灭之也。比干、子胥知其君之必亡也[2]，而不知身之死也。故曰:“崇侯、恶来知心而不知事,比干、子胥知事而不知心。”圣人其备矣。

【注释】

〔1〕崇侯、恶来:崇侯虎与恶来,都是商纣王宠幸的臣子,有名的奸臣。

〔2〕比干、子胥:见3.2注。

【译文】

崇侯虎、恶来知道自己不迎合纣王会遭到诛杀,却不能预见到周武王会把纣王消灭掉。比干、伍子胥知道自己的君主一定会灭亡,却不知道自己会被杀死。所以说:“崇侯虎、恶来知道君主的心理而不知道国家的政情,比干、伍子胥知道国家的政情而不知道君主的心理。”至于圣人,那就全备了,既能知道国家的政情,又能知道君主的心理。

23.8 宋太宰贵而主断。季子将见宋君,梁子闻之曰:“语必可与太宰三坐乎?不然,将不免。”季子因说以贵主而轻国〔1〕。

【注释】

〔1〕主:“生”之误字。

【译文】

宋国的太宰地位尊贵而独揽了裁决大权。季子将要去拜见宋国的君主,梁子听到了这件事之后对季子说:“你和君主要说的话,在与太宰及你和君主三人同坐时也一定可以说出来吗?如果不是这样,你将不可避免地要遭殃。”季子因此说了些注重养生而不要看重国家政权的话。

23.9　杨朱之弟杨布衣素衣而出〔1〕。天雨，解素衣，衣缁衣而反〔2〕，其狗不知而吠之。杨布怒，将击之。杨朱曰："子毋击也，子亦犹是。曩者使女狗白而往，黑而来，子岂能毋怪哉？"

【注释】

〔1〕杨朱：战国时魏国的道家人物。

〔2〕反：通"返"。

【译文】

杨朱的弟弟杨布穿着白色的衣服出门。天下雨了，他便脱掉了白衣服，穿着黑色的衣服回来，他的狗不认识他了，就对他乱叫。杨布生气了，将要打它。杨朱说："你别打，你也会像它这样的。刚才假如你的狗出去的时候是白颜色，回来的时候却是黑颜色，你难道能不奇怪吗？"

23.10　惠子曰："羿执鞅持扞〔1〕，操弓关机〔2〕，越人争为持的〔3〕。弱子扞弓〔4〕，慈母入室閉户〔5〕。故曰：可必，则越人不疑羿；不可必，则慈母逃弱子。"

【注释】

〔1〕羿（yì）：夏代东夷族有穷氏部落的首领，射箭能手。鞅：是"决"的误字，"决"指韘，是套在右手拇指上拉弦的皮套。扞：指韝，是套在左臂上防弦的皮套。

〔2〕关：通"弯"，拉满弓。

〔3〕越人：越国人，比喻关系疏远的人。旳：同"的"，箭靶子。

〔4〕扞："扜"（yū）字之误，"扜弓"即"拉弓"。

〔5〕閉：同"闭"。

【译文】

惠施说："羿右手拿着钩拉弓弦用的决，左臂戴着护臂用的皮质袖套，拿着弓拉弦搭箭扣住扳机时，就是关系疏远的越国人也都会争着来为他拿箭靶。小孩拉弓射箭时，就是慈爱的母亲也都会躲进屋里把门关上。所以说：可以肯定射中箭靶，那么就是关系疏远的越国人也不会怀疑羿会射到自己；如果不能肯定射中箭靶，那么慈爱的母亲也会逃避她拉弓的孩子。"

23.11　桓公问管仲："富有涯乎？"答曰："水之以涯[1]，其无水者也；富之以涯，其富已足者也。人不能自止于足而亡，其富之涯乎！"

【注释】

〔1〕以：犹"有"。

【译文】

齐桓公问管仲："富裕有边际吗？"管仲回答说："水有边际，是因为存在着那没有水的地方；富裕有边际，是因为那财富已经使人感到满足了。人不能把自己控制在知足的境地而直到死亡，那死亡就是富裕的边际了吧！"

23.12　宋之富贾有监止子者，与人争买百金之璞玉，因佯失而毁之，负其百金，而理其毁瑕，得千溢焉[1]。事有举之而有败，而贤其毋举之者[2]，负之时也[3]。

【注释】

〔1〕溢：通"镒"（yì），古代重量单位，也称为"金"，先秦以黄金二十两或二十四两为一镒，也称一金。

〔2〕贤：胜过。
〔3〕时：通“是”，这。

【译文】

宋国富商中有一个叫监止子的，和别人抢着买一块售价百金的玉石，因而假装失手把它摔坏了，就赔给卖主百金，而他修整好那跌坏的斑点，便在这块玉石上赚到了千金。事情有时候要做它却往往先败坏它，但这种败坏却比不做它要好，这赔玉石的事就是这样。

23.13　有欲以御见荆王者，众驺妒之。因曰：“臣能撽鹿〔1〕。”见王。王为御，不及鹿；自御，及之。王善其御也，乃言众驺妒之。

【注释】

〔1〕撽(qiào)：从旁边打击。

【译文】

有一个想凭自己的驾车技术来求见楚王的人，众多的马夫都嫉妒他。他便说：“我能追击鹿。”这才见到了楚王。楚王驾车，追不上鹿；他自己驾车，就追上了鹿。楚王赞赏他的驾车技术后，他才说那众多的马夫都嫉妒他。

23.14　荆令公子将伐陈〔1〕。丈人送之，曰：“晋强，不可不慎也。”公子曰：“丈人奚忧？吾为丈人破晋。”丈人曰：“可。吾方庐陈南门之外。”公子曰：“是何也？”曰：“我笑勾践也。为人之如是其易也，己独何为密密十年难乎〔2〕？”

【注释】

〔1〕将(jiàng):率领。

〔2〕密密:同"黾勉"。

【译文】

楚国命令公子率领军队去攻打陈国。有个老人送他,说:"晋国强大,一定会援救陈国,不可以不当心啊。"公子说:"您老人家何必担忧呢?我给您攻破晋国,让您看看我的厉害。"老人说:"行。我正在陈国都城的南门外造一座小房子。"公子说:"这是什么意思呢?"老人说:"我这是讥笑勾践啊。为人处事既然像你所说的这样容易,他自己为什么偏偏要勤奋努力地经历了十年的艰难呢?"

23.15 尧以天下让许由[1],许由逃之,舍于家人[2],家人藏其皮冠。夫弃天下而家人藏其皮冠,是不知许由者也。

【注释】

〔1〕许由:古代隐士。

〔2〕家人:百姓。

【译文】

尧把天下让给许由,许由逃避他,住在一个老百姓家中,这百姓连忙把自己的皮帽藏起来。许由连君位都抛弃了,而这百姓却把自己的皮帽藏起来怕他偷走,这是因为不了解许由这个人啊。

23.16 三虱相与讼。一虱过之,曰:"讼者奚说?"三虱曰:"争肥饶之地。"一虱曰:"若亦不患腊之至而茅之燥耳[1],若又奚患于是?"乃相与聚嘬其母而食之。彘臞，人乃弗杀。

【注释】

〔1〕腊：十二月举行的一种祭祀。

【译文】

三只虱子互相争辩。有一只虱子从它们旁边经过，说："你们这些争辩者在吵些什么？"三只虱子说："我们在争夺猪身上肥腴的地方。"这只虱子说："你们也不担心担心腊祭来到后用茅草烤猪时把你们都烧死，你们又为什么要在这争夺肥腴的方面多操心呢？"于是这些虱子便互相聚在一起吮吸那头猪的血而吞食它。猪消瘦了，人们就不去杀它了。

23.17　虫有虺者〔1〕，一身两口，争食相龁也。遂相杀，因自杀。人臣之争事而亡其国者，皆虺类也。

【注释】

〔1〕虫：古代对动物的泛称。虺（huǐ）：古代传说中一种生有多个头的毒蛇。

【译文】

动物当中有一种叫虺的，一个身体两张嘴，因为争夺食物而相咬。于是两张嘴就互相残杀，便把自己杀死了。臣子互相争权夺利而使自己的国家灭亡的，都是虺一类的东西啊。

23.18　宫有垩〔1〕，器有涤，则洁矣。行身亦然，无涤垩之地则寡非矣。

【注释】

〔1〕垩(è):白色的土,这里用作动词。

【译文】

宫室加以涂白,器具加以洗涤,就清洁了。为人也是这样,到了不需要洗涤和粉刷的境地,那就很少有过错了。

23.19 公子纠将为乱〔1〕,桓公使使者视之。使者报曰:“笑不乐,视不见,必为乱。”乃使鲁人杀之。

【注释】

〔1〕公子纠:春秋时齐桓公之兄。公子纠将为乱:指公子纠在鲁国活动以便与桓公争位。参见3.2注。

【译文】

公子纠将要作乱的时候,齐桓公派使者去观察他。使者汇报说:“公子纠脸上在笑,却并不快乐;眼睛在看,却没见到什么;他表里不一,心不在焉,一定要作乱了。”于是齐桓公就叫鲁国人把他杀了。

23.20 公孙弘断发而为越王骑〔1〕,公孙喜使人绝之〔2〕,曰:“吾不与子为昆弟矣。”公孙弘曰:“我断发,子断颈而为人用兵,我将谓子何?”周南之战〔3〕,公孙喜死焉。

【注释】

〔1〕公孙弘:战国时魏国人。

〔2〕公孙喜:战国时魏国的将军。

〔3〕周南:位于今河南洛阳市南。

【译文】

公孙弘剪断了头发去做越王的骑士，公孙喜派人去声明和他断绝关系，说："我不和你做兄弟了。"公孙弘说："我只是剪断了自己的头发，而你不顾割断脖子的危险去替别人带兵打仗，我将对你说什么呢？"在周南的战役中，公孙喜死在那里。

23.21　有与悍者邻，欲卖宅而避之。人曰："是其贯将满也，子姑待之。"答曰："吾恐其以我满贯也。"遂去之。故曰："物之几者〔1〕，非所靡也〔2〕。"

【注释】

〔1〕几：危险。

〔2〕靡：缓。

【译文】

有一个人和凶暴的人做邻居，想卖掉自己的住宅来避开他。有人说："这个凶暴的人就要恶贯满盈了，你姑且等他一下吧。"这个想卖掉房子的人回答说："我怕他拿我来铸成他的恶贯满盈啊。"于是就离开了那个凶暴的人。所以说："对于危险的事情，是不可以拖拉的。"

23.22　孔子谓弟子曰："孰能导子西之钓名也〔1〕？"子贡曰〔2〕："赐也能。"乃导之，不复疑也。孔子曰："宽哉，不被于利！絜哉〔3〕，民性有恒！曲为曲，直为直。"孔子曰："子西不免。"白公之难〔4〕，子西死焉。故曰："直于行者曲于欲〔5〕。"

【注释】

〔1〕子西：即公子申，楚平王之长庶子，昭王之庶兄，他在昭王、惠王时任令尹。

〔2〕子贡：春秋时卫国人，姓端木，名赐，字子贡，孔丘的门徒，善于辩论。

〔3〕絜：通“洁”。

〔4〕白公：见21.10.2注。

〔5〕行：见20.1.8注。

【译文】

孔子对学生们说：“谁能劝阻子西的沽名钓誉呢?”子贡说：“我端木赐能够。”于是子贡去开导子西，子西不再迷惑于沽名钓誉了。孔子说：“不被名利所蒙蔽，这胸怀是多么宽广啊！人的性情中有了持久不变的道德观念和行为准则，这品德是多么纯洁啊！但是邪僻不正的总是邪僻不正，正直无私的总是正直无私。”孔子又说：“子西免不了要遭殃。”白公胜发难作乱的时候，子西果然死在白公胜手里。所以说：“在口头上正直无私的人在欲望方面还是邪僻不正的。”

23.23　晋中行文子出亡〔1〕，过于县邑。从者曰：“此啬夫〔2〕，公之故人。公奚不休舍，且待后车?”文子曰：“吾尝好音，此人遗我鸣琴；吾好佩，此人遗我玉环：是振我过者也。以求容于我者〔3〕，吾恐其以我求容于人也。”乃去之。果收文子后车二乘而献之其君矣。

【注释】

〔1〕中行(háng)文子：见10.5注。

〔2〕啬夫：县中主管礼品与收税的官。

〔3〕容：容纳，引申指喜欢。

【译文】

晋国中行文子出境逃亡，经过县城。他的随从对他说："这县的差役，是您的老相识。您为什么不在他这里留宿，再等一下后面随行的车子?"中行文子说："当初我曾经爱好音乐，这个人就赠送我鸣琴；我喜欢衣带上佩带的玉饰，这个人就送给我玉环：这是个助长我过失的人。用助长我过失的手段来求得我好感的人，我怕他拿我去求得人家的好感。"于是就离开了这个县城。这差役果然截取了中行文子后面随行的车子二辆，把它们献给了自己的君主。

23.24 周趮谓宫他曰："为我谓齐王曰：'以齐资我于魏，请以魏事王。'"宫他曰："不可，是示之无魏也。齐王必不资于无魏者而以怨有魏者。公不如曰：'以王之所欲，臣请以魏听王。'齐王必以公为有魏也，必因公。是公有齐也，因以有齐、魏矣[1]。"

【注释】

〔1〕因以有齐魏矣：当作"因以齐有魏矣"。

【译文】

周趮对宫他说："你给我对齐王说：'如果用齐国的力量来帮助我在魏国取得权势，那就请让我拿魏国来侍奉大王。'"宫他说："不可以这么说，这种说法会向齐王表明您还没有控制魏国。齐王一定不会帮助在魏国没有权势的人而去得罪那控制了魏国政权的人。您不如说：'依照大王的要求，我请求让魏国听从大王。'这样，齐王一定会以为您掌握了魏国的大权，那就一定会依从您。这样，您就操纵了齐国，又可以靠齐国来控制魏国了。"

23.25 白圭谓宋令尹曰[1]："君长自知政，公无事矣。今君少主也而务名，不如令荆贺君之孝也，则君不夺公位，而大敬重公，则公常用宋矣。”

【注释】

〔1〕白圭：见21.5.2注。令尹：当作“大尹”，是宋国的官名，相当于别国的相国。

【译文】

白圭对宋国的大尹说：“国君长大后将自己掌管政事，您就没有事了。现在国君还是个年幼的君主而追求名声，您不如叫楚国来祝贺国君的孝顺，那么国君就不会夺去您的地位，而且会大大地敬重您，那么您就可以永远在宋国执政了。”

23.26　管仲、鲍叔相谓曰〔1〕：“君乱甚矣〔2〕，必失国。齐国之诸公子其可辅者，非公子纠，则小白也。与子人事一人焉，先达者相收。”管仲乃从公子纠，鲍叔从小白。国人果弑君。小白先入为君，鲁人拘管仲而效之，鲍叔言而相之。故谚曰：“巫咸虽善祝〔3〕，不能自祓也；秦医虽善除〔4〕，不能自弹也〔5〕。”以管仲之圣而待鲍叔之助，此鄙谚所谓“虏自卖裘而不售，士自誉辩而不信”者也。

【注释】

〔1〕管仲：见3.2注。鲍叔：见10.8注。

〔2〕君：指齐襄公。

〔3〕巫咸：商朝的神巫。

〔4〕秦医：指扁鹊，见21.5.3注。

〔5〕弹：用玉石磨制成的石针(砭)来治病。

【译文】

管仲、鲍叔牙互相商议说："国君昏乱极了，必然会丧失政权。齐国的各位公子，其中值得辅佐的，不是公子纠，就是公子小白。对他们两个我和您每人侍奉一个，先得志的就招揽对方。"于是管仲就跟从公子纠，鲍叔牙就跟从公子小白。齐国人果然杀掉了齐襄公。公子小白先进入齐国当了君主，鲁国人便囚禁了管仲而把他献给了齐桓公，鲍叔牙建议后桓公任管仲为相国。所以俗话说："巫咸虽然善于祈祷祝愿，但是不能用祈祷祝愿来为自己驱除灾祸；秦医师虽然善于除去病灶，但是不能用石针来为自己治病。"凭着管仲这样的贤明却还要依靠鲍叔牙的帮助，这就是俗话所说的"做皮衣的奴隶自己去卖皮衣而卖不掉、读书人自己称赞自己的口才而不会被相信"之类的事情吧。

23.27　荆王伐吴，吴使沮卫、蹷融犒于荆师，而将军曰："缚之，杀以衅鼓。"问之曰："女来，卜乎？"答曰："卜。""卜吉乎？"曰："吉。"荆人曰："今荆将欲女衅鼓，其何也？"答曰："是故其所以吉也[1]。吴使臣来也，固视将军怒。将军怒，将深沟高垒；将军不怒，将懈怠。今也将军杀臣，则吴必警守矣。且国之卜，非为一臣卜。夫杀一臣而存一国，其不言吉，何也？且死者无知，则以臣衅鼓无益也；死者有知也，臣将当战之时，臣使鼓不鸣。"荆人因不杀也。

【注释】

〔1〕故：通"固"。

【译文】

楚王攻打吴国，吴王派沮卫、蹷融到楚军中去用酒食来慰劳他们，而楚国的将军却说："把他们绑起来，杀了以后用他们的血涂在鼓上来祭鼓。”楚国人问沮卫、蹷融说：“你们来的时候，占卜了吗？”他们回答说：“占卜了。”楚国人又问：“占卜的结果吉利吗？”他们回答说：“吉利的。”楚国人说：“现在楚军将要用你们的血祭鼓，那又是为什么呢？”他们回答说：“这正是那占卜吉利的原因啊。吴王派我们来，本来就是要看看将军是否发怒。如果将军发怒，便要挖深护城河，筑高壁垒；如果将军不发怒，便将松懈大意了。现在将军杀掉了我们，那么吴国一定会戒备了。再说，国家的占卜，并不是给一个臣子占卜。杀了一个臣子而保全了一个国家，那不叫吉利，又叫什么呢？况且死人如果没有知觉，那么拿我们的血来祭鼓也没有什么好处；死人如果有知觉的话，那么我们将在作战的时候，使涂了我们血的战鼓不响。”楚国人就不杀他们了。

23.28　知伯将伐仇由而道难不通〔1〕，乃铸大钟遗仇由之君〔2〕。仇由之君大说〔3〕，除道将内之〔4〕。赤章曼枝曰：“不可！此小之所以事大也，而今也大以来，卒必随之，不可内也。”仇由之君不听，遂内之。赤章曼枝因断毂而驱，至于齐，七月而仇由亡矣。

【注释】

〔1〕知伯、仇由：见21.4.2注。

〔2〕遗(wèi)：赠送。

〔3〕说(yuè)：通“悦”。

〔4〕内：通“纳”。

【译文】

智伯将要攻打仇由国，但道路艰险不好通行，于是就铸造了一只大钟赠送给仇由国的君主。仇由国的君主非常高兴，便修通道路准备接受它。大臣赤章曼枝说：“不行！这赠送大钟的事是小国用来侍奉大国的办法，而现在大国拿了大钟前来送给我们，它的军队一定会随着大钟而来，所以这大钟是不可以接受的啊。”仇由国的君主不听他的话，就接受了大钟。赤章曼枝便把车毂截短了赶路，来到了齐国，七个月后仇由国便灭亡了。

23.29　越已胜吴，又索卒于荆而攻晋。左史倚相谓荆王曰[1]：“夫越破吴，豪士死，锐卒尽，大甲伤。今又索卒以攻晋，示我不病也。不如起师与分吴。”荆王曰：“善。”因起师而从越。越王怒，将击之。大夫种曰[2]：“不可。吾豪士尽，大甲伤。我与战，必不克，不如赂之。”乃割露山之阴五百里以赂之[3]。

【注释】

〔1〕荆王：指楚惠王。

〔2〕大夫种：春秋末年越国大夫，姓文，名种，字少禽，曾辅助勾践灭吴。

〔3〕露山：山名，在江淮之间。

【译文】

越国已经战胜了吴国，又向楚国借兵去攻打晋国。左史倚相对楚王说：“越国打败了吴国后，豪杰之士都死了，精锐的部队都用光了，遮蔽全身的铠甲也破损了。现在又来借兵去攻打晋国，这只是在向我们表示他们还没有困顿。我们不如乘机起兵和他们瓜分吴国。”楚王说：“好。”便发兵追击越军。越王发怒了，准备攻击它。大夫文种说：“不行！我们的豪杰之士都死光了，武器装备都破损了。我们如果和他们交战，一定不会取胜，不如贿赂他们为好。”于是就分划了露山北面五百里的土地去送给楚国。

23.30　荆伐陈，吴救之，军间三十里。雨十日，夜星[1]。左史倚相谓子期曰[2]：“雨十日，甲辑而兵聚[3]。吴人必至，不如备之。”乃为陈[4]。陈未成也而吴人至，见荆陈而反[5]。左史曰：“吴反覆六十里，其君子必休[6]，小人必食[7]。我行三十里击之，必可败也。”乃从之[8]，遂破吴军。

【注释】

〔1〕星：通“晴”。

〔2〕子期：楚国司马，参见3.2注。

〔3〕辑：聚集。

〔4〕陈：通“阵”。

〔5〕反：通“返”。

〔6〕君子：地位高的人，指军官。

〔7〕小人：地位低的人，指士兵。

〔8〕从：追逐。

【译文】

楚国攻打陈国，吴国去援救陈国，吴、楚两军相隔三十里。雨连下了十天后，这天夜晚天晴了。左史倚相对子期说：“雨连下了十天，盔甲都收集在一起没有让战士穿好，兵器都堆放在一起没有让战士拿好。吴国人一定会来袭击，不如防备他们。”于是就摆开阵势。阵势还没有排成而吴国人就来了，他们看见了楚国的阵势就回去了。左史倚相说：“吴军来回六十里，他们的将官一定在休息，士兵一定在吃饭。我们行军三十里去袭击他们，一定能打败他们。”于是追击吴军，便把吴军打败了。

23.31　韩、赵相与为难。韩子索兵于魏，曰：“愿借师以伐赵。”魏文侯曰[1]：“寡人与赵兄弟，不可以从。”赵又索兵攻韩，文侯曰：“寡人与韩兄弟，不敢从。”二国不得兵，怒而反[2]。已乃知文侯以构于己[3]，乃皆朝魏。

【注释】

〔1〕魏文侯：见22.11注。

〔2〕反：通“返”。

〔3〕构：通“讲”，和。

【译文】

韩国、赵国互相作对。韩国的国君向魏国的国君借兵，说：“希望能借用您的军队去攻打赵国。”魏文侯说：“我和赵国的国君是兄弟，不能从命。”赵国的国君也来向魏国的国君借兵去攻打韩国，魏文侯说：“我和韩国的国君是兄弟，不敢从命。”韩、赵两国都没有借到兵，愤怒地回去了。后来他们才知道魏文侯是用这种方法来使他们两国和解的，于是就都去朝拜魏国的国君。

23.32　齐伐鲁，索谗鼎[1]，鲁以其雁往[2]。齐人曰：“雁也。”鲁人曰：“真也。”齐曰：“使乐正子春来[3]，吾将听子。”鲁君请乐正子春，乐正子春曰：“胡不以其真往也？”君曰：“我爱之。”答曰：“臣亦爱臣之信。”

【注释】

〔1〕谗：通“鬵”，上部大下部小的鼎。

〔2〕雁：通“赝”。

〔3〕乐正子春：曾参的弟子，以孝闻名。

【译文】

齐国攻打鲁国，向鲁国索取鬵鼎，鲁国拿那只假的送了去。齐国人说：“这是假的。”鲁国人说：“是真的。”齐国人说：“你们派乐正子春来证明一下，我们就听信你。”鲁国的国君请乐正子春去，乐正子春说：“为什么不拿那只真的送去呢?”鲁国的国君说：“我爱惜它，舍不得送掉。”乐正子春回答说：“我也爱惜我的信誉。”

23.33　韩咎立为君未定也〔1〕。弟在周〔2〕，周欲重之，而恐韩咎不立也。綦毋恢曰〔3〕：“不若以车百乘送之。得立，因曰为戒；不立，则曰来效贼也。”

【注释】

〔1〕韩咎：韩国公子，后被立为国君，即韩釐王。

〔2〕周：指小国西周，见22.20注。

〔3〕綦毋恢：西周国的大臣。

【译文】

韩咎被立为国君的事还没有定下来。韩咎的弟弟在周国，周国想器重他来讨好韩国，但又怕韩咎不能立为国君而得罪了反对韩咎的韩国当权派。大臣綦毋恢对周国的国君说：“不如用兵车一百辆送韩咎的弟弟回国。如果韩咎能立为国君，就说是给他弟弟做警卫的，以便讨好他；如果韩咎不能立为国君，就说是来向韩国献贼的，以便讨好反对韩咎的当权派。”

23.34　靖郭君将城薛〔1〕，客多以谏者。靖郭君谓谒者曰：“毋为客通。”齐人有请见者曰：“臣请三言而已。过三言，臣请烹。”靖郭君因见之。客趋进，曰：“海大鱼。”因反走。靖郭君曰：“请闻其说。”客曰：“臣不敢以死为戏。”靖郭君曰：“愿为寡人言之。”答曰：“君闻大鱼乎？网不能止，缴不能绊也〔2〕，荡而失水，蝼蚁得意焉。今夫齐，亦君之海也。君长有齐，奚以薛为？君失齐，虽隆薛城至于天，犹无益也。”靖郭君曰：“善。”乃辍，不城薛。

【注释】

〔1〕靖郭君：战国时田婴的谥号，他是齐威王的少子，齐宣王的庶弟，孟尝君的父亲。初为将，曾经与田忌、孙膑等在公元前341年的马陵之役中大败魏军，公元前334年升相国，共相齐11年。公元前321年封于薛（今山东滕州市南），称薛公，死后谥靖郭君。

〔2〕缴（zhuó）：生丝线。结（guà）：绊住。

【译文】

靖郭君将在薛这个地方筑城，门客中有很多人都为此事来劝说他。靖郭君对传达官说：“不要再给门客通报了。”齐国人当中有个求见的说：“我只要求说三个字就停嘴。如果超过三个字，请把我煮了。”靖郭君就接见了他。这门客恭敬地小步快走进去，说：“海大鱼。”接着便恭敬地小步快速后退。靖郭君说：“请让我再听听它的解说。”门客说：“我不敢把死当作儿戏。”靖郭君说：“希望你给我把它解说一下。”门客回答说：“您听说过有关大鱼的故事吗？渔网不能罩住它，连结在箭上的生丝线不能牵住它，但它放荡乱游而离开了水，蝼蛄和蚂蚁等小动物都可以在它身上为所欲为了。现在那齐国，也就是您的海啊。您如果长久地掌握了齐国的政权，还要用薛来干什么呢？您如果丧失了齐国的政权，即使把薛的城墙筑得高到天上，还是没有什么好处的啊。”靖郭君说：“好。”于是就中止了计划，不再在薛地筑城了。

23.35　荆王弟在秦〔1〕，秦不出也。中射之士曰〔2〕：“资臣百金，臣能出之。”因载百金之晋，见叔向〔3〕，曰：“荆王弟在秦，秦不出也。请以百金委叔向。”叔向受金，而以见之晋平公[4]，曰：“可以城壶丘矣[5]。”平公曰：“何也?”对曰：“荆王弟在秦，秦不出也，是秦恶荆也，必不敢禁我城壶丘。若禁之，我曰：‘为我出荆王之弟，吾不城也。’彼如出之，可以德荆；彼不出，是卒恶也，必不敢禁我城壶丘矣。”公曰：“善。”乃城壶丘，谓秦公曰：“为我出荆王之弟，吾不城也。”秦因出之。荆王大说[6]，以炼金百镒遗晋[7]。

【注释】

〔1〕荆王弟：指楚国的公子午。

〔2〕中射之士：宫中的武职卫士。

〔3〕叔向：春秋时晋国大夫，羊舌氏，名肸(xī)，晋悼公时为太子彪傅。后被晋平公彪任为太傅。

〔4〕晋平公：见10.4注。

〔5〕壶丘：晋国地名，位于今山西垣曲县东南。

〔6〕说：通“悦”。

〔7〕镒(yì)：古代重量单位，也称为“金”，先秦以黄金二十两或二十四两为一镒，也称一金。遗(wèi)：赠送。

【译文】

楚王的弟弟在秦国，秦国不放他回国。有个宫中的卫士说：“资助我百金，我能使他回国。”于是就装载了百金到晋国，拜见了叔向，对叔向说：“楚王的弟弟在秦国，秦国不让他出来。请允许我拿这百金来委托您叔向办这件事。”叔向接受了这些黄金，因此引他去见晋平公，说：“可以在壶丘筑城了。”晋平公说：“为什么呢?”叔向回答说：“楚王的弟弟在秦国，秦国不让他出来，这是秦国憎恶楚国，为了避免多树敌，那就一定不敢禁止我们在壶丘作城。如果他们禁止我们筑城，我们就说：‘给我把楚王的弟弟放出来，我们就不筑城了。’他们如果把楚王的弟弟放出来，就可以使楚国对我们感恩戴德；他们如果不把楚王的弟弟放出来，这就表明他们始终憎恶楚国，也就一定不敢禁止我们在壶丘筑城了。”晋平公说：“好。”于是就在壶丘筑城，并对秦景公说：“给我把楚王的弟弟放出来，我们就不筑城了。”秦国便把楚王的弟弟放了出来。楚王非常高兴，拿纯净的赤金一百镒赠送给了晋国。

23.36　阖庐攻郢〔1〕，战三胜，问子胥曰〔2〕：“可以退乎？”子胥对曰：“溺人者，一饮而止，则无溺者，以其不休也。不如乘之以沉之。”

【注释】

〔1〕阖(hé)庐：一作阖闾，春秋末年吴国的君主，名光，公元前514年—公元前496年在位。郢：楚国都城，在今湖北省江陵市北。

〔2〕子胥：见3.2注。

【译文】

阖庐攻打楚国的郢都，打了三次胜仗，便问伍子胥说：“可以撤退了吗？”伍子胥回答说：“要淹死人，如果只使他喝一口水就罢手了，那就没有被淹死的人了，因为他还没有停止呼吸啊。不如追击楚军来把他们沉到水底去。”

23.37　郑人有一子，将宦，谓其家曰：“必筑坏墙。是不善〔1〕，人将窃。”其巷人亦云。不时筑，而人果窃之。以其子为智，以巷人告者为盗。

【注释】

〔1〕善：通“缮”。

【译文】

郑国某人有个儿子，将要去做官的时候，对他家里的人说："一定要把这坏了的墙砌好。这墙不修好，别人将要来偷窃。"他同巷的邻居也这么说。但他家没有及时修筑，而别人果然来偷了他们家的东西。这个郑国人就认为他儿子是聪明的，而把告诉他要修墙的邻居看作是贼。

观行第二十四

（第二十四篇　观察行为）

24.1　古之人目短于自见，故以镜观面；智短于自知，故以道正己。故镜无见疵之罪[1]，道无明过之怨。目失镜，则无以正须眉；身失道，则无以知迷惑。西门豹之性急[2]，故佩韦以缓己；董安于之心缓[3]，故佩弦以自急。故以有余补不足、以长续短之谓明主。

【注释】

〔1〕见（xiàn）：同“现”。

〔2〕西门豹：见3.2注。

〔3〕董安于：见3.2注。

【译文】

古代的人因为自己的眼睛不能看见自己的容貌，所以用镜子来照自己的面孔；因为自己的智力不擅长发觉自己的过失，所以用法术来端正自己。所以镜子不应该有显露面部缺陷的罪过，法术不应该有彰明过失而遭到的怨恨。有了眼睛而没有镜子，那么就没有办法修整自己的胡须和眉毛；立身处世如果失去了法术，那么就没有办法发觉自己的迷惑。西门豹的性情急躁，所以佩带柔韧的熟牛皮带来提醒自己尽量从容和缓一些；董安于的性情迟慢，所以佩带绷紧的弓弦来鞭策自己尽量敏捷急迫一些。所以能够用那些有余的东西来补充自己不足的地方、用其他事物的长处来补充自己短处的，就可以称作是英明的君主。

24.2 天下有信数三：一曰智有所不能立，二曰力有所不能举，三曰强有所不能胜。故虽有尧之智，而无众人之助，大功不立；有乌获之劲[1]，而不得人助，不能自举；有贲、育之强[2]，而无法术，不得长生[3]。故势有不可得，事有不可成。故乌获轻千钧而重其身，非其身重于千钧也，势不便也。离朱易百步而难眉睫[4]，非百步近而眉睫远也，道不可也。故明主不穷乌获以其不能自举，不困离朱以其不能自见。因可势，求易道，故用力寡而功名立。时有满虚[5]，事有利害，物有生死，人主为三者发喜怒之色，则金石之士离心焉，圣贤之测浅深矣。故明主观人，不使人观己。明于尧不能独成，乌获不能自举，贲、育之不能自胜，以法术，则观行之道毕矣。

【注释】

〔1〕乌获：古代的大力士。

〔2〕贲、育：指孟贲、夏育，两人都是战国时有名的勇士。

〔3〕生：当为“胜”字之误。

〔4〕离朱：传说是黄帝时代的人，视力特别好，能看清百步以外极细小的东西。

〔5〕时有满虚：指月亮的盈亏。月圆为满，月亏为虚。

【译文】

天下有三条确实无疑的道理：一是尽管聪明，总有办不成的事；二是尽管力气大，总有举不起的东西；三是尽管强壮，总有胜不过的对手。所以，即使有了尧那样高的智慧，如果没有众人的帮助，伟大的功业还是不能建成；即使有了乌获那样大的力气，如果得不到别人的帮助，还是不能把自己举起来；即使有了孟贲、夏育那样的强壮，如果没有法术，还是不可能永远取胜。所以形势总有不得心应手的地方，事情总有办不成的。所以乌获会觉得千钧的东西很轻而自己的身体很重，并不是自己的身体真比千钧还重，而是因为客观形势不利于举起自己的身体啊。离朱看百步以外的毫毛针尖觉得很容易而看自己的眉毛和眼睫毛却觉得很困难，并不是百步以外的毫毛离得近而眉毛、眼睫毛离得远，而是因为客观法则决定了眼睛不可能看见自己的眉毛和眼睫毛。所以英明的君主不因为乌获不能把自己举起来就使他难堪，不因为离朱不能看见自己的面孔而使他困窘。依靠可以成功的形势，寻求容易成功的法则，所以用力很少而功业名望可以建立。天时有盈有虚，事情有利有害，万物有生有死，君主如果因为这三种变化而表现出高兴或发怒的脸色，那么坚如金石的忠贞之士也会和他离心离德了，因为圣明贤能的人已经从君主的喜怒中推测出君主的好坏了。所以英明的君主观察别人，而不让别人观察到自己。明白了尧不能独立地建成功业，乌获不能把自己举起来，孟贲、夏育不能胜过自己，运用法术来考察别人，那么观察臣下行为的方法就完备了。

安危第二十五

（第二十五篇　安定与危亡）

25.1.0　安术有七，危道有六。

【译文】

使国家安定的方法有七种，导致国家危亡的途径有六种。

25.1.1　安术：一曰赏罚随是非，二曰祸福随善恶，三曰死生随法度，四曰有贤不肖而无爱恶，五曰有愚智而无非誉，六曰有尺寸而无意度[1]，七曰有信而无诈。

【注释】

〔1〕度(duó)：揣测。

【译文】

使国家安定的方法：一是臣民该得赏还是该受罚都按他们行为的正确和错误来决定，二是臣民该遭殃还是该得福都由他们行为的好坏来确定，三是臣民该处死还是该生存都依法律来论定，四是评判臣民时只存在德才方面好不好的问题而不存在感情上爱不爱的问题，五是任用臣民只看他是愚蠢还是聪明而不管他是受到了非议还是受到了赞美，六是衡量人事有客观的标准而不存在主观的推测，七是治政执法有信用而不欺诈。

25.1.2　危道：一曰斫削于绳之内，二曰斫割于法之外，三曰利人之所害，四曰乐人之所祸，五曰危人于所安，六曰所爱不亲、所恶不疏。如此，则人失其所以乐生，而忘其所以重死〔1〕。人不乐生，则人主不尊；不重死，则令不行也。

【注释】

〔1〕忘：通“亡”，失。

【译文】

使国家危亡的途径：一是像砍削木材砍到了墨线之内那样对遵纪守法的臣民都乱加诛杀，二是对法律规定之外的行为都乱加制裁，三是从别人的损害中谋取利益，四是把别人的灾祸当作快乐，五是别人在平安的时候去危害他，六是不亲近自己喜爱的人、不疏远自己憎恶的人。像这样的话，那么人们就失去了他们乐于生存的前提，也失去了他们看重死亡的条件。人们不乐意活着，那么君主就不会受到尊重；人们不爱惜生命，那么法令就不能实行了。

25.2　使天下皆极智能于仪表〔1〕，尽力于权衡〔2〕，以动则胜，以静则安。治世，使人乐生于为是、爱身于为非，小人少而君子多。故社稷长立，国家久安。奔车之上无仲尼〔3〕，覆舟之下无伯夷〔4〕。故号令者，国之舟车也。安则智廉生，危则争鄙起。故安国之法，若饥而食、寒而衣，不令而自然也。先王寄理于竹帛，其道顺，故后世服。令使人去饥寒，虽贲、育不能行[5]；废自然，虽顺道而不立。强勇之所不能行，则上不能安。上以无厌责已尽，则下对“无有”；无有，则轻法。法所以为国也，而轻之，则功不立，名不成。

【注释】

〔1〕仪表：用木头制成的标记，比喻准则、法度。

〔2〕权衡：秤，比喻法度。

〔3〕仲尼：即孔子，见3.2注。

〔4〕伯夷：见11.5注。

〔5〕贲、育：见24.2注。

【译文】

使天下的人都能在法度的规范内充分发挥自己的智慧和才能，在法度的规范内使尽自己的力量，那么使他们行动起来打仗就能取得胜利，使他们安静下来耕作就能使国家安定。治理得好的社会，能使人们乐于生存而去做合法的事情、爱惜自身而不去为非作歹，能使品行不好的人少而品德高尚的人多。所以象征国家政权的土地神谷神能够永远地存在着，国家能够长久地太平无事。飞奔的车子之上不会有孔子这样的聪明人，倾翻的船只之下不会有伯夷这样的廉洁之士。号令这种东西，就像是国家的船和车。它使国家安定的时候，聪明、廉洁的人就会产生；它使国家危乱的时候，争夺、鄙陋的人就会出现。所以，使国家安定的法制，就像人们饿了要吃饭、冷了要穿衣那样，是不需要强令推行而自然需要的。古代的圣明帝王把治国的法则著录在竹简和帛书上，由于这些法则的道理顺应了自然的要求，所以后代的人都信服。假如使人们摆脱了饥饿和寒冷的困扰，那么即使是孟贲、夏育那样的大力士也不能迫使人们去追求衣食；如果不顾客观的需要，那么即使顺从古代圣明帝王的法则也站不住脚。如果勉强去做勇士也不能做到的事，那么君主就不得安宁了。君主以永不满足的贪欲向已被搜刮光的民众责求勒索，那么民众就会回答说“没有”；民众一无所有，就会轻视法令。法令是用来治理国家的，如果民众轻视它，那么君主的功业就不能建立，君主的名声就无法成就。

25.3 闻古扁鹊之治其病也[1]，以刀刺骨；圣人之救危国也，以忠拂耳[2]。刺骨，故小痛在体而长利在身；拂耳，故小逆在心而久福在国。故甚病之人利在忍痛，猛毅之君以福拂耳。忍痛，故扁鹊尽巧；拂耳，则子胥不失[3]：寿安之术也。病而不忍痛，则失扁鹊之巧；危而不拂耳，则失圣人之意。如此，长利不远垂，功名不久立。

【注释】

〔1〕扁鹊：见21.5.3注。

〔2〕拂：通“咈”，逆。

〔3〕子胥：见3.2注。

【译文】

我听说古代扁鹊医治那重病，拿手术刀刺到病人的骨头上；圣明之士挽救危亡的国家，拿忠言刺到君主的耳朵里。手术刀刺到了骨头上，所以在肢体上虽然有点疼痛，但全身却获得了长久的好处；忠言不顺耳，所以在心里虽然有点反感，但国家却获得了长久的幸福。所以患重病的人要得到好处在于忍住疼痛，勇猛刚毅的君主为了得到幸福而听逆耳的话。病人能忍住疼痛，所以扁鹊能充分施展自己的技巧；君主能听逆耳的话，那就不会失去像伍子胥那样的忠贞之士：这是使国家长久地存在而永远安定的办法啊。生了病而不能忍痛，那就得不到扁鹊的高明治疗；国家危乱而听不进刺耳的话，那就得不到圣明之士的忠心谋划。像这样的话，那么国家的远大利益就不能长久地流传到后世，功业名望就不能长久地存在下去。

25.4　人主不自刻以尧，而责人臣以子胥，是幸殷人之尽如比干[1]。尽如比干，则上不失，下不亡。不权其力而有田成[2]，而幸其身尽如比干，故国不得一安。废尧、舜而立桀、纣，则人不得乐所长而忧所短。失所长，则国家无功；守所短，则民不乐生。以无功御不乐生，不可行于齐民。如此，则上无以使下，下无以事上。

【注释】

〔1〕殷：商朝的第十代帝王盘庚把首都迁到殷（在今河南省安阳县），以后商也称作殷。比干：见3.2注。

〔2〕田成：见3.2注。

【译文】

君主不以贤明的尧为榜样来严格要求自己，却拿忠贞的伍子胥作为标准去要求臣下，这实是在侥幸地希望处在暴君统治下的商朝人都会像忠贞的比干那样。当然，如果臣民都像比干那样，那么君主就不会丧失政权，而臣民也不会亡国了。但现在君主不能衡量一下自己的力量，而又有了田成这样的臣子，却还幻想他们都会像比干那样，所以国家得不到一天的安定。废除了尧、舜这样的贤君而让桀、纣这样的暴君在位，那么人们就不能为自己所做的合法的好事而感到快乐，也不能为自己所做的非法的坏事而感到忧虑。失去了好人好事，那么国家就不会有什么功业；保留着坏人坏事，那么民众就不会乐于生存。以没有功业的君主去统治不乐于生存的民众，这种办法在平民中是不可能实行的。像这样的话，那么君主就没有什么办法来役使臣民，臣民也没有什么办法来侍奉君主了。

25.5　安危在是非，不在于强弱。存亡在虚实，不在于众寡。故齐，万乘也，而名实不称，上空虚于国内，不充满于名实，故臣得夺主。杀[1]，天子也，而无是非：赏于无功，使谗谀以诈伪为贵；诛于无罪，使伛以天性剖背。以诈伪为是、天性为非，小得胜大。

【注释】

〔1〕杀：是“桀”之误字。

【译文】

国家的安危取决于是否能在政治上分清是非好坏，而不在于国力的强弱。政权的存亡取决于君主是徒有虚名还是握有实权，而不在于拥有人口的多少。齐国，是拥有万辆兵车的大国，但其名称和实际并不符合。君主齐简公在国内一无所有，在名位和实权方面都不充实，所以臣子田成能够篡夺君主的权位。桀，是天子，但却分不清是非：奖赏没有功劳的人，使那些中伤贤良、阿谀奉承的人用欺诈的手段取得了高贵的地位；诛杀没有罪过的人，使驼背的人因为天生的畸形而被剖开了背部。他把欺诈的手段当作是正确的，而把天生的东西当作是错误的，所以封地很小的商汤能够战胜拥有广大领土的夏桀。

25.6　明主坚内，故不外失。失之近而不亡于远者，无有。故周之夺殷也，拾遗于庭[1]。使殷不遗于朝，则周不敢望秋毫于境，而况敢易位乎？

【注释】

〔1〕庭：通“廷”，朝廷。

【译文】

英明的君主巩固自己在朝廷内部的统治，所以不会把政权丧失给朝廷外的人。身边的政事有了失误而不被远处的人灭亡的君主，是没有的。所以，周国能夺取殷朝的天下，是由于捡取、利用了商纣王在朝廷上的过失。假如商纣王在朝廷上没有什么失误，那么周国的人就连商朝边境上的一根毫毛也不敢望一下，何况是胆敢来改变君主的权位呢？

25.7 明主之道忠法〔1〕，其法忠心。故临之而法，去之而思。尧无胶漆之约于当世而道行〔2〕，舜无置锥之地于后世而德结。能立道于往古，而垂德于万世者之谓明主。

【注释】

〔1〕忠：通“中”（zhòng），适合。

〔2〕胶漆：胶和漆，比喻牢固。

【译文】

英明君主的治国措施是适合于法制的，他的法制是适合于民心的。所以英明的君主统治民众的时候，人们都按他的法制来办事；而当他离开了民众，人们便都思念他。尧和当时的人没有订立什么牢靠的盟约，而他的治国措施照样能够贯彻执行；舜的后代没有立锥之地，而他的功德照样能够萦绕在人们的心中。能够在古代确立治国的原则，而将恩德留传给千秋万代的，就叫做英明的君主。

守道第二十六

（第二十六篇　保住政权之法）

26.1　圣王之立法也，其赏足以劝善，其威足以胜暴，其备足以必完法。治世之臣，功多者位尊，力极者赏厚，情尽者名立。善之生如春，恶之死如秋，故民劝极力而乐尽情。此之谓上下相得。上下相得，故能使用力者自极于权衡〔1〕，而务至于任鄙〔2〕；战士出死，而愿为贲、育〔3〕；守道者皆怀金石之心，以死子胥之节〔4〕。用力者为任鄙，战如贲、育，中为金石，则君人者高枕而守已完矣。

【注释】

〔1〕权衡：秤，比喻法度。

〔2〕任鄙：秦武王时的大力士。

〔3〕贲、育：见24.2注。

〔4〕子胥：见3.2注。

【译文】

圣明的帝王建立法制的时候，必定使它的奖赏足够用来鼓励人们做好事，使它的刑罚威力足够用来制服暴乱，使它的措施足够用来保证法制的坚决实行和完善。治理得好的社会中的臣子，功劳多的，地位尊贵；尽力做事的，受赏丰厚；竭尽忠诚的，名声得以树立。美好的东西就像春天的草木那样不断滋生，邪恶的东西就像秋天的草木那样不断消亡，所以民众互相勉励为国家尽力，也乐意向国君奉献自己的忠诚。这样的政治状况就叫做君主和臣民互相协调。君主和臣民互相协调，所以能使出力的人在法度的范围内竭尽自己的力量，力求做到像任鄙那样；使战士拼死卖命，而希望自己成为孟贲、夏育那样的人；使维护法制的人都怀有坚如金石的忠贞之心，以至于像伍子胥那样为尽忠守节而死。出力的人都像任鄙，战斗的人都像孟贲、夏育，维护法治的人都心如金石，那么统治民众的人君就可以垫高了枕头睡觉而保住国家政权的设施也已经完备了。

26.2　古之善守者，以其所重禁其所轻，以其所难止其所易，故君子与小人俱正，盗跖与曾、史俱廉〔1〕。何以知之？夫贪盗不赴溪而掇金，赴溪而掇金，则身不全。贲、育不量敌，则无勇名；盗跖不计可，则利不成。明主之守禁也，贲、育见侵于其所不能胜，盗跖见害于其所不能取〔2〕，故能禁贲、育之所不能犯，守盗跖之所不能取，则暴者守愿〔3〕，邪者反正。大勇愿，巨盗贞，则天下公平，而齐民之情正矣。

【注释】

〔1〕盗跖(zhí)：春秋战国之际的造反者领袖，古人把他当作贪婪的典型。曾：指曾参，见21.12.2注。史：史鱼，春秋时卫国的大臣，以正直著称。

〔2〕见：被。

〔3〕愿：谨慎。

【译文】

古代善于保住国家政权的人，拿人们认为是很重的刑罚去禁止他们认为是很轻的罪行，拿人们认为是难以忍受的刑罚去制止他们容易避免的错误，所以有德的君子和无行的小人都端正，盗跖似的贪婪之徒和曾参、史鱼般的孝顺正直之士都一样廉洁。凭什么知道这一点呢？那贪婪的盗贼不到深涧中去拾取金子，因为如果到深涧中去拾取金子，那么生命就不能保全。孟贲、夏育如果不先估量一下敌人的力量，那就不会有勇武的名声；盗跖如果不先考虑一下事情是否可行，那么追求的利益就不能实现。英明的君主掌握禁令的时候，孟贲、夏育在他们不能取胜的地方去取胜，就要受到制裁；盗跖在他不可以拿取的地方去窃取，就要受到惩罚；所以英明的君主能够在孟贲、夏育不能侵犯的地方去禁止他们，能够在盗跖不能窃取的地方去防守他。这样，那么强暴的人就会保持谨慎的态度，邪恶的人就会回到正路上来。非常勇猛的人谨慎了，大盗廉洁正派了，那么社会就公正太平了，而平民的情操也就端正了。

26.3　人主离法失人，则危于伯夷不妄取，而不免于田成、盗跖之耳可也〔1〕。今天下无一伯夷，而奸人不绝世，故立法度量。度量信，则伯夷不失是，而盗跖不得非〔2〕。法分明，则贤不得夺不肖，强不得侵弱，众不得暴寡。托天下于尧之法，则贞士不失分，奸人不徼幸。寄千金于羿之矢〔3〕，则伯夷不得亡，而盗跖不敢取。尧明于不失奸，故天下无邪；羿巧于不失发，故千金不亡。邪人不寿而盗跖止。如此，故图不载宰予〔4〕，不举六卿〔5〕；书不著子胥，不明夫差〔6〕。孙、吴之略废〔7〕，盗跖之心伏。人主甘服于玉堂之中，而无瞋目切齿倾取之患；人臣垂拱金城之内，而无扼捥聚唇嗟唶之祸[8]。

【注释】

〔1〕田成：见3.2注。耳：当为“取”字，因为书版缺损而成了“耳”。

〔2〕之所以会这样，是因为“伯夷不得亡，而盗跖不敢取”。

〔3〕羿(yì)：夏代东夷族有穷氏部落的首领，射箭能手。

〔4〕宰予：见3.2注。

〔5〕六卿：见11.4注。

〔6〕夫差：见19.2注。

〔7〕孙：指孙武，春秋时兵家，齐国人，著有《孙子兵法》十三篇，今存，为中国最早最杰出的兵书。吴：指吴起，见3.2注。

〔8〕嗟唶(juē juè)：悲叹。

【译文】

君主背离了法治而失去了人们的拥护，那么即使碰到像伯夷那样不胡乱攫取君位的人也会发生危险，而不能避免被田成、盗跖那样的人夺取君位也就是理所当然的了。现在天底下没有一个伯夷似的人，而奸邪的人在社会上从没有断绝过，所以要建立法律制度。制度落实了，那么伯夷似的人就不会失去人们对他的肯定，而盗跖似的人也不会得到人们对他的否定。法律分明了，那么贤能的人不能够掠夺无能的人，强者不能够侵犯弱者，人多的不能够欺凌人少的。把天下置于类似尧的严明的法制之中来管理，那么正派的人不会失去他应得的待遇，奸邪的人不能侥幸逃避应得的惩罚。把千金放在羿的箭上来发放，那么要赏给伯夷，他就不可能逃避；而不给盗跖，他也不敢来窃取。尧的圣明在于不放过一个坏人，所以社会上就没有邪恶了；羿的技巧在于百发百中，所以千金的钱财不会丢失。邪恶的人活不长而盗跖似的人停止偷盗。像这样的话，那么图书上就不会记载宰予，不会提起六卿，不会著录伍子胥，不会写明夫差。孙子、吴起的谋略就会被废弃不用，盗跖的贪心就会被制服消除。君主在华贵的宫殿之中满意地吃着甜美的食物、穿着美好的服装，生活安定快乐，而没有被人瞪着眼睛、咬牙切齿地怒骂以及颠覆夺权的祸患；臣子在坚固壮丽的都城之中垂着衣裳拱着手朝见君主，而没有令人愤怒地握着手腕、怨恨地噘起嘴唇、悲哀叹息的不测之祸了。

26.4　服虎而不以柙，禁奸而不以法，塞伪而不以符，此贲、育之所患，尧、舜之所难也。故设柙，非所以备鼠也，所以使怯弱能服虎也；立法，非所以备曾、史也，所以使庸主能止盗跖也；为符，非所以豫尾生也[1]，所以使众人不相谩也。不独恃比干之死节[2]，不幸乱臣之无诈也；恃怯之所能服，握庸主之所易守。当今之世，为人主忠计，为天下结德者，利莫长于此。故君人者无亡国之图，而忠臣无失身之画。明于尊位必赏，故能使人尽力于权衡，死节于官职。通贲、育之情，不以死易生；惑于盗跖之贪，不以财易身；则守国之道毕备矣。

【注释】

〔1〕豫：通“预”，预备。尾生：古代极守信用的人，相传他与一女子在桥下约会，女子未来而水却涨起来了，他坚持不离开而抱着桥柱被淹死了。

〔2〕比干：见3.2注。

【译文】

要制服老虎却不用笼子，要禁止奸邪却不用法制，要杜绝诈伪却不用符信，这是孟贲、夏育似的勇士都感到担忧的事，也是尧、舜似的英明君主都感到为难的事。所以，设置了笼子，并不是用来防备老鼠的，而是为了使胆小懦弱的人能够制服老虎；建立法制，并不是用来防备曾参、史鱼等孝廉之士的，而是为了使平庸的君主能够禁止盗跖似的贪鄙之人；制造符信，并不是为了防备尾生那种守信之人的，而是为了使众人不互相欺诈。君主不能单单去依靠比干之类的为大节而死，也不能侥幸地希望乱臣贼子的不欺诈；而应该依靠懦弱的人也能制服老虎的“笼子”，掌握好平庸的君主也容易保住政权的法制。处在现在这个时代，要为君主忠心谋划，要为天下造福积德，没有什么办法能比实行法治所取得的利益更为长远的了。实行了法治，就不会有君主亡国的描绘，也不会有忠臣丧生的刻画。君主明白地宣布注重本职工作的人一定给予奖赏，所以能使人们在法制的范围内尽自己的最大努力，并忠于职守而以身殉职；君主使人们都洞察孟贲、夏育的真情，不因为勇于牺牲而看轻自己的生命；臣民即使被盗跖那样的贪心所迷惑了，也不为了财利而轻易地去送命；这样的话，那么保住国家政权的措施就都完备了。

用人第二十七

（第二十七篇　使用臣子）

27.1　闻古之善用人者，必循天顺人而明赏罚。循天，则用力寡而功立；顺人，则刑罚省而令行；明赏罚，则伯夷、盗跖不乱[1]。如此，则白黑分矣。治国之臣，效功于国以履位，见能于官以受职[2]，尽力于权衡以任事[3]。人臣皆宜其能，胜其官，轻其任，而莫怀余力于心，莫负兼官之责于君。故内无伏怨之乱，外无马服之患[4]。明君使事不相干，故莫讼；使士不兼官，故技长；使人不同功，故莫争。争讼止，技长立，则强弱不觳力[5]，冰炭不合形[6]。天下莫得相伤，治之至也。

【注释】

〔1〕伯夷：见 11.5 注。盗跖：见 26.2 注。

〔2〕见：同“现”。

〔3〕权衡：秤，比喻法度。

〔4〕马服：战国时赵地，在今河北邯郸市西北。战国时赵国名将赵奢因有战功被封为马服君。这里是指赵奢的儿子赵括。马服之患：公元前 260 年，秦将白起攻赵，与赵军战于长平（在今山西省高平市），赵王中了秦的反间计，任用喜欢纸上谈兵而无实战经验的赵括为大将，以代廉颇，结果赵军四十余万被全歼，赵括被箭射死。

〔5〕觳(jué)：通“角”。

〔6〕形：通“型”。

【译文】

听说古代善于使用臣子的人，一定遵循着自然的规律，顺应着世道人情，而且严格又明确地实行赏罚。遵循了自然的规律，那么使用的气力虽然很少，而功业却可以建立起来；顺应了世道人情，那么刑罚虽然简省，而法令却可以推行；严格而又明确地实行赏罚，那么伯夷似的清廉之士与盗跖般的贪婪之徒就不会混淆了。像这样，那么是非黑白就分明了。治理得好的国家中的臣子，都是因为给国家作出了成绩才获得官位的，都是因为在官位上表现出了才能才得到职务的，都是因为在法度的规定之中尽了力才担任职事的。臣下都能够处在适宜的岗位上得心应手地发挥自己的才能，胜任自己的官职，觉得自己的负担很轻松，而又没有谁在心里想留下一点力量，也没有谁对君主负有兼任其他职务的责任。所以君主在国内没有因为臣民潜藏在心底的怨恨而造成的祸乱，在国外没有因为臣下不称职而造成的赵括似的祸患。英明的君主使臣下的职事互不干涉，所以没有人再会争辩诉讼；使臣子不兼任其他职务，所以各人的本领就能长进；使人们不去建立同样的功劳，所以没有人再会竞争抢夺。竞抢争辩的事情止息了，本领长进的趋势确立了，那么强者和弱者就不会再去较量力量的大小，就像冰和炭不再同时放在一个容器里因而不发生冲突一样。天下没有人能互相伤害，这是治国的最高境界啊。

27.2 释法术而心治，尧不能正一国；去规矩而妄意度〔1〕，奚仲不能成一轮〔2〕；废尺寸而差短长〔3〕，王尔不能半中〔4〕。使中主守法术，拙匠守规矩尺寸，则万不失矣。君人者能去贤巧之所不能，守中拙之所万不失，则人力尽而功名立。

【注释】

〔1〕度(duó)：揣测。

〔2〕奚仲：夏朝人，善于造车，曾任车正(掌管车服诸事的官)。

〔3〕差(cī)：区别。

〔4〕王尔：古代巧匠。中(zhòng)：符合。

【译文】

抛弃了法术凭主观的想法来治理政事，即使像尧那样的贤君也不能治理好一个诸侯国；丢掉了圆规角尺而胡乱地凭主观意念来揣测，就是奚仲那样的造车专家也不能造成一个车轮；废除了尺度而辨别长短，就是王尔这样的巧匠也不能命中一半。使中等才能的君主掌握住法术来治国，使笨拙的工匠遵照圆规角尺及尺度来做工，那就万无一失了。统治民众的君主如果能够抛弃贤君、巧匠也不能成功的那种凭主观意念来办事的方法，而奉行中等才能的君主、笨拙的工匠都能万无一失的那种利用法术、规矩来办事的方法，那么臣民的力量就会被充分地发挥出来而自己的功业和名望也就能建立起来了。

27.3 明主立可为之赏，设可避之罚。故贤者劝赏而不见子胥之祸〔1〕，不肖者少罪而不见伛剖背〔2〕，盲者处平而不遇深溪，愚者守静而不陷险危。如此，则上下之恩结矣。古之人曰："其心难知，喜怒难中也。"故以表示目〔3〕，以鼓语耳，以法教心。君人者释三易之数而行一难知之心，如此，则怒积于上而怨积于下。以积怒而御积怨，则两危矣。

【注释】

〔1〕子胥：见3.2注。

〔2〕伛：驼背。伛剖背：事见25.5。

〔3〕表：用木头制成的标记。

【译文】

英明的君主设立臣民能够争取到的奖赏，设立臣民能够避免的刑罚。所以，德才好的人能够受到奖赏的鼓励而不会遇到伍子胥那样的灾祸，德才不好的人也能够少犯罪而不会碰上像驼背的人被剖开背部那种无辜受刑的不幸，瞎子待在平地上就不会遇到深峻的山谷，愚笨的人保持安静就不会陷入危险的境地。像这样，那么君臣上下之间的恩情就结成了。古代的人说："人的心计是难以了解的，人的喜怒是难以猜中的。"所以用标志来提示眼睛，用战鼓来呼唤耳朵，用法令来训导人心。统治人民的君主放弃以上三种容易实行的方法而运用一种使人难以了解的心计，像这样，那么在君主一方就会积聚起愤怒，在臣下一方就会积聚起怨恨。以积聚了愤怒的君主来统治积聚了怨恨的臣子，那么君臣双方就都危险了。

27.4　明主之表易见，故约立；其教易知，故言用；其法易为，故令行。三者立而上无私心，则下得循法而治，望表而动，随绳而斫，因攒而缝〔1〕。如此，则上无私威之毒，而下无愚拙之诛。故上居明而少怒，下尽忠而少罪。

【注释】

〔1〕攒：通"劗"，剪。

【译文】

英明君主的标准容易看清，所以他的约定能够确立在人们心中；他的教导容易理解，所以他的言论能够被人们运用；他的法制容易做到，所以他的命令能够贯彻执行。这三种情况确立了，而君主又没有什么个人的心计，那么臣下就可以遵照法令来治理政事，这就好像是看着标志来行动，随着墨线来砍削，根据裁剪来缝纫。像这样的话，那么君主就不会有滥用个人威势而给臣民所造成的毒害，而臣民也不会有因为愚蠢笨拙而受到的处罚。所以君主处在明智的境地而很少发怒，臣下竭尽忠诚而很少犯罪。

27.5 闻之曰："举事无患者，尧不得也。"而世未尝无事也。君人者不轻爵禄，不易富贵，不可与救危国。故明主厉廉耻〔1〕，招仁义〔2〕。昔者介子推无爵禄而义随文公〔3〕，不忍口腹而仁割其肌，故人主结其德，书图著其名。人主乐乎使人以公尽力，而苦乎以私夺威；人臣安乎以能受职，而苦乎以一负二。故明主除人臣之所苦，而立人主之所乐。上下之利，莫长于此。不察私门之内，轻虑重事；厚诛薄罪，久怨细过，长侮偷快；数以德追祸〔4〕，是断手而续以玉也；故世有易身之患。

【注释】

〔1〕厉：高，举。

〔2〕招：举。

〔3〕介子推：春秋时晋公子重耳的家臣，他追随重耳出亡，曾割下自己腿上的肉给重耳充饥，所以以忠闻名。文公：见10.10注。

〔4〕德：奖赏。追：补。

【译文】

我听说过这样的话："办事不出毛病，就是圣明的尧也做不到。"而世间从来没有什么时候是安然无事的。君主如果不能看轻爵禄、富贵而把它们赏给臣民，那就不能够团结臣民和他们一起来挽救危乱的国家。所以英明的君主推崇廉耻，提倡仁义。从前介子推没有爵位俸禄而凭着道义追随晋文公出逃，在途中不忍心让文公饿肚子而凭着仁爱之心割下自己腿上的肉给文公充饥，所以君主铭记他的德行，图书上著录他的名字。君主乐于使臣下为了国家和君主的利益使尽全力，而苦于被臣下为了私门和个人的利益夺去威权；臣下安于凭才能接受职务，而苦于拿自己一个人去担任两种职务。所以英明的君主去除臣下所苦恼的事，而树立君主所乐意的事。君臣上下的利益，没有比这个更长远的了。不审察大臣在家门之内的阴谋活动，轻率地考虑决定重大的事情；过重地处罚犯轻罪的人，长期地怨恨臣下的小过错，经常侮弄臣下来苟且取得一时的快乐；屡次用赏赐来补偿自己给臣民所造成的灾难，这就像砍断了别人的手臂又用玉去给他接上一样；所以世间有君主被臣下取而代之的祸患。

27.6　人主立难为而罪不及，则私怨生；人臣失所长而奉难给〔1〕，则伏怨结。劳苦不抚循，忧悲不哀怜；喜则誉小人，贤不肖俱赏；怒则毁君子，使伯夷与盗跖俱辱；故臣有叛主。

【注释】

〔1〕奉：供奉。给：足，指力量足够。

【译文】

君主设立了难以做到的法律标准，然后去处罚那些没有达到标准的臣子，那么臣子私下的怨恨就会产生；臣子失去了他们所擅长的工作而去从事难以胜任的职事，那么臣子内心的怨恨就会积聚。君主对臣子的劳累辛苦不安抚慰问，对臣子的忧虑悲哀不同情怜悯；高兴的时候就连没有德行的小人都加以称赞，对德才好的人和不好的人都加以赏赐；发怒的时候就连德行高尚的君子都加以诋毁，使伯夷似的清廉之士和盗跖般的贪婪之人都受到侮辱；所以臣子有背叛君主的。

27.7　使燕王内憎其民而外爱鲁人，则燕不用而鲁不附。民见憎，不能尽力而务功；鲁见说[1]，而不能离死命而亲他主。如此，则人臣为隙穴[2]，而人主独立。以隙穴之臣而事独立之主，此之谓危殆。

【注释】

〔1〕说：通“悦”。

〔2〕隙穴：墙上的缝隙孔洞，比喻隐患。

【译文】

假如燕王对内憎恨自己国家的民众而对外喜爱鲁国人，那么燕国人就不会听他役使而鲁国人也不会依附他。燕国的民众被憎恨，就不可能使尽全力来从事工作；鲁国人被喜爱，但不能不顾丧生的危险去亲近别国的君主。像这样的话，那么臣子就会成为墙上的缝隙孔洞似的隐患，而君主就会孤立。用成了隐患的臣子来侍奉孤立的君主，这就叫做危险。

27.8　释仪的而妄发，虽中小不巧；释法制而妄怒，虽杀戮而奸人不恐；罪生甲，祸归乙，伏怨乃结。故至治之国，有赏罚而无喜怒，故圣人极[1]；有刑法而死，无螫毒[2]，故奸人服；发矢中的，赏罚当符，故尧复生，羿复立[3]。如此，则上无殷、夏之患，下无比干之祸[4]，君高枕而臣乐业，道蔽天地，德极万世矣。

【注释】

〔1〕极：指极智力于法制。

〔2〕螫(shì)：怒。

〔3〕羿：见26.3及其注。

〔4〕比干：见3.2注。

【译文】

丢掉了箭靶而胡乱地射箭，即使射中了很小的东西，也不能算技术高超；抛弃了法律制度而胡乱地发怒，即使屠杀刑戮，邪恶的坏人也不会恐惧；罪行产生于张三，处罚却落到李四头上，那么人们心头的怨恨就会积聚。所以治理得最好的国家，有赏罚的法规而不凭君主的喜怒来办事，所以圣明的法术之士能够尽心竭力地奉行法制；有因为触犯了刑法而被杀死的，没有因为君主的愤怒而造成的毒害，所以邪恶的坏人也就被慑服了；射箭能够射中箭靶，赏罚能够符合法制，所以就像圣明的君主尧复活了，就像神箭手羿再生了。像这样的话，那么君主就没有商纣王、夏桀那样被灭亡的灾难，臣下也没有比干那样被剖心的祸患，君主高枕无忧而臣下安居乐业，治国的原则就能普遍地实行于天下，恩德就能流传千秋万代了。

27.9　夫人主不塞隙穴而劳力于赭垩[1]，暴雨疾风必坏。不去眉睫之祸而慕贲、育之死[2]，不谨萧墙之患而固金城于远境[3]，不用近贤之谋而外结万乘之交于千里，飘风一旦起[4]，则贲、育不及救，而外交不及至，祸莫大于此。当今之世，为人主忠计者，必无使燕王说鲁人，无使近世慕贤于古，无思越人以救中国溺者。如此，则上下亲，内功立，外名成。

【注释】

〔1〕赭(zhě)：红土。垩(è)：白土。赭垩：泛指涂料，这里用作动词。

〔2〕贲、育：见24.2注。

〔3〕萧墙：宫室门内用以分隔内外的当门小墙。

〔4〕飘风：即飙，旋风，此指政治风暴。

【译文】

君主不去堵塞墙上的缝隙洞穴而在粉刷墙壁方面花费力气，那么狂风暴雨来了墙壁一定会倒塌。不除去眼前的祸患而思念孟贲、夏育似的勇士来为自己卖命，不谨防内部的祸患而在远方的边境上加固那坚实的城堡，不采用附近贤能之士的计谋而在千里之远的地方向外和拥有万辆兵车的大国结交，这样，旋风一旦刮起来，那么孟贲、夏育似的勇士来不及援救，而国外的同盟者来不及赶来，灾祸没有比这种舍近求远所酿成的恶果更大的了。在现在这个时代，为君主忠心谋划的人，一定不要使自己的君主像燕王爱鲁国人那样去爱别国的人，不要使近代的君主去仰慕古代的贤能之人，不要考虑用那些虽然善于游泳但地处边远的越国人来援救中原地区的落水者。像这样，那么君主和臣下就能互相亲近，在国内功业可以建立，在国外名声可以成就。

功名第二十八

（第二十八篇　功业与名声）

28.1　明君之所以立功成名者四：一曰天时，二曰人心，三曰技能，四曰势位。非天时，虽十尧不能冬生一穗；逆人心，虽贲、育不能尽人力[1]。故得天时，则不务而自生；得人心，则不趣而自劝[2]；因技能，则不急而自疾；得势位，则不进而名成。若水之流，若船之浮，守自然之道，行毋穷之令，故曰明主。

【注释】

〔1〕贲、育：见24.2注。

〔2〕趣(cù)：通“促”。

【译文】

英明的君主用来立功成名的东西有四种：一是天时，二是人心，三是技能，四是权势地位。如果违背了天时，即使有十个尧一样的圣明君主也不能使庄稼在冬天长出一个穗子；如果违背了人心，即使是孟贲、夏育这样的大力士也不能使人们尽心竭力。所以得到了天时，那么即使不用努力，穗子也会自己长出来；获得了人心，那么即使不加督促，人们也会自觉地卖力；依靠技能，那么即使工作不紧张，事情自会很快办成；有了权势和地位，那么即使不去追求，名声自会形成。好像水的流动，好像船的漂浮，遵循自然的规律，推行不会行不通的法令，所以被称为英明的君主。

28.2 夫有材而无势[1]，虽贤不能制不肖。故立尺材于高山之上，则临千仞之溪，材非长也，位高也。桀为天子，能制天下，非贤也，势重也；尧为匹夫，不能正三家，非不肖也，位卑也。千钧得船则浮，锱铢失船则沉，非千钧轻、锱铢重也，有势之与无势也。故短之临高也以位，不肖之制贤也以势。人主者，天下一力以共载之[2]，故安；众同心以共立之，故尊。人臣守所长，尽所能，故忠以尊主。主御忠臣，则长乐生而功名成。名实相持而成，形影相应而立，故臣主同欲而异使[3]。人主之患在莫之应，故曰："一手独拍，虽疾无声。"人臣之忧在不得一，故曰："右手画圆，左手画方，不能两成。"故曰：至治之国，君若桴，臣若鼓，技若车，事若马。故人有余力易于应，而技有余巧便于事。立功者不足于力，亲近者不足于信，成名者不足于势，近者已亲[4]，而远者不结，则名不称实者也。圣人德若尧、舜，行若伯夷，而位不载于世，则功不立，名不遂。故古之能致功名者，众人助之以力，近者结之以成[5]，远者誉之以名，尊者载之以势。如此，故太山之功长立于国家，而日月之名久著于天地。此尧之所以南面而守名、舜之所以北面而效功也。

【注释】

〔1〕材：通“才”。

〔2〕载：通“戴”。

〔3〕使：同“事”。

〔4〕已：当为“不”字之误。

〔5〕成：通“诚”。

【译文】

如果有了才能而没有权势，那么即使德才好的人也不能够制服德才不好的人。所以将一尺长的木头树立在高山的上面，就可以俯视七八千尺深的山涧，这并不是因为木头本身长，而是因为它的位置高。桀做了天子，能够控制天下，这并不是因为他贤能，而是因为他的权势大；尧是平民百姓的时候，不能够管好三家人家，并不是因为他没有德才，而是因为他的地位太低下了。千钧重的东西有了船就可以浮起来，而几钱轻的东西没有船就会沉下去，这并不是因为千钧的重量轻而几钱的重量重，而是因为千钧的东西有了托力而几钱的东西没有托力的缘故啊。所以短的东西能够俯视高处的东西，是靠了它的地位；德才不好的人能够制服贤能的人，是靠了他的权势。君主这种人，天下的人齐心合力来共同爱戴拥护他，所以地位才稳固；民众同心同德来共同推举辅佐他，所以地位才尊贵。臣子坚持发挥自己的特长，尽自己的能力，所以他们对君主的忠诚可以用来使君主尊贵。君主使用这种忠心耿耿的臣子，那么长期安乐的局面就会产生，而功业名声也就能造成了。名称和实际内容相互支撑才能形成，形体和影子相互对应才能确立，所以臣子和君主在治理国家时虽然有共同的欲望却有不同的职事。君主的祸患在于没有人响应他，所以说：“一只手单独拍打，即使迅猛也没有声音。”臣子的忧患在于不能专任一职，所以说：“右手画圆，左手画方，不能够同时画成。”所以说：治理得最好的国家，君主就像鼓槌，臣子就像鼓，技能就像车，政事就像马。所以，人们有多余的力量，就容易响应君主的号召；而技能有了超乎寻常的工巧，就有利于办好政事。如果为君主立功的人不够有力，跟君主亲近的人不够忠诚，使君主成名的人不够权威，在君主身边的人不和君主相亲，而远离君主的人不和君主团结，那便是名不副实的君主了。圣人即使德行像尧、舜一样高尚，行为像伯夷一样清廉，但如果他的地位不被社会所拥戴，那么他的功业就不能建立，他的名声就不能成就。所以，古代能够获得功名的人，总是众人用实力来帮助他，身边的人以真诚来和他结交，远离他的人拿名誉来称颂他，地位尊贵的人用权威来拥护他。像这样，那么泰山似的丰功伟绩就会长期地树立在国家之中，而太阳、月亮般的光辉名声就会永久地昭著于天地之间。这就是尧处在君位上时能够保住名声、舜处在臣位上时努力作出功绩的原因啊。

大体第二十九

（第二十九篇　顾全大局）

29.1　古之全大体者[1]：望天地，观江海，因山谷、日月所照、四时所行、云布风动[2]；不以智累心[3]，不以私累己[4]；寄治乱于法术，托是非于赏罚，属轻重于权衡[5]；不逆天理，不伤情性；不吹毛而求小疵[6]，不洗垢而察难知[7]；不引绳之外[8]，不推绳之内；不急法之外[9]，不缓法之内[10]；守成理[11]，因自然；祸福生乎道法，而不出乎爱恶；荣辱之责在乎己而不在乎人。故至安之世，法如朝露，纯朴不散，心无结怨，口无烦言。故车马不疲弊于远路，旌旗不乱于大泽，万民不失命于寇戎，雄骏不创寿于旗幢[12]；豪杰不著名于图书[13]，不录功于盘盂[14]，记年之牒空虚[15]。故曰：利莫长于简，福莫久于安。

【注释】

〔1〕全：顾全，成全。大体：大局，事物的整体和关键，是和“局部”相对的一个概念。全大体者：顾全大局的人，能全面把握事物的整体和关键的人。

〔2〕因：顺应，凭借，依靠。从“山谷”到“云布风动”都是

"因"的宾语，指识大体的人能顺应和利用自然界。

〔3〕心：心思，意念。不以智累心：不用智巧来烦扰心境。这是指识大体的人，大智若愚，不去使用自己的小聪明，免得整天忧心忡忡。对人的精神世界来说，"智"只是"心"的一种使用，是"心"的一部分，而"心"才是整体和关键的东西，所以识大体的人不以局部的"智"来妨碍整体的"心"。

〔4〕对人的物质生活来说，私利只是局部的东西，身体才是根本的东西。所以识大体的人，不让私利来拖累自身。

〔5〕属(zhǔ)：托付。权：秤锤。衡：秤杆。权衡：秤。

〔6〕疵：小毛病，引申为缺点。

〔7〕垢：污垢，灰尘。难知：指深奥隐微不易了解的事物和情理。洗垢而察难知：指深入地去了解深奥隐微的事理。

〔8〕引：拉。绳：木匠弹直线用的墨线。木匠按照墨线来砍削木材，加工后的木材边缘，无论在线外和线内，都不合适。这里是用来比喻识大体的人一切都严格按照法律准绳办事。

〔9〕急：紧，严。

〔10〕缓：松，宽。

〔11〕成理：既定的道理，指自然界永恒的法则。

〔12〕骏：通"俊"，才智出众的人。雄骏：指勇士。创：伤害。寿：长寿。创寿：夭折。幢(chuáng)：古代作为仪仗用的一种旗帜，这里指将帅的旗子。

〔13〕图：图画，指画像。

〔14〕盘盂：都是圆形的青铜器。盘较浅，是盥洗的器具；盂稍深，是盛食物或汤浆的器皿。古代的人们常在盘盂上面刻铸文字以记载功绩。这两句是说英雄豪杰没有什么功名可以记载。这是因为天下太平的缘故。

〔15〕牒：简札，古人在发明造纸前用来写字的小而薄的木片或竹片；也用来指简札编成的簿册。记年之牒：记录年岁的簿册，即史册。

【译文】

古代顾全大局的人：能够瞭望天地来了解它们的变化规律，观察江海来摸索它们的流动情况，顺应和凭借山谷的高低、日月的光照、四季的运行、云层的分布、风向的变动；不让聪明才智来拖累自己的脑子，不让私利来拖累自己的身体；把国家的安定和混乱寄托在法术上，把对事情的肯定和否定寄托在赏罚上，把物体的轻重托付在秤锤秤杆上；不违背自然的规律，不伤害人的本性；不吹毛求疵，不打破沙锅问到底；严格地按照法律准绳办事，就像木工按照墨线砍削木材那样，既不把墨线任意拉到外面，也不把墨线任意推到里面；对法令规定之外的事情不去严加管束，对法令规定之内的事情决不怠慢马虎；遵守着既定不变的法则，顺应和凭借着客观的自然界；灾祸与幸福产生于是否遵守了自然界的客观规律和国家的法令制度，而不产生于君主主观的喜爱和厌恶；招致光荣和耻辱的责任在于自己而不在于别人。所以大治之世，法令制度就像早晨的露水一样，纯洁质朴而不杂乱，人们心里没有郁积的怨恨，嘴里没有气愤的争吵。所以战车军马不在遥远的道路上劳累拖垮，战旗不在辽阔的沼泽中纵横交错，百姓不因外敌侵犯而丧失生命，英雄勇士不夭折在战旗之下；豪杰不把名字著录在图书上，不把功绩铭刻在盘盂上，以至记录每年大事的史册都空着没有什么可记。所以说：没有什么比政治的简朴更能取得长远的利益，没有什么比社会的安定更能使幸福长久。

29.2　使匠石以千岁之寿〔1〕，操钩，视规矩，举绳墨，而正太山；使贲、育带干将而齐万民〔2〕；虽尽力于巧，极盛于寿〔3〕，太山不正，民不能齐。故曰：古之牧天下者〔4〕，不使匠石极巧以败太山之体，不使贲、育尽威以伤万民之性，因道全法，君子乐而大奸止；澹然闲静〔5〕，因天命〔6〕，持大体，故使人无离法之罪，鱼无失水之祸。如此，故天下少不可〔7〕。

【注释】

〔1〕匠石：古代石匠，技术高超，名石。

〔2〕贲、育：见24.2注。干将：古代宝剑名，为春秋时吴国著名的工匠干将所铸造，这里泛指锋利的宝剑。

〔3〕极盛于寿：在寿命方面极其旺盛，即寿命特别长。

〔4〕牧：放牧，引申为统治。

〔5〕澹然：安然，安静的样子。闲静：空闲清静。

〔6〕天命：自然的规律。

〔7〕可：合宜，合适。少不可：很少有不合宜的事。

【译文】

让技术高超的匠石依靠活一千岁的寿命，拿着攀登高山时使用的钩子，按照圆规角尺所画的标准，拿起墨线，去校正泰山；让孟贲、夏育那样的勇士带着干将那样的锋利宝剑去整治百姓；即使他们在技巧上花尽了力气，又特别长寿，但是泰山还是不能被校正，百姓还是不能被治理好。所以说：古代统治天下的人，不让匠石那样的能工巧匠用尽技巧去破坏泰山的形体，不让孟贲、夏育那样的勇士使尽威武去伤害百姓的本性，而是遵循自然界的普遍规律、顾全国家的法令制度，所以君子享受安乐而巨奸停止作恶；淡泊清静，顺应大自然的安排，把握住事物的整体和关键，所以使人们没有违反法律的罪过，使鱼儿没有脱离河水的灾祸。像这样，所以在天底下很少有行不通的。

29.3 上不天则下不遍覆〔1〕，心不地则物不毕载〔2〕。太山不立好恶，故能成其高；江海不择小助，故能成其富。故大人寄形于天地而万物备〔3〕，历心于山海而国家富〔4〕。上无忿怒之毒，下无伏怨之患〔5〕，上下交朴，以道为舍〔6〕。故长利积，大功立，名成于前，德垂于后，治之至也。

【注释】

〔1〕上：上面，指君主。这里指君主如果不像天空那样高大，那么天下的事情就不能被全部了解。

〔2〕心：宇宙的中心，这里兼指君主的心胸、意念。这是指君主的心胸如果不像大地那样宽广，那么天下的事物就不能全部被容纳。

〔3〕寄：托付，依附。寄形于天地：将自己的身体依附于天地，指大

人像天地那样遍覆和毕载。

〔4〕历：逐个经过。历心于山海：经心太山与江海，即让自己的思虑一一经过太山与江海，指大人像太山和江海那样不立好恶、不择小助。

〔5〕伏怨：潜藏的怨恨，怀恨在心。

〔6〕舍：房舍。

【译文】

上面如果没有辽阔的天空，那么世界就不能被全部覆盖；宇宙的中心如果没有宽厚的大地，那么万物就不能全部被装载。泰山不存在喜爱与憎恶之心，对泥土石块兼容并蓄，所以能够形成它的高大；长江大海不挑剔微小的帮助，对细小的流水都能接受，所以能够形成它的浩瀚。所以识大体的人将自己的形体寄寓于天地，像天地那样覆盖和装载万物，从而使万物都齐备；经心于泰山和江海，像泰山江海那样没有爱憎之心，不挑剔微小的帮助，从而使国家富裕。君主没有因为愤怒所造成的对臣民的毒害，臣民没有因为郁积在心底的怨恨所造成的对君主的祸患，君臣上下都真纯质朴，把遵循客观规律作为自己行动的归宿。所以长远的利益积聚了，伟大的功业建立了，名声形成在生前，德泽流传到后世，这是政治的最高境界啊。

第九卷

内储说上七术第三十

（第三十篇　积聚传说内上编七种手段）

30.0.0　主之所用也七术，所察也六微[1]。

七术：一曰众端参观，二曰必罚明威，三曰信赏尽能，四曰一听责下，五曰疑诏诡使，六曰挟知而问[2]，七曰倒言反事。此七者，主之所用也。

【注释】

〔1〕微：隐微，隐蔽。

〔2〕挟：持，怀有。

【译文】

君主治理臣下所要使用的是七种手段，所要考察的是六种隐微的情况。

七种手段：第一种是从多方面来验证观察臣下的言行，第二种是对罪犯一定加以惩罚来显示君主的威严，第三种是对立功的人确实地依法实施奖赏来鼓励臣下竭尽才能，第四种是一一听取臣下的言论和督责臣下的行动，第五种是利用使臣下猜疑的命令和诡诈的差遣来促使臣下谨慎尽职，第六种是拿自己已经了解的事去询问臣下来考察臣下是否虚伪，第七种是说与本意相反的话、做与实情相反的事来刺探臣下的阴谋。这七种手段，是君主治理臣下时所使用的。

30.0.1　观听不参，则诚不闻；听有门户，则臣壅塞。其说在侏儒之梦见灶，哀公之称“莫众而迷”〔1〕。故齐人见河伯〔2〕，与惠子之言“亡其半”也〔3〕。其患在竖牛之饿叔孙〔4〕，而江乙之说荆俗也〔5〕。嗣公欲治不知〔6〕，故使有敌；是以明主推积铁之类，而察一市之患。

参观一

【注释】

〔1〕哀公：鲁哀公，春秋末年与孔丘同时代的鲁国君主，名蒋，公元前494年—公元前467年在位。

〔2〕见：同“现”。河伯：黄河之神。

〔3〕惠子：见22.18注。

〔4〕竖：见10.1注。竖牛：叔孙的家臣，名牛。相传是叔孙豹的私生子，深得叔孙豹之宠爱。叔孙：指叔孙豹，鲁国的卿。

〔5〕江乙：战国时魏国人，后在楚国做官。

〔6〕嗣公：即卫嗣君，战国时卫国君主，公元前324年—公元前283年在位。

【译文】

第一，验证观察臣下的言行

君主观察臣下的行动、听取臣下的言论而不加以多方面的验证，那么真实的情况就不可能了解到；听取意见时只有一条门路，那么臣下就会把君主蒙蔽。这种论点的说明在侏儒说自己梦见了灶，鲁哀公称引“没有众人合谋就要迷惑”的谚语。因为君主被蒙蔽了，所以齐国人能使河伯出现，而惠施要说“失掉了其中一半人的意见”。君主被蒙蔽的祸害在竖牛把叔孙豹饿死了，以及江乙所说的楚国的习俗会使白公之乱得逞。卫嗣公想治理好国家而不懂得治国的方法，所以再扶植其他的臣妾使得宠的臣妾有了对手；因此英明的君主从堆积钢铁来防箭之类的事情中推论出防止奸邪的方法，同时也明察全市的人都说假话所造成的祸害。

30.0.2　爱多者，则法不立；威寡者，则下侵上。是以刑罚不必，则禁令不行。其说在董子之行石邑[1]，与子产之教游吉也[2]。故仲尼说陨霜，而殷法刑弃灰；将行去乐池[3]，而公孙鞅重轻罪[4]。是以丽水之金不守[5]，而积泽之火不救[6]。成欢以太仁弱齐国，卜皮以慈惠亡魏王[7]。管仲知之[8]，故断死人；嗣公知之，故买胥靡。

必罚二

【注释】

〔1〕董子：即董安于，见3.2注。石邑：地名，位于今陕西省东北部、黄河西岸。

〔2〕子产：即公孙侨，子产是他的字。他是春秋时著名的政治家。郑简公十二年(公元前554年)，他当上了郑国的卿，二十三年(公元前543年)执政，实行改革，整顿田地疆界和沟洫，重新制定赋税，大大有利了农业生产。游吉：即子太叔，是在子产后执政的郑国大臣。

〔3〕将(jiàng)行：带领队伍的人。

〔4〕公孙鞅：见3.2注。

〔5〕丽水：即漓江，在今广西。

〔6〕积泽：鲁国沼泽名，位于今山东省曲阜市之北。

〔7〕魏王：指魏惠王，见22.4注。

〔8〕管仲：见3.2注。

【译文】

第二，对罪犯一定加以惩罚

君主仁慈过分的，那么法制就不能建立；君主威严不足的，那么臣下就会侵害主上。因此，刑罚如果不坚决地加以实施，那么禁令就不能实行。这种论点的说明在董阏于巡视石邑，与子产教导游吉。所以孔丘要解说落霜，而商朝的法律规定对倒灰在大路上的人要处以刑罚；领队因为没有赏罚的权力辞别了乐池，而公孙鞅主张对轻罪加以重罚。刑罚不能完全实施，因此丽水的黄金不能守住，而积泽的大火不能扑灭。成欢认为齐王太仁慈会使齐国衰弱，卜皮认为魏惠王太慈惠会使魏王灭亡。管仲懂得刑罚的作用，所以用斩断尸体来禁止奢侈的葬礼；卫嗣公懂得了对罪犯一定得加以惩罚的重要性，所以不惜代价去赎买逃到魏国的囚犯。

30.0.3　赏誉薄而谩者，下不用也；赏誉厚而信者，下轻死。其说在文子称“若兽鹿”〔1〕。故越王焚宫室〔2〕，而吴起倚车辕〔3〕，李悝断讼以射〔4〕，宋崇门以毁死〔5〕。勾践知之，故式怒蛙〔6〕；昭侯知之〔7〕，故藏弊裤。厚赏之使人为贲、诸也〔8〕，妇人之拾蚕，渔者之握鳣，是以效之〔9〕。

赏誉三

【注释】

〔1〕文子：指尹文子，战国初期的道家人物。

〔2〕越王：指勾践，见7.3注。

〔3〕吴起：见3.2注。

〔4〕李悝(kuī)：战国初魏国的法家人物，曾任魏文侯相，主持变法，废除世卿世禄制度。

〔5〕崇门：指宋国都城的东北门蒙门。毁：守丧时因哀伤过度、无心饮食而毁坏身体。

〔6〕式：通“轼”，古代车厢前用作扶手的横木，这里用作动词，表示低头伏在轼上表示敬意。

〔7〕昭侯：指韩昭侯，见7.2注。

〔8〕贲、诸：见23.4注。

〔9〕效：明。

【译文】

第三，对有功的人一定加以奖赏表扬

奖赏表扬轻微而又欺诈不能兑现的，臣民就不肯被君主使用；奖赏表扬优厚而又确实守信用的，臣民就会不惜牺牲为君主效劳。这种论点的说明在文子说“臣子喜欢奖赏就像野兽中的鹿喜欢肥美的草”。所以越王焚烧宫室，而吴起将车辕靠在门外，李悝用射箭来判决诉讼，宋国君主奖励了崇门一个因为守丧悲哀而饿坏身体的人以致使许多人都饿坏自己而死亡。勾践懂得奖励表扬的作用，所以低头靠在车前的横木上对鼓着腮帮子似含怒气的青蛙表示敬意；韩昭侯懂得实施奖赏的原则，所以藏起破裤子不随便赐给人。优厚的奖赏能使人成为孟贲、专诸那样的勇士，妇女用手拾蚕，渔民用手捉黄鳝，这正可以用来证明这一点。

30.0.4 一听则愚智不分[1]，责下则人臣不参[2]。其说在索郑与吹竽[3]。其患在申子之以赵绍、韩沓为尝试[4]。故公子汜议割河东，而应侯谋弛上党[5]。

一听四

【注释】

〔1〕不：衍文。

〔2〕参：混杂。

〔3〕郑：指韩，见22.4注。

〔4〕申子：即申不害，战国时任韩昭侯的相十五年，内修政教，外应诸侯，使韩国国治兵强。他是法家中主术治的一派。

〔5〕应侯：即范雎，见3.2注。弛：放松，引申指舍弃。上党：见1.4注，此时已为秦国攻取。

【译文】

第四，一一听取臣下的言论和督责臣下的行动

君主一一听取臣下的意见，那么愚蠢的和聪明的就能分清；君主督责臣下，那么臣下就不能混淆视听了。这种论点的说明在

魏王索取韩国和南郭先生吹竽。君主不督责臣下的祸害在于申子用赵绍、韩沓去试探韩昭侯。所以公子汜建议割让黄河以东的土地，而应侯范雎献计放弃上党。

30.0.5 数见久待而不任，奸则鹿散。使人问他则不鬻私。是以庞敬还公大夫，而戴欢诏视辒车[1]，周主亡玉簪[2]，商太宰论牛矢[3]。

诡使五

【注释】

〔1〕戴欢：宋国的太宰。辒(wēn)车：古代一种车厢四周有帷幕遮蔽的卧车。

〔2〕周主：指东周国(见22.20注)的国君。簪(zān)：一种长针形首饰。

〔3〕矢：通“屎”。

【译文】

第五，发出使臣下猜疑的命令、使用诡诈的差遣

君主屡次召见一些人，让他们长时间地待在自己身边而又不委派他们做什么事，但其他的人却认为他们一定受到了君主的秘密指令，那么奸邪之人就会害怕得像鹿受惊了那样四散逃奔。派人去做事的时候，先用其他自己已经知道了的事情去责问，那么被派去做事的人就不敢再兜售自己的小聪明来弄虚作假了。因此庞敬召回了管理市场的公大夫，而戴欢命令人去侦察卧车，周国的君主故意丢失了玉簪，宋国的太宰断言有牛屎。

30.0.6 挟智而问[1]，则不智者至；深智一物，众隐皆变[2]。其说在昭侯之握一爪也。故必南门而三乡得[3]，周主索曲杖而群臣惧，卜皮事庶子[4]，西门豹

详遗辖[5]。

挟智六

【注释】

〔1〕智：通“知”。

〔2〕变：通“辨”。

〔3〕乡：通“向”。

〔4〕事：同“使”。庶子：指家臣。

〔5〕西门豹：见3.2注。详(yáng)：通“佯”。

【译文】

第六，拿自己已经知道的事去询问臣下

拿自己已经知道的事去询问臣下，那么自己不知道的事也就能了解到了；深入地了解一件事情，许多隐微的事情就都可以分辨清楚了。这种论点的说明在韩昭侯握着一只指甲。所以韩昭侯肯定了南门外的情况而其他三个城门外的情况也就获知了，周国的君主下令搜寻弯曲的拐杖而群臣因此都害怕了，卜皮派家臣假装去爱御史的小老婆，西门豹假装丢失了车轴头上的铁销。

30.0.7　倒言反事以尝所疑，则奸情得。故阳山谩樛竖[1]，淖齿为秦使[2]，齐人欲为乱，子之以白马[3]，子产离讼者，嗣公过关市。

倒言七

【注释】

〔1〕阳山：应作山阳。

〔2〕淖(zhuō)齿：见14.8注。

〔3〕子之：见7.3注。

【译文】

第七，把话倒过来说、把事反过来做

把话倒过来说、把事反过来做以试探自己所怀疑的事，那么奸邪的情况就能获知。所以山阳君假装诽谤樛竖，淖齿派自己的人假装成秦国的使者，齐国有个想作乱的人假装驱逐自己所爱的人，子之假装说有白马跑出了门，子产把诉讼双方隔离开来，卫嗣公派人扮作客商经过关口上的集市。

30.0.8 右经[1]

【注释】

〔1〕右：古书从右向左直行书写，“右”即指上文。

【译文】

以上是经文

30.1.0 一

【译文】

对第一条经文的解说

30.1.1 卫灵公之时[1]，弥子瑕有宠[2]，专于卫国。侏儒有见公者曰：“臣之梦践矣。”公曰：“何梦？”对曰：“梦见灶，为见公也。”公怒曰：“吾闻见人主者梦见日，奚为见寡人而梦见灶？”对曰：“夫日兼烛天下，一物不能当也[3]；人君兼烛一国人，一人不能拥也[4]。故将见人主者梦见日。夫灶，一人炀焉，则后人无从见矣。今或者一人有炀君者乎？则臣虽梦见灶，不亦可乎?”

【注释】

〔1〕卫灵公:见10.4注。

〔2〕弥子瑕:见12.7注。

〔3〕当:通“挡”。

〔4〕拥:通“壅”,堵塞,隔绝。

【译文】

卫灵公的时候,弥子瑕得到了卫灵公的宠爱,在卫国专权独断。有一个见到了卫灵公的侏儒说:“我的梦应验了。”卫灵公说:“什么梦?”这侏儒回答说:“我梦见了灶,大概是因为要见到您了。”卫灵公生气地说:“我听说将要见到君主的人会梦见太阳,为什么你将要见到我而梦见了灶?”这侏儒回答说:“太阳的光辉普照天下,一样东西是不能够把它挡住的;君主的明察能同时洞悉全国的人,一个人是不能够把他蒙蔽的。所以将要见到君主的人会梦见太阳。至于那灶,一个人在灶门烤火,那么后面的人就没有办法看见火光了。现在或许有一个人在烤您的火而把您的光亮全挡住了吧?既然这样,那么我即使梦见了灶,不也是可以的吗?”

30.1.2 鲁哀公问于孔子曰:“鄙谚曰:‘莫众而迷。’今寡人举事,与群臣虑之,而国愈乱,其故何也?”孔子对曰:“明主之问臣,一人知之〔1〕,一人不知也;如是者,明主在上,群臣直议于下。今群臣无不一辞同轨乎季孙者〔2〕,举鲁国尽化为一,君虽问境内之人,犹之人〔3〕,不免于乱也。”

【注释】

〔1〕知:通“智”。

〔2〕季孙：指季康子，鲁国执政的卿。
〔3〕之：是，这。之人：此人，指季孙。

【译文】

鲁哀公问孔子说："民间的谚语说：'没有众人合计就会迷惑。'现在我做事，总是和群臣一起来谋划它，但是国家更加混乱了，这原因是什么呢？"孔子回答说："英明的君主咨询臣子的时候，总是有一部分人对事情的见解很明智，有一部分人不明智；像这样的话，那么英明的君主在上面听政，而群臣在下面直率地议论，通过争议比较，就能取得较为正确的意见而不至于迷惑。现在臣子们没有一个不是把说话的口径统一于季孙的，整个鲁国的人都变成了一个人，您即使去问国境内所有的人，就好像问了季孙这一个人，所以国家免不了会混乱。"

30.1.3　一曰：晏婴子聘鲁〔1〕，哀公问曰〔2〕："语曰：'莫三人而迷。'今寡人与一国虑之，鲁不免于乱，何也？"晏子曰："古之所谓'莫三人而迷'者，一人失之，二人得之，三人足以为众矣，故曰'莫三人而迷'。今鲁国之群臣以千百数，一言于季氏之私，人数非不众，所言者一人也，安得三哉？"

【注释】

〔1〕晏婴：春秋时齐国的卿。
〔2〕哀公：当作"昭公"，因为鲁哀公即位以前晏婴就已死了。

【译文】

另一种说法是：晏婴出访鲁国，鲁哀公问他说："俗话说：'没有三个人来合计就会迷惑。'现在我和全国的人来谋划事情，鲁国却仍然免不了混乱，这是为什么呢？"晏子说："古代所谓

'没有三个人来合计就会迷惑'，是指一个人失策，两个人得计，三个人足够用来形成正确的多数了，所以说'没有三个人来合计就会迷惑'。现在鲁国的臣子们虽然数以千计，但异口同声地都为季氏的私利说话。所以人数不是不多，但所说的话却只是一个人的，哪里得到了三个人呢？"

30.1.4　齐人有谓齐王曰："河伯，大神也。王何不试与之遇乎？臣请使王遇之。"乃为坛场大水之上，而与王立之焉。有间[1]，大鱼动，因曰："此河伯。"

【注释】

〔1〕有间(jiàn)：过了一会。

【译文】

齐国有个人对齐王说："河伯是个大神。大王为什么不试着去和它见一面呢？请让我使大王见它一下。"于是就在黄河边上修筑了祭神的土坛广场，便和齐王站在那土坛上。过了一会儿，有条大鱼游动，他便说："这就是河伯。"

30.1.5　张仪欲以秦、韩与魏之势伐齐、荆[1]，而惠施欲以齐、荆偃兵[2]。二人争之。群臣左右皆为张子言，而以攻齐、荆为利，而莫为惠子言。王果听张子，而以惠子言为不可。攻齐、荆事已定，惠子入见。王言曰："先生毋言矣。攻齐、荆之事果利矣，一国尽以为然。"惠子因说："不可不察也。夫齐、荆之事也诚利，一国尽以为利，是何智者之众也？攻齐、荆之事诚不可利，一国尽以为利，何愚者之众也？凡谋者，疑也。疑也者，诚疑，以为可者半，以为不可者半。今一国尽以为可，是王亡半也。劫主者固亡其半者也。”

【注释】

〔1〕张仪：见22.14注，这时他为魏相。

〔2〕惠施：见22.18注。

【译文】

张仪想利用秦国、韩国和魏国联合的形势去攻打齐国、楚国，而惠施想与齐国、楚国罢兵不战。两个人为这件事争吵起来。群臣百官、君主的侍从都为张仪说话，认为攻打齐国、楚国有利，而没有人替惠施说话。魏王结果便听从了张仪，而且认为惠施的意见是不行的。攻打齐国、楚国的事情已经确定了，惠施进见魏王。魏王主动地发言说：“您不要再说了。攻打齐国、楚国的事情肯定是有利的了，全国的人都认为是这样。”惠施便劝说道：“这事情不可以不加考察啊。攻打齐国、楚国的事情如果确实有利可图，而全国的人都认为有利，那为什么聪明的人会这么多呢？攻打齐国、楚国的事情如果确实不可能得利，而全国的人都认为有利，那为什么愚蠢的人会这么多呢？凡是要谋划的事，总是因为它还有疑惑不定的地方。这疑惑不定的地方，如果真是疑惑不定的话，那么认为它可行的应该有半数的人，认为它不可行的也应该有一半的人。现在全国的人都认为它可行，这种情况说明大王已经失去了一半的人了。劫持君主的人本来就是使君主失去那持反对意见的一半人的人啊。”

30.1.6　叔孙相鲁，贵而主断。其所爱者曰竖牛，亦擅用叔孙之令。叔孙有子曰壬，竖牛妒而欲杀之，因与壬游于鲁君所。鲁君赐之玉环，壬拜受之而不敢佩，使竖牛请之叔孙。竖牛欺之曰：“吾已为尔请之矣，使尔佩之。”壬因佩之。竖牛因谓叔孙：“何不见壬于君乎?”叔孙曰：“孺子何足见也?”“壬固已数见于君矣。君赐之玉环，壬已佩之矣。”叔孙召壬见之，而果佩之，叔孙怒而杀壬。壬兄曰丙，竖牛又妒而欲杀之。叔孙为丙铸钟，钟成，丙不敢击，使竖牛请之叔孙。竖牛不为请，又欺之曰：“吾已为尔请之矣，使尔击之。”丙因击之。叔孙闻之曰：“丙不请而擅击钟。”怒而逐之。丙出走齐。居一年，竖牛为谢叔孙，叔孙使竖牛召之，又不召而报之曰：“吾已召之矣，丙怒甚，不肯来。”叔孙大怒，使人杀之。二子已死，叔孙有病，竖牛因独养之而去左右，不内人〔1〕，曰：“叔孙不欲闻人声。”不食而饿杀。叔孙已死，竖牛因不发丧也，徙其府库重宝，空之而奔齐。夫听所信之言而子父为人僇〔2〕，此不参之患也。

【注释】

〔1〕内：通“纳”。

〔2〕僇：通“戮”。

【译文】

叔孙豹做鲁国的相国，地位尊贵而专权独断。他所宠爱的人叫竖牛，也独自执掌叔孙的命令。叔孙有个儿子叫仲壬，竖牛妒忌他而想杀了他，便和仲壬一起到鲁国的君主处游玩。鲁国的国君赏给他一只玉环，仲壬拜谢了国君，接受了这玉环，但不敢佩带它，而让竖牛去向叔孙请示这件事。竖牛欺骗他说：“我已经为你请示过了，让你佩带它。”仲壬便佩带了这只玉环。竖牛便对叔孙说：“为什么不带仲壬去拜见国君呢?”叔孙说：“小孩子哪里够得上去见国君?”竖牛马上说:“仲壬早已多次见过国君了。国君还赏给他玉环,仲壬已经把它佩带在身上了。”叔孙便召来仲壬一看,他果然佩戴着玉环,叔孙生气了,便杀了仲壬。仲壬的哥哥名叫孟丙,竖牛又妒忌他而想杀了他。叔孙给孟丙铸造一口钟,钟造成后,孟丙不敢敲,让竖牛去向叔孙请示这件事。竖牛不给他去请示,又欺骗他说:“我已经为你请示过了,让你敲它。”孟丙便敲了钟。叔孙听到钟声后说:“孟丙不来请示而擅自敲钟。”于是愤怒地把他驱逐了。孟丙出国逃跑到齐国。过了一年,竖牛替孟丙向叔孙谢罪,叔孙便派竖牛把他召回,竖牛又不去召他而报告叔孙说:“我已经召过他了,孟丙愤怒得很,不肯回来。”叔孙大发雷霆,派人去把孟丙杀了。两个儿子已经死了,叔孙生了重病,竖牛便单独一个人来护理他而撤去了叔孙的侍从,不让别人进去见叔孙,说:“叔孙不想听见别人的声音。”于是就不给叔孙吃东西而把他饿死了。叔孙已经死了,竖牛便不发丧,而去搬运叔孙金库中的贵重宝物,把它们都搬光了,然后逃到了齐国。叔孙听信了自己所信任的人的话而使父子三人被人杀害,这是对臣下的话没有加以多方验证的祸患啊。

30.1.7 江乙为魏王使荆,谓荆王曰:“臣入王之境内,闻王之国俗曰:‘君子不蔽人之美,不言人之恶。’诚有之乎?”王曰:“有之。”“然则若白公之乱[1],得庶无危乎!诚得如此,臣免死罪矣。”

【注释】

〔1〕白公:即白公胜,春秋时楚平王太子建之子。公元前479年,白公胜在吴国被召回后作乱,杀死令尹子西、司马子期,劫持楚惠王,控制了楚国国都,后被叶公打败,自缢死。

【译文】

江乙为魏王出使到楚国,对楚王说:“我进入到大王的国境内，听说贵国的习俗是：‘君子不掩盖别人的善行美德，不谈说别人的罪恶行径。’真有这种习俗吗?”楚王回答说：“有这种习俗。”江乙说：“这样的话，那么像白公之类的造反作乱，该差不多没有危险了吧！果真能像这样，臣子就可以免除死罪了。”

30.1.8　卫嗣君重如耳〔1〕，爱世姬〔2〕，而恐其皆因其爱重以壅己也，乃贵薄疑以敌如耳，尊魏姬以耦世姬，曰：“以是相参也〔3〕。”嗣君知欲无壅，而未得其术也。夫不使贱议贵、下必坐上〔4〕，而必待势重之钧也而后敢相议〔5〕，则是益树壅塞之臣也。嗣君之壅乃始。

【注释】

〔1〕如耳：战国时魏国人，在卫国做官。

〔2〕世：通“泄”。世姬：卫嗣君的宠妃，姓泄。

〔3〕参：并列，引申指对抗，牵制。

〔4〕坐：判罪受罚，这里指“连坐”。下必坐上：指上司有罪，部下不告发，就与上司同样判罪受罚。

〔5〕钧：通“均”。

【译文】

卫嗣君器重如耳，宠爱世姬，但又怕他们都靠了自己的宠爱、器重来蒙蔽自己，于是就提高薄疑的地位来和如耳匹敌，尊重魏姬来和世姬相对，说：“我用这种方法来使他们互相牵制。”卫嗣君意识到自己要不被臣子蒙蔽，却还没有懂得使自己不被蒙蔽的方法。如果不使地位卑贱的人去议论地位高贵的人，不使隐瞒上司罪行的部下一定与他们犯罪的上司同样被判罪，而一定要等到臣下权势相等以后才敢互相议论，那么这便是更多地培植了蒙蔽自己的臣子。卫嗣君的被蒙蔽也就从此开始了。

30.1.9　夫矢来有乡[1]，则积铁以备一乡；矢来无乡，则为铁室以尽备之。备之则体不伤。故彼以尽备之不伤，此以尽敌之无奸也。

【注释】

〔1〕乡：通“向”。

【译文】

箭射过来的时候如果有一定的方向，那就用铁堆积成铁墙来防备这一个方向；箭射过来的时候如果没有一定的方向，那就要建造铁屋来全面地防备它。这样来防备箭，那么身体才不会受到伤害。那防箭的人要靠全面地防备才能不受到伤害，这做君主的就要靠全面地去对付臣下才能不发生奸邪的事情。

30.1.10　庞恭与太子质于邯郸，谓魏王曰：“今一人言市有虎，王信之乎？”曰：“不信。”“二人言市有虎，王信之乎？”曰：“不信。”“三人言市有虎，王信之乎？”王曰：“寡人信之。”庞恭曰：“夫市之无虎也明矣，然而三人言而成虎。今邯郸之去魏也远于市，议臣者过于三人，愿王察之。”庞恭从邯郸反[1]，竟不得见。

【注释】

〔1〕反：通“返”。

【译文】

魏国的臣子庞恭将与太子一起到邯郸去充当人质，就对魏王说：“现在有一个人说集市上有老虎，大王相信它吗？”魏王说：

“不相信。”庞恭又说：“有两个人说集市上有老虎，大王相信它吗？”魏王说：“不相信。”庞恭又说：“有三个人说集市上有老虎，大王相信它吗？”魏王说：“我相信它了。”庞恭说：“集市上没有老虎是很明显的，但是三个人一说就变成了有老虎。现在邯郸离魏国比集市远得多，而议论我的又超过了三个人，希望大王明察他们的话。”庞恭从邯郸回来后，终于不能够再进见魏王了。

30.2.0　二

【译文】

对第二条经文的解说

30.2.1　董阏于为赵上地守〔1〕。行石邑山中，涧深，峭如墙，深百仞，因问其旁乡左右曰〔2〕：“人尝有入此者乎？”对曰：“无有。”曰：“婴儿、痴聋、狂悖之人尝有入此者乎？”对曰：“无有。”“牛马犬彘尝有入此者乎？”对曰：“无有。”董阏于喟然太息曰：“吾能治矣。使吾治之无赦，犹入涧之必死也，则人莫之敢犯也，何为不治之？”

【注释】

〔1〕上地：即上郡，在今陕西榆林至延安一带。

〔2〕旁（bàng）：同“傍”，靠近，指临涧而住的人。乡（xàng）：同“向”，面向，指面对山涧而住的人。

【译文】

董阏于做了赵国上郡的郡守。有一次他巡视来到石邑的山中，那山涧很深，两边的山壁峻峭得像墙一样，有七百多尺深，于是他便询问那些居住在山涧附近的人说："老百姓曾经有掉进这山涧的吗？"他们回答说："没有。"他又问："小孩、呆子、聋子、精神错乱的人曾经有掉进这山涧的吗？"他们回答说："没有。"他又问："牛马狗猪曾经有掉进这山涧的吗？"他们回答说："没有。"董阏于感慨地长叹说："我能治理人民了。假如我对犯法的人坚决惩处而不加赦免，使他们像掉进这山涧一样一定会死亡，那么人们就没有谁再敢违犯法令了，为什么不能把他们治理好呢？"

30.2.2 子产相郑，病将死，谓游吉曰："我死后，子必用郑，必以严莅人。夫火形严，故人鲜灼〔1〕；水形懦，人多溺。子必严子之形，无令溺子之懦故。"子产死，游吉不肯严形，郑少年相率为盗，处于雚泽〔2〕，将遂以为郑祸。游吉率车骑与战，一日一夜，仅能克之。游吉喟然叹曰："吾蚤行夫子之教〔3〕，必不悔至于此矣。"

【注释】

〔1〕鲜(xiǎn)：少。

〔2〕雚(huán)：通"萑"(huán)。雚泽：又称"萑苻(pú)之泽"，是芦苇丛生的水泽，位于今河南省中牟县。

〔3〕蚤：通"早"。

【译文】

子产做郑国的相国，病得快要死了，对游吉说："我死了以后，您一定会在郑国执政，您一定要用严厉的手段来治理民众。火的样子是严厉的，所以人们很少被它烧伤；水的样子是懦弱的，所以人们多被它淹死。您必须使您的形象严厉，不要使人们因为您懦弱的缘故而淹死了。"子产死了，游吉不肯使自己的形象变得严厉可怕，郑国的青少年互相拉拢结伙做了强盗，盘踞萑泽中，将因此而发展成为郑国的祸患。游吉带了兵马和他们作战，打了一天一夜，才算把他们打败了。游吉感慨地叹息说："我如果早一点奉行子产先生的教导，一定不会懊悔到这般地步了。"

30.2.3　鲁哀公问于仲尼曰："《春秋》之记曰〔1〕：'冬十二月，賈霜〔2〕，不杀菽。'何为记此？"仲尼对曰："此言可以杀而不杀也。夫宜杀而不杀，桃李冬实。天失道，草木犹犯干之〔3〕，而况于人君乎！"

【注释】

〔1〕《春秋》：此指未经孔丘修订过的鲁国史书。今传《春秋·僖公三十三年》云："冬十月，公如齐。十有二月，公至自齐。乙巳，公薨于小寝。陨霜，不杀草。李梅实。"

〔2〕賈：通"陨"。

〔3〕干：犯。

【译文】

鲁哀公问孔丘说："《春秋》的记载说：'冬天十二月，下霜，没有摧残豆类作物。'为什么要记载这件事呢？"孔丘回答说："这是为了说明可以摧残它而没有摧残它。应该加以摧残却不加摧残，那么桃树、李树就会在冬天结果实了。天失去了常规，草木尚且要侵犯它，更何况是君主呢？"

30.2.4　殷之法，刑弃灰于街者。子贡以为重〔1〕，问之仲尼。仲尼曰："知治之道也。夫弃灰于街必掩人，掩人，人必怒，怒则斗，斗必三族相残也〔2〕，此残三族之道也，虽刑之可也。且夫重罚者，人之所恶也；而无弃灰，人之所易也。使人行之所易，而无离所恶[3]，此治之道。”

【注释】

〔1〕子贡：见23.22注。

〔2〕三族：父族、母族、妻族。

〔3〕离：通“罹”，遭受。

【译文】

商朝的法律规定，对于倒灰在街道上的人要处以刑罚。子贡认为这种刑律太重了，便拿它去问孔丘。孔丘说：“这法律说明商朝人懂得了治理民众的办法。因为把灰倒在街道上就一定会到处飞扬而扑面盖人，灰烬扑面盖人，那么人们就一定会发怒，发怒了就会争斗，争斗的结果就一定会使家族之间互相残杀，所以这种把灰倒在街道上的行为是残害家族的做法，就是惩处它也是可以的。况且那重刑，是人们所厌恶的；而不倒灰，是人们所容易办到的事。使人们做他们所容易办到的事，来避免遭受他们所厌恶的刑罚，这就是治理民众的办法。”

30.2.5　一曰：殷之法，弃灰于公道者断其手。子贡曰：“弃灰之罪轻，断手之罚重，古人何太毅也[1]？”曰：“无弃灰，所易也；断手，所恶也。行所易，不关所恶[2]，古人以为易，故行之。”

【注释】

〔1〕毅：严酷。

〔2〕关：入。

【译文】

另外一种说法是：商朝的法律规定，把灰倒在公用道路上的，要斩断他的手。子贡说："倒灰的罪行很轻，而斩断手的刑罚很重，古代的人为什么会这样超乎寻常的残酷无情呢？"孔子说："不倒灰，是人们容易做到的；斩断手，是人们所厌恶的。使人们做他们容易做到的事，而不陷入他们所厌恶的刑罚之中，古代的人认为这是容易实行的，所以才推行这种刑法。"

30.2.6 中山之相乐池以车百乘使赵，选其客之有智能者以为将行〔1〕，中道而乱。乐池曰："吾以公为有智，而使公为将行。今中道而乱，何也？"客因辞而去，曰："公不知治。有威足以服人，而利足以劝之，故能治之。今臣，君之少客也。夫从少正长〔2〕，从贱治贵，而不得操其利害之柄以制之，此所以乱也。尝试使臣〔3〕：彼之善者我能以为卿相，彼不善者我得以斩其首，何故而不治？"

【注释】

〔1〕将(jiàng)行：带领队伍的人。

〔2〕从：以。

〔3〕尝试：如果。

【译文】

中山国的相国乐池带领一百辆车马出使赵国，他选择了自己门客中一个有才智有能力的人作为领队，在半路上车队却混乱起来。乐池对他说："我认为您是很有才智的，所以让您当领队。现在到了半路上却乱作一团，这是为什么呢？"这门客便告辞要离去，说："您不懂得治人的方法。有了用刑的威权就可以用来使人屈服，而爵禄的奖赏可以用来鼓励人，所以能将人治理好。现在我，只是您的一个年轻卑微的门客。由年轻的管理年长的，由地位低下的管理地位高贵的，而又不能掌握那赏罚大权来控制他们，这就是队伍起乱的原因。假如您能使我有这样的权力：队伍中表现好的我能把他们任命为卿相，他们之中表现不好的我可以杀他们的头，那还有什么缘故不能治理好他们呢？”

30.2.7　公孙鞅之法也重轻罪。重罪者，人之所难犯也；而小过者，人之所易去也。使人去其所易，无离其所难[1]，此治之道。夫小过不生，大罪不至，是人无罪而乱不生也。

【注释】

〔1〕离：通“罹”，遭受。

【译文】

公孙鞅制定的法律，把轻罪当作重罪来惩处。重罪，是人们不容易犯的；而小错误，是人们不难去掉的。使人们去掉他们容易去掉的小错误，不要去触犯他们不容易犯的重罪，这是治理民众的原则。因为那小错误如果不发生，那么重大的罪行也就不会出现了，这样，人们就没有犯罪的，而祸乱也就不会发生了。

30.2.8　一曰：公孙鞅曰[1]：“行刑，重其轻者。轻者不至，重者不来，是谓以刑去刑也。”

【注释】

〔1〕下面的话摘自《商君书·靳令》。

【译文】

另一种说法是：公孙鞅说：“执行刑罚，对那犯轻罪的人要处以重罚。这样，犯轻罪的人就不会有了，而犯重罪的人就更不会出现了，这叫做用刑罚来去掉刑罚。”

30.2.9 荆南之地，丽水之中生金，人多窃采金。采金之禁：得而辄辜磔于市[1]。甚众，壅离其水也，而人窃金不止。大罪莫重辜磔于市，犹不止者，不必得也。故今有于此曰[2]：“予汝天下而杀汝身。”庸人不为也。夫有天下，大利也，犹不为者，知必死。故不必得也，则虽辜磔，窃金不止；知必死，则虽予之天下不为也。

【注释】

〔1〕辜磔：见3.2注。

〔2〕有：当作“有人”。

【译文】

楚国南部某地的丽水之中出产金子，有很多人偷偷地去采金子。关于偷采金子的禁令规定：抓住就马上在街头分尸示众。被分尸示众的人很多，尸体堵塞中断了那水流，但人们偷采金子还是没个完。对大罪的惩处没有比在街头分尸示众更重的了，而偷采金子仍然没个完，这是因为偷采金子不一定被抓获的缘故。所以，现在假如有人在这里说：“给你统治天下的大权而把你杀掉。”那就是平常的人也不会去干。拥有统治天下的大权，是很大的利益，但是仍然不会去干，这是因为他知道自己一定要被杀死。所以，不一定被抓获，那么即使要被分尸示众，那偷采金子的事仍然没个完；如果知道一定会死，那么就是给他统治天下的大权，人们也不会去干。

30.2.10 鲁人烧积泽。天北风，火南倚，恐烧国。

哀公惧，自将众趣救火〔1〕。左右无人，尽逐兽，而火不救，乃召问仲尼。仲尼曰："夫逐兽者乐而无罚，救火者苦而无赏，此火之所以无救也。"哀公曰："善。"仲尼曰："事急，不及以赏；救火者尽赏之，则国不足以赏于人。请徒行罚。"哀公曰："善。"于是仲尼乃下令曰："不救火者，比降北之罪〔2〕；逐兽者，比入禁之罪。"令下未遍而火已救矣。

【注释】

〔1〕趣(cù)：通"促"。

〔2〕比：比照，等同。

【译文】

鲁国人放火焚烧积泽。当时天刮北风，火势向南偏斜蔓延，恐怕要烧到国都了。哀公害怕了，亲自率领众人赶去救火。身边没有人了，人们都去追逐积泽中跑出来的野兽，因而大火不能扑灭，于是就把孔丘召来询问。孔丘说："追逐野兽的人快乐而不受处罚，救火的人辛苦而没有奖赏，这就是大火不能被扑灭的原因。"哀公说："说得好。"孔丘说："现在事情很急，来不及用论功行赏的办法了；而且，救火的人都给他们奖赏，那么国家的财富也不够用来赏给这些救火的人。请您单单使用刑罚。"哀公说："好。"于是孔丘就下命令说："不去救火的，与投降败逃的罪行相同；追逐野兽的，与闯入禁地的罪行相同。"命令下达后还没有传遍而大火已经扑灭了。

30.2.11 成欢谓齐王曰："王太仁，太不忍人。"王曰："太仁，太不忍人，非善名邪〔1〕？"对曰："此人臣之善也，非人主之所行也。夫人臣必仁，而后可与谋；不忍人，而后可近也；不仁，则不可与谋；忍人，则不可近也。”王曰：“然则寡人安所太仁？安不忍人？”对曰：“王太仁于薛公[2]，而太不忍于诸田。太仁薛公，则大臣无重；太不忍诸田，则父兄犯法。大臣无重，则兵弱于外；父兄犯法，则政乱于内。兵弱于外，政乱于内，此亡国之本也。”

【注释】

〔1〕邪：通“耶”。

〔2〕薛公：即靖郭君，见 23.34 注。

【译文】

成欢对齐王说：“大王太仁慈，对人太不狠心了。”齐王说：“太仁慈，对人太不狠心，这不是好名声吗？”成欢回答说：“这是臣下的优良品德，而不是君主所奉行的道德准则。臣下一定要仁慈，然后才可以和他商量事情；对人不狠心，然后才可以和他接近；如果不仁慈，就不能和他计议事情；如果对人狠心，就不能和他接近。”齐王说：“这样的话，那么我什么地方太仁慈？哪里对人太不狠心？”成欢回答说：“大王对薛公田婴太仁慈，而对田氏宗族太不狠心。对薛公太仁慈，那么大权就被薛公所垄断而大臣就没有了权势；对田氏宗族太不狠心，那么您那些同族的叔伯和兄弟就会肆意违犯法令。大臣没有了权势，就无法指挥士卒，那么对外必定会兵力削弱；您同族的叔伯和兄弟肆意违犯法令，那么在国内必定会政治混乱。对外兵力削弱，国内政治混乱，这是亡国的祸根啊。”

30.2.12　魏惠王谓卜皮曰[1]：“子闻寡人之声闻亦何如焉？”对曰：“臣闻王之慈惠也。”王欣然喜曰：“然则功且安至？”对曰：“王之功至于亡。”王曰：“慈惠，行善也。行之而亡，何也？”卜皮对曰：“夫慈者不忍，而惠者好与也。不忍，则不诛有过；好予，则不待有功而赏。有过不罪，无功受赏，虽亡，不亦可乎？”

【注释】

〔1〕魏惠王：战国时魏国君主，又称为梁惠王，名罃。

【译文】

魏惠王对卜皮说：“您听说我的名声怎么样？”卜皮回答说：“我听说大王为人仁慈惠爱。”魏惠王沾沾自喜地说：“这样的话，那么我的功业将达到什么程度？”卜皮回答说：“大王的功业是走向灭亡。”魏惠王说：“仁慈惠爱，这德行是美好的。奉行了它却会灭亡，这是为什么呢？”卜皮回答说：“仁慈的人不狠心，而惠爱的人喜欢施舍。不狠心，那就不会惩处犯错误的人；喜欢施舍，那就不等人们立功就会行赏。有了错误不加惩处，没有功劳却受到奖赏，这种不懂赏罚的君主就是灭亡，不也是可以的吗？”

30.2.13　齐国好厚葬，布帛尽于衣衾，材木尽于棺椁。桓公患之，以告管仲曰：“布帛尽，则无以为蔽[1]；材木尽，则无以为守备，而人厚葬之不休，禁之奈何？”管仲对曰：“凡人之有为也，非名之，则利之也。”于是乃下令曰：“棺椁过度者，戮其尸，罪夫当丧者。”夫戮死，无名；罪当丧者，无利。人何故为之也？

【注释】

〔1〕蔽：遮蔽，指军队中用来遮蔽车马的帐幕。

【译文】

齐国人喜欢奢侈地举行葬礼，棉麻丝织品全都用于做死人的衣服和被子，好木料全都用于做棺材。齐桓公为此感到忧虑，把这事告诉给管仲说："棉麻丝织品用完了，那就没有什么东西可以用来做遮蔽车马的帷帐了；木材用完了，那就没有什么东西可以用来修筑防御工事了。但人们奢侈地举行葬礼却没有个完，要禁止他们这么搞，该怎么办？"管仲回答说："大致说来，人们做某一件事，不是为了从这件事中取得名誉，就是为了从这件事中取得利益。"于是就下命令说："寿衣、棺材超过规定的，就斩断那尸体，并处罚那个掌管丧事的人。"斩断死尸，就没有了名誉；处罚掌管丧事的人，就没有了利益。人们为什么要去做它呢？

30.2.14　卫嗣君之时，有胥靡逃之魏，因为襄王之后治病[1]。卫嗣君闻之，使人请以五十金买之，五反而魏王不予[2]，乃以左氏易之[3]。群臣左右谏曰："夫以一都买一胥靡，可乎？"王曰："非子之所知也。夫治无小而乱无大。法不立而诛不必，虽有十左氏无益也；法立而诛必，虽失十左氏无害也。"魏王闻之曰："主欲治而不听之，不祥。"因载而往，徒献之。

【注释】

〔1〕襄王：魏国国君，魏惠王之子，名嗣，公元前318年—公元前296年在位。

〔2〕反：通"返"。

〔3〕左氏：卫国的城邑，在今山东曹县西北。

【译文】

卫嗣君的时候，有个囚犯逃到了魏国，因而给魏襄王的王后治病。卫嗣君听说了这件事，就派人去向魏襄王请求用五十金买回这个囚犯，往返了五次而魏襄王还是不肯给，于是卫嗣君就用左氏城去换回这个囚犯。大臣们以及卫嗣君身边的侍从劝谏说："用一个大城去买回一个囚犯，值得么?"卫嗣君说："这不是你们所能懂得的事。治乱之事并没有小大之分。法令不能确立而处罚不能坚决实施，即使有了十个左氏城也没有什么好处；法令确立了而处罚一定能实施，即使失去了十个左氏城也没有什么妨害。"魏襄王听到了这些话后说："卫嗣君想要治理好国家，我如果不听从他，就不吉利了。"于是就把囚犯用车子装了送去，不收受钱物和城邑而白白献给了卫嗣君。

30.3.0　三

【译文】

对第三条经文的解说

30.3.1　齐王问于文子曰："治国何如?"对曰："夫赏罚之为道，利器也〔1〕。君固握之，不可以示人。若如臣者，犹兽鹿也，唯荐草而就〔2〕。"

【注释】

〔1〕利器：见21.4.1注。

〔2〕荐：茂盛的草。

【译文】

齐王问文子说："怎样来治理国家?"文子回答说："赏罚作为治国的原则，是一种权术。君主要牢固地掌握它，不可以给别人看。至于像臣子这类人，他们贪图厚赏，就像野兽中的鹿一样，只要是肥美的草，便会跑过去。"

30.3.2 越王问于大夫文种曰[1]：“吾欲伐吴，可乎?”对曰：“可矣。吾赏厚而信，罚严而必。君欲知之，何不试焚宫室?”于是遂焚宫室，人莫救之。乃下令曰：“人之救火者死，比死敌之赏；救火而不死者，比胜敌之赏；不救火者，比降北之罪。”人涂其体被濡衣而走火者[2]，左三千人，右三千人。此知必胜之势也。

【注释】

〔1〕文种：见23.29注。

〔2〕被：通“披”。

【译文】

越王勾践问大夫文种说：“我想讨伐吴国，可以吗?”文种回答说：“可以了。因为我们的奖赏优厚而且守信用，刑罚严厉而且必定实行。您如果想要了解这一点，为什么不烧一下房子来试一试呢?”于是就放火焚烧房屋，人们都不去救它。于是下达命令说：“人去救火的如果死了，就比照战死在敌阵的奖赏加以奖赏；救火如果没有死的，就比照战胜敌人的奖赏进行奖赏；不救火的，就比照投降败退的罪行进行处罚。”命令一下达，人们用烂泥涂在自己的身体上披着湿衣服而奔赴火海的，左边有几千人，右边有几千人。从这件事情中就可以知道必将战胜吴国的趋势了。

30.3.3 吴起为魏武侯西河之守[1]。秦有小亭临境，吴起欲攻之。不去，则甚害田者；去之，则不足以征甲兵。于是乃倚一车辕于北门之外而令之曰：“有能徙此南门之外者，赐之上田、上宅。”人莫之徙也。及有徙之者，还赐之如令[2]。俄又置一石赤菽东门之外而令之曰："有能徙此于西门之外者，赐之如初。"人争徙之。乃下令曰："明日且攻亭，有能先登者，仕之国大夫，赐之上田宅。"人争趋之。于是攻亭，一朝而拔之。

【注释】

〔1〕魏武侯：名击，文侯之子，战国时魏国国君。西河：见3.2注。

〔2〕还(xuán)：通"旋"。

【译文】

吴起做魏武侯的西河郡守。秦国有一座小的边防岗亭面临边境，吴起想攻占它。因为如果不除去这个岗亭，那么它对魏国的种田人危害很大，人们都不敢在那附近种地；但如果要除去它，那么又不值得为了这点小事去征集军队。于是他就把一根车辕靠在北门的外面而向人们发布命令说："有谁能把这根车辕搬到南门的外面，就赐给他上等的农田和上等的住宅。"但人们没有一个去搬动它。等到后来有人把它搬去了，就马上按照命令给他赏赐。过了一会儿吴起又把一石赤豆放置在东门的外面而向人们发布命令说："有谁能把这石赤豆搬到西门的外面，就像第一次那样给他赏赐。"于是人们争着去搬迁它。于是吴起又下令说："明天将攻取那座岗亭，有谁能率先登上这岗亭的，任命他当国大夫的官，赐给他上等的农田和住宅。"人们争相奔走前来应募。于是吴起下令攻打这岗亭，一个早晨就把它攻克了。

30.3.4　李悝为魏文侯上地之守〔1〕，而欲人之善射也，乃下令曰："人之有狐疑之讼者，令之射的〔2〕，中之者胜，不中者负。"令下而人皆疾习射，日夜不休。及与秦人战，大败之，以人之善战射也。

【注释】

〔1〕魏文侯：见22.11注。

〔2〕的：箭靶子。

【译文】

李悝做魏文侯上党地区的郡守，想要人民善于射箭，于是就下令说："人们有疑虑而不能决断的诉讼，就叫他们射箭靶，射中箭靶的就胜诉，射不中箭靶的就败诉。"命令一下而人们都急忙练习射箭，日夜不息。等到和秦国人打仗，便把秦国的军队打得大败，因为他的人民都善于作战射箭啊。

30.3.5　宋崇门之巷人服丧而毁，甚瘠，上以为慈爱于亲，举以为官师[1]。明年，人之所以毁死者岁十余人。子之服亲丧者，为爱之也，而尚可以赏劝也，况君上之于民乎！

【注释】

〔1〕官师：士一类的小官。

【译文】

宋国崇门的一个里弄居民为亲人守丧而哀痛地饿坏自己的身体，饿得很瘦弱，君主认为他对亲人非常仁爱，于是就提拔他让他做了个小官。第二年，人们因此而饿坏自己身体以致死亡的一年有十多人。子女为父母亲服丧，是因为爱父母，但还是可以用奖赏来鼓励，更何况是君主对于民众呢！

30.3.6　越王虑伐吴，欲人之轻死也，出见怒蛙[1]，乃为之式。从者曰："奚敬于此？"王曰："为其有气故也。"明年之请以头献王者岁十余人。由此观之，誉之足以杀人矣。

【注释】

〔1〕怒蛙：鼓着腮帮子的青蛙，因为它看上去好像有怒气，所以称为“怒蛙”。

【译文】

越王勾践图谋讨伐吴国，想要人们看轻死亡而拼死去作战。他外出看见鼓着腮帮子似含怒气的青蛙，于是就低头靠在车前的横木上对它表示敬意。随从说：“为什么要对这种东西表示敬意呢？”越王说：“因为它有勇气的缘故。”第二年，愿意拿自己的脑袋献给越王的一年有十多个人。从这一点来看，赞誉足够用来杀人了。

30.3.7　一曰：越王勾践见怒蛙而式之。御者曰：“何为式？”王曰：“蛙有气如此，可无为式乎？”士人闻之曰：“蛙有气，王犹为式，况士人有勇者乎！”是岁，人有自刭死以其头献者。故越王将复吴而试其教：燔台而鼓之，使民赴火者，赏在火也；临江而鼓之，使人赴水者，赏在水也；临战而使人绝头刳腹而无顾心者，赏在兵也。又况据法而进贤，其助甚此矣〔1〕。

【注释】

〔1〕助：当为“劝”字之误。

【译文】

另一种说法是：越王勾践看见鼓着腮帮子似含怒气的青蛙而低头靠在车轼上对它表示敬意。驾车的说：“为什么要靠在车轼上对它表示敬意呢?”越王说:“青蛙有这样的勇气,能不为它靠在车轼上表示敬意吗?”武士们听说了这件事,说:“青蛙有勇气,大王尚且为它靠在车轼上表示敬意,更何况是武士中有勇气的呢!”这一年,越国人之中便有自刎死了把自己的头献给越王的。过去越王将要报复吴国的时候试验过自己的训练效果:放火焚烧了高台而敲击战鼓令人前进,之所以能使人们扑向火海,是因为奖赏存在于扑进火里;面对大江而敲击战鼓令人前进,之所以能使人们扑进水里,是因为奖赏存在于扑进水里;面对战争能使人们断头剖腹而没有反顾之心,是因为奖赏存在于作战之中。更何况根据法制提升贤能的人,它的鼓励作用就比这更大了。

30.3.8　韩昭侯使人藏弊裤,侍者曰:“君亦不仁矣,弊裤不以赐左右而藏之。”昭侯曰:“非子之所知也。吾闻明主之爱一嚬一笑[1],嚬有为嚬,而笑有为笑。今夫裤,岂特嚬笑哉?裤之与嚬笑相去远矣。吾必待有功者,故收藏之未有予也。”

【注释】

〔1〕嚬(pín):通“颦”,皱眉,表示担忧。

【译文】

韩昭侯派人把破裤子藏了起来,侍从说:“您也太不仁慈了,连破裤子也不拿来赠送给身边的侍从而把它都藏了起来。”韩昭侯说:“这不是您所能懂得的事情。我听说英明的君主对自己的皱一皱眉头或笑一笑都十分吝惜而不轻易表露,皱眉头有皱眉头的意图,而笑有笑的目的。现在那条破裤子,难道只是皱一下眉头和笑一下的事么?赠送裤子与皱眉头、笑一笑可相差得远啦。我一定要等待那有功劳的人才赏给他,所以把它收藏起来而没有送给人啊。”

30.3.9　鳣似蛇[1]，蚕似蠋[2]。人见蛇则惊骇，见蠋则毛起。然而妇人拾蚕，渔者握鳣，利之所在，则忘其所恶，皆为孟贲[3]。

【注释】

〔1〕鳣(shàn)：同“鳝”。

〔2〕蠋(zhú)：豆叶上的大青虫。

〔3〕孟贲：春秋时卫国的勇士。

【译文】

黄鳝像蛇，蚕像青虫。人看见蛇就惊慌害怕，看见青虫就汗毛竖起。但是妇女用手拾蚕，渔民手握黄鳝，有利可图的地方，人们就忘记了他们所厌恶的形状，都成了孟贲那样的勇士。

30.4.0　四

【译文】

对第四条经文的解说

30.4.1　魏王谓郑王曰[1]：“始郑、梁一国也[2]，已而别，今愿复得郑而合之梁。”郑君患之，召群臣而与之谋所以对魏。公子谓郑君曰：“此甚易应也。君对魏曰：‘以郑为故魏而可合也，则弊邑亦愿得梁而合之郑[3]。’”魏王乃止。

【注释】

〔1〕郑王：即韩王，参见22.4注。

〔2〕梁：即魏。魏惠王九年(公元前361年)迁都大梁(今河南开封西

北），所以魏又称梁。

〔3〕弊：通“敝”。

【译文】

魏王对韩王说：“起初韩、魏是一个国家，都属晋国，后来才分开，现在我希望再得到韩国而把它并入魏国。”韩王为这件事担忧，就召见群臣和他们谋划答复魏国的方法。公子对韩王说：“这很容易回答。您答复魏王说：‘如果因为韩国是过去的魏国而可以合并，那么敝国也希望得到魏国而把它并入韩国。’”魏王于是就罢休了。

30.4.2　齐宣王使人吹竽[1]，必三百人。南郭处士请为王吹竽[2]，宣王说之[3]，廪食以数百人。宣王死，湣王立[4]，好一一听之，处士逃。

【注释】

〔1〕齐宣王：战国时齐国国君，田氏，名辟疆，他曾继其祖桓公、父威王在稷下广置学宫，招揽学者。

〔2〕处士：隐居未做官的读书人。

〔3〕说：通“悦”。

〔4〕湣王：见14.8注。

【译文】

齐宣王让人吹竽，一定要三百个人一起吹。南郭先生请求为宣王吹竽，宣王很喜欢他，由官仓供给他的粮食与供养几百个人一样多。宣王死了以后，湣王登上了王位，喜欢一个一个地听人吹竽，南郭先生就逃跑了。

30.4.3　一曰：韩昭侯曰[1]：“吹竽者众，吾无以知其善者。”田严对曰：“一一而听之。”

【注释】

〔1〕韩昭侯：战国时韩国国君，公元前358年—公元前333年在位。

【译文】

另一种说法是，韩昭侯说：“吹竽的人众多，我没有办法了解那吹得好的。”田严回答说：“那就一个一个地听他们吹吧。”

30.4.4　赵令人因申子于韩请兵，将以攻魏。申子欲言之君，而恐君之疑己外市也；不则恐恶于赵；乃令赵绍、韩沓尝试君之动貌而后言之。内则知昭侯之意，外则有得赵之功〔1〕。

【注释】

〔1〕得：使……得意。

【译文】

赵国派人通过申子向韩国的国君请求援兵，准备用它来攻打魏国。申子想把这件事说给君主听，却又怕君主怀疑自己在与外国搞交易；如果不说，那么又怕得罪了赵国；于是就叫赵绍、韩沓先去试探君主的态度后再向君主说这件事。这样，在国内就知道了韩昭侯的心意，在国外便有讨好赵国的功效。

30.4.5　三国兵至韩〔1〕，王谓楼缓曰〔2〕：“三国之兵深矣！寡人欲割河东而讲，何如？”对曰：“夫割河东，大费也；免国于患，大功也。此父兄之任也，王何不召公子汜而问焉？”王召公子汜而告之，对曰：“讲亦悔，不讲亦悔。王今割河东而讲，三国归，王必曰：‘三国固且去矣，吾特以三城送之。’不讲，三国也入韩，则国必大举矣，王必大悔。王曰：‘不献三城也。’臣故曰：‘王讲亦悔，不讲亦悔。’”王曰：“为我悔也，宁亡三城而悔，无危乃悔。寡人断讲矣。”

【注释】

〔1〕韩：通“函”，指函谷关。

〔2〕王：指秦昭王。楼缓：战国时赵国人，当时任秦昭王的相。

【译文】

韩、魏、齐三国的军队已经到了函谷关，秦昭襄王对楼缓说：“三国的军队已经深入了！我想割让黄河以东的土地来和他们和解，怎么样？”楼缓回答说：“割让黄河以东的土地，这是一个很大的损失；而使国家从祸患中摆脱出来，又是一个伟大的功绩。这种事情的决策是您叔伯、兄长的责任，大王为什么不召公子汜来向他咨询一下呢？”秦昭襄王召来公子汜而把这件事告诉了他，公子汜回答说：“和解也要后悔，不和解也要后悔。大王现在如果割让黄河以东的土地去和他们讲和，三国的军队回去了，大王一定会说：‘三国的军队本来就要撤离了，我只是把这三个城邑白白地送给了他们。’如果不和他们讲和，三国的军队一进入函谷关，那么国都咸阳一定会全部沦丧，大王一定会非常悔恨。大王一定会说：‘这是因为没有献上三个城邑的缘故啊。’所以我说：‘大王和解也要后悔，不和解也要后悔。’”秦昭襄王说：“如果我后悔的话，宁愿丢了三个城邑而后悔，也不能让国家遭到危亡后才后悔。我决定和他们讲和了。”

30.4.6　应侯谓秦王曰：“王得宛、叶、蓝田、阳夏〔1〕，断河内〔2〕，困梁、郑，所以未王者，赵未服也。

弛上党[3]，在一而已，以临东阳[4]，则邯郸口中虱也。王拱而朝天下，后者以兵中之[5]。然上党之安乐，其处甚剧，臣恐弛之而不听，奈何?”王曰：“必弛易之矣。”

【注释】

〔1〕宛、叶、蓝田、阳夏：原来都是楚国的领地。宛位于今河南南阳市，叶位于今河南叶县，蓝田位于今湖北荆门市东南，阳夏位于今河南太康县。

〔2〕河内：魏国之地，即今河南北部黄河以北地区。

〔3〕上党：见1.4注，此时已为秦国攻取。

〔4〕东阳：见1.4注。

〔5〕中(zhòng)：击。

【译文】

应侯范雎对秦昭襄王说：“大王已经夺取了宛、叶、蓝田、阳夏，封锁了河内地区，围困了魏国、韩国，之所以还没有成就称王天下的大业，是因为赵国还没有被制服。放弃上党，损失的不过是一个郡罢了，将这兵力逼近东阳，那么邯郸就好像是放到嘴里的虱子一样难逃厄运了。大王拱着手使天下诸侯都来朝拜，来得晚的就用军队去攻打他。但是上党现在安定和乐，它的地势又十分险要，我怕放弃它的主张您不会听从，怎么办呢?”秦王说：“我决定放弃上党而把它的兵力调到东阳了。”

30.5.0　五

【译文】

对第五条经文的解说

30.5.1　庞敬，县令也。遣市者行，而召公大夫而还之[1]。立以间[2]，无以诏之，卒遣行。市者以为令与公大夫有言，不相信，以至无奸。

【注释】

〔1〕公大夫：管理市场的官。

〔2〕以：相当于“有”。

【译文】

庞敬，是县令。他派遣市场管理员去巡视，而招呼管理市场的公大夫让他们回来。站了一会儿，也没有命令他们什么，最后也就派遣他们去巡视了。市场管理员以为县令和公大夫另有什么嘱咐，也就不信任他们了，因此就不敢再为非作歹了。

30.5.2　戴欢，宋太宰。夜使人，曰：“吾闻数夜有乘辒车至李史门者，谨为我伺之。”使人报曰：“不见辒车，见有奉笥而与李史语者[1]，有间，李史受笥。”

【注释】

〔1〕奉：通“捧”。笥：一种方形竹器。

【译文】

戴欢，是宋国的太宰。他在夜里派遣一个人，对他说：“我听说这几天夜里有人坐着卧车来到李史的家门口，你要谨慎地为我监视他。”派出去的人回报说：“没有看见卧车，只看见有个捧着方形竹器的人在和李史讲话，过了一会儿，李史接过了这竹器。”

30.5.3 周主亡玉簪，令吏求之，三日不能得也。周主令人求，而得之家人之屋间。周主曰："吾之吏之不事事也。求簪，三日不得之，吾令人求之，不移日而得之[1]。"于是吏皆耸惧[2]，以为君神明也。

【注释】

〔1〕不移日：日影没移动，指时间很短。

〔2〕耸：通"悚"。

【译文】

周国的君主丢了玉簪，叫差役去找它，找了三天也没有能找到。周国的君主又叫别人去找，便在人家的屋里找到了它。周国的君主说："我的差役竟然这样不卖力办事。让他们找玉簪，找了三天也没有把它找到，我叫别人找它，不一会儿就把它找到了。"于是差役们都很恐惧，认为国君神通圣明。

30.5.4 商太宰使少庶子之市[1]，顾反而问之曰[2]："何见于市？"对曰："无见也。"太宰曰："虽然，何见也？"对曰："市南门之外甚众牛车，仅可以行耳。"太宰因诫使者："无敢告人吾所问于女。"因召市吏而诮之曰："市门之外何多牛屎？"市吏甚怪太宰知之疾也，乃悚惧其所也。

【注释】

〔1〕商：指宋国，因为宋国的君主是商王朝王族的后代，因而后世称宋为商。太宰：相当于宰相的官。

〔2〕顾：回。反：通"返"。

【译文】

宋国的太宰派一个年轻的家臣到市场上去，回来后便问他说："在市场上看见了些什么？"这家臣回答说："没有看见什么。"太宰说："即使这样，你还是要说说看见了什么？"这家臣回答说："市场南门外有很多的牛车，挤得仅仅可以通行罢了。"太宰便告诫这派出去的家臣："不要大胆地把我对你的问话告诉给别人。"于是就召来管理市场的官吏而责备他说："市场门外为什么有那么多的牛屎？"管理市场的官吏对太宰了解情况之迅速感到十分惊奇，于是就诚惶诚恐地谨守自己的职责了。

30.6.0 六

【译文】

对第六条经文的解说

30.6.1 韩昭侯握爪，而佯亡一爪，求之甚急，左右因割其爪而效之。昭侯以此察左右之诚不[1]。

【注释】

〔1〕不：通"否"。

【译文】

韩昭侯握着指甲，而假装掉了一只指甲，找它找得很急，他身边的侍从便剪了自己的指甲来献给他。韩昭侯就用这种方法来考察身边侍从的忠诚不忠诚。

30.6.2 韩昭侯使骑于县。使者报，昭侯问曰："何见也？"对曰："无所见也。"昭侯曰："虽然，何见?”曰:“南门之外,有黄犊食苗道左者。”昭侯谓使者:“毋敢泄吾所问于女。”乃下令曰:“当苗时,禁牛马入人田中固有令,而吏不以为事,牛马甚多入人田中。亟举其数上之;不得,将重其罪。”于是三乡举而上之[1]。昭侯曰:“未尽也。”复往审之,乃得南门之外黄犊。吏以昭侯为明察,皆悚惧其所而不敢为非。

【注释】

〔1〕乡:通“向”。

【译文】

韩昭侯派骑士到县城视察。这派出去的人来汇报,昭侯问他说:“看见了什么?”他回答说:“没有看见什么东西。”昭侯说:“即使这样,你还得说说看见了什么?”他说:“南门的外面,有头黄色的小牛在大路左边吃禾苗。”韩昭侯对这派出去的人说:“不准你随便把我对你的问话泄露出去。”于是就下达命令说:“当禾苗生长的时候,禁止牛马闯入农民的田里本来就有了命令,而小吏们却不把这命令当作一回事,以致有很多牛马闯入农民的田里。赶快把闯入农田的牛马数目举报上来;如果查不出来,就加重你们的罪责。”于是东门、西门、北门三个方向闯入农田的牛马数目被举报了上来。韩昭侯说:“还没有完全举报上来。”小吏们又去仔细查看了一下,便发现了南门外那黄色的小牛。小吏们认为韩昭侯能明察秋毫,于是都恐惧地谨守自己的职责而不敢为非作歹了。

30.6.3　周主下令索曲杖,吏求之数日不能得。周主私使人求之,不移日而得之。乃谓吏曰:“吾知吏不事事也[1]。曲杖甚易也,而吏不能得,我令人求之,不移日而得之。岂可谓忠哉?”吏乃皆悚惧其所，以君为神明。

【注释】

〔1〕事事：做事。前一个“事”是动词。

【译文】

周国的君主下达命令去搜寻一根头部弯曲的拐杖，小吏们找它找了好几天都没能找到。周国的君主私下派人去找它，没有多久就找到了它。于是他就对小吏们说：“我知道你们不肯好好办事。一根弯曲的拐杖很容易找到，而你们却不能找到，我叫人去找它，没有多久就找到了它。这难道可以说是你们对我的忠心吗?”小吏们于是都恐惧地谨守自己的职责，认为国君是神通圣明的。

30.6.4　卜皮为县令，其御史污濊而有爱妾〔1〕，卜皮乃使少庶子佯爱之，以知御史阴情。

【注释】

〔1〕御史：监察官。濊：通“秽”。

【译文】

卜皮做县令，他的御史行为下流肮脏而有一个宠爱的小老婆，卜皮便派了一个年轻的家臣假装去爱她，用这种办法来了解御史的隐私。

30.6.5　西门豹为邺令〔1〕，佯亡其车辖，令吏求之不能得，使人求之而得之家人屋间。

【注释】

〔1〕邺：在今河北省临漳县西南。

【译文】

西门豹做邺县的县令时，假装丢了那车轴头上的铁销，命令小吏去找它而没能找到，派别人去找它，便在老百姓的屋里找到了它。

30.7.0 七

【译文】

对第七条经文的解说

30.7.1 阳山君相卫〔1〕，闻王之疑己也，乃伪谤樛竖以知之。

【注释】

〔1〕阳山：应作山阳。 卫：指魏。当时卫国削弱而依附于魏国，所以“魏”与“卫”混称，参见6.1注。

【译文】

山阳君做魏国的相国，听说魏王猜疑自己，于是就假装诽谤魏王的宠臣樛竖来探测国君是否真的猜疑自己。

30.7.2 淖齿闻齐王之恶己也，乃矫为秦使以知之〔1〕。

【注释】

〔1〕矫：假托。

【译文】

淖齿听说齐湣王厌恶自己，于是就派人假装成秦国的使者来打听这件事。

30.7.3　齐人有欲为乱者，恐王知之，因诈逐所爱者，令走王知之[1]。

【注释】

〔1〕之：与上文“知之”的“之”相同，指代“为乱”。

【译文】

齐国有个人想要造反作乱，他怕齐王已经知道了这件事，于是就假意驱逐他所亲爱的人，让他们逃到齐王那里去了解齐王是否已经知道他要作乱。

30.7.4　子之相燕，坐而佯言曰：“走出门者何？白马也？”左右皆言不见。有一人走追之，报曰：“有。”子之以此知左右之不诚信。

【译文】

子之做燕国的相国时，坐在那里假言假语说：“跑出门的是什么？是匹白马吗？”身边的侍从都说没看见。有一个人跑着追出去观看，回报说：“有的。”子之用这种方法了解到了侍从中不老实的人。

30.7.5　有相与讼者，子产离之而无使得通辞，倒其言以告而知之。

【译文】

有相互争讼的人，子产把他们隔离开来，使他们不能互相通话，然后把他们的话倒过来去告诉另一方，从而了解到了他们的实情。

30.7.6　卫嗣公使人为客过关市[1]，关市苛难之[2]，因事关市，以金与关吏[3]，乃舍之。嗣公为关吏曰[4]："某时有客过而所[5]，与汝金，而汝因遣之。"关市乃大恐，而以嗣公为明察。

【注释】

〔1〕关：关口。市：集市。

〔2〕关市：这里以地代人，指代管理关市的人。

〔3〕关吏：相当于30.5.1的"公大夫"。

〔4〕为：通"谓"。

〔5〕而：通"尔"，你。

【译文】

卫嗣公派人假扮成外来的客商经过关口上的集市，那集市上的管理员刁难他，他便奉承贿赂他们，并拿金子送给了守关的小吏，于是这小吏便放了他。卫嗣公对守关的小吏说："某某时间，有一个外来的客商经过你这个地方，给了你金子，你便放他过去了。"这集市上的管理员于是十分恐惧，以为嗣公能明察秋毫。

第十卷

内储说下六微第三十一

（第三十一篇　积聚传说内下编六种隐微）

31.0.0　六微[1]：一曰权借在下，二曰利异外借，三曰托于似类，四曰利害有反，五曰参疑内争[2]，六曰敌国废置。此六者，主之所察也。

【注释】

〔1〕微：隐微，隐蔽。

〔2〕参：并。疑(nǐ)：通“儗”，比拟。参疑：并比，匹敌。

【译文】

六种隐微的情况：一是君主的权势转借给臣下，二是由于君臣的利益不同而臣下借助外国的势力来谋取私利，三是臣下依靠类似的事来欺骗君主谋取私利，四是人们的利害关系存在着相反的情况而臣下会危害君主和他人来谋取私利，五是臣下的势力互相匹敌而导致了统治集团内部争权夺利的斗争，六是敌对的国家插手对大臣的废黜与任用。这六种情况，是君主应当明察的。

31.0.1　权势不可以借人。上失其一，臣以为百。故臣得借，则力多；力多，则内外为用；内外为用，则人主壅。其说在老聃之言失鱼也[1]。是以人主久语，而左右鬻怀刷[2]。其患在胥僮之谏厉公[3]，与州侯之一言[4]，而燕人浴矢也[5]。

权借一

【注释】

〔1〕老聃(dān)：即老子，春秋时思想家，道家的创始人。失鱼：指《老子》三十六章所说的“鱼不可脱于渊”。

〔2〕鬻：卖。怀：通“馈”，赐。刷：洗刷用的毛巾。

〔3〕胥僮：晋厉公所宠爱的大臣。厉公：见10.1注。

〔4〕州侯：楚宣王(公元前370年—公元前340年在位)的令尹。

〔5〕矢：通“屎”。

【译文】

第一，君主的权势转借给臣下

君主的权势不可以转借给别人。君主失去一分权势，臣下就会把它变成百倍的权势去利用。所以臣下能够借用君主的权势，那么力量就强大了；力量强大，那么朝廷内外就会被他所利用；朝廷内外被他所利用，那么君主就会被蒙蔽。这些论点的解说在老聃说“鱼不可以脱离深水潭”。因此君主和臣下长时间地谈话而臣下便富裕起来了，而侍从卖弄君主赐给他们的毛巾之类便贵重起来了。权势借给别人的祸患在胥僮劝谏晋厉公时所指出的那种情况，和州侯使侍从们异口同声地说他好，以及燕国人有以狗屎洗身等事例中。

31.0.2　君臣之利异，故人臣莫忠，故臣利立而主利灭。是以奸臣者，召敌兵以内除，举外事以眩主；苟成其私利，不顾国患。其说在卫人之妻夫祷祝也。故戴歇议子弟，而三桓攻昭公[1]，公叔内齐军[2]，而翟黄召韩兵[3]，太宰嚭说大夫种[4]，大成牛教申不害[5]，司马喜告赵王，吕仓规秦、楚，宋石遗卫君书，白圭教暴谴[6]。

利异二

【注释】

〔1〕三桓：春秋后期掌握鲁国政权的三家贵族，即孟孙氏（一作仲孙氏）、叔孙氏、季孙氏。昭公：鲁昭公，名裯，公元前541年—公元前510年在位。

〔2〕公叔：见22.14注。内：通“纳”。

〔3〕翟黄：又作翟璜，曾为魏文侯的相国。

〔4〕太宰：见22.3注。嚭（pǐ）：即伯嚭，一作帛喜、白喜，春秋时楚国人，出亡奔吴，任太宰，因善逢迎而深得吴王夫差宠信。大夫种：见23.29注。

〔5〕大成牛：又作大成午，赵成侯的相国。申不害：见30.0.4注。

〔6〕白圭：见21.5.2注。

【译文】

第二，君臣的利益不同而臣下借助外国的势力来谋取私利

君臣之间的利益不同，所以臣下没有谁会忠于君主。所以，臣下得到了利益，那么君主就会失去利益。因此，奸邪的臣子，招引敌国的军队来除掉国内的私仇，从事外交事务来惑乱君主；如果能够成就他的私利，就会不顾国家的祸患。这些论点的解说在卫国的一对夫妻祈祷祝愿时各自的打算。所以戴歇议论楚国诸公子，而鲁国的孟孙、叔孙、季孙三家合力攻打鲁昭公，韩国的相国公叔伯婴引进齐国的军队，而魏国的翟黄召来韩国的军队，吴国的太宰伯嚭劝说越国大夫文种，赵国的大成午开导韩国的申不害，中山国的司马喜把情报密告给赵王，而魏国的吕仓规劝秦、楚两国攻魏，魏国的大将宋石给楚国的大将卫君书信，而魏国的相国白圭开导韩国的相国暴谴。

31.0.3　似类之事，人主之所以失诛，而大臣之所

以成私也。是以门人捐水而夷射诛[1]，济阳自矫而二人罪[2]，司马喜杀爰骞而季辛诛[3]，郑袖言恶臭而新人劓[4]，费无忌教郄宛而令尹诛[5]，陈需杀张寿而犀首走[6]。故烧刍廥而中山罪[7]，杀老儒而济阳赏也。

似类三

【注释】

〔1〕夷射(yì)：齐国的中大夫。

〔2〕济阳：指封于济阳(位于今河南南阳市东)的魏国贵族济阳君。

〔3〕司马喜、爰骞、季辛：都是中山国的臣子。

〔4〕郑袖：楚怀王宠爱的姬妾。劓(yì)：割掉鼻子的刑罚。

〔5〕费无忌：又作费无极，楚平王的宠臣。郄(xì)宛：字子恶，当时任楚左尹。

〔6〕陈需：又作田需，曾任魏国的相。犀首：见22.14注。

〔7〕廥(kuài)：草料库。

【译文】

第三，臣下依靠类似的事来欺骗君主

类似的事情，是君主处罚失当的缘由，也是大臣们用来成就私欲的凭借。因此，守门人在廊门前倒了点水便使夷射受到了责罚和杀戮，济阳君派人假托君主的命令来攻击自己便使他的两个冤家受到了处罚，司马喜杀掉季辛的仇人爰骞而使季辛被杀，郑袖说新娘厌恶楚王的气味而使新娘被割掉了鼻子，费无忌教郄宛陈列兵器而令尹把郄宛杀了，陈需暗杀了犀首的仇人张寿而犀首被迫出逃。所以中山国国君的侍从烧掉了柴草仓库而中山国的国君处罚了公子，有人杀掉了一个年老的儒生而济阳君奖赏了他。

31.0.4　事起而有所利，其尸主之[1]；有所害，必反察之。是以明主之论也，国害则省其利者，臣害则察其反者。其说在楚兵至而陈需相，黍种贵而廪吏覆[2]。是以昭奚恤执贩茅[3]，而僖侯谯其次[4]，文公发绕炙，而穰侯请立帝[5]。

有反四

【注释】

〔1〕尸：主。

〔2〕覆：审查。

〔3〕昭奚恤：楚宣王时的令尹。

〔4〕僖侯：即韩昭侯，见7.2注。谯(qiào)：通“诮”，责备。

〔5〕穰侯：见1.3注。

【译文】

第四，人们的利害关系存在着相反的情况

事情发生了，如果有什么好处，一定是那得到好处的人主谋干了这件事；如果有什么害处，一定要从反面去考察它。因此英明的君主进行判断的时候，如果国家受害，就要仔细察看在其中捞到好处的人；如果臣子受害，就要仔细审察与他的利害关系相反的人。这种论点的解说在楚国的军队来到魏国的边境而陈需当上了魏国的相国，黍种价格昂贵而管粮仓的官吏的问题被检查了出来。因此昭奚恤拘捕贩卖茅草的人而破了案，而韩昭侯责问厨师的副手便查明了他的阴谋，晋文公追查出把头发缠绕在烤肉上的人，而穰侯魏冉请齐王立为东帝。

31.0.5　参疑之势，乱之所由生也，故明主慎之。是以晋骊姬杀太子申生[1]，而郑夫人用毒药，卫州吁杀其君完[2]，公子根取东周[3]，王子职甚有宠而商臣果作乱[4]，严遂、韩魔争而哀侯果遇贼[5]，田常、阚止、戴欢、皇喜敌而宋君、简公杀[6]。其说在狐突之称

"二好"[7]，与郑昭之对"未生"也。

参疑五

【注释】

〔1〕骊姬、申生：见17.1注。

〔2〕州吁：春秋时卫桓公之弟，公元前719年杀兄自立，同年为臣石碏(què)所杀。完：即卫桓公，名完，春秋时卫国君主。

〔3〕公子根：周威公的小儿子，号东周惠公。东周：指战国时小国西周分裂出来的一个小国。公元前367年西周威公去世后，少子根在东部独立而为东周，建都于巩(今河南巩义市西南)，公元前249年为秦所灭。

〔4〕王子职：即公子职，商臣的庶弟。商臣：楚成王的长子，后杀父即位，即楚穆王。

〔5〕严遂、韩廆：见22.20注。哀侯：韩哀侯，公元前376年—公元前370年在位。

〔6〕田常：见3.2注。阚止：见22.14注。戴欢：见30.0.5注。皇喜、宋君、简公：见7.1注。

〔7〕狐突：字伯行，晋献公之太子申生的傅。

【译文】

第五，臣下的势力互相匹敌而在内部争权夺利

臣下的势力互相匹敌的局面，是祸乱得以产生的根源，所以英明的君主对这种局面最为当心。因为势力互相匹敌，所以晋国的骊姬害死了太子申生，而郑国国君的夫人用毒药毒死了国君，卫国的州吁杀掉了他的君主卫桓公，公子根夺取了东周，楚国王子职非常受宠而太子商臣果然发动叛乱，韩国的严遂、韩廆争夺权势而韩哀侯终于遇刺，齐国的田常与阚止、宋国的戴欢与皇喜势均力敌而齐简公、宋桓侯被杀害了。这种论点的解说在晋国的狐突谈论"宠爱宫内的姬妾和宠爱外朝的臣子"，以及郑昭回答君主说"太子还没有出生"。

31.0.6 敌之所务，在淫察而就靡〔1〕，人主不察，则敌废置矣。故文王资费仲〔2〕，而秦王患楚使，黎且去仲尼〔3〕，而干象沮甘茂〔4〕。是以子胥宣言而子常用〔5〕，内美人而虞、虢亡〔6〕，佯遗书而苌弘死〔7〕，用鸡猳而郐桀尽〔8〕。

废置六

【注释】

〔1〕淫：乱。就：成。靡：非。

〔2〕文王资费仲：见21.13。

〔3〕黎且(jū 居)：齐景公的臣子。

〔4〕干象：楚怀王的臣子。甘茂：见22.2 注。

〔5〕子常：名囊瓦，楚平王的令尹。

〔6〕内：同“纳”。虞、虢：见10.2 注。

〔7〕苌弘：见3.2 注。

〔8〕猳(jiā)：公猪。郐(kuài)：西周分封的诸侯国，妘姓，位于今河南密县东南，公元前769 年为郑所灭。桀：通“杰”。

【译文】

第六，敌对的国家插手对大臣的废黜与任用

敌人所致力的，是惑乱国君的视听而使国君铸成错误，国君如果不明察这一点，那么敌人就可以使国君按他们的意图来任免大臣了。所以周文王资助商纣王的宠臣费仲，而秦王担心楚国的使者，齐景公的臣子黎且设计使孔丘离开了鲁国，而楚怀王的臣子干象阻止楚怀王扶助甘茂做秦国的相国。因此吴国的伍子胥向楚国宣扬假话而子常被任用，虞国的君主接受了晋国所送的美女而虞、虢两国都灭亡了，晋国的叔向假装把信遗失在周天子的朝廷上而苌弘被杀死，郑桓公用鸡和猪的鲜血来制造订立盟约的假象而郐国的豪杰被杀尽。

31.0.7 “参疑”、“废置”之事，明主绝之于内而施之于外。资其轻者，辅其弱者，此谓“庙攻”〔1〕。参伍既用于内〔2〕，观听又行于外，则敌伪得。其说在秦侏儒之告惠文君也〔3〕。故襄疵言袭邺〔4〕，而嗣公赐令席〔5〕。

庙攻

【注释】

〔1〕庙：朝廷。

〔2〕叁伍：见8.6注。

〔3〕惠文君：即秦惠文王，秦孝公子，名驷，公元前337年—公元前311年在位。

〔4〕襄疵：魏国人，曾任邺县县令。

〔5〕嗣公：见30.0.1注。

【译文】

朝廷所制定的战胜敌人的策略

“臣下的势力互相匹敌而发生内争”、“敌对的国家插手对大臣的废黜和任用”，这种事情，英明的君主努力杜绝它们在国内出现而设法把它们施加到外国去以扰乱敌国。资助敌国中那些权势还轻微的臣子，帮助敌国中那些势力还弱小的臣子，这叫做“朝廷所制定的战胜敌人的策略”。用各方面的事实加以比较检验的方法已经在国内加以使用，观察探听的手段又在国外加以实施，那么敌人的诈伪阴谋就能识破了。这种论点的解说在秦国的侏儒把楚国的计谋告诉给秦惠文君。所以襄疵说赵国将袭击邺县，而卫嗣公把席子赐给县令。

31.0.8 右经

【译文】

以上是经文

31.1.0　一

【译文】

对第一条经文的解说

31.1.1　势重者，人主之渊也；臣者，势重之鱼也。鱼失于渊而不可复得也，人主失其势重于臣而不可复收也。古之人难正言[1]，故托之于鱼。

【注释】

〔1〕古之人：指老子。

【译文】

权势，好比是君主控制的深水潭；臣子，便是这权势控制的鱼。鱼如果一离开深水潭，就不可能再把它抓到了；君主如果把自己的权势失落给臣子，那就不可能再把它收回了。古代的人难以直说，所以把这道理寄寓在鱼的身上。

31.1.2　赏罚者，利器也[1]。君操之以制臣，臣得之以拥主[2]。故君先见所赏[3]，则臣鬻之以为德；君先见所罚，则臣鬻之以为威。故曰："国之利器，不可以示人。"

【注释】

〔1〕利器：见21.4.1注。

〔2〕拥：通“壅”，堵塞，隔绝。

〔3〕见(xiàn)：同“现”。

【译文】

赏罚，是一种统治手段。君主掌握了赏罚大权，就可以用来制服臣下；臣下得到了赏罚大权，就可以用来壅塞君主。所以君主事先暴露出所要奖赏的对象，那么臣下就会卖弄它来作为自己的恩德；君主事先暴露出所要处罚的对象，那么臣下就会卖弄它来树立自己的威势。所以《老子》说：“国家的统治手段，不可以把它拿出来给别人看。”

31.1.3　靖郭君相齐[1]，与故人久语，则故人富；怀左右刷，则左右重。久语怀刷，小资也，犹以成富，况于吏势乎？

【注释】

〔1〕靖郭君：战国时田婴的谥号，他于公元前334年升任齐国之相，共相齐11年。公元前321年封于薛(今山东滕州市南)，称薛公，死后谥靖郭君。

【译文】

靖郭君田婴当齐国相国的时候，与老相识作了一次长时间的交谈，这老相识就富裕起来了；赠给了侍从一些毛巾，侍从就贵重起来了。长时间地谈话、赠送一些毛巾，是很小的资助，而臣下尚且可以靠它来致富，更何况是给官吏以权势呢？

31.1.4　晋厉公之时，六卿贵[1]。胥僮、长鱼矫谏曰[2]："大臣贵重，敌主争事，外市树党，下乱国法，上以劫主，而国不危者，未尝有也。"公曰："善。"乃诛三卿[3]。胥僮、长鱼矫又谏曰："夫同罪之人偏诛而不尽，是怀怨而借之间也。"公曰："吾一朝而夷三卿，予不忍尽也。"长鱼矫对曰："公不忍之，彼将忍公。"公不听。居三月，诸卿作难，遂杀厉公而分其地。

【注释】

〔1〕六卿：指晋厉公时的栾书、荀偃、韩厥、士燮、郤（xì）锜和郤至。

〔2〕胥僮、长鱼矫：都是晋厉公所宠爱的大臣。

〔3〕三卿：指郤锜、郤犨（chōu）、郤至。

【译文】

晋厉公的时候，六卿地位高而权势大。胥僮、长鱼矫劝谏说："大臣地位高而权力大，和君主相抗衡而争夺政事的决策处理权，和外国搞交易而建立私党，对下扰乱国家的法制，对上依靠私党来劫持君主，像这样而国家不危险的，还从来没有过啊。"晋厉公说："好。"于是杀掉了三卿。胥僮、长鱼矫又劝谏说："共同犯罪的人只杀掉一部分而不全部根除，这是使留下的人怀恨在心而又给他们提供了复仇作乱的机会。"晋厉公说："我一天就灭了三卿，我不忍心斩尽杀绝啊。"长鱼矫回答说："您不忍心杀他们，他们将忍心残害您。"晋厉公不听从长鱼矫的劝告。过了三个月，其他几个卿作乱，便杀了晋厉公而瓜分了他的领土。

31.1.5　州侯相荆[1]，贵而主断。荆王疑之，因问左右，左右对曰"无有"，如出一口也。

【注释】

〔1〕州侯：楚宣王的令尹。

【译文】

州侯做楚国的令尹，地位高贵而专制独断。楚王怀疑他有野心，便问身边的侍从，侍从们都回答说“没有”，好像是从一张嘴巴里说出来的那样。

31.1.6 燕人无惑，故浴狗矢[1]。燕人，其妻有私通于士，其夫早自外而来，士适出。夫曰：“何客也?”其妻曰：“无客。”问左右，左右言“无有”，如出一口。其妻曰：“公惑易也[2]。”因浴之以狗矢。

【注释】

〔1〕故：通“顾”，反。矢：通“屎”。

〔2〕易：通“瘍”（yì），疯。

【译文】

燕国有个人并没有中邪迷惑，反而被用狗屎洗了身。燕国有个人，他的妻子有一次和一位后生私通，她的丈夫一早从外地回来，这位后生恰巧走出他的家门。丈夫说：“这是什么客人呀?”他的妻子说：“没有什么客人啊。”丈夫又问身边的人，身边的人都说“没有”，好像是从一张嘴巴里说出来的那样。他的妻子说：“老公您是中邪迷惑而神志错乱了吧。”便用狗屎给他洗身。

31.1.7 一曰：燕人李季好远出，其妻私有通于士，季突至，士在内中，妻患之。其室妇曰[1]：“令公子裸而解发，直出门，吾属佯不见也。”于是公子从其计，疾走出门。季曰："是何人也？"家室皆曰："无有。"季曰："吾见鬼乎？"妇人曰："然。""为之奈何？"曰："取五姓之矢浴之。"季曰："诺。"乃浴以矢。一曰浴以兰汤。

【注释】

〔1〕室妇：婢女中的长者。

【译文】

另外一种说法是：燕国人李季喜欢出远门，他的妻子私下里与一位少男通奸，李季突然到家，这位少男还在房间里，他的妻子为这件事发愁。她的女管家说："让公子赤身裸体，并解开发髻披头散发，直冲出门去，我们这帮人都假装没看见。"于是这位公子听从了她们的计谋，飞快地跑出门去。李季说："这是什么人呀？"家里的人都说："没有什么人啊。"李季说："难道我看见了鬼吗？"他妻子说："是的。"李季说："对此该怎么办呢？"妻子说："可以拿五家人家的屎来给你洗身。"李季说："行。"于是就用五家人家的屎来洗身。另一种传闻说是用兰草煮的热水来洗身。

31.2.0 二

【译文】

对第二条经文的解说

31.2.1 卫人有夫妻祷者，而祝曰："使我无故，得百束布[1]。"其夫曰："何少也？"对曰："益是，子将以买妾。"

【注释】

〔1〕束：古代布匹单位，五匹为一束。

【译文】

卫国人中有一对在作祈祷的夫妻，那妻子祝愿说："使我平安无事，得到一百束布。"她的丈夫说："为什么要得这么少？"妻子回答说："超过了这个数量，您将会用它去买小老婆。"

31.2.2　荆王欲宦诸公子于四邻，戴歇曰："不可。""宦公子于四邻，四邻必重之。"曰："子出者重，重则必为所重之国党，则是教子于外市也〔1〕，不便。"

【注释】

〔1〕教子于外市：在外市方面教子。

【译文】

楚王想让几个公子到四周邻国去做官，戴歇说："不行。"楚王说："让我的公子到四周邻国去做官，四周邻国一定会器重他们。"戴歇说："您儿子出国做官而受到器重，受到器重就一定会给器重他们的国家作袒护，那么这是在教您儿子到外国与他们互相勾结搞交易啊，这对本国是不利的啊。"

31.2.3　鲁孟孙、叔孙、季孙相戮力劫昭公〔1〕，遂夺其国而擅其制。鲁三桓公逼，昭公攻季孙氏，而孟孙氏、叔孙氏相与谋曰："救之乎？"叔孙氏之御者曰："我，家臣也，安知公家？凡有季孙与无季孙于我孰利？"皆曰："无季孙必无叔孙。""然则救之。"于是撞西北隅而入。孟孙见叔孙之旗入，亦救之。三桓为一，昭公不胜。逐之，死于乾侯[2]。

【注释】

〔1〕孟孙、叔孙、季孙：指孟懿子、叔昭子、季平子。戮：通“勠”，合力。

〔2〕乾(gān 干)侯：春秋时晋国地名，位于今河北省成安县东南。

【译文】

鲁国的孟孙、叔孙、季孙三家互相联合起来齐心合力胁迫鲁昭公，于是便夺取了他的国家而控制了他的政权。当初鲁国孟孙、叔孙、季孙三家逼迫鲁昭公的时候，鲁昭公攻打季孙氏，而孟孙氏、叔孙氏在家族中互相商量说：“去援救季孙氏吗？”叔孙氏的车夫说：“我，只是个家臣，哪里知道国家的事呢？总的说来，有季孙氏与没有季孙氏哪一样对我们更有利？”大家都说：“没有季孙就一定会没有叔孙。”这车夫就说：“这样的话，那就去援救他吧。”于是他们冲开了包围圈的西北角而打了进去。孟孙看见叔孙的战旗冲进去了，就也去援救季孙。孟孙、叔孙、季孙三家的军队汇合到一起，昭公没能取胜。孟孙、叔孙、季孙把昭公驱逐出境，昭公结果死在晋国的乾侯。

31.2.4　公叔相韩而有攻齐[1]，公仲甚重于王[2]，公叔恐王之相公仲也，使齐、韩约而攻魏。公叔因内齐军于郑[3]，以劫其君，以固其位，而信两国之约。

【注释】

〔1〕有：通“又”。攻：善。

〔2〕公仲：即10.9的公仲朋，他继公叔伯婴而任韩宣惠王的相国。

〔3〕内：通“纳”。郑：指韩国国都，位于今河南省新郑市，公元前375年韩灭郑后，将国都迁于郑。

【译文】

公叔伯婴做了韩国的相国而又和齐国友好，而公仲朋在韩宣惠王那里也很受器重，公叔伯婴怕韩宣惠王让公仲朋做相国，于是使齐国与韩国约定，一起去攻打魏国。公叔伯婴便乘机把齐国的军队引入韩国的国都郑，用来要挟他的君主，用来巩固自己的地位，而表面上则是在忠实地履行两国的约定。

31.2.5　翟璜，魏王之臣也，而善于韩。乃召韩兵令之攻魏，因请为魏王构之以自重也〔1〕。

【注释】

〔1〕构：通“讲”，和。

【译文】

翟璜，是魏文侯的臣子，却和韩国亲善。于是他就召来韩国的军队叫他们攻打魏国，接着他又请求替魏王去和韩国讲和，用这种办法来加重自己的地位。

31.2.6　越王攻吴王，吴王谢而告服，越王欲许之。范蠡、大夫种曰〔1〕：“不可。昔天以越与吴，吴不受，今天反夫差〔2〕，亦天祸也。以吴予越，再拜受之，不可许也。”太宰嚭遗大夫种书，曰：“狡兔尽则良犬烹，敌国灭则谋臣亡。大夫何不释吴而患越乎？”大夫种受书读之，太息而叹曰：“杀之越，与吴同命。”

【注释】

〔1〕范蠡：春秋末越国大夫，字少伯，他帮助越王勾践灭掉了吴国。

〔2〕反：复，报复。

【译文】

越王勾践攻打吴王夫差，吴王谢罪讨饶而宣布投降，越王准备答应他。范蠡、大夫文种说："不可以答应他。从前上天把越国奉送给吴国，吴王不接受，现在上天报复夫差，这也是上天降给他的灾祸啊。现在上天把吴国送给越国，我们应当行再拜礼来接受吴国，不可以答应吴王的投降啊。"吴国的太宰伯嚭送给越国大夫文种一封信，写道："狡猾的兔子已捕光，那么好的猎狗也会被煮汤；敌对的国家被消灭，那么出谋划策的臣子就会被杀身亡。文大夫为什么不放掉吴国来使它成为越国的祸患呢?"大夫文种收到信后读它，长长地叹了口气说："把我这谋臣杀死在越国，与吴国被越国消灭，同样是命运的安排啊。"

31.2.7　大成牛从赵谓申不害于韩曰[1]："以韩重我于赵，请以赵重子于韩，是子有两韩，我有两赵。"

【注释】

〔1〕大成牛：又作大成午，赵成侯的相国。申不害：韩昭侯的相国。

【译文】

大成午从赵国到韩国来对申不害说："您用韩国的力量来加强我在赵国的势力，请让我用赵国的力量来加强您在韩国的势力。这样，您就像有了两个韩国，我就像有了两个赵国。"

31.2.8　司马喜，中山君之臣也，而善于赵，尝以中山之谋微告赵王[1]。

【注释】

〔1〕尝：通"常"。微：隐微，隐蔽。

【译文】

司马喜，是中山国国君的臣子，却和赵国亲善，所以常常把中山国的计谋秘密地告诉给赵王。

31.2.9 吕仓，魏王之臣也，而善于秦、荆。微讽秦、荆[1]，令之攻魏，因请行和以自重也。

【注释】

〔1〕微：隐微，隐蔽。讽：婉转地劝说。

【译文】

吕仓，是魏王的臣子，却和秦国、楚国亲善。他暗中委婉地劝导秦国和楚国，叫他们来攻打魏国，接着便请求去讲和来加重自己的地位。

31.2.10 宋石，魏将也；卫君，荆将也。两国构难，二子皆将。宋石遗卫君书[1]，曰："二军相当，两旗相望，唯毋一战，战必不两存。此乃两主之事也，与子无有私怨，善者相避也。"

【注释】

〔1〕遗(wèi)：送。

【译文】

宋石，是魏国的大将；卫君，是楚国的大将。魏、楚两国交战，两人都担任了指挥这次战争的将领。宋石给卫君送去一封信，写道："两支军队相对，双方战旗相望，希望一次仗也不要打，如果打起仗来，双方一定不能同时并存。这不过是两国君主的事情，我和您没有什么私仇，如果您认为我的意见好，那就互相回避吧。”

31.2.11　白圭相魏，暴谴相韩。白圭谓暴谴曰：“子以韩辅我于魏，我以魏待子于韩[1]。臣长用魏，子长用韩。”

【注释】

〔1〕待：通“持”。

【译文】

白圭做魏国的相国，暴谴做韩国的相国。白圭对暴谴说：“您用韩国的力量帮助我在魏国掌权，我就用魏国的力量来支持您在韩国掌权。这样，我就能长期地在魏国执政，您就能长期地在韩国执政。”

31.3.0　三

【译文】

对第三条经文的解说

31.3.1　齐中大夫有夷射者[1]，御饮于王，醉甚而出，倚于郎门[2]。门者——刖跪请曰[3]：“足下无意赐之余沥乎？”夷射曰：“叱！去！刑余之人，何事乃敢乞饮长者！”刖跪走退。及夷射去，刖跪因捐水郎门霤下，类溺者之状[4]。明日，王出而诃之，曰：“谁溺于是？”刖跪对曰：“臣不见也。虽然，昨日中大夫夷射立于此。”王因诛夷射而杀之。

【注释】

〔1〕中大夫：君主的殿廷侍从官，议论政事，供君主参考。

〔2〕郎：通“廊”。

〔3〕刖(yuè)：砍去脚的刑罚。跪：脚。

〔4〕溺(niào)：通“尿”。

【译文】

齐国的中大夫中有个名叫夷射的，在齐王那里陪同喝酒，醉得很厉害才出来，靠在廊门上。守门人——一个被砍去脚的人请求说：“您不想赏给我一点吃剩下来的酒吗?”夷射说：“呸！滚开！受过刑的人，怎么竟敢向老子讨酒喝！”这个被砍去脚的人跑着退下去了。等夷射离开后，这个被砍去脚的人便在廊门前的屋檐下泼了些水，好像是撒了泡尿的样子。第二天，齐王一出门便愤怒地责问这件事，说：“谁尿在这里?”这个被砍去脚的人回答说：“我没有看见谁在这里撒尿。虽然是这样，但昨天中大夫夷射曾经在这里站过。”齐王因而谴责夷射并把他杀了。

31.3.2　魏王臣二人不善济阳君，济阳君因伪令人矫王命而谋攻己〔1〕。王使人问济阳君曰：“谁与恨?”对曰：“无敢与恨。虽然，尝与二人不善，不足以至于此。”王问左右，左右曰：“固然。”王因诛二人者。

【注释】

〔1〕矫：假托(命令)，擅自。

【译文】

魏王的臣子中有两个人和济阳君关系不好，济阳君便弄虚作假让人假托魏王的命令来策划攻击自己。魏王派人去问济阳君说："你和谁有仇恨?"济阳君回答说："我不敢和谁有仇恨。虽然这样，也曾经和两个人关系不好，但也不至于这样吧。"魏王询问身边的人，身边的人都说："的确如此。"魏王便处罚了这两个人。

31.3.3　季辛与爰骞相怨。司马喜新与季辛恶，因微令人杀爰骞[1]，中山之君以为季辛也，因诛之。

【注释】

〔1〕微：隐微，隐蔽。

【译文】

季辛和爰骞互相怨恨。司马喜新近刚和季辛的关系不好，便暗中派人杀掉了爰骞，中山国的君主认为指使杀害爰骞的是季辛，就把他杀了。

31.3.4　荆王所爱妾有郑袖者。荆王新得美女，郑袖因教之曰："王甚喜人之掩口也，为近王[1]，必掩口。"美女入见，近王因掩口。王问其故，郑袖曰："此固言恶王之臭。"及王与郑袖、美女三人坐，袖因先诫御者曰："王适有言[2]，必亟听从王言。"美女前，近王甚，数掩口。王悖然怒曰："劓之!"御因揄刀而劓美人[3]。

【注释】

〔1〕为：如果。

〔2〕适：如果。

〔3〕揄(yú)：引，拿过来。

【译文】

楚怀王所宠爱的小老婆中有个叫郑袖的。楚王新近刚搞到一个美女，郑袖便指点她说："大王非常喜欢别人掩着嘴，如果你接近大王，一定要掩着你的嘴。"于是美女进去相见时，每次走近楚王，便掩着嘴。楚王询问这缘故，郑袖说："这个女人本来就说过厌恶大王的气味。"等到楚王和郑袖、美女三个人一起就座的时候，郑袖便事先告诫侍从说："大王如果有什么吩咐，你一定得马上听从大王的话。"美女走上前，和楚王十分靠近，多次掩住自己的嘴。楚王勃然大怒，说："把她的鼻子割掉！"侍从便拿过刀来把美女的鼻子割掉了。

31.3.5　一曰：魏王遗荆王美人，荆王甚悦之。夫人郑袖知王悦爱之也，亦悦爱之，甚于王。衣服玩好，择其所欲为之。王曰："夫人知我爱新人也，其悦爱之甚于寡人，此孝子所以养亲、忠臣之所以事君也。"夫人知王之不以己为妒也，因为新人曰[1]："王甚悦爱子，然恶子之鼻，子见王，常掩鼻，则王长幸子矣。"于是新人从之，每见王，常掩鼻。王谓夫人曰："新人见寡人常掩鼻，何也？"对曰："不已知也[2]。"王强问之[3]，对曰："顷尝言恶闻王臭。"王怒曰："劓之！"夫人先诫御者曰："王适有言，必可从命。"御者因揄刀而劓美人。

【注释】

〔1〕为：通"谓"。

〔2〕已：此。不已知：不知此。

〔3〕强(qiǎng)：竭力。

【译文】

另一种说法是：魏王送给楚怀王一个美女，楚怀王十分喜欢她。夫人郑袖知道楚王喜爱她，所以也喜爱她，而且比楚王爱得更厉害。衣裳服饰玩物珍宝，都挑她所喜欢的来为她置办。楚王说："夫人知道我爱新娘子，她便爱新娘爱得比我都厉害，这是孝子用来供养父母亲、忠臣用来侍奉君主的德行啊。"夫人知道楚王不认为自己是嫉妒了，便对新娘说："大王非常喜欢您，但厌恶您的鼻子，您进见大王的时候，如果能常常捂住鼻子，那么大王就会长期地宠爱您了。"于是新娘就听从了她，每次进见楚王，常常捂住鼻子。楚王对夫人说："新娘进见我的时候常常捂住鼻子，这是为什么？"郑袖回答说："我不知道这原因。"楚王竭力追问她，她才回答说："不久前新娘曾经说讨厌闻到大王的气味。"楚王愤怒地说："把她的鼻子割了！"夫人事先曾告诫过侍从说："大王如果有什么吩咐，一定得服从命令。"所以侍从便拿过刀来把美女的鼻子割了。

31.3.6 费无极，荆令尹之近者也。郄宛新事令尹，令尹甚爱之。无极因谓令尹曰："君爱宛甚，何不一为酒其家？"令尹曰："善。"因令之为具于郄宛之家[1]。无极教宛曰："令尹甚傲而好兵，子必谨敬，先亟陈兵堂下及门庭。"宛因为之。令尹往而大惊，曰："此何也？"无极曰："君殆，去之！事未可知也。"令尹大怒，举兵而诛郄宛，遂杀之。

【注释】

〔1〕具：饭食酒肴。

【译文】

费无极，是楚国令尹子常的亲信。郄宛新近刚刚侍奉令尹，令尹很喜欢他。费无极便对令尹说："您很喜欢郄宛，为什么不到他家里置办一次酒宴呢？"令尹说："好。"便叫费无极到郄宛的家里去置办酒席。费无极教郄宛说："令尹十分傲慢，又喜欢兵器，您必须小心恭敬，先赶快把兵器陈列在厅堂下面及大门前的空地上。"郄宛便这样做了。令尹去了大吃一惊，说："这是为什么呢？"费无极说："您很危险，赶快离开这里！还不知道会发生什么事呢。"令尹大怒，起兵来向郄宛问罪，于是就把他杀了。

31.3.7　犀首与张寿为怨，陈需新入，不善犀首，因使人微杀张寿[1]。魏王以为犀首也，乃诛之。

【注释】

〔1〕微：隐微，隐蔽。

【译文】

犀首与张寿结了仇，陈需新近刚来到魏国，与犀首的关系不好，便派人暗杀了张寿。魏惠王以为指使杀张寿的是犀首，于是就去谴责犀首。

31.3.8　中山有贱公子，马甚瘦，车甚弊。左右有私不善者，乃为之请王曰："公子甚贫，马甚瘦，王何不益之马食？"王不许。左右因微令夜烧刍厩[1]。王以为贱公子也，乃诛之。

【注释】

〔1〕刍：草料。

【译文】

中山国有个地位低贱的公子，他的马很瘦，他的车很破。侍从中有人和他私人关系不好，便替他向国王请求说："这公子很穷，他的马很瘦，大王为什么不给他增加一些马的草料呢？"国王没答应。侍从便暗中叫人在夜里放火焚烧了存放草料的马棚。国王认为指使纵火的是这地位低贱的公子，于是就责罚了他。

31.3.9 魏有老儒而不善济阳君。客有与老儒私怨者，因攻老儒杀之，以德于济阳君[1]，曰："臣为其不善君也，故为君杀之。"济阳君因不察而赏之。

【注释】

〔1〕德：感激，用作被动词。

【译文】

魏国有一个年老的儒生和济阳君关系不好。济阳君的门客中有一个和这老先生有私仇的，便去痛打这老先生并把他打死了，借此来讨好济阳君，说："我因为他和您关系不好，所以替您杀了他。"济阳君便不加审察而奖赏了这个人。

31.3.10 一曰：济阳君有少庶子[1]，有不见知、欲入爱于君者。齐使老儒掘药于马梨之山，济阳少庶子欲以为功，入见于君，曰："齐使老儒掘药于马梨之山，名掘药也，实间君之国。君杀之，是将以济阳君抵罪于齐矣。臣请刺之。"君曰："可。"于是明日得之城阴而刺之，济阳君还益亲之[2]。

【注释】

〔1〕庶子：指家臣。

〔2〕还(xuán)：通“旋”。

【译文】

另一种说法是：济阳君手下有几个年轻的家臣，其中有一个没被济阳君赏识而又想得到济阳君宠爱的。当时齐国派了一个年老的儒生到马梨山采掘草药，济阳君的这个年轻的家臣想拿他来立功，就进见济阳君，说：“齐国派一个年老的儒生到马梨山采掘草药，名义上是采掘草药，实际上是来侦察您的封国，所以该杀了他。但如果是您杀了他，那将会拿您济阳君到齐国去抵偿罪责。请让我去刺杀他吧。”济阳君说：“行。”于是这家臣第二天便在城北发现了这儒生并把他刺死了，济阳君转而渐渐地亲近这个家臣了。

31.4.0　四

【译文】

对第四条经文的解说

31.4.1　陈需，魏王之臣也，善于荆王，而令荆攻魏。荆攻魏，陈需因请为魏王行解之[1]，因以荆势相魏。

【注释】

〔1〕行解：调解，讲和。

【译文】

陈需，是魏王的臣子，但和楚王亲善，因而叫楚国来攻打魏国。楚国来攻打魏国了，陈需便请求为魏王去和楚国进行调解，于是他便依靠楚国的势力做上了魏国的相国。

31.4.2　韩昭侯之时，黍种尝贵甚。昭侯令人覆廪[1]，吏果窃黍种而粜之甚多。

【注释】

〔1〕覆：审查，检查。

【译文】

韩昭侯的时候，黍子的种子价格曾经昂贵得厉害。韩昭侯叫人去检查粮仓，管粮仓的官吏果然盗窃了黍子的种子，而且把它们卖掉了很多。

31.4.3　昭奚恤之用荆也，有烧仓廥窌者[1]，而不知其人。昭奚恤令吏执贩茅者而问之，果烧也。

【注释】

〔1〕窌(jiào)：同“窖”，地窖。

【译文】

昭奚恤治理楚国的时候，有人放火烧了粮仓、草料库与地窖，却不知道那纵火的人究竟是谁。昭奚恤命令官吏逮捕了贩卖茅草的人并审问他，果然是他放的火。

31.4.4　昭僖侯之时，宰人上食而羹中有生肝焉，昭侯召宰人之次而诮之曰：“若何为置生肝寡人羹中?”宰人顿首服死罪[1]，曰：“窃欲去尚宰人也[2]。”

【注释】

〔1〕宰人：此指宰人之次。

〔2〕尚宰人：管理宰人的官吏。

【译文】

韩昭侯的时候，厨师端上饭菜而肉汁中有生肝，韩昭侯便召来厨师的助手而责骂他说："你为什么要把生肝放在我的肉羹里？"这副厨师便叩头求饶承认自己犯了死罪，说："我私下想除去掌管膳食的官吏啊。"

31.4.5　一曰：僖侯浴，汤中有砾。僖侯曰："尚浴免，则有当代者乎？"左右对曰："有。"僖侯曰："召而来[1]。"谯之曰："何为置砾汤中？"对曰："尚浴免，则臣得代之，是以置砾汤中。"

【注释】

〔1〕而：之，他。

【译文】

另一种说法是：韩昭侯洗澡，洗澡的热水中有小石子。韩昭侯说："掌管我洗澡之事的官吏如果被免职了，那还有该接替他的人吗？"他的侍从回答说："有。"韩昭侯说："召他进来。"于是便责问他说："你为什么把小石子放在这热水中？"那人回答说："如果主管您洗澡的官吏免职了，那么我就能替代他，因此把小石子放到了这热水中。"

31.4.6　文公之时，宰臣上炙而发绕之。文公召宰人而谯之曰："女欲寡人之哽耶？奚为以发绕炙？"宰人顿首再拜，请曰："臣有死罪三：援砺砥刀，利犹干将也[1]，切肉肉断而发不断，臣之罪一也；援木而贯脔而不见发，臣之罪二也；奉炽炉[2]，炭火尽赤红，而炙熟而发不烧，臣之罪三也。堂下得无微有疾臣者乎[3]？”公曰：“善。”乃召其堂下而谯之，果然，乃诛之。

【注释】

〔1〕干将：古代宝剑名，为春秋时吴国著名的工匠干将所铸造。

〔2〕奉炽炉：当作“奉炙炽炉”，即“奉炙于炽炉”。

〔3〕微：隐微，隐蔽。疾：恨。

【译文】

晋文公的时候，掌管膳食的官吏端上烤肉，但却有头发缠绕在烤肉上。晋文公召来了厨师而责问他说：“你想让我咽不下去吗？为什么用头发缠绕烤肉？”厨师磕了头又拜了两次，请罪说：“我有死罪三条：拿来磨刀石磨刀，那把刀锋利得就像削铁如泥的干将宝剑一样，切肉的时候，肉被切断了而头发却没被切断，这是我的第一条罪行；拿来木棒穿肉片而没有看见头发，这是我的第二条罪行；手拿肉串放在火势炽烈的炉子上，炭火都烧得通红，但肉烤熟了而头发却没被烧掉，这是我的第三条罪行。您堂下的侍从中能没有暗中忌恨我的人么？”晋文公说：“说得好。”便召来他堂下的侍从责问他们，果然是这样，于是就处罚了那捣鬼的侍从。

31.4.7　一曰：晋平公觞客[1]，少庶子进炙而发绕之，平公趣杀炮人[2]，毋有反令。炮人呼天曰：“嗟乎！臣有三罪，死而不自知乎！”平公曰：“何谓也？”对曰：“臣刀之利，风靡骨断而发不断[3]，是臣之一死也；桑炭炙之，肉红白而发不焦，是臣之二死也；炙熟，又重睫而视之，发绕炙而目不见，是臣之三死也。意者堂下其有翳憎臣者乎〔4〕！杀臣不亦蚤乎〔5〕？”

【注释】

〔1〕晋平公：见10.4注。

〔2〕趣（cù）：通“促”。炮：通“庖”。

〔3〕靡：倾倒。

〔4〕翳（yì）：隐，暗。

〔5〕蚤：通“早”。

【译文】

另一种说法是：晋平公请客喝酒，一个年轻的家臣端上烤肉，但却有头发缠绕在烤肉上，晋平公立即催人去杀掉厨师，不准违反命令。厨师呼喊着老天爷说：“哎呀！我有三条罪，死了自己也不明白啊！”晋平公说：“怎么个说法？”厨师回答说：“我那把刀的锋利，就是让风把骨头吹上去骨头也就断了，但头发却没有被它切断，这是我的第一条死罪；用火力最强的桑树烧成的木炭来烧烤这肉，肉烤得精肉发红、肥肉发白而头发却没有被烧焦，这是我的第二条死罪；肉烤熟后，又重叠起眼睫毛眯着眼睛仔细地看它，头发缠绕在烤肉上而眼睛没看见，这是我的第三条死罪。我心里猜想，您堂下的侍从中恐怕有暗中憎恨我的吧！现在杀我不也太早了么？”

31.4.8　穰侯相秦而齐强。穰侯欲立秦为帝而齐不听〔1〕，因请立齐为东帝，而不能成也。

【注释】

〔1〕帝：皇帝，地位比“王”高。

【译文】

穰侯魏冉做秦国的相国时齐国很强盛。穰侯想立秦王为帝而齐国不肯听从，因而他请求把齐王立为东帝，但结果还是没有能成功。

31.5.0 五

【译文】

对第五条经文的解说

31.5.1 晋献公之时〔1〕，骊姬贵，拟于后妻〔2〕，而欲以其子奚齐代太子申生，因患申生于君而杀之〔3〕，遂立奚齐为太子。

【注释】

〔1〕晋献公：见10.2注。

〔2〕拟：比拟，匹敌。

〔3〕患：害。

【译文】

晋献公的时候，骊姬尊贵，和君主的正妻地位相等，而又想用自己的儿子奚齐来取代太子申生，因此便在晋献公面前陷害申生而迫使他自杀，于是就把奚齐立为太子。

31.5.2 郑君已立太子矣〔1〕，而有所爱美女欲以其子为后，夫人恐，因用毒药贼君杀之。

【注释】

〔1〕郑君：指郑悼公。

【译文】

郑国的国君已经立了太子，而有个他所宠爱的美女想要使自己的儿子成为继位人，郑国国君的夫人害怕了，便用毒药暗害郑国的国君而把他毒死了。

31.5.3 卫州吁重于卫，拟于君，群臣百姓尽畏其势重。州吁果杀其君而夺之政[1]。

【注释】

〔1〕之：其。

【译文】

卫国的州吁在卫国权势很大，和国君不相上下，群臣百姓都害怕他的权势。后来州吁果然杀了他的国君而夺取了卫国的政权。

31.5.4 公子朝，周太子也[1]，弟公子根甚有宠于君。君死，遂以东周叛，分为两国。

【注释】

〔1〕周：战国时的小国，见22.20注。

【译文】

公子朝，是周国的太子，他弟弟公子根在国君周威公那里非常得宠。周威公死了以后，公子根就在东周发动叛乱，把周国分裂成为西周、东周两个国家。

31.5.5 楚成王以商臣为太子[1]，既而又欲置公子职。商臣作乱，遂攻杀成王。

【注释】

〔1〕楚成王：即熊恽，楚国君主，公元前671年—公元前626年在位。

【译文】

楚成王将长子商臣立为太子，不久又想改立小儿子公子职。商臣便发动叛乱，攻打杀死了楚成王。

31.5.6　一曰：楚成王商臣为太子〔1〕，既欲置公子职。商臣闻之，未察也，乃为其傅潘崇曰〔2〕：“奈何察之也？”潘崇曰：“飨江芈而勿敬也〔3〕。”太子听之。江芈曰：“呼！役夫！宜君王之欲废女而立职也。”商臣曰：“信矣。”潘崇曰：“能事之乎？”曰：“不能。”“能为之诸侯乎？”曰：“不能。”“能举大事乎？”曰：“能。”于是乃起宿营之甲而攻成王。成王请食熊膰而死〔4〕，不许，遂自杀。

【注释】

〔1〕“商臣”上当有“以”字。

〔2〕为：通“谓”。

〔3〕江芈（mǐ）：楚成王之妹。

〔4〕膰：通“蹯”，脚板。

【译文】

另一种说法是：楚成王将商臣立为太子，不久又想改立公子职。商臣听说了这件事，但还没有搞清楚，于是就对他的师傅潘崇说：“怎样来查清楚这件事呢？”潘崇说：“你可以宴请江芈而不要尊敬她。”太子听从潘崇的话去做了。江芈说：“呸！你这奴才！国君要废掉你而立公子职也是活该。”商臣说：“这件事是确实无疑的了。”潘崇说：“你能够当臣子去侍奉公子职吗?”商臣说：“不能。”潘崇又问：“你能够做公子职所封的诸侯吗?”商臣说：“不能。”潘崇又问：“你能够干一番大事业吗?”商臣说：“能。”于是就发动了守卫皇宫的军队来攻打楚成王。成王请求吃了熊掌再死，没有被准许，就自杀了。

31.5.7　韩廆相韩哀侯[1]，严遂重于君，二人甚相害也。严遂乃令人刺韩廆于朝，韩廆走君而抱之，遂刺韩廆而兼哀侯。

【注释】

〔1〕韩哀侯：韩国国君，公元前376年—公元前370年在位。

【译文】

韩廆做韩哀侯的相国，严遂受到君主的器重，两个人互相钩心斗角很厉害。严遂就派人在朝廷上刺杀韩廆，韩廆跑到君主那里抱住了君主，刺客就刺死了韩廆而同时也刺死了哀侯。

31.5.8　田恒相齐，阚止重于简公，二人相憎而欲相贼也。田恒因行私惠以取其国，遂杀简公而夺之政[1]。

【注释】

〔1〕齐悼公被杀后，其儿子壬即位，就是简公，由田成子与阚止任左右相，阚止得宠于简公，于是田常以大斗出贷、以小斗收回来收买民心。接着他指挥部属杀死了阚止与简公。

【译文】

田常做了齐国的相国，阚止受到简公的器重，两个人互相怨恨而且都想杀害对方。田常因此而施行私人的恩惠来收买齐国的民心，接着就杀死了简公而夺取了齐国的政权。

31.5.9　戴欢为宋太宰[1]，皇喜重于君，二人争事而相害也，皇喜遂杀宋君而夺其政。

【注释】

〔1〕太宰：相当于宰相的官。

【译文】

戴欢做宋国的太宰，皇喜受到君主的器重，两个人争权夺利而互相倾轧。皇喜就杀死了宋国的君主而夺取了宋国的政权。

31.5.10　狐突曰："国君好内，则太子危；好外，则相室危[1]。"

【注释】

〔1〕相室：指相国，是国内最高的执政大臣。

【译文】

狐突说："国君宠爱宫内的姬妾，那么太子就危险了；宠爱外朝的嬖臣，那么相国就危险了。"

31.5.11　郑君问郑昭曰[1]："太子亦何如？"对曰："太子未生也。"君曰："太子已置，而曰'未生'，何也？"对曰："太子虽置，然而君之好色不已，所爱有子，君必爱之，爱之则必欲以为后，臣故曰'太子未生'也。"

【注释】

〔1〕郑君：当指郑庄公。郑庄公多内宠，见《史记·郑世家》。

【译文】

郑国的国君问郑昭说："太子怎么样?"郑昭回答说："太子还没有出生呢。"国君说："太子已经立好了，你却说'还没有出生'，这是为什么呢?"郑昭回答说："太子虽然立好了，但是您爱好女色没有个完，如果您所宠爱的姬妾有了儿子，您一定会喜爱他，喜爱他就一定想要把他立为继位人，所以我说'太子还没有出生'啊。"

31.6.0 六

【译文】

对第六条经文的解说

31.6.1 文王资费仲而游于纣之旁[1]，令之谏纣而乱其心。

【注释】

〔1〕文王资费仲：见21.13。

【译文】

周文王资助费仲而让他能在商纣王的身旁活动，使他劝说商纣王来扰乱商纣王的思想。

31.6.2 荆王使人之秦，秦王甚礼之。王曰："敌国有贤者，国之忧也。今荆王之使者甚贤，寡人患之。"群臣谏曰："以王之贤圣与国之资厚，愿荆王之贤人[1]，王何不深知之而阴有之[2]？荆以为外用也，则必诛之。"

【注释】

〔1〕愿：惦念，引申指担心。

〔2〕知：了解，引申指亲密。

【译文】

楚王派人到秦国，秦王很有礼貌地款待了使者。秦王说："敌国有贤能的人，是我国的忧患。现在楚王的使者很贤能，我对此很担心。"群臣进谏说："以大王的贤能圣明与我国资财的丰富，如果惦念楚王手下的贤能之人，大王为什么不深深地和他结成知交而暗中控制他呢？楚国以为他被外国利用，就一定会杀掉他。"

31.6.3　仲尼为政于鲁，道不拾遗，齐景公患之[1]。黎且谓景公曰："去仲尼犹吹毛耳。君何不迎之以重禄高位，遗哀公女乐以骄荣其意[2]？哀公新乐之，必怠于政，仲尼必谏；谏，必轻绝于鲁。"景公曰："善。"乃令黎且以女乐二八遗哀公，哀公乐之，果怠于政。仲尼谏，不听，去而之楚。

【注释】

〔1〕齐景公：见14.8注。

〔2〕哀公：鲁哀公，春秋末年与孔丘同时代的鲁国君主，名蒋，公元前494年—公元前467年在位。荣：通"荧"。

【译文】

孔子在鲁国治理政事的时候，社会治安很好，在路上人们都不拾别人丢了的东西，齐景公为此发愁。臣子黎且对景公说："要去掉孔丘就像吹掉一根毫毛一样容易。您为什么不用优厚的俸禄和高贵的职位去招聘孔丘，再送给鲁哀公歌妓来放纵惑乱他的意念？哀公初次迷上了歌妓们的歌舞，对政事一定会懈怠的，那么孔丘一定要劝谏他；劝谏后哀公不听，那么孔丘一定会轻易地和鲁国断绝关系。"齐景公说："好。"于是就命令黎且将十六个歌妓送给了哀公，哀公喜欢上了歌妓们的歌舞，果然对政事懈怠了。孔丘进谏，没有被听从，就离开鲁国而到楚国去了。

31.6.4　楚王谓干象曰："吾欲以楚扶甘茂而相之秦，可乎？"干象对曰："不可也。"王曰："何也？"曰："甘茂少而事史举先生。史举，上蔡之监门也[1]，大不事君，小不事家，以苛刻闻天下，茂事之，顺焉。惠王之明[2]，张仪之辨也[3]，茂事之，取十官而免于罪。是茂贤也。"王曰："相人敌国而相贤，其不可何也？"干象曰："前时王使邵滑之越[4]，五年而能亡越。所以然者，越乱而楚治也。日者知用之越，今亡之秦[5]，不亦太亟亡乎！"王曰："然则为之奈何？"干象对曰："不如相共立[6]。"王曰："共立可相，何也？"对曰："共立少见爱幸，长为贵卿，被王衣[7]，含杜若，握玉环。以听于朝，且利以乱秦矣。"

【注释】

〔1〕上蔡：地名，位于今河南上蔡县西南。

〔2〕惠王：即秦惠文王。

〔3〕张仪：战国时魏国人，曾任秦惠文王的相。

〔4〕邵滑：战国时楚国人，善于游说。

〔5〕亡：通"忘"。

〔6〕共立：秦国公子。
〔7〕被：通“披”。

【译文】

楚怀王对干象说：“我想用楚国的力量扶助甘茂而使他在秦国做个相国，可以么？”干象回答说：“不可以。”楚王说：“为什么呢？”干象说：“甘茂年轻的时候曾侍奉史举先生。史举，是上蔡的看门人，从大的方面来说他不侍奉国君，从小的方面来说他不为家庭效劳。他因为苛刻而闻名天下。但甘茂侍奉他，却能够和他和顺相处。秦惠文王这样精明，张仪这样明察，甘茂侍奉他们，得到了很多官职而没有遭罪。这样看来，甘茂是很贤能的。”楚王说：“要使别人在敌国做上相国，而结果让一个贤能的人做上了相国，这为什么不可以呢？”干象说：“前些时候大王派邵滑到越国去做官，五年后就能灭掉越国。之所以会这样，是因为邵滑无能，使越国混乱不堪，而楚国却治理得很好啊。往日您知道在越国使用这种让无能的人在敌国做官的计策，现在却忘了把这种计策用到秦国去，不也忘记得太快了么？”楚王说：“这样的话，那么对这件事该怎么办呢？”干象回答说：“不如使共立做秦国的相国。”楚王说：“共立可以做秦国的相国，为什么呢？”干象回答说：“共立年轻的时候就被秦王所宠爱，年长后又做了高贵的卿，身上披着秦王的衣服，口中含着香草杜若，手里握着玉环。用这种人在朝廷上处理政事，将有利于扰乱秦国了。”

31.6.5　吴政荆[1]，子胥使人宣言于荆曰：“子期用[2]，将击之；子常用，将去之。”荆人闻之，因用子常而退子期也。吴人击之，遂胜之。

【注释】

〔1〕政：通“征”。
〔2〕子期：见3.2注。

【译文】

吴国攻打楚国，伍子胥派人到楚国传话说："如果子期被任用，我们将攻打楚国；如果子常被任用，我们将离开楚国。"楚国人听见了这些话，就用子常为将军而不用子期。于是吴国人攻打楚国，就战胜了他们。

31.6.6 晋献公伐虞、虢，乃遗之屈产之乘、垂棘之璧、女乐二八〔1〕，以荣其意而乱其政〔2〕。

【注释】

〔1〕屈产、垂棘：见10.2注。

〔2〕荣：通"荧"。

【译文】

晋献公要去攻打虞国、虢国，便先送给虞公屈产的良马、垂棘的玉璧、歌妓十六人，来惑乱他的意念而扰乱他的政治决策。

31.6.7 叔向之谗苌弘也〔1〕，为书曰："苌弘谓叔向曰：'子为我谓晋君，所与君期者，时可矣，何不亟以兵来？'"因佯遗其书周君之庭而急去行。周以苌弘为卖周也，乃诛苌弘而杀之。

【注释】

〔1〕叔向：春秋时晋国大夫，羊舌氏，名肸(xī)，晋悼公时为太子彪的傅。后被晋平公彪任为太傅。

【译文】

叔向谗毁苌弘的时候，伪造了一封信说："苌弘对叔向说：

‘您替我告诉晋国的国君，当时和他约好的事，现在时机已经成熟了，为什么不赶快带着兵来呢?’”接着假装把这封信掉在周天子的朝廷上而急忙离去。周天子认为苌弘在出卖周王室，于是就惩处苌弘而把他杀了。

31.6.8　郑桓公将欲袭郐〔1〕，先问郐之豪杰、良臣、辩智果敢之士〔2〕，尽与姓名〔3〕，择郐之良田赂之，为官爵之名而书之。因为设坛场郭门之外而埋之，衅之以鸡豭，若盟状。郐君以为内难也而尽杀其良臣。桓公袭郐，遂取之。

【注释】

〔1〕郑桓公：郑国君主，名友，周厉王的少子。

〔2〕辩：通“辨”。

〔3〕与：通“举”，记录。

【译文】

郑桓公将要偷袭郐国时，首先打听清楚郐国的英雄豪杰、贤能的臣子、明察多智果断勇敢的人士，把他们的姓名全都记录好，并选择郐国的良田写在他们的名字下面表示贿赂了他们，还捏造了一些官爵的名称写在他们的名字下面表示收买了他们。接着再为此而在郐国外城门之外建造了盟会时所用的土坛广场，并把这名单埋在地下，然后用鸡和猪的鲜血洒在它上面，好像是订立了盟约的样子。郐国的国君以为这伙人已与郑国串通而要在内部作乱，因而把这些贤能的臣子全部杀掉了。于是郑桓公袭击郐国，便夺取了它。

31.7.0　七

【译文】

对第七条经文的解说

31.7.1　秦侏儒善于荆王，而阴有善荆王左右而内重于惠文君[1]。荆适有谋[2]，侏儒常先闻之，以告惠文君。

【注释】

〔1〕有：通“又”。

〔2〕适：如果。

【译文】

秦国有个侏儒和楚王关系很好，而暗中又和楚王的左右侍从很亲密，而且在国内也被秦惠文君所器重。楚国如果有什么计谋，这侏儒常常会首先听到它，并把它告诉给秦惠文君。

31.7.2　邺令襄疵[1]，阴善赵王左右。赵王谋袭邺，襄疵常辄闻而先言之魏王。魏王备之，赵乃辄还。

【注释】

〔1〕邺：在今河北省临漳县西南。

【译文】

邺县的县令襄疵，暗中与赵王的左右侍从关系很好。赵王策划偷袭邺县，襄疵常常能立即知道而先把这情报告诉给魏王。魏王便对赵国加强防备，于是赵国总是撤兵而回。

31.7.3　卫嗣君之时，有人于令之左右。县令有发蓐而席弊甚，嗣公还令人遗之席[1]，曰："吾闻汝今者发蓐而席弊甚，赐汝席。"县令大惊，以君为神也。

【注释】

〔1〕还(xuán)：通"旋"，随即。

【译文】

卫嗣君的时候，有人受到卫嗣君的指令而专门待在县令的身边监视县令。县令有一次揭开草垫子而露出来的席子破得很，卫嗣君马上派人送给他一条席子，说："我听说你今天揭开草垫子而席子破得很，所以赐给你一条席子。"县令大吃一惊，认为卫嗣君很神。

第十一卷

外储说左上第三十二

（第三十二篇　积聚传说外左上编）

32.0.1　一、明主之道，如有若之应密子也[1]。明主之听言也[2]，美其辩；其观行也，贤其远。故群臣士民之道言者迂弘，其行身也离世。其说在田鸠对荆王也[3]。故墨子为木鸢[4]，讴癸筑武宫[5]。夫“药酒”、“用言”[6]，明君圣主之以独知也。

【注释】

〔1〕有若：春秋时鲁国人，字有，孔子的弟子。密子：即宓子贱，见3.2注。

〔2〕明主：当作“人主”。

〔3〕田鸠：又作田俅，齐国人，墨家学者。

〔4〕墨子：即墨翟(dí)，约生于公元前468年，卒于公元前376年，鲁国人，是春秋战国之际的思想家，墨家学派的创始人。他的言行，记载于《墨子》一书。他反对儒家学说，主张兼爱、非攻、尚贤，节用、节葬、非乐等，并以夏禹为榜样，讲究艰苦实践、身体力行，因而成为一个显赫的学派。但秦、汉以后，其学说趋于衰微。鸢(yuān)：一种鹰。

〔5〕武宫：武术学堂。

〔6〕用：当为“中”字之误，“中”通“忠”。

【译文】

第一，英明君主的治国原则，就像有若回答宓子贱时所说的那样要有手段。君主听取臣子意见的时候，赞美他们的能说会道；君主观察臣子行动的时候，夸奖他们的好高骛远。所以，群臣百官游士民众说起话来都深远廓大，而他们的立身处世也都远离世道人情。这种论点的解说在田鸠回答楚王时所说的话。所以，墨子会制造木头鹰却不以为然，而歌手癸用唱歌来鼓舞建筑工人建造武宫时也自以为不足。“药酒苦口能治病”、“忠言逆耳可致功”，这只有英明圣哲的君主才能懂得的道理啊。

32.0.2　二、人主之听言也，不以功用为的〔1〕，则说者多“棘刺”、“白马”之说；不以仪的为关〔2〕，则射者皆如羿也〔3〕。人主于说也，皆如燕王学道也；而长说者，皆如郑人争年也。是以言有纤察微难而非务也，故李、惠、宋、墨皆画策也〔4〕；论有迂深闳大，非用也，故畏、震、瞻、车、状皆鬼魅也〔5〕；言而拂难坚确〔6〕，非功也，故务、卞、鲍、介、墨、翟皆坚瓠也〔7〕。且虞庆诎匠也而屋坏〔8〕，范且穷工而弓折〔9〕。是故求其诚者，非归饷也不可。

【注释】

〔1〕的：箭靶子，引申为标准。

〔2〕仪的：箭靶子。关：关口，比喻准则。

〔3〕羿：见 23.10 注。

〔4〕李：当作“季”，指季梁，一作季良，杨朱的朋友。惠：惠施，见 22.18 注。宋：宋钘(jiān)，一作宋轻(kēng)，战国时宋国人，属黄老学派。墨：墨翟。策：当作“荚”。

〔5〕畏：当作“魏”，魏牟。震：当作“长”，长卢子。瞻：瞻何，也作詹何，见 20.1.8。车：当作“陈”，陈骈。状：当作“庄”，庄子。

以上五人都是道家人物。

〔6〕言而：当作“行有”。拂：逆。

〔7〕务：务光。卞：卞随。鲍：鲍焦。介：介之推，一作介子推。墨：当作“伯”，伯夷。翟：当作“田”，田仲，即陈仲子。这几个人都是古代所谓的清高廉洁之士。

〔8〕虞庆：即虞卿，战国时赵国人，曾任赵孝成王的上卿。

〔9〕且：通“雎”。范且：即范雎，见3.2注。

【译文】

第二，君主听取意见时，不把实际效用作为衡量的标准，那么游说的人就多半说些“把棘刺的尖端雕刻成猴子”、“白马不是马”之类的话；不拿箭靶作为标准，那么射箭的人就都像神箭手羿一样了。君主对于游说，都像燕王学习不死之道那样被人欺骗；而擅长辩论的人，都像郑国人争论年龄大小一样强词夺理。因此，言谈有精细明察微妙艰深但并不是当务之急的，所以季良、惠施、宋钘、墨翟的学说都不过是些画了图像的荚，虽然微妙艰深，但不值得提倡；议论有深远阔大但不切实用的，所以魏牟、长卢子、詹何、陈骈、庄周的学说都不过是些图画上的鬼魅，虽然变化无常，但都是些任意的杜撰；行动有不顾艰难、坚定不移但并没有什么实际效用的，所以务光、卞随、鲍焦、介子推、伯夷、田仲都是些坚硬的葫芦，虽然心地坚实，但却没有什么用处。再说虞庆虽然说得匠人理屈词穷，但照虞庆的话造出来的房子却倒塌了；范雎虽然说得工人走投无路，但照范雎的话做出来的弓却折断了。所以，想求得那真实可靠的食物，非得回家吃饭不可。

32.0.3　三、挟夫相为则责望，自为则事行。故父子或怨噪，取庸作者进美羹〔1〕。说在文公之先宣言，与勾践之称如皇也。故桓公藏蔡怒而攻楚，吴起怀瘳实而吮伤〔2〕。且先王之赋颂、钟鼎之铭，皆播吾之迹、华山之博也〔3〕。然先王所期者利也，所用者力也；筑社之谚，目辞说也[4]。请许学者而行宛曼于先王[5]，或者不宜今乎！如是不能更也，郑县人得车厄也[6]，卫人佐弋也[7]，卜子妻写弊裤也[8]，而其少者也。先王之言，有其所为小而世意之大者，有其所为大而世意之小者，未可必知也。说在宋人之解书与梁人之读记也[9]。故先王有郢书，而后世多燕说。夫不适国事而谋先王，皆归取度者也。

【注释】

〔1〕庸：通“佣”，被雇用的人。作：劳作。

〔2〕瘳(chōu)：病愈。

〔3〕播吾：山名，在今河北平山县东南。博：通“簙”，古代一种游戏中所用的棋子。

〔4〕目：当作“以”。

〔5〕请：通“情”，诚，果真。宛曼：同“涴漫”，渺茫。

〔6〕郑县：战国时韩国地名，位于今河南省郑州市。厄：通“轭”。

〔7〕佐弋：掌管弋射的官吏。

〔8〕写：仿效。

〔9〕梁：指魏国。

【译文】

第三，怀有那种人要为别人着想的思想，就会互相责备和埋怨；怀有那种人都为自己着想的思想，那么事情就能办成。所以父子之间有时也会互相埋怨责怪，而争取雇工来耕种的雇主却给雇工进用美餐。这种论点的解说还在：文公讨伐宋国之前先进行宋君荒淫无道而讨伐宋国会有利于宋国人的宣传，以及勾践讨伐吴国之前先宣传吴王修筑如皇台对人民犯下的罪行。所以齐桓公隐藏着对蔡国的愤怒而以攻打楚国为幌子去灭掉蔡国，吴起怀着士兵病好以后可使他们为自己拼命作战的实际目的而为他们吮吸伤口。再有古代帝王那歌功颂德的诗赋、刻铸在钟鼎上的铭文，都是和播吾山上的脚印、华山上的棋子一样的东西，全是些骗局。然而古代帝王所期望的是自己得利，所使用的是别人的力量；为土地神修筑祭坛的谚语，便是用来解说这种道理的。如果赞许那些读书人而向古代的帝王效法那渺茫不测的治国之道，或许不适用于今天吧！如果像这样效法古代而不能变通，那就愚蠢得像：郑县的人得到了车轭来问人，卫国那掌管射鸟的小官佐弋在射鸟前先挥动头巾，卜先生的妻子按照破裤子的样子来做裤子而把新裤子给撕破了，以及那竭力模仿大人喝酒的年轻人。古代帝王的言论，有些话在说的时候那针对的事情很小而现在社会上却把它的意义想象得很重大，有些话在说的时候那针对的事情很重大而现在社会上却把它的意义理解得很小，这些情况现在的人还不一定能全部明白啊。这种论点的解说在宋国人的解说书意与魏国人的阅读史籍。所以古代的帝王留下的言论有时候就像郢都人写的书信，而后代的人多半像燕国的宰相那样来作解说。那种不去考虑是否适合自己国家的政事而只图取法古代的帝王，都是些不按照自己的脚来买鞋而只知道回家拿尺码的人啊。

32.0.4　四、利之所在，民归之；名之所彰，士死之。是以功外于法而赏加焉，则上不能得所利于下；名外于法而誉加焉，则士劝名而不畜之于君[1]。故中章、胥己仕，而中牟之民弃田圃而随文学者邑之半[2]；平公腓痛足痹而不敢坏坐，晋国之辞仕托者国之锤[3]。此三士者，言袭法，则官府之籍也；行中事[4]，则如令之民也；二君之礼太甚。若言离法而行远功，则绳外民也，二君又何礼之？礼之当亡。且居学之士，国无事不用力，有难不被甲[5]。礼之，则惰修耕战之功；不礼，则周主上之法[6]。国安则尊显，危则为屈公之威[7]，人主奚得于居学之士哉？故明王论李疵视中山也。

【注释】

〔1〕畜：驯顺。

〔2〕中牟：赵国地名，在今河南汤阴县西。文学：文献典籍。

〔3〕锤：三分之一。

〔4〕中(zhòng)：合。

〔5〕被：通“披”。

〔6〕周：曲。

〔7〕威：通“畏”。

【译文】

第四，可以得到利益的地方，民众就归向它；可以显扬名声的事情，士人就为它卖命。因此在法制规定之外的功劳如果给它奖赏，那么君主就不能从臣下那里得到利益；在法制规定之外的名声如果给它赞誉，那么士人就被这种名誉所鼓励而不使自己顺从君主了。所以中章、胥己做了官，那中牟地方抛弃田园而跟着学习研究文献典籍的人便占了这个城邑的一半；晋平公敬重叔向，坐得腿痛脚麻也不敢损坏自己礼貌的坐姿，因而晋国那辞去官职不再依附权势而去仿效叔向的人便占了全国的三分之一。中章、胥己、叔向这三个人，如果他们的言论遵循法度，那么他们不过是在宣讲一下官府中的文件法典；如果他们的行为符合国家的政情，那么他们不过是遵从法令的良民；赵、晋两国君主对他们的礼遇也实在太过分了。如果他们的言论背离法度而行为又不切实用，那么他们就是违法的人，两国君主又为什么要敬重他们呢？敬重这种人，国家活该灭亡。况且那些隐居在家专门搞学问的人，国家太平无事的时候他们不用气力去从事耕种，国家发生战争的时候他们又不披上铠甲为国作战。所以如果敬重他们，就会使人们懒得再去建立耕作和打仗方面的功劳；如果不敬重他们，那么他们又会歪曲破坏君主的法制。因此，国家安定的时候，他们就尊贵显赫；国家遭到危难，他们就会做出像屈公那样胆小怕死的行径来；君主从这些隐居在家专门搞学问的人那里能得到什么呢？所以英明的赵武灵王肯定了李疵察看中山国之后所作出的分析。

32.0.5　五、《诗》曰[1]：“不躬不亲，庶民不信。”傅说之以“无衣紫”，缓之以郑简、宋襄[2]，责之以尊厚耕战。夫不明分，不责诚[3]，而以“躬亲”位下[4]，且为“下走”、“睡卧”，与夫“揜弊微服”[5]。孔丘不知，故称“犹盂”；邹君不知，故先自僇。明主之道，如叔向赋猎与昭侯之“奚听”也[6]。

【注释】

〔1〕所引诗句见《诗经·小雅·节南山》。

〔2〕缓：放松、懈怠。郑简：郑简公，名嘉，春秋时郑国国君。宋襄：宋襄公，名兹甫，春秋时宋国国君。

〔3〕诚：通“成”。

〔4〕位：通“莅”，统治。

〔5〕揜：同“掩”。弊：通“蔽”。微：隐微，隐蔽。

〔6〕叔向：见23.35注。赋：授。猎：当作“禄”。昭侯：见7.2注。

【译文】

第五，《诗经·小雅·节南山》上说：“君主不身体力行、不亲自挂帅，群众就不会相信。”齐王的太傅用“君主自己不要穿紫色衣服”的劝告来解说这两句诗，但我们可以用郑简公放手让臣下去治理政事而终身无祸以及宋襄公亲自参加战斗而受伤致死的事实来怠慢这两句诗，更可以用君主崇尚亲自参加耕种战斗会陷于劳苦危险的境地这种道理来指责这两句诗。君主如果不去明确君臣双方各自的职权名分，不用法令去督责臣下完成本职工作，反而用“身体力行、亲自挂帅”的办法来统治臣民，那就会去做“齐景公下车奔跑”、“魏昭王困得打瞌睡”之类的傻事，以及那“隐蔽自己的身份而穿着平民百姓的衣服亲自到民间察访”的事。孔丘不知道君主不必以身作则的道理，所以说“君主好像盂”；邹国的君主不知道这个道理，所以先羞辱了自己。英明君主的治国原则，就得像叔向分配俸禄和韩昭侯懂得“怎样来听取意见”

那样。

32.0.6 六、小信成则大信立，故明主积于信。赏罚不信，则禁令不行。说在文公之攻原与箕郑救饿也[1]。是以吴起须故人而食[2]，文侯会虞人而猎[3]。故明主表信，如曾子杀彘也[4]。患在厉王击警鼓与李悝谩两和也[5]。

【注释】

〔1〕原：地名，位于今河南济源市西北。箕郑：晋国大夫。

〔2〕须：等待。

〔3〕文侯：见 22.11 注。虞人：掌管山泽的官。

〔4〕曾子：见 21.12.2 注。

〔5〕厉王：见 13.1 注。李悝：见 30.0.3 注。和：军门，指壁垒中的军队。

【译文】

第六，小的信用成就了，那么大的信用就能树立起来，所以英明的君主不断地积累在遵守信用方面的声誉。赏罚不守信用，那么禁令就不能实行。这种论点的解说在晋文公攻打原邑和箕郑救济饥荒。因此吴起一直等来了老朋友才吃饭，魏文侯一定要碰头虞人去处理打猎的事。所以英明的君主表明自己遵守信用，就像曾子杀猪那样。不守信用的祸患在楚厉王乱敲报警用的战鼓和李悝欺骗左右两个营垒中的军队所造成的恶果。

32.1.0 一

【译文】

对第一条经文的解说

32.1.1 宓子贱治单父[1]，有若见之，曰："子何臞也？"宓子曰："君不知贱不肖，使治单父，官事急，心忧之，故臞也。"有若曰："昔者舜鼓五弦、歌《南风》之诗而天下治。今以单父之细也，治之而忧，治天下将奈何乎？故有术而御之，身坐于庙堂之上，有处女子之色，无害于治；无术而御之，身虽瘁臞，犹未有益。"

【注释】

〔1〕单(shàn)父：鲁国地名，位于今山东单县。

【译文】

宓子贱治理单父的时候，有若看见他，说："您怎么瘦啦？"宓子贱说："国君不知道我没有才能，而让我治理单父，公事繁忙紧迫，心里老是为此担忧，所以瘦了。"有若说："从前舜弹奏着五弦琴、吟唱着《南风》的诗歌天下就太平了。现在像单父那样小的地方，治理它却这样忧虑，那如果要你治理天下又将会怎么样呢？所以，掌握了统治的手段来治理民众，自己即使安闲地坐在朝廷之上，养护得脸上有未出嫁的少女那般红润的气色，对治理民众也没有什么妨害；如果没有手段来治理民众，自己即使劳累消瘦，还是没有什么好处。"

32.1.2 楚王谓田鸠曰："墨子者，显学也。其身体则可[1]，其言多而不辩，何也？"曰："昔秦伯嫁其女于晋公子[2]，令晋为之饰装，从衣文之媵七十人。至晋，晋人爱其妾而贱公女。此可谓善嫁妾，而未可谓善嫁女也。楚人有卖其珠于郑者，为木兰之柜[3]，薰以桂椒[4]，缀以珠玉，饰以玫瑰[5]，辑以翡翠[6]。郑人买其椟而还其珠。此可谓善卖椟矣，未可谓善鬻珠也。今世之谈也，皆道辩说文辞之言，人主览其文而忘有用。墨子之说，传先王之道，论圣人之言，以宣告人。若辩其辞，则恐人怀其文忘其直、以文害用也[7]。此与楚人鬻珠、秦伯嫁女同类，故其言多不辩。”

【注释】

〔1〕体：行。

〔2〕秦伯：秦国国君，其爵位是伯，所以称秦伯，此指秦穆公。其女：指怀嬴。晋公子：即重耳。

〔3〕木兰：树名，质地似柏，皮有香气似桂。

〔4〕薰：通“熏”。

〔5〕玫瑰：美丽的红色玉珠。

〔6〕辑：集。

〔7〕直：通“值”。

【译文】

楚王对田鸠说：“墨子，是个名声显赫的学者。他的亲身实践倒还可以，但他的言论虽然发表得很多，却不巧妙动听，这是为什么呢？”田鸠说：“从前秦穆公把自己的女儿嫁给晋国的公子，叫晋国为他女儿装饰打扮而自己不给她事先打扮，但却让穿着彩纹锦缎服装的陪嫁之妾七十人跟随着。到了晋国，晋国人喜欢那陪嫁的妾而看不起秦穆公的女儿。这可以叫做善于嫁妾，而不能说是善于嫁女儿。楚国有一个在郑国出卖自己宝珠的人，做了一个木兰木的匣子，匣子再用肉桂、花椒等香料熏过，用珍珠宝石加以点缀，用红色的玫瑰玉珠进行装饰，用绿色的翡翠编排在上面。郑国人买了他的匣子而把他的宝珠还给了他。这可以说是善于卖匣子了，但不能说是善于卖宝珠啊。现在社会上的议论，都说一些巧妙动听富有文采的话，君主往往看到了它的文采便忘记了它是否有用。墨子的学说，传播古代英明帝王的思想，论述圣人的主张，把它们宣传告诉给人们。如果他使自己的文辞美妙动听，就怕人们陶醉于它的文采而忘记了它的实际价值、因为文采而损害了效用。这与楚国人卖宝珠、秦穆公嫁女儿就类同了，所以墨子的言论多半不巧妙动听。”

32.1.3 墨子为木鸢，三年而成，蜚一日而败〔1〕。弟子曰：“先生之巧，至能使木鸢飞。”墨子曰：“吾不如为车輗者巧也〔2〕。用咫尺之木〔3〕，不费一朝之事，而引三十石之任，致远力多，久于岁数。今我为鸢，三年成，蜚一日而败。”惠子闻之曰：“墨子大巧，巧为輗，拙为鸢。”

【注释】

〔1〕蜚：通“飞”。

〔2〕輗：大车的车辕前端与车衡衔接处的销钉。

〔3〕咫：古代长度单位，八寸为一咫。

【译文】

墨子制造木头鹰，三年才造成，飞了一天就坏了。他的学生说：“先生的手艺这样巧，以至于能使木头鹰飞起来。”墨子说：“我还不及那些制造大车销钉的人巧啊。他们用尺把长的木头，不用耗费一天工夫，就能使它用来牵引三十石的负荷，到达很远的地方，出的力很多，使用寿命又长达几年。现在我制造木头鹰，三年才造成，飞了一天就坏了。”惠施听到了这件事说：“墨子这个人非常巧，因为他以制造车销子为巧，而以制造木头鹰为笨。”

32.1.4 宋王与齐仇也，筑武宫。讴癸倡〔1〕，行者止观，筑者不倦。王闻，召而赐之。对曰：“臣师射稽之讴又贤于癸。”王召射稽使之讴，行者不止，筑者知倦。王曰：“行者不止，筑者知倦，其讴不胜如癸美，何也？”对曰：“王试度其功，癸四板〔2〕，射稽八板；擿其坚〔3〕，癸五寸，射稽二寸。”

【注释】

〔1〕讴：歌唱，此指歌手。倡：通“唱”。

〔2〕板：古代用木板夹土筑墙，一板长一丈，宽二尺。积高五板为一堵，所以一堵墙长一丈高一丈。

〔3〕擿（zhì）：摿。

【译文】

宋王与齐国作对，因而建造武宫来练习武艺。歌手癸在工地上领唱夯歌，行人都停下来围观，建筑工人都不感到疲倦。宋王听说了，把癸召来给他赏赐。癸回答说：“我老师射稽的歌唱比我还好。”宋王就召来射稽让他歌唱，但行人却不停下来，建筑工人也感到疲劳了。宋王说：“行人不停步，建筑工人感到疲劳，这样看来，射稽的歌唱不但没有超过癸，而且还不及癸唱得好，这怎么解释呢？”癸回答说：“大王如果去计量一下筑墙的成绩，那么癸唱歌的时候工人只筑了四块模板的墙，而射稽唱歌的时候工人筑了八块模板的墙；大王如果去捶打一下那墙的坚实程度，那么癸唱歌时筑的墙能捣进去五寸，射稽唱歌时筑的墙只能捣进去两寸。所以我说我老师的歌唱得比我好。”

32.1.5 夫良药苦于口，而智者劝而饮之，知其入而已己疾也〔1〕。忠言拂于耳，而明主听之，知其可以致功也。

【注释】

〔1〕已：止，指治愈。

【译文】

好药吃在嘴里很苦，但聪明的人还是努力把它喝下去，因为知道它被喝进去之后可以治愈自己的疾病。忠言听起来不顺耳，但明智的君主还是能听从它，因为知道它可以用来取得功绩。

32.2.0　二

【译文】

对第二条经文的解说

32.2.1　宋人有请为燕王以棘刺之端为母猴者〔1〕，必三月斋然后能观之。燕王因以三乘养之〔2〕。右御冶工言王曰〔3〕：“臣闻人主无十日不燕之斋〔4〕。今知王不能久斋以观无用之器也，故以三月为期。凡刻削者，以其所以削必小。今臣冶人也，无以为之削，此不然物也，王必察之。”王因囚而问之，果妄，乃杀之。冶人谓王曰：“计无度量，言谈之士多‘棘刺’之说也。”

【注释】

〔1〕棘：一种枝有刺的小枣树。母：通“猕”。

〔2〕乘(shèng)：量词，辆。古代一种赋税制度规定：每六里见方的土地上缴一辆兵车，这里指六里见方的土地所上缴的赋税。

〔3〕右御：官名，掌管进用器物一类的事情。

〔4〕燕：通“宴”。

【译文】

宋国有个请求给燕王把棘刺的尖端雕刻成猕猴的人，他一定要让燕王斋戒三个月然后才能看到这猕猴。燕王因而用方圆三十里的土地上的租税作为俸禄来供养他。右御属下的冶炼工人向燕王进言说："我听说君主没有十天不宴饮的斋戒。现在他知道大王不可能为了看到那没有用处的东西而长时间地斋戒，所以拿三个月作为期限。凡是雕刻，用来雕刻的工具一定比雕刻的东西更小。现在我是个冶炼工人，根本没有办法给他制造出这样小的刻刀，所以这是不可能有的事，大王必须仔细审察此事。"燕王因而囚禁了这个宋国人并审问他，果然是虚假的，于是就把他杀了。这冶炼工人对燕王说："对于计谋，如果没有一定的标准来加以测度衡量，那么游说的人就多半会说一些'把棘刺的尖端雕刻成猕猴'之类的胡言乱语了。"

32.2.2　一曰：燕王好微巧。卫人曰："能以棘刺之端为母猴。"燕王说之[1]，养之以五乘之奉[2]。王曰："吾试观客为棘刺之母猴。"客曰："人主欲观之，必半岁不入宫，不饮酒食肉。雨霁日出，视之晏阴之间[3]，而棘刺之母猴乃可见也。"燕王因养卫人，不能观其母猴。郑有台下之冶者谓燕王曰[4]："臣，为削者也。诸微物必以削削之，而所削必大于削。今棘刺之端不容削锋，难以治棘刺之端。王试观客之削，能与不能可知也。"王曰："善！"谓卫人曰："客为棘，削之？"曰："以削。"王曰："吾欲观见之。"客曰："臣请之舍取之。"因逃。

【注释】

〔1〕说：通"悦"。

〔2〕奉：通"俸"。

〔3〕晏：晴。

〔4〕台：是朝廷直属的官署名。

【译文】

另一种说法是：燕王喜欢小巧玲珑的东西。有个卫国人说："我能把棘刺的尖端雕刻成猕猴。"燕王很喜欢他，就用方圆五十里的土地上的租税作为俸禄来供养他。燕王说："我想看看你雕刻的棘刺尖上的猕猴。"这外来的卫国人说："君主要想看它，必须半年不进后宫与妃子同宿，不喝酒吃肉。在那雨停云散太阳出来的时候，趁那半晴半阴之际来观看它，这棘刺尖上的猕猴才可以看得见。"燕王便收养了这个卫国人，但却不能看见他所雕刻的猕猴。郑国有一个在朝廷直属官署中工作的冶炼工人对燕王说："我是做刻刀的。各种微小的东西一定要用刻刀来雕刻它，而被雕刻的东西必须比刻刀大。现在棘刺的尖端容纳不下刻刀的锋刃，所以他很难用刻刀来雕刻棘刺的尖端。大王不妨去看看他的刻刀，那么能不能在棘刺尖上雕刻猕猴就可以知道了。"燕王说："好!"就对这个卫国人说："你雕刻棘刺，是用刻刀来刻它的吗?"这卫国人说："用刻刀刻的。"燕王说："我想看看这刻刀。"这卫国人说："请让我到住处去取它。"于是便乘机逃跑了。

32.2.3　兒说，宋人善辩者也，持"白马非马也"服齐稷下之辩者〔1〕。乘白马而过关，则顾白马之赋〔2〕。故籍之虚辞〔3〕，则能胜一国；考实按形，不能谩于一人。

【注释】

〔1〕稷：指稷门，齐国国都的城门。

〔2〕顾：通"雇"，交纳。

〔3〕籍(jiè)：通"藉"，凭借。

【译文】

兒说，是宋国一个善于辩论的人，他持"白马不是马"的观点而说服了齐国稷下的辩论者。但他骑着白马经过关卡的时候，却还是交纳了白马的税。所以让他凭借空话，他就能够胜过整个国都的人；但考核客观事实、对照具体情形，他就一个人也欺骗不了。

32.2.4　夫新砥砺杀矢[1]，彀弩而射[2]，虽冥而妄发[3]，其端未尝不中秋毫也，然而莫能复其处，不可谓善射，无常仪的也。设五寸之的，引十步之远[4]，非羿、逄蒙不能必全者[5]，有常仪的也。有度难而无度易也。有常仪的，则羿、蒙以五寸为巧；无常仪的，则以妄发而中秋毫为拙。故无度而应之，则辩士繁说；设度而持之，虽知者犹畏失也不敢妄言[6]。今人主听说，不应之以度而说其辩[7]；不度以功，誉其行而不入关[8]。此人主所以长欺，而说者所以长养也。

【注释】

〔1〕杀：尖锐。

〔2〕彀(gòu)：把弓拉满。

〔3〕冥：通“瞑”。

〔4〕引：拉弓。

〔5〕逄(páng)蒙：羿的徒弟，善于射箭。

〔6〕知：通“智”。

〔7〕说：通“悦”。

〔8〕关：关口，比喻准则。

【译文】

刚刚磨好打猎用的利箭，拉满弓弩来射，即使闭着眼睛而胡乱发射，箭的尖端也不一定就射不中那细小得像秋毫似的东西，然而不能再次射到原来射中的地方，就不能说是善于射箭，因为它没有固定不变的箭靶子当作目标。设置一个直径五寸的箭靶，即使在十步远的地方拉弓发箭，如果不是羿和逄蒙这样的射箭能手，就不一定能全部射中，这是因为有了固定不变的箭靶作为目标。有了一定的标准来做事就很困难，而没有一定的标准来做事就很容易。所以有了固定的箭靶作目标，那么羿和逄蒙就可以因为射中直径五寸的箭靶而被看作为射技高超；没有固定的箭靶作目标，那么人们就会把胡乱地发箭而射中秋毫似的小东西当作是射技低劣。所以没有一定的标准去对照游说者的言论，那么能言善辩的人就会吹得天花乱坠；如果设置了一定的标准来把握它，那么即使是聪明的人也还会怕有失误而不敢乱说。现在君主听取游说者的游说，不用一定的标准来对照它而喜欢他们能说会道的口才；不用实际的功效去衡量，却只是赞赏他们的行为而不把它们纳入一定的规范去考察。这就是君主长期地被欺骗的原因，以及游说的人长期地被供养的缘由。

32.2.5　客有教燕王为不死之道者，王使人学之，所使学者未及学而客死。王大怒，诛之。王不知客之欺己，而诛学者之晚也。夫信不然之物而诛无罪之臣〔1〕，不察之患也。且人所急无如其身，不能自使其无死，安能使王长生哉？

【注释】

〔1〕物：事。

【译文】

外国来的客人中有一个能教燕王修炼长生不死的道术，燕王就派人去向他学习，这个被派去学习的人还没有来得及学习而那个客人就死了。燕王十分愤怒，就责怪惩处这个去学习的人。燕王不知道那客人在欺骗自己，却责怪这学习的人学得太晚了。相信不可能有的事情而处罚没有罪过的臣子，这是不明察的危害啊。况且一个人最看重的东西没有什么及得上自己的身体，那个客人不能够使自己不死，又怎么能使燕王长生呢？

32.2.6　郑人有相与争年者。一人曰：“吾与尧同年。”其一人曰：“我与黄帝之兄同年[1]。”讼此而不决，以后息者为胜耳。

【注释】

〔1〕黄帝：传说中的远古帝王，姓公孙，居轩辕之丘，故号轩辕氏。传说他曾打败姜姓部落首领炎帝以及九黎族蚩尤，从而被各部落推为部落联盟首领。因有土德之瑞，故号黄帝。他在位时代约在公元前26世纪。

【译文】

郑国有两个互相争论年龄大小的人。一个人说：“我和尧年龄相同。”那另一个人说：“我和黄帝的哥哥年龄相同。”两人为此争辩而不能决断，只好以最后停嘴的人为胜诉者算了。

32.2.7　客有为周君画荚者，三年而成。君观之，与髹荚者同状[1]。周君大怒。画荚者曰：“筑十版之墙[2]，凿八尺之牖[3]，而以日始出时加之其上而观。”周君为之，望见其状尽成龙蛇、禽兽、车马，万物之状备具。周君大悦。此荚之功非不微难也，然其用与素髹荚同。

【注释】

〔1〕髹(xiū)：漆。

〔2〕版：通“板”，见32.1.4注。十版之墙：指高一丈、长二丈的墙。

〔3〕八尺：当作“八寸”。

【译文】

外来的客人中有一个给周国的国君画荚的，三年才画成，国君看看它，与漆过的荚样子相同。周国的国君十分恼火。画荚的人说：“请您建造一堵十块模板大小的墙，在墙上开一个八寸见方的窗口，然后您在太阳刚出来的时候把这荚放到那窗口上对着日光来观看。”周国的国君照他的话去做了，便看见它的图形都成了龙蛇、禽兽、车马，各种东西的形象全都有了。周国的国君十分高兴。这张荚的精致并非不微妙难能，但是它的实用价值与没有画过画、只用漆漆过的荚是相同的。

32.2.8　客有为齐王画者，齐王问曰：“画，孰最难者?”曰：“犬马难。”“孰易者?”曰：“鬼魅最易。”夫犬马，人所知也，旦暮罄于前[1]，不可类之，故难。鬼神，无形者，不罄于前，故易之也。

【注释】

〔1〕罄：通“俔”，见。

【译文】

客人中有一个给齐王画画的人，齐王问他说：“画画，最难画的是什么?”客人说：“狗和马最难画。”齐王又问：“最容易画的是什么?”客人说：“鬼怪最容易画。”那狗和马，是人们都知道的东西，日日夜夜都显现在人们的面前，不可能画得和它完全相似，所以很难。鬼怪神仙，是没有形状的东西，不显现在人们面前，所以画它很容易。

32.2.9　齐有居士田仲者，宋人屈谷见之，曰：

“谷闻先生之义，不恃仰人而食。今谷有树瓠之道，坚如石，厚而无窍，献之。”仲曰：“夫瓠所贵者，谓其可以盛也[1]。今厚而无窍，则不可剖以盛物而任重；如坚石，则不可以剖而以斟。吾无以瓠为也。”曰：“然，谷将以欲弃之。”今田仲不恃仰人而食，亦无益人之国，亦坚瓠之类也。

【注释】

〔1〕谓：通“为”（wèi），因为。

【译文】

齐国有一个隐居的人叫田仲，宋国人屈谷见到他，说：“我听说先生的主张，是不靠仰人鼻息来餬口。现在我有一种种植葫芦的方法，可以使种出来的葫芦坚硬得像石头，厚实得里面没有空隙，我把它献给你吧。”田仲说：“葫芦可贵的地方，是因为它可以用来装东西。现在它厚实而没有空隙，就不可以剖开来用它装东西而负担沉重的东西；而像坚硬的石头，就不可以剖开来用它斟酒。我用这种葫芦来干什么呢？”屈谷说：“说得对，我将按照你的想法抛弃它。”现在田仲不靠仰人鼻息来餬口，也不会给别人的国家带来什么好处，也是坚硬的葫芦一类的东西啊。

32.2.10　虞庆为屋，谓匠人曰：“屋太尊。”匠人对曰：“此新屋也，涂濡而椽生。”虞庆曰：“不然。夫濡涂重而生椽挠，以挠椽任重涂，此宜卑。更日久，则涂干而椽燥。涂干则轻，椽燥则直，以直椽任轻涂，此益尊。”匠人诎[1]，为之，而屋坏。

【注释】

〔1〕诎：屈服。

【译文】

虞庆造房子的时候，对匠人说："屋面的坡度太高陡了。"匠人回答说："这是新房子啊，泥巴潮湿而椽木没有干透，必须要陡一些。"虞庆说："不对。潮湿的泥巴沉重而没有干透的椽木弯曲，用弯曲的椽木来负担沉重的泥巴，这坡度就应该做得低平一点。因为经历的时间长了，那么泥巴就会变干，而椽木也会干燥。泥巴干了就会轻起来，椽木干了就会挺直，用挺直的椽木来承担轻的泥巴，这屋面的坡度就更加高陡了。"匠人被说服了，就按虞庆的话去做了，但房子却倒塌了。

32.2.11　一曰：虞庆将为屋，匠人曰："材生而涂濡。夫材生则挠，涂濡则重，以挠任重，今虽成，久必坏。"虞庆曰："材干则直，涂干则轻。今诚得干，日以轻直，虽久，必不坏。"匠人诎，作之，成，有间，屋果坏。

【译文】

另一种说法是：虞庆将要造房子的时候，匠人说："这木料还没有干透而泥巴又潮湿。木料没有干透就会弯曲，泥巴潮湿就沉重，用弯曲的木料来负担沉重的泥巴，现在即使造成了，时间长了也一定会倒塌。"虞庆说："木料干了就会变直，泥巴干了就会变轻。现在如果它们真能干起来的话，那么泥巴就会一天比一天轻，木料就会一天比一天直，即使时间长了，也肯定不会倒塌的。"匠人无话可说，就按照他的话去造了，造成了，过了些时候，房子终于倒塌了。

32.2.12　范且曰："弓之折，必于其尽也，不于其始也。夫工人张弓也，伏檠三旬而蹈弦[1]，一日犯机，是节之其始而暴之其尽也，焉得无折？且张弓不然，伏檠一日而蹈弦，三旬而犯机，是暴之其始而节之其尽也。"工人穷也，为之，弓折。

【注释】

〔1〕檠(qíng)：矫正弓弩的器具。

【译文】

范雎说："弓弩的折断，一定是在它被造成的最后阶段，而不在它制造的开始阶段。因为工人把弓弩绷紧的时候，总是先把弓弩安放在校正弓弩的模具中按压个三十天，然后才装上弓弦，可是再过一天就去扣动发射的扳机放箭，这是在制造它的开始阶段有节制地调正它而在制造它的最后阶段粗暴地试验它，它哪能不被折断呢？我范雎绷弓就不是这样，我把弓弩安放在校正弓弩的模具中按压个一天就装上弓弦，再过三十天才去扣动扳机放箭，这是在制造它的开始阶段粗暴地矫正它而在制造它的最后阶段有节制地试验它。"工人被他说得无言可对，就照他的话去做了，结果弓弩断了。

32.2.13　范且、虞庆之言，皆文辩辞胜而反事之情。人主说而不禁[1]，此所以败也。夫不谋治强之功，而艳乎辩说文丽之声，是却有术之士而任"坏屋"、"折弓"也。故人主之于国事也，皆不达乎工匠之构屋张弓也。然而士穷乎范且、虞庆者：为虚辞，其无用而胜；实事，其无易而穷也。人主多无用之辩，而少无易之言，此所以乱也。今世之为范且、虞庆者不辍，而人主说之不止，是贵“败”“折”之类而以知术之人为工匠也。不得施其技巧[2]，故屋坏弓折；知治之人不得行其方术，故国乱而主危。

【注释】

〔1〕说：通“悦”。

〔2〕“不”上当有“工匠”二字。

【译文】

范雎、虞庆的言论，都是道理十足、使人折服的，但却违背了事物的实际情况。君主对这样的言论喜爱而不加禁止，这就是政事败坏的原因。不去谋求使国家安定强盛的实际功效，却陶醉于巧妙动听文饰华丽的空话，这就是在排斥有道术的人而任用“使房子倒塌”、“使弓弩折断”的人，所以君主对于国家政务的处理，都还没有能达到工匠造房、绷弓的程度。然而有技术的人之所以被范雎、虞庆弄得走投无路，是因为：说空话，那么即使没有实际效用也能靠善辩取胜；干实事，那么即使合乎实际情况而不可改变，也会因为不善于辩论而被说得无言可对。君主看重没有实际用处的辩辞，而看轻不可改变的言论，这就是造成国家混乱的原因。现在社会上干范雎、虞庆那一行的人接连不断，而君主对他们喜欢个没完，这是在尊重“使房子倒塌”、“使弓弩折断”之类的人而把懂得法术的人当作盖房绷弓的工匠来对待。工匠不能施展自己的技巧，所以房屋倒塌、弓弩折断；懂得治理国家的人不能实行自己的治国方略，所以国家陷于混乱而君主岌岌可危。

32.2.14　夫婴儿相与戏也，以尘为饭，以涂为羹，以木为胾[1]，然至日晚必归饷者，尘饭涂羹可以戏而不可食也。夫称上古之传颂，辩而不悫，道先王仁义而不能正国者，此亦可以戏而不可以为治也。夫慕仁义而弱乱者，三晋也；不慕而治强者，秦也，然而未帝者，治未毕也。

【注释】

〔1〕胾(zì)：大块肉。

【译文】

小孩子在一起游戏的时候，拿尘土当作饭，拿烂泥当作菜羹，拿木头当作大块肉，然而到了天黑就一定得回家吃饭，在是因为土饭泥羹可以拿来玩耍而不可以吃啊。称道上古的传说与颂词，虽然动听却不实在，奉行古代帝王的仁义之道而不能整治国家，这也是因为那些东西只可以拿来玩弄玩弄而不可以拿来作为治国方法的缘故啊。那追求仁义而使国家衰弱混乱的，是韩、赵、魏三国；不羡慕仁义而使国家安定强盛的，是秦国，然而秦国还没有能统一天下而称帝，那是因为治理的办法还没有完善啊。

32.3.0　三

【译文】

对第三条经文的解说

32.3.1　人为婴儿也，父母养之简，子长而怨；子盛壮成人，其供养薄，父母怒而诮之〔1〕。子、父，至亲也，而或谯或怨者〔2〕，皆挟相为而不周于为己也〔3〕。夫卖庸而播耕者〔4〕，主人费家而美食，调布而求易钱者〔5〕，非爱庸客也，曰：如是，耕者且深，耨者熟耘也。庸客致力而疾耘耕者，尽巧而正畦陌者，非爱主人也，曰：如是，羹且美，钱布且易云也。此其养功力，有父子之泽矣，而心调于用者，皆挟自为心也。故人行事施予，以利之为心，则越人易和；以害之为心，则父子离且怨。

【注释】

〔1〕诮(qiào)：责备，责骂。

〔2〕谯(qiào)：通“诮”。

〔3〕周：合。

〔4〕卖：当作“买”。庸：通“佣”，被雇用的人。

〔5〕易：善。

【译文】

人还是孩子的时候，父母对他抚养得马虎，孩子长大了就要埋怨父母；儿子长大成人，他对父母的供养微薄，父母就会发怒而责骂他。儿子和父亲，是最最亲的，然而有时候会责骂、有时候会埋怨，这都是因为怀有人要为别人着想的思想而不合于人都为自己着想的世道人情。出钱雇用雇工来播种耕耘，主人花费了家产而给他们吃丰盛的饭菜，拿了布币去求取成色足的钱币作为他们的工资，这并不是因为爱雇工，而是认为：像这样，耕地的人才会耕得深，锄草的人才会精细地耘田啊。雇工使尽力气而快速地耘田耕地，使尽技巧来端正畦亩田埂，也并不是爱主人啊，而是认为：像这样，吃的饭菜才会丰盛，得到的钱币才会成色足啊。主人这样来供养雇工，简直有父子之间的恩泽了，而雇工的心思全扑在劳役上，都是怀着为自己着想的心思啊。所以人们办事和给人好处，如果把利人可以利己作为指导思想，那么就是像越国人那样关系疏远的人也容易和好；如果把损害了自己也得损害别人作为指导思想，那么父子之间也会离心离德而互相埋怨。

32.3.2　文公伐宋[1]，乃先宣言曰：“吾闻宋君无道，蔑侮长老，分财不中，教令不信，余来为民诛之。”

【注释】

〔1〕文公：当作“文王”。宋：当作“崇”。

【译文】

文公要讨伐宋国，就先宣传说：“我听说宋国国君荒淫无道，侮蔑德高望重的老人，分配财物不适当，发布了命令却不守信用，我来为人民杀了他。”

32.3.3 越伐吴，乃先宣言曰：“我闻吴王筑如皇之台，掘深池，罢苦百姓〔1〕，煎靡财货〔2〕，以尽民力，余来为民诛之。”

【注释】

〔1〕罢：通“疲”。

〔2〕煎：榨取。靡：浪费。

【译文】

越王勾践要去攻打吴国，就先宣传说：“我听说吴王夫差建造如皇台，开挖深河，使百姓疲劳困苦，又榨取浪费钱财，因而耗尽了民间的人力物力，我来为人民杀了他。”

32.3.4 蔡女为桓公妻，桓公与之乘舟，夫人荡舟，桓公大惧，禁之不止，怒而出之。乃且复召之，因复更嫁之。桓公大怒，将伐蔡。仲父谏曰〔1〕：“夫以寝席之戏，不足以伐人之国，功业不可冀也，请无以此为稽也。”桓公不听。仲父曰：“必不得已，楚之菁茅不贡于天子三年矣〔2〕，君不如举兵为天子伐楚。楚服，因还袭蔡，曰：‘余为天子伐楚，而蔡不以兵听从，遂灭之。’此义于名而利于实，故必有为天子诛之名，而有报雠之实。”

【注释】

〔1〕仲父：即管仲，见3.2注。

〔2〕菁(jīng)茅：又称三脊茅，是江淮之间出产的草茎呈三棱形的一种茅草，古代在祭祀、封禅时用它滤酒。

【译文】

蔡侯的女儿做齐桓公的妻子，齐桓公和她乘船游玩，她摇动船身，齐桓公十分害怕，禁止她她却还是不停地摇，齐桓公愤怒地把她休回娘家去了。随后齐桓公又要把她召回，蔡国却因此又把她改嫁了。齐桓公十分恼怒，要去讨伐蔡国。管仲规劝说：“拿夫妻之间的开玩笑作为理由，还不够用来讨伐别人的国家，像这样去讨伐，要建立功业是没有指望的，请您不要因为这件事多作计较。”齐桓公不肯听从。管仲说：“如果您一定不能打消这个念头，那么楚国的三脊茅已经三年不向周天子进贡了，您不如起兵去为周天子讨伐楚国。楚国屈服后，便回来袭击蔡国，说：‘我为天子讨伐楚国，而蔡国却不调兵来响应，所以要消灭它。’这样做，在名义上是正义的，而在实际上是有利的，所以必须有了为天子去讨伐的名义，然后才可以有报仇的实效。”

32.3.5　吴起为魏将而攻中山。军人有病疽者〔1〕，吴起跪而自吮其脓。伤者之母立泣，人问曰：“将军于若子如是，尚何为而泣？”对曰：“吴起吮其父之创而父死，今是子又将死也，今吾是以泣。”

【注释】

〔1〕疽(jū)：一种长得较深的毒疮。

【译文】

吴起担任魏国的将军而去攻打中山国。军人中有一个生毒疮的，吴起跪下来，亲自给他吮吸毒疮的脓血。这军人的母亲立刻哭了，有人问她说："将军对你的儿子像这样，你为什么还要哭呢？"这位母亲回答说："吴起曾经吮吸他父亲的伤口而他父亲就拼命战死了，如今这孩子又要死了，现在我就是因为这个缘故才哭的啊。"

32.3.6　赵主父令工施钩梯而缘播吾〔1〕，刻疏人迹其上〔2〕，广三尺，长五尺，而勒之曰〔3〕："主父常游于此〔4〕。"

【注释】

〔1〕赵主父：见14.8注。

〔2〕疏：刻。

〔3〕勒：刻。

〔4〕常：通"尝"。

【译文】

赵主父命令工匠使用带钩的梯子去攀登播吾山，在那上面刻上人的脚印，宽三尺，长五尺，并刻上字说："主父曾经到此一游。"

32.3.7　秦昭王令工施钩梯而上华山〔1〕，以松柏之心为博〔2〕，箭长八尺〔3〕，棋长八寸，而勒之曰："昭王尝与天神博于此矣。"

【注释】

〔1〕秦昭王：又作秦襄王，即秦昭襄王，名稷（一作侧），秦武王异母弟，公元前306年—公元前251年在位。

〔2〕博：通“簙”，古代一种游戏中所用的棋子。

〔3〕箭：竹制的类似箭杆的骰子。

【译文】

秦昭王命令工匠使用带钩的梯子登上华山，拿松树柏树的树心做成一盘棋子，长形的骰子长八尺，棋子长八寸，并刻上字说：“昭王曾经与天神在这里打过棋。”

32.3.8　文公反国〔1〕，至河，令笾豆捐之〔2〕，席蓐捐之，手足胼胝、面目黧黑者后之。咎犯闻之而夜哭〔3〕。公曰：“寡人出亡二十年，乃今得反国。咎犯闻之不喜而哭，意不欲寡人反国耶？”犯对曰：“笾豆，所以食也，席蓐，所以卧也，而君捐之；手足胼胝、面目黧黑，劳有功者也，而君后之。今臣有与在后〔4〕，中不胜其哀，故哭。且臣为君行诈伪以反国者众矣，臣尚自恶也，而况于君？”再拜而辞。文公止之曰：“谚曰：‘筑社者，攓撅而置之〔5〕，端冕而祀之〔6〕。’今子与我取之，而不与我治之；与我置之，而不与我祀之；焉可？”解左骖而盟于河。

【注释】

〔1〕反：通“返”。

〔2〕笾（biān）豆：盛食物的用具。

〔3〕咎（jiù）：通“舅”。咎犯：即狐偃，字子犯，因为是晋文公的舅父，所以称“舅犯”。

〔4〕有：通“又”。与(yù)：参与。

〔5〕搴(qiān)：通“褰”(qiān)，与“撅”(guì)同义，撩起衣服，是一种无礼的举动。

〔6〕端：玄端，一种礼服。冕：玄冕，一种礼帽。

【译文】

晋文公返回晋国的时候，来到黄河边上，命令把竹笾木盘丢掉，把席子草垫丢掉，叫手脚磨出了老茧、脸色黝黑的人退到后面去。咎犯听说了这消息后便在夜里痛哭起来。文公说：“我出外流亡二十年，今天才能返回祖国。咎犯听到了这个消息不是高兴，反而痛哭流涕，你是否不愿意我返回祖国呢？”咎犯回答说：“竹笾木盘，是吃饭的用具，席子草垫，是睡觉的用具，而您却把它们都丢掉；手脚磨出了老茧、脸色黝黑的，是劳苦而有功劳的人，而您却把他们丢在后面。现在我也要加入到后面的行列中去，心里经受不住那悲哀，所以哭了。况且我为了达到返回祖国的目的而为您施行欺骗诡诈的手段已经好多次了，我自己都厌恶自己，更何况是您呢？”就连拜了两次向文公告别。文公阻止他说：“谚语说：‘为土地神建造祭坛的人，建造时没有礼貌地撩起衣服去放置土地神神像，建成后彬彬有礼地穿着礼服、戴着礼帽去祭祀它。’现在你使用诡诈的手段给我取得了国家，却不给我治理它；就好像不讲礼仪地给我设立了土地神，却不给我祭祀它；这怎么行呢？”于是解下车子左边的马杀了，在黄河边立了誓约。

32.3.9　郑县人卜子使其妻为裤，其妻问曰：“今裤何如？”夫曰：“象吾故裤[1]。”妻子因毁新，令如故裤。

【注释】

〔1〕故：旧。

【译文】

郑县人士卜先生让他的妻子做裤子，他妻子问他说："这条裤子做成什么样子?"丈夫说："像我的旧裤子。"他妻子因而把新裤子撕毁，使它像旧裤子。

32.3.10 郑县人有得车轭者[1]，而不知其名，问人曰："此何种也[2]?"对曰："此车轭也。"俄又复得一，问人曰："此是何种也?"对曰："此车轭也。"问者大怒曰："曩者曰车轭，今又曰车轭，是何众也? 此女欺我也!"遂与之斗。

【注释】

〔1〕轭：驾车时套在牲口脖子上的曲木。

〔2〕种：品种，东西。

【译文】

郑县有一个拾到了车轭的人，却不知道这东西的名称，就问别人说："这是什么东西?"别人回答说："这是车轭。"过了一会儿他又重新拾到一个，又问那个人说："这是什么东西?"那人又回答说："这是车轭。"这问话的人十分愤怒地说："刚才说是车轭，现在又说是车轭，这车轭怎么会有这么多呢? 这是你在欺骗我啊!"就和他打起来了。

32.3.11 卫人有佐弋者，鸟至，因先以其裷麾之[1]，鸟惊而不射也。

【注释】

〔1〕裷：通"帑(yuān)"，头巾。麾：通"挥"，挥动。

【译文】

卫国有个掌管射飞禽的小官，鸟一来，他便先用他的头巾向鸟挥动，鸟受惊飞走，他便不射了。

32.3.12　郑县人卜子妻之市，买鳖以归。过颍水[1]，以为渴也，因纵而饮之，遂亡其鳖。

【注释】

〔1〕颍水：即颍河，在今河南、安徽。

【译文】

郑县人士卜先生的妻子到集市去，买了只鳖回家。过颍水的时候，她认为鳖渴了，就把它放了让它喝水，于是就丢失了她的鳖。

32.3.13　夫少者侍长者饮，长者饮，亦自饮也。

【译文】

有个年轻人侍候年纪大的人喝酒，年纪大的人喝一口，他自己也喝一口。

32.3.14　一曰：鲁人有自喜者，见长年饮酒不能釂则唾之[1]，亦效唾之。

【注释】

〔1〕釂(jiào)：将杯中的酒一饮而尽。

【译文】

另一种说法是：鲁国有个洁身自好的人，看见年纪大的人喝酒时不能干杯，反而将喝下去的酒都吐了出来，他也就模仿着把酒呕吐出来。

32.3.15　一曰：宋人有少者亦欲效善，见长者饮无余，非斟酒饮也而欲尽之〔1〕。

【注释】

〔1〕斟：当作“堪”。

【译文】

还有一种说法是：宋国有个年轻人也想模仿高雅的风度，看见年纪大的人把杯里的酒一饮而尽，他虽然不能喝酒，却也想干杯。

32.3.16　书曰：“绅之束之〔1〕。”宋人有治者，因重带自绅束也。人曰：“是何也?”对曰：“书言之，固然。”

【注释】

〔1〕绅：束在衣服外的大带子，作动词时表示用带子束住衣服，引申为约束，与“束”同义，表示修身时要自我约束。宋人望文生义，用“绅束”的本义来理解引申义，所以误解了书意。

【译文】

古书上说：“约束自己约束自己。”宋国有个研究这部书的人，就用重叠的带子把自己束起来。有人问他说：“这是为什么?”他回答说：“书上是这么说的，本来就该这样做。”

32.3.17　书曰："既雕既琢，还归其朴。"梁人有治者[1]，动作言学，举事于文，曰："难之。"顾失其实。人曰："是何也?"对曰："书言之，固然。"

【注释】

〔1〕梁：指魏国。魏惠王九年(公元前361年)迁都大梁(今河南开封西北)，所以魏又称梁。

【译文】

古书上说："又雕刻又琢磨，最后还归到它原来的质朴。"魏国有个研究这部书的人，一举一动都说要学习这两句话，所以办事都讲求文饰，还说："做到这一点真难啊。"结果反而失去了他的朴实。有人问他说："这是为什么呢?"他回答说："书上是这么说的，本来就该这样做。"

32.3.18　郢人有遗燕相国书者，夜书，火不明，因谓持烛者曰："举烛。"云而过书"举烛"。"举烛"，非书意也。燕相受书而说之曰："举烛者，尚明也；尚明也者，举贤而任之。"燕相白王，王大说[1]，国以治。治则治矣，非书意也。今世举学者多似此类。

【注释】

〔1〕说：通"悦"。

【译文】

楚国郢都有个人要给燕国宰相一封信，晚上写信的时候，烛光不亮，就对拿蜡烛的人说："把蜡烛举高。"嘴里说着而错误地在信上写上了"把蜡烛举高"。"把蜡烛举高"，并不是这封信要表达的意思。但燕国的宰相接到信之后却解说它说："把蜡烛举高，就是崇尚光明；所谓崇尚光明，就是要选拔有德才的人来任用他们。"燕国的宰相把这个意见告诉给燕王，燕王非常高兴，燕国因此而治理好了。治理倒是治理好了，但这并不是信的原意啊。当今社会上所推举的学者多数是像燕国的宰相这种人。

32.3.19　郑人有且置履者，先自度其足而置之其坐[1]，至之市而忘操之。已得履，乃曰："吾忘持度。"反归取之。及反，市罢，遂不得履。人曰："何不试之以足？"曰："宁信度，无自信也。"

【注释】

〔1〕坐：通"座"。

【译文】

郑国有一个将要购置鞋子的人，先自己量好了他的脚并把这尺码放在他的座位上，等到去集市的时候却忘了带上它。已经在集市上挑到了鞋子，这才说："我忘记拿尺码了。"就回家去取它。等到他再返回集市，集市已经收摊了，于是就没有买到鞋子。有人说："你为什么不用脚去试试这鞋子呢？"他说："我宁愿相信那尺码，也不相信自己的脚。"

32.4.0　四

【译文】

对第四条经文的解说

32.4.1　王登为中牟令[1]，上言于襄主曰[2]："中牟有士曰中章、胥己者，其身甚修，其学甚博，君何不举之?”主曰：“子见之，我将为中大夫。”相室谏曰：“中大夫，晋重列也[3]。今无功而受[4]，非晋臣之意。君其耳而未之目邪!”襄主曰：“我取登，既耳而目之矣；登之所取，又耳而目之。是耳目人绝无已也。”王登一日而见二中大夫，予之田宅。中牟之人弃其田耘、卖宅圃而随文学者，邑之半。

【注释】

〔1〕王：当作“壬”。壬登是襄主的家臣。

〔2〕襄主：见1.5注。

〔3〕晋：指赵。

〔4〕受：古“授”字。

【译文】

壬登当中牟县县令的时候，向赵襄子上奏说：“中牟有两个名叫中章、胥己的读书人，他们的人品很好，他们的学识很渊博，您为什么不提拔他们呢?”襄子说：“你让他们来见我，我将任命他们为中大夫。”他的管家规劝说：“中大夫，是赵国的重要官位。现在他们没有功劳而您把这官位授给他们，这不符合赵国任命大臣的一贯主张。您恐怕只是耳闻他们的名声，还没有目睹他们的实际行为吧。”襄子说：“我选用壬登，既用耳朵打听过他，又用眼睛考察过他了；现在壬登所选用的人，又要我用耳朵去打听、用眼睛去考察他们。这样的话，那么我用耳朵、眼睛去考察人就肯定是没完没了了。”壬登在一天之内就使这两个人见到了赵襄子，并使他们当上了中大夫，授给他们土地和住宅。于是中牟的人放弃他们的田间耕耘、卖掉住宅和菜园而跟着去学习研究文献典籍的，便占了这个城邑的一半。

32.4.2　叔向御坐，平公请事[1]，公腓痛足痹转筋而不敢坏坐[2]。晋国闻之，皆曰："叔向贤者，平公礼之，转筋而不敢坏坐。"晋国之辞仕托、慕叔向者，国之锤矣。

【注释】

〔1〕平公：见10.4注。

〔2〕腓(féi)：小腿肚子。

【译文】

叔向陪晋平公坐着，平公向他请教事情，平公坐得腿痛脚麻甚至抽筋也不敢损坏礼貌的坐姿。晋国的人听说了这件事，都说："叔向是个有德才的人，所以晋平公礼貌地对待他，就是腿抽筋了也不敢损坏自己礼貌的坐姿。"于是晋国辞去官职、不再依附权势而去仿效叔向的人，便占了全国的三分之一。

32.4.3　郑县人有屈公者[1]，闻敌，恐，因死；恐已，因生。

【注释】

〔1〕屈公：是一个人的绰号。

【译文】

郑县的人士中有一个屈公，听说敌人来了，一害怕，就昏死过去了；害怕的心情一停止，便又活过来了。

32.4.4　赵主父使李疵视中山可攻不也[1]。还报曰："中山可伐也。君不亟伐，将后齐、燕。"主父曰：

“何故可攻?”李疵对曰:“其君见好岩穴之士,所倾盖与车以见穷闾隘巷之士以十数,伉礼下布衣之士以百数矣。”君曰:“以子言论,是贤君也,安可攻?”疵曰:“不然。夫好显岩穴之士而朝之,则战士怠于行阵;上尊学者,下士居朝,则农夫惰于田。战士怠于行阵者,则兵弱也;农夫惰于田者,则国贫也。兵弱于敌,国贫于内,而不亡者,未之有也。伐之不亦可乎?”主父曰:“善!”举兵而伐中山,遂灭也。

【注释】

〔1〕不:通“否”。

【译文】

赵武灵王派李疵去察看中山国可不可以进兵攻打。李疵回来汇报说:“中山国可以攻打。君王如果不快速出兵攻打,就将落在齐国和燕国的后面了。”赵武灵王说:“什么缘故可以去攻打呢?”李疵回答说:“中山国的君主接见并喜欢住在山洞中的隐士,以那种使车盖都挤得倾斜了而和别的车子紧靠在一起的亲密形式去会见住在偏僻的街坊和狭窄的胡同里的读书人要用十来计算,而以平等的礼节降低自己的身份去拜访不做官的读书人更是数以百计了。”赵武灵王说:“根据你的话来评论,这是个有德才的君主,怎么可以去攻打呢?”李疵说:“您说得不对。因为喜欢表彰隐居的人而使他们能上朝见到君主,那么战士在部队里战场上就不肯出力了;君主尊重学者,降低了身份去拜访那些读书人而让他们在朝廷上做官,那么农夫就懒得再在田里耕作了。战士在战场上不肯出力,那么兵力就衰弱了;农夫懒得耕作,那么国家就会贫穷。兵力比敌人弱,国家内部又贫穷,像这样再不灭亡的,是从来没有过的啊。攻打它不也是可以的吗?”赵武灵王说:“好!”于是起兵去攻打中山国,就把它消灭了。

32.5.0 五

【译文】

对第五条经文的解说

32.5.1 齐桓公好服紫，一国尽服紫。当是时也，五素不得一紫。桓公患之，谓管仲曰：“寡人好服紫，紫贵甚，一国百姓好服紫不已，寡人奈何?”管仲曰：“君欲止之，何不试勿衣紫也?谓左右曰：‘吾甚恶紫之臭。’于是左右适有衣紫而进者[1]，公必曰：‘少却，吾恶紫臭。’”公曰：“诺。”于是日，郎中莫衣紫[2]；其明日，国中莫衣紫；三日，境内莫衣紫也。

【注释】

〔1〕适：如果。

〔2〕郎中：见6.4注。

【译文】

齐桓公喜欢穿紫色的衣服，于是全国的人都穿紫色的衣服。在那个时候，五匹没有染色的布也换不到一匹紫色的布。齐桓公对此十分忧虑，对管仲说：“我喜欢穿紫色的衣服，所以紫色的衣料昂贵得厉害，但全国的老百姓却喜欢穿紫色的衣服没个完，我该怎么办呢?”管仲说：“您想制止这种情况，为什么不试一下您自己不穿紫衣服呢?您可以对身边的侍从说：‘我非常厌恶紫色衣服的气味。’如果在这个时候侍从中正巧有穿着紫色衣服来进见的人，您一定要说：‘稍微退后一点，我厌恶紫色衣服的气味。’”桓公说：“好。”就在这一天，郎中便没有谁再穿紫色的衣服了；在那第二天，国都中也没有谁再穿紫色的衣服了；到第三天，国境之内没有谁再穿紫色的衣服了。

32.5.2　一曰：齐王好衣紫，齐人皆好也。齐国五素不得一紫。齐王患紫贵。傅说王，曰：“《诗》云：‘不躬不亲，庶民不信。’今王欲民无衣紫者，王以自解紫衣而朝。群臣有紫衣进者，曰：‘益远！寡人恶臭。’”是日也，郎中莫衣紫；是月也，国中莫衣紫；是岁也，境内莫衣紫〔1〕。

【注释】

〔1〕韩非不赞成君主以身作则，上述故事是作为反面教材使用的。

【译文】

另一种说法是：齐王喜欢穿紫色衣服，于是齐国的人都喜欢穿紫色衣服。因而在齐国五匹没有染色的布换不到一匹紫色的布。齐王为紫色的衣料昂贵而发愁。太傅劝说齐王，说：“《诗经·小雅·节南山》上说：‘君主不身体力行、不亲自挂帅，百姓就不会相信。’现在大王想要使民众不穿紫色的衣服，大王只要自己脱掉紫色的衣服上朝。如果群臣有穿着紫色衣服进见的，您就说：‘离得更远一点！我讨厌这紫色衣服的气味。’”齐王依从了，就在这一天，郎中便没有谁再穿紫色的衣服了；就在这个月，国都中便没有谁再穿紫色的衣服了；就在这一年，国境内便没有谁再穿紫色的衣服了。

32.5.3　郑简公谓子产曰：“国小，迫于荆、晋之间。今城郭不完，兵甲不备，不可以待不虞〔1〕。”子产曰：“臣闭其外也已远矣，而守其内也已固矣，虽国小，犹不危之也。君其勿忧。”是以没简公身无患〔2〕。

【注释】

〔1〕待：备。虞：预料。

〔2〕没：同“殁”，死。

【译文】

郑简公对子产说：“郑国很小，又夹在楚、晋两个大国之间。现在内城外城都不完整，兵器铠甲都不齐备，不可以用来对付意外的事变。”子产说：“我严密地封锁了郑国的外围边境已经很久了，而防守郑国的内部也已经是固若金汤了，即使国家很小，但我还是不认为它有危险。您别担忧。”因此郑简公终身没有什么祸患。

32.5.4 子产相郑，简公谓子产曰：“饮酒不乐也——俎豆不大，钟、鼓、竽、瑟不鸣，寡人之事不一。国家不定，百姓不治，耕战不辑睦，亦子之罪。子有职，寡人亦有职，各守其职。”子产退而为政，五年，国无盗贼，道不拾遗，桃枣荫于街者莫有援也，锥刀遗道三日可反[1]。三年不变，民无饥也。

【注释】

〔1〕反：通“返”。

【译文】

子产做郑国的相国，郑简公对子产说：“我喝酒都觉得不快乐啊——因为祭品不丰盛而俎豆等祭器不能做得大一些，而礼乐不兴使得钟、鼓、竽、瑟等乐器也不能经常弹奏，我的事情繁忙得不一而足。但是，国家不安定，百姓没有管理好，农民与战士的关系不和睦，这也就是你的罪过了。你有你的职事，我也有我的职事，我们各人管好自己的职事吧。”子产退下来不再管祭祀等君主管的事而专门掌管政务，过了五年，国内没有了小偷强盗，在路上人们都不去捡人家丢了的东西，桃树枣树都遮到了大路上也没有人伸手攀摘，锥刀遗失在路上就是过了三天也仍然会送回到失主那里。这样的情况一连三年没有改变，老百姓便没有忍饥挨饿的了。

32.5.5　宋襄公与楚人战于涿谷上〔1〕。宋人既成列矣，楚人未及济。右司马购强趋而谏曰：“楚人众而宋人寡，请使楚人半涉未成列而击之，必败。”襄公曰：“寡人闻君子曰：‘不重伤，不擒二毛，不推人于险，不迫人于阨，不鼓不成列。’今楚未济而击之，害义。请使楚人毕涉成阵而后鼓士进之。”右司马曰：“君不爱宋民腹心不完〔2〕，特为义耳。”公曰：“不反列，且行法。”右司马反列，楚人已成列撰阵矣，公乃鼓之。宋人大败，公伤股，三日而死。此乃慕自亲仁义之祸。夫必恃人主之自躬亲而后民听从，是则将令人主耕以为上、服战雁行也民乃肯耕战〔3〕，则人主不泰危乎？而人臣不泰安乎？

【注释】

〔1〕战于涿谷：指公元前638年的泓水之战。泓水位于今河南省柘城县北，涿谷是泓水附近的一个地方。

〔2〕爱：怜。完：完好。

〔3〕上：当作“食”。

【译文】

宋襄公与楚国人在涿谷边上交战。宋国的军队已经排成队列了，楚国的军队却还没有来得及过河。右司马购强有礼地小步快走到宋襄公那里规劝说：“楚国人多而宋国人少，请让我们在楚国人过河过了一半还没有排成队列的时候就去攻打他们，他们一定会失败。”宋襄公说：“我听君子说过：‘不重复地伤害已经受了伤的人，不俘虏头发花白的老兵，不把人推入危险的境地，不把人逼入绝路，不敲击战鼓去进攻没有排成队列的敌军。’现在楚军还没有过河就去攻打他们，就会伤害道义。请让楚国人全部过了河、排好了阵势以后再敲击战鼓命令将士们去进攻他们。”右司马说：“您不可怜宋国的民众被剖腹剜心，只是为了道义罢了。”宋襄公说：“你再不回到队列中去，将要按军法处置了。”右司马回到队列中去，楚国人已经排好队伍构成阵式了，宋襄公这才敲击战鼓进攻他们。宋国人大败，宋襄公伤了大腿，三天就死掉了。这就是羡慕亲自实行仁义的祸害。如果一定要依靠君主身体力行、亲自挂帅后民众才能听从，那就是要让君主靠自己种田来餬口、像大雁似地排在队列里去从事打仗以后民众才肯耕耘作战，这样的话，君主不是太危险了吗？而臣下不是太安逸了吗？

32.5.6　齐景公游少海，传骑从中来谒曰〔1〕：“婴疾甚，且死，恐公后之。”景公遽起，传骑又至。景公曰：“趋驾烦且之乘〔2〕，使驺子韩枢御之〔3〕。”行数百步，以驺为不疾，夺辔代之御；可数百步，以马为不进，尽释车而走。以烦且之良而驺子韩枢之巧，而以为不如下走也。

【注释】

〔1〕传骑：驿站的骑士，即传递公文和情报的信使。

〔2〕趋(cù)：通“促”。烦且：良马名。

〔3〕驺(zōu)：养马兼管赶车的人。

【译文】

齐景公到渤海去游玩，传递公文的骑士从国都之中赶来拜见说：“晏婴病得很厉害，即将死去，恐怕您在他生前赶不上见他了。”齐景公立刻起身，传递公文的骑士又到了。景公说：“赶快套好那骏马烦且拉的车，派马夫韩枢来驾驭它。”走了几百步，齐景公认为这马夫赶车赶得不快，就夺过缰绳代替他驾车；大约跑了几百步，又认为是马不往前奔，于是就把车马全都丢了而下车奔跑起来。凭着烦且这样的好马以及马夫韩枢这样的驾车技巧，齐景公却还以为不如自己下车奔跑啊。

32.5.7　魏昭王欲与官事[1]，谓孟尝君曰[2]：“寡人欲与官事。”君曰：“王欲与官事，则何不试习读法?”昭王读法十余简而睡卧矣。王曰：“寡人不能读此法。”夫不躬亲其势柄，而欲为人臣所宜为者也，睡不亦宜乎?

【注释】

〔1〕魏昭王：魏襄王之子，名遬(sù)，公元前295年—公元前277年在位。与(yù)：参与。

〔2〕孟尝君：即田文，战国时齐国贵族，袭其父亲田婴的封爵，封于薛(在今山东滕州市南)，称薛公，号孟尝君。齐湣王时曾任齐相，门下有食客数千，公元前294年因田甲叛乱而出奔到魏，任魏昭王相。

【译文】

魏昭王想参与管理国家事务，对孟尝君说：“我想参与管理国家事务。”孟尝君说：“大王想参与管理国家事务，那么为什么不试着去熟读一些国家的法律呢?”魏昭王阅读法律条文才读了十几根竹简就打瞌睡了。昭王说：“我没有才能读这种法律。”君主不亲自去掌握好自己的权势，却想去做臣下所应当做的事，那么打瞌睡不也是很自然的吗?

32.5.8　孔子曰：“为人君者，犹盂也；民，犹水也。盂方水方，盂圜水圜[1]。”

【注释】

〔1〕圜(yuán):通“圆”。

【译文】

孔子说:“做君主的,就好像是盂;民众,就好像是盂中的水。盂是方的,水也就成为方形;盂是圆的,水也就变成圆形。”

32.5.9 邹君好服长缨,左右皆服长缨,甚贵。邹君患之,问左右,左右曰:“君好服,百姓亦多服,是以贵。”君因先自断其缨而出,国中皆不服长缨。君不能下令为百姓服度以禁之长缨〔1〕,出以示先民〔2〕,是先戮以莅民也。

【注释】

〔1〕之:其。

〔2〕“出”上承上文省“自断其缨”。

【译文】

邹国的国君喜欢佩带长帽带,所以他身边的侍从都佩用长帽带,于是帽带的价钱很昂贵。邹国的国君为此而发愁,问侍从,侍从说:“您喜欢佩带长帽带,于是百姓也大多佩带长帽带,因此它的价钱就贵了。”国君因而率先把自己的帽带割断了然后出去巡视,于是国内都不再佩用长帽带了。君主不能采用发布命令、给老百姓制订佩带标准的办法来禁止他们佩用长帽带,却自己割断了帽带出巡来表示自己为人民做出了表率,这是在使用先侮辱自己的方法来统治管理民众啊。

32.5.10 叔向赋猎〔1〕,功多者受多〔2〕,功少者受少。

【注释】

〔1〕赋：授。猎：当作“禄”。

〔2〕受：古“授”字。

【译文】

叔向分配俸禄，功多的就多给，功少的就少给。

32.5.11 韩昭侯谓申子曰：“法度甚不易行也。”申子曰：“法者，见功而与赏，因能而受官〔1〕。今君设法度而听左右之请，此所以难行也。”昭侯曰：“吾自今以来知行法矣，寡人奚听矣。”一日，申子请仕其从兄官。昭侯曰：“非所学于子也。听子之谒、败子之道乎，亡其用子之术而废子之谒？”申子辟舍请罪〔2〕。

【注释】

〔1〕受：古“授”字。

〔2〕辟（bì）：通“避”。辟舍：避开正房不住，表示不敢安居、诚惶诚恐。

【译文】

韩昭侯对申子说：“法度很不容易实行啊。”申子说：“实行法治，就是见到了功劳再给予奖赏，根据才能来授予官职。现在您设立了法度，却又听从身边侍从的请求，这就是法度难以实行的原因。”韩昭侯说：“我从今以后知道如何实行法治了，知道我应该怎样来听取意见了。”有一天，申子请求韩昭侯委任他堂兄做官。韩昭侯说：“这不是我从你那儿学来的做法啊。我是听从你的请求而破坏你的治国原则呢，还是采用你的治国原则而不管你的请求？”申子于是诚惶诚恐地避开正屋不住而请求给予处罚。

32.6.0 六

【译文】

对第六条经文的解说

32.6.1 晋文公攻原，裹十日粮，遂与大夫期十日。至原十日而原不下，击金而退[1]，罢兵而去。士有从原中出者，曰："原三日即下矣[2]。"群臣左右谏曰："夫原之食竭力尽矣，君姑待之。"公曰："吾与士期十日，不去，是亡吾信也。得原失信，吾不为也。"遂罢兵而去。原人闻曰："有君如彼其信也，可无归乎？"乃降公。卫人闻曰："有君如彼其信也，可无从乎？"乃降公。孔子闻而记之曰："攻原得卫者，信也。"

【注释】

〔1〕击金：指敲锣，古代打仗时退兵的信号。

〔2〕下：降服。

【译文】

晋文公攻打原邑，携带了十天的粮食，于是就和士大夫们约定攻打原邑的日期为十天。来到原邑后十天了而原邑还没有被攻下来，晋文公便敲锣让士兵们退下来，停止战斗收兵离去了。原邑的士兵有从城中逃出来的，说："原邑再过三天就要投降了。"大臣们以及旁边的亲信都规劝晋文公说："原城内已经粮食耗尽、兵力衰竭了，君主姑且再等它一下吧。"晋文公说："我和战士们约定的攻打日期是十天，如果现在不离开原邑，这就失掉了我的信用。得到了原邑而失掉了信用，我是不干的。"于是就收兵离开了原邑。原城里的人听到后说："现在有了像这样守信用的国君，可以不归附吗?”于是就投降了晋文公。卫国人听到后说:“现在有了像这样守信用的国君,可以不顺从吗?”于是就投降了晋文公。孔子听说后记录这件事说:“攻打原邑而得到卫国的原因,是守信用啊。”

32.6.2 文公问箕郑曰:“救饿奈何?”对曰:“信。”公曰:“安信?”曰:“信名[1]。信名,则群臣守职,善恶不逾,百事不怠;信事,则不失天时,百姓不逾;信义,则近亲劝勉而远者归之矣。”

【注释】

〔1〕“信名”之下当有“信义信事”四字。

【译文】

晋文公问箕郑说:“救济饥荒该怎么办?”箕郑回答说:“要讲信用。”晋文公说:“在哪些方面讲信用呢?”箕郑说:“在名分等方面讲信用。在名分方面讲信用,那么群臣就会忠守自己的职责,各人政绩的好坏就不会超越各自的职责范围而便于考察,所以各种事情不会被怠慢;在做事方面讲信用,那么人们就不会违背天时,百姓就会安分守己干好本职工作;在道义方面讲信用,那么亲近的人就会努力实行道义而远方的人就会归附他了。”

32.6.3 吴起出,遇故人而止之食。故人曰:“诺,今返而御[1]。”吴子曰:“待公而食。”故人至暮不来,起不食待之。明日早,令人求故人。故人来,方与之食。

【注释】

〔1〕御:等待。

【译文】

吴起出门，遇见一个老朋友，便留他吃饭。那朋友说："好，现在你先回去等我吧。"吴起说："那我就等您来了再吃。"那朋友到天黑都还没来，吴起还是不吃饭等他。第二天早晨，吴起叫人去找这朋友。朋友来了，吴起才和他一起吃饭。

32.6.4　魏文侯与虞人期猎。明日，会天疾风，左右止文侯，不听，曰："不可。以风疾之故而失信，吾不为也。"遂自驱车往，犯风而罢虞人〔1〕。

【注释】

〔1〕罢：止，使动用法。

【译文】

魏文侯和虞人约定了打猎的时间。第二天，正巧碰到天刮大风，侍从劝魏文侯不要去了，魏文侯不肯听从，说："不行。因为风大的缘故而失掉信用，我是不干的。"于是就亲自赶着车去了，冒着风去让虞人停止打猎。

32.6.5　曾子之妻之市，其子随之而泣。其母曰："女还，顾反为女杀彘〔1〕。"适市来，曾子欲捕彘杀之。妻止之曰："特与婴儿戏耳。"曾子曰："婴儿非与戏也。婴儿非有知也，待父母而学者也，听父母之教。今子欺之，是教子欺也。母欺子，子而不信其母，非以成教也。"遂烹彘也。

【注释】

〔1〕顾：回。反：通"返"。

【译文】

曾参的妻子到集市上去，她的儿子跟着她而哭了。他的母亲说："你先回家去，等我回来后给你杀猪。"母亲刚从集市上回来，曾参便要捉了猪把它宰了。妻子阻止曾参说："我只不过是和孩子开玩笑罢了。"曾参说："孩子是不能和他开玩笑的。小孩是没有知识的，是依靠父母来学习的，一切都听从父母的教诲。现在您骗了他，这是在教您儿子骗人啊。母亲欺骗了孩子，孩子就不相信自己的母亲了，这是不能用来作为家教的啊。"于是就把猪杀了煮给孩子吃。

32.6.6　楚厉王有警，为鼓以与百姓为戍。饮酒醉，过而击之也，民大惊[1]。使人止曰："吾醉而与左右戏，过击之也。"民皆罢。居数月，有警，击鼓而民不赴。乃更令明号而民信之。

【注释】

〔1〕惊：通"警"，警戒。

【译文】

楚厉王有了紧急的情况，就敲鼓，用这种方法来和民众一起防守。有一次他喝酒喝醉了，误敲了鼓，民众马上严加戒备。楚厉王就派人去阻止他们说："我喝醉了而和身边的侍从开玩笑，误敲了这鼓啊。"民众就都散去了。过了几个月，发生了紧急的情况，楚厉王敲了鼓，但民众却不奔赴前来。于是他就更改了命令、重新明确了信号，从而民众才又相信了他。

32.6.7　李悝警其两和曰："谨警！敌人旦暮且至击汝[1]。"如是者再三而敌不至。两和懈怠，不信李悝。居数月，秦人来袭之，至，几夺其军。此不信患也。

【注释】

〔1〕旦暮：早晚，形容时间短。

【译文】

李悝警告左右两个营垒中的将士说："你们要谨慎地戒备！敌人不久将要来袭击你们。"像这样的警告重复了好几次而敌人没有来。两个营垒中的将士就松懈了，不再相信李悝。过了几个月，秦国人来袭击他们，秦军一到，几乎消灭了李悝的军队。这是不讲信用的祸害啊。

32.6.8　一曰：李悝与秦人战，谓左和曰："速上！右和已上矣。"又驰而至右和曰："左和已上矣。"左右和曰："上矣。"于是皆争上。其明年〔1〕，与秦人战。秦人袭之，至，几夺其军。此不信之患。

【注释】

〔1〕明年：第二年。

【译文】

另一种说法是：李悝和秦国人交战，对左边营垒中的将士说："快冲上去！右翼已经冲上去了。"又快马加鞭赶到右边营垒中说："左翼已经冲上去了。"左右两个营垒中的将士都回答说："我们冲上去。"于是两个营垒的将士都争着冲上去。在那以后的第二年，又与秦国人交战。秦国人袭击他们，秦兵一到，几乎消灭了他的军队。这便是不讲信用的祸患。

32.6.9　有相与讼者，子产离之而毋得使通辞，到其言以告而知也[1]。

【注释】

〔1〕到：通“倒”。

【译文】

有相互争讼的人，子产把他们隔离开来而使他们不能互相通话，然后把他们的话倒过来去告诉另一方，从而了解到了他们的实情。

32.6.10 卫嗣公使人伪客过关市，关市呵难之，因事关市以金，关市乃舍之。嗣公谓关市曰：“某时有客过而予汝金，因谴之[1]。”关市大恐，以嗣公为明察。

【注释】

〔1〕谴：通“遣”。

【译文】

卫嗣公派人假扮成客商经过关口上的集市，集市管理员责难他，他便拿金子贿赂他们，集市管理员才放了他。卫嗣公对集市管理员说：“某某时间有一个客商经过时送给了你们金子，你们便放了他。”这集市管理员十分恐惧，认为卫嗣公能明察秋毫。

第十二卷

外储说左下第三十三

（第三十三篇　积聚传说外左下编）

33.0.1　一、以罪受诛，人不怨上，跀危坐子皋[1]；以功受赏，臣不德君，翟璜操右契而乘轩[2]。襄王不知，故昭卯五乘而履屩[3]。上不过任，臣不诬能，即臣将为失少室周。

【注释】

〔1〕危：通“跪”。坐：通“侳”（zuò），安，引申为保全。子皋：即高柴，又字子羔，春秋末卫国人，孔子弟子。

〔2〕翟璜：见31.0.2注。契：见5.3注。右契：券契的右半部分。右契为放债人所保存，可以用来讨债，所以“操右契”有理所当然地可以向对方索取的意思。轩（xuān）：一种为卿、大夫所乘的有障蔽的车。

〔3〕昭卯：见22.4注。乘（shèng）：量词，辆。古代一种赋税制度规定：每六里见方的土地上缴一辆兵车，这里指六里见方的土地所上缴的赋税。屩（juē）：草鞋。

【译文】

一、因为犯罪而受到惩罚，被惩罚的人不会怨恨长官，所以被子皋砍掉脚的人反而保全了子皋；因为立功而受到奖赏，臣下就不会感激君主，所以翟璜好像是拿着债券收债一样理所当然地乘着卿大夫才能乘坐的高级帐篷车。魏襄王不懂得对功劳大的臣子应该加以重赏，所以昭卯虽然得到了方圆五十里的封地，但还是认为这好像是在给他穿草鞋。君主不错误地任用人，臣下不冒充自己有才能而埋没其他的能人，那么臣子都将成为少室周那样的忠诚之士。

33.0.2　二、恃势而不恃信，故东郭牙议管仲[1]；恃术而不恃信，故浑轩非文公。故有术之主，信赏以尽能，必罚以禁邪。虽有驳行，必得所利，简主之相阳虎[2]，哀公问“一足”。

【注释】

〔1〕东郭牙：即鲍叔牙，齐桓公的大臣。

〔2〕阳虎：一作阳货，春秋末鲁国季氏的家臣。

【译文】

二、君主必须依靠权势而不能依赖臣下的诚实，所以东郭牙建议齐桓公不能把大权全部交给管仲；君主必须依靠权术而不能依赖臣下的诚实，所以浑轩反对晋文公对箕郑的信赖。所以掌握了统治术的君主，讲究信用而依法行赏，以此来鼓励臣民竭尽自己的才能；对有罪过的一定依法惩处，以此来禁止人们为非作歹。臣下即使有乱七八糟的行为，也一定有可以利用的地方，所以赵简子让阳虎当了自己的相室，而鲁哀公询问了有关“夔一足”的事以后认为夔有了一个优点也就足够了。

33.0.3　三、失臣主之理，则文王自履而矜。不易朝燕之处[1]，则季孙终身庄而遇贼。

【注释】

〔1〕燕：通“宴”，安闲。

【译文】

三、丧失了臣下和君主之间的等级观念，所以周文王自己穿鞋反而自夸能尊敬先君之臣。无论是在朝廷上还是闲居在家时都不改变自己的行为举止，季孙即使像这样一生庄重，但却遭到了杀害。

33.0.4　四、利所禁，禁所利，虽神不行；誉所罪，毁所赏，虽尧不治。夫为门而不使入，委利而不使进，乱之所以产也。齐侯不听左右，魏主不听誉者，而明察照群臣，则钜不费金钱，孱不用玉璧。西门豹请复治邺，足以知之。犹盗婴儿之矜裘与跀危子荣衣。子绰“左右画”，“去蚁”、“驱蝇”。安得无桓公之忧索官与宣王之患臞马也[1]？

【注释】

〔1〕宣王：当作“宣主”，即韩宣子，名起，韩献子的儿子。

【译文】

四、应该禁止的却使其得利，应该得利的却加以禁止，像这样，即使是神，禁令也不能实行；应该惩罚的却加以赞誉，应该奖赏的却加以诋毁，即使是尧那样的贤君也不能把国家治理好。建造了门而又不让人进去，积聚了财利而又不让人进取，这就是祸乱产生的原因。如果齐国的君主不听从身边亲信的说情，魏国的君主不听从吹捧者的推荐，而能英明地洞察群臣，那么钜也就不会破费金钱去买通齐国国君的亲信，而孱也不会用玉璧去行贿求官做。西门豹请求再次治理邺地，从这件事情中完全可以明白祸乱产生的原因。亲信、近臣对应该惩罚的加以赞誉，就像窃贼的孩子夸耀父亲的皮衣和截脚者的孩子炫耀父亲的衣着。“禁止”和“得利”、“惩罚”和“赞誉”、“奖赏”和“诋毁”不能同时施行，所以子绰要说“人不能同时用左手画方、用右手画圆”；要禁除奸邪却使他们得利，就好像子绰所说的“用肉去驱除蚂蚁”、“用鱼去赶走苍蝇”，奸邪只会越来越多。如果只听从身边的亲信，那就不能将规章制度贯彻落实，又怎么能不发生齐桓公为臣下要官做而忧虑以及韩宣主为马的消瘦而担忧的事呢？

33.0.5　五、臣以卑俭为行，则爵不足以观赏；宠光无节，则臣下侵逼。说在苗贲皇非献伯[1]，孔子议晏婴。故仲尼论管仲与孙叔敖。而出入之容变，阳虎之言见其臣也。而简主之应人臣也失主术。朋党相和，臣下得欲，则人主孤；群臣公举，下不相和，则人主明。阳虎将为赵武之贤、解狐之公[2]，而简主以为枳棘，非所以教国也。

【注释】

〔1〕苗贲(bēn)皇：晋国大夫。

〔2〕赵武：即赵文子，晋平公时执政的卿。

【译文】

五、如果臣下把谦卑、节俭作为自己的行为准则，那么爵位俸禄就不能够用来显示出奖赏的作用；如果臣下骄纵荣耀没有节制，那么他们就会侵害而威胁到君主的利益。这种论点的说明在苗贲皇非议献伯与孔子议论晏婴的节俭。所以孔丘又议论管仲太奢侈与孙叔敖太节俭。而阳虎说见到自己所推荐的臣子，在自己出逃和在职时的脸色态度完全变了样。但赵简子在答复臣子阳虎时所说的话却背离了君主的统治原则。臣下结成朋党，互相呼应，他们的欲望得逞，那么君主就会孤立；群臣大公无私地推荐人才，臣子之间不能互相协调，那么君主就能明察。阳虎将要在赵国做到赵武般的贤良、解狐般的无私，而赵简子却认为这是在栽植多刺的枳树和酸枣树，这决不是用来教育国人的道理啊。

33.0.6 六、公室卑，则忌直言；私行胜，则少公功。说在文子之直言[1]，武子之用杖[2]；子产忠谏，子国谯怒[3]；梁车用法而成侯收玺[4]；管仲以公而国人谤怨[5]。

【注释】

〔1〕文子：指范文子，即士燮，晋国大夫。
〔2〕武子：即士会，范文子的父亲。
〔3〕子国：即公孙发，子产的父亲。
〔4〕成侯：指赵成侯，名种，战国初期赵国国君。
〔5〕国：当作“封”。“封人”是官名，主管防守边疆。

【译文】

六、皇家的实力微弱，就忌讳说直话；谋取私利的行为占了优势，就很少有人去为公家建功立业。这种论点的说明在范文子直言不讳，他父亲武子就用手杖打他；子产忠诚地劝说君主，他父亲子国就发怒责备他；梁车执法公正无私而赵成侯没收了他的官印；管仲秉公对待私恩而封人指责怨恨他。

33.1.0 一

【译文】

对第一条经文的解说

33.1.1 孔子相卫，弟子子皋为狱吏，刖人足，所跀者守门。人有恶孔子于卫君者曰：“尼欲作乱[1]。”

卫君欲执孔子。孔子走，弟子皆逃。子皋从出门，刖危引之而逃之门下室中，吏追不得。夜半，子皋问刖危曰："吾不能亏主之法令而亲刖子之足，是子报仇之时也，而子何故乃肯逃我？我何以得此于子？"刖危曰："吾断足也，固吾罪当之，不可奈何。然方公之狱治臣也，公倾侧法令〔2〕，先后臣以言，欲臣之免也甚，而臣知之。及狱决罪定，公憱然不悦〔3〕，形于颜色，臣见，又知之。非私臣而然也，夫天性仁心固然也。此臣之所以悦而德公也。"

【注释】

〔1〕尼：即仲尼，见3.2注。

〔2〕倾侧：偏斜，不正。

〔3〕憱(cù)：惊恐不安。

【译文】

孔子当卫国宰相的时候，他的学生子皋做管理监狱的官，有一次执法时砍掉了罪人的脚，这个被砍去脚的罪人后来看守大门。有人在卫国国君面前中伤孔子说："仲尼想造反。"卫国的国君就想捉拿孔子。孔子就逃跑了，他的学生也都纷纷逃跑。子皋跟着跑出大门，被他砍掉脚的人领着他逃到大门边的房间里，所以差役们追上来了也没能抓到他。半夜的时候，子皋问这个被自己砍去了脚的人说："我不能损害君主的法令而亲自砍掉了您的脚，现在正是您报仇的时候，您到底为了什么缘故竟然肯让我逃脱？我凭了什么能从您那里得到这样的报答呢？"这被砍掉脚的人说："我被砍断脚，原本是我的罪行应该处以这样的刑罚，这是没有办法的。然而当您在公堂上审理我的时候，您在法令规定的范围内尽量争取从轻处理，并且指导我按照可以从轻处理的法令来申诉，很想使我免受处罚，您的这番心意我是知道的。等到这案子已经作出结论，我的罪已经判定，您惊恐不安很不高兴，您的心情表现在脸色上，我看见了，又知道了您的心意。您并不是偏袒我才这样做的，而是您那种天生的本性中的仁爱之心自然而然地使您这样做了。这就是我热爱您又感激您的原因啊。”

33.1.2　田子方从齐之魏〔1〕，望翟黄乘轩，骑驾出，方以为文侯也〔2〕，移车异路而避之，则徒翟黄也。方问曰：“子奚乘是车也?”曰：“君谋欲伐中山，臣荐翟角而谋得果；且伐之，臣荐乐羊而中山拔；得中山，忧欲治之，臣荐李克而中山治〔3〕。是以君赐此车。”方曰：“宠之称功尚薄。”

【注释】

〔1〕田子方：名无择，子贡的弟子，曾为魏文侯师。

〔2〕文侯：见22.11注。

〔3〕李克：子夏的弟子，魏文侯时为中山相。

【译文】

田子方从齐国来到魏国，望见翟黄乘坐着卿大夫才能乘坐的高级帐篷车，在骑兵的护卫下驾着出来，田子方以为是魏文侯，就连忙把自己的车子转移到另一条路上来避让他，但走近后一看，原来却只是翟黄。田子方就问他说：“您怎么乘上了这种车子?”翟黄说：“国君的计划是想攻打中山国，我推荐了翟角，因而国君的计划得以实现；将要去攻打中山国的时候，我推荐了乐羊，因而中山国被攻克了；夺取了中山国，又因为要治理它而发愁，我推荐了李克，因而中山国治理得很好。因此，国君赐给我这车子。”田子方说：“您的荣耀与您的功劳相比，还不够优厚。”

33.1.3　秦、韩攻魏，昭卯西说而秦、韩罢；齐、荆攻魏，卯东说而齐、荆罢。魏襄王养之以五乘、将军。卯曰：“伯夷以将军葬于首阳山之下，而天下曰：‘夫以伯夷之贤与其称仁，而以将军葬，是手足不掩也。’今臣罢四国之兵，而王乃与臣五乘，此其称功，犹赢胜而履蹻[1]。”

【注释】

〔1〕赢：当为“嬴”字之误，嬴（léi）通“纍”，缠绕。胜：繁体字作“勝”，当为“縢”字之误。“縢”（téng）是绑腿布。蹻（juē）：草鞋。

【译文】

秦国、韩国攻打魏国，昭卯到西方的秦国、韩国去游说而秦国、韩国收兵退走了；齐国、楚国攻打魏国，昭卯到东方的齐国、楚国去游说而齐国、楚国收兵退走了。魏襄王就用方圆五十里的土地上的租税作为俸禄供养他，并把他当作将军来尊敬他。昭卯说：“伯夷被用将军的葬礼埋葬在首阳山之下，而天下的人说：‘凭着伯夷这样的贤能以及他所能配得上的仁德，却被用将军的葬礼来埋葬，这实在是连手脚都没能盖住的薄葬啊。’现在我退了四国的军队，而大王竟然只给我方圆五十里的封地，这种待遇和我的功劳相比，就好像是让我打绑腿、穿草鞋。”

33.1.4　孔子曰：“善为吏者树德，不能为吏者树怨。概者[1]，平量者也；吏者，平法者也。治国者，不可失平也。”

【注释】

〔1〕概：量米粟时刮平斗斛用的木板。

【译文】

孔子说："善于做官的建立恩德，不会做官的培植怨恨。刮尺，是量粮食时刮平斗斛等量器的工具；官吏，是使法令能公正地得到实施的人。治理国家，是不能失去公正的。"

33.1.5　少室周者，古之贞廉洁悫者也，为赵襄主力士[1]。与中牟徐子角力，不若也，入言之襄主以自代也。襄主曰："子之处，人之所欲也，何为言徐子以自代？"曰："臣以力事君者也。今徐子力多臣，臣不以自代，恐他人言之而为罪也。"

【注释】

〔1〕赵襄主：见1.5注。力士：力气大的人，指车右，即下节的"骖乘"，指陪乘在车子右边的卫士。

【译文】

少室周，是古代正直诚实的人，做了赵襄子的车右卫士。他与中牟的徐子比赛力气，结果不如徐子，就进宫把徐子推荐给赵襄子而要求用徐子来代替自己。襄子说："您所占据的职位，是别人梦寐以求的，你为什么要推荐徐子来代替你自己呢？"少室周说："我是凭力气来侍奉君主的。现在徐子的力气比我大，我不拿他来代替自己，恐怕别人来推荐他而成了我的罪过。"

33.1.6　一曰：少室周为襄主骖乘，至晋阳，有力士牛子耕，与角力而不胜。周言于主曰："主之所以使臣骑乘者[1]，以臣多力也。今有多力于臣者，愿进之。"

【注释】

〔1〕骑乘：当作“骖乘”，用作动词。

【译文】

另一种说法是：少室周做了赵襄子的陪乘卫士，有一次他来到晋阳，那里有一个大力士牛子耕，少室周和他比赛力气而没能取胜。少室周就向赵襄子建议说：“您之所以让我陪乘在您的车子右边，是因为我力气大。现在有一个比我力气更大的人，希望您能提拔他。”

33.2.0 二

【译文】

对第二条经文的解说

33.2.1 齐桓公将立管仲[1]，令群臣曰：“寡人将立管仲为仲父。善者入门而左，不善者入门而右。”东郭牙中门而立。公曰：“寡人立管仲为仲父，令曰：‘善者左，不善者右。’今子何为中门而立？”牙曰：“以管仲之智为能谋天下乎？”公曰：“能。”“以断为敢行大事乎？”公曰：“敢。”牙曰：“君知能谋天下[2]，断敢行大事，君因专属之国柄焉。以管仲之能，乘公之势以治齐国，得无危乎？”公曰：“善。”乃令隰朋治内、管仲治外以相参[3]。

【注释】

〔1〕“将立管仲”下省“为仲父”三字。

〔2〕君：当作“若”。知：通“智”。

〔3〕隰朋：见10.8注。参：并列，引申指对抗，牵制。

【译文】

齐桓公将给管仲树立仲父的称号，命令群臣说：“我将给管仲树立仲父的称号。赞成我的进门站在左边，不赞成我的进门站在右边。”东郭牙却在大门当中站着。齐桓公说：“我要给管仲树立仲父的称号，下令说：‘赞成我的站在左边，不赞成我的站在右边。’现在您为什么在大门当中站着？”东郭牙说：“您认为管仲的智慧能谋取统治天下的大权吗？”桓公说：“能。”东郭牙又说：“您认为他的果断敢于干一番大事业吗？”桓公说：“敢。”东郭牙说：“如果他的智慧能谋取统治天下的大权，他的果断敢于干一番大事业，您因而把国家的权力全部托付给他。凭管仲的才能，利用您的权势来治理齐国，您能没有危险吗？”桓公说：“说得好。”于是就命令隰朋治理内政、管仲管理外交，用这种办法来使两人互相牵制。

33.2.2　晋文公出亡，箕郑挈壶餐而从[1]，迷而失道，与公相失，饥而道泣，寝饿而不敢食[2]。及文公反国[3]，举兵攻原，克而拔之。文公曰：“夫轻忍饥馁之患而必全壶餐，是将不以原叛。”乃举以为原令。大夫浑轩闻而非之曰：“以不动壶餐之故，怙其不以原叛也，不亦无术乎？”故明主者，不恃其不我叛也，恃吾不可叛也；不恃其不我欺也，恃吾不可欺也。

【注释】

〔1〕箕郑：晋国大夫。壶：古代饮食器具。餐：同“飧”（sūn），泡饭。

〔2〕寝饿：寝于饿，因饿得厉害而躺倒。

〔3〕反：通“返”。

【译文】

晋文公出国流亡，箕郑手提装在壶里的水泡饭而跟随着，因为迷失了方向而找不到路，就与文公互相失散了，他饿了，在路上哭泣，但饿得躺倒了也不敢吃这水泡饭。等到文公返回晋国后，起兵攻打原城，战胜了敌人而把原城攻下来了。文公说：“能够看轻并忍受饥饿的痛苦而一定要保全壶里的食物，这样的人以后将不会凭借原城来叛乱。”于是就提拔他让他当原城的县令。大夫浑轩听到了这件事以后非议说：“因为他不碰那壶中食物的缘故，就信赖他不会凭借原城来叛乱，不也是没有掌握统治术的表现吗?”所以英明的君主，不靠别人不背叛我，而靠自己不可以被背叛；不靠别人不欺骗我，而靠自己不可以被欺骗。

33.2.3　阳虎议曰：“主贤明，则悉心以事之；不肖，则饰奸而试之。”逐于鲁，疑于齐，走而之赵，赵简主迎而相之[1]。左右曰：“虎善窃人国政，何故相也?”简主曰：“阳虎务取之，我务守之。”遂执术而御之。阳虎不敢为非，以善事简主，兴主之强，几至于霸也。

【注释】

〔1〕相：使动词，使……为相室。

【译文】

阳虎议论说：“君主贤能明智，就尽心竭力地去侍奉他；君主没有才能，就掩饰起自己的邪恶去试探他。”于是他在鲁国被驱逐，在齐国被怀疑，又从齐国逃跑而到了赵国，赵简子迎接他而让他当了相室。简子身边的侍从说：“阳虎善于从别人手中窃取国家政权，为什么让他当相室?”简子说：“阳虎致力于窃取政权，我致力于保住政权。”于是就拿权术去控制使用他。阳虎不敢为非作歹，而用善良的行为去侍奉简子，使赵简子兴盛起来渐趋强大，几乎达到了称霸的地步。

33.2.4　鲁哀公问于孔子曰："吾闻古者有夔一足[1]，其果信有一足乎？"孔子对曰："不也，夔非一足也。夔者忿戾恶心，人多不说喜也[2]。虽然，其所以得免于人害者，以其信也。人皆曰：'独此一，足矣。'夔非一足也，一而足也。"哀公曰："审而是[3]，固足矣。"

【注释】

〔1〕夔(kuí)：尧、舜时的乐官。足：此文有时表示"脚"，有时表示"足够"。

〔2〕说：通"悦"。

〔3〕审：审慎。而：通"如"。

【译文】

鲁哀公问孔子说："我听说古代有个夔只有一足(一只脚)，他果真只有一足(一只脚)吗？"孔子回答说："不是的，夔并不是只有一足(一只脚)。夔这个人残暴狠心，人们多半不喜欢他。虽然这样，他还是活着，他之所以能够避免被人伤害，是因为他守信用。人们都说：'单是这一点，也就足够了。'夔并不是只有一足(一只脚)，而是说他有了一个优点也就足够了。"哀公说："他像这样慎重，当然足够了。"

33.2.5　一曰：哀公问于孔子曰："吾闻夔一足，信乎？"曰："夔，人也，何故一足？彼其无他异[1]，而独通于声。尧曰：'夔一而足矣。'使为乐正。故君子曰：‘夔有一，足。’非一足也。”

【注释】

〔1〕其：语助词。

【译文】

另一种说法是：鲁哀公问孔子说：“我听说夔一足(一只脚)，真的吗?”孔子说：“夔，是人，哪能是一足(一只脚)呢？他和人相比没有别的不同，只是他精通音乐。尧说：‘夔有了这一个特长也就足够了。’就让他做了主管音乐的官——乐正。所以君子说：‘夔有了一技之长，也就足够了。’他并不是只有一足(一只脚)啊。”

33.3.0　三

【译文】

对第三条经文的解说

33.3.1　文王伐崇〔1〕，至凤黄虚〔2〕，袜系解，因自结。太公望曰〔3〕：“何为也?”王曰：“君与处，上，皆其师；中，皆其友；下，尽其使也。今皆先君之臣，故无可使也。”

【注释】

〔1〕崇：商王朝的属国，位于今陕西省西安市澧水西。

〔2〕虚：古“墟”字，大土山。

〔3〕太公望：见18.4注。

【译文】

周文王去攻打崇国，来到凤黄山，袜带松开了，就自己去缚。太公望说："为什么要自己动手呢？"文王说："国君和人相处时，对于上等的人，都看作是自己的老师；对于中等的人，都看作是自己的朋友；对于下等的人，都看作是自己的仆人。现在我身边的都是先父的大臣，所以没有谁可以使唤的。"

33.3.2 一曰：晋文公与楚战，至黄凤之陵[1]，履系解，因自结之。左右曰："不可以使人乎？"公曰："吾闻：上，君所与居，皆其所畏也；中，君之所与居，皆其所爱也；下，君之所与居，皆其所侮也。寡人虽不肖，先君之人皆在，是以难之也。"

【注释】

〔1〕陵：大土山。

【译文】

另一种说法是：晋文公和楚国作战，来到黄凤山，鞋带松开了，便自己去缚它。身边的侍从说："不可以叫别人来缚吗？"文公说："我听说：上等的人，国君和他们相处时，都是国君所敬畏的；中等的人，国君和他们相处时，都是国君所喜爱的；下等的人，国君和他们相处时，都是国君所侮慢的。我虽然没有德才，但先父的大臣都在身边，因此难以使唤他们啊。"

33.3.3 季孙好士，终身庄，居处衣服常如朝廷。而季孙适懈[1]，有过失，而不能长为也，故客以为厌易己，相与怨之，遂杀季孙。故君子去泰去甚。

【注释】

〔1〕适：偶然。

【译文】

季孙喜欢读书人，一生都很庄重，在日常生活中他的衣着也经常像在朝廷上一样。但有一次季孙偶然疏忽了一下，衣着上有了差错，没有能够一直保持那样做，所以门客便以为他是在讨厌轻慢自己，因而一起怨恨他，于是就杀了季孙。所以，君子要去掉极端的做法、去掉过分的行为。

33.3.4　南宫敬子问颜涿聚曰[1]："季孙养孔子之徒，所朝服与坐者以十数而遇贼，何也？"曰："昔周成王近优侏儒以逞其意[2]，而与君子断事，是能成其欲于天下。今季孙养孔子之徒，所朝服而与坐者以十数，而与优侏儒断事，是以遇贼。故曰：不在所与居，在所与谋也。"

【注释】

〔1〕南宫敬子：即南宫敬叔，春秋时鲁国人，孟懿子的庶兄。颜涿聚：齐国大夫。

〔2〕周成王：西周天子，姬姓，名诵。

【译文】

南宫敬子问颜涿聚说："季孙养着孔子的门徒，穿着上朝时所穿的礼服而和他坐在一起的人要用十作为单位来计数，但他还是遭到了别人的杀害，这是为什么呢？"颜涿聚说："从前周武王一方面接近优伶、侏儒来使自己的心情舒畅，但另一方面则与德高望重的君子一起来决定重大的事情，因此他才能在天下实现了自己的愿望。现在季孙虽然养了孔子的门徒，穿着上朝时所穿的礼服而和他坐在一起的人数以十计，但他却和优伶、侏儒一起谋划决定重大的事情，因此遭到了杀害。所以说：问题的关键不在于和什么人相处，而在于和什么人谋划重大的事情。”

33.3.5　孔子御坐于鲁哀公，哀公赐之桃与黍。哀公请用。仲尼先饭黍而后啖桃，左右皆揜口而笑[1]。哀公曰：“黍者，非饭之也，以雪桃也[2]。”仲尼对曰：“丘知之矣。夫黍者，五谷之长也[3]，祭先王为上盛[4]。果蓏有六[5]，而桃为下，祭先王不得入庙。丘之闻也，君子以贱雪贵，不闻以贵雪贱。今以五谷之长雪果蓏之下，是从上雪下也。丘以为妨义，故不敢以先于宗庙之盛也。”

【注释】

〔1〕揜：同“掩”。

〔2〕雪：揩拭。

〔3〕五谷：指黍、稷、稻、麦、菽。

〔4〕盛(chéng)：祭祀时置于容器中的黍、稷等祭品。

〔5〕果：指桃、李、杏、栗、枣。蓏(luǒ)：瓜类。

【译文】

孔子陪坐在鲁哀公身边，鲁哀公赐给他桃子和黍子。哀公请孔子吃。孔子先吃黍子，然后才吃桃子，旁边的侍从都捂着嘴笑。哀公说：“黍子，并不是吃的，而是用来揩拭桃子的。”孔子回答说：“我早知道这种用法了。但是那黍子，是五谷中排在第一位的东西，祭祀古代圣明帝王时它是上等的祭品。果品瓜类有六种，而桃子是最下等的，祭祀古代圣明帝王时不得拿进庙中。我听说，君子用下等的东西来揩拭高贵的东西，没听说过用高贵的东西来揩拭下等的东西。现在拿五谷中排在第一位的东西来揩拭果品瓜类中下等的东西，这是用上等的去揩拭下等的。我以为这样做损害了礼义，所以不敢把桃子放在宗庙的祭品前面先吃。”

33.3.6　简主谓左右：“车席泰美。夫冠虽贱，头必戴之；屦虽贵，足必履之。今车席如此，太美，吾将何屩以履之？夫美下而耗上，妨义之本也〔1〕。”

【注释】

〔1〕义：合宜的道德准则，这里指有利于社会统治的等级关系。

【译文】

赵简子对身边的侍从说：“车子上铺的席子太华丽了。帽子即使做得很粗糙而价格低廉，头也一定戴着它；鞋子即使做得精美而价格昂贵，脚也一定踩着它。现在车子上铺的席子像这个样子，实在华美得过分了，我将用什么鞋子去踩在它上面呢？美化了下面的东西而使上面的鞋帽服装更为破费，这是伤害礼义的祸根啊。”

33.3.7　费仲说纣曰：“西伯昌贤〔1〕，百姓悦之，诸侯附焉，不可不诛；不诛，必为殷祸。”纣曰：“子言，义主，何可诛？”费仲曰：“冠虽穿弊，必戴于头；履虽五采，必践之于地。今西伯昌，人臣也，修义而人向之。卒为天下患，其必昌乎！人人不以其贤为其主〔2〕，非可不诛也。且主而诛臣，焉有过？”纣曰：“夫仁义者，上所以劝下也，今昌好仁义，诛之不可。”三说不用，故亡。

【注释】

〔1〕西伯昌：姓姬，名昌，周武王姬发的父亲，商纣王时为西伯(西方各部落的首领)。

〔2〕人人：当作“人臣”。

【译文】

商纣王的宠臣费仲劝说纣王道：“西伯昌很贤能，百姓都喜欢他，诸侯都依附他，不能不把他杀掉；如果不杀掉，他一定会成为商王朝的祸患。”纣王说：“照您所说，他是一个讲求仁义的君主，怎么可以杀掉呢?”费仲说：“帽子即使破得有了洞，也一定戴在头上；鞋子即使五彩缤纷，也一定把它踩在地上。现在西伯昌是臣子，修行仁义而人们向往他。最终造成天下祸患的，恐怕一定是西伯昌了吧！臣子不用自己的贤能来为君主效劳，是不可以不杀掉的。况且君主去杀掉臣子，哪有什么过错?”纣王说：“仁义这种东西，是君主用来勉励臣下的。现在西伯昌爱好仁义，杀掉他是不行的。”费仲劝说了三次都没有被纣王采纳，所以商王朝灭亡了。

33.3.8　齐宣王问匡倩曰：“儒者博乎〔1〕?”曰：“不也。”王曰：“何也?”匡倩对曰：“博贵枭〔2〕，胜者必杀枭〔3〕。杀枭者，是杀所贵也。儒者以为害义，故不博也。”又问曰：“儒者弋乎?”曰：“不也。弋者，从下害于上者也，是从下伤君也。儒者以为害义，故不弋。”又问：“儒者鼓瑟乎?”曰：“不也。夫瑟，以小弦为大声，以大弦为小声，是大小易序，贵贱易位。儒者以为害义，故不鼓也。”宣王曰：“善。”仲尼曰：“与其使民谄下也，宁使民谄上。”

【注释】

〔1〕博：通“簙”，古代一种游戏。

〔2〕枭：指食鱼的“骁棋”。
〔3〕杀枭：指把骁棋打倒。

【译文】

齐宣王问匡倩说：“儒家的学者打棋吗？”匡倩回答说：“不打棋。”宣王说：“为什么呢？”匡倩回答说：“打棋的时候最尊重枭棋，而赢的人一定要把对方的枭棋打倒。打倒枭棋，这是在打倒所尊贵的东西。儒家的学者认为这损害了礼义，所以不打棋。”齐宣王又问道：“儒家的学者用带丝线的箭射鸟吗？”匡倩说：“不射。用带丝线的箭射鸟，是从下面去伤害上面，这就好像臣民从下面来侵害君主。儒家的学者认为这损害了礼义，所以不用带丝线的箭射鸟。”齐宣王又问：“儒家的学者弹瑟吗？”匡倩说：“不弹。那瑟，用它的小弦奏出大的声音，用它的大弦奏出小的声音，这是把大和小颠倒了次序，将贵和贱交换了位置。儒家的学者认为这损害了礼义，所以不弹奏。”齐宣王说：“说得好。”孔子说：“与其使民众去讨好臣子，还不如使民众奉承君主。”

33.4.0 四

【译文】

对第四条经文的解说

33.4.1 钜者[1]，齐之居士；孱者，魏之居士。齐、魏之君不明，不能亲照境内而听左右之言，故二子费金璧而求入仕也。

【注释】

〔1〕钜：与下面的“孱”一样，都是假设的人名。

【译文】

钜这个人，是齐国一个没有做官的读书人；孱这个人，是魏国一个没有做官的读书人。由于齐国、魏国的君主不英明，不能自己去洞察国内的情况而只是听从身边亲信的话，所以这两个人就花费了金钱玉璧去贿赂君主的亲信，以求进朝做官。

33.4.2　西门豹为邺令，清克洁悫[1]，秋毫之端无私利也，而甚简左右。左右因相与比周而恶之。居期年，上计[2]，君收其玺。豹自请曰："臣昔者不知所以治邺，今臣得矣，愿请玺，复以治邺。不当，请伏斧锧之罪。"文侯不忍而复与之。豹因重敛百姓，急事左右。期年，上计，文侯迎而拜之。豹对曰："往年臣为君治邺，而君夺臣玺；今臣为左右治邺，而君拜臣。臣不能治矣。"遂纳玺而去。文侯不受，曰："寡人曩不知子，今知矣。愿子勉为寡人治之。"遂不受。

【注释】

〔1〕克：通"刻"，约束。

〔2〕上计：上交账簿，将全年的人口、钱、粮以及经济收入等情况报告给上级。

【译文】

西门豹任邺县的县令，克己奉公、清廉正直，丝毫不谋私利，但却十分怠慢君主身边的侍从。侍从便互相勾结起来中伤他。过了一周年，他向君主汇报全年的政治经济情况，魏文侯没收了他的官印而把他罢免了。西门豹主动地请求说："我过去不知道治理邺县的方法，现在我知道了，我希望能得到官印，再用我去治理邺县。如果我不称职，愿意受到腰斩的惩罚。"魏文侯不忍心拒绝他而又把官印给了他。西门豹于是就加重向百姓搜刮钱财，并急忙去奉承君主身边的侍从。过了一周年，他向君主汇报全年的政治经济情况，魏文侯亲自迎接他，并向他作揖致礼。西门豹回答说："前年我为国君治理邺县，结果您夺去了我的官印；现在我为您身边的侍从治理邺县，结果您却向我作揖致礼。我不会治理邺县了。"于是就交还官印，转身离去。魏文侯不肯接受官印，说："我过去不了解您，现在了解了。希望您努力为我治理邺县。"魏文侯终于没有接收西门豹所交的官印。

33.4.3 齐有狗盗之子与刖危子戏而相夸〔1〕。盗子曰："吾父之裘独有尾。"危子曰："吾父独冬不失裤。"

【注释】

〔1〕狗盗：伪装成狗的贼。

【译文】

齐国有个披上狗皮伪装狗去行窃的贼的孩子和一个受过刖刑的截脚者的孩子在一起玩耍而互相夸耀。那个伪装狗去行窃的贼的孩子说："只有我父亲的皮衣上有尾巴。"那个截脚者的孩子说："只有我父亲在冬天不脱掉裤子。"

33.4.4 子绰曰："人莫能左画方而右画圆也。以肉去蚁，蚁愈多；以鱼驱蝇，蝇愈至。"

【译文】

子绰说："人不能同时用左手画方、用右手画圆。用肉去驱除蚂蚁，蚂蚁会更多；用鱼去赶走苍蝇，苍蝇越要来。"

33.4.5 桓公谓管仲曰："官少而索者众，寡人忧之。”管仲曰：“君无听左右之请，因能而受禄[1]，录功而与官，则莫敢索官。君何患焉?”

【注释】

〔1〕受：古“授”字。

【译文】

齐桓公对管仲说：“官职少而求取的人多，我对此非常担忧。”管仲说：“您不要听从身边亲信的请求，根据才能来授予俸禄，按照功劳来给予官职，那就没有人敢来要官做。您还担忧什么呢?”

33.4.6 韩宣子曰：“吾马，菽粟多矣，甚臞，何也？寡人患之。”周市对曰：“使驺尽粟以食[1]，虽无肥，不可得也。名为多与之，其实少，虽无臞，亦不可得也。主不审其情实，坐而患之，马犹不肥也。”

【注释】

〔1〕驺(zōu)：养马兼管赶车的人。

【译文】

韩宣子说：“我的马，豆类谷物等饲料已经给得很多了，却很瘦，为什么呢？我对此十分担忧。”周市回答说：“假如马夫把所有的饲料都拿来给马吃，就是不要它肥，也不可能不肥。名义上是给了马很多饲料，实际上马吃到的饲料很少，即使不要它瘦，也是不可能不瘦的啊。主上不去仔细考察它的实际情况，只是坐着为此发愁，马还是不会肥的啊。”

33.4.7　桓公问置吏于管仲，管仲曰：“辩察于辞[1]，清洁于货，习人情，夷吾不如弦商，请立以为大理。登降肃让[2]，以明礼待宾，臣不如隰朋，请立以为大行。垦草仞邑[3]，辟地生粟，臣不如宁武[4]，请以为大田。三军既成阵，使士视死如归，臣不如公子成父，请以为大司马。犯颜极谏，臣不如东郭牙，请立以为谏臣。治齐，此五子足矣；将欲霸王，夷吾在此。”

【注释】

〔1〕辩：通“辨”。

〔2〕肃：指“肃拜”，即作揖（低头拱手行礼），为我国古代九拜之一。

〔3〕仞：当作“刱”，同“创”。

〔4〕宁武：即宁戚，“武”是其谥号，齐国大夫。

【译文】

齐桓公向管仲询问安排官吏的事，管仲说：“对诉讼双方的言辞能辨别清楚，对财物贿赂廉洁不贪，熟悉人情世故，我夷吾不如弦商，请安排他当司法大臣。在迎送宾客上下周旋时区别尊卑、作揖谦让，用明确的礼仪去接待宾客，我不如隰朋，请安排他当外交大臣。除草垦荒，创建城邑，开辟耕地，生产粮食，我不如宁武，请安排他当农业大臣。三军已经摆成了阵势，使战士们能视死如归，我不如公子成父，请安排他当国防大臣。冒着君主恼怒的脸色而尽力规劝君主，我不如东郭牙，请安排他当参议大臣。治理齐国，这五位大臣足够了；如果想要称霸称王，有我管夷吾在这里。”

33.5.0　五

【译文】

对第五条经文的解说

33.5.1　孟献伯相鲁[1]，堂下生藿藜，门外长荆棘，食不二味，坐不重席，晋无衣帛之妾[2]，居不粟马，出不从车。叔向闻之，以告苗贲皇。贲皇非之曰："是出主之爵禄以附下也。"

【注释】

〔1〕孟：当作"盂"。盂是晋国地名，即今山西省阳曲县东北的大盂，当时是献伯的食邑。鲁：当作"晋"。

〔2〕晋：通"进"，指内。

【译文】

孟献伯做晋国的相国，厅堂前长满了藿、藜等野菜，大门外长满了荆棘，吃饭不吃两种食物，坐时不垫两层席子，家里没有穿丝织品的姬妾，住在家中不用谷子喂马，外出不让副车跟随着。叔向听说了这些事，把它告诉给苗贲皇。苗贲皇非议说："这是抛开了君主的爵位俸禄来亲附下人。"

33.5.2　一曰：孟献伯拜上卿，叔向往贺，门有御马不食禾[1]。向曰："子无二马二舆[2]，何也？"献伯曰："吾观国人尚有饥色，是以不秣马；班白者多以徒行[3]，故不二舆。"向曰："吾始贺子之拜卿，今贺子之俭也。"向出，语苗贲皇曰："助吾贺献伯之俭也。"苗子曰："何贺焉？夫爵禄旗章，所以异功伐、别贤不肖也。故晋国之法，上大夫二舆二乘，中大夫二舆一乘，下大夫专乘，此明等级也。且夫卿必有军事，是故循车马[4]，比卒乘[5]，以备戎事。有难则以备不虞[6]，平夷则以给朝事[7]。今乱晋国之政，乏不虞之备，以成节俭，以絜私名[8]，献伯之俭也可与？又何贺？”

【注释】

〔1〕御：通“圉”，养。
〔2〕二：通“贰”，副。
〔3〕班：通“斑”。
〔4〕循：当作“脩”，“脩”通“修”。
〔5〕比：排列。
〔6〕虞：意料，预料。
〔7〕夷：平，太平。
〔8〕絜：通“洁”，清白，使动用法。

【译文】

另一种说法是：孟献伯被任命为上卿，叔向前去祝贺，看见大门口有人喂马不给马吃谷子。叔向说：“您没有副马副车，为什么呢？”献伯说：“我看到国内的民众还有饥饿的脸色，因此不用谷子喂马；看到头发花白的老年人多半靠自己徒步行走，所以不配备副车。”叔向说：“我开始来祝贺您任命为上卿，现在要庆贺您的节俭了。”叔向出来后，告诉苗贲皇说：“帮我去庆贺献伯的节俭。”苗先生说：“为什么要去庆贺他的节俭呢？爵位、俸禄、旌旗、服饰，是用来区分功劳大小、辨别德才好不好的标志。所以晋国的法律规定，上大夫配备副车二辆，中大夫配备副车一辆，下大夫只有正车一辆，这是用来标明等级的。况且那当上了卿相的一定要掌管军事，所以要修整车马，组织好步兵战车，用它们来防备战争。国家有灾难战乱时就用它们来防备意外，国家太平时就用它们供自己上朝办事。现在他扰乱了晋国的政治措施，缺乏了对意外的防备，用这种方法来成全自己的节操，来使自己获得清廉的名声，献伯的这种节俭能行么？又有什么值得庆贺的呢？”

33.5.3 管仲相齐，曰：“臣贵矣，然而臣贫。”桓公曰：“使子有三归之家[1]。”曰：“臣富矣，然而臣卑。”桓公使立于高、国之上[2]。曰：“臣尊矣，然而臣疏。”乃立为“仲父”。孔子闻而非之曰：“泰侈逼上。”

【注释】

〔1〕三归：与国民收入的三成相当的归于国君的商税。家：卿大夫的食邑。

〔2〕高、国：高氏、国氏，都是姜太公的后裔，是齐国的贵族。

【译文】

管仲做了齐国的相国，说：“我的职位高了，但是我还贫穷。”齐桓公说：“让您拥有俸禄与国民收入的三成相当的食邑。”管仲说：“我富了，但是我的地位还很低。”桓公就使他位于高氏、国氏两大贵族之上。管仲说：“我的地位高了，但是我和君主的关系还很疏远。”桓公就称他为“仲父”。孔子听到后非议他说：“管仲的奢侈放纵威胁到了君主。”

33.5.4 一曰：管仲父出，朱盖青衣，置鼓而归，庭有陈鼎[1]，家有三归。孔子曰：“良大夫也，其侈逼上。”

【注释】

〔1〕陈：陈列。

【译文】

另一种说法是：管仲父外出时，乘的是高贵的带有朱红色车盖的帝王之车，穿的是帝王穿的青色礼服，从朝廷回来时又设置了锣鼓开道，院子里有排列成行的大鼎，家里拥有与国民收入的三成相当的租税收入。孔子说：“这是个好大夫啊，但他的奢侈放纵威胁到了君主。”

33.5.5　孙叔敖相楚，栈车牝马，粝饼菜羹枯鱼之膳，冬羔裘，夏葛衣，面有饥色。“则良大夫也[1]，其俭逼下。”

【注释】

〔1〕“则”字上承上省“孔子曰”三字。

【译文】

孙叔敖任楚庄王令尹，乘坐的是低贱的棚车，拉车的是不贵重的母马，吃的是粗米做成的饼、蔬菜煮成的羹以及干鱼之类的食物，冬天只穿小羊皮做的皮袄，夏天只穿葛麻布做成的衣服，脸上有受饥挨饿的气色。孔子说：“他是倒是个好大夫，但他的节俭却威胁到了下级。”

33.5.6　阳虎去齐走赵，简主问曰：“吾闻子善树人。”虎曰：“臣居鲁，树三人，皆为令尹[1]；及虎抵罪于鲁，皆搜索于虎也。臣居齐，荐三人，一人得近王，一人为县令，一人为候吏；及臣得罪，近王者不见臣，县令者迎臣执缚，候吏者追臣至境上，不及而止。虎不善树人。”主俯而笑曰：“树橘柚者，食之则甘，嗅之则香；树枳棘者，成而刺人。故君子慎所树。”

【注释】

〔1〕令尹：此泛指县长。

【译文】

阳虎离开齐国逃跑到赵国，赵简主问他说："我听说您善于培植人才。"阳虎说："我住在鲁国的时候，培植了三个人，都当上了县令；等到我阳虎在鲁国判了罪，他们都来搜捕我。我住在齐国的时候，推荐了三个人，一个人能够接近齐王，一个人当了县令，一个人当了防守边疆的官吏；等到我有了罪，接近齐王的那个人回避我，当县令的那个人要找我而准备把我抓住绑起来，当守边官吏的那个人追我追到边境上，没有追上才罢休。我阳虎根本不善于培植人才。"简主低着头笑道："种植橘树、柚树，吃起它们的果实来就会觉得很甜，闻起它们的气味来就会觉得很香；种植枳树和酸枣树，长成后反而会刺人。所以君子十分慎重地考虑自己所要培植的人选。"

33.5.7　中牟无令。晋平公问赵武曰："中牟，吾国之股肱，邯郸之肩髀。寡人欲得其良令也，谁使而可？"武曰："刑伯子可〔1〕。"公曰："非子之雠也？"曰："私雠不入公门。"公又问曰："中府之令，谁使而可？"曰："臣子可。"故曰："外举不避雠，内举不避子。"赵武所荐四十六人，及武死，各就宾位，其无私德若此也。

【注释】

〔1〕刑伯子：当作"邢伯子"，即邢伯柳，曾任上党守。

【译文】

中牟没有县令。晋平公问赵武说："中牟，就像我国的大腿和胳膊，又像是邯郸的肩胛骨和胯骨。我想找一个治理中牟的好县令，派谁才行？”赵武说：“邢伯子行。”平公说：“他不是您的仇人吗？”赵武说：“私人的仇怨我不把它带到君主的朝廷上来。”平公又问道：“宫中内府的官吏，派谁才行？”赵武说：“我的儿子行。”所以有人说：“把外人推荐上去时不撇开自己的仇人，把家族内的人推荐上去时不回避自己的儿子。”赵武所推荐的四十六个人，等到赵武死的时候，来吊唁时都到宾客的席位上就座，他就像这样没有私人之间的恩情啊。

33.5.8　平公问叔向曰：“群臣孰贤？”曰：“赵武。”公曰：“子党于师人[1]。”“武立如不胜衣，言如不出口，然所举士也数十人，皆得其意，而公家甚赖之。及武子之生也不利于家，死不托于孤，臣敢以为贤也。”

【注释】

〔1〕党：袒护，偏袒。师人：所师之人，指尊奉的上司。

【译文】

晋平公问叔向说：“群臣之中哪一个有德才？”叔向说：“赵武。”平公说：“您这是在袒护您所尊奉的上司。”叔向说：“赵武站立的时候好像体力衰弱得还承受不了衣服的重量，说话的时候好像笨拙得连话也说不出口，但是他所推荐的人几十个，个个都达到了他推荐时的意图，因而国家非常得力于他们。还有赵武在世的时候不为自己的家庭谋私利，临死的时候又不把自己的儿子委托给朝廷，所以我敢认为他是有德才的。”

33.5.9　解狐荐其雠于简主以为相。其雠以为且幸释己也，乃因往拜谢。狐乃引弓送而射之，曰：“夫荐汝，公也，以汝能当之也。夫雠汝，吾私怨也。不以私怨汝之故拥汝于吾君[1]。”故私怨不入公门。

【注释】

〔1〕拥：通“壅”。

【译文】

解狐把自己的仇人推荐给赵简主让他去做相室。他的仇人以为有幸能得到解狐消除对自己的仇怨，于是就去拜访致谢。解狐竟拉开弓送他走而射他，说：“我推荐你，是为了公家，是因为你能担当这个职务。仇恨你，是我的私怨。我不因为自己怨恨你的缘故而在我的君主那里埋没你。”所以私人的仇怨是不能带到君主的朝廷上去的。

33.5.10　一曰：解狐举邢伯柳为上党守[1]，柳往谢之，曰：“子释罪，敢不再拜?”曰：“举子，公也；怨子，私也。子往矣，怨子如初也。”

【注释】

〔1〕上党：韩国郡名，位于今山西省东南部。

【译文】

另一种说法是：解狐推荐邢伯柳做上党的太守，邢伯柳去拜谢他，说：“您不再怪罪我，我敢不来行再拜礼么?”解狐说：“推荐你，是公事；怨恨你，是私事。你走吧，我还是像当初那样怨恨你。”

33.5.11　郑县人卖豚[1]，人问其价。曰：“道远日暮，安暇语汝!”

【注释】

〔1〕郑县：战国时韩国地名，位于今河南省郑州市。

【译文】

郑县有个人去卖小猪，别人问他小猪的价钱。他说：“路远，太阳又下山了，我哪有空告诉你。”

33.6.0 六

【译文】

对第六条经文的解说

33.6.1 范文子喜直言，武子击之以杖：“夫直议者不为人所容，无所容则危身。非徒危身[1]，又将危父。”

【注释】

〔1〕非徒：不但。

【译文】

范文子喜欢说直话，他的父亲范武子用手杖打他：“说直话的人不能被人容忍，没有人能容忍那就会危害自身。而且不但会危害自身，还将危害父亲。”

33.6.2 子产者，子国之子也。子产忠于郑君，子国谯怒之曰[1]：“夫介异于人臣，而独忠于主。主贤明，能听汝；不明，将不汝听。听与不听，未可必知，而汝已离于群臣。离于群臣，则必危汝身矣。非徒危己也，又且危父矣。”

【注释】

〔1〕谯(qiào)：通“诮”(qiào)，责备，责骂。

【译文】

子产，是子国的儿子。子产忠于郑国的君主，子国就发怒责备他说：“你卓然独特不同于群臣，而独自一个人忠于君主。君主如果贤明，就能够听从你；君主如果不贤明，将不听从你。是听从你还是不听从你，还未必能知道，而你已经脱离了群臣。脱离了群臣，就一定会危害你本身了。而且不但危害你自己，还将危害你父亲。”

33.6.3　梁车新为邺令，其姊往看之，暮而后，门闭，因逾郭而入。车遂刖其足。赵成侯以为不慈，夺之玺而免之令。

【译文】

梁车新任邺县县令，他的姐姐去看望他，天黑以后她才来到邺城，城门关了，她便翻越外城的城墙进去了。梁车就依法砍掉了她的脚。赵成侯认为梁车不仁慈，就没收了他的官印而免去了他的县令之职。

33.6.4　管仲束缚，自鲁之齐，道而饥渴，过绮乌封人而乞食。乌封人跪而食之，甚敬。封人因窃谓仲曰："适幸[1]，及齐不死而用齐，将何报我?"曰："如子之言，我且贤之用，能之使，劳之论[2]。我何以报子?"封人怨之。

【注释】

〔1〕适：如果。

〔2〕论：通"抡"，选择。

【译文】

管仲被捆绑着从鲁国押到齐国，在路上又饥又渴，经过绮乌封人的时候向他讨东西吃。绮乌封人跪着喂他吃，十分恭敬。封人趁此机会偷偷地对管仲说："如果你能幸免于难，到齐国不死而在齐国执政，将怎样来报答我?"管仲说："要是真的像您所说的那样，那么我将任用有德才的人，使用有能力的人，选用有功劳的人。我根据什么来报答您呢?"封人因而怨恨管仲。

第十三卷

外储说右上第三十四

（第三十四篇　积聚传说外右上编）

34.0.0　君所以治臣者有三：

【译文】

君主用来统治臣下的方法有三种：

34.0.1　一、势不足以化，则除之。师旷之对[1]，晏子之说，皆合势之易也而道行之难[2]，是与兽逐走也，未知除患。患之可除，在子夏之说《春秋》也："善持势者，蚤绝其奸萌[3]。"故季孙让仲尼以遇势[4]，而况错之于君乎[5]？是以太公望杀狂矞，而"臧获不乘骥"。嗣公知之，故"不驾鹿"；薛公知之，故与二栾博[6]。此皆知同异之反也。故明主之牧臣也，说在畜乌。

【注释】

〔1〕师旷：见10.4注。

〔2〕合：当作"舍"。道：由。行：德行。

〔3〕蚤：通"早"。

〔4〕季孙：指季康子，鲁国执政的卿。遇：通“耦”。
〔5〕错：通“措”。
〔6〕栾：通“孪”。

【译文】

一、如果权势还不能够用来开导改变他，那就除掉他。师旷的回答，晏婴的议论，都是舍弃了利用权势来制服臣民这种容易奏效的方法而遵循了利用德行来感化臣民这种难以奏效的方法，这就好像舍弃了车马而和野兽赛跑啊，他们还不知道怎样来除掉祸患。祸患可以被除掉，这种道理包含在子夏解说《春秋》时所说的话中：“善于保住权势的君主，都及早地消灭臣下邪恶的苗头。”所以，季康子因为子路使用了和自己相当的权势而拿它指责孔子，从而消除了祸患，更何况是把这种手段放到君主手中来使用，祸患哪会除不掉呢？因此太公望杀掉了不受权势约束的狂矞，并解释说：“奴仆也不会去骑那种虽健壮但不听使唤的骏马。”卫嗣公懂得了臣下要能为君主效劳的道理，所以用“人们不拿鹿驾车”来说明自己为什么不任用如耳做自己的相国；薛公懂得了这个道理，所以和两个孪生子打棋行赌，趁此机会吓唬他们来使他们为自己效劳。这些人都懂得了君臣之间利害的不同。所以英明的君主统治臣下，其方法的说明就包含在养乌鸦的故事之中。

34.0.2　二、人主者，利害之轺毂也[1]，射者众[2]，故人主共矣。是以好恶见[3]，则下有因，而人主惑矣；辞言通，则臣难言，而主不神矣。说在申子之言“六慎”与唐易之言弋也。患在国羊之请变与宣王之太息也。明之以靖郭氏之献十珥也与犀首、甘茂之道穴闻也[4]。堂谿公知术，故问玉卮；昭侯能术，故以听独寝[5]。明主之道，在申子之劝“独断”也。

【注释】

〔1〕轺(yáo)：一种轻便马车。毂(gǔ)：车轮中心的圆木。轺毂：等于说“车毂”，它是车辐归聚的中心，这里用来喻指决定利害的中心。

〔2〕射者：射向车毂的东西，即车辐，这里喻指全神贯注于君主而图谋私利的臣子。

〔3〕见：同“现”。

〔4〕道：由。

〔5〕以：通“已”。

【译文】

二、君主这种人，是决定臣下得利或受害的核心，那种为了谋取私利而盯着君主的臣子很多，所以君主成了臣下关注的共同目标。因此，君主的爱憎如果显露了出来，那么臣下的活动就有了凭借，他们就会投君主所好、避君主所恶，而君主也就要被迷惑了；君主如果把臣下的言论泄露出去，那么臣下就难以向君主进说了，君主也就会因为言路不畅而不神明了。这种论点的说明在申不害说“君主要在六个方面小心谨慎”和唐易鞠谈论射鸟。君主暴露了自己的爱憎所造成的祸患在国羊请求郑国国君让自己改正错误以及韩宣王的叹息。这种论点可以用靖郭君献上十个珠玉耳饰以及犀首的事被甘茂手下的官吏从墙洞中偷听到等事例来阐明它。堂谿公懂得统治术，所以询问玉杯如果没有底是否能盛水；韩昭侯能够运用统治术，所以已经听到堂谿公的话以后就独自一个人睡觉。英明君主的统治原则，就包含在申不害劝说“君主要独自作出决断”的议论中。

34.0.3　三、术之不行，有故。不杀其狗，则酒酸。夫国亦有狗，且左右皆社鼠也。人主无尧之再诛与庄王之应太子，而皆有薄媪之决蔡妪也[1]。知贵不能[2]，以教歌之法先揆之。吴起之出爱妻，文公之斩颠颉[3]，皆违其情者也。故能使人弹疽者，必其忍痛者也。

【注释】

〔1〕媪(ǎo)：对老年妇女的尊称，这里指薄疑的母亲。妪(yù)：年老的女人。

〔2〕知：通“智”。贵：通“匮”，缺乏，不足。

〔3〕颠颉(jié)：人名，晋国大臣。

【译文】

三、统治群臣的策略和手段不能够推行，总是有缘故的。卖酒的人不杀掉他的恶狗，那么他的酒就因为没人敢来买而发酸。国家也有恶狗，而且君主身边的侍从都是些钻在土地神庙中的老鼠。一般的君主都不能像尧那样两次杀掉反对自己决策的人来坚持自己的政治策略，也不能像楚庄王答复太子那样坚决支持臣下的执法行为，而都有薄老太那种将自己的事情取决于蔡婆的做法。君主如果真是智力匮乏不能自己作出决断的话，那么可以用教歌的方法先测度一下。吴起休掉心爱的妻子，晋文公杀掉心爱的颠颉，都是维护法令而违背自己感情的事。所以能够让人给自己治疗毒疮的，一定是那些能忍痛的人。

34.0.4　右经

【译文】

上面是经文

34.1.0　一

【译文】

对第一条经文的解说

34.1.1　赏之誉之，不劝；罚之毁之，不畏；四者加焉不变，则其除之[1]。

【注释】

〔1〕其：命令副词，相当于“当”。

【译文】

奖赏他、称赞他，并不能鼓励他；惩罚他、谴责他，他也不怕；奖赏、称赞、惩罚、谴责这四种手段加到他身上他都无动于衷，那就应当除掉他。

34.1.2　齐景公之晋，从平公饮，师旷侍坐。景公问政于师旷，曰：“太师将奚以教寡人[1]？”师旷曰：“君必惠民而已。”中坐，酒酣。将出，又复问政于师旷，曰：“太师奚以教寡人？”曰：“君必惠民而已矣。”景公出之舍，师旷送之，又问政于师旷。师旷曰：“君必惠民而已矣。”景公归，思，未醒，而得师旷之所谓——公子尾、公子夏者，景公之二弟也，甚得齐民，家富贵而民说之[2]，拟于公室，此危吾位者也。今谓我惠民者，使我与二弟争民耶？——于是反国[3]，发廪粟以赋众贫，散府余财以赐孤寡，仓无陈粟，府无余财，宫妇不御者出嫁之[4]，七十受禄米[5]。鬻德惠施于民也，已与二弟争[6]。居二年，二弟出走，公子夏逃楚，公子尾走晋。

【注释】

〔1〕太师：古代乐官之长称“太师”，这里是称师旷。

〔2〕说：通“悦”。

〔3〕反：通“返”。
〔4〕御：(君主)使用。
〔5〕受：同“授”。禄：赏赐。
〔6〕已：通“以”。

【译文】

齐景公到晋国，伴随晋平公喝酒，师旷陪坐。景公向师旷请教治国的方法，说：“太师将用什么来教我?”师旷说：“我要告诉您的，是您一定要给人民以恩惠罢了。”酒宴进行到一半的时候，酒喝得很畅快。将要出门的时候，景公又再次向师旷请教治国的方法，说：“太师用什么来教我?”师旷说：“您一定要给人民以恩惠就是了。”景公出门到宾馆去，师旷送他，他又向师旷请教治国的方法。师旷说：“您一定要给人民以恩惠就是了。”景公回到宾馆，反复思索，酒还没有醒，便明白了师旷所说的意思——公子尾、公子夏这两个人，是齐景公的两个弟弟，他们在齐国很得民心，他们两家富裕高贵而民众喜欢他们，可以和皇家相比，这两个可是危害我君位的人啊。现在师旷叫我给人民以恩惠，是不是让我和两个弟弟争夺民心呢？——于是他回到国内，打开国家的米仓拿出小米等粮食来发给广大的贫民，分发国库中多余的财物来赐给孤儿寡母，粮仓中不存放多年的粮食，国库中不留多余的财物，宫女不用陪睡的就把她们嫁出去，七十岁以上的人就分给他们国家赏赐的粮食。景公兜售仁德，把恩惠布施给民众，用这种方法来和两个弟弟争夺民心。过了两年，两个弟弟就出国逃跑了。公子夏逃到了楚国，公子尾跑到了晋国。

34.1.3　景公与晏子游于少海，登柏寝之台而还望其国[1]，曰：“美哉！泱泱乎！堂堂乎！后世将孰有此?”晏子对曰：“其田成氏乎[2]！”景公曰：“寡人有此国也，而曰田成氏有之，何也?”晏子对曰：“夫田成氏甚得齐民。其于民也，上之请爵禄行诸大臣，下之私大斗、斛、区、釜以出货[3]，小斗、斛、区、釜以收之。杀一牛，取一豆肉[4]，余以食士[5]。终岁，布帛取二制焉[6]，余以衣士。故市木之价，不加贵于山；泽之鱼、盐、龟、鳖、蠃、蚌，不贵于海[7]。君重敛，而田成氏厚施。齐尝大饥，道旁饿死者不可胜数也，父子相牵而趋田成氏者不闻不生。故周秦之民相与歌之曰[8]：'讴乎，其已乎[9]！苞乎[10]，其往归田成子乎！'《诗》曰：'虽无德与女，式歌且舞[11]。'今田成氏之德而民之歌舞，民德归之矣。故曰：'其田成氏乎！'"公泫然出涕，曰："不亦悲乎？寡人有国而田成氏有之。今为之奈何？"晏子对曰："君何患焉？若君欲夺之，则近贤而远不肖，治其烦乱，缓其刑罚，振贫穷而恤孤寡[12]，行恩惠而给不足，民将归君，则虽有十田成氏，其如君何？"

【注释】

〔1〕柏寝：齐国地名，位于今山东省博兴县西北。

〔2〕田成氏：即田常，见3.2注。

〔3〕斗、斛(hú)、区(ōu)、釜(fǔ)：齐国量容积的器具，十升为一斗，十斗为一斛，一斗六升为一区，六斗四升为一釜。货：当作"贷"。

〔4〕豆：盛食物的用具。

〔5〕食：通"饲"。

〔6〕制：古代长度单位，一制为一丈八尺。

〔7〕蠃(luó)：同"螺"。

〔8〕周秦：即秦周，齐国城门名。

〔9〕其：命令副词，相当于"当"。已：止。

〔10〕苞：通"饱"。

〔11〕式：语助词。

〔12〕振：通"赈"。

【译文】

齐景公和晏子在渤海游玩，登上了柏寝的高台而回头眺望自己的国家，说："多美呀！多么浩瀚无边啊！多么雄伟壮观啊！后世谁将拥有这个国家呢？"晏子回答说："恐怕是田成子吧！"齐景公说："是我拥有了这个国家啊，你却说田成子拥有它，为什么呢？"晏子回答说："田成子深受齐国人民的拥护爱戴。他对待齐国人，在朝廷上向君主求取爵位俸禄把它们赐给大臣，在民间私自加大斗、斛、区、釜等量器来出借粮食，减小斗、斛、区、釜等量器来收回借出去的粮食。杀一头牛，自己只取一盘肉，其余的都拿来给士人吃。一年到头，纺织品只取三丈六尺，其余的都拿来给士人穿，所以市场上木材的价格，不比山上的更贵；湖泊里的鱼、盐、龟、鳖、螺、蚌的价格，不比海边的贵。您国君大量地搜刮财物，而田成子优厚地施舍百姓。齐国曾经遇到了特大的荒年，路边饿死的人多得不计其数，父子互相拉扯着投奔田成子的没听说过不能活下去的。所以齐国国都秦周门外的老百姓互相在一起歌颂他说：'唱吧，该定居在这儿啊！要吃得饱啊，该去投奔田成子啊！'《诗经·小雅·车舝》上说：'虽然没有恩德给你们大伙，你们却又唱歌来又跳舞。'现在田成子这样布施恩德而老百姓这样载歌载舞，民众的感激之情已经都归于田成子了。所以我说：'恐怕是田成子吧！'"景公泉涌般地流出了眼泪，说："这情况不也是很令人悲伤的吗？我拥有了这个国家而田成子控制了它。现在对此该怎么办？"晏子回答说："国君您忧虑什么呢？如果您想要夺回它，那就亲近德才好的人而疏远德才不好的人，整治国家的纷杂混乱局面，减轻国家的刑罚，救济贫穷的人，抚恤孤儿寡母，施行恩惠而资助缺吃少穿的人，这样，民众就会归向您了，那么即使有十个田成子，又能把您怎么样呢？"

34.1.4　或曰〔1〕：景公不知用势，而师旷、晏子不知除患。夫猎者，托车舆之安，用六马之足，使王良佐辔〔2〕，则身不劳而易及轻兽矣。今释车舆之利，捐六马之足与王良之御，而下走逐兽，则虽楼季之足无时及兽矣[3]。托良马固车，则臧获有余。国者，君之车也；势者，君之马也。夫不处势以禁诛擅爱之臣，而必德厚以与天下齐行以争民，是皆不乘君之车、不因马之利、舍车而下走者也。故曰：景公，不知用势之主也；而师旷、晏子，不知除患之臣也。

【注释】

〔1〕或曰：是韩非发表评论时的用语。

〔2〕王良：赵简子的车夫，以善于驾车闻名。

〔3〕楼季：战国时魏文侯的弟弟，善于奔跑跳跃。

【译文】

有人评论说：景公不懂得使用权势，而师旷、晏子不知道怎样来除掉祸患。那打猎的人，凭借着车子的安稳，利用六匹马的脚，让王良似的驾车能手拿着缰绳帮助驾驭，那么自身毫不劳累就可以轻易地追上那些动作轻快敏捷的野兽了。现在丢掉了车子的便利，舍弃了六匹马的脚以及王良的驾驭，而下车奔跑着追逐野兽，那么即使是楼季般的飞毛腿也不知什么时候能追赶上野兽了。依靠了优良的马匹和坚固的车子，那么就是奴婢驾着车去追赶野兽也绰绰有余了。国家，好比是君主的车；权势，好比是君主的马。君主不运用权势来制止和惩处那些擅自施行仁爱的臣子，而一定要用仁德的深厚来和臣下保持行动的一致以争取民众，这些都是不凭借君主的车子、不依靠马匹的便利、丢掉车子而下地奔跑的君主啊。所以说：景公，是不懂得使用权势的君主；而师旷、晏子，是不知道怎样来除掉祸患的臣子。

34.1.5　子夏曰："《春秋》之记臣杀君、子杀父者，以十数矣。皆非一日之积也，有渐而以至矣。"凡奸者，行久而成积，积成而力多，力多而能杀，故明主蚤绝之。今田常之为乱，有渐见矣[1]，而君不诛。晏子不使其君禁侵陵之臣，而使其主行惠，故简公受其祸。故子夏曰：“善持势者，蚤绝奸之萌。”

【注释】

〔1〕见：同“现”。

【译文】

子夏说：“《春秋》所记载的臣子杀死君主、儿子杀掉父亲的事，多得要用十作为单位来计算了。这些事件都不是靠一天的积蓄酿成的，而是有一个逐渐的起始发展过程才得以形成的。”大凡邪恶的人，活动时间长了就能够形成一种政治势力上的积蓄，这种积蓄形成后力量就大了，力量大了就能够杀掉君主，所以英明的君主都及早地把他们消灭掉。现在田成子要造反作乱，已经有苗头出现了，但君主却不加惩处。晏子不教他的君主去限制侵犯君主的臣子，却让他的君主去施行恩惠，所以齐简公遭到了田成子的杀害。所以子夏说：“善于保住权势的君主，都及早地消灭邪恶的苗头。”

34.1.6　季孙相鲁，子路为郈令[1]。鲁以五月起众为长沟，当此之为，子路以其私秩粟为浆饭，要作沟者于五父之衢而飡之[2]。孔子闻之，使子贡往覆其饭，击毁其器，曰：“鲁君有民，子奚为乃飡之？”子路怫然怒，攘肱而入，请曰：“夫子疾由之为仁义乎？所学于夫子者，仁义也。仁义者，与天下共其所有而同其利者也。今以由之秩粟而飡民，不可何也？”孔子曰：“由之野也！吾以女知之，女徒未及也[3]。女故如是之不知礼也[4]！女之飡之，为爱之也。夫礼，天子爱天下，诸侯爱境内，大夫爱官职，士爱其家，过其所爱曰侵。今鲁君有民而子擅爱之，是子侵也，不亦诬乎[5]？”言未卒，而季孙使者至，让曰：“肥也起民而使之，先生使弟子令徒役而飡之，将夺肥之民耶？”孔子驾而去鲁。以孔子之贤，而季孙非鲁君也，以人臣之资，假人主之术，蚤禁于未形[6]，而子路不得行其私惠，而害不得生，况人主乎？以景公之势而禁田常之侵也，则必无劫弑之患矣。

【注释】

〔1〕子路：孔子弟子仲由的字。郈(hòu)：叔孙氏的封邑，在今山东东平县东南。

〔2〕衢：四通八达的道路。五父之衢：鲁国的一条大路，位于鲁国国都(今曲阜)东南门外。飡：同“餐”。

〔3〕徒：乃，却。

〔4〕故：通“固”。

〔5〕诬：妄。

〔6〕蚤：通“早”。

【译文】

季康子任鲁国的相国，子路当了郈县的县令。鲁国在五月份发动民众开挖长河，当这项工程进行的时候，子路拿他自己的私人俸禄所得到的粮食做成了稀饭，邀请开河的人到五父大道上让他们吃。孔子听说了这件事，就派子贡去倒掉他的饭，打破他的器具，说：“这些民众是属于鲁国君主的，你为什么要给他们吃饭？”子路勃然大怒，捋起袖子伸出胳膊走进孔子的家，请问说：“先生忌恨我仲由施行仁义么？我从先生这儿学到的，就是仁义。所谓仁义，就是和天下的人共同占有自己所拥有的东西并共同来享受自己的利益。现在用我俸禄中的粮食来给老百姓吃，为什么不可以呢？”孔子说：“仲由竟然这样粗野啊！我还以为你已经懂得了这个道理，你却还没有懂得。你原来就像这样的不懂礼制啊！你给老百姓吃饭，是因为爱他们。但根据礼制，天子应该爱天下的人，诸侯应该爱国内的人，大夫应该爱自己的官职，士应该爱自己的家庭，如果超过了自己应该爱的范围就叫做侵犯。现在鲁国的君主拥有了这些民众，而你却擅自去爱他们，这是你在侵犯君主啊，你不也是在胡作非为吗？”话还没有说完，而季康子的使者已经到了，责备孔子说：“我季孙肥发动民众而让他们服劳役，先生却派学生去招呼劳工们给他们吃饭，是要夺取我的民众吗？”孔子因而驾着车子离开了鲁国。凭借孔子的贤能，而季孙还不是鲁国的君主，他们都只是依靠了臣子的地位，借用了君主的统治术，在祸患还没有形成之时就及早地制止它，因而子路不能施行他私人的恩惠，而危害也不可能产生了，更何况是君主呢？用齐景公的权势去制止田常对君主的侵害，就一定不会有劫持杀害君主的祸患了。

34.1.7　太公望东封于齐〔1〕。齐东海上有居士曰狂矞、华士昆弟二人者立议曰〔2〕：“吾不臣天子，不友诸侯，耕作而食之，掘井而饮之，吾无求于人也。无上之名，无君之禄，不事仕而事力。”太公望至于营丘〔3〕，使吏执杀之，以为首诛。周公旦从鲁闻之〔4〕，发急传而问之曰：“夫二子，贤者也。今日飨国而杀贤者〔5〕，何也？”太公望曰：“是昆弟二人立议曰：‘吾不臣天子，不友诸侯，耕作而食之，掘井而饮之，吾无求于人也。无上之名，无君之禄，不事仕而事力。’彼不臣天子者，是望不得而臣也；不友诸侯者，是望不得而使也；耕作而食之，掘井而饮之，无求于人者，是望不得以赏罚劝禁也。且无上名，虽知〔6〕，不为望用；不仰君禄，虽贤，不为望功。不仕，则不治；不任，则不忠。且先王之所以使其臣民者，非爵禄，则刑罚也。今四者不足以使之，则望当谁为君乎？不服兵革而显，不亲耕耨而名，又非所以教于国也。今有马于此，如骥之状者，天下之至良也。然而驱之不前，却之不止，左之不左，右之不右，则臧获虽贱，不托其足。臧获之所愿托其足于骥者，以骥之可以追利辟害也〔7〕。今不为人用，臧获虽贱，不托其足焉。已自谓以为世之贤士而不为主用〔8〕，行极贤而不用于君，此非明主之所臣也，亦骥之不可左右矣，是以诛之。”

【注释】

〔1〕太公望：见18.4注。

〔2〕议：通“义”，指学说主张和道德准则。

〔3〕营丘：齐国国都，位于今山东临淄市北。

〔4〕周公旦：见20.10.2注。鲁：指鲁国国都，即今曲阜。

〔5〕飨：通“享”。

〔6〕知：通“智”。

〔7〕辟：通“避”。

〔8〕已：此。以为：衍文。

【译文】

太公望被分封在东方的齐国。齐国东部的渤海边上有两个隐士叫狂矞、华士，这兄弟二人确立自己的道德准则说：“我们不做天子的臣子，不做诸侯的朋友，亲自耕种而吃自己打下来的粮食，亲自挖井而喝自己打出来的水，我们没有什么要乞求别人的。我们不要君主给的名誉，不要君主给的俸禄，不去做官而从事体力劳动。”太公望来到营丘，派官吏去逮捕杀掉了他们，把他们作为首先惩处的对象。周公旦在鲁国听到了这个消息，马上发使者，派出特快的传递紧急公文用的马车去责问他说：“那两位先生，是有德才的人啊。现在您享有了封国就杀害有德才的人，为什么呢?”太公望说:“这兄弟二人确立他们的道德准则说:‘我们不臣服天子，不结交诸侯，亲自耕种而吃自己打下来的粮食，亲自挖井而喝自己打出来的水，我们不再向别人乞求什么。我们不要君主给的名誉，也不要君主给的俸禄，不去做官而从事体力劳动。’他们不臣服天子，这样我吕望就不可能任用他们；他们不结交诸侯，这样我吕望就不可能派他们出使；他们亲自耕种而吃自己打下来的粮食，亲自挖井而喝自己打出来的水，不再向别人乞求，这样我吕望就不能够用赏罚来鼓励约束他们。况且他们不要君主给的名誉，那么他们即使聪明，也不能被我吕望所利用；他们不依赖君主给的俸禄，那么他们即使贤能，也不会为我吕望出力立功。他们不愿做官，那就不好管理；他们不愿意被任用，那就不会效忠君主。况且古代的圣明帝王用来驱使其臣民的手段，不是爵位、俸禄，就是杀戮、处罚。现在这四种手段都不能够用来驱使他们，那么我吕望将给谁当君主呢?让人们不服兵役而显贵，不亲自耕耘而有名声，这又不是用来训导国人的做法。现在如果有匹马在这里，身体长得像骏马的样子，那当然是天底下最好的马了。但是，如果驱赶它它不向前走，勒住它它却不停止，让它向左它不向左，让它向右它不向右，那么奴婢们即使自己身份卑贱，也不会把自己的脚力寄托在它身上。奴婢之所以希望把自己的脚力寄托于骏马，是因为骏马可以用来求得利益、避免祸害。现在它不能被人们利用，所以奴婢虽然下贱，也不会把自己的脚力寄托在它的身上了。这两个人自以为是世上的贤能之士因而不愿意被君主所利用。品行极好而不能被君主利用，这种人决不是英明的君主所任用的对象，他们也就像不可驱使的骏马了，因此我把他们杀了。”

34.1.8　一曰：太公望东封于齐。海上有贤者狂矞，太公望闻之，往请焉，三却马于门，而狂矞不报见也，太公望诛之。当是时也，周公旦在鲁，驰往止之，比至，已诛之矣。周公旦曰：“狂矞，天下贤者也，夫子何为诛之?”太公望曰:“狂矞也议不臣天子,不友诸侯,吾恐其乱法易教也[1],故以为首诛。今有马于此,形容似骥也,然驱之不往,引之不前,虽臧获不托足于其轸也。”

【注释】

〔1〕易:违反。教:诸侯的命令。

【译文】

另一种说法是:太公望被分封在东方的齐国。渤海边有一个贤能的人叫狂矞,太公望听说后就去请他,三次到他门上勒马相请,而狂矞也没有出来答应见面,太公望就把他杀了。在这个时候,周公旦在鲁国,他快马加鞭地赶来阻止太公望,但等他赶到的时候,太公望已经把狂矞给杀了。周公旦说:“狂矞,是天下闻名的贤能之士,先生为什么要杀掉他呢?”太公望说:“狂矞啊主张不臣服天子,不结交诸侯,我怕他扰乱了齐国的法制、违反了我的命令,所以将他作为首先惩处的对象。现在如果有匹马在这里,体形长得像骏马,但是赶它它不走,拉它它不向前,那么即使是下贱的奴婢也不会把脚力寄托在它拉的车子上啊。”

34.1.9 如耳说卫嗣公[1],卫嗣公说而太息[2]。左右曰:“公何为不相也?”公曰:“夫马似鹿者而题之千金,然而有百金之马而无一金之鹿者,马为人用而鹿不为人用也。今如耳,万乘之相也,外有大国之意,其心不在卫,虽辨智[3],亦不为寡人用,吾是以不相也。”

【注释】

〔1〕如耳:战国时魏国人,在卫国做官。卫嗣公:即卫嗣君,战国时

卫国君主，公元前324年—公元前283年在位。

〔2〕说：通“悦”。

〔3〕辨：通“辩”。

【译文】

如耳游说卫嗣公，卫嗣公高兴之余又长叹。他身边的侍从说：“您为什么不让他做相国呢？”卫嗣公说：“那跑起来像鹿一样快的马可以给它标价千金，但是只有价值百金的马而没有价值一金的鹿，这是因为马能被人们利用而鹿不能被人们利用。现在这如耳，是大国的相才，他言外有到大国谋职的意思，他的心不在卫国，虽然能说会道足智多谋，也不能为我所用，我因此而不让他当我的相国啊。”

34.1.10 薛公之相魏昭侯也〔1〕，左右有栾子者曰阳胡、潘其〔2〕，于王甚重，而不为薛公。薛公患之，于是乃召与之博。予之人百金，令之昆弟博；俄又益之人二百金。方博有间，谒者言客张季之子在门。公怫然怒，抚兵而授谒者曰：“杀之！吾闻季之不为文也。”立有间，时季羽在侧，曰：“不然。窃闻季为公甚，顾其人阴未闻耳。”乃辍，不杀客，大礼之，曰：“曩者闻季之不为文也，故欲杀之；今诚为文也，岂忘季哉?”告廪献千石之粟，告府献五百金，告驺私厩献良马固车二乘，因令奄将宫人之美妾二十人〔3〕，并遗季也〔4〕。栾子因相谓曰：“为公者必利，不为公者必害，吾曹何爱不为公?”因斯竞劝而遂为之〔5〕。薛公以人臣之势，假人主之术也，而害不得生，况错之人主乎〔6〕?

【注释】

〔1〕魏昭侯：即魏昭王，见 32.5.7 注。

〔2〕栾：通“孪”。

〔3〕奄：通“阉”。

〔4〕遗(wèi)：送。

〔5〕斯：此，指上述这件事。

〔6〕错：通“措”。

【译文】

薛公田文做魏昭王相国的时候，昭王侍从中有一对孪生兄弟名叫阳胡、潘其，在昭王那里很受器重，却不为薛公效劳。薛公对此深感忧虑，于是就把他们召来和他们打棋行赌。薛公先给他们每人一百金，叫他们兄弟二人打棋相赌；一会儿又加给他们每人二百金。刚赌了一会儿，传达官来禀告说客人张季的儿子在大门口。薛公勃然大怒，拿兵器递给传达官说：“把他杀了！我听说张季不为我田文效劳。”站了一会儿，当时张季的党羽在旁边，说：“不是这样的。我个人听说张季为您很卖力，只不过他这个人是暗中出力而您还没有听到罢了。”于是薛公就中止了杀人的命令，不杀客人了，还用十分隆重的礼节接待他，说：“过去我听说张季不为我效劳，所以想要杀掉他的儿子；现在我知道他实际上是为我效劳的，我难道能忘记张季吗？”于是就通知粮仓献出一千石的粮食，通知金库献出五百金，通知马夫从自己的马棚里献出好马八匹、坚固的车子两辆，又传令宦官领出宫女中漂亮的姬妾二十人，把这些都赠给了张季。这对孪生兄弟便互相商量说：“为薛公出力的一定会得利，不为薛公出力的一定要遭殃，我们干吗不为薛公出力呢？”他们因为看到了这件事，于是就争相劝勉而终于为薛公效劳了。薛公只是依靠了臣子的权势，借用了君主的权术，尚且可以使祸害不得发生，更何况是把这种手段放到君主手中来使用，哪会不奏效呢？

34.1.11　夫驯乌者断其下翎焉。断其下翎，则必恃人而食，焉得不驯乎？夫明主畜臣亦然，令臣不得不利君之禄，不得无服上之名[1]。夫利君之禄，服上之名，焉得不服？

【注释】

〔1〕名：名分，指爵位。

【译文】

驯养乌鸦的人剪断它翅膀和尾巴下面的长羽毛。剪断了它翅膀和尾巴上的长羽毛，那么它就一定得靠人喂养，怎能不驯服呢？英明的君主畜养臣子也是这样，使臣子不能不贪求君主授予的俸禄，不得不在君主所授予的爵位上工作。贪图君主的俸禄，在君主所授予的爵位上工作，怎么能不驯服呢？

34.2.0　二

【译文】

对第二条经文的解说

34.2.1　申子曰："上明见[1]，人备之；其不明见，人惑之。其知见[2]，人饰之；不知见，人匿之。其无欲见，人司之[3]；其有欲见，人饵之。故曰：吾无从知之，惟无为可以规之[4]。"

【注释】

〔1〕见：同"现"。

〔2〕知：通"智"。

〔3〕司：通"伺"。

〔4〕无为：无所作为，指君主不暴露自己的才能、好恶。规：

通“窥”。

【译文】

申不害说：“君主的明察显露出来，别人就会防备他；君主的糊涂显露出来，别人就会迷惑他。君主的智慧暴露出来，别人就会花言巧语奉承他；君主的愚昧暴露出来，别人就会隐瞒真情蒙蔽他。君主没有什么欲望显露出来，别人就会探察他；君主有欲望显露出来，别人就会引诱他。所以说：我没有什么办法去了解臣下，只有无所作为的方法才可以用来窥测臣下。”

34.2.2　一曰：申子曰：“慎而言也[1]，人且知女[2]；慎而行也，人且随女。而有知见也，人且匿女；而无知见也，人且意女。女有知也，人且臧女[3]；女无知也，人且行女。故曰：惟无为可以规之。”

【注释】

〔1〕而：通“尔”，你。

〔2〕且：将。

〔3〕臧：通“藏”。

【译文】

另一种说法是：申不害告诫君主说：“你的言论要谨慎，因为别人将会因此了解你；你的行动要谨慎，因为别人将会因此跟随你。你的足智多谋显露出来，别人将会隐瞒真情欺骗你；你的愚昧无知暴露出来，别人将会出谋划策算计你。你有智慧，别人将会躲避你；你没有智慧，别人将会出来搞你。所以说：只有无所作为的方法才可以用来窥测臣下。”

34.2.3　田子方问唐易鞠曰[1]：“弋者何慎？”对

曰："鸟以数百目视子，子以二目御之，子谨周子廪[2]。"田子方曰："善。子加之弋，我加之国。"郑长者闻之曰："田子方知欲为廪，而未得所以为廪。夫虚无无见者，廪也。"

【注释】

〔1〕田子方：见33.1.2注。

〔2〕周：密。

【译文】

田子方问唐易鞠说："用带有丝线的箭射鸟的人应该注意些什么？"唐易鞠回答说："鸟用几百只眼睛看着你，你只用两只眼睛防备它们，所以你应该谨慎地密封你射鸟时隐蔽身体的粮仓中的草屋。"田子方说："说得好。你把这个道理用在射鸟上，我把这个道理用在治国上。"郑长者听说了这件事以后说："田子方知道要建造一个隐蔽自己身体用的草屋，却不知道建造这草屋的方法。那虚静无为而不表现暴露自己的办法，才是能使自己隐蔽起来的草屋啊。"

34.2.4　一曰：齐宣王问弋于唐易子，曰："弋者奚贵？"唐易子曰："在于谨廪。"王曰："何谓谨廪[1]？"对曰："鸟以数十目视人，人以二目视鸟，奈何不谨廪也？故曰'在于谨廪'也。"王曰："然则为天下何以为此廪？今人主以二目视一国，一国以万目视人主，将何以自为廪乎？"对曰："郑长者有言曰：'夫虚静无为而无见也。'其可以为此廪乎！"

【注释】

〔1〕谓：通"为"。

【译文】

另一种说法是：齐宣王向唐易先生请教射鸟的方法，说："射鸟的人应该注重什么？"唐易先生说："关键在于谨慎地密封好隐蔽自己身体的草屋。"齐宣王说："什么叫谨慎地密封好隐蔽自己身体的草屋呢？"唐易先生回答说："鸟用几十只眼睛来看人，人只用两只眼睛看鸟，怎么能不谨慎地密封好隐蔽自己身体的草屋呢？所以我说'关键在于谨慎地密封好隐蔽自己身体的草屋'啊。"齐宣王说："这样的话，那么要治理天下，用什么办法来建造一个像这样的隐蔽自己身体的草屋呢？现在君主用两只眼睛来监视全国，而全国的人用千万只眼睛盯着君主，君主将用什么办法自己去搞一个隐蔽身体的草屋呢？"唐易先生回答说："郑长者说过这样的话：'虚无安静无所作为而不露声色。'这种方法大概可以用来建造一个这样的蔽身草屋了吧！"

34.2.5　国羊重于郑君，闻君之恶己也，侍饮，因先谓君曰："臣适不幸而有过[1]，愿君幸而告之[2]。臣请变更，则臣免死罪矣。"

【注释】

〔1〕适：如果。

〔2〕幸：(君主的)宠爱。

【译文】

国羊被郑国国君所重用，他听说国君憎恶自己，于是在陪伴国君喝酒的时候，就率先对国君说："我如果不小心而犯了错误，希望国君能爱护我而告诉我。请让我改正，那么我就可以免除死罪了。"

34.2.6　客有说韩宣王，宣王说而太息[1]。左右引王之说之以先告客以为德。

【注释】

〔1〕说：通“悦”。

【译文】

有一个外国来的客人游说韩宣王，宣王喜欢之余又长叹。他身边的侍从把宣王喜欢客人的情况拿去先告诉客人，以此作为自己的恩德。

34.2.7　靖郭君之相齐也，王后死，未知所置[1]，乃献玉珥以知之。

【注释】

〔1〕所置：被安置(为王后)的人。

【译文】

靖郭君田婴当齐国的相国，王后死了，还不知道谁被立为王后，于是就献上了珠玉耳饰去了解它。

34.2.8　一曰：薛公相齐[1]，齐威王夫人死[2]，中有十孺子皆贵于王[3]，薛公欲知王所欲立而请置一人以为夫人——王听之，则是说行于王，而重于置夫人也[4]；王不听，是说不行，而轻于置夫人也；欲先知王之所欲置以劝王置之——于是为十玉珥而美其一而献之。王以赋十孺子。明日坐，视美珥之所在而劝王以为夫人。

【注释】

〔1〕薛公：见23.34注。

〔2〕齐威王：田氏，名因齐，公元前356年—公元前321年在位。

此文不应作“齐威王”，应作“齐宣王”。

〔3〕孺子：年轻美貌的姬妾。

〔4〕置夫人：所置之夫人。

【译文】

另一种说法是：薛公田婴当齐国的相国，齐宣王夫人死了，宫中有十个姬妾都被宣王所宠爱，薛公想了解宣王所要立的人然后再向宣王请求立一个人作为夫人——因为宣王如果听从了自己的请求，那么这就是自己的建议被宣王所采用，而且会被新立的夫人所器重；宣王如果不听从自己的请求，那么这就是自己的建议没有被宣王采用，而且也会被新立的夫人所轻慢；所以想先了解了宣王所要立的人然后再去劝说宣王立她——于是他就制作了十个珠玉耳饰，而把其中一个做得特别精美，然后把它们献给了宣王。宣王将这十个耳饰分发给了十个姬妾。第二天薛公陪坐时，看那只精美的耳饰带在谁的耳朵上，从而劝宣王将她立为夫人。

34.2.9 甘茂相秦惠王〔1〕。惠王爱公孙衍〔2〕，与之间有所言，曰：“寡人将相子。”甘茂之吏道穴闻之〔3〕，以告甘茂。甘茂入见王，曰：“王得贤相，臣敢再拜贺。”王曰：“寡人托国于子，安更得贤相?”对曰：“将相犀首。”王曰：“子安闻之?”对曰：“犀首告臣。”王怒犀首之泄，乃逐之。

【注释】

〔1〕甘茂：见22.2注。甘茂当相秦武王，而并不是惠王，现译文姑且依原文译出。

〔2〕公孙衍：也称“犀首”，见22.14注。

〔3〕道：由。

【译文】

甘茂当秦惠王的相国。秦惠王很宠爱公孙衍，与公孙衍暗中讲过话，说："我将要让您当相国。"甘茂手下的小官吏从墙洞中偷听到了这番话，就将它告诉给了甘茂。甘茂进宫拜见惠王，说："大王找到了贤能的相国，我冒昧地来行再拜礼表示祝贺。"惠王说："我把国家托付给了您，哪会再得到什么贤能的相国？"甘茂回答说："大王将要让犀首当相国。"惠王说："您从哪里听到这种话？"甘茂回答说："是犀首告诉我的。"惠王对犀首的泄密很生气，就把他赶走了。

34.2.10　一曰：犀首，天下之善将也，梁王之臣也[1]。秦王欲得之与治天下，犀首曰："衍，其人臣者也，不敢离主之国。"居期年，犀首抵罪于梁王，逃而入秦，秦王甚善之。樗里疾[2]，秦之将也，恐犀首之代之将也，凿穴于王之所常隐语者。俄而王果与犀首计，曰："吾欲攻韩，奚如？"犀首曰："秋可矣。"王曰："吾欲以国累子，子必勿泄也。"犀首反走，再拜，曰："受命。"于是樗里疾也道穴听之矣。郎中皆曰："兵秋起攻韩，犀首为将。"于是日也，郎中尽知之；于是日也[3]，境内尽知之。王召樗里疾，曰："是何匈匈也？何道出[4]？"樗里疾曰："似犀首也。"王曰："吾无与犀首言也，其犀首何哉？"樗里疾曰："犀首也羁旅，新抵罪，其心孤，是言自嫁于众[5]。"王曰："然。"使人召犀首，已逃诸侯矣。

【注释】

〔1〕梁王：即魏王，见22.4注。

〔2〕樗(chū)里疾：秦惠王的异母弟，秦武王时，与甘茂为左右丞相。

〔3〕日：当作“月”。

〔4〕道：由。

〔5〕嫁：卖。

【译文】

另一种说法是：犀首，是天下的杰出将领，魏惠王的臣子。秦惠文王想得到他和他一起治理国家，犀首说：“我公孙衍，是那魏惠王的臣子啊，我不敢离开我所侍奉的君主之国。”过了一周年，犀首被魏惠王判了罪，便逃跑进入了秦国，秦惠王待他很好。樗里疾，是秦国的将军，他怕犀首替代他当将军，于是就在秦惠王经常说秘密话的地方挖了一个小洞。不久，秦惠王果然和犀首谋划事情，说：“我想攻打韩国，怎么样?”犀首说：“到秋天就可以了。”秦惠王说：“我想把国家的大事劳累你，你一定不要泄露啊。”犀首恭敬地小步快速后退，拜了两次，说：“从命。”在这个时候樗里疾啊从小洞中听到了这番话。结果郎中都在说：“军队在秋天就要调动起来攻打韩国了，犀首当将军。”在这一天，郎中都知道了这件事；在这个月，国内的人都知道了这件事。秦惠王召来樗里疾，说：“为什么这样闹哄哄的?这些话是从哪里传出来的?”樗里疾说：“好像是犀首传出来的。”秦惠王说：“我没有和犀首说过话，你说大概是犀首，为什么呢?”樗里疾说：“犀首是寄居在秦国的外客，由于刚被判罪，他的心里感到孤独，这些话可能是他想在众人面前卖弄自己。”秦惠王说：“是这样。”就派人召见犀首，犀首早已逃到其他诸侯国去了。

34.2.11　堂谿公谓昭侯曰：“今有千金之玉卮，通而无当[1]，可以盛水乎?”昭侯曰：“不可。”“有瓦器而不漏，可以盛酒乎?”昭侯曰：“可。”对曰：“夫瓦器，至贱也，不漏，可以盛酒。虽有乎千金之玉卮，至贵而无当，漏，不可盛水，则人孰注浆哉?今为人之主而漏其群臣之语，是犹无当之玉卮也。虽有圣智，莫尽其术，为其漏也。”昭侯曰：“然。”昭侯闻堂谿公之言，自此之后，欲发天下之大事[2]，未尝不独寝，恐梦言而使人知其谋也。

【注释】

〔1〕当(dàng)：底。

〔2〕发：举，做。

【译文】

堂谿公对韩昭侯说：“现在如果有一只价值千金的玉杯，贯通而没有底，可以装水吗？”韩昭侯说：“不可以。”堂谿公又说：“有一只陶制的器皿却不漏，可以盛酒么？”昭侯说：“可以。”堂谿公回复说：“陶制的器皿，是最不值钱的，但如果不漏，就可以盛酒。即使有了价值千金的玉杯，极其昂贵而没有底，东西要漏掉，也就不可以装水了，那么人们还有谁往里面斟酒呢？现在做了众人的君主而把他的大臣们的言论泄露出去，这就好像是没有底的玉杯了。那么臣子即使有了圣明智慧，也没有谁会毫无保留地献出自己的谋略，因为他们怕君主的泄露啊。”韩昭侯说：“说得对。”昭侯听了堂谿公的话，从此以后，想要做轰动天下的大事时，从来没有不单独睡觉的，因为他怕自己说梦话而让别人知道了自己的计谋。

34.2.12　一曰：堂谿公见昭侯，曰：“今有白玉之卮而无当，有瓦卮而有当。君渴，将何以饮？”君曰：“以瓦卮。”堂谿公曰：“白玉之卮美而君不以饮者，以其无当耶？”君曰：“然。”堂谿公曰：“为人主而漏泄其群臣之语，譬犹玉卮之无当。”堂谿公每见而出，昭侯必独卧，惟恐梦言泄于妻妾。

【译文】

另一种说法是：堂谿公拜见韩昭侯，说："现在有一只白玉做的酒杯却没有底，有一只陶制的酒杯却有底。您口渴的时候，将用哪一只来喝水？"昭侯说："用陶制的酒杯。"堂谿公说："白玉做的酒杯很美而您不用它来喝水，是因为它没有底吗？"昭侯说："是这样。"堂谿公说："当了君主而泄露他群臣的言论，打个比方来说，就好像是玉杯没有了底。"堂谿公每次拜见昭侯后出来，昭侯总是独自一个人睡觉，只怕自己说梦话而把自己和堂谿公商量的事泄露给妻妾。

34.2.13　申子曰："独视者谓明，独听者谓聪。能独断者，故可以为天下王[1]。"

【注释】

〔1〕故：则。

【译文】

申不害说："能独自观察问题的叫做眼睛亮，能独自听取意见的叫做耳朵灵。能独自作出决断的，就可以做天下的帝王。"

34.3.0　三

【译文】

对第三条经文的解说

34.3.1　宋人有酤酒者，升概甚平[1]，遇客甚谨，为酒甚美，县帜甚高著[2]，然不售，酒酸。怪其故，问其所知——闾长者杨倩。倩曰："汝狗猛耶？"曰："狗猛，则酒何故而不售？"曰："人畏焉。或令孺子怀钱挈壶瓮而往酤，而狗迓而龁之，此酒所以酸而不售也。"夫国亦有狗，有道之士怀其术而欲以明万乘之主，大臣为猛狗迎而龁之，此人主之所以蔽胁，而有道之士所以不用也。故桓公问管仲曰："治国最奚患？"对曰："最患社鼠矣。"公曰："何患社鼠哉？"对曰："君亦见夫为社者乎？树木而涂之，鼠穿其间，掘穴托其中。熏之，则恐焚木；灌之，则恐涂阤[3]。此社鼠之所以不得也。今人君之左右，出则为势重而收利于民，入则比周而蔽恶于君。内间主之情以告外，外内为重，诸臣百吏以为富。吏不诛，则乱法；诛之，则君不安。据而有之，此亦国之社鼠也。"故人臣执柄而擅禁，明为己者必利，而不为己者必害，此亦猛狗也。夫大臣为猛狗而龁有道之士矣，左右又为社鼠而间主之情，人主不觉。如此，主焉得无壅，国焉得无亡乎？

【注释】

〔1〕升：量酒器。概：量米粟时刮平斗斛用的木板，引申为刮平，这里指量酒。

〔2〕县："悬"之古字。

〔3〕阤（zhì）：崩塌。

【译文】

宋国有一个卖酒的人，用提子拷酒时很平满，对待顾客很恭敬，酒做得很好，酒旗挂得很高很显眼，但就是卖不掉，酒都变酸了。他奇怪其中的原因，就去询问他所认识的人——乡里德高望重的老人杨倩。杨倩说："你家的狗凶猛吗？"他说："我家的狗凶猛，可是酒为什么卖不出去呢？"杨倩说："是因为人们害怕你家的猛狗啊。有人叫小孩揣着钱提着瓦壶到你家买酒，而你家的狗却迎上去咬他，这就是酒变酸而卖不出去的原因。"国家也有猛狗，掌握了统治术的法术之士胸怀那治国的策略想用它来使拥有万辆兵车的大国君主贤明起来，而大臣却成了猛狗迎上去咬他们，这就是君主被蒙蔽挟持的原因，也是掌握了统治术的人士不能被任用的缘故。齐桓公问管仲："治理国家最担忧什么？"管仲回答说："最担忧钻在土地神神像中的老鼠了。"桓公说："为什么要担忧钻在土地神神像中的老鼠呢？"管仲回答说："您也看见过那塑造土地神神像的情景了么？塑造土地神神像时，把木头竖起来，用烂泥涂在它上面，而老鼠就钻进那缝隙，挖个洞藏身于其中。用火熏它吧，就怕烧毁了木头；用水灌它吧，却又怕烂泥掉下来。这就是钻在土地神神像中的老鼠抓不到的原因啊。现在君主身边的侍从，出外就凭借君主的权势耀武扬威地到老百姓那里搜刮钱财，来到宫中就紧密勾结起来在君主面前隐瞒罪恶。他们在宫内窥测君主的内情去告诉朝外的同党，内外勾结来增强权势，群臣百官靠他们取得了富贵。法官不惩处他们吧，那就会使法制混乱；但惩处他们吧，那么君主又不得安宁。他们依靠并控制了君主，这些人也就是国家的钻在神像中的老鼠啊。"所以臣下掌握了权势而操纵了法令，向人表明：为他出力的一定会有好处，而不为他出力的一定会有祸害，这种人也就是猛狗啊。执政的大臣成了猛狗去撕咬掌握了统治术的法术之士了，君主身边的侍从又成了钻在神像中的老鼠去刺探君主的内情，而君主却还没有察觉。像这样，君主哪能不受蒙蔽，国家怎能不衰亡呢？

34.3.2　一曰：宋之酤酒者有庄氏者，其酒常美。或使仆往酤庄氏之酒，其狗龁人，使者不敢往，乃酤佗家之酒[1]。问曰："何为不酤庄氏之酒？"对曰："今日庄氏之酒酸。"故曰：不杀其狗则酒酸。桓公问管仲曰：

“治国何患?”对曰:“最苦社鼠。夫社,木而涂之,鼠因自托也。熏之则木焚,灌之则涂阤[2],此所以苦于社鼠也。今人君左右,出则为势重以收利于民,入则比周谩侮蔽恶以欺于君。不诛,则乱法;诛之,则人主危。据而有之,此亦社鼠也。”故人臣执柄擅禁,明为己者必利,不为己者必害,亦猛狗也。故左右为社鼠,用事者为猛狗,则术不行矣。

【注释】

〔1〕佗(tā):同“他”。

〔2〕阤(zhì):崩塌。

【译文】

另一种说法是:宋国卖酒的人当中有一个姓庄氏的,他的酒一直做得很好。有人派仆人去买庄氏的酒,他家的狗咬人,被派去的仆人不敢去,就买了别人家的酒。主人问仆人说:“为什么不买庄氏的酒?”仆人回答说:“今天庄氏的酒很酸。”所以人们说:不杀掉那猛狗酒就变酸了。齐桓公问管仲说:“治理国家担忧什么?”管仲回答说:“最担忧钻在土地神神像中的老鼠。那土地神的神像,是拿木头做的,再在它外面涂上了泥,老鼠便藏身于其中。用火熏它,那么木头要烧毁;用水灌它,那么烂泥要崩塌;这就是要为神像中的老鼠发愁的原因。现在君主身边的侍从,出外就卖弄权势去向人民榨取钱财,进宫就互相勾结欺诈侮弄隐瞒罪恶来欺骗君主。不惩处他们吧,就扰乱了国法;惩处他们吧,那么君主又有危险。他们依靠并控制了君主,这些人也就是钻在神像中的老鼠啊。”所以臣子掌握了权势而操纵了法令,向人表明:为他卖力的人一定会得利,不为他卖力的人一定会遭殃,这种人也就是猛狗啊。所以君主身边的侍从成了钻在神像中的老鼠,执政的大臣成了猛狗,那么治国的法术也就不能推行了。

34.3.3 尧欲传天下于舜。鲧谏曰〔1〕：“不祥哉！孰以天下而传之于匹夫乎？”尧不听，举兵而诛杀鲧于羽山之郊〔2〕。共工又谏曰〔3〕：“孰以天下而传之于匹夫乎？”尧不听，又举兵而诛共工于幽州之都〔4〕。于是天下莫敢言无传天下于舜。仲尼闻之曰：“尧之知舜之贤，非其难者也。夫至乎诛谏者必传之舜，乃其难也。”一曰：“不以其所疑败其所察，则难也。”

【注释】

〔1〕鲧(gǔn)：传说中原始时代的部落首领，禹的父亲。相传他曾由四岳推举，遵奉尧的命令治理洪水。他采取筑堤防水的方法，治了九年也没有成功，因而被舜流放到羽山而死。这里的记载与上述传说不同。

〔2〕羽山：古代山名，在今山东郯城县东北。

〔3〕共(gōng)工：古代传说中的一个氏族部落。关于这一部落的时代和事迹，各种古籍说法不一，从传说中的女娲时代一直到商代，都有共工的事迹。49.4 把“共工之战”当作“今”事，可能这一部落一直延续到周代。

〔4〕幽州：古代九州之一，位于今河北省北部、东部和辽宁省部分地区。都：都城。幽州之都：位于今北京市密云县东北。

【译文】

尧想把帝位传给舜。鲧规劝说：“不吉利啦！哪能把帝位传给平民呢？”尧不听从他，起兵去讨伐他并把他杀死在羽山的郊外。共工又规劝说：“哪能把帝位传给平民呢？”尧不听从他，又起兵到幽州的都城讨伐惩处了共工。于是天下没有谁再敢说不要把帝位传给舜了。孔子听说了这件事以后说：“尧了解到舜的贤能，那还不是困难的事情。至于惩处劝谏的人而一定要把帝位传给舜，那才是困难的事啊。”另一种说法是，孔子说：“不因为那些使自己疑惑的话而败坏自己所明察的事情，这才是困难的啊。”

34.3.4　荆庄王有茅门之法曰[1]：“群臣大夫诸公子入朝，马蹄践溜者，廷理斩其辀[2]，戮其御。”于是太子入朝，马蹄践溜，廷理斩其辀，戮其御。太子怒，入，为王泣曰：“为我诛戮廷理。”王曰：“法者，所以敬宗庙、尊社稷。故能立法从令尊敬社稷者[3]，社稷之臣也，焉可诛也？夫犯法废令不尊敬社稷者，是臣乘君而下尚校也[4]。臣乘君，则主失威；下尚校，则上位危。威失位危，社稷不守，吾将何以遗子孙？”于是太子乃还走，避舍露宿三日[5]，北面再拜请死罪。

【注释】

〔1〕荆庄王：见6.1注。茅：为“弟”字之误，“弟”通“鮷”，“鮷”即“雉”的古文。茅门：即雉门，是诸侯宫殿中的第二道门。

〔2〕廷理：春秋时楚国官名，执掌刑法。辀(zhōu)：兵车、坐车上的曲形车辕。

〔3〕立法：使法制确立。

〔4〕尚：通“上”。校(jiào)：对抗。

〔5〕避舍：见32.5.11注。

【译文】

楚庄王制定的有关经过雉门进入内朝的法令说：“群臣大夫及各位公子进入朝廷时，凡是马蹄踩到了屋檐下滴水处的，廷理就斩断那车辕，杀掉那驾车人。”在这个时候太子入朝，马蹄踩到了屋檐下滴水的地方，廷理就斩断了他的车辕，杀掉了他的车夫。太子很愤怒，进宫后，对着父王哭泣着说：“给我惩处杀掉那廷理。”庄王说：“法律，是使祖宗的神庙得到敬重、使国家的政权获得尊严的工具。所以，能够维护法制服从命令而使国家政权受到尊重的，就是国家的忠臣，怎么能惩处呢？至于那违犯法律无视命令而不尊重国家政权的，这是臣子凌驾在君主头上而臣下和皇上对抗啊。臣子凌驾在君主头上，那么君主就失去了威势；臣下和皇上对抗，那么皇上的地位就危险了。威势丧失而地位危险，国家的政权不能保住，我将用什么来传给子孙呢?”于是太子便恭敬地小步快速退去，诚惶诚恐地离开了居住的房间而露宿了三天，然后又朝北向父王行再拜礼而请求给自己判死罪。

34.3.5　一曰：楚王急召太子。楚国之法：车不得至于茆门。天雨，廷中有潦，太子遂驱车至于茆门。廷理曰：“车不得至茆门。非法也。”太子曰：“王召急，不得须无潦，遂驱之。”廷理举殳而击其马，败其驾。太子入，为王泣曰：“廷中多潦，驱车至茆门，廷理曰‘非法也’，举殳击臣马，败臣驾。王必诛之。”王曰：“前有老主而不逾，后有储主而不属，矜矣[1]！是真吾守法之臣也。”乃益爵二级，而开后门出太子：“勿复过!”

【注释】

〔1〕矜：夸耀。

【译文】

另一种说法是：楚王紧急地召见太子。楚国的法律规定：车子不可以到达雉门。天下了雨，宫中有积水，太子就把车子赶到了雉门。廷理说：“车子不可以到达雉门。你这样做，是犯法的。”太子说：“父王召见我很紧急，我不能等到没有积水，所以才把车子赶到了这里。”廷理举起长枪刺击他的马，破坏了他套好的车驾。太子进宫后，对着父王哭泣着说：“宫中积水很多，我把车子赶到了雉门，廷理说‘这是犯法的’，还举起了长枪刺击我的马，破坏了我的车驾。父王一定要惩处他。”楚王说：“前面有我年老的君主在，他也不看在我的面子上而逾越法规放了你；后面有你继位的太子在，他也不为了以后的前途来依附你；可以夸耀依靠啦！这真是我的守法之臣啊。”于是就给他增加爵位二级，而开了后门让太子出去，并告诫太子说：“不要再重犯这种错误！”

34.3.6　卫嗣君谓薄疑曰：“子小寡人之国以为不足仕，则寡人力能仕子，请进爵，以子为上卿。”乃进田万顷。薄子曰：“疑之母亲疑，以疑为能相万乘所不窕也〔1〕。然疑家巫有蔡妪者，疑母甚爱信之，属之家事焉。疑智足以信，言家事，疑母尽以听疑也，然已与疑言者，亦必复决之于蔡妪也。故论疑之智能，以疑为能相万乘而不窕也；论其亲，则子母之间也；然犹不免议之于蔡妪也。今疑之于人主也，非子母之亲也，而人主皆有蔡妪。人主之蔡妪，必其重人也〔2〕。重人者，能行私者也。夫行私者，绳之外也；而疑之所言，法之内也。绳之外与法之内，雠也，不相受也。”

【注释】

〔1〕窕(tiǎo)：细小，不充实。不窕：充实，指能力绰绰有余。

〔2〕重人：见11.1注。

【译文】

卫嗣君对薄疑说：“你觉得我的国家小而认为它不值得你来做官，那么我的力量能够使你做你认为值得做的官，请让我给你晋升爵位，任命你当上卿。”于是就赐给他耕地一万顷。薄疑说：“我的母亲爱我，认为我能做个拥有万辆兵车的大国的相国都还有余力。但是我家的巫婆中有一个姓蔡的老太婆，我母亲非常喜欢信任她，以至于把家里的事都委托给了她。我的智慧完全可以使我母亲信赖了，商量家里的事，我母亲也完全听我的，但是已经和我商量好的事，也一定要再由蔡婆决定它。所以，要论我的智慧和才能，那么我母亲认为我能当个大国的相国都还绰绰有余；要论我们的亲密关系，那么是儿子和母亲之间的骨肉关系；但还是免不了要和蔡婆复议我的意见。现在我和君主，并没有子母之间的亲密关系，而君主却都有了蔡婆似的决策者。君主的蔡婆，一定是那些掌握了大权的重要人物。这种重要人物，是能谋取私利的人。谋取私利的人，是在法律的准绳之外要被铲除的；而我所主张的，是在法律的规定之内办事。法律的准绳之外和法律的规定之内，是敌对的，是不相容的啊。”

34.3.7　一曰：卫君之晋〔1〕，谓薄疑曰：“吾欲与子皆行〔2〕。”薄疑曰：“媪也在中，请归与媪计之。”卫君自请薄媪。薄媪曰：“疑，君之臣也，君有意从之，甚善。”卫君曰：“吾以请之媪〔3〕，媪许我矣。”薄疑归，言之媪也，曰：“卫君之爱疑奚与媪?”媪曰：“不如吾爱子也。”“卫君之贤疑奚与媪也〔4〕?”曰：“不如吾贤子也。”“媪与疑计家事，已决矣，乃更请决之于卜者蔡妪。今卫君从疑而行，虽与疑决计，必与他蔡妪败之。如是，则疑不得长为臣矣。”

【注释】

〔1〕晋：指“赵”，参见32.4.1注。

〔2〕皆：通“偕”。

〔3〕以：通“已”。

〔4〕贤：意动用法，认为……德才好。

【译文】

另一种说法是：卫国的国君到赵国，对薄疑说：“我想和你一起走。”薄疑说：“我老母亲在家中，请让我回家和她老人家商量一下这件事。”卫国的国君亲自去请求薄老太。薄老太说：“薄疑，是您的臣子，您有意让他跟随您，很好。”卫国的国君对薄疑说：“我已经把这件事请示过你母亲，你母亲答应我了。”薄疑回到家中，和母亲谈论起这件事，说：“卫国国君对我的爱和您对我的爱相比，怎么样？”薄老太说：“他不如我爱儿子啊。”薄疑说：“卫国国君对我的器重和您对我的器重相比，怎么样？”薄老太说：“他不如我器重你啊。”薄疑说：“您和我商量家事，已经决定了，却再要请问占卜的蔡婆让她来最终决定它。现在卫国国君让我跟着他一起走，虽然和我决定计策，也一定会和别的‘蔡婆’来败坏我的计策。像这样，那么我就不能长久地做臣子了。”

34.3.8 夫教歌者，使先呼而诎之〔1〕，其声反清徵者乃教之〔2〕。

【注释】

〔1〕诎：屈曲，指用发音器官调节声音。

〔2〕反：通“返”。清徵(zhǐ)：纯正的徵音，参见10.4注。

【译文】

教歌的人，让学唱的人先放声发音，然后让他把声音加以抑制调节，那声音能够回复到纯正徵音的，才教他。

34.3.9 一曰：教歌者，先揆以法〔1〕：疾呼中宫，徐呼中徵〔2〕。疾不中宫，徐不中徵，不可谓教〔3〕。

【注释】

〔1〕揆(kuí)：考察。法：规定，指考试标准。

〔2〕古代的五音常以宫作为音阶的第一级音，即其排列次序为：宫、商、角、徵(zhǐ)、羽，相当于现在简谱中1、2、3、5、6五个音级。但

也有以徵作为音阶的第一级音的，则其排列次序为：徵、羽、宫、商、角，相当于现在简谱中的5、6、1、2、3。这里所说的“疾呼中宫，徐呼中徵”，就是用“宫”与“徵”这两个音分别作为高音与低音的标准音来测试考生天生的发音能力。

〔3〕谓：通“为”，被。

【译文】

另一种说法是：教歌的人，先按一定的标准来测试学生，这种标准是：急速地发高音必须合乎宫音，舒缓地发低音必须合乎徵音。如果急呼不合宫音，慢呼不合徵音，就不能受教。

34.3.10　吴起，卫左氏中人也〔1〕，使其妻织组而幅狭于度。吴子使更之，其妻曰：“诺。”及成，复度之，果不中度。吴子大怒。其妻对曰：“吾始经之而不可更也。”吴子出之。其妻请其兄而索入。其兄曰：“吴子，为法者也。其为法也，且欲以与万乘致功，必先践之妻妾，然后行之，子毋几索入矣〔2〕。”其妻之弟又重于卫君〔3〕，乃因以卫君之重请吴子。吴子不听，遂去卫而入荆也。

【注释】

〔1〕左氏：卫国的城邑，在今山东曹县西北。

〔2〕几：通“冀”，希望。

〔3〕又：通“有”。

【译文】

吴起，是卫国左氏城城中的人，他让他的妻子织丝带，却发现她所织的丝带宽度比标准狭。吴起让她更改一下，他妻子说：“是。”等到织成，再去量它，结果还是不符合标准。吴起勃然大怒。他妻子回答说：“我开始的时候就把它的经线确定了，因而它的宽度就不可以更改了。”吴起就休掉了她。他妻子请她哥哥去要求复婚回家。她哥哥说：“吴起，是搞法治的人。他搞法治，将要用它来给拥有万辆兵车的大国建立功业，所以一定会首先在妻妾身上付诸实施，然后再推行它，你不要指望能求得复婚回家了。”吴起妻子的弟弟中有一个受到了卫国国君的器重，于是就凭着被卫国国君器重的身份去请求吴起。吴起不听从，就离开了卫国而到了楚国。

34.3.11　一曰：吴起示其妻以组，曰：“子为我织组，令之如是。”组已就而效之，其组异善。起曰：“使子为组，令之如是，而今也异善，何也？”其妻曰：“用财若一也[1]，加务善之。”吴起曰：“非语也[2]。”使之衣归。其父往请之，吴起曰：“起家无虚言。”

【注释】

〔1〕财：通“材”。

〔2〕非：违。

【译文】

另一种说法是：吴起拿一条丝带给他的妻子看，说：“你给我织条丝带，使它像这个样子。”丝带已经织成了，便验看它，那丝带织得异常精美。吴起说：“让你织丝带，使它和这条一样，但现在却织得异常精美，为什么呢？”他妻子说：“用的材料和那条是一样的，只是特别花了工夫才使它这样精美的。”吴起说：“这违背了我的吩咐。”就让她穿戴好了回娘家去。她父亲来求吴起，吴起说：“吴起家中没有不实行的空话。”

34.3.12　晋文公问于狐偃曰[1]：“寡人甘肥周于

堂，卮酒豆肉集于宫[2]。壶酒不清，生肉不布[3]，杀一牛遍于国中，一岁之功尽以衣士卒[4]，其足以战民乎？”狐子曰：“不足。”文公曰：“吾弛关市之征而缓刑罚，其足以战民乎？”狐子曰：“不足。”文公曰：“吾民之有丧资者，寡人亲使郎中视事；有罪者赦之，贫穷不足者与之；其足以战民乎？”狐子对曰：“不足。此皆所以慎产也[5]；而战之者，杀之也。民之从公也，为慎产也，公因而迎杀之[6]，失所以为从公矣。”曰：“然则何如足以战民乎？”狐子对曰：“令无得不战。”公曰：“无得不战奈何？”狐子对曰：“信赏必罚，其足以战。”公曰：“刑罚之极安至？”对曰：“不辟亲贵[7]，法行所爱。”文公曰：“善。”明日，令田于圃陆[8]，期以日中为期，后期者行军法焉。于是公有所爱者曰颠颉后期，吏请其罪，文公陨涕而忧。吏曰：“请用事焉！”遂斩颠颉之脊，以徇百姓，以明法之信也。而后百姓皆惧，曰：“君于颠颉之贵重如彼甚也，而君犹行法焉，况于我，则何有矣？”文公见民之可战也，于是遂兴兵伐原[9]，克之；伐卫，东其亩，取五鹿[10]；攻阳[11]，胜虢[12]；伐曹；南围郑，反之陴[13]；罢宋围；还与荆人战城濮[14]，大败荆人；返为践土之盟[15]，遂城衡雍之义[16]。一举而八有功。所以然者，无他故异物，从狐偃之谋、假颠颉之脊也。

【注释】

〔1〕狐偃：见32.3.8注。

〔2〕豆：盛食物的用具。宫：房屋，指百姓家。

〔3〕布：陈列。

〔4〕功：女功。

〔5〕慎：通“顺”。产：生。

〔6〕迎：逆。

〔7〕辟：通“避”。

〔8〕圃陆：晋国地名，在今河南修武县北。

〔9〕原：地名，位于今河南济源市西北。

〔10〕五鹿：卫国地名，在今河南濮阳市北。

〔11〕阳：即阳樊，在今河南济源市东南。

〔12〕虢：通“郭”，外城。

〔13〕陴(pí)：城上有洞眼的小墙。

〔14〕城濮：卫国地名，在今山东鄄城县西南，一说在今河南陈留县附近。

〔15〕践土：郑国地名，位于今河南省武陟县东南。

〔16〕城：通“成”。衡雍：见21.2注。

【译文】

晋文公问狐偃说：“我把又甜又肥的美味佳肴普遍地赐给官府上的人，哪怕是一杯酒一盘肉也都存放在百姓家中，酒酿成后灌在壶里没等澄清就给大家喝，鲜肉没等挂起来就煮了给大家吃，杀了一头牛也普遍地赐给国都中的人，一年织成的布全都用来给士兵做衣服穿，这样做足够用来使民众为我打仗了吗？”狐偃说：“还不够。”文公说：“我放松关口和集市的税收并放宽刑罚，这样做足够用来使民众为我打仗了吗？”狐偃说：“还不够。”文公说：“我的民众有失去财产的，我亲自派郎中去查看处理；对有罪的人就给他们免除刑罚，对贫穷而缺吃少穿的人就给他们施舍；这样做足够用来使民众为我打仗了吗？”狐偃回答说：“还不够。这些都是依顺民众生存欲望的办法；而使他们打仗，是要使他们丧生。民众追随服从您，是因为您依顺了他们的生存欲望，您紧接着却来个倒行逆施使他们丧生，这就失去了民众要追随服从您的理由了。”晋文公说：“这样的话，那么怎样才能够使民众为我打仗呢？”狐偃回答说：“使民众不得不为您打仗。”文公说：“要使民众不得不为我打仗，该怎么办?”狐偃回答说：“有功的一定加以奖赏，有罪的一定加以惩罚，这种方法足够用来使民众为您打仗了。”文公说：“执行刑罚的最高境界要达到什么地步?”狐偃回答说：“执行刑罚要不回避亲人和显贵的人，法治要贯彻实施到您所宠爱的人。”文公说：“好。”第二天，文公下令到圃陆围猎，约定以中午为期限，迟到的按军法论处。就在这一次文公有一个自己所宠爱的名叫颠颉的迟到了，执法的官吏请文公定他的罪，文公掉着眼泪很忧伤。执法官说：“请对他用刑啊!”于是就按照腰斩的刑罚砍断了颠颉的脊梁，并将他示众，以此来表明法治的信用。打这以后老百姓都害怕了，说：“君主对于颠颉的宠爱器重像那样深厚，而君主尚且对他依法治罪，何况对于我们，还有什么值得留情的呢?”文公看到民众可以用来为自己打仗了，于是就起兵攻打原邑，把它攻克了；又讨伐卫国，将卫国的田埂改成东西向以利于晋国兵车的东行，从而夺取了卫国的五鹿；又攻打阳樊，在它外城打了胜仗；又讨伐曹国；还向南围攻郑国，推倒了郑国都城上的城垛；又解除了楚军对宋国的包围；回头和楚军在城濮作战，把楚军打得大败；回师后又订立了践土的盟约，终于结成了衡雍的道义。文公一下子就建成了八项功业。之所以能这样，没有其他的缘故和别的因素，是因为听从了狐偃的策略、凭借了颠颉的脊梁使赏罚得到了彰明的缘故啊。

34.3.13　夫痤疽之痛也[1]，非刺骨髓，则烦心不可支也；非如是，不能使人以半寸砥石弹之。今人主之于治亦然：非不知有苦则安，欲治其国；非如是，不能听圣知而诛乱臣[2]。乱臣者，必重人；重人者，必人主所甚亲爱也。人主所甚亲爱也者，是同坚白也。夫以布衣之资，欲以离人主之坚白、所爱，是以解左髀说右髀者，是身必死而说不行者也。

【注释】

〔1〕痤疽：见20.4.2注。

〔2〕知：通“智”。

【译文】

痈疽的疼痛，不是像针刺骨髓那样厉害，就是经常搅得心里烦乱而难以支撑；如果不是像这样的话，就不肯让人用半寸大小的磨快的石针去刺破它来排除血脓。现在君主对于治国也是这样：只有认识到要经过艰苦的治理才能得到平安，才想到要治理自己的国家；如果不是像这样的话，就不能听从明哲智慧的法术之士而惩处违法作乱的奸臣。那种作乱的奸臣，一定是掌握了权势的重要人物；这种掌权的要人，一定是君主十分亲近宠爱的。君主十分亲近宠爱的人，他们和君主之间的关系就如同一块石头上坚硬和白色之间的关系那样浑然一体而密不可分。法术之士凭着平民百姓的地位，想要使君主和他所宠爱的关系密切的人分开，这是在用割去左腿的建议去劝说右腿，这是使自己一定会被杀死而建议不会被采用的做法啊。

第十四卷

外储说右下第三十五

（第三十五篇　积聚传说外右下编）

35.0.1　一、赏罚共则禁令不行。何以明之？明之以造父、於期[1]。子罕为出彘[2]，田恒为圃池[3]，故宋君、简公弑。患在王良、造父之共车，田连、成窍之共琴也。

【注释】

〔1〕造父：见14.7注。於期：即王良，见17.2注。

〔2〕子罕：见7.1注。

〔3〕田恒：即田常，见3.2注。

【译文】

一、赏罚大权由君臣共同掌握，那么法律禁令就不能实行。用什么来说明这个道理呢？可以用造父、王子於期驾驭的马被窜出的猪所惊吓、被园林中的水池所吸引因而失去控制的事例来说明。子罕行罚而造成了自己的威势，就像突然窜出来的猪；田恒行赏而造成了自己的恩德，就像园林中的水池；所以宋国国君、齐简公被杀害了。君臣共掌赏罚大权的祸害表现在王良、造父共同驾驭一辆车子而车子不能前进，田连、成窍共同弹奏一台琴而不能弹成乐曲。

35.0.2　二、治强生于法，弱乱生于阿，君明于此，则正赏罚而非仁下也。爵禄生于功，诛罚生于罪，臣明于此，则尽死力而非忠君也。君通于不仁，臣通于不忠，则可以王矣。昭襄知主情而不发五苑〔1〕，田鲔知臣情故教田章，而公仪辞鱼〔2〕。

【注释】

〔1〕昭襄：见32.3.7注。苑(yuàn)：帝王游乐打猎的园林。

〔2〕公仪：指公仪休，鲁国的博士，曾任鲁国的相国。

【译文】

二、国家的安定强大产生于依法办事，国家的衰弱动乱产生于偏袒枉法，君主明白了这个道理，那就会公正地实施赏罚而不是用仁爱之道去治理臣下。爵位俸禄来自自己所立的功劳，杀戮惩罚来自自己所犯的罪行，臣子明白了这个道理，那就会拼命卖力而并不是因为忠于君主。君主彻底明白了不用仁爱的道理，臣子彻底明白了不用忠诚的道理，这样的国家就可以称王天下了。秦昭襄王懂得了做君主必须用赏罚而不用仁爱的道理，因而不发放五苑中的瓜果蔬菜去救济灾民；田鲔懂得了做臣子的道理，所以教育田章要卖力立功以取得爵位俸禄；公仪休懂得了做臣子的道理，所以拒收别人送来的鱼以避免受到惩罚。

35.0.3　三、明主者，鉴于外也，而外事不得不成〔1〕，故苏代非齐王〔2〕。人主鉴于上也，而居者不适不显，故潘寿言禹情。人主无所觉悟，方吾知之，故恐同衣于族〔3〕，而况借于权乎！吴章知之，故说以佯，而况借于诚乎！赵王恶虎目而壅〔4〕。明主之道，如周行人之却卫侯也〔5〕。

【注释】

〔1〕事：见20.4.1注。外事：外国的使者。得：见30.4.4注。

〔2〕苏代：战国时东周洛阳（今河南省洛阳市东）人，苏秦之弟，齐宣王、齐湣王时曾游说于齐、燕两国间。齐王：指齐宣王，见30.4.2注。

〔3〕于：衍文。

〔4〕赵王：指赵孝成王，名丹，公元前265年—公元前245年在位。

〔5〕行人：古代官名，掌管朝觐聘问。卫侯：指卫文公，春秋时卫国国君，名辟疆，后改名为燬，公元前659—公元前635年在位。

【译文】

三、明智的君主，往往借鉴外国的事情，但道说外事的外国使者不讨好权贵就办不成事情，所以苏代非议齐宣王不相信大臣，可见借鉴外国的事情靠不住。君主借鉴上古的事情，而称说上古之事的隐士不迎合权贵就不能使自己名声显扬，所以潘寿大谈夏禹传位给益的事情，可见借鉴上古的事情也靠不住。君主对这种权贵的祸害还没有觉察领悟，方吾却已经认识到了这种情况，所以他说古代的君主怕和穿同样衣服的人同坐一辆车，怕和同一家族的人同住一个家，更何况是把君主的大权借给臣下呢！吴章认识到了这种情况，所以他说君主不能将假的爱憎态度暴露给臣下，更何况是把真实的感情暴露给臣下而让臣下有所凭借呢！赵孝成王厌恶老虎的眼睛，虽然有人向他指出了权贵的淫威，但他还是被权贵蒙蔽了。英明君主的治国原则，应该像周王朝掌管朝见聘问的外交官辞退卫文公那样，坚决维护自己的尊严。

35.0.4　四、人主者，守法责成以立功者也。闻有吏虽乱而有独善之民，不闻有乱民而有独治之吏，故明主治吏不治民。说在摇木之本与引网之纲。故失火之啬夫[1]，不可不论也。救火者，吏操壶走火，则一人之用也；操鞭使人，则役万夫。故所遇术者[2]，如造父之遇惊马，牵马推车则不能进，代御，执轡持策则马咸骛矣。是以说在椎锻平夷[3]，榜檠矫直[4]。不然，败在淖齿用齐戮闵王、李兑用赵饿主父也[5]。

【注释】

〔1〕失火：据下文，当作“走火”。啬夫：督责民众的官吏。

〔2〕遇：当作“御”。

〔3〕“是以”下当脱“明主之为法也，所以平不夷、矫不直也”。椎(chuí)：捶击的工具。锻：通“碫”，打铁用的砧石。

〔4〕榜檠(bēng qíng)：矫正弓弩的器具。

〔5〕淖齿用齐戮闵王、李兑用赵饿主父：见14.8注。

【译文】

四、君主，是严格遵守法治原则、责求臣下完成任务来建立功业的人。我只听说过官吏虽然胡作非为但仍然有洁身自好独自守法的百姓，没听说过到处是胡作非为的民众却还有独自依法办事的官吏，所以英明的君主致力于管理好官吏而不去直接管理民众。这种论点的说明在摇树要摇树木的主干以及拉网要拉网上的总绳。所以独自一个人奔赴火场救火的差役，其行为是不能不加讨论的。救火的时候，差役拿着水罐奔赴火场，就只有一个人的作用；如果他拿着鞭子驱使别人，那就可以使上万个人出力。所以被用来治国的统治术，它的作用就像造父遇到受惊的马那样，别人牵着马推着车还是不能前进，而他代为驾驭，刚拿起缰绳手握马鞭，马就全都奔跑起来了。因此英明的君主制定法律，是用来平整不平、矫正不直的，这种论点的说明就在锤子和砧石用来平整物体、矫弓器用来矫正弓弩的比拟中。如果不使用法术，它的祸患就体现在淖齿在齐国被任用而杀死了齐闵王、李兑在赵国掌权而饿死了主父。

35.0.5　五、因事之理，则不劳而成。故兹郑之踞辕而歌以上高梁也。其患在赵简主税吏请轻重，薄疑之言“国中饱”，简主喜而府库虚，百姓饿而奸吏富也。故桓公巡民而管仲省腐财怨女〔1〕。不然，则在延陵乘马不得进〔2〕，造父过之而为之泣也。

【注释】

〔1〕怨女：已到婚令而尚无配偶同居的女子。

〔2〕则：当作“败”。

【译文】

五、遵循事物的规律，那么不用劳苦就能成功。所以兹郑盘坐在车辕上唱着歌，用这样的方法吸引行人来帮助他，从而使车子上了高桥。不遵循事理来办事的祸害表现在赵简主派出去收税的官吏请示收税标准的高低，而赵简主不定出具体的标准，致使官吏们大捞油水，因此薄疑说“国中饱”，而赵简主还以为是国内富足因而沾沾自喜，实际上却是国库空虚，百姓挨饿，而贪官污吏富裕了。所以齐桓公视察民间后管仲提议减少宫中那些存放过久以致腐烂的财物和年长而守空房的女子。如果不遵循事理办事，它的弊端就体现在延陵卓子驾驭骏马而使马不能前进，以致造父经过它的时候要为它哭泣。

35.0.6　右经

【译文】

上面是经文

35.1.0　一

【译文】

对第一条经文的解说

35.1.1　造父御四马，驰骤周旋而恣欲于马。恣欲于马者，擅辔策之制也。然马惊于出彘而造父不能禁制者，非辔策之严不足也，威分于出彘也。王子於期为驸驾，辔策不用而择欲于马，擅刍水之利也。然马过于圃池而驸马败者[1]，非刍水之利不足也，德分于圃池也。故王良、造父，天下之善御者也，然而使王良操左革而叱咤之，使造父操右革而鞭笞之，马不能行十里，共故也。田连、成窍，天下善鼓琴者也，然而田连鼓上、成窍撽下而不能成曲[2]，亦共故也。夫以王良、造父之巧，共辔而御，不能使马，人主安能与其臣共权以为治？以田连、成窍之巧，共琴而不能成曲，人主又安能与其臣共势以成功乎？

【注释】

〔1〕驸马：当作“驸驾”。

〔2〕撽：通“擫”（yè），用手指按。

【译文】

造父驾驭着套在一辆车上的四匹马，时而快速奔驰，时而绕圈打转，随心所欲地控制着马。他之所以能如意地驾驭马，全靠马缰绳和马鞭的控制。然而，马被突然窜出来的猪所惊吓而造父就不能再控制它们了，这并不是因为马缰绳和马鞭的威严不够，而是因为这种威严被窜出来的猪分散了。王子於期驾驭副马拉的车，不利用马缰绳和马鞭而挑选马所喜欢的东西来驯马，专靠草料和水的利诱。然而马经过园林的水池时，那套好的副车就散架了，这并不是因为草料和水的好处不够，而是因为这种好处被园林中的水池分散了。所以，王良、造父，都是天下善于驾驭车马的人，但如果让王良手握左边的马的马笼头而大声吆喝它，让造父手握右边的马的马笼头而鞭打它，马就走不了十里路，这是因为两人共同操作的缘故啊。田连、成窍，都是天下善于弹琴的人，但是，如果让田连在琴首弹拨、成窍在琴尾按弦，那就不能弹成乐曲，这也是因为两人共同操作的缘故啊。凭王良、造父的技巧，共同掌握马缰绳来驾车，就不能驱使马，君主怎么能和他的臣子共同掌权来进行治理呢？凭田连、成窍的技巧，共同弹琴就不能弹成乐曲，君主又怎么能和他的臣子共同利用威势来建成功业呢？

35.1.2　一曰：造父为齐王驸驾，渴马服成[1]，效驾圃中[2]。渴马见圃池，去车走池，驾败。王子於期为赵简主取道争千里之表[3]，其始发也，彘伏沟中，王子於期齐辔策而进之，彘突出于沟中，马惊，驾败。

【注释】

〔1〕服：练习。

〔2〕效：试验。驾：用马拉车。

〔3〕取：通“趋”，奔驰。

【译文】

另一种说法是：造父为齐王驾驭副车，他用使马干渴的方法把马训练成了，就在园林中用这马试着拉车。干渴的马看见园林中的水池，就离开车子奔向水池，那套好的车驾就散架了。王子於期为赵简主赶路争夺千里赛车的锦标，他刚出发的时候，有头猪已经伏在沟中，当王子於期协调地拉起缰绳、挥动马鞭而赶马前进时，猪突然从沟中窜出来，马受到惊吓，套好的车驾就坏掉了。

35.1.3　司城子罕谓宋君曰[1]："庆赏赐与，民之所喜也，君自行之；杀戮诛罚，民之所恶也，臣请当之。"宋君曰："诺。"于是出威令，诛大臣，君曰"问子罕"也。于是大臣畏之，细民归之。处期年，子罕杀宋君而夺政。故子罕为出彘以夺其君国。

【注释】

〔1〕司城：为宋国六卿之一，相当于别国的司空，掌管土木建筑。

【译文】

司城子罕对宋桓侯说："奖赏恩赐，是民众所喜欢的，国君自己去施行它吧；杀戮惩罚，是民众所憎恶的，请让我来承担它吧。"宋桓侯说："行。"从此以后，凡是发布严厉的命令，惩处大臣，宋桓侯总是说"去问子罕"。于是大臣害怕子罕，小民归附子罕。过了一周年，子罕杀了宋桓侯而夺取了政权。所以，子罕是充当了窜出来的猪，用威严惊吓的手段从他的君主那里夺取了国家的政权。

35.1.4　简公在上位，罚重而诛严，厚赋敛而杀戮民。田成恒设慈爱[1]，明宽厚。简公以齐民为渴马，不以恩加民，而田成恒以仁厚为圃池也。

【注释】

〔1〕设：施。

【译文】

齐简公处在君主的位置上，刑罚很重而惩处很严，从重征税而杀害民众。田成子施行仁爱，显示其宽厚。齐简公使齐国的民众成为干渴的马，不把恩惠施加给民众，而田成子就用仁爱宽厚作为园林中的水池来吸引他们。

35.1.5　一曰：造父为齐王驸驾，以渴服马，百日而服成。服成，请效驾齐王，王曰："效驾于圃中。"造父驱车入圃，马见圃池而走，造父不能禁。造父以渴服马久矣，今马见池，駻而走，虽造父不能治。今简公之以法禁其众久矣，而田成恒利之，是田成恒倾圃池而示渴民也。

【译文】

另一种说法是：造父为齐王驾驭副车，他用使马干渴的方法来训练马，过了一百天而训练成功了。训练成功后，他向齐王请求试车，齐王说："到园林中去试车。"造父赶着车进入园林，马看见园林中的水池就奔跑过去，造父无法控制了。造父用使马干渴的方法训练马已经很久了，现在马看见水池，凶猛地跑过去，就是造父也管不住。现在齐简公用刑法禁锢他的民众已经很久了，而田成子却给民众好处，这是田成子在倾倒园林中的水池来给干渴的民众看而吸引他们啊。

35.1.6　一曰：王子於期为宋君为千里之逐。已驾，察手吻文〔1〕。且发矣，驱而前之，轮中绳；引而却之，马掩迹。拊而发之，彘逸出于窦中〔2〕。马退而却，策不能进前也；马駻而走，辔不能正也。

【注释】

〔1〕察：通"擦"。文：通"纹"。

〔2〕窦：通"渎"，沟。

【译文】

另一种说法是：王子於期为宋国国君进行千里赛车的角逐。他已把车子套在马身上了，踌躇满志地摩拳擦掌，呵着手上的皮肤纹理。将出发了，他把车赶着向前行进，轮子完全符合车辙；又把马拉着向后退回，马蹄掩盖了原来的脚印。但当他拍打马出发的时候，猪从沟中窜出来。马吓得后退而停了下来，用马鞭鞭打它也不能使它前进；接着马又凶猛地奔跑起来，用缰绳来控制它也不能把它纳入正途。

35.1.7　一曰：司城子罕谓宋君曰："庆赏赐予者，民之所好也，君自行之；诛罚杀戮者，民之所恶也，臣请当之。"于是戮细民而诛大臣，君曰："与子罕议之。"居期年，民知杀生之命制于子罕也，故一国归焉。故子罕劫宋君而夺其政，法不能禁也。故曰："子罕为出彘，而田成常为圃池也。"令王良、造父共车，人操一边辔而入门闾，驾必败而道不至也。令田连、成窍共琴，人抚一弦而挥，则音必败、曲不遂矣[1]。

【注释】

〔1〕遂：成。

【译文】

另一种说法是：司城子罕对宋国国君说："奖赏恩赐这种事，是民众所喜欢的，您自己去施行它吧；惩罚杀戮这种事，是民众所憎恶的，请让我来承担它吧。"从此以后，凡是杀戮小民或者惩处大臣，宋国国君总是说："和子罕去商议这种事情。"过了一周年，人们知道决定生死的命令控制在子罕手中，所以全国都归附他。所以子罕胁迫宋国国君而夺取了他的政权，法律也不能加以禁止。所以说："子罕充当了突然窜出来的猪，而田常充当了园林中的水池。”如果让王良、造父一起驾驭一辆车，每人掌握一边的马缰绳而进入里巷的门，那么套好的车驾一定会散架，而要走的路也不会到达。如果让田连、成窍共弹一台琴，每人按一根弦来弹奏，那么和悦的音质一定会被破坏，而乐曲也肯定弹不成了。

35.2.0　二

【译文】

对第二条经文的解说

35.2.1　秦昭王有病，百姓里买牛而家为王祷[1]。公孙述出见之，入贺王曰：“百姓乃皆里买牛为王祷。”王使人问之，果有之。王曰：“訾之人二甲[2]。夫非令而擅祷，是爱寡人也。夫爱寡人，寡人亦且改法而心与之相循者，是法不立；法不立，乱亡之道也。不如人罚二甲而复与为治。”

【注释】

〔1〕里：住宅区。一里包括五十家。

〔2〕訾：通“赀”，罚。

【译文】

秦昭王生了病，百姓每个村都买了牛，每家都为他祈祷。公孙述出外见到了这种情况，进宫祝贺秦昭王说：“百姓竟然每个村都买了牛为大王祈祷。”秦昭王派人去调查这件事，果然有这种情况。昭王说：“罚他们每人出两副铠甲。没有命令而擅自祈祷，这是爱我。他们爱我，我也将改变法令而使自己的思想和他们互相随和去施行仁爱，这样法制就不能建立了；法制不能建立，是使国家走向混乱灭亡的道路。不如每人罚两副铠甲而重新和他们搞好国家的治理。”

35.2.2 一曰：秦襄王病，百姓为之祷；病愈，杀牛塞祷[1]。郎中阎遏、公孙衍出见之，曰：“非社腊之时也，奚自杀牛而祠社?”怪而问之。百姓曰：“人主病，为之祷；今病愈，杀牛塞祷。”阎遏、公孙衍说[2]，见王，拜贺曰：“过尧、舜矣。”王惊曰：“何谓也?”对曰：“尧、舜，其民未至为之祷也。今王病，而民以牛祷；病愈，杀牛塞祷。故臣窃以王为过尧、舜也。”王因使人问之，何里为之，訾其里正与伍老屯二甲[3]。阎遏、公孙衍愧不敢言。居数月，王饮酒酣乐，阎遏、公孙衍谓王曰：“前时臣窃以王为过尧、舜，非直敢谀也[4]。尧、舜病，且其民未至为之祷也。今王病，而民以牛祷；病愈，杀牛塞祷。今乃訾其里正与伍老屯二甲，臣窃怪之。”王曰：“子何故不知于此？彼民之所以为我用者，非以吾爱之为我用者也，以吾势之为我用者也。吾释势与民相收，若是，吾适不爱[5]，而民因不为我用也，故遂绝爱道也。”

【注释】

〔1〕塞(sài)祷：还愿，即实践过去祈祷时对神许下的报酬。

〔2〕说：通“悦”。

〔3〕伍老屯：伍长。

〔4〕直：故意。

〔5〕适：偶然。

【译文】

另一种说法是：秦昭襄王生了病，百姓为他祈祷；他的病痊愈了，百姓又杀了牛向神还愿。郎中阎遏、公孙衍出外见到了这种情况，说："现在并不是祭土地神和腊祭的时候啊，为什么杀了牛来祭祀土地神呢？"他们感到奇怪，便去问百姓。百姓说："君主病了，我们为他祈祷；现在国君的病好了，所以杀了牛来实践我们祈祷时对神许下的酬报。"阎遏、公孙衍很高兴，去见昭襄王，行礼后祝贺说："您的贤德超过尧、舜了。"昭襄王惊奇地说："这是什么意思呀？"他们回答说："尧、舜，他们统治下的民众也还没有能达到为他们祈祷的地步。现在大王生了病，而民众拿牛来为您祈祷；大王的病好了，民众又杀了牛向神还愿。所以我们自以为大王超过了尧、舜。"昭襄王便派人去调查情况，看什么村干了这种事，就罚那村长和他下属的伍长两副铠甲。阎遏、公孙衍惭愧得不敢再说什么了。过了几个月，昭襄王喝酒喝得痛快了，阎遏、公孙衍才对昭襄王说："前些时候我们自以为大王的德行超过了尧、舜，这并不是我们故意大胆地来奉承您。尧、舜病了，他们的民众也还没有搞到为他们祈祷的地步。现在大王病了，而百姓拿牛来为大王祈祷；大王的病好了，百姓就杀了牛向神还愿。现在您却罚那村长和伍长两副铠甲，我们心里为此纳闷。"昭襄王说："你们为什么不懂得这一点呢？那些民众之所以为我所用，并不是因为我爱了他们才为我所用的啊，是因为我有了权势才为我所用的啊。我如果放弃了权势和民众互相结交，像这样的话，那么我一旦不爱他们，他们就不为我所用了，所以我就摒弃了仁爱的办法。"

35.2.3　秦大饥，应侯请曰〔1〕："五苑之草著、蔬菜、橡果、枣栗〔2〕，足以活民，请发之。"昭襄王曰："吾秦法，使民有功而受赏，有罪而受诛。今发五苑之蔬草者，使民有功与无功俱赏也。夫使民有功与无功俱赏者，此乱之道也。夫发五苑而乱，不如弃枣蔬而治。"

一曰："令发五苑之蓏、蔬、枣、栗足以活民，是用民有功与无功争取也[3]。夫生而乱，不如死而治。大夫其释之！"

【注释】

〔1〕应侯：即范雎，见3.2注。

〔2〕著：当作"藷"。

〔3〕用：使。

【译文】

秦国遭到了严重的饥荒，应侯请求说："五苑的草藷、蔬菜、栎实、枣子、栗子，可以用来救活饥民，请您把它们发放给民众吧。"昭襄王说："我们秦国的法制，是使民众有了功劳就受到奖赏，有了罪行就受到惩处。现在如果发放五苑的蔬菜、草藷这些东西，那就是使有功劳的人和没有功劳的人都得到赏赐。使民众有功劳的和没有功劳的都得到赏赐，这是使国家陷于混乱的途径啊。发放了五苑中的东西而使国家陷于混乱，不如丢掉这些枣子、蔬菜之类而使国家得到治理。"另一种说法是，昭襄王说："如果发放五苑的瓜类、蔬菜、枣子、栗子可以救活饥民，这就会使有功的人和无功的人都去争夺这些可以活命的东西。与其让他们活着而使国家陷于混乱，不如让他们死了而使国家得到治理。大夫您还是放弃这种想法吧！"

35.2.4　田鲔教其子田章曰[1]："欲利而身[2]，先利而君；欲富而家，先富而国。"

【注释】

〔1〕田鲔：卫国的公族。

〔2〕而：通"尔"，你。

【译文】

田鲔教育他的儿子田章说："要想使你自己得利，先要让你的君主得利；要想使你的家庭富裕，先要使你的国家富裕。"

35.2.5　一曰：田鲔教其子田章曰："主卖官爵，臣卖智力，故自恃无恃人[1]。"

【注释】

〔1〕恃：倚仗。

【译文】

另一种说法是：田鲔教育他的儿子田章说："君主出卖官职爵位来换取臣下的智慧力量，臣子出卖智慧力气来取得君主的官职爵禄，所以人只能依靠自己而不能依靠别人。"

35.2.6　公仪休相鲁而嗜鱼，一国尽争买鱼而献之，公仪子不受。其弟子谏，曰："夫子嗜鱼而不受者，何也？"对曰："夫唯嗜鱼，故不受也。夫即受鱼[1]，必有下人之色；有下人之色，将枉于法；枉于法，则免于相。虽嗜鱼，此不必能致我鱼，我又不能自给鱼。即无受鱼而不免于相，虽嗜鱼，我能长自给鱼。"此明夫恃人不如自恃也，明于人之为己者不如己之自为也。

【注释】

〔1〕即：如果。

【译文】

公仪休做鲁国的宰相而生性喜欢吃鱼，全国的人都争着买了鱼来献给他。公仪休不接受。他的学生劝说他，说："先生爱吃鱼而不接受，为什么呢？"公仪休回答说："正因为我爱吃鱼，所以我才不接受。如果我接受了鱼，一定会有卑恭待人的神色；有了对人卑恭的神色，就将歪曲违背法令去包庇他们；违背了法令，就会被免去宰相的职务。这样的话，即使我爱吃鱼，这些人也就不一定能再给我鱼了，而我又不能再靠薪俸来给自己提供鱼。如果不接受他们送的鱼而不被罢免宰相的职务，那么即使我爱吃鱼，我也能靠自己的薪俸长期地给自己提供鱼。"公仪休这个人明白了那依靠别人不如依靠自己的道理，明白了别人帮助自己不如自己帮助自己的道理。

35.3.0　三

【译文】

对第三条经文的解说

35.3.1　子之相燕[1]，贵而主断。苏代为齐使燕，王问之曰："齐王亦何如主也？"对曰："必不霸矣。"燕王曰："何也？"对曰："昔桓公之霸也，内事属鲍叔，外事属管仲，桓公被发而御妇人[2]，日游于市。今齐王不信其大臣。"于是燕王因益大信子之。子之闻之，使人遗苏代金百镒[3]，而听其所使之。

【注释】

〔1〕子之：见7.3注。

〔2〕被：通"披"。御：(君主)使用。

〔3〕镒(yì)：古代重量单位，先秦以黄金二十两或二十四两为一镒，

也称一金。

【译文】

子之做燕国的相国，地位尊贵而专权独断。苏代为齐国出使燕国，燕王哙问他说："齐宣王是个什么样的君主？"苏代回答说："他肯定不能称霸了。"燕王说："为什么呢？"苏代回答说："从前齐桓公称霸的时候，内政的事托付给鲍叔，外交的事托付给管仲，桓公披头散发玩弄女人，每天在宫中的街坊内游玩。现在齐宣王却不信任他的大臣。"于是燕王便更加信任子之。子之听说了这件事，就派人去送给苏代黄金二千两，而且听凭苏代支配自己。

35.3.2　一曰：苏代为秦使燕〔1〕，见无益子之，则必不得事而还，贡赐又不出，于是见燕王，乃誉齐王。燕王曰："齐王何若是之贤也？则将必王乎？"苏代曰："救亡不暇，安得王哉？"燕王曰："何也？"曰："其任所爱不均〔2〕。"燕王曰："其亡何也？"曰："昔者齐桓公爱管仲，置以为仲父，内事理焉，外事断焉，举国而归之，故一匡天下，九合诸侯。今齐任所爱不均，是以知其亡也。"燕王曰："今吾任子之，天下未之闻也？"于是明日张朝而听子之。

【注释】

〔1〕秦：当作"齐"。

〔2〕均：均等。

【译文】

另一种说法是：苏代为齐国出使燕国，看到不使子之得到好处，就一定不能把事情办成了再回去，而燕国给齐国的贡品以及对自己的赏赐也就不会拿出来，于是他见到燕王后，就称赞齐王。燕王说：“齐王怎么会像这样贤明呢？这样，他一定能称王了吧?”苏代说：“挽救灭亡都来不及，哪能称王呢?”燕王说：“为什么呢?”苏代说：“齐王任用自己所宠爱的人还没能使他和自己的权势完全相等。”燕王说：“这样任用人就要灭亡，为什么呢?”苏代说：“从前齐桓公爱管仲，立他为仲父，内政的事由他处理，外交的事由他决断，将整个国家都交给他管理，所以能够使天下归于一致而恢复了正道，多次召集诸侯。现在齐王任用宠爱的人却不能使他和自己的权势完全相等，因此知道他会灭亡。”燕王说：“现在我任用子之，天下的人还没有听说过吗?”于是就在第二天盛设朝会而让子之听政。

35.3.3 潘寿谓燕王曰：“王不如以国让子之。人所以谓尧贤者，以其让天下于许由[1]，许由必不受也，则是尧有让许由之名而实不失天下也。今王以国让子之，子之必不受也，则是王有让子之之名而与尧同行也。”于是燕王因举国而属之，子之大重。

【注释】

〔1〕许由：古代隐士。

【译文】

潘寿对燕王哙说：“大王不如把国家的政权让给子之。人们之所以说尧贤明，是因为他把统治天下的大权让给许由，而许由是肯定不会接受的，这样的话，那么尧就有了把统治天下的大权让给许由的名声而实际上又没有失去统治天下的大权。现在大王如果把国家政权让给子之，子之肯定不会接受，这样的话，那么大王就有了把国家政权让给子之的名声而又和尧有了同样的德行。”于是燕王就将整个国家托付给子之，子之因而十分尊贵。

35.3.4　一曰：潘寿，隐者。燕使人聘之。潘寿见燕王曰：“臣恐子之之如益也[1]。”王曰：“何益哉?”对曰：“古者禹死，将传天下于益，启之人因相与攻益而立启[2]。今王信爱子之，将传国子之，太子之人尽怀印[3]，为子之之人无一人在朝廷者。王不幸弃群臣，则子之亦益也。”王因收吏玺，自三百石以上皆效之子之，子之大重。

【注释】

〔1〕益：古代嬴姓各族的祖先。相传他助禹治水有功，被选为继承人。禹去世后，禹的儿子启即继王位，他与启争夺，被启所逐。

〔2〕启：传说中的夏代帝王，姒姓，禹之子。

〔3〕怀印：指做官。

【译文】

另一种说法是：潘寿，是隐士。燕王派人去聘请他。潘寿见了燕王说：“我怕子之像伯益一样啊。”燕王说：“怎么和伯益一样呢?”潘寿回答说：“从前禹死了，要把天下传给伯益，启的党徒便互相联合起来攻打伯益而拥立启。现在大王信任宠爱子之，准备把国家政权传给子之，可是太子的党徒全都怀有官印，而帮子之的人没有一个在朝廷当官的。大王如果不幸去世，那么子之也就要和伯益一样了。”燕王因而把官吏的印玺都收了上来，俸禄在三百石以上的官印都把它交给子之处理，子之便十分尊贵了。

35.3.5　夫人主之所以镜照者[1]，诸侯之士徒也，今诸侯之士徒皆私门之党也。人主之所以自浅娋者[2]，岩穴之士徒也，今岩穴之士徒皆私门之舍人也。是何也？夺褫之资在子之也[3]。故吴章曰：“人主不佯憎爱人。佯爱人，不得复憎也；佯憎人，不得复爱也。”

【注释】

〔1〕镜照：用镜子照，指了解情况。

〔2〕浅娋(shào)：卑小。自浅娋：使自己卑小，即降低自己的身份。

〔3〕夺褫：剥夺。

【译文】

君主用来了解情况的人，是外国诸侯手下的士人之类，但现在诸侯的士人们都成了权贵的党羽。君主降低自己的身份来敬重的人，是隐居在山林的士人之类，而现在隐居山林的士人们都成了权贵的门客。这是为什么呢？是因为剥夺他们利益的权势在子之手中。所以吴章说：“君主不能假装恨人或假装爱人。因为假装爱了某人，就不能再恨他了；假装恨了某人，就不能再爱他了。”

35.3.6　一曰：燕王欲传国于子之也，问之潘寿，对曰：“禹爱益而任天下于益，已而以启人为吏[1]。及老，而以启为不足任天下，故传天下于益，而势重尽在启也。已而启与友党攻益而夺之天下，是禹名传天下于益，而实令启自取之也。此禹之不及尧、舜明矣。今王欲传之子之，而吏无非太子之人者也，是名传之而实令太子自取之也。”燕王乃收玺，自三百石以上皆效之子之，子之遂重。

【注释】

〔1〕启人：指启的亲信。

【译文】

另一种说法是：燕王想要把国家的大权传给子之，去向潘寿咨询这件事，潘寿回答说："禹喜爱伯益而把治理天下的重任交给了伯益，过了不久又让启手下的人都当了官。等到他年老的时候，却认为启不能够担负起治理天下的重任，所以又把帝位传给伯益，但权势已全部在启手中了。不久以后启和他的党羽攻打伯益而从他手中夺取了帝位，这是禹在名义上把帝位传给伯益，而实际上是让启自己来夺取帝位啊。从这种情况来看，禹不如尧、舜就很清楚了。现在大王想把国家政权传给子之，而官吏却没有一个不是太子手下的人，这是在名义上把国家政权传给子之而实际上是让太子自己去夺取国家的大权啊。"燕王于是把官印收了上来，俸禄在三百石以上的官印都把它交给子之处理，子之就尊贵了。

35.3.7　方吾子曰："吾闻之古礼：'行不与同服者同车〔1〕，不与同族者共家。'而况君人者乃借其权而外其势乎！"

【注释】

〔1〕行：指合乎礼义的行为。

【译文】

方吾先生说："我听说古代的礼制是这样的：'合宜的行为是不和穿同样服装的人同坐一辆车，不和同一家族的人同住一个家。'更何况是统治人民的君主竟然出借自己的权力、丢了自己的威势，那怎么行呢！"

35.3.8　吴章谓韩宣王曰："人主不可佯爱人，一日不可复憎；不可以佯憎人，一日不可复爱也。故佯憎佯爱之征见〔1〕，则谀者因资而毁誉之，虽有明主，不能复收，而况于以诚借人也！"

【注释】

〔1〕见：同“现”。

【译文】

吴章对韩宣王说：“君主不可以假装爱人，因为对某人表示了爱，有朝一日要恨他，也不能再恨了；君主不可以假装恨人，因为对某人表示了恨，往后就不能再爱了。所以假装憎恨、假装宠爱的迹象显露出来，那么阿谀奉承的人就会凭借它来诋毁或赞赏该人，即使是英明的君主，也不能再把它收回来了，更何况是把真实的感情表露给别人呢！”

35.3.9　赵王游于圃中，左右以兔与虎而辍，盻然环其眼〔1〕。王曰：“可恶哉，虎目也！”左右曰：“平阳君之目可恶过此〔2〕。见此未有害也，见平阳君之目如此者，则必死矣。”其明日，平阳君闻之，使人杀言者，而王不诛也。

【注释】

〔1〕盻：愤怒地看。环：通“圜”，圆，指瞪。

〔2〕平阳君：赵孝成王之叔父赵豹的封号。

【译文】

赵孝成王到园林中去游玩，侍从拿一只兔子给老虎吃却又中止不给了，老虎恶狠狠地圆瞪着它的眼睛。赵王说：“这老虎的眼睛真可怕啊！”侍从说：“平阳君的眼睛可怕得超过了这老虎的眼睛。看到老虎的眼睛像这样，并没有什么危害；如果看到平阳君的眼睛像这样，那就一定要死了。”在那第二天，平阳君听说了这些话，就派人杀掉了说这番话的侍从，而赵王却不责备平阳君。

35.3.10　卫君入朝于周，周行人问其号，对曰："诸侯辟疆。"周行人却之曰："诸侯不得与天子同号。"卫君乃自更曰："诸侯燬。"而后内之〔1〕。仲尼闻之，曰："远哉，禁逼！虚名不以借人，况实事乎？"

【注释】

〔1〕内：同"纳"。

【译文】

卫文公进宫朝见周天子，周王朝掌管朝见聘问的外交官问他的名号，卫文公回答说："诸侯辟疆。"周王朝的外交官拒绝他说："诸侯不能和天子用同样的名号。"卫文公就自己改了个名号说："诸侯燬。"然后这外交官才让他进了宫。孔子听到了这件事，说："禁止下属威胁到皇上，它的意义好深远啊！没有实际效用的名号都不能拿来借给别人，更何况是具有实效的权力呢？"

35.4.0　四

【译文】

对第四条经文的解说

35.4.1　摇木者一一摄其叶〔1〕，则劳而不遍；左右拊其本，而叶遍摇矣。临渊而摇木，鸟惊而高，鱼恐而下。善张网者引其纲，若一一摄万目而后得，则是劳而难；引其纲，而鱼已囊矣。故吏者，民之"本"、"纲"者也，故圣人治吏不治民。

【注释】

〔1〕摄：拉。

【译文】

摇树的人如果逐一去拿它的叶子摇动，那么即使很劳累，也不能使叶子全部抖动；如果左右拍打它的树干，那么叶子就全都晃动了。靠近深水潭来摇树，鸟便惊恐得向高处飞走，鱼便害怕得向深处游去。善于张网捕鱼的人拉渔网的纲绳；如果逐一去拉那成千上万的网眼以后才去抓鱼，那么即使很劳累，也难以捕到鱼；而拉那渔网的纲绳，那么鱼就全被兜住了。官吏这种人，是民众的“树干”、“网纲绳”，所以圣明的君主管理官吏而不去直接管理民众。

35.4.2　救火者，令吏挈壶瓮而走火，则一人之用也；操鞭棰指麾而趣使人〔1〕，则制万夫。是以圣人不亲细民，明主不躬小事。

【注释】

〔1〕趣(cù)：通“促”。

【译文】

救火的时候，如果官吏提着水罐奔赴火场，就只有一个人的作用；如果他拿着鞭子指挥并督促驱使别人，就可以控制上万个人。因此，圣明的君主不亲自管理小老百姓，不亲自处理小事情。

35.4.3　造父方耨，得有子父乘车过者〔1〕，马惊而不行，其子下车牵马，父子推车〔2〕，请造父：“助我推车！”造父因收器，辍而寄载之〔3〕，援其子之乘〔4〕，乃始检辔持策，未之用也，而马咸鹜矣。使造父而不能御，虽尽力劳身助之推车，马犹不肯行也。今身使佚，且寄载，有德于人者[5]，有术而御之也。故国者，君之车也；势者，君之马也。无术以御之，身虽劳，犹不免乱；有术以御之，身处佚乐之地，又致帝王之功也。

【注释】

〔1〕得：通“值”。

〔2〕子：当作“下”。

〔3〕辍：通“缀”。

〔4〕乘（shèng）：套在车上的马。

〔5〕有：通“又”。

【译文】

造父正在锄草，适逢有父子二人驾着马车经过，马受惊了不走，那儿子就下车牵马，父亲下来推车，还请求造父：“来帮助我们推车！”造父因而收拾农具，把它们捆好后寄放在车上，拉过那儿子牵的马，才刚刚开始检点缰绳、拿好马鞭，还没有使用它们，而马都奔跑起来了。假使造父不会驾车，即使用尽力气劳累身体帮助他们推车，马还是不肯走的。现在造父使自身得到安逸，而且把农具也寄放在车上，又对别人有恩德，这是因为有技术来驾驭马的缘故啊。那国家，是君主的车；权势，是君主的马。君主没有技术来驾驭它，自身即使劳累，国家还是免不了混乱；有技术来驾驭它，不但自身能处在安逸快乐的境地，而且还能取得称帝称王的功业。

35.4.4　椎锻者[1]，所以平不夷也；榜檠者[2]，所以矫不直也。圣人之为法也，所以平不夷、矫不直也。

【注释】

〔1〕锻：通“碫”，打铁用的砧石。

〔2〕榜檠（bēng qíng）：矫正弓弩的器具。

【译文】

锤子、砧石，是用来平整不平的工具；矫弓器，是用来矫正不直的工具。圣人制订的法律，是用来平整不平、矫正不直的工具。

35.4.5 淖齿之用齐也，擢闵王之筋；李兑之用赵也，饿杀主父。此二君者，皆不能用其“椎锻”、“榜檠”，故身死为戮而为天下笑〔1〕。

【注释】

〔1〕戮：通“僇”（lù），羞辱。

【译文】

淖齿在齐国得到任用，抽了齐闵王的筋；李兑在赵国掌权，饿死了主父。这两位君主，都不会使用他们的“锤子砧石”和“矫弓器”，所以自己死了还成为一种耻辱而被天下的人讥笑。

35.4.6 一曰：入齐，则独闻淖齿而不闻齐王；入赵，则独闻李兑而不闻赵王。故曰：人主者不操术，则威势轻而臣擅名。

【译文】

另一种说法是：进入齐国国境，就只听说淖齿而不听说齐王；进入赵国国境，就只听说李兑而不听说赵王。所以说：君主如果不掌握统治术，那么威势就会减弱而大臣就会独自拥有威望。

35.4.7 一曰：田婴相齐，人有说王者曰：“终岁之计〔1〕，王不一以数日之间自听之，则无以知吏之奸邪得失也。"王曰："善。"田婴闻之，即遽请于王而听其计。王将听之矣，田婴令官具押券、斗石参升之计[2]。王自听计，计不胜听，罢食后，复坐，不复暮食矣。田婴复谓曰："群臣所终岁日夜不敢偷怠之事也，王以一夕听之，则群臣有为劝勉矣。"王曰："诺。"俄而王已睡矣，吏尽揄刀削其押券、升石之计。王自听之，乱乃始生。

【注释】

〔1〕计：见33.4.2注。

〔2〕参：三。斗石参升之计：当作"石斗升参之计"，指具备了石、斗、升这三级单位的账簿。

【译文】

另一种说法是：田婴做齐国的宰相，有个游说齐宣王的人说："一年的账簿，大王如果不亲自用几天的时间逐一清理它们，就无法了解官吏的邪恶功过。"齐王说："好。"田婴听说了这件事，就马上请齐王来清理自己的账簿。齐王将要清理他的账簿了，田婴就叫官吏准备好画过押的契约以及具备了石、斗、升这三级单位的账簿。齐王亲自清账，这些账目一下子清理不完，吃完饭以后，他又坐下来继续清账，不再吃晚饭了。田婴又对他说："群臣一年到头日日夜夜不敢马虎和懈怠的事情，大王只用一个晚上就把它们处理好了，那么群臣肯定会因此而得到鼓励了。"齐王说："行。"一会儿齐王就已入睡了，官吏便抽出刀来把那画过押的契约和记有几升几石之类的账簿全都削光了。齐王自己清理账目，祸乱就开始产生了。

35.4.8　一曰：武灵王使惠文王莅政，李兑为相，武灵王不以身躬亲杀生之柄[1]，故劫于李兑。

【注释】

〔1〕以：使。

【译文】

另一种说法是：赵武灵王让儿子赵惠文王听政，让李兑做宰相，武灵王不使自己亲自掌握生杀之权，所以被李兑劫持了。

35.5.0 五

【译文】

对第五条经文的解说

35.5.1 兹郑子引辇上高梁而不能支。兹郑踞辕而歌，前者止，后者趋，辇乃上。使兹郑无术以致人，则身虽绝力至死，辇犹不上也。今身不至劳苦而辇以上者[1]，有术以致人之故也。

【注释】

〔1〕以：通“已”。

【译文】

兹郑子拉着车上高桥而力量不能支持，他就坐在车辕上唱歌，于是前面的行人停了下来，后面的行人赶了上来，车子就在大家的帮助下上了桥。假如兹郑没有手段来招引人，那么自己即使拼命用力到死，车子还是上不了桥。现在他自己还没有到达劳苦的程度而车子已经上了桥，是因为他有手段来招引人的缘故啊。

35.5.2 赵简主出税者，吏请轻重。简主曰：“勿轻勿重。重，则利入于上；若轻，则利归于民。吏无私利而正矣。”薄疑谓赵简主曰：“君之国中饱[1]。”简主欣然而喜，曰：“何如焉?”对曰：“府库空虚于上，百姓贫饿于下，然而奸吏富矣。”

【注释】

〔1〕国中饱：国家中层吃饱了，即国内处在君主(上)和民众(下)之间的官吏(中)富足了。简主将它理解为“国内富足了”，所以欣然而喜。

【译文】

赵简主派出收税的官吏，官吏请示收得轻一些还是重一些，简主说：“不要轻也不要重。如果收重了，那么利益就归于君主；如果收轻了，那么利益就归于民众。官吏从中捞不到私利那就收得正确了。”薄疑对赵简主说：“您的国中饱。”赵简主眉飞色舞地高兴起来，说：“怎么样?”薄疑回答说：“我是说，在上面您的国库会空虚，在下面老百姓会贫穷挨饿，然而中层的贪官污吏却富裕了。”

35.5.3　齐桓公微服以巡民家，人有年老而自养者，桓公问其故。对曰：“臣有子三人，家贫无以妻之，佣未反[1]。”桓公归，以告管仲。管仲曰：“畜积有腐弃之财，则人饥饿；宫中有怨女，则民无妻。”桓公曰：“善。”乃论宫中有妇人而嫁之。下令于民曰：“丈夫二十而室，妇人十五而嫁。”

【注释】

〔1〕反：通“返”。

【译文】

齐桓公隐蔽身份而改穿了平民百姓的衣服去视察百姓的家，看到有一个年老而靠自己料理生活的人，桓公问他其中的缘故。他回答说：“我有儿子三个，家里贫穷而无法为他们娶妻，他们受人雇佣还没有回来。”桓公回宫后，将这情况告诉了管仲。管仲说：“朝廷的积蓄中有了腐烂而丢弃的财物，那么民众就会忍饥挨饿；宫中有年长而守空房的女子，那么民众就没有妻子了。”桓公说：“说得好。”就考查了宫中所拥有的年长女子，然后把她们嫁了出去。又向民众发布命令说：“成年男子二十岁娶妻，成年女子十五岁出嫁。”

35.5.4　一曰：桓公微服而行于民间。有鹿门稷者，行年七十而无妻。桓公问管仲曰：“有民老而无妻者乎？”管仲曰：“有鹿门稷者，行年七十矣而无妻。”桓公曰：“何以令之有妻？”管仲曰：“臣闻之：上有积财，则民臣必匮乏于下；宫中有怨女，则有老而无妻者。”桓公曰：“善。”令于宫中：“女子未尝御[1]，出嫁之。”乃令男子年二十而室，女年十五而嫁。则内无怨女，外无旷夫。

【注释】

〔1〕御：(君主)使用。

【译文】

另一种说法是：齐桓公隐蔽起自己的身份而穿了便衣到民间巡视。有一个叫鹿门稷的人，经历的年头七十载了还没有妻子。桓公问管仲说：“有年老而没有妻子的老百姓吗？”管仲说：“有一个叫鹿门稷的人，活了七十岁了还没有妻子。”桓公说：“用什么办法使他有妻子？”管仲说：“我听说过这样的话：君主有积滞的财物，那么在下面臣民一定会穷困贫乏；宫中有年长而守空房的女子，那么民间就会有年老而没有妻子的人。”桓公说：“好。”就向宫中发布命令：“女子还没有和君主共寝过的，就把她嫁出去。”于是命令男子二十岁娶妻，女子十五岁出嫁。所以宫中不再有守空房的年长女子，野外不再有久不成婚的成年男子。

35.5.5 延陵卓子乘苍龙、挑文之乘〔1〕，钩饰在前，错錣在后〔2〕。马欲进则钩饰禁之，欲退则错錣贯之，马因旁出。造父过而为之泣涕，曰：“古之治人亦然矣。夫赏所以劝之，而毁存焉；罚所以禁之，而誉加焉。民中立而不知所由，此亦圣人之所为泣也。”

【注释】

〔1〕延陵：春秋时吴国地名，位于今江苏省常州市。延陵卓子：以地名为姓氏，可能是吴国人。乘(chéng)：乘车驾驭。龙：身高八尺以上的骏马。挑：通“翟”，长尾野鸡。乘(shèng)：套在车上的马。

〔2〕錣(zhuì)：鞭子前端的针。

【译文】

延陵卓子驾驭青色的八尺高的骏马以及具有长尾野鸡般花纹的好马，马络头与马嚼子安在马的前头，交错的马鞭头上的针则预备在马的后面。马想要前进，那么笼头、嚼子限制了它；想要后退，那么交错的鞭针就要刺破它；马因而向旁边跑出去。造父经过的时候为这些马哭泣流泪，说：“古代治理民众也是这样的呀。奖赏是用来勉励人们立功的，但毁谤却又夹杂在其中；刑罚是用来禁止人们犯罪的，但赞誉却又加到它头上。人们进退不得而不知道该向什么方面努力，这也就是圣人要为他们哭泣的原因啊。”

35.5.6 一曰：延陵卓子乘苍龙与翟文之乘，前则有错饰，后则有利錣策[1]，进则引之，退则策之。马前不得进，后不得退，遂避而逸，因下抽刀而刎其脚。造父见之，泣，终日不食，因仰天而叹曰："策，所以进之也，错饰在前；引，所以退之也，利錣在后。今人主以其清洁也进之，以其不适左右也退之；以其公正也誉之，以其不听从也废之。民惧，中立而不知所由，此圣人之所为泣也。"

【注释】

〔1〕策：竹制的鞭子。

【译文】

另一种说法是：延陵卓子驾驭青色的八尺高的骏马和具有长尾野鸡般花纹的好马，马的前头则有交错的马嚼子，后面则有带着锋利鞭针的马鞭，马要前进就用马嚼子拉住它，马要后退就用鞭子抽打它。马向前不能进，向后不能退，于是就避开马嚼子和鞭子向旁边乱奔，延陵卓子就下车抽出刀来斩断了它们的脚。造父看到了这种情况哭了，整天不吃东西，接着又抬头对着上天叹息说："用鞭子抽打，是用来使马前进的办法，但却有交错的马嚼子在前面拉着；拉马嚼子，是用来使马后退的办法，但却有锋利的鞭针在后面顶着。现在君主因为他廉洁而任用他，却因为他不去奉承身边的亲信而辞退他；因为他公正而称赞他，却因为他不听从自己而废黜他。人们因此而害怕了，进退不得而不知所措，这就是圣人要为他们哭泣的原因啊。"

第十五卷

难一第三十六

（第三十六篇　辩难第一编）

36.1.1　晋文公将与楚人战，召舅犯问之[1]，曰："吾将与楚人战，彼众我寡，为之奈何？"舅犯曰："臣闻之：'繁礼君子，不厌忠信；战阵之间，不厌诈伪。'君其诈之而已矣。"文公辞舅犯，因召雍季而问之[2]，曰："我将与楚人战，彼众我寡，为之奈何？"雍季对曰："焚林而田，偷取多兽，后必无兽；以诈遇民，偷取一时，后必无复。"文公曰："善。"辞雍季，以舅犯之谋与楚人战以败之。归而行爵，先雍季而后舅犯。群臣曰："城濮之事，舅犯谋也。夫用其言而后其身，可乎？"文公曰："此非君所知也[3]。夫舅犯言，一时之权也；雍季言，万世之利也。"仲尼闻之，曰："文公之霸也，宜哉！既知一时之权，又知万世之利。"

【注释】

〔1〕舅犯：即狐偃，字子犯，因为是晋文公的舅父，所以称"舅犯"。

〔2〕雍季：即公子雍，晋文公的小儿子。

〔3〕君：当作"若"，你们。

【译文】

晋文公将与楚国人打仗，召舅犯来咨询这件事，说："我将要和楚国人打仗，他们人多而我们人少，对此该怎么办？"舅犯说："我听说过这样的话：'多礼的君子，不满足地追求忠诚老实；作战的时候，却不厌烦欺骗诡诈。'您就用欺骗他们的手段好了。"文公辞退了舅犯，便召雍季来咨询这件事，说："我将要和楚国人打仗，他们人多而我们人少，对此该怎么办？"雍季回答说："焚烧树林来打猎，苟且获得了较多的野兽，但以后在这里就肯定打不到野兽了；用欺诈的手段来对待民众，苟且取得了暂时的利益，但以后肯定不能再用这种办法来获利了。"文公说："好。"辞退了雍季后，文公用舅犯的计谋和楚国人作战而把他们打败了。回来以后奖赏爵禄，先赏雍季而后赏舅犯。大臣们说："城濮的战事，是靠了舅犯的计谋。采用了他的建议而奖赏时却把他排在后面，合适吗？"文公说："这不是你们所能懂得的。舅犯的话，是暂时的权宜之计；雍季的话，才关系到流传千古的长远利益啊。"孔丘听说了这件事，说："晋文公称霸天下，是理所当然的啊！他既懂得暂时的权变，又懂得流传千古的长远利益。"

36.1.2　或曰：雍季之对，不当文公之问。凡对问者，有因问小大缓急而对也。所问高大，而对以卑狭，则明主弗受也。今文公问"以少遇众"，而对曰"后必无复"，此非所以应也。且文公不知一时之权，又不知万世之利。战而胜，则国安而身定，兵强而威立，虽有后复，莫大于此，万世之利奚患不至？战而不胜，则国亡兵弱，身死名息，拔拂今日之死不及，安暇待万世之利？待万世之利，在今日之胜；今日之胜，在诈于敌；诈敌，万世之利而已。故曰：雍季之对，不当文公之问[1]。且文公又不知舅犯之言。舅犯所谓"不厌诈伪"者，不谓诈其民，请诈其敌也。敌者，所伐之国也，后虽无复，何伤哉？文公之所以先雍季者，以其功耶？则所以胜楚破军者，舅犯之谋也。以其善言耶？则雍季乃道其“后之无复”也，此未有善言也。舅犯则以兼之矣〔2〕。舅犯曰“繁礼君子，不厌忠信”者：忠，所以爱其下也；信，所以不欺其民也。夫既以爱而不欺矣，言孰善于此？然必曰“出于诈伪”者，军旅之计也。舅犯前有善言，后有战胜，故舅犯有二功而后论，雍季无一焉而先赏。“文公之霸，不亦宜乎？”仲尼不知善赏也。

【注释】

〔1〕“故曰雍季之对不当文公之问”12 字当在上文“此非所以应也”之后，今译文移正。

〔2〕以：通“已”。

【译文】

有人说：雍季的回答，没有针对文公的询问。凡是回答问题，关键在于根据所问问题的大小缓急来回答。如果所问的问题高尚宏大，而臣下用低下狭隘的话来回答，那么英明的君主是不会接受的。现在文公问“如何用人少来对付人多”，而雍季却回答说“以后肯定不能用这种办法来获利了”，这并不是用来回答问题的话。所以说：雍季的回答，没有针对文公的询问。而且，文公既不懂得暂时的变通，又不懂得流传千古的长远利益。打仗打赢了，那么国家安全而君主本身的地位也稳定了，兵力强大而君主的威望也树立起来了，即使以后再有用这种方法来获利的情况，也不会比这次战胜敌人的利益更大的了，还忧虑什么流传千古的利益不能到来呢？如果这次战争没打赢，那么国家就会灭亡，兵力就会衰弱，君主就会身死名灭，想免除今日的死亡都还来不及，哪有空闲去等待流传千古的长远利益呢？希望获得流传千古的长远利益，关键就在于今日的胜利；而要取得今日的胜利，就在于欺骗敌人；所以欺骗敌人，也就成全了流传千古的长远利益。再说，文公也没有懂得舅犯的话。舅犯所谓“不厌烦欺骗诡诈”，并不是说要欺骗自己的民众，而是请文公去欺骗自己的敌人。敌人，是自己所要讨伐的国家，以后即使不能再用这样的办法去获利，又有什么损害呢？文公之所以先赏雍季，是因为他有功劳吗？但是用来战胜楚国打败楚军的，是舅犯的计谋啊。是因为他说了有用的好话吗？但雍季就说了那一句“以后不能再用这种办法来获利”，他这个人并没有说什么有用的好话啊。舅犯倒已经兼有了功劳和很好的言论，舅犯所说的“多礼的君子，不满足地追求忠诚老实”：这忠诚，是用来爱护自己的部下的；这老实，是用来不欺骗自己的民众的。已经爱护部下而不欺骗民众了，还有什么言论比这更好的呢？但他一定要说“战胜楚军的办法来自欺骗诡诈”，那是军队打仗的计谋啊。舅犯在战前讲了有用的好话，在后来又有了使战争获胜的实绩，所以舅犯有了两样功劳，但却被放在后面加以评定奖赏；雍季在言论和实绩方面一样功劳都没有，却先受到了奖赏。孔丘还说什么“文公称霸天下，不也是应该的吗？”孔丘实在不懂得什么是正确的奖赏啊。

36.2.1　历山之农者侵畔，舜往耕焉，期年，甽亩正。河滨之渔者争坻，舜往渔焉，期年而让长。东夷之陶者器苦窳[1]，舜往陶焉，期年而器牢。仲尼叹曰：“耕、渔与陶，非舜官也，而舜往为之者，所以救败也。舜其信仁乎！乃躬藉处苦而民从之[2]。故曰：圣人之德化乎！”

【注释】

〔1〕苦(gǔ)：通“盬”，粗劣。窳(yǔ)：粗劣，不坚实。

〔2〕藉：践踏。

【译文】

历山一带的农夫互相侵占田界，舜就到那里去耕种，一周年后，田界就被端正了。黄河边上的渔民互相争夺钓鱼时凭靠的河中高地，舜到那里去捕鱼，一周年后，大家就把好地方谦让给年纪大的人了。东方部落的制陶工人做出来的陶器粗劣不坚固，舜到那里去制作陶器，一周年后，做出来的陶器就牢固了。孔丘赞叹说："耕田、捕鱼和制造陶器，都不是舜的职事，而舜去干这些事情，是为了纠正那里的弊病。舜这个人确实仁厚啊！如此亲身来到这些艰苦的地方，因而民众都跟着效法他。所以说：圣人用道德去感化人啊！"

36.2.2　或问儒者曰："方此时也，尧安在？"其人曰："尧为天子。""然则仲尼之圣尧奈何？圣人明察在上位，将使天下无奸也。今耕渔不争，陶器不窳，舜又何德而化？舜之救败也，则是尧有失也。贤舜，则去尧之明察；圣尧，则去舜之德化：不可两得也。楚人有鬻楯与矛者，誉之曰：'吾楯之坚，莫能陷也。'又誉其矛曰：'吾矛之利，于物无不陷也。'或曰：'以子之矛陷子之楯，何如？'其人弗能应也。夫不可陷之楯与无不陷之矛，不可同世而立。今尧、舜之不可两誉，矛楯之说也。且舜救败，期年已一过，三年已三过。舜有尽，寿有尽，天下过无已者；以有尽逐无已，所止者寡矣。赏罚，使天下必行之。令曰：'中程者赏〔1〕，弗中程者诛。'令朝至暮变，暮至朝变，十日而海内毕矣，奚待期年？舜犹不以此说尧令从己〔2〕，乃躬亲，不亦无术乎？且夫以身为苦而后化民者，尧、舜之所难也；处势而骄下者〔3〕，庸主之所易也。将治天下，释庸主之所易，道尧、舜之所难[4]，未可与为政也。”

【注释】

〔1〕中(zhòng)：符合。程：度，指法度。

〔2〕已：此，指法令。

〔3〕骄：当作“矫”。

〔4〕道：由。

【译文】

有人问儒家的学者说：“在这个时候，尧在哪里?”那学者说：“尧做天子。”“这样的话，那么孔丘认为尧圣明又怎么解释呢？圣人处在君位上明察一切，就会使天下没有奸诈邪恶。如果种地的、捕鱼的没有争执，陶器不粗劣，舜又何必用道德去感化他们呢？舜去纠正弊病，那就是尧有过失。如果认为舜贤能，那就得否定尧的明察；如果认为尧圣明，那就得否定舜的用道德去感化：不可两者都加以肯定。楚国有个卖盾和矛的人，夸耀他的盾说：‘我的盾这样坚固，没有什么东西能刺穿它。’又赞誉他的矛说：‘我的矛这般锋利，对于任何东西它没有刺不穿的。’有人问：‘用你的矛刺你的盾，怎么样?’那人就不能回答了。那不可能被刺穿的盾和没有什么东西不能刺穿的矛，是不可能同时存在的。现在尧和舜不可以同时被赞誉，就像这矛和盾不可以同时被赞誉的说法一样。而且舜去纠正弊病，一年纠正一个过错，三年纠正三个过错。舜这样的人为数有限，人的寿命也有限，而天下的过错却没有个尽头；拿有限的贤人和寿命去克服无穷无尽的过错，被纠正的过错也就很少了。实行赏罚，可以使天下的人不得不遵行法度。只要下道命令说：‘符合法度的就奖赏，不符合法度的就惩处。’命令在早晨传达到，过错到傍晚就能改正；命令在傍晚传达到，过错到第二天早晨就能改正；十天时间而全国的过错就可以全部纠正了，哪里要等一年呢？舜也不拿这种道理去劝说尧来使天下的人服从法令，却去亲自操劳，不也是太没有手段了么？况且那种使自己受苦然后去感化民众的做法，是尧、舜也难以做到的；而掌握了权势去纠正臣民过错的方法，是平庸的君主也容易做到的。要治理天下，放弃平庸的君主都容易做到的方法，而去遵行尧、舜都难以做到的办法，这种人是不能和他搞政治的啊。”

36.3.1　管仲有病，桓公往问之，曰：“仲父病，不幸卒于大命，将奚以告寡人?”管仲曰：“微君言，臣故将谒之[1]。愿君去竖刁，除易牙，远卫公子开方。易牙为君主味，君惟人肉未尝，易牙烝其子首而进之[2]。夫人情莫不爱其子，今弗爱其子，安能爱君？君妒而好内，竖刁自宫以治内。人情莫不爱其身，身且不爱，安能爱君？开方事君十五年，齐、卫之间不容数日行，弃其母，久宦不归。其母不爱，安能爱君？臣闻之：‘矜伪不长[3]，盖虚不久。’愿君去此三子者也。”管仲卒死，桓公弗行。及桓公死，虫出尸不葬[4]。

【注释】

〔1〕故：通“固”。

〔2〕烝：通“蒸”。

〔3〕矜：当作“務”，从事。

〔4〕尸：当作“户”。

【译文】

管仲生了重病，桓公去问候他，说：“仲父病得厉害，假如您不幸地由于自然寿数的关系要去世了，将用什么来劝告我呢?”管仲说：“没有您的问话，我本来也要告诉您。希望您去掉竖刁，除掉易牙，疏远卫国公子开方。易牙为您主管伙食，您只有人肉还没有吃过，易牙就把自己儿子的头蒸了进献给您。人的感情没有不爱自己儿子的，现在他不爱自己的儿子，哪会爱君主呢？您忌妒卿大夫而爱好后宫的女色，竖刁就自己割去了睾丸来管理后宫。人的本性没有不爱自己身体的，自己的身体尚且不爱，哪能爱君主呢？开方侍奉您十五年，齐国、卫国之间要不了几天的行程，他却抛弃了他的母亲，长期在外做官而不回家探望。自己的母亲都不爱，哪能爱君主呢？我听说过这样的话：'弄虚作假，不会长远；掩盖漏洞，不会持久。'请君主除去这三个人。"管仲最终死了，桓公没按管仲的话去做。等到桓公死了，尸体上的蛆虫爬出了门也没有人收葬。

36.3.2　或曰：管仲所以见告桓公者，非有度者之言也。所以去竖刁、易牙者，以不爱其身、适君之欲也。曰："不爱其身，安能爱君？"然则臣有尽死力以为其主者，管仲将弗用也。曰："不爱其死力，安能爱君？"是欲君去忠臣也。且以不爱其身度其不爱其君，是将以管仲之不能死公子纠度其不死桓公也，是管仲亦在所去之域矣。明主之道不然，设民所欲以求其功，故为爵禄以劝之；设民所恶以禁其奸，故为刑罚以威之。庆赏信而刑罚必，故君举功于臣，而奸不用于上，虽有竖刁，其奈君何？且臣尽死力以与君市，君垂爵禄以与臣市。君臣之际，非父子之亲也，计数之所出也。君有道，则臣尽力而奸不生；无道，则臣上塞主明而下成私。管仲非明此度数于桓公也，使去竖刁，一竖刁又至，非绝奸之道也。且桓公所以身死虫流出尸不葬者，是臣重也。臣重之实，擅主也。有擅主之臣，则君令不下究，臣情不上通。一人之力能隔君臣之间，使善败不闻，祸福不通，故有不葬之患也。明主之道：一人不兼官，一官不兼事；卑贱不待尊贵而进，大臣不因左右而见；百官修通，群臣辐凑[1]；有赏者君见其功，有罚者君知其罪。见知不悖于前，赏罚不弊于后[2]，安有不葬之患？管仲非明此言于桓公也，使去三子，故曰：管仲无度矣。

【注释】

〔1〕辐凑：见8.6注。

〔2〕弊：通“蔽”。

【译文】

有人说：管仲用来面告桓公的，并不是懂法度的人所说的话。管仲要除去竖刁、易牙的原因，是因为他们不爱自身而去迎合君主的欲望。管仲说：“不爱他自身，哪会爱君主?”这样的话，那么臣下有为他们君主拼命出力的人，管仲就不会任用了。因为管仲会说：“不爱自己的生命和气力，哪会爱君主呢?”这是要君主去掉忠臣啊。况且用不爱他自身来推断他不爱他的君主，这样的话，就会用管仲不能为公子纠而死来推断出他不能为桓公而死，那么管仲也在被革除的范围之内了。英明君主的治国原则不是这样，而是设置臣民想要得到的东西来争取他们为自己立功，所以制定了爵位俸禄来鼓励他们；设置臣民厌恶的东西来禁止他们为非作歹，所以建立了刑罚来威吓他们。奖赏守信用而刑罚一定执行，所以君主能在臣子中选拔有功的人，而奸邪的人不会被君主任用，即使有竖刁那样的人，他们又能把君主怎么样呢？况且臣子拼死出力来和君主换取爵位俸禄，君主陈列了爵位俸禄来和臣下换取智慧气力。君臣之间，并没有父子之间的骨肉之亲，而是以互相计算利害得失为出发点的。君主如果掌握了治国的方法，那么臣下就会为君主竭尽全力而奸邪也不会产生；君主如果没有掌握治国的方法，那么臣下就会对上堵塞君主的明察而在下面成就自己的私利。管仲不是向桓公讲清这种法术，而是让他除掉竖刁，但除掉了一个竖刁，另一个竖刁又会出现，所以这决不是消灭奸邪的办法。而且，桓公之所以自己死后尸体上的蛆虫爬出了门还不得安葬，这是因为臣下的权力太大。臣下权大的结果，就是控制君主。有了控制君主的臣子，那么君主的命令就不能向下贯彻到底，群臣的情况也不会向上通报到君主。他一个人的力量能够隔开君主与臣下之间的联系，使君主听不到好坏，不知道祸福，所以君主会有齐桓公那种不得安葬的祸患。英明君主的治国原则是：每一个臣子不兼任其他的官职，每一个官职不兼管其他的事情；地位低下的人不必等待地位高贵的人来推荐，大臣不必依靠君主身边的亲信来引见；百官整饬而君主通晓他们的情况，群臣就像车轮上的辐条聚集在车毂上那样归附君主；受到奖赏的人，君主一定看到了他的功劳；受到惩罚的人，君主一定了解他的罪过。在赏罚之前君主对功过的观察了解不糊涂，那么在后来实行赏罚时就不会受蒙蔽了，怎么会有桓公那种不得安葬的祸患呢？管仲不是向桓公讲清这个道理，而是叫他除掉三个人，所以说：管仲不懂得法度。

36.4.1　襄子围于晋阳中[1]，出围，赏有功者五人，高赫为赏首。张孟谈曰："晋阳之事，赫无大功，今为赏首，何也？"襄子曰："晋阳之事，寡人国家危，社稷殆矣。吾群臣无有不骄侮之意者，惟赫子不失君臣之礼，是以先之。"仲尼闻之曰："善赏哉！襄子赏一人而天下为人臣者莫敢失礼矣。"

【注释】

〔1〕襄子围于晋阳：参见10.5及注。

【译文】

赵襄子被包围在晋阳城中，破围后，奖赏有功的人五个，高赫成为受赏的第一人。张孟谈说："晋阳的战事，高赫并没有大功，现在他成为受赏的第一人，为什么呢？"襄子说："晋阳的战事，我的国家危急，政权危险了。我的大臣们都有倨傲轻慢的意思，只有赫先生没有丧失君臣之间的礼节，因此先奖赏他。"孔子听到这件事以后说："善于奖赏啊！襄子奖赏了一个人而天下做臣子的都不敢失礼了。"

36.4.2　或曰：仲尼不知善赏矣。夫善赏罚者，百官不敢侵职，群臣不敢失礼。上设其法，而下无奸诈之心。如此，则可谓善赏罚矣。使襄子于晋阳也，令不行，禁不止，是襄子无国、晋阳无君也，尚谁与守哉？今襄子于晋阳也，知氏灌之，臼灶生龟，而民无反心，是君臣亲也。襄子有君臣亲之泽，操令行禁止之法，而犹有骄侮之臣，是襄子失罚也。为人臣者，乘事而有功则赏〔1〕。今赫仅不骄侮，而襄子赏之，是失赏也。明主赏不加于无功，罚不加于无罪。今襄子不诛骄侮之臣，而赏无功之赫，安在襄子之善赏也？故曰：仲尼不知善赏。

【注释】

〔1〕乘：计算。

【译文】

有人说：孔子不懂得什么是善于奖赏了。善于赏罚的话，百官不敢侵犯他人的职权，群臣不敢丧失礼节。君主设置了那法制，臣下便不再有奸诈的念头。像这样，才可以说是善于赏罚了。假如襄子在晋阳的时候，命令不能贯彻执行，禁令不能起制约作用，这就等于襄子失去了国家政权、晋阳没有了君主，襄子还和谁一起去守城呢？现在襄子在晋阳的时候，智伯引晋水灌淹晋阳城，城中石臼和锅灶里都生出了乌龟，而民众仍没有背叛的念头，这是君臣之间相亲的表现啊。襄子有了君臣相亲的德泽，掌握了有令必行有禁必止的法制，却还有倨傲轻慢的臣子，这是因为襄子没有正确地使用刑罚啊。做臣子的，君主计算考核他做的事情，如果有功就给予奖赏。现在高赫只是不倨傲轻慢，而襄子就奖赏他，这是错误的奖赏啊。英明的君主，奖赏不授予无功的人，刑罚不加给无辜的人。现在赵襄子不惩处倨傲轻慢的臣子，却奖赏没有功劳的高赫，襄子的善于奖赏表现在哪里呢？所以说：孔子不懂得什么是善于奖赏。

36.5.1　晋平公与群臣饮，饮酣，乃喟然叹曰："莫乐为人君，惟其言而莫之违。"师旷侍坐于前，援琴撞之。公披衽而避，琴坏于壁。公曰："太师谁撞[1]？"师旷曰："今者有小人言于侧者，故撞之。"公曰："寡人也。"师旷曰："哑！是非君人者之言也。"左右请除之，公曰："释之，以为寡人戒。"

【注释】

〔1〕太师：古代乐官之长称"太师"，这里是称师旷。

【译文】

晋平公和群臣喝酒，酒喝得畅快的时候，就感慨地赞叹说："没有比做君主更快乐的了，只有君主的话是没有人敢违背的。"师旷在平公跟前陪坐，便拿过琴来扔他。平公撩开衣襟躲避，琴撞坏在墙上。平公说："太师扔谁？"师旷说："现在有个小人在旁边说话，所以我扔他。"平公说："说话的是我呀。"师旷说："啊呀！这不该是做君主的人所说的话啊。"平公身边的侍从请平公除掉师旷，平公说："放了他，把这件事作为我的鉴戒吧。"

36.5.2　或曰：平公失君道，师旷失臣礼。夫非其行而诛其身，君之于臣也；非其行则陈其言，善谏不听则远其身者，臣之于君也。今师旷非平公之行，不陈人臣之谏，而行人主之诛，举琴而亲其体，是逆上下之位，而失人臣之礼也。夫为人臣者，君有过则谏，谏不听则轻爵禄以待之，此人臣之礼义也。今师旷非平公之过，举琴而亲其体，虽严父不加于子，而师旷行之于君，此大逆之术也。臣行大逆，平公喜而听之，是失君道也。故平公之迹不可明也，使人主过于听而不悟其失；师旷之行亦不可明也，使奸臣袭极谏而饰弑君之道。不可谓两明〔1〕，此为两过。故曰：平公失君道，师旷亦失臣礼矣。

【注释】

〔1〕谓：通“为”，被。

【译文】

有人说：晋平公失去了做君主的原则，师旷失去了当臣子的礼节。认为他的行为不对就惩处他本身，这是君主对臣下的做法；认为他的行为不对就陈述自己的意见，好好地加以劝说而不被听从就远远地离开他本身，这是臣子对君主的做法。现在师旷认为平公的行为不对，不去陈述臣子的劝告，却采用了君主才可使用的惩处办法，举起琴来向平公的身体上扔过去，这是颠倒了君臣的位置，而丧失了臣下的礼节。做臣子的，君主有过错就规劝，规劝不被听从就看轻爵位俸禄辞去官职来等待君主的省悟，这是臣下的礼节和行为准则。现在师旷责备平公的过错，举起琴来向他的身体上扔过去，即使是严厉的父亲也不会把这样的手段施加到儿子头上，而师旷却对君主采取了这样的手段，这是大逆不道的做法啊。臣子干了大逆不道的事，平公却高兴地听从他，这是失去了做君主的原则啊。所以平公的事迹不可加以宣扬，因为它会使君主在听取意见方面犯错误而又觉察不到自己的失误；师旷的行为也不可加以宣扬，因为它会使奸臣袭用尽力规劝君主的美名来掩饰杀君的行径。平公、师旷的行为不可以被双双宣扬，因为这是两种过错。所以说：平公失去了做君主的原则，师旷也失去了当臣子的礼节。

36.6.1　齐桓公时，有处士曰小臣稷[1]，桓公三往而弗得见。桓公曰："吾闻布衣之士不轻爵禄，无以易万乘之主；万乘之主不好仁义，亦无以下布衣之士。"于是五往乃得见之。

【注释】

〔1〕小臣：复姓。稷：人名。

【译文】

齐桓公的时候，有个没有做官的读书人叫小臣稷，桓公去拜访了三次也没能见到。桓公说："我听说身穿布衣的平民百姓如果不看轻爵位俸禄，那就没有什么可以用来轻视拥有万辆兵车的大国的君主；大国的君主如果不爱好仁义，也就不能谦卑地尊重平民百姓。"于是去了五次才算见到了小臣稷。

36.6.2　或曰：桓公不知仁义。夫仁义者，忧天下之害，趋一国之患，不避卑辱，谓之仁义。故伊尹以中国为乱，道为宰于汤[1]；百里奚以秦为乱，道为虏于穆公。皆忧天下之害，趋一国之患，不辞卑辱，故谓之仁义。今桓公以万乘之势，下匹夫之士，将与忧齐国，而小臣不行，见小臣之忘民也。忘民不可谓仁义。仁义者，不失人臣之礼，不败君臣之位者也。是故四封之内，执会而朝名曰“臣”〔2〕，臣吏分职受事名曰“萌”〔3〕。今小臣在民萌之众，而逆君上之欲，故不可谓仁义。仁义不在焉，桓公又从而礼之。使小臣有智能而遁桓公，是隐也，宜刑；若无智能而虚骄矜桓公，是诬也，宜戮。小臣之行，非刑则戮。桓公不能领臣主之理而礼刑戮之人，是桓公以轻上侮君之俗教于齐国也，非所以为治也。故曰：桓公不知仁义。

【注释】

〔1〕道：由。于：当作“干”。

〔2〕会：当作“禽”，鸟兽的总称。根据周代的礼制，臣下朝见尊长时，必须拿一定品种的禽类作为礼物相赠，以表示顺服，即所谓“执禽而朝”。

〔3〕受：同“授”。萌：见1.4注。

【译文】

有人说：桓公不懂得仁义。所谓仁义，就是为天下的祸害而担忧，为全国的患难而奔忙，不回避卑贱的地位和屈辱的待遇，这才叫做仁义。所以伊尹认为中原地区混乱，就通过做厨师的途径来求得商汤的任用；百里奚认为秦国混乱，就通过当奴隶的途径来求得秦穆公的任用。他们都为天下的祸害而担忧，为全国的患难而奔忙，不推辞卑贱的地位和屈辱的待遇，所以说他们有仁义的德行。现在桓公凭借着大国的权势，谦卑地去尊重一个身为平民的读书人，要和他一起操劳齐国的事情，但小臣稷却不愿出来做官，可见小臣稷忘记了民众。忘记了民众是不可以称为仁义的。所谓仁义，就是不失掉臣子的礼节，不败坏君臣之间的等级名位。所以在四面国境之内，拿着鸟兽作为礼物而朝见君主的名叫"臣"，由臣子的下属官吏按不同职业而授予事务的名叫"萌"。现在小臣稷是处在民萌地位的群众，却违背君主的意愿，所以是不可以称为仁义的。仁义不存在于他身上，桓公却还去尊敬他。假如小臣稷有了智慧才能而回避桓公，这是隐居而不愿为君主出力，那就应当处以刑罚；如果他没有智慧才能而虚伪地在桓公面前骄傲自大，这就是在欺骗君主，那就应当把他杀掉。小臣稷的行为，不是该用刑就是该杀戮。桓公不能整治君臣之间的伦理而去敬重应该受刑被杀的人，这是桓公用轻视皇上侮慢君主的习俗去教化齐国，这决不是搞政治的办法。所以说：桓公不懂得仁义。

36.7.1　靡笄之役〔1〕，韩献子将斩人〔2〕。郄献子闻之〔3〕，驾往救之。比至，则已斩之矣。郄子因曰："胡不以徇?"其仆曰："曩不将救之乎?"郄子曰："吾敢不分谤乎?"

【注释】

〔1〕靡笄(jī)：山名，在今山东历城县南。

〔2〕韩献子：名厥，当时任司马。

〔3〕郄(xì)献子：名克，当时任中军主将。

【译文】

在靡笄的战役中，韩献子将要处决一个人，郄献子听到这消息，驾着马车去救他。等赶到，韩献子早就已经把他杀了。郄献子便说："什么不拿他的尸体巡行示众?"郄献子的车夫说："先前您不是要救他吗？怎么变卦了?"郄献子说："我敢不为韩献子分担别人的指责吗?"

36.7.2　或曰：郄子言，不可不察也，非分谤也。

韩子之所斩也，若罪人，则不可救，救罪人，法之所以败也，法败，则国乱；若非罪人，则劝之以徇[1]，劝之以徇，是重不辜也，重不辜，民所以起怨者也，民怨，则国危。郄子之言，非危则乱，不可不察也。且韩子之所斩若罪人，郄子奚分焉？斩若非罪人，则已斩之矣，而郄子乃至，是韩子之谤已成而郄子且后至也。夫郄子曰“以徇”，不足以分斩人之谤，而又生徇之谤，是子言分谤也？昔者纣为炮烙，崇侯、恶来又曰斩涉者之胫也[2]，奚分于纣之谤？且民之望于上也甚矣，韩子弗得，且望郄子之得之也；今郄子俱弗得，则民绝望于上矣。故曰：郄子之言非分谤也，益谤也。且郄子之往救罪也，以韩子为非也；不道其所以为非，而劝之“以徇”，是使韩子不知其过也。夫下使民望绝于上，又使韩子不知其失，吾未得郄子之所以分谤者也。

【注释】

〔1〕则劝之以徇：当作“则不可劝之以徇”。

〔2〕崇侯、恶来：见23.7注。

【译文】

有人说：郄献子的话，不可以不加审察，因为它不是在分担人们对韩献子的指责。韩献子所杀的，如果是有罪之人，就不可以去救他，因为救有罪的人，是法制败坏的原因，法制败坏了，那么国家就会混乱；如果不是有罪之人，就不可以劝韩献子拿他的尸体示众，劝韩献子拿他的尸体示众，这是在从重惩处无罪的人，从重惩处无罪的人，这是民众产生怨恨的原因，民众怨恨，那么国家就危险了。郄献子的话，不是使国家危险就会使国家混乱，所以不可以不加审察。况且韩献子所杀的如果是有罪之人，郄献子要为韩献子分担什么指责呢？韩献子所杀的如果不是有罪之人，那么韩献子已经把他斩了，而郄献子才赶到，这样韩献子的被指责已成了定局而郄献子则后到了，又怎么能为韩献子分担指责呢？郄献子说“拿尸体示众”，这不但不能够用来分担杀人所招致的指责，反而又增添了人们对暴尸示众的指责，这就是郄献子所说的分担指责吗？从前纣设置了用烧红的铜格活活烤杀人的酷刑，崇侯、恶来又建议砍掉蹚水者的小腿，这哪能分担人们对纣的指责呢？况且民众对上面依法办事的希望已经很强烈了，韩献子没有能满足民众希望，民众又希望郄献子能做到这一点；现在郄献子同样没能做到，那么民众对上面就绝望了。所以说：郄献子的话不是在分担人们对韩献子的指责，而是增加了人们的指责。再说，郄献子去解救被惩处的人，是认为韩献子错了：但郄献子不说明韩献子为什么是错的，却劝他“拿尸体示众”，这是使韩献子不知道自己的过失。使下面的民众对上层统治者的希望断绝了，又使韩献子不知道自己的过失，我不明白郄献子是怎样来分担指责的。

36.8.1 桓公解管仲之束缚而相之。管仲曰：“臣有宠矣，然而臣卑。”公曰：“使子立高、国之上〔1〕。”管仲曰：“臣贵矣，然而臣贫。”公曰：“使子有三归之家〔2〕。”管仲曰：“臣富矣，然而臣疏。”于是立以为“仲父”。霄略曰：“管仲以贱为不可以治国〔3〕，故请高、国之上；以贫为不可以治富，故请三归；以疏为不可以治亲，故处‘仲父’。管仲非贪，以便治也。”

【注释】

〔1〕高、国：见33.5.3注。

〔2〕三归：见33.5.3注。

〔3〕国：当作“贵”。

【译文】

齐桓公解开了管仲身上的捆绑绳索而让他做了相国。管仲说："我得到宠爱了，但是我的地位还很低。"桓公说："使您位于高氏、国氏两大贵族之上。"管仲说："我的地位高了，但是我还贫穷。"桓公说："使您拥有俸禄与国民收入的三成相当的食邑。"管仲说："我富了，但是我和君主的关系还很疏远。"于是桓公就把他立为"仲父"。霄略说："管仲认为卑贱者是不能够用来管理高贵者的，所以要求位于高氏、国氏两大贵族之上；认为穷人是不能够用来管理富人的，所以请求拥有与国民收入三成相当的俸禄；认为和君主关系疏远的人是不能够用来管理和君主关系亲近的人的，所以要让桓公称自己为'仲父'。管仲并不是贪婪，而只是为了便于管理啊。"

36.8.2　或曰：今使臧获奉君令诏卿相，莫敢不听，非卿相卑而臧获尊也，主令所加，莫敢不从也。今使管仲之治不缘桓公——是无君也[1]，国无君不可以为治。若负桓公之威，下桓公之令——是臧获之所以信也[2]，奚待高、国、"仲父"之尊而后行哉？当世之行事、都丞之下征令者，不辟尊贵[3]，不就卑贱。故行之而法者，虽巷伯信乎卿相；行之而非法者，虽大吏诎乎民萌[4]。今管仲不务尊主明法，而事增宠益爵，是非管仲贪欲富贵，必暗而不知术也。故曰：管仲有失行，霄略有过誉。

【注释】

〔1〕缘：因。

〔2〕信（shēn）：通"伸"，指舒展自己的意志，使别人服从。

〔3〕辟：通"避"。

〔4〕诎：通"屈"。

【译文】

有人说：现在如果让奴婢带着君主的命令去诏告卿相，没有谁敢不听从，这不是因为卿相卑贱而奴婢尊贵，而是因为君主的命令压下来，没有谁敢不服从。现在如果使管仲治国时不依靠桓公——这等于没有君主，国家没有君主就不能进行治理。如果依仗桓公的威势，下达桓公的命令——这是奴婢使卿相服从的办法，为什么要等有了高氏、国氏、“仲父”那样的尊贵地位以后才能办事呢？当代的行事、都丞这种向下传达君主征召命令的小官虽然卑贱，也不会回避尊贵的人，不会专去找卑贱的人。所以，办事符合法令，即使是宦官也可以使卿相服从；办事不符合法令，即使是大官也会屈服于平民。现在管仲不致力于尊敬君主、彰明法令，却从事于增进自己的宠信、增加自己的爵禄，这样做，如果不是管仲贪图富贵，那就一定是他愚昧而不懂得治国的方法。所以说：管仲有错误的行为，霄略有错误的赞誉。

36.9.1　韩宣王问于樛留：“吾欲两用公仲、公叔〔1〕，其可乎?”樛留对曰：“昔魏两用楼、翟而亡西河〔2〕，楚两用昭、景而亡鄢、郢〔3〕。今君两用公仲、公叔，此必将争事而外市，则国必忧矣。”

【注释】

〔1〕公仲、公叔：见22.14注。

〔2〕楼、翟(zhái)：楼鼻、翟强。西河：见3.2注。

〔3〕昭、景：昭氏、景氏，楚国两大贵族。鄢(yān)：楚国大城市，位于今湖北省宜城市南。郢(yǐng)：楚国国都，位于今湖北省江陵市北。

【译文】

韩宣王问樛留：“我想同时重用公仲朋和公叔伯婴，可以吗?”樛留回答说:“从前魏王同时重用楼鼻、翟强而失去了西河郡,楚王同时重用昭氏、景氏而失去了鄢、郢。现在如果您同时重用公仲朋、公叔伯婴,这必将使他们争权夺利而和外国勾结搞交易,那么国家就一定要有忧患了。”

36.9.2　或曰:昔者齐桓公两用管仲、鲍叔〔1〕,成汤两用伊尹、仲虺〔2〕。夫两用臣者国之忧,则是桓公不霸、成汤不王也。湣王一用淖齿〔3〕,而身死乎东庙〔4〕;主父一用李兑〔5〕,减食而死。主有术,两用不为患;无术,两用则争事而外市,一则专制而劫弑。今留无术以规上,使其主去两用一,是不有西河、鄢、郢之忧,则必有身死、减食之患。是樛留未有善以知言也〔6〕。

【注释】

〔1〕管仲:见3.2注。鲍叔:见10.8注。

〔2〕伊尹:见3.2注。仲虺:汤的左相。

〔3〕湣王、淖齿:见14.8注。

〔4〕东庙:齐国君主的宗庙,位于今山东省莒县境内。

〔5〕主父、李兑:见14.8注。

〔6〕以:犹“而”。知:通“智”。

【译文】

有人说:从前齐桓公同时重用管仲、鲍叔牙,成汤同时重用伊尹、仲虺。如果同时重用两个大臣就成了国家的忧患,那么齐桓公就不能称霸、成汤就不能称王了。齐湣王专用淖齿,而自身被杀死在东庙;主父专用李兑,结果被减少食物而饿死了。君主如果有手段,那么同时重用两个人并不会成为祸患;如果没有手段,那么同时重用两个人就会使他们争权夺利而和外国搞交易,专用一个人就会使他独揽大权而挟持、杀掉君主。现在樛留拿不出什么统治手段来规劝君主，却让他的君主抛弃同时重用两个人的办法而只重用一个人，这样，就是没有了丧失西河、鄢、郢的忧患，却一定会有杀身、饿死的祸患。这样看来，樛留并没有有用而又明智的建议啊。

难二第三十七

（第三十七篇　辩难第二编）

37.1.1　景公过晏子，曰："子宫小，近市，请徙子家豫章之圃。"晏子再拜而辞曰："且婴家贫，待市食，而朝暮趋之，不可以远。"景公笑曰："子家习市，识贵贱乎？"是时景公繁于刑。晏子对曰："踊贵而屦贱。"景公曰："何故？"对曰："刑多也。"景公造然变色[1]，曰："寡人其暴乎？"于是损刑五。

【注释】

〔1〕造然：通"慼（cù）然"，惊恐不安的样子。

【译文】

齐景公去探望晏子，说："您的住房很小，又靠近市场，请让我把您的家搬迁到豫章的园林中去吧。"晏子拜了两次而辞谢说："我晏婴家里贫穷，依靠购买食物过日子，因而早晨傍晚都要赶到集市上去，不可以远离它呀。"景公笑着说："您家熟悉市场行情，可知道什么东西昂贵、什么东西便宜吗？"这时景公多用刑，所以晏子回答说："假脚昂贵而鞋子便宜。"景公说："这是什么缘故？"晏子回答说："是因为刑罚用得太多了。"景公惊恐不安地变了脸色，说："我难道暴虐吗？"于是减去了五种刑罚。

37.1.2　或曰：晏子之贵踊，非其诚也，欲便辞以止多刑也[1]。此不察治之患也。夫刑当无多，不当无少。无以不当闻，而以太多说，无术之患也。败军之诛以千百数，犹北不止；即治乱之刑如恐不胜[2]，而奸尚不尽。今晏子不察其当否，而以太多为说，不亦妄乎？夫惜草茅者耗禾穗，惠盗贼者伤良民。今缓刑罚，行宽惠，是利奸邪而害善人也，此非所以为治也。

【注释】

〔1〕便(pián)：巧辩。

〔2〕即：则。胜：尽。

【译文】

有人说：晏子说假脚昂贵，这并不是他的真心话，而是想用巧妙的话来制止繁多的刑罚。这是晏子不懂得政治而造成的过错。用刑恰当，无所谓多；用刑不当，无所谓少。晏子不以用刑不当去汇报，而以用刑太多去劝说，这是不懂得统治术所造成的过错啊。打了败仗的军队被杀掉的人数以千计，但还是败逃不止；可见治理祸乱的刑罚只怕用得不到家，而奸邪还是不能除尽。现在晏子不去考察景公的用刑是否恰当，却以用刑太多进行劝说，不也是很荒唐的吗？爱惜茅草就会损害庄稼，慈爱盗贼就会伤害良民。现在如果放松刑罚，奉行宽厚仁爱之道，这是在便利坏人而伤害好人啊，这决不是用来治理国家的办法。

37.2.1　齐桓公饮酒醉，遗其冠，耻之，三日不朝。管仲曰："此非有国之耻也[1]？公胡其不雪之以政？"公曰："胡其善！"因发仓囷赐贫穷，论囹圄出薄罪。处三日而民歌之曰："公胡不复遗冠乎？"

【注释】

〔1〕也：通“耶”。

【译文】

齐桓公喝酒喝醉了，丢失了自己的帽子，为此而感到耻辱，三天没上朝听政。管仲说：“这不是拥有国家政权者的耻辱吗？您为什么不用搞好政事来洗刷它呢？”桓公说：“您的建议怎么这样好！”于是打开粮仓谷囤把粮食赐给贫穷的人，审查监狱把犯轻罪的人释放了。过了三天民众便为此唱道：“桓公为什么不再丢失帽子呢？”

37.2.2　或曰：管仲雪桓公之耻于小人，而生桓公之耻于君子矣。使桓公发仓囷而赐贫穷、论囹圄而出薄罪非义也，不可以雪耻；使之而义也，桓公宿义，须遗冠而后行之，则是桓公行义非为遗冠也？是虽雪遗冠之耻于小人，而亦遗义之耻于君子矣〔1〕。且夫发囷仓而赐贫穷者，是赏无功也；论囹圄而出薄罪者，是不诛过也。夫赏无功，则民偷幸而望于上；不诛过，则民不惩而易为非〔2〕。此乱之本也，安可以雪耻哉？

【注释】

〔1〕亦遗义之耻于君子：当作“亦生遗义之耻于君子”。

〔2〕惩：受到惩处后内心戒惧。

【译文】

有人说：管仲在小人之中洗刷了桓公的耻辱，却在君子之中平添了桓公的耻辱。假如桓公打开粮仓谷囤把粮食赐给贫穷的人、审查监狱把犯轻罪的人放出来是不合道义的，就不能够用来洗刷耻辱；做这些事如果合乎道义，桓公把这种合乎道义的事撇在一边不做，要等丢失了帽子以后再做它，那么桓公实行道义不是因为丢失了帽子的缘故吗？这样的话，虽然在小人之中洗刷了桓公丢失帽子的耻辱，却也在君子之中平添了桓公丢失道义的耻辱了。况且打开谷囤粮仓而把粮食赐给贫穷的人，这是在奖赏没有功劳的人；审查监狱而把犯轻罪的人放出来，这是不惩处有罪过的人。奖赏没有功劳的人，那么民众就会侥幸地希望从君主那里得到意外的赏赐；不惩处有罪过的人，那么民众就不会从惩罚中吸取教训而容易为非作歹。这是国家混乱的根源啊，哪能用来洗刷耻辱呢？

37.3.1　昔者文王侵孟、克莒、举酆〔1〕，三举事而纣恶之。文王乃惧，请入洛西之地——赤壤之国方千里，以请解炮烙之刑。天下皆说〔2〕。仲尼闻之，曰："仁哉，文王！轻千里之国而请解炮烙之刑。智哉，文王！出千里之地而得天下之心。"

【注释】

〔1〕孟：当为"盂"字之误，"盂"通"邘"，商代地名，后为周武王子邘叔的封国，位于今河南沁阳市西北邘台镇。莒（jǔ）：古代地名，位于今山西省祁县东南。酆（fēng）：一作"丰"，古代地名，位于今陕西省户县东北。

〔2〕说：通"悦"。

【译文】

从前周文王侵占了邘、攻克了莒、夺取了酆，做了这三件事而商纣王就憎恨他了。文王于是害怕了，便向纣王请求进献洛水以西的土地——即具有肥沃土壤的方圆千里的封地，用来请求废除炮烙这种酷刑。天下的人都很高兴。孔子听到了这件事，说："文王真仁慈啊！不在乎方圆千里的封地而用它来请求废除炮烙这种酷刑。文王真聪明啊！献出了方圆千里的土地而得到了天下的人心。"

37.3.2　或曰：仲尼以文王为智也，不亦过乎？夫智者，知祸难之地而辟之者也[1]，是以身不及于患也。使文王所以见恶于纣者，以其不得人心耶，则虽索人心以解恶可也。纣以其大得人心而恶之，己又轻地以收人心，是重见疑也，固其所以桎梏囚于羑里也[2]。郑长者有言："体道[3]，无为、无见也[4]。"此最宜于文王矣——不使人疑之也。仲尼以文王为智，未及此论也。

【注释】

〔1〕辟：通"避"。

〔2〕羑(yǒu)里：古代地名，位于今河南省汤阴县北。

〔3〕体：行。

〔4〕见：同"现"。

【译文】

有人说：孔子认为文王是聪明的，不也错了么？聪明的人，是知道祸害灾难所在的地方而能避开它的人，因此自身不会遭到祸患。假如文王被纣王憎恨的原因，是因为文王不得民心吧，那么文王即使用求取民心的办法来解除纣王的憎恶也是可以的。纣王因为文王大得民心而憎恨他，他又轻易地放弃土地来收揽民心，这是在加重被怀疑的程度，这正是他被戴上脚镣手铐而囚禁在羑里的原因。郑长者有过这样的话："奉行大道，就是无所作为、无所暴露。"这句话最适用于文王了——因为这样做就不会使别人怀疑他了。孔子以为文王聪明，还不如郑长者的这种理论。

37.4.1　晋平公问叔向曰："昔者齐桓公九合诸侯，一匡天下，不识臣之力也？君之力也？"叔向对曰："管仲善制割，宾胥无善削缝，隰朋善纯缘[1]，衣成，君举而服之。亦臣之力也，君何力之有？”师旷伏琴而笑之。公曰：“太师奚笑也？”师旷对曰：“臣笑叔向之对君也。凡为人臣者，犹炮宰[2]；和五味而进之君，君弗食，孰敢强之也？臣请譬之：君者，壤地也；臣者，草木也。必壤地美，然后草木硕大。亦君之力，臣何力之有？”

【注释】

〔1〕纯(zhǔn)：镶边。

〔2〕炮：通“庖”。

【译文】

晋平公问叔向说：“从前齐桓公多次召集诸侯，使天下归于一致而恢复了正道，不知道是靠了臣子的力量呢？还是靠了君主的力量？”叔向回答说：“管仲善于裁剪，宾胥无善于修削缝纫，隰朋善于镶饰衣边，衣服做成了，君主就拿起来把它穿上。这是靠了臣子的力量，君主出了什么力呢？”师旷俯伏在琴上笑他。平公说：“太师笑什么呢？”师旷回答说：“我笑叔向这样来回答您啊。凡是做臣子的，好比厨师；调好了五种食物而把它进献给君主，君主不吃，谁敢强迫他吃呢？请让我用比喻来说明这个道理：君主，好比土壤；臣子，好比草木。必须土壤肥沃，然后草木才茁壮。这是靠了君主的力量，臣子有什么力量呢？”

37.4.2　或曰：叔向、师旷之对，皆偏辞也。夫一匡天下，九合诸侯，美之大者也，非专君之力也，又非专臣之力也。昔者宫之奇在虞[1]，僖负羁在曹[2]，二臣之智，言中事[3]，发中功，虞、曹俱亡者，何也？此有其臣而无其君者也。且蹇叔处干而干亡[4]，处秦而秦霸，非蹇叔愚于干而智于秦也，此有君与无臣也[5]。向曰“臣之力也”，不然矣。昔者桓公宫中二市，妇闾二百，被发而御妇人[6]。得管仲，为五伯长；失管仲，得竖刁，而身死虫流出尸不葬[7]。以为非臣之力也，且不以管仲为霸；以为君之力也，且不以竖刁为乱。昔者晋文公慕于齐女而亡归[8]，咎犯极谏[9]，故使反晋国[10]。故桓公以管仲合，文公以舅犯霸，而师旷曰“君之力也”，又不然矣。凡五霸所以能成功名于天下者，必君臣俱有力焉。故曰：叔向、师旷之对，皆偏辞也。

【注释】

〔1〕宫之奇在虞：见 10.2 原文及注释。

〔2〕僖负羁在曹：见 10.10 原文及注释。

〔3〕中(zhòng)：合。

〔4〕蹇(jiǎn)叔：春秋时人，是虞国大夫百里奚的朋友，百里奚到秦国后，把他推荐给秦穆公，他便被秦穆公聘为上大夫。干：当为“于”字之误，“于”通“虞”。

〔5〕臣：当作“君”。

〔6〕被：通“披”。御：(君主)使用。

〔7〕尸：当作“户”，参见 10.8。

〔8〕亡：通“忘”。

〔9〕咎犯：见 32.3.8 注。

〔10〕反：通“返”。

【译文】

有人说：叔向、师旷的回答，都是片面的说法。使天下一致纳入正道，多次召集诸侯，是丰功伟绩中的佼佼者，并不是单靠了君主的力量，也不是单靠了臣子的力量。从前宫之奇在虞国，僖负羁在曹国，这两个臣子这样聪明，说话都能预料到事实，行动都能取得功效，但虞国、曹国都灭亡了，为什么呢？这是因为有了那臣子的力量但没有那君主的力量啊。再说蹇叔住在虞国而虞国灭亡了，住在秦国而秦国称霸了，这并不是因为蹇叔住在虞国的时候愚蠢而到了秦国就聪明了，这完全取决于有没有君主的力量。所以叔向说“靠了臣子的力量”，就不对了。从前齐桓公在宫禁中有两处街坊，宫女所居住的里巷中的门有二百个，他披头散发玩弄妇女。但得到了管仲，就成了五霸中的第一个；失去了管仲，任用了竖刁，那么自己死后尸体上的蛆虫都爬出了门也不得埋葬。如果认为会合诸侯、匡正天下不是靠了臣子的力量，就不会因为用了管仲才称霸；如果认为这是专靠了君主的力量，就不会因为用了竖刁而造成国家的混乱。从前晋文公爱恋齐国的女子姜氏而忘了回国，舅犯尽力规劝，所以才使他回到了晋国。齐桓公靠了管仲而召集诸侯，晋文公靠了舅犯而称霸天下，所以师旷说“靠了君主的力量”就又不对了。所有的五个霸主之所以能在天下立功成名，必定是因为君臣都为此出了力。所以说：叔向、师旷的回答都是片面的说法。

37.5.1　齐桓公之时，晋客至，有司请礼。桓公曰“告仲父”者三，而优笑曰〔1〕：“易哉，为君！一曰仲父，二曰仲父。”桓公曰：“吾闻君人者劳于索人，佚于使人〔2〕。吾得仲父已难矣，得仲父之后，何为不易乎哉?”

【注释】

〔1〕优：优伶。

〔2〕佚：通“逸”。

【译文】

齐桓公的时候，晋国的客人到了，有关官吏请问用什么礼仪招待。桓公说了三遍“去请示仲父”，因而身边的滑稽演员笑着说：“做君主真容易啊！口口声声唤‘仲父’就是了。”桓公说：

“我听说做君主的在寻觅人才方面很劳累，但在使用人才时就安逸了。我取得仲父已经很艰难了，得到仲父之后，做起君主来为什么不容易呢？”

37.5.2 或曰：桓公之所应优，非君人者之言也。桓公以君人为劳于索人，何索人为劳哉？伊尹自以为宰干汤，百里奚自以为虏干穆公。虏，所辱也；宰，所羞也。蒙羞辱而接君上，贤者之忧世急也。然则君人者无逆贤而已矣，索贤不为人主难。且官职，所以任贤也；爵禄，所以赏功也。设官职，陈爵禄，而士自至，君人者奚其劳哉？使人又非所佚也。人主虽使人，必以度量准之，以刑名参之[1]；以事[2]，遇于法则行[3]，不遇于法则止；功当其言则赏，不当则诛。以刑名收臣，以度量准下，此不可释也，君人者焉佚哉？索人不劳，使人不佚，而桓公曰“劳于索人，佚于使人”者，不然。且桓公得管仲又不难。管仲不死其君而归桓公，鲍叔轻官让能而任之，桓公得管仲又不难，明矣。已得管仲之后，奚遽易哉？管仲非周公旦。周公旦假为天子七年，成王壮，授之以政，非为天下计也，为其职也。夫不夺子而行天下者，必不背死君而事其雠；背死君而事其雠者，必不难夺子而行天下；不难夺子而行天下者，必不难夺其君国矣。管仲，公子纠之臣也，谋杀桓公而不能，其君死而臣桓公，管仲之取舍非周公旦未可知也[4]。若使管仲大贤也，且为汤、武。汤、武，桀、纣之臣也；桀、纣作乱，汤、武夺之。今桓公以易居其上，是以桀、纣之行居汤、武之上，桓公危矣。若使管仲不肖人也，且为田常。田常，简公之臣也，而弑其君。今桓公以易居其上，是以简公之易居田常之上也，桓公又危矣。管仲非周公旦以明矣[5]，然为汤、武与田常，未可知也。为汤、武，有桀、纣之危；为田常，有简公之乱也。已得仲父之后，桓公奚遽易哉？若使桓公之任管仲，必知不欺己也，是知不欺主之臣也。然虽知不欺主之臣，今桓公以任管仲之专借竖刁、易牙，虫流出尸而不葬[6]，桓公不知臣欺主与不欺主已明矣，而任臣如彼其专也，故曰：桓公暗主。

【注释】

〔1〕刑名：通“形名”，见7.2注。

〔2〕以：使。

〔3〕遇：合。

〔4〕非周公旦未可知也：当作“非周公旦亦以明矣，然其贤与不贤未可知也”。

〔5〕以：通“已”。

〔6〕尸：当作“户”。

【译文】

有人说：桓公回答演员的，并不是做君主的人应该说的话。桓公以为君主在寻觅人才方面要操劳，寻觅人才为什么要操劳呢？伊尹让自己当了厨师去求取汤的任用，百里奚让自己当了奴隶去求取秦穆公的任用。奴隶，是受人侮辱的；厨师，是被人耻笑的。蒙受了耻笑侮辱去接近君主，是因为贤人为天下担忧的心情很急迫啊。这样的话，那么做君主的只要不拒绝贤人就行了，寻觅贤人并不是君主的难事。而且官职，是用来任用贤人的；爵禄，是用来奖赏有功人员的。设置了官职，陈列了爵禄，有才能的人自会到来，做君主的怎么会劳累呢？而使用人也不是一件安逸的事。君主虽然使用人，但必须用法度来规范他们，用对照其言行的方法来检验他们；使唤他们办事，符合法令的就让他们去做，不符合法令的就加以禁止；他们的功绩和他们的言论相符合就加以奖赏，不符合就加以惩处。用对照验证言行的办法来录用臣子，用法度来规范臣下，这是不可以放松的，做君主的哪里能安逸呢？寻觅人才并不劳累，使用人才也不安逸，而桓公却说“君主在寻觅人才方面很劳累，在使用人才时就安逸了”，这是不对的。再说桓公得到管仲也并不艰难。管仲不为自己的主子公子纠殉身而归顺桓公，鲍叔不在乎高官厚禄而把相位让给有才能的管仲使他得到了任用，可见桓公得到管仲也并不困难，这是很明显的了。而已经得到管仲之后，做君主哪里就容易了呢？管仲并不是周公旦那样的人。周公旦非正式地做了七年天子，成王长大成人了，他便把政权交给了成王，周公旦并不是为了自己要取得统治天下的大权而使用心计的，他只是为了尽他的职责啊。不篡夺幼主的君位来治理天下的人，一定不会背叛已死的先君去侍奉先君的仇敌；背叛死去的先君去侍奉先君仇敌的人，对于篡夺幼主的君位来治理天下，一定不会感到为难；对于篡夺幼主的君位来治理天下不感到为难的人，对于夺取他君主的国家政权，一定不会感到为难了。管仲，是公子纠的臣子，谋杀桓公未遂，他的主子死了就做了桓公的臣子，管仲的品行举止不像周公旦也已经很清楚了，但他是否有德才还不能预料啊。假如管仲非常有德才，那么他将成为商汤、周武王那样的人。商汤、周武王，是夏桀、商纣王的臣子；夏桀、商纣王搞乱了国家，商汤、周武王就夺取了他们的政权。现在桓公带着做君主容易的思想待在管仲之上，这就好像是有了夏桀、商纣王一样的德行而处在商汤、周武王之上，桓公就危险了。假如管仲是德才不好的人，就将成为田常那样的人。田常，是齐简公的臣子，但杀死了他的君主。现在桓公带着做君主容易的思想待在管仲之上，这就好像是带着简公的麻痹大意思想处在田常之上，桓公又危险了。管仲并不像周公旦已经很清楚了，然而他将成为商汤、周武王还是成为田常，却还不能预料啊。如果他成为商汤、周武王那样的人，桓公就有夏桀、商纣王那样的危险；如果他成为田常那样的人，桓公就有齐简公那样的祸乱。已经得到仲父之后，桓公做起君主来哪里就容易了呢？如果桓公任用管仲的时候，确实知道管仲不会欺骗自己，这就是说桓公能识别不欺骗君主的臣子。然而，虽然可以假设桓公能识别不欺骗君主的臣子，但现在桓公把任用管仲时那种让他专权的办法转用到竖刁、易牙身上，结果死后尸体上的蛆虫爬出了门还不得埋葬，那么桓公并不能识别臣子欺骗君主还是不欺骗君主已是很清楚的了，但他任用臣子时竟像那样地专一，所以说：桓公是昏君。

37.6.1　李克治中山〔1〕，苦陉令上计而入多〔2〕。李克曰：“语言辨〔3〕，听之说〔4〕，不度于义〔5〕，谓之窕言。无山林泽谷之利而入多者，谓之窕货。君子不听窕言，不受窕货。子姑免矣。”

【注释】

〔1〕李克：子夏的弟子，魏文侯时为中山相。

〔2〕苦陉(xíng)：县名，原属中山国，当时已被魏国占有，其地在今河北省无极县东北。

〔3〕辨：通“辩”。

〔4〕说：通“悦”。

〔5〕度(duó)：衡量。

【译文】

李克治理中山，苦陉县县令年终上报经济情况而收入很多。李克对他说：“言语动听，听到它感到高兴，不用道义来衡量，这叫做淫荡的言论。没有山岭森林湖泽峡谷的富饶资源而收入多的，这叫做淫荡的财货。君子不听信淫荡的言论，不接受淫荡的财货。你暂且被罢免了。”

37.6.2　或曰：李子设辞曰：“夫言语辨，听之说，不度于义者，谓之窕言。”辩在言者，说在听者，言非听者也，则辩非说者也。所谓“不度于义”，非谓听者，必谓所听也。听者，非小人，则君子也。小人无义，必不能度之义也；君子度之义，必不肯说也。夫曰“言语辩，听之说，不度于义”者，必不诚之言也。入多之为窕货也，未可远行也。李子之奸弗蚤禁[1]，使至于计，是遂过也。无术以知而入多，入多者穰也，虽倍入，将奈何？举事慎阴阳之和[2]，种树节四时之适[3]，无早晚之失、寒温之灾，则入多。不以小功妨大务，不以私欲害人事，丈夫尽于耕农，妇人力于织纴，则入多。务于畜养之理，察于土地之宜，六畜遂[4]，五谷殖[5]，则入多。明于权计，审于地形、舟车、机械之利，用力少，致功大，则入多。利商市关梁之行，能以所有致所无，客商归之，外货留之，俭于财用，节于衣食，宫室器械周于资用，不事玩好，则入多。入多，皆人为也。若天事，风雨时，寒温适，土地不加大，而有丰年之功，则入多。人事、天功二物者皆入多，非山林泽谷之利也。夫无山林泽谷之利入多，因谓之窕货者，无术之言也。

【注释】

〔1〕之：对于。蚤：通“早”。

〔2〕慎：通“顺”。阴阳：古代哲学概念，是构成各种事物的基因。和：和气，中和之气，是阴阳二气达到某种和谐程度后生成的一种具有相对稳定性的基因。

〔3〕种树：种植。节：适合。适：时宜。

〔4〕遂：成长。
〔5〕殖：繁殖。

【译文】

有人说：李克立论说："言语动听，听到它感到高兴，不用道义来衡量的，叫做淫荡的言论。"但动听不动听取决于说话的人，高兴不高兴取决于听话的人，而说话的人并不是听话的人，那么动听的话并不就是令人高兴的话，所以李克所说的"言语动听，听到它感到高兴"是不符合逻辑的。所谓"不用道义来衡量"，不是指听话的人而言，就一定是指所听到的话而言。听话的人，不是小人，就是君子。小人不懂得道义，就一定不能用道义去衡量这些淫荡的话；君子用道义去衡量这些话，就一定不会感到高兴。因此，所谓"言语动听，听到它感到高兴，不用道义来衡量"，一定是不合乎事实的话。如果收入多的就是淫荡的财货，就不能让这种收入长久地搞下去。李克对于这种奸邪的行为不及早禁止，而让它一直拖到年终上报经济情况的时候，这是在助长苦陉县县令的过错。而且，李克也没有学识去了解苦陉县县令收入多的原因，如果收入多的原因是庄稼丰收了，即使有加倍的收入，又能对它怎么样呢？做事顺应自然界的气候，种植迎合四季的时令，没有种早种迟的失误和严寒炎热的灾难，那么收入就多了。不因为获利少的小事而妨害了获利大的要务，不因为个人的欲望而妨害了人们的劳动，成年男子全都扑在农耕上，妇女都致力于纺织，那么收入就多了。注意到饲养牲畜的规律，明察了土地的适宜用法，六畜兴旺，五谷丰登，那么收入就多了。在权衡利弊、计算得失方面很精明，明白了地形、车船、机械的便利作用，用掉的力气少，得到的功效大，那么收入就多了。方便商场、集市、关口、桥梁的通行，能用自己富有的东西换到自己所没有的东西，客商都归聚来，外来的货物也都存放下来，在财物消费方面注意俭省，在衣着饮食方面注意节约，房屋、器具切合于实用，不追求珍贵的玩物，那么收入就多了。上述这些收入增多，都是人为的。至于天气情况，如果风雨适时，冷暖合宜，即使土地没有进一步扩大，也会有丰年的收益，那么收入就多了。人类的劳动、天气的作用，这两方面的事情都能使收入增多，这种收入并不是靠了山岭森林湖泽峡谷的富饶资源。所以，没有山岭森林湖泽峡谷的富饶资源而收入多的，就称它为淫荡的财货，这是没有学识的言论啊。

37.7.1　赵简子围卫之郛郭〔1〕，犀楯、犀橹〔2〕，立于矢石之所及〔3〕，鼓之而士不起。简子投枹曰："乌乎！吾之士数弊也〔4〕。"行人烛过免胄而对曰〔5〕："臣闻之：'亦有君之不能耳，士无弊者。'昔者吾先君献公并国十七〔6〕，服国三十八，战十有二胜〔7〕，是民之用也。献公没，惠公即位〔8〕，淫衍暴乱，身好玉女，秦人恣侵，去绛十七里〔9〕，亦是人之用也。惠公没，文公授之〔10〕；围卫，取邺〔11〕；城濮之战〔12〕，五败荆人，取尊名于天下；亦此人之用也。亦有君不能耳，士无弊也。"简子乃去楯、橹，立矢石之所及，鼓之而士乘之，战大胜。简子曰："与吾得革车千乘，不如闻行人烛过之一言也。"

【注释】

〔1〕赵简子：见 10.5 注。

〔2〕橹：大的盾。

〔3〕所及：当作"所不及"。

〔4〕数(sù)：通"速"。

〔5〕行人：古代官名，掌管朝觐聘问。

〔6〕献公：指晋献公，名诡诸，春秋时晋国君主，公元前 676 年—公元前 651 年在位。

〔7〕有：通"又"。

〔8〕惠公：晋惠公，名夷吾，晋文公之兄，公元前 650 年—公元前

637 年在位。

〔9〕绛(jiàng)：晋国都城，位于今山西省翼城县东南。

〔10〕授：同“受”。

〔11〕邺：在今河北省临漳县西南。

〔12〕城濮：见 34.3.12 注。

【译文】

赵简子围攻卫国国都的外城，用坚固的大小盾牌作掩护，站在乱箭和滚石打不到的地方，敲击战鼓命令战士进攻而战士们不冲上去。简子丢下鼓槌说：“哎呀！我的战士很快就疲乏了。”外交官烛过脱去头盔回答说：“我听说过这样的话：‘只有君主不能使用战士罢了，战士是不会有疲乏的。’从前我们的先君晋献公兼并国家十七个，征服国家三十八个，打了十二次胜仗，就用了这些人。晋献公死了，晋惠公登上君位，荒淫无度、暴虐昏乱，自己只管宠爱美女，于是秦国人肆意入侵，距离晋国的都城绛只有十七里，也是用了这些人。晋惠公死了，晋文公接受了君位；包围卫国，夺取了邺；城濮的战争中，五次打败楚军，在天下取得了尊贵的霸主之名；也是用了这些人啊。所以，只有君主不能使用战士罢了，战士是不会有疲乏的。”赵简子就丢了盾牌，站在乱箭、滚石能打到的地方，敲击战鼓命令战士进攻而战士们登上了城墙，战斗取得了重大的胜利。简子说：“我与其得到兵车一千辆，还不如听到外交官烛过的一番话啊。”

37.7.2　或曰：行人未有以说也，乃道惠公以此人是败，文公以此人是霸，未见所以用人也。简子未可以速去楯、橹也。严亲在围，轻犯矢石，孝子之所爱亲也。孝子爱亲，百数之一也。今以为身处危而人尚可战，是以百族之子于上皆若孝子之爱亲也，是行人之诬也。好利恶害，夫人之所有也。赏厚而信，人轻敌矣；刑重而必，人不北矣。长行徇上[1]，数百不一人；喜利畏罪，人莫不然。将众者不出乎莫不然之数，而道乎百无一人之行〔2〕，行人未知用众之道也。

【注释】

〔1〕长：高。徇：通“殉”。

〔2〕道：由。

【译文】

有人说：外交官烛过并没有拿出什么道理来进说，他只是说晋惠公用了这些人就失败了，晋文公用了这些人就称霸了，却没有指明他们用人的方法。简子不能因为这些话而马上丢掉盾牌啊。尊敬的父母亲在包围之中，儿子奋不顾身地冒着那乱箭滚石去解救，是因为孝子爱父母的缘故啊。但是孝子爱父母，上百的人数之中不过一个。现在认为君主亲自处在危险之中就可以使战士为自己打仗，这是认为这成千上百家的儿子对于君主都会像孝子爱父母亲一样啊，这完全是外交官烛过的胡扯了。喜欢得到好处而厌恶遭到祸害，是每个人所固有的本性。奖赏优厚而且确实兑现，人们就不怕敌人了；刑罚严厉而且一定执行，人们就不会败逃了。凭高尚的品行而为君主殉身的，几百个人当中也没有一个；喜欢得到奖赏而害怕受到惩处，人没有一个不是这样的。统率士兵的人不采用使人不能不这样的手段，却依靠百人之中也没有一个人能做到的高尚品行，外交官烛过实在还没有懂得使用兵士的办法啊。

第十六卷

难三第三十八

（第三十八篇　辩难第三编）

38.1.1　鲁穆公问于子思曰[1]："吾闻庞𫇸氏之子不孝，其行奚如?"子思对曰："君子尊贤以崇德，举善以观民[2]。若夫过行，是细人之所识也，臣不知也。"子思出。子服厉伯入见，问庞𫇸氏子，子服厉伯对曰："其过三——"皆君之所未尝闻。自是之后，君贵子思而贱子服厉伯也。

【注释】

〔1〕子思：指孔丘的孙子，名伋(jí)，字子思。据《汉书·艺文志》记载，他著有《子思》二十三篇，但唐代以后就亡佚了。宋代汪晫辑有《子思子》一卷，共九篇，不尽可靠。清代魏源认为《礼记》中的《中庸》、《坊记》、《表记》、《缁衣》是子思的作品，并为此作《子思章句》，可作为研究他思想的材料。

〔2〕观：使……观，给……看。

【译文】

鲁穆公问子思说："我听说庞𫇸氏的儿子不孝，他的行为像什么样子?"子思回答说："君子尊重贤人来推崇弘扬道德，推举好人好事来给民众作示范。至于那种错误的行为，这是小人们所知道的，我不知道。"子思出去了。大夫子服厉伯进来拜见，鲁穆公问他有关庞㮄氏儿子的情况，子服厉伯回答说："庞㮄氏儿子的错误有三条——"这些都是鲁穆公从来没有听说过的。从此之后，鲁穆公就尊重子思而鄙视子服厉伯。

38.1.2 或曰：鲁之公室[1]，三世劫于季氏[2]，不亦宜乎？明君求善而赏之，求奸而诛之，其得之一也。故以善闻之者，以说善同于上者也[3]；以奸闻之者，以恶奸同于上者也：此宜赏誉之所及也。不以奸闻，是异于上而下比周于奸者也，此宜毁罚之所及也。今子思不以过闻而穆公贵之，厉伯以奸闻而穆公贱之。人情皆喜贵而恶贱，故季氏之乱成而不上闻，此鲁君之所以劫也。且此亡王之俗，取、鲁之民所以自美[4]，而穆公独贵之，不亦倒乎？

【注释】

〔1〕公室：诸侯的家族，此指诸侯国的政权。

〔2〕三世：指鲁成公、鲁襄公、鲁昭公。季氏：指季文子、季武子、季平子。

〔3〕说：通"悦"。

〔4〕取：通"郰"（zōu），位于今山东省曲阜市东南，孔丘的家乡。鲁：指鲁国国都，即今曲阜。取、鲁之民：指儒家之徒。

【译文】

有人说：鲁国的政权，三代都被季氏所把持，不也是应该的吗？英明的君主寻觅有善行的人去奖赏他，搜索邪恶的人去惩罚他，奖赏和惩罚得到的效果是一样的。所以，把好人好事报告给君主的人，是因为他喜欢好人好事的心情和君主是相同的；把坏人坏事报告给君主的人，是因为他憎恨坏人坏事的心情和君主是相同的：这两种人都应该是奖赏和表扬所施加的对象。不把坏人坏事报告给君主，这是和君主不同心而在下面和坏人紧密勾结啊，这种人应该是谴责和处罚所施加的对象。现在子思不把庞𫊸氏儿子的错误报告给穆公而穆公却尊重他，厉伯把庞𫊸氏儿子的错误报告给穆公而穆公却鄙视他。人的心情都是喜欢受尊重而厌恶被鄙视的，所以季氏犯上作乱的事已经成功了也没有人向上报告，这就是鲁国的君主被挟持的原因。况且这种使君主丧失权势的风俗，是陬邑、曲阜一带的人用来自我赞美的东西，而穆公偏偏要尊崇它，不也是把是非给颠倒了吗？

38.2.1　文公出亡，献公使寺人披攻之蒲城〔1〕，披斩其袪，文公奔翟〔2〕。惠公即位〔3〕，又使攻之惠窦〔4〕，不得也。及文公反国，披求见。公曰：“蒲城之役，君令一宿，而汝即至；惠窦之难，君令三宿，而汝一宿，何其速也！”披对曰：“君令不二。除君之恶，惟恐不堪。蒲人、翟人，余何有焉？今公即位，其无蒲、翟乎？且桓公置射钩而相管仲。”君乃见之。

【注释】

〔1〕寺人：宫廷内的近侍。披：人名，即勃鞮，字伯楚。蒲城：晋国邑名，晋文公重耳的封地，位于今山西隰县东北。

〔2〕翟(dí)：即“狄”，古代我国北部的一个民族。

〔3〕惠公：晋惠公，名夷吾，晋文公之兄，公元前650年—公元前637年在位。

〔4〕惠窦：地名，位于渭水边。

【译文】

晋文公外逃，献公派寺人披到蒲城攻打他，寺人披斩断了他的衣袖，于是文公逃跑到翟。晋惠公登上君位后，又派寺人披去惠窦攻打他，没有抓获他。等到文公后来返回晋国，寺人披来求见。文公传话说："蒲城之战，献公命令你一夜赶到，你却马上就赶到；惠窦之战，惠公命令你三夜赶到，你却一夜就赶到了。怎么这样快呀！"寺人披回答说："对于君主的命令，不能三心二意。除掉君主憎恨的人，我只怕不能胜任。您当时是君主憎恨的蒲人、翟人，我对你又有什么呢？现在您登上了君位，难道就没有像蒲人、翟人那样的敌人了吗？再说，齐桓公也曾把管仲射中自己带钩的深仇丢在一边而任命他当自己的相国。"于是文公就接见了他。

38.2.2　或曰：齐、晋绝祀，不亦宜乎？桓公能用管仲之功而忘射钩之怨，文公能听寺人之言而弃斩袪之罪，桓公、文公能容二子者也。后世之君，明不及二公；后世之臣，贤不如二子。不忠之臣以事不明之君，君不知，则有燕操、子罕、田常之贼[1]；知之，则以管仲、寺人自解。君必不诛而自以为有桓、文之德，是臣雠而明不能烛，多假之资，自以为贤而不戒，则虽无后嗣，不亦可乎？且寺人之言也，直饰君令而不贰者[2]，则是贞于君也。"死君后生，臣不愧，而复为贞[3]。"今惠公朝卒而暮事文公，寺人之不贰何如？

【注释】

〔1〕燕操：燕将公孙操，他于公元前271年杀死其君惠文王。子罕：见7.1注。田常：见3.2注。

〔2〕直：只。

〔3〕死君后生，臣不愧，而复为贞：当作"死君复生，臣不愧，而后为贞"。

【译文】

有人说：齐国、晋国的宗庙断绝祭祀，不也是应该的吗？齐桓公能利用管仲的功劳而忘记他射中自己带钩的怨仇，晋文公能听从寺人披的话而不追究他斩断自己袖子的罪行，这表明桓公、文公能够宽容这两个人。他们后代的君主，明智及不上桓公和文公；而后代的臣子，贤能及不上管仲和寺人披。拿不忠诚的臣子来侍奉不明智的君主，君主如果不察觉，就会遭到燕将公孙操、子罕、田常似的残杀；君主如果察觉了，奸臣们就会用管仲、寺人披的例子来为自己开脱。君主如果不惩处他们而自以为有桓公、文公的德行，这是以仇人为臣而自己的明智又不能洞察他们的阴谋，还较多地提供给他们活动的条件，自以为他们是有德才的而不加以戒备，那么即使丧失了政权而没有了后代继承人，不也是应该的么？况且寺人披的话，只是花言巧语地说什么：执行君主的命令而没有二心的，那就是忠于君主。常言道："君主死而复生，活着的臣子在他面前不感到惭愧，然后才能算是忠贞。"现在惠公刚刚死去而他马上就去侍奉文公，寺人披的没有二心究竟是什么样的货色呢？

38.3.1 人有设桓公隐者曰[1]："一难，二难，三难，何也？"桓公不能对，以告管仲。管仲对曰："一难也，近优而远士；二难也，去其国而数之海；三难也，君老而晚置太子。"桓公曰："善。"不择日而庙礼太子。

【注释】

〔1〕隐：通"讔"。

【译文】

有个给齐桓公出谜的人说："一难，二难，三难，这是什么？"齐桓公不能回答，把它告诉给管仲。管仲回答说："第一个灾难，是君主接近优伶而远离贤士；第二个灾难，是君主离开了自己的国都而屡次到渤海去游玩；第三个灾难，是君主年老而很晚置立太子。”桓公说：“说得好。”于是急得也不选择吉日就在宗庙里举行了置立太子的礼仪。

38.3.2　或曰：管仲之射隐，不得也。士之用不在近远，而俳优侏儒固人主之所与燕也〔1〕，则近优而远士而以为治，非其难者也。夫处势而不能用其有，而悖不去国，是以一人之力禁一国。以一人之力禁一国者，少能胜之。明能照远奸而见隐微，必行之令，虽远于海，内必无变。然则去国之海而不劫杀，非其难者也。楚成王置商臣以为太子〔2〕，又欲置公子职，商臣作难，遂弑成王。公子宰〔3〕，周太子也〔4〕，公子根有宠，遂以东州反〔5〕，分而为两国。此皆非晚置太子之患也。夫分势不二，庶孽卑，宠无藉，虽处大臣，晚置太子可也。然则晚置太子，庶孽不乱，又非其难也。物之所谓难者：必借人成势而勿使侵害己，可谓一难也；贵妾不使二后，二难也；爱孽不使危正适〔6〕，专听一臣而不敢偶君，此则可谓三难也。

【注释】

〔1〕燕：通“宴”，娱乐。

〔2〕楚成王：见31.5.5注。

〔3〕公子宰：即31.5.4的公子朝。

〔4〕周：见31.5.4注。

〔5〕东州：当作“东周”，见31.0.5注。

〔6〕正适：见15.1.17注。

【译文】

有人说：管仲的猜谜，没有猜中。贤士的被任用不在于和君主离得近还是离得远，而优伶侏儒本来就是和君主一起娱乐的人，那么接近优伶、远离贤士来治国，并不是君主的灾难。君主处在有权势的地位上不能运用自己掌握的权力，却糊涂地认为治国只要不离开国都，这是想凭一个人的力量来控制一个国家。凭一个人的力量来控制一个国家的人，是很少能胜过他们的。如果君主的明智能够洞察远处的奸邪并发现隐蔽的祸苗，又坚决地对它实施禁令，那么即使到渤海去远游，国都内也决不会发生变乱。这样的话，那么君主离开国都到渤海去游玩并不会被挟持或杀害，所以这也不是君主的灾难。楚成王把商臣立为太子，后来又想立公子职做太子，商臣作乱，就杀了楚成王。公子宰，是周国的太子，他弟弟公子根受到了君主的宠爱，就凭借东周的封地背叛了公子宰，将周国分成了两个国家。这些都不是晚立太子的祸患。如果把权势分给儿子时不三心二意而专给太子，妃妾生的儿子地位被降低了，受到了宠爱也没有什么可以凭借，那么他们即使处在大臣的位置上，晚立太子也是可以的。这样看来，那么晚立太子，其他的儿子也不会作乱，所以这也不是君主的灾难。事情之中称得上难的：一定要给予别人权力来造成他的威势但又不使他侵害自己，这可以说是第一个困难；提高姬妾的地位但又不使她们和王后地位相等，这可以说是第二个困难；宠爱妃妾生的儿子但又不使他们危害正妻生的长子，专门听从一个大臣但又使他不敢和君主匹敌，这就可以说是第三个困难了。

38.4.1　叶公子高问政于仲尼[1]，仲尼曰："政在悦近而来远。"哀公问政于仲尼，仲尼曰："政在选贤。"齐景公问政于仲尼，仲尼曰："政在节财。"三公出，子贡问曰："三公问夫子政一也。夫子对之不同，何也？"仲尼曰："叶都大而国小，民有背心，故曰'政在悦近而来远'。鲁哀公有大臣三人，外障距诸侯四邻之士[2]，内比周而以愚其君，使宗庙不扫除、社稷不血食者，必是三臣也，故曰‘政在选贤’。齐景公筑雍门[3]，为路寝[4]，一朝而以三百乘之家赐者三，故曰‘政在节财’。”

【注释】

〔1〕叶公子高：楚国大夫，姓沈，名诸梁，字子高，封地在叶(位于今河南省叶县南)，所以称叶公。

〔2〕距：通“拒”。

〔3〕雍门：城门名，是齐国都城的西门。

〔4〕路寝：君主居住的正屋，此指建有齐景公正室的高台，即路寝之台。

【译文】

叶公子高向孔子询问治国的方法，孔子说：“治国的方法在于使附近的人喜欢自己，使远方的人前来归附。”鲁哀公向孔子询问治国的方法，孔子说：“治国的方法在于选拔贤人。”齐景公向孔子询问治国的方法，孔子说：“治国的方法在于节约财物。”叶公、哀公、景公出去后，子贡问道：“他们三个向先生询问治国的方法是一样的，而先生回答他们却并不相同，为什么呢?”孔子说：“叶公封地内下级占据的大城市大而叶公占据的首都小，民众有背叛之心，所以我说‘治国的方法在于使附近的人喜欢自己而使远方的人前来归附’。鲁哀公有孟孙、叔孙、季孙等大臣三个，他们对外阻挡拒绝四方邻近的诸侯国的贤士到鲁国来，对内互相勾结来愚弄自己的君主，以后使鲁国的宗庙得不到打扫管理、鲁国的土地神谷神得不到杀牲祭祀的，一定是这三个大臣，所以我说‘治国的方法在于选拔贤人’。齐景公建造雍门，修筑路寝台，在一个早上拿拥有三百辆兵车的封地赐给人就有三次，所以我说‘治国的方法在于节约财物’。”

38.4.2 或曰：仲尼之对，亡国之言也。

叶民有倍心[1]，而说之“悦近而来远”，则是教民怀惠。惠之为政，无功者受赏，而有罪者免，此法之所以败也。法败而政乱，以乱政治败民，未见其可也。且民有倍心者，君上之明有所不及也。不绍叶公之明[2]，而使之悦近而来远，是舍吾势之所能禁而使与不行惠以争民[3]，非能持势者也。夫尧之贤，六王之冠也。舜一徙而成邑，而尧无天下矣。有人无术以禁下，恃为舜而不失其民，不亦无术乎？明君见小奸于微，故民无大谋；行小诛于细，故民无大乱。此谓“图难于其所易也，为大者于其所细也”。今有功者必赏，赏者不得君[4]，力之所致也；有罪者必诛，诛者不怨上，罪之所生也。民知诛赏之皆起于身也，故疾功利于业，而不受赐于君。“太上，下智有之[5]。”此言太上之下民无说也[6]，安取怀惠之民？上君之民无利害[7]，说以“悦近来远”，亦可舍已。

哀公有臣外障距、内比周以愚其君，而说之以“选贤”，此非功伐之论也，选其心之所谓贤者也。使哀公知三子外障距、内比周也，则三子不一日立矣。哀公不知选贤，选其心之所谓贤，故三子得任事。燕子哙贤子之而非孙卿[8]，故身死为僇；夫差智太宰嚭而愚子胥[9]，故灭于越。鲁君不必知贤，而说以“选贤”，是使哀公有夫差、燕哙之患也。明君不自举臣，臣相进也；不自贤，功自徇也[10]。论之于任，试之于事，课之于功，故群臣公政而无私[11]，不隐贤，不进不肖。

然则人主奚劳于选贤？

景公以百乘之家赐，而说以“节财”，是使景公无术使智□之侈[12]，而独俭于上，未免于贫也。有君以千里养其口腹，则虽桀、纣不侈焉。齐国方三千里而桓公以其半自养，是侈于桀、纣也；然而能为五霸冠者，知侈俭之地也。为君不能禁下而自禁者谓之劫，不能饰下而自饰者谓之乱[13]，不节下而自节者谓之贫。明君使人无私，以诈而食者禁；力尽于事、归利于上者必闻，闻者必赏；污秽为私者必知，知者必诛。然故忠臣尽忠于公，民士竭力于家，百官精克于上[14]，侈倍景公，非国之患也。然则说之以“节财”，非其急者也。

夫对三公一言而三公可以无患，“知下”之谓也。知下明，则禁于微；禁于微，则奸无积；奸无积，则无比周。无比周[15]，则公私分；分私分，则朋党散；朋党散，则无外障距、内比周之患。知下明，则见精沐；见精沐，则诛赏明；诛赏明，则国不贫。故曰：一对而三公无患，“知下”之谓也。

【注释】

〔1〕倍：通“背”。

〔2〕绍：继续。

〔3〕不：当作“下”。

〔4〕得：通“德”。

〔5〕智：通“知”。

〔6〕说：通“悦”。

〔7〕利害：爱憎。

〔8〕子哙、子之：见7.3注。孙卿：即荀子，战国时赵国人，杰出的

思想家，名况，时人尊而号为“卿”。

〔9〕夫差：见19.2注。太宰嚭：见31.0.2注。子胥：见3.2注。

〔10〕徇(xùn)：求。

〔11〕政：通“正”。

〔12〕使：犹“以”。智：通“知”。□：当作“君”。

〔13〕饰：通“饬”。

〔14〕精：通“清”。

〔15〕无比周无比周：当作“民无倍心知下明”。

【译文】

有人说：孔子的回答，是使国家灭亡的言论啊。

叶公封地内的民众有背叛之心，而孔子用“使附近的人喜欢自己而使远方的人前来归附”的话去劝说叶公，那就是要使民众向往统治者的仁爱。仁爱作为一种治国的方法，就是让没有功劳的人得到奖赏，而有罪的人得到赦免，这是法制败坏的根源啊。法制败坏，政治就会混乱，用混乱的政治去治理道德沦丧的民众，我还没有看见过它能行得通。况且民众有背叛之心，是因为君主的明察还有不周到的地方。孔子不去增进叶公的明察，却让他去使附近的人喜欢自己而使远方的人前来归附，这是舍弃了自己的权势所具有的能够制服民众的职能而让他和臣下同样采用施行恩惠的办法去争取民心，这是不能保住权势的啊。尧的贤明，在尧、舜、禹、商汤、周文王、周武王这六个帝王中居于首位。他的臣子舜搬迁一次就引来了民众而形成了一个小城，于是尧就没有统治天下的大权了。如果有个人没有法术来禁止臣下，而只是依赖效法舜来争取不失掉民心，不也是没有统治手段了么？英明的君主在事情还处于萌芽状态时就能发现微小的奸邪，所以臣民就不会有篡权杀君的大阴谋；在邪恶还处在微小的阶段时就能对它进行小小的惩处，所以臣民不会有翻天覆地的大暴乱。这叫做“解决困难的事要在它容易解决的时候下手，治理大事要在它细小的时候做起”。有功的人一定受到奖赏，受赏的人不感激君主，因为这是出力得来的；有罪的人一定受到惩罚，受罚的人不怨恨君主，因为这是犯罪造成的。民众知道受罚受赏都产生于自身的行为，所以就会在耕战等事业上急切地谋取功利，而不指望从君主那里受到分外的恩赐。《老子》说："最高明的君主，民众只知道有他这么一个人。"这是说最高明的君主所统治下的民众对君主没有什么喜欢可言，哪里还能找得到怀念君主恩德的人呢？高明的君主所统治下的民众对君主没有什么喜欢和憎恶，所以用"使附近的人喜欢自己、使远方的人前来归附"的话来劝说，也可以取消了吧。

哀公有臣子对外阻挡拒绝贤人到鲁国来、对内互相勾结来愚弄自己的君主，而孔子用"选拔贤人"来劝说他，这并不是主张评定功劳来选拔贤人，而是在选拔君主心目中的所谓贤人。假如哀公知道孟孙、叔孙、季孙这三个人对外阻挡拒绝贤人来鲁国、对内互相勾结来愚弄自己，那么这三个人一天也待不下去了。哀公不懂得如何选拔贤人，而只是选拔自己心目中的所谓贤人，所以这三个人能担任职务。燕王子哙认为子之贤能而认为荀况不中用，所以自己被杀死而成为奇耻大辱；夫差认为太宰嚭聪明而认为伍子胥愚蠢，所以被越国灭掉。鲁哀公不一定懂得什么是贤能，而孔子却用"选拔贤人"的话去劝说，这是要使哀公有夫差、燕王子哙那样的祸患。英明的君主不主观地提拔臣子，臣子自会互相进荐；不自以为谁贤能，立功的人自会求上门来。在任用中鉴别他们，在办事中试验他们，在功效上考核他们，所以群臣办事公正而没有私心，不埋没贤人，不推荐德才不好的人。这样的话，那么君主为什么还要在选拔贤人方面去操劳呢？

景公拿具有上百辆兵车的封地赐给臣下，而孔子用"节约财物"的话去劝说，这是使景公没有办法去了解君主应有的奢侈，而独自一个人在上面节俭，这还是不能避免贫穷的。如果有个君主用方圆千里的封地上的赋税收入供养自己的口腹，那么即使是夏桀、商纣王这样的暴君也不会比他更奢侈了。齐国的土地方圆几千里而齐桓公拿它的一半收入来供养自己，这样看来，他比夏桀、商纣王更奢侈；但是他却能成为五霸中的第一个，这是因为他懂得什么地方可以奢侈、什么地方必须节俭。做了君主，不能禁止臣下而只是约束自己的，叫做被劫持；不能整治臣下而只是检点自己的，叫做混乱；不能节制臣下而只是使自己节俭的，叫做贫穷。英明的君主使人们没有私心，对那些用诈骗的手段来混饭吃的行为坚决加以禁止；对那些把力量都花在事业上而又把得到的利益都归给君主的人一定能知道，知道了一定给予奖赏；对那些干肮脏勾当来谋取私利的人一定能察觉，察觉了一定加以惩罚。这样的话，那么忠臣为公家竭尽忠诚，民众为家庭竭尽全力，群臣百官在朝廷上清白廉洁、克己奉公，君主就是比景公加倍地奢侈，也不是国家的祸患。这样看来，那么用“节约财物”来劝说景公，并不是他的当务之急啊。

那回答叶公、哀公、景公时用一句话就可以使他们没有祸患的，应该是说“了解下情”。对下情了解清楚了，就能在邪恶还处于萌芽状态时加以禁止；在邪恶处于萌芽状态时就加以禁止，那么邪恶的人就不会越积越多；邪恶的人没有积聚，民众就不会有背叛之心。对下情了解清楚了，那么公私就能分清；公私分清了，那么狼狈为奸的私党就会被拆散；私党被拆散了，就不会有对外阻挡拒绝贤人、在内结党营私的祸患。对下情了解清楚了，那么观察问题就会明白得像洗净了一样；观察问题明白得像洗净了一样，那么进行惩罚奖赏就能英明无误；惩罚奖赏英明无误，那么国家就不会贫穷。所以说：要用一句话来回答而使三公都没有祸患，就应该说“了解下情”。

38.5.1　郑子产晨出〔1〕，过东匠之闾，闻妇人之哭，抚其御之手而听之。有间，遣吏执而问之，则手绞其夫者也。异日，其御问曰：“夫子何以知之？”子产曰：“其声惧。凡人于其亲爱也，始病而忧，临死而惧，已死而哀。今哭已死，不哀而惧，是以知其有奸也。”

【注释】

〔1〕子产：春秋时著名的政治家，公孙氏，名侨，字子产，郑简公十二年(公元前554年)为卿，二十三年(公元前543年)执政。

【译文】

郑国的子产早晨出外，经过东匠巷的大门时，听见有个女人在哭，就按住他车夫的手让车子停下来细听那哭声。过了一会儿，子产派差役把这个女人抓来审问，原来是个亲手勒死她丈夫的人。后来有一天，他的车夫问他说："先生凭什么发觉了她？"子产说："她的哭声很恐惧。大凡人对于自己亲爱的人，刚刚生病的时候是担忧，快死的时候是恐惧，已经死了就悲哀。现在她哭她已经死去的丈夫，不是悲哀而是恐惧，因此知道她有奸情啊。"

38.5.2　或曰：子产之治，不亦多事乎？奸必待耳目之所及而后知之，则郑国之得奸者寡矣。不任典成之吏〔1〕，不察参伍之政〔2〕，不明度量，恃尽聪明、劳智虑而以知奸，不亦无术乎？且夫物众而智寡，寡不胜众，智不足以遍知物，故因物以治物。下众而上寡，寡不胜众者，言君不足以遍知臣也，故因人以知人。是以形体不劳而事治，智虑不用而奸得。故宋人语曰〔3〕："一雀过，羿必得之〔4〕，则羿诬矣〔5〕。以天下为之罗，则雀不失矣。"夫知奸亦有大罗，不失其一而已矣〔6〕。不修其理，而以己之胸察为之弓矢，则子产诬矣。《老子》曰："以智治国，国之贼也。"其子产之谓矣。

【注释】

〔1〕成：调解判决狱讼。

〔2〕参伍：见8.6注。

〔3〕宋人：指宋国人庄周。下面的话见《庄子·庚桑楚》。

〔4〕羿：见23.10注。

〔5〕诬：欺骗。

〔6〕一：见8.3注。

【译文】

有人说：子产处理事情，不也太多事了么？奸邪一定要靠自己耳闻目睹以后才能察觉它们，那么郑国能发现的奸邪也就很少了。不使用那些主管解决案子的官吏，不了解将多方面的情况放在一起加以比照检验的政治手段，不彰明法度，而依靠竭尽自己的听力视力、劳累自己的脑力心神去了解奸邪，不也是太没有政治手段了么？况且天下的事物众多而个人的智力有限，有限的不能胜过众多的，个人的智力是不能够用来普遍地了解事物的，所以要凭借事物来治理事物。臣子人数众多而君主为数不多，所谓不多不能胜过众多，是说君主不能够靠自己一个人来普遍地了解臣子，所以要依靠人来了解人。君主依靠人来了解人，因此身体不劳累而事情就治理好了，脑力心神不使用而奸邪就被发现了。所以宋国人的俗话说："一只麻雀飞过，羿说自己一定能射到它，那么羿就是在胡扯了。把天下作为捕雀的罗网，那麻雀才一只也逃不掉了。"察知奸邪也有一个大网，只要不失去那道术就行了。现在子产不整顿法制，却把自己的主观臆测作为猎获奸邪的弓箭，那么子产也就是在胡来了。《老子》说："用智慧治理国家，是国家的祸害。"大概就是在说子产了。

38.6.1　秦昭王问于左右曰："今时韩、魏孰与始强？"左右对曰："弱于始也。""今之如耳、魏齐孰与曩之孟尝、芒卯[1]？"对曰："不及也。"王曰："孟尝、芒卯率强韩、魏，犹无奈寡人何也；今以无能之如耳、魏齐，帅弱韩、魏以攻秦，其无奈寡人何亦明矣。"左右对曰："甚然。"中期推琴而对曰[2]："王之料天下过矣！夫六晋之时[3]，知氏最强[4]，灭范、中行而从韩、魏之兵以伐赵，灌以晋水[5]，城之未沈者三板[6]。知伯出，魏宣子御，韩康子为骖乘。知伯曰：'始吾不知水可以灭人之国，吾乃今知之。汾水可以灌安邑[7]，绛水可以灌平阳[8]。’魏宣子肘韩康子，康子践宣子之足，肘足接乎车上，而知氏分于晋阳之下[9]。今足下虽强，未若知氏；韩、魏虽弱，未至如其晋阳之下也。此天下方用肘足之时，愿王勿易之也。”

【注释】

〔1〕如耳：魏国大夫。魏齐：魏国相国。孟尝：见32.5.7注。芒卯：见22.2注。

〔2〕中期：秦国的乐师。

〔3〕六晋之时：即智氏、赵氏、韩氏、魏氏、范氏、中行氏等六卿在晋国执政的时期。

〔4〕知氏：指智伯瑶，见1.5注。

〔5〕晋水：汾水的支流，现名晋渠。

〔6〕沈：古“沉”字。板：见32.1.4注。

〔7〕汾水：即汾河，流经山西省中部。安邑：魏宣子的封邑，位于今山西省夏县西北。

〔8〕绛(jiàng)水：源出山西省绛县北。平阳：韩康子的封邑，位于今山西省临汾市西北。

〔9〕晋阳：见1.5注。

【译文】

秦昭王问身边的侍从说：“现在的韩国、魏国和它们刚建国的时候相比，哪个更强大?”侍从回答说：“比刚建国时衰弱了。”昭王又问：“现在的如耳、魏齐和从前的孟尝君、芒卯相比怎么样?”侍从回答说：“及不上啊。”昭王说：“孟尝君、芒卯率领强大的韩、魏联军，尚且不能把我怎么样；现在拿无能的如耳、魏齐，率领衰弱的韩、魏之兵来攻打秦国，他们不能把我怎么样也就很明显的了。”侍从回答说：“说得很对。”中期推开琴回答说：“大王对天下形势的估计错了！在那晋国六卿执政的时候，智伯最强大，他灭掉范氏、中行氏以后又率领了韩氏、魏氏的军队去攻打赵襄子，用晋水来灌淹赵襄子的封邑晋阳，城墙没有沉没的地方只有六尺高了。智伯外出，魏宣子在车子中间驾车，韩康子在车子右边当陪乘卫士。智伯说：‘开始的时候我还不知道河水可以灭掉别人的封邑，我如今才明白了这个道理。汾水可以灌淹安邑，绛水可以灌淹平阳。’魏宣子用肘碰了一下韩康子，韩康子踩了一下魏宣子的脚，肘和脚在车上互相接触，而智伯的封地就在晋阳城下被瓜分了。现在您虽然强大，还不如当年的智伯；韩国、魏国虽然衰弱，还没有落到像他们在晋阳城下屈从智伯的地步。现在是天下各国正在用肘、脚相碰暗中勾结的时候，希望大王不要轻视他们啊。”

38.6.2 或曰：昭王之问也有失，左右、中期之对也有过。凡明主之治国也，任其势。势不可害，则虽强天下无奈何也，而况孟尝、芒卯、韩、魏，能奈我何？其势可害也，则不肖如如耳、魏齐及韩、魏，犹能害之。然则害与不侵，在自恃而已矣，奚问乎？自恃，其不可侵，则强与弱奚其择焉？失在不自恃，而问其奈何也，其不侵也幸矣。申子曰：“失之数而求之信，则疑矣。”其昭王之谓也。知伯无度，从韩康、魏宣而图以水灌灭其国，此知伯之所以国亡而身死、头为饮杯之故也。今昭王乃问孰与始强，其畏有水人之患乎？虽有左右，非韩、魏之二子也，安有肘足之事？而中期曰“勿易”，此虚言也。且中期之所官，琴瑟也。弦不调，弄不明，中期之任也，此中期所以事昭王者也。中期善承其任，未慊昭王也[1]，而为所不知[2]，岂不妄哉？左右对之曰“弱于始”与“不及”，则可矣；其曰“甚然”，则谀也。申子曰：“治不逾官，虽知不言。”今中期不知而尚言之。故曰：昭王之问有失，左右、中期之对皆有过也。

【注释】

〔1〕慊(qiàn)：不满足。

〔2〕为：通“谓”。

【译文】

有人说：昭王的发问有失误，侍从、中期的回答有过错。凡是英明的君主治理国家，依靠自己的权势。自己的权势如果不可侵犯，那么即使是强大的各国联盟也对我无可奈何，更何况是孟尝君、芒卯、韩国、魏国，能把我怎么样呢？自己的权势如果可以被侵害，那么即使无能得像如耳、魏齐以及现在的韩国、魏国，也能侵害我。这样看来，那么是受到侵害还是不受到侵害，在于信赖自己罢了，还要问什么呢？信赖自己，昭王就不可能被侵害，那么对于敌人的强大和弱小他还要去挑选什么呢？昭王的失误在于不信赖自己，却还问敌人能把我怎么样，他不被侵害实在是很侥幸的了。申子说：“不运用法术来解决问题而只是靠相信别人的话来找答案，那就疑惑了。”这大概就是说的秦昭王吧。智伯说话没有个分寸，让韩康子、魏宣子跟着自己却还在谋划用河水去灌灭他们的封邑，这就是智伯国灭身死、头骨成为杯子的缘故啊。现在昭王却问起目前的韩国、魏国和当初的韩国、魏国哪个强大，难道是害怕有智伯那种想用河水去灌灭韩、魏而反使自己国灭身死的祸患吗？再说，昭王说话时，虽然有侍从在身边，但他们并不是韩康子和魏宣子，哪会有用肘、脚相碰而暗中勾结的事呢？而中期却说“不要轻视他们”，这是不切实际的话啊。况且中期所掌管的，是琴瑟。琴弦没调节好，曲调没弹清楚，是中期的责任，因为这是中期用来侍奉昭王的工作。中期胜任自己的职务，并没有使昭王感到不满，现在却谈论起他不懂的事情，哪能不荒谬呢？侍从回答昭王说“比刚建国时衰弱”和“及不上”，倒是可以的；但他们说“很对”，那就是在阿谀奉承了。申子说：“处理事情不超越自己的职责，分外的事情即使知道了也不说。”现在中期连不懂的事情也还要对它发表意见。所以说：昭王的发问有失误，侍从、中期的回答都有过错。

38.7.1　《管子》曰[1]："见其可，说之有证[2]；见其不可，恶之有形。赏罚信于所见，虽所不见，其敢为之乎？见其可，说之无证；见其不可，恶之无形。赏罚不信于所见，而求所不见之外，不可得也。"

【注释】

〔1〕《管子》：是一部法家学者依托管仲之名而纂集的杂家著作。下面的引文见《管子·权修》。

〔2〕说：通"悦"。

【译文】

《管子》说："看见那合法可做的事，喜欢它就要有实际的效验而给予奖赏；看见那非法而不可做的事，厌恶它就要有具体的体现而给予惩罚。对于已经看见的事情，赏罚都确实兑现了，那么即使有察见不到的地方，人们还敢做坏事吗？看见那合法可做的事，喜欢它却没有什么实际的表示；看见那非法而不可做的事，厌恶它却没有具体的表现。君主对于已经看见的事情，赏罚都不能确实兑现，那么要求人们在察见不到的地方不干坏事，实在是不可能的啊。"

38.7.2　或曰：广廷严居，众人之所肃也；宴室独处，曾、史之所僈也[1]。观人之所肃，非行情也。且君上者，臣下之所为饰也。好恶在所见，臣下之饰奸物以愚其君，必也。明不能烛远奸、见隐微，而待之以观饰行，定赏罚，不亦弊乎[2]？

【注释】

〔1〕曾、史：见26.2注。僈：通“慢”。

〔2〕弊：通“蔽”。

【译文】

有人说：在议事的大堂上庄重就座，人人都有恭敬的表现；在休息的厢房中一个人待着，就是曾参、史鱼似的正直之士也会有轻慢随便的行为。在公开场合观察到的人们的恭敬表现，并不是他们行为的真实情况。况且君主这种人，臣下是要对他掩饰自己的。君主对臣下的爱憎取决于君主所看见的表面现象，那么臣下掩饰邪恶的事来愚弄自己的君主，也就是必然的了。君主的明察如果不能洞悉远离自己的邪恶、发现隐藏着的苗头，而依靠观察掩饰过的行为来防备臣下，决定赏罚，不也是要受蒙蔽了吗？

38.8.1 《管子》曰[1]：“言于室，满于室；言于堂，满于堂：是谓天下王。”

【注释】

〔1〕以下引文《管子·牧民》作：“言室满室，言堂满堂，是谓圣主。”

【译文】

《管子》说：“在房间里说话，话声能响彻整个房间；在殿堂上讲话，话声能传遍整个殿堂：这样开诚布公，就可以称作为天下的帝王。”

38.8.2 或曰：管仲之所谓“言室满室，言堂满堂”者，非特谓游戏饮食之言也，必谓大物也。人主之大物，非法则术也。法者，编著之图籍、设之于官府而布之于百姓者也。术者，藏之于胸中以偶众端而潜御群臣者也[1]。故法莫如显，而术不欲见[2]。是以明主言法，则境内卑贱莫不闻知也，不独满于堂；用术，则亲爱近习莫之得闻也，不得满室。而《管子》犹曰“言于室满室，言于堂满堂”，非法术之言也。

【注释】

〔1〕偶：合。

〔2〕见：同“现”。

【译文】

有人说：管仲所说的“在房间里说话而话声响彻整个房间，在殿堂上讲话而话声传遍整个殿堂”，并非只是指说那种关于游戏饮食方面的话，而一定是指说那种关于国家大事的话。君主的大事，不是法治就是术治。法，是编写进图书中、设置在官府里而公布到民众中去的东西。术，是藏在君主心里用来对照验证各方面的事情从而暗地里用它来驾驭群臣的东西。所以法没有比公开更好的了，而术还是不要暴露的为好。因此，英明的君主谈起法来，那么国内就是那些地位卑贱的人也没有听不到的，不只是传遍整个殿堂；但用起术来，那么就连君主宠爱的亲信都没有谁能打听得到，因此不能让自己的话声响彻房间。而《管子》却还说什么“在房间里说话而话声要响彻整个房间，在殿堂上讲话而话声要传遍整个殿堂”，这不是合乎法术的言论啊。

难四第三十九

（第三十九篇　辩难第四编）

39.1.1　卫孙文子聘于鲁[1]，公登亦登[2]。叔孙穆子趋进曰[3]：“诸侯之会，寡君未尝后卫君也。今子不后寡君一等，寡君未知所过也。子其少安。”孙子无辞，亦无悛容。穆子退而告人曰：“孙子必亡。臣而不后君，过而不悛，亡之本也。”

【注释】

〔1〕孙文子：孙氏，名林父，死后谥文，卫国的卿。

〔2〕按照当时礼制，登台阶时，臣子应该比国君迟登一级，所以“公登亦登”是一种无礼的行为。

〔3〕叔孙穆子：即叔孙豹，死后谥穆，鲁国的相。

【译文】

卫国的孙文子受国君委派到鲁国去访问，鲁襄公登上一级台阶，他也同时登上一级台阶。叔孙穆子有礼地小步快跑到孙文子面前说：“各国诸侯聚会的时候，敝国国君的地位从来没有排在卫国国君的后面。现在您不比敝君后登一级，敝君还不知道什么地方有过错。请您稍慢一点。”孙文子没说话，也没有悔改的神色。穆子退朝后告诉别人说：“孙文子一定要灭亡。作为臣子而不走在国君的后面，有了过错又不悔改，这是灭亡的根源啊。”

39.1.2 或曰：天子失道，诸侯伐之，故有汤、武。诸侯失道，大夫伐之，故有齐、晋[1]。臣而伐君者必亡，则是汤、武不王，晋、齐不立也[2]。孙子君于卫，而后不臣于鲁，臣之君也[3]。君有失也，故臣有得也。不命“亡”于有失之君，而命“亡”于有得之臣，不察。鲁不得诛卫大夫，而卫君之明不知不悛之臣，孙子虽有是二也，臣以亡[4]？其所以亡其失、所以得[5]，君也。

【注释】

〔1〕齐、晋：其事见4.2注。

〔2〕晋：指“赵”。

〔3〕君：动词，表示“行君道”。

〔4〕臣：当作“巨”，“巨”通“讵”。

〔5〕亡(wú)：通“无”。

【译文】

有人说：天子失去了治国的正确原则，诸侯就会讨伐他，所以有商汤灭夏、周武王灭商的事。诸侯失去了治国的正确原则，大夫就会讨伐他，所以有齐国、晋国废君夺位的事。如果做了臣子而讨伐君主的一定要灭亡，那么商汤、周武王就不能称王天下，晋国的赵氏和齐国的田氏就不能立为诸侯了。孙文子在卫国掌握了君主的权力，后来在鲁国又不行臣礼，这是臣子在做君主做的事。君主在治国的原则上有了失误，所以臣子在权势上有所获得。不把“灭亡”说到有失误的君主头上，而把“灭亡”说到有所获得的臣子头上，这是不明察的表现。鲁国无权惩处卫国的大夫，而卫国国君的明察又不足以了解孙文子是个怙恶不悛的大臣，那么孙文子即使有“作为臣子而不走在国君后面”、“有了过错而不思悔改”这两种行为，哪会因此而灭亡呢？他没有个人利益的丧失的原因以及获得权势的原因，都在于君主。

39.1.3　或曰：臣主之施，分也。臣能夺君者，以得相踦也〔1〕。故非其分而取者，众之所夺也；辞其分而取者，民之所予也。是以桀索嶓山之女〔2〕，纣求比干之心〔3〕，而天下离；汤身易名，武身受詈，而海内服；赵咺走山〔4〕，田氏外仆〔5〕，而齐、晋从。则汤、武之所以王，齐、晋之所以立，非必以其君也，彼得之而后以君处之也。今未有其所以得，而行其所以处，是倒义而逆德也。倒义，则事之所以败也；逆德，则怨之所以聚也。败亡之不察，何也？

【注释】

〔1〕踦（qī）：偏重，不平衡。

〔2〕嶓山：即有缗（mín），部落名，在今山东金乡县南。女：指有缗氏的两个女子，其名为琬、琰。

〔3〕比干：见3.2注。

〔4〕咺（xuān），通“宣”。赵咺：赵宣子，即赵盾，当时为晋国正卿。走山：公元前607年，晋灵公因为宣子屡次进谏而想杀他，他出逃至温山（在今河南省修武县北）。

〔5〕田氏：指田常，见3.2注。他在外为仆之事见22.12。

【译文】

有人说：臣子和君主的设置，是名分制度所规定的。臣子能夺取君位，是因为君、臣之间在得民心方面互相不平衡而造成的。所以，不是自己的本分而能取得君位的，是民众帮他夺取的；辞去自己的本分却仍然得到君位的，是民众给他的。因此，夏桀索取有缗氏的女子，商纣王剖取比干的心脏，而天下的人都背离了他们；商汤改变了自己的姓名，周武王自身受到责骂，而四海之内的人都归顺他们；赵宣子逃跑到温山，田成子出逃在外当仆人，而齐国、晋国的人都听从他们。这样看来，那么商汤、周武王之所以能称王天下，齐国的田氏、晋国的赵氏之所以能立为诸侯，不一定是因为他们的君主的缘故，而是因为他们得到了民众的拥护以后才能以君主的身份立身行事的。现在孙文子还没有获得君主所应该得到的那种民众的拥护，却去做君主才可以做的事情，这是颠倒了是非而违反了道德。颠倒是非，那是做事失败的根源；违反道德，那是怨恨积聚的根源。辩驳者连失败和灭亡都搞不清楚，为什么呢？

39.2.1　鲁阳虎欲攻三桓〔1〕，不克而奔齐，景公礼之。鲍文子谏曰〔2〕："不可。阳虎有宠于季氏而欲伐于季孙，贪其富也。今君富于季孙，而齐大于鲁，阳虎所以尽诈也。"景公乃囚阳虎。

【注释】

〔1〕阳虎：一作阳货，春秋末鲁国季氏的家臣。三桓：春秋后期掌握鲁国政权的三家贵族，即孟孙氏（一作仲孙氏）、叔孙氏、季孙氏。

〔2〕鲍文子：齐国大夫，名国，鲍叔牙的玄孙。

【译文】

鲁国的阳虎想灭掉孟孙氏、叔孙氏、季孙氏，因为没有战胜而逃到齐国，齐景公对他以礼相待。鲍文子规劝说："不可以这样做。阳虎受到季孙的宠爱却还要攻打季孙，这是因为他贪图季孙的财富。现在您比季孙还富，而齐国又比鲁国大，这可是阳虎尽力施展其欺诈伎俩的诱因啊。"景公就囚禁了阳虎。

39.2.2　或曰：千金之家，其子不仁，人之急利甚也。桓公，五伯之上也，争国而杀其兄，其利大也。臣主之间，非兄弟之亲也。劫杀之功，制万乘而享大利，则群臣孰非阳虎也？事以微巧成，以疏拙败。群臣之未起难也，其备未具也。群臣皆有阳虎之心，而君上不知，是微而巧也。阳虎贪于天下，以欲攻上，是疏而拙也。不使景公加诛于拙虎[1]，是鲍文子之说反也。臣之忠诈，在君所行也。君明而严，则群臣忠；君懦而暗，则群臣诈。知微之谓明，无救赦之谓严。不知齐之巧臣而诛鲁之成乱，不亦妄乎？

【注释】

〔1〕不使景公加诛于拙虎：当作“不使景公加诛于齐之巧臣，而使加诛于拙虎”。

【译文】

有人说：极其富裕的家庭，他们的儿子不能相亲相爱，这是因为人追求利益的心情非常迫切。齐桓公，是五霸中的第一个霸主，为了争夺国家的政权而迫使鲁国杀死了他的兄长公子纠，这是因为那利益很大的缘故啊。臣子和君主之间，并不是兄弟般的亲人。劫持残杀的成果，是统治具有万辆兵车的大国而享有很大的利益，那么群臣百官哪一个不是阳虎那样的人呢？事情因为隐蔽巧妙而成功，因为疏漏笨拙而失败。群臣现在还没有发难作乱，是因为他们的条件还没有具备啊。群臣都有阳虎那样的贪心，但君主却不知道，这是他们隐蔽而又巧妙的表现啊。阳虎被天下的人看作为贪婪，还想要攻打上司，这是他疏漏而又笨拙的表现啊。不叫景公对齐国那些狡猾的臣子加以惩处，而叫他对笨拙的阳虎进行惩处，这是鲍文子把话说反了。臣子的忠诚或欺诈，取决于君主的所作所为。君主明察而严厉，那么群臣就会忠诚；君主懦弱而昏庸，那么群臣就会欺诈。能洞察隐蔽的情况叫做明察，不挽救赦免罪人叫做严厉。不能洞察齐国那些狡猾的臣子而惩处鲁国那已经造成祸乱的阳虎，不也是很荒谬的吗？

39.2.3　或曰：仁贪不同心。故公子目夷辞宋[1]，而楚商臣弑父[2]；郑去疾予弟[3]，而鲁桓弑兄[4]。五伯兼并，而以桓律人，则是皆无贞廉也。且"君明而严，则群臣忠"。阳虎为乱于鲁，不成而走，入齐而不诛，是承为乱也；君明，则诛，知阳虎之可以济乱也，此见微之情也。语曰："诸侯以国为亲。"君严，则阳虎之罪不可失，此无救赦之实也。则诛阳虎，所以使群臣忠也。未知齐之巧臣而废明乱之罚，责于未然而不诛昭昭之罪，此则妄矣。今诛鲁之罪乱以威群臣之有奸心者，而可以得季、孟、叔孙之亲，鲍文之说，何以为反？

【注释】

〔1〕目夷：宋国太子兹父的庶兄，字子鱼。公元前652年，宋国太子兹父(后立为襄公)要把君位让给他，他不接受。

〔2〕商臣弑父：见31.0.5注及31.5.5，31.5.6。

〔3〕去疾：郑国公子，字子良。根据《左传》记载，公元前605年，郑国人要立他为君，他把君位推给了庶兄公子坚。

〔4〕鲁桓：鲁桓公，名轨，一名允，隐公之弟。公元前712年，他让公子羽父杀了隐公，自立为君。

【译文】

有人说：仁爱的人和贪婪的人思想不同。所以公子目夷不接受宋国的君位，而楚国的商臣杀掉了父亲；郑国的去疾把君位让给了弟弟，而鲁桓公杀掉了哥哥。五霸是搞兼并的，如果拿齐桓公作为标准来规范人，那就完全没有忠贞廉洁的人了。再说，"君主明察而严厉，群臣就会忠诚"。阳虎在鲁国作乱，没有成功而逃跑，进入齐国如果不加惩处，这就是容忍他到齐国作乱；所以君主如果明察的话，就会加以惩处，因为知道阳虎是可以造成祸乱的，这是看到了隐微的实情啊。俗话说："诸侯把别的国家当作为亲戚。"所以，君主如果严厉的话，那么阳虎在别国所犯的罪行也不可以放过，这是不挽救赦免罪人的实际内容啊。可见惩处阳虎，是使群臣忠诚的手段。因为没有察觉齐国那些狡猾的臣子而放弃对已经被查明了作乱事实的阳货的惩罚，因为追究还没有形成的事情而不惩处明明白白的罪过，这才荒谬了。现在惩处在鲁国作乱的罪犯来威慑群臣之中那些怀有邪恶念头的人，而又可以博得鲁国季孙氏、孟孙氏、叔孙氏的亲善，鲍文子的话，哪里是说反了呢？

39.3.1　郑伯将以高渠弥为卿〔1〕，昭公恶之〔2〕，固谏，不听。及昭公即位，惧其杀己也，辛卯〔3〕，弑昭公而立子亶也〔4〕。君子曰："昭公知所恶矣。"公子圉曰〔5〕："高伯其为戮乎〔6〕，报恶已甚矣〔7〕。"

【注释】

〔1〕郑伯：指郑庄公，名寤生，春秋初期郑国君主。

〔2〕昭公：郑庄公的太子，名忽。

〔3〕辛卯：记载日期的干支，指鲁桓公十七年（公元前695年）夏历九月二十三日。

〔4〕亶：《左传》作"亹"（wěi），郑昭公之弟。

〔5〕公子圉（yǔ）：《左传》作公子达，鲁国的大夫。

〔6〕高伯：即高渠弥。

〔7〕已：太。

【译文】

郑庄公要让高渠弥当卿，郑昭公厌恶高渠弥，坚决而持久地劝阻庄公，但庄公不听从。等到昭公登上君位，高渠弥怕昭公杀害自己，就在辛卯这一天，杀了昭公而立公子亶为君主。君子说："这下子昭公该认识他所厌恶的人了。"公子圉说："高伯应该被杀死了吧，他报复别人对他的厌恶也太过分了。"

39.3.2　或曰：公子圉之言也，不亦反乎？昭公之及于难者，报恶晚也。然则高伯之晚于死者，报恶甚也。明君不悬怒。悬怒，则臣惧罪轻举以行计，则人主危。故灵台之饮，卫侯怒而不诛[1]，故褚师作难[2]；食鼋之羹，郑君怒而不诛[3]，故子公杀君[4]。君子之举“知所恶”，非甚之也，曰：知之若是其明也，而不行诛焉，以及于死。故“知所恶”，以见其无权也[5]。人君非独不足于见难而已，或不足于断制，今昭公见恶[6]，稽罪而不诛，使渠弥含憎惧死以徼幸，故不免于杀，是昭公之报恶不甚也。

【注释】

〔1〕卫侯：指卫出公，名辄，春秋时卫国君主。

〔2〕褚师：卫国大夫，名比。公元前470年，卫出公在灵台与大夫们饮酒，他违反礼制，穿着袜子登席，卫出公发怒，要砍断他的脚，他起兵造反，而卫出公出奔。

〔3〕郑君：指郑灵公。

〔4〕子公：即郑国的公子宋。公元前605年，楚国人献给郑灵公一只鼋，郑灵公宴请大臣，子公与子家相视而笑。郑灵公问其原因，子家说：“子公的食指事前动过，他预计一定会尝到美味的食物。”于是郑灵公召来子公而偏偏不给他吃。子公发怒，用手指在食鼎中蘸了汁吃了就走。郑灵公发怒，要杀子公。子公便与子家合谋杀了灵公。

〔5〕见：同“现”。

〔6〕见：同“现”。

【译文】

有人说：公子圉的话，不也是说反了吗？昭公遭到死难，是因为他惩处所厌恶的人太晚了。这样看来，那么高伯比昭公死得晚，正是由于他报复所厌恶的人过分的缘故。英明的君主不把自己对别人的怨怒挂在一边而拖延不决。如果把自己对别人的怨怒挂在一边而不及时解决，那么臣下就会害怕受到惩处而轻率地采取行动来实施他们避免祸害的计谋，那么君主就危险了。所以在灵台喝酒的时候，卫出公对褚师发怒而不加惩处，以致褚师作乱；在吃大鳖的羹汁时，郑灵公对子公发怒而不加惩处，以致子公杀死了君主。君子扬言说"昭公该认识他所厌恶的人了"，并不是把这事说得太过分了，而只是说：昭公既然对高渠弥了解得如此清楚，却不对他进行惩处，因此而遭到了杀害。所以"昭公该认识他所厌恶的人了"这句话，是为了用来揭示昭公不懂得权谋啊。君主不但不能充分地看到祸难，有时还不能从容地作出决断并加以制裁。现在昭公暴露了对高渠弥的厌恶，却延迟对他的惩处而不把他杀掉，使高渠弥怀恨在心、害怕被杀因而孤注一掷来碰一下运气，所以昭公不能避免被杀的命运，这是昭公惩处自己所厌恶的人不厉害而造成的啊。

39.3.3　或曰：报恶甚者，大诛报小罪。大诛报小罪也者，狱之至也。狱之患，故非在所以诛也[1]，以雠之众也。是以晋厉公灭三郄而栾、中行作难[2]，郑子都杀伯咺而食鼎起祸[3]，吴王诛子胥而越勾践成霸[4]。则卫侯之逐，郑灵之弑，不以褚师之不死而公父之不诛也[5]，以未可以怒而有怒之色，未可诛而有诛之心。怒其当罪，而诛不逆人心，虽悬奚害？夫未立有罪，即位之后，宿罪而诛，齐胡之所以灭也[6]。君行之臣，犹有后患，况为臣而行之君乎？诛既不当，而以尽为心，是与天下有雠也[7]。则虽为戮，不亦可乎？

【注释】

〔1〕故：通"固"。

〔2〕晋厉公灭三郄而栾、中行作难：见 31.1.4 及注。

〔3〕子都：即郑厉公子突。伯咺：即伯父原，又作原繁，公元前 680 年被厉公所杀。食鼎起祸：公元前 673 年，郑厉公宴享周惠王而非法地

使用了音乐，原伯说："郑伯效尤，必将遭殃。"随后郑厉公就死了。

〔4〕吴王：指夫差(chāi)，见19.2注。子胥：见3.2注。

〔5〕父(fǔ)：通"甫"，加在男子名字下的美称。

〔6〕齐胡：指齐太公的玄孙胡公靖。他在即位前曾经虐待过大夫驺马繻，即位后被驺马繻所杀。

〔7〕有：为。

【译文】

有人说：所谓惩处自己所厌恶的人过分，是指用严厉的惩罚来惩处轻微的罪行。用严厉的惩罚来惩处轻微的罪行，这是治罪中最极端的做法了。治罪的祸患，本来就不在于惩处的方法，而在于仇敌的众多。因此，晋厉公诛灭了郄至、郄犨、郄锜三卿而栾书、中行偃作乱，郑国的子都杀掉了伯咺而食鼎里产生了祸害，吴王夫差杀掉了伍子胥而越王勾践灭掉吴国成就了霸业。这样看来，那么卫出公的被驱逐，郑灵公的被杀害，并不是因为褚师没有被卫出公杀掉以及子公没有被郑灵公处死，而是因为君主对不可以发怒的人有了发怒的脸色，对不可以处死的人有了处死的想法。君主发怒如果符合臣下的罪过，而诛杀也不违背人心，那么即使发怒了而没有及时加以惩处，又有什么害处呢？君主还没有立为君主的时候有了罪过，等到登上君位之后，因为过去的罪过而被杀掉，这就是齐国的胡公靖被杀死的原因。君主对臣下采取了不恰当的行动，尚且有后来的祸患，更何况是作为臣子而对君主采取了过分的行动？杀戮的方法已经不恰当了，却还要把斩尽杀绝作为自己的打算，这是和天下的人为敌啊。那么高伯即使被杀掉，不也是可以的么？

39.4.1　卫灵公之时[1]，弥子瑕有宠于卫国。侏儒有见公者曰："臣之梦浅矣[2]。"公曰："奚梦？""梦见灶者，为见公也。"公怒曰："吾闻见人主者梦见日，奚为见寡人而梦见灶乎？"侏儒曰："夫日兼照天下，一物不能当也。人君兼照一国，一人不能壅也。故将见人主而梦日也。夫灶，一人炀焉，则后人无从见矣。或者一人炀君邪？则臣虽梦灶，不亦可乎？”公曰：“善。”遂去雍钼[3]，退弥子瑕，而用司空狗[4]。

【注释】

〔1〕此节参见30.1.1注。

〔2〕浅：通“践”。

〔3〕雍钼(jū)：卫灵公宠爱的宦官。

〔4〕司空：周代官名，主管土木工程以及车服器械等的制造。狗：即史狗，史朝的儿子。

【译文】

卫灵公的时候，弥子瑕在卫国受到君主的宠爱。有个见到卫灵公的侏儒说：“我的梦应验了。”卫灵公说：“什么梦？”侏儒说：“我梦见了灶，大概是因为要见到您了。”卫灵公生气地说：“我听说将要见到君主的人会梦见太阳，为什么你将要见到我而梦见了灶呢？”侏儒说：“太阳的光辉普照天下，一样东西是不能把它挡住的。君主的明察能同时洞悉整个国家，一个人是不能够把他蒙蔽的。所以将要见到君主的人会梦见太阳。至于那灶，一个人在灶门烤火，那么后面的人就没有办法看见火光了。现在或许有一个人在烤您的火而把您给蒙蔽了吧？那么我即使梦见了灶，不也是可以的吗？”卫灵公说：“说得好。”于是就去掉雍钼，辞退弥子瑕，而任用了司空狗。

39.4.2　或曰：侏儒善假于梦以见主道矣[1]，然灵公不知侏儒之言也。去雍钼，退弥子瑕，而用司空狗者，是去所爱而用所贤也。郑子都贤庆建而壅焉[2]，燕子哙贤子之而壅焉[3]。夫去所爱而用所贤，未免使一人炀己也。不肖者炀主，不足以害明；今不加知而使贤者炀己，则必危矣。

【注释】

〔1〕见：同“现”。

〔2〕子都：即郑厉公。庆：当作“卿”，官名。建：当作“詹”，是郑国的执政大臣。

〔3〕子哙、子之：见7.3注。

【译文】

有人说：侏儒善于凭借梦来揭示君主的统治术了，但是卫灵公却不懂得侏儒的话。去掉雍钼，辞退弥子瑕，而任用司空狗，这是在去掉自己所宠爱的人而任用自己认为是贤能的人。郑国的子都认为庆建很贤能而结果被他蒙蔽了，燕国的子哙认为子之很贤能而结果被他蒙蔽了。可见去掉自己所宠爱的人而任用自己认为是贤能的人，还是免不了使某一个人烤自己的火而蒙蔽自己。无能之辈来烤君主的火而蒙蔽君主，还不足以损害君主的明察；现在君主不加以了解而使所谓的贤能之人烤自己的火来蒙蔽自己，那就一定会危险了。

39.4.3　或曰：屈到嗜芰〔1〕，文王嗜菖蒲菹，非正味也，而二贤尚之，所味不必美。晋灵侯说参无恤〔2〕，燕哙贤子之，非正士也，而二君尊之，所贤不必贤也。非贤而贤用之，与爱而用之同。贤诚贤而举之，与用所爱异状。故楚庄举叔孙而霸〔3〕，商辛用费仲而灭〔4〕，此皆用所贤，而事相反也。燕哙虽举所贤，而同于用所爱，卫奚距然哉〔5〕？则侏儒之未可见也。君壅而不知其壅也，已见之后而知其壅也，故退壅臣，是加知之也。曰“不加知而使贤者炀己则必危”，而今以加知矣〔6〕，则虽炀己，必不危矣。

【注释】

〔1〕屈到：字子夕，楚国的大臣，屈荡的儿子。

〔2〕晋灵侯：即晋灵公，名夷皋，晋襄公之子，公元前620年—公元前607年在位。说：通“悦”。参：通“骖”，即骖乘，参见33.1.5注。无恤：指范无恤，晋灵侯的骖乘。

〔3〕楚庄：楚庄王，见6.1注。叔孙：当作“孙叔”，指孙叔敖，楚庄王时的令尹。

〔4〕商辛：即商纣，名受辛，商朝末代帝王。费仲：见21.13注。

〔5〕距：通“遽”，就。

〔6〕以：通“已”。

【译文】

有人说：屈到爱好吃菱角，周文王喜欢吃菖蒲根做的腌菜，这两样东西并不是正规的美味食物，但这两位贤人却推崇它们，可见人们爱吃的东西不一定就是美味佳肴。晋灵公喜欢车右的卫士范无恤，燕王子哙认为子之有德才，这两个人并不是正派的贤士，但这两个君主却尊重他们，可见君主认为贤能的人不一定贤能。不是贤人却当作贤人来任用他们，和由于宠爱而任用他们是相同的。君主认为是贤能的人如果真是贤人而提拔任用了他们，那就和任用自己所宠爱的人不一样了。所以楚庄王提拔了孙叔敖而称霸，商纣王任用了费仲而灭亡，这两个君主都任用了自己所认为的贤人，但事情的结果却完全相反。燕王子哙虽然提拔了他所认为的贤人，但和任用他所宠爱的人是相同的，卫国哪里就像这样呢？这是侏儒还没有能认识到的。卫国国君被蒙蔽而不知道自己被蒙蔽，已经见到侏儒之后而知道自己受了蒙蔽，所以辞退了蒙蔽自己的臣子，这是对蒙蔽自己的臣子有了进一步的了解。辩驳者说什么“君主不加以了解而使所谓的贤人烤自己的火来蒙蔽自己就一定会危险”，而现在已经加以了解了，那么他们即使来烤自己的火而蒙蔽自己，也一定不会危险了。

第十七卷

难势第四十

（第四十篇　责难势治学说）

40.1.0　《慎子》曰[1]：

【注释】

〔1〕《慎子》：战国时赵国人慎到所著，现残存七篇以及一些后人辑录的逸文。以下引文见《慎子·威德》。

【译文】

《慎子》说：

40.1.1　飞龙乘云，腾蛇游雾[1]，云罢雾霁，而龙、蛇与螾、蚁同矣[2]，则失其所乘也[3]。贤人而诎于不肖者，则权轻位卑也；不肖而能服于贤者[4]，则权重位尊也。尧为匹夫，不能治三人；而桀为天子，能乱天下。吾以此知势位之足恃而贤智之不足慕也。夫弩弱而矢高者，激于风也；身不肖而令行者，得助于众也。尧教于隶属而民不听；至于南面而王天下，令则行，禁则止。由此观之，贤智未足以服众，而势位足以屈贤者也。

【注释】

〔1〕腾蛇：也作“螣蛇”，传说中的神蛇。

〔2〕螾：同“蚓”。

〔3〕则：以，因为。

〔4〕于：语助词。

【译文】

飞龙驾着云头，螣蛇漂游雾中，如果云消雾散，那么龙、蛇就跟蚯蚓、蚂蚁一样了，这是因为失去了它们飞行漂游时所凭借的东西啊。贤能的人却屈服于无能之辈，那是因为他们的权力小、地位低；无能之辈却能制服贤能的人，那是因为他们的权力大、地位高。尧如果是一个普通老百姓，那就连三个人也管不了；而桀做了天子，就能搞乱天下。我因此而知道权势地位值得依靠而贤能才智不值得羡慕。那弩弓软弱不强劲而射出来的箭却很高，那是因为被风力推动了的缘故；本身无德才而发布的命令却能付诸实施，那是因为他从众人那里得到了借助。尧处在奴隶一类的地位时去施教，民众就不听从他；等到他在朝廷上向南坐着而统治天下的时候，命令一下达人们就立即行动，禁约一发布人们就停止不做。由此看来，贤能才智还不能够用来制服民众，而权势地位却完全可以用来使贤能的人屈服。

40.2.0　应《慎子》曰：

【译文】

有人回答《慎子》说：

40.2.1　飞龙乘云，腾蛇游雾，吾不以龙、蛇为不托于云、雾之势也。虽然，夫择贤而专任势[1]，足以为治乎？则吾未得见也。夫有云、雾之势而能乘游之者，龙、蛇之材美也；今云盛而螾弗能乘也，雾醲而蚁不能游也[2]，夫有盛云酡雾之势而不能乘游者，螾蚁之材薄也。今桀、纣南面而王天下，以天子之威为之云雾，而天下不免乎大乱者，桀、纣之材薄也。

【注释】

〔1〕择：通“释”。

〔2〕酡：通“浓”。

【译文】

飞龙驾着云飞行，螣蛇在雾中漂游，我并不认为龙、蛇是不依靠云、雾的托力的。但即使这样，那丢开了贤能而单纯使用权势，就足够用来治理好国家了吗？那可是我从来没有见到过的。有了云、雾的托力而能腾云驾雾，是因为龙、蛇的资质好啊；现在浓云密布而蚯蚓并不能在它上面飞行，大雾弥漫而蚂蚁并不能在它里面漂游，有了厚云浓雾的托力却不能驾驭它、漂游它，是因为蚯蚓、蚂蚁的才能浅薄啊。桀、纣在朝廷上向南坐着而统治天下的时候，把天子的威势作为自己凭借的云、雾，但天下仍然不可避免地发生了严重的混乱，这是因为桀、纣的才能浅薄啊。

40.2.2　且其人以尧之势以治天下也，其势何以异桀之势也——乱天下者也？夫势者，非能必使贤者用已而不肖者不用已也[1]。贤者用之，则天下治；不肖者用之，则天下乱。人之情性，贤者寡而不肖者众，而以威势之利济乱世之不肖人[2]，则是以势乱天下者多矣，以势治天下者寡矣。夫势者，便治而利乱者也。故《周书》曰[3]：“毋为虎傅翼[4]，将飞入邑，择人而食之。”夫乘不肖人于势，是为虎傅翼也。桀、纣为高台深池以尽民力，为炮烙以伤民性。桀、纣得成肆行者，南面之威为之翼也。使桀、纣为匹夫，未始行一而身在刑戮矣。势者，养虎狼之心而成暴乱之事者也，此天下之大患也。势之于治乱，本末有位也[5]，而语专言势之足以治天下者，则其智之所至者浅矣。

【注释】

〔1〕已：此，这，指代权势。

〔2〕而：通“如”。乱世之不肖：衍文。

〔3〕《周书》：即《逸周书》，是周朝的史书。下面的引文见《逸周书·寤儆篇》。

〔4〕傅：通“附”。

〔5〕末：当作“未”。

【译文】

而且，慎到他这个人认为尧的权势可以用来治理好天下，但尧的权势和桀用来搞乱天下的权势又有什么不同呢？权势这种东西，并不能一定使贤能的人使用它而无德才的人就不用它。贤能的人利用了它，那么天下就能治理好；无德才的人利用了它，那么天下就会被搞乱。从人的天性来看，世界上贤能的人少而没有德才的人多。所以，如果用威力权势的便利去帮助人，那么凭借权势来搞乱天下的人就多了，而利用权势来治理好天下的人就少了。可见权势这种东西，既有利于治理好天下，也有利于搞乱天下。所以《周书》上说：“不要给老虎添加翅膀，否则它就要飞到城里，把人抓来吃了。”使没有德才的人凭借权势，这是给老虎添加翅膀啊。桀、纣筑高台、挖深池而耗尽了民间的人力物力，设置了炮烙的酷刑而伤害了民众的性命。桀、纣能够干成这种放肆的行径，是因为天子的威势给他们做了翅膀。假如桀、纣只是平民百姓的话，那么他们还没有开始做一件坏事而身体早就被处死了。可见权势这种东西，是滋养虎狼般的凶狠之心而酿成暴虐昏乱之事的因素，所以它是天下的大祸害。权势对于国家的治乱兴衰，本来就没有什么固定的对应关系，可是慎到的言论却专讲权势足够可以用来治理好天下，那么他的智力所能达到的程度未免太浅陋了。

40.2.3 夫良马固车，使臧获御之，则为人笑；王良御之〔1〕，而日取千里〔2〕。车马非异也，或至乎千里，或为人笑，则巧拙相去远矣。今以国位为车，以势为马，以号令为辔，以刑罚为鞭策，使尧、舜御之，则天下治，桀、纣御之，则天下乱，则贤不肖相去远矣。夫欲追速致远，不知任王良；欲进利除害，不知任贤能：此则不知类之患也。夫尧、舜，亦治民之王良也。

【注释】

〔1〕王良：见17.2注。

〔2〕取：通“趋”，奔驰。

【译文】

那好的马、坚固的车，如果让奴婢去驾驭它，就会被人讥笑；让王良驾驭它，就能日行千里。车马并没有什么不同，有的人驾驭它能一天赶到千里之外，有的人驾驭它却被人讥笑，这是因为他们驾车技术的巧拙相差得太远了。现在把国家的君位比作车子，把权势比作马，把号令比作缰绳，把刑罚比作马鞭，让尧、舜来驾驭它，那么天下就大治，让桀、纣来驾驭它，那么天下就大乱，这是因为他们的德才好坏相差得太远了。想要赶上快速飞奔的车马而到达远方，却不知道任用王良；想要进取利益、消除祸害，却不知道任用贤能的人：这就是不懂得类比的祸患啊。那尧、舜，也就是治理人民的王良啊。

40.3.0 复应之曰：

【译文】

又有人回应这个责难慎子的人说：

40.3.1　其人以势为足恃以治官；客曰“必待贤乃治”，则不然矣。夫“势”者，名一而变无数者也。势必于自然，则无为言于势矣。吾所为言势者，言人之所设也。今曰：“尧、舜得势而治，桀、纣得势而乱。”吾非以尧、桀为不然也。虽然，非一人之所得设也。夫尧、舜生而在上位，虽有十桀、纣不能乱者，则势治也；桀、纣亦生而在上位，虽有十尧、舜而亦不能治者，则势乱也。故曰：“势治者则不可乱，而势乱者则不可治也。”此自然之势也，非人之所得设也。若吾所言，谓人之所得势也而已矣，贤何事焉？何以明其然也？客曰：“人有鬻矛与楯者，誉其楯之坚：‘物莫能陷也。’俄而又誉其矛曰：‘吾矛之利，物无不陷也。’人应之曰：‘以子之矛，陷子之楯，何如？’其人弗能应也。”以为不可陷之楯与无不陷之矛为名不可两立也〔1〕。夫贤之为势不可禁，而势之为道也无不禁；以不可禁之势〔2〕，此矛楯之说也。夫贤、势之不兼容亦明矣。

【注释】

〔1〕名：逻辑概念。

〔2〕以不可禁之势：当作“以不可禁之贤与无不禁之势”。

【译文】

慎子他这个人认为权势是足够可以依靠来治理国家的；而责

难他的论客却说“一定要等有了贤能的人才能把国家治理好”，这就不对了。“势”这个东西，名称虽然只是一个，但它的变义却是数不清的。如果势一定是源于自然生成的，那就用不着再去议论势了。我之所以要议论势，是要议论人为设立的威势。现在论客说：“尧、舜得到了权势而天下大治，桀、纣得到了权势而天下大乱。”我并不是认为尧、桀他们不是这样。但即使这样，他们的权势也并不是他们独自一个人所能建立的。如果尧、舜生来就处在君主的位置上，那么即使有十个桀、纣也不能扰乱天下，那就是势所必治；如果桀、纣也是生来就处在君主的位置上，那么即使有十个尧、舜也不能把天下治理好，那就是势所必乱。所以说：“势所必治的就不可能被扰乱，而势所必乱的就不可能被治理好。”但这种势只是一种自然生成的客观趋势，它并不是人们所能建立的。至于我所要说的势，是指人们所能设立的威势罢了，贤人在这里又有什么用呢？用什么来说明它是这样的呢？论客说过：“有一个卖矛和盾的人，夸耀自己的盾坚固，说：‘没有什么东西能够刺破它。’一会儿又赞美自己的矛说：‘我的矛很锋利，没有什么东西刺不破。’有人责难他说：‘用你的矛，刺你的盾，将会怎样？’那个人就不能回答了。”论客认为不可能被刺破的盾与没有什么东西不能刺破的矛在逻辑概念上是不可以同时并存的。那贤人是威势不可以禁止的，而威势作为一种政治手段，是没有什么东西不能禁止的；论客将不可以禁止的贤人与没有什么不能禁止的威势相提并论，这实在是上述那种关于矛和盾的说法啊。所以贤能和威势的不相容也就很清楚了。

40.3.2　且夫尧、舜、桀、纣千世而一出，是比肩随踵而生也。世之治者不绝于中，吾所以为言势者，中也。中者，上不及尧、舜，而下亦不为桀、纣；抱法处势则治，背法去势则乱。今废势背法而待尧、舜，尧、舜至乃治，是千世乱而一治也；抱法处势而待桀、纣，桀、纣至乃乱，是千世治而一乱也。且夫治千而乱一，与治一而乱千也，是犹乘骥、駬而分驰也，相去亦远矣。夫弃隐栝之法[1]，去度量之数，使奚仲为车，不能成一轮。无庆赏之劝、刑罚之威，释势委法，尧、舜户说而人辨之，不能治三家。夫势之足用亦明矣，而曰“必待贤”，则亦不然矣。且夫百日不食以待粱肉，饿者不活；今待尧、舜之贤乃治当世之民，是犹待粱肉而救饿之说也。

【注释】

〔1〕隐栝(kuò)：竹木的整形工具。

【译文】

况且尧、舜、桀、纣这样的人一千世出现一个，这就已经算是肩膀挨着肩膀、脚跟接着脚跟似地密集降生了。而世上的统治者接连不断地产生于中等人才之中，我之所以要议论威势，就是为了这些资质中等的君主。这种资质中等的君主，与上等的相比则及不上尧、舜，而与下等的相比也不是桀、纣那样的人；他们如果坚守法度、掌握了权势，就可以把国家治理好；如果背离了法度、丢掉了权势，就会使国家陷于混乱。现在如果抛弃了权势、背离了法度而去期待尧、舜，要到尧、舜来了才能使天下太平，这就是要在一千世的混乱以后才有一世太平；现在如果坚守法度、掌握了权势去等待桀、纣，到桀、纣来了才能使天下混乱，这就是在一千世的太平之后才有一世混乱。这太平个一千世才混乱个一世，和太平个一世而混乱个一千世，就像是骑了千里马背道而驰一样，相差得也实在太远了。如果抛弃了矫正木材的办法，丢掉了测量的技术，就是让善于造车的奚仲来制造车子，也不能做成一个车轮。如果没有表扬奖赏的鼓励、用刑处罚的威慑，抛开了权势，放弃了法治，让尧、舜挨家挨户地去劝说、逐个逐个地去给人们辨析事理，那就连三户人家也管不好。所以威势的值得利用也就很明白了，而论客说“一定要等待贤能的人来治理国家”，那也就不对了。再譬如说，让人一百天不吃东西去等着吃上等的米饭鲜肉，那么这个挨饿的人也就活不成了；现在如果要等到尧、舜这样的贤人来了才去治理当代的民众，这就如同那等待一百天以后的上等饭菜来解救饥饿的说法啊。

40.3.3　夫曰：“良马固车，臧获御之，则为人笑；王良御之，则日取乎千里。”吾不以为然。夫待越人之善海游者以救中国之溺人，越人善游矣，而溺者不济矣。夫待古之王良以驭今之马，亦犹越人救溺之说也，不可亦明矣。夫良马固车，五十里而一置〔1〕，使中手御之，追速致远，可以及也，而千里可日致也，何必待古之王良乎？且御，非使王良也，则必使臧获败之；治，非使尧、舜也，则必使桀、纣乱之。此味，非饴蜜也，必苦莱、亭历也〔2〕。此则积辩累辞、离理失术、两末之议也〔3〕，奚可以难夫道理之言乎哉？客议未及此论也。

【注释】

〔1〕置：驿站。

〔2〕莱：草名，又名“藜”，一年生草本植物，嫩苗可食，生于田间、路边、荒地、宅旁等，是古代贫苦的人常吃的野菜。亭历：即葶苈，一年生草本植物，为原野杂草，开黄色小花，种子黑褐色，可入药。

〔3〕末：端。

【译文】

论客说：“好的马、坚固的车，奴婢去驾驭它，就会被人讥笑；王良驾驭它，就能日行千里。”我并不认为这话是对的。如果要等待善于在大海中游泳的越国人来抢救中原地区的落水者，那么越国人虽然很善于游泳，但那落水的人肯定不能得救了。要等待古代的王良来驾驭现在的车马，也好比是让越国人来抢救中原落水者的论调，它的行不通也是显而易见的了。而且有了好的马、坚固的车，每五十里就设立一个换马接力的驿站，那么即使让技术中等的车夫去驾驭它，要想赶速度、到远方，也是可以办得到的，而上千里的路程也是可以在一天之内到达的，为什么一定要等待古代的王良呢？况且，论客一说到驾车，要是不用王良，那就一定要让奴婢去败坏它；一说到治理国家，要是不用尧、舜，那就一定要让桀、纣去搞乱它。这就好比是吃东西，不是去尝饴糖、蜂蜜，就一定是吃苦藜、葶苈。这就只是一种累积辩辞、堆砌辞藻、违背情理、丧失规范、不是走这个极端就是走那个极端的议论啊，怎么可以用来责难那种合乎道理的言论呢？论客的议论还及不上这种法度、权势并治的理论啊。

问辩第四十一

（第四十一篇　询问辩论）

41.1.1　或问曰：“辩安生乎？”

【译文】

有人问道：“辩论是怎么产生的呢？”

41.1.2　对曰：“生于上之不明也。”

【译文】

回答说：“产生于君主的不明智。”

41.2.1　问者曰：“上之不明因生辩也，何哉？”

【译文】

发问的人说：“君主不明智就会产生辩论，为什么呢？”

41.2.2　对曰：“明主之国，令者，言最贵者也；法者，事最适者也。言无二贵，法不两适，故言行而不轨于法令者必禁。若其无法令而可以接诈、应变、生利、揣事者，上必采其言而责其实。言当，则有大利；不当，则有重罪。是以愚者畏罪而不敢言，智者无以讼。此所以无辩之故也。乱世则不然。主有令，而民以文学非之；官府有法，民以私行矫之。人主顾渐其法令而尊学者之智行[1]，此世之所以多文学也。夫言行者，以功用为之的彀者也[2]。夫砥砺杀矢而以妄发[3]，其端未尝不中秋毫也，然而不可谓善射者，无常仪的也。设五寸之的，引十步之远，非羿、逄蒙不能必中者，有常也。故有常，则羿、逄蒙以五寸的为巧；无常，则以妄发之中秋毫为拙。今听言观行不以功用为之的彀，言虽至察，行虽至坚，则妄发之说也。是以乱世之听言也，以难知为察，以博文为辩；其观行也，以离群为贤，以犯上为抗[4]。人主者说'辩'、'察'之言[5]，尊'贤'、'抗'之行，故夫作法术之人，立取舍之行，别辞争之论，而莫为之正。是以儒服、带剑者众，而耕战之士寡；'坚白'、'无厚'之词章[6]，而宪令之法息。故曰：'上不明，则辩生焉。'"

【注释】

〔1〕顾：反，却。渐(jiān)：没。

〔2〕的彀(gòu)：箭靶子。

〔3〕以下参见32.2.4与32.0.2注。

〔4〕抗：通"亢"。

〔5〕说：通"悦"。

〔6〕坚白：战国时的著名辩题，指石头的"坚"和"白"两种属性。以名家公孙龙为代表的"离坚白"论认为"坚"和"白"两种属性可以离开石头而独立存在；后期墨家则认为"坚白相盈"，即"坚"

和“白”不能离开具体的石头而独立存在。无厚：战国时名家惠施提出的哲学命题，指平面没有厚度。他认为平面“无厚”，没有体积，但面积仍然可以大至千里。章：通“彰”。

【译文】

回答说：“在明智的君主所统治的国家里，君主的命令，是言论中最受尊重的东西；国家的法律，是政事中最要遵循的准则。言论除了君主的命令就没有第二种被尊重的，国家的法律也不同时迎合公、私双方，所以说话办事如果不遵守法律命令的就一定加以禁止。至于臣民那些没有法令依据但可以用来对付欺诈、应付事变、产生利益、预测事情的言谈，君主一定采纳他们的言论而责求它们的实际效果。如果言论和实效相当，就有重赏；如果言论和实效不符，就有重罚。因此愚蠢的人怕受到惩罚而不敢说话，聪明的人也没有什么可以用来争辩的。这就是没有辩论的缘故啊。政治混乱的社会就不是这样。君主有了命令，人们就利用古代的文献典籍来非议它；官府有了法律，人们就利用某些个人的品行来违背它。君主却埋没了自己的法令来尊重学者的智慧和品行，这就是社会上文献典籍泛滥的原因啊。那言论和行动，要以实际效用作为它的衡量标准。那新磨好的打猎用的利箭，如果拿它来胡乱地发射，箭的尖端不一定就射不中那细小得像秋毫似的东西，但是还不能够说是善于射箭，因为它没有固定不变的箭靶子当作目标。设置一个直径五寸大的箭靶，即使在十步远的地方拉弓发箭，如果不是羿和逢蒙这样的射箭能手也就不能百发百中，这是因为有了固定不变的箭靶作为目标。所以有了固定的箭靶作为目标，那么羿和逢蒙就可以因为射中直径五寸的箭靶而被看作为技术高超；没有固定的箭靶作目标，那么人们就会把胡乱地发箭而射中秋毫似的小东西当作是技术低劣。如果听取言论观察行为时不拿实际效用作为它的衡量标准，那么听到的言论即使极其明察，观察到的行为即使极其坚决，也只能与上述胡乱放箭所说的情况一样啊。因此，在政治混乱的社会中，人们听取言论时，把深奥难懂当作为明察，把广征博引、富有文采当作为雄辩；人们观察行为时，把与众不同当作为贤能，把冒犯君主当作为刚强。君主喜欢这种‘雄辩’、‘明察’的言论，尊重这种‘贤能’、‘刚强’的行为，所以那些制订法术的人，虽然确立了应该怎么做与不应该怎么做的行为准则，辨明了言辞争执的评判标准，但也没有谁因此而得到端正。因此，穿着儒生服装的先生和佩带宝剑的游侠多起来，而从事农耕和作战的人减少了；‘坚白’、‘无厚’的辩说盛行起来，而法律政令的规范就消亡了。所以说：‘君主不明智，那么辩论就产生了。’”

问田第四十二

（第四十二篇　询问田鸠）

42.1.1　徐渠问田鸠曰[1]：“臣闻智士不袭下而遇君，圣人不见功而接上[2]。今阳成义渠，明将也，而措于毛伯[3]；公孙亶回，圣相也，而关于州部[4]；何哉？”

【注释】

〔1〕田鸠：又作田俅，齐国人，墨家学者。

〔2〕见：同“现”。

〔3〕毛：当作“屯”，“屯伯”即“屯长”，也称“伍长”，是古代军队中最低一级组织“伍”（由五人组成）的长官。

〔4〕关：措置。州部：州一级的衙署，是古代地方上的一种基层行政机构。古代一个乡辖五个州，一州辖二千五百家。

【译文】

徐渠问田鸠说：“我听说聪明智慧的人不用沿着低级的官职逐级上升就能被君主赏识，德才杰出的人不用做出成绩就能被君主接纳。现在的阳成义渠，是个明智的将领，可是他曾经被安置在屯长那样的低级职位上；公孙亶回，是个德才杰出的相国，可是他也曾经被安排在州部这样的基层行政机构工作；这是为什么呢？”

42.1.2　田鸠曰："此无他故异物，主有度、上有术之故也。且足下独不闻楚将宋觚而失其政、魏相冯离而亡其国[1]？二君者驱于声词，眩乎辩说，不试于毛伯，不关乎州部，故有失政亡国之患。由是观之，夫无毛伯之试、州部之关，岂明主之备哉？"

【注释】

〔1〕亡：指君主权势衰微，不能控制国家大权。

【译文】

田鸠说："这没有其他的缘故和特别的因素，而是因为君主治国有法度、皇上任人有手段的缘故啊。而且，您难道没听说过楚国因为任用宋觚为大将而败坏了楚王的政事、魏国因为任用冯离为相国而使君主的国家名存实亡了？这两国的君主被他们的名声和花言巧语所驱使，被他们的诡辩和游说所迷惑，因而没有把宋觚安置在屯长的职位上加以考验，也没有把冯离安排在州部进行锻炼，所以有政事败坏、国家危亡的祸殃。由此看来，没有低级职务的实际考验与基层单位的在职锻炼就提拔为将相，哪里是英明君主的措施呢？"

42.2.1　堂谿公谓韩子曰："臣闻服礼辞让，全之术也；修行退智，遂之道也。今先生立法术，设度数，臣窃以为危于身而殆于躯。何以效之？所闻先生术曰[1]：'楚不用吴起而削乱，秦行商君而富强。二子之言已当矣，然而吴起支解而商君车裂者[2]，不逢世遇主之患也。'逢遇不可必也，患祸不可斥也。夫舍乎全遂之道而肆乎危殆之行，窃为先生无取焉。"

【注释】

〔1〕术：学术，学说。

〔2〕支：通“肢”。支解：即肢解，一种分裂肢体的酷刑。

【译文】

堂谿公对韩非说：“我听说遵行周代的礼制、退避谦让，是保全自身的方法；修养品德、隐藏才智，是成就名声的途径。现在您建立起法治术治的学说，设置了法度权术的理论，我私下以为这会危害到您的身子而毁坏了您的躯体。用什么来证明我这个结论呢？我听说您的论述说：‘楚国不任用吴起而削弱混乱，秦国实行了商鞅的法制而国富兵强。这两位先生的主张已被证明是正确的了，但是吴起被分裂肢体而商鞅被五马分尸，这是他们没有碰上好世道、没有遇到明君贤主而遭到的灾祸啊。’一个人的遭遇是不可能凭主观意念加以确定的，灾祸也是不可能凭主观意念加以排除的。放弃了保全自身、成就名声的道路而无所顾忌地去干那种有生命危险的事，我个人以为您不该采取这种做法啊。”

42.2.2　韩子曰：“臣明先生之言矣。夫治天下之柄，齐民萌之度，甚未易处也。然所以废先王之教而行贱臣之所取者，窃以为立法术，设度数，所以利民萌便众庶之道也。故不惮乱主暗上之患祸，而必思以齐民萌之资利者，仁智之行也；惮乱主暗上之患祸，而避乎死亡之害，知明而不见民萌之资利者[1]，贪鄙之为也。臣不忍向贪鄙之为，不敢伤仁智之行。先生有幸臣之意，然有大伤臣之实。”

【注释】

〔1〕知：通“智”。

【译文】

韩非说："我明白您的话了。治理天下的权柄，整治民众的法度，的确很不容易处理啊。但是，我之所以要废除前代君主的礼教而奉行敝人所采取的政治主张，是因为我个人认为建立法治术治的学说，设置法度权术的理论，是用来造福人民、便利群众的方法啊。那不怕昏庸的君主、愚昧的皇上所制造的祸患，而坚定地为整治民众的利益着想，是仁爱明智的行为；害怕昏乱的君主、愚昧的皇上所带来的祸患，逃避死亡的灾难，智慧聪明而看不见民众的利益，是贪生怕死自私卑鄙的行为。我不忍心采取那种贪生怕死自私卑鄙的做法，不敢损伤仁爱明智的行为。您虽然有爱护我的心意，但实际上却大大地伤害了我。"

定法第四十三

（第四十三篇　确定法度）

43.1.1　问者曰：“申不害、公孙鞅[1]，此二家之言，孰急于国？”

【注释】

〔1〕申不害：战国时韩昭侯的相国，在法家中他的术治学说最著名。公孙鞅：见3.2注。

【译文】

发问的人说：“申不害、公孙鞅，这两家的学说，对于治理国家来说，哪一家更为要紧呢？”

43.1.2　应之曰：“是不可程也。人不食，十日则死；大寒之隆，不衣亦死。谓之衣食孰急于人，则是不可一无也，皆养生之具也。今申不害言术而公孙鞅为法。术者，因任而授官、循名而责实、操杀生之柄、课群臣之能者也[1]。此人主之所执也。法者，宪令著于官府、刑罚必于民心、赏存乎慎法而罚加乎奸令者也[2]。此臣之所师也。君无术则弊于上[3]，臣无法则乱于下，此不可一无，皆帝王之具也。”

【注释】

〔1〕任：能。

〔2〕奸(gān)：犯。

〔3〕弊：通“蔽”。

【译文】

韩非回答他说：“这是不可以进行估量比较的。人要是不吃东西，十天就死了；大冷到了极点，要是不穿衣服也会死。如果要评论穿衣和吃饭哪一样对人更为要紧，那么应该说它们是不可或缺的，因为它们都是维持生命所必须具备的东西。现在申不害主张术治而公孙鞅推行法制。术治这个东西，就是根据各人的能力来授予相应的官职、按照官职名分来责求其实际的功效、掌握住生杀大权、考核各级官吏的才能这么一整套的方法。这是君主所掌握的。法制这个东西，就是法令明确地著录在官府中、刑罚制度一定贯彻到民众的思想意识中去、奖赏只给予谨守法令的人而刑罚施加于触犯禁令的人这么一整套的制度。这是臣下所遵循的。君主如果没有术治，就会在上面受蒙蔽；臣子如果没有法治，就会在下面闹乱子；所以这两样东西是不可或缺的，它们都是成就帝王大业的工具啊。”

43.2.1　问者曰：“徒术而无法[1]，徒法而无术，其不可何哉？”

【注释】

〔1〕徒：单，只。

【译文】

发问的人说：“只运用术治而不实行法治，只实行法治而不运用术治，两者都不行，为什么呢？”

43.2.2　对曰：“申不害，韩昭侯之佐也。韩者，晋之别国也。晋之故法未息，而韩之新法又生；先君之令未收，而后君之令又下。申不害不擅其法[1]，不一其宪令，则奸多。故利在故法前令，则道之[2]；利在新法后令，则道之；利在故新相反、前后相勃[3]，则申不害虽十使昭侯用术，而奸臣犹有所谲其辞矣[4]。故托万乘之劲韩，七十年而不至于霸王者，虽用术于上，法不勤饰于官之患也[5]。

【注释】

〔1〕擅：专。

〔2〕道：由。

〔3〕勃(bèi)：通“悖”。

〔4〕谲：欺诈。

〔5〕饰：通“饬”。

【译文】

韩非回答说：“申不害，是韩昭侯的辅佐大臣。韩国，是晋国中分出来的一个国家。晋国的原有法律还没有废除，而韩国的新的法律又产生了；前代君主的政令还没有收回，而后代君主的政令又下达了。申不害不去统一那旧法和新法，也不去统一那先后下达的政令，那么奸邪的事就增多了。所以，奸臣们看到自己的利益存在于原有的法律和从前的政令之中，那就按照这些原有的法律政令来办事；他们看到自己的利益存在于新的法律和后来的政令之中，那就按照这些后来的法律政令来办事；如果他们的利益存在于旧法和新法的相互对立、从前的政令和后来的政令的相互违背之中，那么申不害即使以十倍的努力让韩昭侯运用术治，奸臣们仍然有办法来玩弄他们的言辞进行诡辩了。所以韩国的君主依靠了拥有万辆兵车的强大韩国，经过了七十年也还是没有能够达到称霸称王的地步，这是他们虽然在上面运用了术治，但没有用法制经常对官吏进行整顿所造成的危害啊。

43.2.3　“公孙鞅之治秦也，设告相坐而责其实[1]，连什伍而同其罪，赏厚而信，刑重而必。是以其民用力劳而不休，逐敌危而不却，故其国富而兵强；然而无术以知奸，则以其富强也资人臣而已矣。及孝公、商君死，惠王即位，秦法未败也，而张仪以秦殉韩、魏[2]。惠王死，武王即位，甘茂以秦殉周[3]。武王死，昭襄王即位，穰侯越韩、魏而东攻齐[4]，五年而秦不益尺土之地，乃城其陶邑之封[5]。应侯攻韩八年[6]，成其汝南之封[7]。自是以来，诸用秦者，皆应、穰之类也。故战胜，则大臣尊；益地，则私封立：主无术以知奸也。商君虽十饰其法，人臣反用其资。故乘强秦之资，数十年而不至于帝王者，法不勤饰于官、主无术于上之患也[8]。”

【注释】

〔1〕坐：见13.3注。

〔2〕张仪：战国时魏国人，是主张连横的代表人物。以秦殉韩、魏：秦惠王十年（公元前328年），张仪以秦国的兵力降服魏国，使魏王把上郡、少梁献给秦国，因而被秦惠王任为相国。后来他又使韩王服从秦国而被秦惠王封为武信君。

〔3〕甘茂：见22.2注。周：周室，指东周王朝的都城洛邑（今河南洛阳王城公园一带）。秦武王三年（公元前308年），甘茂带兵攻打韩国的宜阳（位于今河南宜阳西），次年攻克宜阳，打通了三川（黄河、洛水、

伊水)之路而使武王到达周王城。

〔4〕穰侯:见1.3注。

〔5〕城:通“盛”,指扩大。陶邑:即定陶,位于今山东省定陶县北。

〔6〕应侯:即范雎,见3.2注。

〔7〕汝南之封:指范雎的封地应(今河南省鲁山县东北),因为它位于汝水之南,所以说“汝南之封”。

〔8〕饰:通“饬”。

【译文】

“公孙鞅治理秦国的时候,设立了告发奸邪、株连定罪的制度来求得犯法的真实情况,把老百姓连结成了十家为一什、五家为一伍的联保组织而对联保的人家定同样的罪,奖赏优厚而且守信用,刑罚严厉而且一定执行。因此,秦国民众努力耕作,即使劳累了也不休息,追击敌人,即使危险也不退却,所以秦国国富而兵强;但是秦没有运用术治来识别奸臣,那就只能把秦的富强资助给臣下罢了。等到秦孝公、商鞅死了以后,秦惠文王登上了王位,秦国的法制还没有完全被破坏掉,而张仪已把秦国的力量牺牲在对韩国、魏国的威逼利诱上来谋取私利了。秦惠文王死了以后,秦武王登上了王位,甘茂拿秦国的力量牺牲在进军周王朝都城的征战中。秦武王死了以后,秦昭襄王登上了王位,穰侯魏冉越过韩国、魏国而向东去攻打齐国,经过五年而秦国没有增加一尺土地,但他自己却扩大了他那陶邑的封地。应侯范雎攻打韩国达八年之久,也成就了他那汝水南面的封地。从商鞅死了以后,许多在秦国执政的,都是应侯、穰侯一类的人。所以打仗打赢了,那么大臣就尊贵起来了;扩展了地盘,那么臣子的个人封地就建立起来了:这是因为君主没有运用术治去了解奸臣的缘故啊。所以商鞅即使以十倍的努力去整顿秦的法制而使国家富强起来了,但臣下却反过来利用了秦所提供的资本为自己谋利益。所以,秦国的君主凭借着强大的秦国这种条件,经过了几十年也还没有能达到称帝称王的地步,这是没有用法制对官吏经常加以整顿、君主在上面没有运用术治的祸患啊。”

43.3.1　问者曰："主用申子之术，而官行商君之法，可乎？"

【译文】

发问的人说："让君主运用申子的术治，而让官吏奉行商君的法制，就行了么？"

43.3.2　对曰："申子未尽于法也[1]。申子言：'治不逾官，虽知弗言。''治不逾官'，谓之守职也，可；'知而弗言'，是不谓过也。人主以一国目视，故视莫明焉；以一国耳听，故听莫聪焉。今知而弗言，则人主尚安假借矣？商君之法曰：'斩一首者，爵一级，欲为官者为五十石之官；斩二首者，爵二级，欲为官者为百石之官。'官爵之迁与斩首之功相称也。今有法曰：'斩首者令为医、匠。'则屋不成而病不已。夫匠者，手巧也；而医者，齐药也[2]；而以斩首之功为之，则不当其能。今治官者，智能也；今斩首者，勇力之所加也。以勇力之所加而治智能之官，是以斩首之功为医、匠也。故曰：二子之于法术，皆未尽善也。"

【注释】

〔1〕申子未尽于法也：当作"申子未尽于术，商君未尽于法也"。

〔2〕齐：通"剂"。

【译文】

韩非回答说："申子关于术治的理论还不周到，商君对于法律的规定也还没有完善。申子说：'官吏办事不能超越自己的职权，对于职权以外的事情即使知道了也不要说。’‘办事不超越自己的职权’，是说要谨守自己的职责，这还可以；至于‘对职权以外的事情即使知道了也不要说’，这就是要人们不告发别人的罪过了。君主用全国人民的眼睛来观察，所以观察起来没有谁能比君主看得更明白的了；君主用全国人民的耳朵来聆听，所以听起来没有谁能比君主听得更清楚的了。现在要是大家都知道了而不说，那么君主还能凭借什么去了解情况呢？商君的法令说：‘砍掉一个敌国有爵位者的头，就赏给他爵位一级，想要做官的就让他做俸禄为五十石的官；砍掉两个敌国有爵位者的头，就赏给他爵位二级，想要做官的就让他做俸禄为一百石的官。’官职和爵位的晋升与砍杀敌人首级的功劳是相当的。现在如果有一条法令说：‘砍杀敌人首级而立功的人让他们去做医生、工匠。’那么房屋就会盖不成而疾病也就治不好。因为工匠，要靠手艺精巧；而医生，要会调配药剂；如果凭砍头的功劳去做这些工作，那就和他们的才能不相适应了。现在拿商君所说的做官来说，是要靠智慧和才能的；现在再拿他所说的砍杀敌人首级来说，是靠了勇敢和气力的施展。现在让施展勇敢和气力而立功的人去担任需要智慧和才能的官职，这就是让砍杀敌人首级而立功的人去做医生、工匠。所以说：商君和申子这两个人对于法治和术治，都还没能达到尽善尽美的境界啊。”

说疑第四十四

（第四十四篇　解说疑难）

44.1　凡治之大者，非谓其赏罚之当也。赏无功之人，罚不辜之民，非所谓明也。赏有功，罚有罪，而不失其人，方在于人者也[1]，非能生功止过者也。是故禁奸之法，太上禁其心，其次禁其言，其次禁其事。今世皆曰："尊主安国者，必以仁义智能。"而不知卑主危国者之必以仁义智能也。故有道之主，远仁义，去智能，服之以法。是以誉广而名威，民治而国安，知用民之法也。凡术也者，主之所执也；法也者，官之所师也。然使郎中日闻道于郎门之外[2]，以至于境内日见法，又非其难者也。

【注释】

〔1〕方：仅。

〔2〕郎中：见6.4注。郎门：通"廊门"。

【译文】

大致说来，政治中最重要的事情，并不是指它的赏罚得当。奖赏没有功劳的人，处罚没有罪过的人，当然不是通常所说的明察。但是，奖赏有功劳的人，处罚有罪过的人，而且又没有搞错该赏该罚的对象而能做到赏罚得当，其作用也仅仅局限在受到赏罚的个别人身上，并不能产生新的功劳和禁止新的过错。所以，禁止邪恶的方法，最上等的是禁止邪恶的思想，其次是禁止邪恶的言论，再其次是禁止邪恶的行为。现在社会上都说："要使君主地位尊贵、使国家局势安定，一定要靠仁爱、道义、才智、贤能。"却不知道使君主地位卑下、使国家局势危急的一定是因为靠了仁爱、道义、才智、贤能那一套。所以掌握了统治术的君主，必定排斥仁爱、道义，摒除才智、贤能，而用法制来制服臣民。因此他们获得了广泛的赞颂而名声威武显赫，臣民顺服而国家安定，这是因为懂得了治理臣民的办法啊。大凡术治这个东西，是君主所掌握的；法制这个东西，是官吏们所遵循的。而让郎中每天把法治的道理传达到宫殿的廊门之外，以至于使国境之内每天都能了解法令，这又不是那困难的事情啊。

44.2　昔者有扈氏有失度〔1〕，驩兜氏有孤男〔2〕，三苗有成驹〔3〕，桀有侯侈〔4〕，纣有崇侯虎〔5〕，晋有优施〔6〕，此六人者，亡国之臣也。言是如非，言非如是，内险以贼，其外小谨，以征其善；称道往古，使良事沮；善禅其主〔7〕，以集精微，乱之以其所好：此夫郎中左右之类者也。往世之主，有得人而身安国存者，有得人而身危国亡者。得人之名一也，而利害相千万也，故人主左右不可不慎也。为人主者诚明于臣之所言，则别贤不肖如黑白矣。

【注释】

〔1〕有扈氏：又称户氏，夏代一个部落的名称，住在今陕西户县一带。失度：有扈氏部落的相。

〔2〕驩兜氏：尧时一个部落的名称。

〔3〕三苗：我国古代南方的少数民族，也称“苗”或“有苗”。
〔4〕侯侈：夏朝末代帝王桀的相。
〔5〕崇侯虎：见23.7注。
〔6〕优施：见17.1注。
〔7〕禅：通“擅”。

【译文】

从前有扈氏部落有失度，驩兜氏部落有孤男，三苗部落有成驹，夏桀手下有侯侈，商纣王手下有崇侯虎，晋国有优伶施，这六个人，都是使国家政权灭亡的臣子。他们把对的说得好像是错的，把错的说得好像是对的，内心阴险而狠毒，他们的外表却小心谨慎，以此来表明自己的善良；他们称颂远古的事情，使美好的新生事物遭到遏止和破坏；他们善于把握自己的君主，以此来收集君主那隐蔽的念头，通过迎合君主的爱好来扰乱君主：这就是那些郎中、近臣之类的人。回顾历代的君主，有得到了臣子而本身平安、国家保全的，也有得到了臣子而本身危险、国家灭亡的。得到臣子的名声是一样的，但利弊却相差千万倍，所以君主选用身边的臣子是不可以不慎重的。做君主的如果真能明察臣子说的话，那么辨别有德才的人与无德才的人就会像辨别黑白那样清楚了。

44.3　若夫许由、续牙、晋伯阳、秦颠颉、卫侨如、狐不稽、重明、董不识、卞随、务光、伯夷、叔齐[1]，此十二人者，皆上见利不喜，下临难不恐；或与之天下而不取；有萃辱之名[2]，则不乐食谷之利[3]。夫见利不喜，上虽厚赏，无以劝之；临难不恐，上虽严刑，无以威之：此之谓不令之民也。此十二人者，或伏死于窟穴，或槁死于草木，或饥饿于山谷，或沉溺于水泉。有民如此，先古圣王皆不能臣，当今之世，将安用之？

【注释】

〔1〕许由：尧时的隐士。续牙：又作“续身”，舜的七友之一。晋伯阳：又作“柏阳”，舜的七友之一。秦颠颉：又作“秦不虚”，舜的七友之一。卫侨如：又作“方回”，舜的七友之一。狐不稽：又作“狐不偕”，尧时的隐士。重明：又作“灵甫”，舜的七友之一。董不识：又作“东不訾”，舜的七友之一。卞随、务光：夏朝末年的隐士。伯夷、叔齐：商朝末年的隐士。

〔2〕萃：通“瘁”。

〔3〕谷：粮食，指俸禄。

【译文】

至于那许由、续牙、晋伯阳、秦颠颉、卫侨如、狐不稽、重明、董不识、卞随、务光、伯夷、叔齐，这十二个人，都是在上见到了利也不喜欢，在下遇到了危难也不恐惧；有的是送给他统治天下的大权他都不接受；如果有劳累屈辱的名声，那么他们就不把当官而享受俸禄的有利之事当作快乐。这种人见到了利也不喜欢，那么君主即使设置了优厚的奖赏，也不能用来勉励他们；遇到危难也不恐惧，那么君主即使设立了严厉的刑罚，也不能用来威慑他们：这叫做不能使唤的人。这十二个人，有的隐居而死在山洞里，有的憔悴枯槁而死在草丛树林里，有的忍饥挨饿而死在山沟里，有的投水而淹死在江河湖泊之中。如果有了像这样的人，那么上古的圣明帝王都不能役使他们，处在现在的时代，又怎么能使用他们呢？

44.4　若夫关龙逄、王子比干、随季梁、陈泄冶、楚申胥、吴子胥[1]，此六人者，皆疾争强谏以胜其君。言听事行，则如师徒之势；一言而不听，一事而不行，则陵其主以语，待之以其身，虽身死家破，要领不属[2]，手足异处，不难为也。如此臣者，先古圣王皆不能忍也，当今之时，将安用之？

【注释】

〔1〕关龙逄：见3.2注。王子比干：见3.2注。随：西周初分封的诸侯国，姬姓，在今湖北随州。季梁：春秋时随国的贤臣。泄冶：春秋时陈国的贤臣，因劝谏陈灵公而被杀。申胥：当作"葆申"，楚文王时的贤臣，曾经极力劝谏楚文王。子胥：见3.2注。

〔2〕要（yāo）：同"腰"。属（zhǔ）：连接。

【译文】

至于那关龙逄、王子比干、随国的季梁、陈国的泄冶、楚国的申胥、吴国的伍子胥，这六个人，都是靠激烈地争辩或竭力规劝来胜过自己的君主。如果他们的话被君主听从、他们要做的事能够付诸实施，那么他们与君主之间就像师傅与徒弟之间的情形一样；如果他们有一句话没有被君主听从，有一件要做的事没有被实施，那么他们就用强硬的话语来侵犯侮辱他们的君主，豁出自己的生命来等待君主的处理，即使家破人亡，腰斩两段，头颈不连，手脚被肢解得不在一处，他们也是不难做到的。像这样的臣子，上古的圣明帝王都不能容忍，处在现在的时代，又怎么能使用他们呢？

44.5 若夫齐田恒、宋子罕、鲁季孙意如、晋侨如、卫子南劲、郑太宰欣、楚白公、周单荼、燕子之[1]，此九人者之为其臣也，皆朋党比周以事其君，隐正道而行私曲，上逼君，下乱治，援外以挠内，亲下以谋上，不难为也。如此臣者，唯圣王智主能禁之，若夫昏乱之君，能见之乎？

【注释】

〔1〕田恒：即田常，见3.2注。子罕：见7.1注。季孙意如：即季平子，春秋末期鲁国执政的卿，他于公元前517年驱逐鲁昭公而掌握了鲁国政权，参见31.2.3。晋：衍文。侨如：指鲁国的叔孙侨如，他曾经与鲁成公的母亲穆姜私通，还想除去季氏、孟氏，未成功而出逃到齐国。子南劲：春秋时卫国将军文子子南弥牟的后代，他投靠魏国而被封为侯。欣：郑国的太宰，其事迹不详。白公：见21.10.2注。子之：见7.3注。

【译文】

至于那齐国的田常、宋国的子罕、鲁国的季孙意如、叔孙侨如、卫国的子南劲、郑国的太宰欣、楚国的白公胜、周国的单荼、燕国的子之，这九个人做那臣子，都是结党营私、狼狈为奸来侍奉他们的君主，埋没了正确的治国法术而大搞谋取私利的歪门邪道，对上威逼君主，对下扰乱社会治安，援引外国的力量来扰乱内政，笼络下属来图谋君主，这些罪恶的事情他们都是不难做到的。像这样的臣子，只有圣明的帝王和聪慧的君主才能够禁止他们，至于那昏乱的君主，能够识破他们吗？

44.6　若夫后稷、皋陶、伊尹、周公旦、太公望、管仲、隰朋、百里奚、蹇叔、舅犯、赵衰、范蠡、大夫种、逢同、华登〔1〕，此十五人者为其臣也，皆夙兴夜寐，卑身贱体〔2〕，竦心白意〔3〕；明刑辟、治官职以事其君，进善言、信道法而不敢矜其善，有成功立事而不敢伐其劳；不难破家以便国，杀身以安主；以其主为高天、泰山之尊，而以其身为壑谷鬴洧之卑〔4〕；主有明名广誉于国，而身不难受壑谷鬴洧之卑。如此臣者，虽当昏乱之主尚可致功，况于显明之主乎？此谓霸王之佐也。

【注释】

〔1〕后稷：见31.9.3注。皋陶(yáo)：一作咎繇，相传曾被舜任为掌管刑法的官，后被禹选为继承人。伊尹：见3.2注。周公旦：见22.25注。太公望：见18.4注。管仲：见3.2注。隰朋：见10.8注。百里奚：见3.2注。蹇叔：见37.4.2注。舅犯：见32.3.8注。赵衰(cuī)：即赵成子，春秋时晋国的卿，字子余，曾随从公子重耳(即文公)流亡在外十九年，并帮助重耳回国即位，回国后帮助文公创建了霸业。范蠡：见31.2.6注。大夫种：见23.29注。逢(páng)同：春秋时越国大夫。华登：宋国司马华费遂的儿子，后为吴国大夫。

〔2〕卑、贱：使……处在卑贱的地位。

〔3〕竦(sǒng)：使……恭敬。白：使……坦白。

〔4〕䰞(fǔ)：同"釜"，指釜水，也作"滏水"，今名滏阳河，源出今河北省磁县西北滏山。洧(wěi)：洧河，发源于今河南登封市东阳城山，东流至新郑市，会溱水为双洎河，入于贾鲁河。

【译文】

至于那后稷、皋陶、伊尹、周公旦、太公望、管仲、隰朋、百里奚、蹇叔、狐偃、赵衰、范蠡、大夫文种、逢同、华登，这十五个人做那臣子，都是早起晚睡，委屈自己，任劳任怨，内心恭敬，襟怀坦白；他们彰明刑法、料理好公职来侍奉自己的君主，进献好的意见、精通法术而不敢夸耀自己的德才好，有了成就业绩也不敢炫耀自己的功劳；为了有利于国家，他们不惜倾家荡产；为了使君主能安定，他们不惜牺牲生命；他们把自己的君主看作是高天、泰山那样的尊贵，而把自身看作是山沟峡谷、滏水洧水那样的卑下；君主在国内享有英明的名声和广泛的称誉，而他们自己却不难忍受山沟峡谷、滏水洧水那样的卑贱地位。像这样的臣子，即使碰上昏乱的君主尚且可以建立功业，更何况是遇到通达明智的君主呢？这些臣子可以称作是成就霸王事业的助手了。

44.7　若夫周滑之、郑王孙申、陈公孙宁、仪行父、荆芋尹申亥、随少师、越种干、吴王孙额、晋阳成泄、齐竖刁、易牙[1]，此十二人者之为其臣也[2]，皆思小利而忘法义，进则揜蔽贤良以阴暗其主，退则挠乱百官而为祸难；皆辅其君，共其欲〔3〕，苟得一说于主〔4〕，虽破国杀众，不难为也。有臣如此，虽当圣王尚恐夺之，而况昏乱之君，其能无失乎？有臣如此者，皆身死国亡，为天下笑。故周威公身杀〔5〕，国分为二〔6〕；郑子阳身杀〔7〕，国分为三；陈灵公身死于夏征舒氏〔8〕；荆灵王死于乾溪之上〔9〕；随亡于荆；吴并于越；知伯灭于晋阳之下〔10〕；桓公身死七日不收〔11〕。故曰：谄谀之臣，唯圣王知之；而乱主近之，故至身死国亡。

【注释】

〔1〕滑之：战国时周威公的大臣。王孙申：战国时郑国子阳的臣子。公孙宁、仪行父：都是春秋时陈国的大夫，曾与陈灵公一起和夏姬私通。芋尹：春秋时楚国官名。申亥：楚大夫申无字的儿子，楚灵王的臣子。少师：春秋时随国大夫，曾因战术错误而被楚军打败。种（chóng）干：春秋时越国大夫。王孙额（é）：一作王孙雒（luò），春秋时吴国大夫，他放弃对越国的戒备，北上伐齐，与晋争霸，使吴国被越国所灭。阳成泄：春秋末晋国智伯的家臣。竖刁、易牙：见7.3注。

〔2〕十二：当作“十一”。

〔3〕共（gōng）：同“供”。

〔4〕说：通“悦”。

〔5〕周：见22.20注。

〔6〕国分为二：见31.5.4原文及注释。

〔7〕子阳：战国时郑国君主，被下属所杀。

〔8〕陈灵公：名平国，春秋时陈国君主，公元前613年—公元前599年在位。夏征舒：夏姬的儿子。陈灵公和公孙宁、仪行父一起和夏姬私通，并侮辱夏征舒，夏征舒杀陈灵公。

〔9〕荆灵王死于乾溪之上：见10.3原文及注释。

〔10〕知伯灭于晋阳之下：见10.5原文及注释。

〔11〕桓公身死七日不收：见10.8原文及注释。

【译文】

至于西周国的滑之、郑国的王孙申、陈国的公孙宁、仪行父、楚国的芋尹申亥、随国的少师、越国的种干、吴国的王孙额、晋国的阳成泄、齐国的竖刁、易牙，这十一个人做那臣子，都是考虑到一点小便宜就会把国家的法纪准则丢在脑后；他们如果被进用，就压制埋没优秀人才来使他们的君主昏庸愚昧；如果被贬黜，就挑动迷惑百官来制造祸乱灾难；他们都辅佐自己的君主，尽量满足君主的欲望，如果能从君主那里得到一点欢心，那么即使是败坏国家、杀害民众，他们都是不难下手的。有了像这样的臣子，即使是碰上了圣明的帝王尚且怕他们篡夺了君权，更何况是昏乱的君主，哪能没有失误呢？有了像这样的臣子，君主都身死国亡，被天下的人耻笑。所以周威公被杀害，国家被分成两个；郑国的子阳被杀死，国家被分成三个；陈灵公死于夏征舒之手；楚灵王死在乾溪的边上；随国被楚国消灭；吴国被越国吞并；智伯被消灭在晋阳城下；齐桓公死了好多天都没有收敛入棺。所以说：阿谀奉承的臣子，只有圣明的帝王才能识别他们；而昏乱的君主却亲近他们，所以才落到身死国亡的地步。

44.8　圣王明君则不然，内举不避亲，外举不避雠。是在焉，从而举之；非在焉，从而罚之。是以贤良遂进而奸邪并退〔1〕，故一举而能服诸侯。其在记曰：尧有丹朱〔2〕，而舜有商均〔3〕，启有五观〔4〕，商有太甲〔5〕，武王有管、蔡〔6〕。五王之所诛者，皆父兄子弟之亲也，而所杀亡其身残破其家者何也？以其害国伤民败法类也。观其所举，或在山林薮泽岩穴之间，或在囹圄绁绁缠索之中，或在割烹刍牧饭牛之事。然明主不羞其卑贱也，以其能为可以明法便国利民，从而举之，身安名尊。

【注释】

〔1〕并：通“屏”。

〔2〕丹朱：尧的儿子，名朱，封于丹，尧知道他没有德才，所以把政权传给了舜。

〔3〕商均：舜的儿子，名均，封于商，因为没有德才，所以舜把政权传给了禹。

〔4〕启：见35.3.4注。五观：一作武观，启的小儿子，封于观(在今河南清丰县西南)，他曾在帝启十五年发动叛乱。

〔5〕太甲：商汤的孙子，其父太丁死后，伊尹立他为帝，但他暴虐无道，于是伊尹把他流放到桐宫(位于今河南省虞城县南)。

〔6〕武王：见1.5注。管、蔡：指武王的弟弟叔鲜、叔度，他们分别被封于管(位于今河南郑州市)、蔡(位于今河南上蔡西南)，史称管叔、蔡叔。他们被诛之事见20.10.2注。

【译文】

神通的帝王、英明的君主就不是这样，他们把家族内的人提拔上来时不回避自己的亲属，把外人选拔上来时不撇开自己的仇敌。正确的言行在谁身上，就提拔谁；错误的言行在谁身上，就处罚谁。因此，贤能优秀的人才得到了进用而邪恶的臣子被斥退，所以一行动就能使诸侯顺服。这种事在史籍上的记载有：尧斥退的有儿子丹朱，而舜排除的有儿子商均，启流放的有儿子五观，商朝流放的有商汤的孙子太甲，周武王死后被镇压的有他的弟弟管叔、蔡叔。这五个帝王所惩处的，都是有父子、兄弟关系的亲属，而杀死流放他们本人、摧残破坏他们家园的原因又是什么呢?因为他们都是祸国殃民破坏法制的败类。再看看这些帝王所提拔的人，有的是出在深山老林、多草的湖泽、山上的洞穴之间，有的是出在监狱与绳索绑缚之中，有的是在干屠宰烹调、养羊放马喂牛的事情。但是，英明的君主不嫌弃他们的卑贱，认为他们的才能是可以用来彰明法制利国利民的，因而提拔他们，所以君主身体安逸而威望很高。

44.9　乱主则不然，不知其臣之意行，而任之以国，故小之名卑地削，大之国亡身死，不明于用臣也。无数以度其臣者[1]，必以其众人之口断之。众之所誉，从而悦之；众之所非，从而憎之。故为人臣者，破家残赇[2]，内构党与、外接巷族以为誉，从阴约结以相固也，虚相与爵禄以相劝也，曰："与我者将利之，不与我者将害之。"众贪其利，劫其威："彼诚喜，则能利己；忌怒，则能害己。"众归而民留之，以誉盈于国，发闻于主。主不能理其情，因以为贤。彼又使谲诈之士，外假为诸侯之宠使，假之以舆马，信之以瑞节，镇之以辞令，资之以币帛，使诸侯，淫说其主，微挟私而公议。所为使者，异国之主也；所为谈者，左右之人也。主说其言而辩其辞[3]，以此人者天下之贤士也。内外之于左右，其讽一而语同。大者不难卑身尊位以下之[4]，小者高爵重禄以利之。夫奸人之爵禄重而党与弥众，又有奸邪之意，则奸臣愈反，而说之曰："古之所谓圣君明王，君者，非长幼弱也及以次序也[5]；以其构党与，聚巷族，逼上弑君而求其利也。"彼曰："何知其然也？"因曰："舜逼尧，禹逼舜，汤放桀，武王伐纣。此四王者，人臣弑其君者也，而天下誉之。察四王之情，贪得人之意也；度其行，暴乱之兵也。然四王，自广措也，而天下称大焉；自显名也，而天下称明焉。则威足以临天下，利足以盖世，天下从之。"又曰："以今时之所闻，田成子取齐，司城子罕取宋，太宰欣取郑，单氏取周，易牙之取卫[6]，韩、魏、赵三子分晋[7]，此六人[8]，臣之弑其君者也。"奸臣闻此，蹶然举耳[9]，以为是也。故内构党与，外摅巷族[10]，观时发事，一举而取国家。且夫内以党与劫弑其君、外以诸侯之权矫易其国、隐正道、持私曲、上禁君、下挠治者，不可胜数也。是何也？则不明于择臣也。记曰："周宣王以来[11]，亡国数十，其臣弑其君而取国者众矣。"然则难之从内起与从外作者相半也。能一尽其民力、破国杀身者，尚皆贤主也。若夫转身法易位，全众传国，最其病也。

【注释】

〔1〕度(duó)：衡量。

〔2〕赀(shì)：财物。

〔3〕说：通"悦"。

〔4〕尊：通"撙"。

〔5〕幼弱：古代十岁叫"幼"，二十岁叫"弱"。也及：当为"世及"之误，父亲传位给儿子叫"世"，兄传位给弟叫"及"。

〔6〕易牙之取卫：据44.5，当作"子南劲取卫"。

〔7〕韩、魏、赵三子分晋：见4.2注。

〔8〕六：当作"上八"。

〔9〕蹶(guì)然：急忙的样子。

〔10〕摅(shū)：舒展，布排。

〔11〕周宣王：西周天子，名静，公元前827年—公元前782年在位。

【译文】

昏乱的君主就不是这样，他们不了解自己臣子的思想品行，便把国家大权委任给他们，所以危害轻的便使君主名声扫地而国土沦丧，危害严重的就使国家灭亡君主身亡，这都是因为在任用臣子的问题上不明智所造成的。没有一套办法来衡量自己的臣子，那就必然会根据他周围一伙人的议论来判断他。大家所称赞的人，君主也就跟着喜欢他；大家所非议的人，君主也就跟着厌恶他。

所以那做臣子的，破费了家产，在朝廷内部拉党结派、在朝廷外面勾结同巷邻居宗族亲戚来为自己制造声誉，在暗中订立盟约抱成一团来巩固自己的地位，又凭空给党羽们封官许愿来鼓励他们为自己卖力，说什么："亲附我的，我将给他好处；不亲附我的，我将迫害他。"众人贪图这权奸所给予的好处，又迫于他的威势，认为："如果他真的喜欢自己，就能使自己得到好处；如果他憎恨恼怒自己，就能迫害自己。"因此，众人都归附他而人民都靠拢他，把一片赞美声传遍了全国，轰动得传到君主那里。君主不能辨别那真实的情况，因而认为他是德才兼优的人。他又指使狡猾奸诈的人，外表装作别国诸侯所宠信的使者，并给他车马使他有所凭借，给他瑞玉符节使他显得真实可信，教给他外交辞令使他显得威严庄重，还用丝织品等贵重的礼物资助他，让他假装从别国诸侯那里出使前来，用花言巧语来游说自己的君主，暗中带着为权奸说话的私心而表面上则为君主议论国事。他为谁出使呢，是为别国的君主；为谁讲话呢，是为君主身边的那个权奸。君主喜欢他的话，认为他的言论很有道理，认为他所称赞的这个权奸是天下的贤士。这样，国内的党羽和假装的国外使者对于君主身边的那个权奸，不但那含蓄的暗示性的议论是一致的，而且公开的评论也相同，都异口同声地为权奸说好话。于是君主对这个权奸，重的便轻易地降低自己的身份、压低自己的地位而甘心屈居在他的下面，轻的就用高贵的爵位和优厚的俸禄来赏赐他。那权奸的爵位高贵、俸禄优厚而党羽越来越多，又有邪恶的念头，那么他手下的奸臣就更加背叛了君主，而劝导这权奸说："古代所谓的圣明君主，他们当上君主，并不是从小长大然后按照父传子、兄传弟的次序继承君位的；而是依靠自己在朝廷内部拉党结派，在朝廷外面聚集同巷邻居、宗族亲戚，胁迫皇上或杀死君主来谋取自己的利益的。"那权奸说："怎么知道他们是这样的呢？"奸臣们就说："舜逼迫尧，禹逼迫舜，商汤流放了夏桀，周武王讨伐了商纣王。这四个帝王，都是杀害自己君主的臣子，而天下的人都称赞他们。考察这四个帝王的真情，那是图谋别人的野心；衡量他们的举动，那是暴乱的战争。然而这四个帝王，自己为自己作了大量的安排来扩张自己的势力，而天下的人却称赞他们伟大；

他们自吹自擂来炫耀自己的名声，而天下的人却称颂他们英明。这样看来，那么有了威势足够用来统治天下，有了贪欲足够可以压倒整个社会，天下的人都会顺从他们。”奸臣们还说：“就拿现代的所见所闻来说，田常篡夺了齐国的政权，司城子罕篡夺了宋国的政权，太宰欣篡夺了郑国的政权，单荼篡夺了周国的政权，子南劲夺取了卫国的政权，韩虔、魏斯、赵籍三人瓜分了晋国，这上面八个人，都是杀掉自己君主的臣子啊。”权奸听到了这些话，急忙竖起耳朵，认为他们说得很对。所以他在朝廷内部拉党结派，在朝廷外面布置好同巷邻居、宗族亲属，窥测时机发动事变，以便一举夺取国家政权。况且，那在国内利用同党胁迫杀害自己的君主、在国外凭借诸侯的权势来改变颠覆自己的国家政权、埋没正确的治国法术、大搞谋取私利的歪门邪道、对上钳制君主、对下扰乱治安的权奸，是不计其数的。这是为什么呢？是因为君主在选择臣子方面不英明的缘故啊。史籍的记载说：“周宣王以来，灭亡的国家有几十个，其中臣子杀死了自己的君主而夺取了国家政权的已经很多了。”这样看来，那么祸乱从国内产生的和从国外兴起的各占了一半。如果能够把自己民众的力量集中统一起来竭力制止内乱的发生而国家仍然被攻破、自身仍然被杀死的，还都可以算是有德才的君主。至于那改变了自己的法度而与臣下调换位子，虽然保全了民众却把国家政权送给了别人，这才是最没有德才的了。

44.10　为人主者，诚明于臣之所言，则虽罼弋驰骋、撞钟舞女，国犹且存也；不明臣之所言，虽节俭勤劳、布衣恶食，国犹自亡也。赵之先君敬侯[1]，不修德行，而好纵欲；适身体之所安、耳目之所乐；冬日罼弋，夏浮淫；为长夜，数日不废御觞，不能饮者以筒灌其口，进退不肃、应对不恭者斩于前。故居处饮食如此其不节也，制刑杀戮如此其无度也，然敬侯享国数十年，兵不顿于敌国，地不亏于四邻，内无君臣百官之乱[2]，外无诸侯邻国之患，明于所以任臣也。燕君子哙[3]，邵公奭之后也[4]；地方数千里，持戟数十万；不安子女之乐，不听钟石之声；内不堙污池台榭[5]，外不罼弋田猎；又亲操耒耨以修畎亩。子哙之苦身以忧民如此其甚也，虽古之所谓圣王明君者，其勤身而忧世不甚于此矣。然而子哙身死国亡，夺于子之，而天下笑之。此其何故也？不明乎所以任臣也。

【注释】

〔1〕敬侯：赵敬侯，名章，战国时赵国君主，公元前386年—公元前375年在位。

〔2〕君：为“群”字之误。

〔3〕子哙：见7.3注。

〔4〕邵公奭(shì)：又作召公奭，姓姬，名奭，因采邑在召(今陕西岐山西南)，所以称召公。他曾帮助周武王灭商，被封于燕，成为燕国的始祖。

〔5〕堙(yīn)：土山。它与“污池”、“台榭”都用作为动词。

【译文】

做君主的，如果真能明察臣子所说的话，那么即使经常捕兽射鸟、跑马游玩、敲钟弹琴、让美女们跳舞来取乐，国家还是会存在的；如果不明察臣子所说的话，那么即使节约俭朴、辛苦劳累、穿布衣、吃粗食，国家还是会灭亡的。赵国的前代君主敬侯，不努力提高自己的品德修养，却喜欢为所欲为；使身体安逸的事情，使耳目快乐的东西，他都追求；冬天捕兽射鸟，夏天乘船游玩；人为地搞那关上门窗、点上灯烛的漫长黑夜，连续几天都不停地使用酒杯喝酒，不能喝酒的就用竹筒往他的嘴里灌酒，举止不严肃、对答不恭敬的就杀死在跟前。赵敬侯立身处世吃喝玩乐竟像这样不加节制，决断用刑杀戮臣民竟像这样没有法度，然而赵敬侯在位几十年，军队没有被敌国挫败过，领土没有被四周邻国侵占过，国内没有群臣百官的捣乱，境外没有诸侯邻国入侵的祸患，这是因为懂得了怎样来任用臣子的缘故啊。燕国的君主子哙，是邵公奭后代；他拥有的国土有几千里见方，全副武装的军队有几十万；他既不沉湎于与美貌少女的寻欢作乐，也不听敲钟击磬的靡靡之音；在宫内不垒土山、不挖池塘、不造亭台楼阁，在宫外不捕兽射鸟、不到郊外打猎；还亲自拿着木锹锄头去整治农田。子哙为民众操心而使自己受苦竟像这样厉害，即使是古代的所谓圣王明君，他们为天下操心而使自己劳苦的程度也不比他更厉害的了。但是子哙最后却自己被杀死而国家政权也丢了，被子之夺了去，以致天下的人都讥笑他。这是什么缘故呢？是因为他不懂得怎样来任用臣子的缘故啊。

44.11 故曰：人臣有五奸，而主不知也。为人臣者，有侈用财货赂以取誉者，有务庆赏赐予以移众者，有务朋党徇智尊士以擅逞者[1]，有务解免赦罪狱以事威者，有务奉下直曲、怪言、伟服、瑰称以眩民耳目者[2]。此五者，明君之所疑也，而圣主之所禁也。去此五者，则噪诈之人不敢北面谈立[3]；文言多、实行寡而不当法者，不敢诬情以谈说。是以群臣居则修身，动则任力，非上之令不敢擅作疾言诬事，此圣王之所以牧臣下也。彼圣主明君，不适疑物以窥其臣也[4]。见疑物而无反者[5]，天下鲜矣[6]。

【注释】

〔1〕徇（xún）：顺。

〔2〕直曲：以曲为直。

〔3〕谈立：当作“立谈”。

〔4〕适：从。

〔5〕反：责求。

〔6〕鲜(xiǎn):少。

【译文】

所以我要说:臣子有五种邪恶的行为,而一般的君主却并没有认识到。做臣子的,有滥用财物进行贿赂来骗取个人名誉的,有致力于用奖赏施舍来拉拢民众的,有致力于拉党结派礼贤下士来专权放肆的,有致力于解除赋税徭役、赦免罪犯的刑罚来造成自己威势的,有致力于奉迎讨好下民而颠倒是非曲直、发表奇谈怪论、穿着奇装异服、打起奇伟的称号来惑乱民众视听的。这五种臣子,是英明的君主所不信任的,也是圣哲的君主所禁止的。除去了这五种臣子,那么能说会道的人就不敢再在朝廷上向北站着摇唇鼓舌了;那些花言巧语说得多、实际事情做得少而不按照法令来办事的人,也就不敢歪曲事实真相来胡说八道了。因此,群臣如果闲住在家里,就会努力提高自己的品德修养;如果为君主做事,就会竭尽全力;如果没有君主的命令,就不敢擅自动手、激烈发言、捏造事实,这就是圣明的帝王所以能统治臣下的原因啊。那些圣哲英明的君主,不根据上述这五种可疑的邪恶行为去理睬自己的臣子。发现了上述这五种可疑的邪恶行为而不加追究的英明君主,是天下少有的。

44.12　故曰:孽有拟适之子〔1〕,配有拟妻之妾,廷有拟相之臣,臣有拟主之宠,此四者,国之所危也。故曰:“内宠并后,外宠贰政〔2〕,枝子配适,大臣拟主,乱之道也。”故《周记》曰:“无尊妾而卑妻,无孽适子而尊小枝,无尊嬖臣而匹上卿,无尊大臣以拟其主也。”四拟者破,则上无意、下无怪也〔3〕;四拟不破,则陨身灭国矣〔4〕。

【注释】

〔1〕孽：庶子。拟：比拟，匹敌。适(dí)：通“嫡”。

〔2〕贰：匹敌。

〔3〕意：疑。

〔4〕陨：通“殒”。

【译文】

所以说：庶子中有了和嫡子地位相匹敌的儿子，配偶中有了和正妻爱宠相似的姬妾，朝廷上有了和宰相权势相等的大臣，臣子中有了和君主同样尊贵的宠臣，这四种情况，是国家发生危险的根源。所以说：“内宫得宠的妃子和皇后并起并坐，外朝得宠的臣子和执政的正卿分庭抗礼，庶子和嫡子地位相当，大臣和君主权势相等，这些都是产生祸乱的缘由。”所以《周记》上说：“不要使姬妾尊贵而使正妻卑贱，不要把嫡子当作庶子来看待而抬高庶子的身份，不要提高宠信小臣的地位而使他们与上卿匹敌，不要尊重大臣而使他们和自己的君主势均力敌。”这四种卑贱者和尊贵者互相对等的现象如果被除去了，那么君主就不再有什么值得怀疑的臣子而臣下也就不再有什么兴妖作怪的言行了；这四种互相对等的现象如果不除去，那么君主就会使自身被杀、使国家灭亡了。

诡使第四十五

（第四十五篇　倒行逆施）

45.1　圣人之所以为治道者三：一曰“利”，二曰“威”，三曰“名”[1]。夫利者，所以得民也；威者，所以行令也；名者，上下之所同道也[2]。非此三者，虽有不急矣。今利非无有也，而民不化上；威非不存也，而下不听从；官非无法也，而治不当名。三者非不存也，而世一治一乱者，何也？夫上之所贵与其所以为治相反也。

【注释】

〔1〕名：名称，名分，指言论、职务、法令等。

〔2〕道：由。

【译文】

圣人用来作为治国原则的东西有三种：一是奖赏带来的“利益”，二是刑罚造成的“威势”，三是法律规定的“名分”。奖赏带来的利益，是用来取得民心的；刑罚造成的威势，是用来推行法令的；法律规定的名分，是君臣共同遵循的。除去这三条原则，即使有其他的办法，也无关紧要了。现在奖赏的利益不是没有，但民众却不被君主所感化；刑罚的威势不是不存在，但臣民却仍然不听从；官府不是没有法律，但实际的治理却不符合明文的规定。这三条原则不是不存在，但社会一会儿安定一会儿混乱，这是为什么呢？就是因为那君主所推崇的东西和他应该用来治国的原则相违背了。

45.2　夫立名号，所以为尊也；今有贱名轻实者，世谓之“高”。设爵位，所以为贱贵基也；而简上不求见者[1]，世谓之“贤”。威利，所以行令也；而无利轻威者，世谓之“重”。法令，所以为治也；而不从法令为私善者，世谓之“忠”。官爵，所以劝民也；而好名义不进仕者，世谓之“烈士”。刑罚，所以擅威也；而轻法不避刑戮死亡之罪者，世谓之“勇夫”。民之急名也，甚其求利也；如此，则士之饥饿乏绝者，焉得无岩居苦身以争名于天下哉？故世之所以不治者，非下之罪，上失其道也。常贵其所以乱，而贱其所以治，是故下之所欲，常与上之所以为治相诡也。

【注释】

〔1〕见：同“现”，指出仕。

【译文】

君主设立名位称号，是用来造成尊贵的地位的；现在有人鄙视君主的名位、看轻君主的实权，社会上却称之为“清高”。设置封号等级，是用来作为区别低贱和高贵的基础的；但怠慢君主而不求任用显达的，社会上却称之为“贤能”。赏罚造成的利益威势，是用来推行法令的；但不贪图奖赏的利益而轻视刑罚威势的，社会上却称之为“稳重”。法律命令，是用来进行治国的；但不遵从法令而为私人做好事的，社会上却称之为“忠诚”。官位爵禄，是用来激励民众的；但崇尚名声义气而不入朝做官的，社会上却称之为“贞节之士”。刑罚，是用来使威势专断一切的；但轻视法律而奋不顾身地去以身试法触犯死罪的，社会上却称之为“勇士”。民众急于追求名声，比他们追求实利更厉害；像这样的话，那么读书人中那些沦落到饥饿贫困的境地而走投无路的人，哪能不隐居深山折磨自己以便在天下争得名声呢？社会之所以不能被治理好，并不是臣民的罪过，而是因为君主失去了正确的治国原则。君主常常尊重那些会酿成祸乱的行为，而鄙视那些会导致安定的措施，所以臣民所追求的，常常和君主应该用来治国的原则相违背。

45.3　今下而听其上，上之所急也。而惇悫纯信，用心怯言，则谓之“窭”〔1〕。守法固，听令审，则谓之“愚”。敬上畏罪，则谓之“怯”。言时节，行中适，则谓之“不肖”。无二心私学，听吏从教者，则谓之“陋”。

【注释】

〔1〕这句以下，“谓之”都承上省去了主语“世”，译文把它们译为被动句，是为了节约篇目。

【译文】

现在臣下听从他们的君主，这是君主迫切追求的。但是忠厚诚实、纯朴守信，做事认真、说话谨慎，却被称为“寒酸拘谨”。严格地遵守法律，慎重地服从命令，却被称为“愚蠢无知”。尊敬君主，害怕犯罪，却被称为“胆小怕事”。言论适合时宜而有节制，行为得当而有适度，却被称为“没有出息”。不和君主离心离德去搞个人的学问，听从官吏教训而接受法治教育，却被称为“孤陋寡闻”。

45.4 难致[1]，谓之“正”。难予，谓之“廉”。难禁，谓之“齐”。有令不听从，谓之“勇”。无利于上，谓之“愿”。少欲、宽惠、行德，谓之“仁”。重厚自尊，谓之“长者”。私学成群，谓之“师徒”。闲静安居，谓之“有思”。损仁逐利，谓之“疾”。险躁佻反覆[2]，谓之“智”。先为人而后自为，类名号，言泛爱天下，谓之“圣”。言大本，称而不可用，行而乖于世者，谓之“大人”。贱爵禄，不挠上者，谓之“杰”。下渐行如此[3]，入则乱民，出则不便也。上宜禁其欲，灭其迹，而不止也，又从而尊之，是教下乱上以为治也。

【注释】

〔1〕致：招致。

〔2〕险躁：见6.4注。

〔3〕渐(jiān)：浸润。

【译文】

不听君主的召唤，被称为“正直”。不接受君主的赏赐，被称为“廉洁”。不服从君主的制约，被称为“平等”。有了命令不听从，被称为“勇敢”。不贪图君主的赏赐，被称为“厚道”。淡泊寡欲、宽宏大量地给人恩惠、进行施舍，被称为“仁爱”。庄重厚道而自高自大，被称为“长者”。私人讲学成群结队，被称为“师徒”。清闲平静安心地隐居在家，被称为“有头脑”。昧着良心去求利，被称为“敏捷机灵”。内心阴险、吵吵嚷嚷、说话轻佻、反复无常，被称为“聪明”。先为别人着想然后才为自己考虑，将区分贵贱的名位称号一视同仁，主张普遍地爱天下所有的人，被称为“圣人”。宣扬治理天下的根本原则，赞许的东西并不能付诸实施，做的事又违背了社会现实的，被称为“大人”。鄙视爵位俸禄，不屈服于君主的，被称为“俊杰”。臣下被浸润的德行像这样，他们在国内就会扰乱民众，到国外就会做出对国家不利的事情。君主应该禁止他们对这种社会风尚的追求，消除他们对这种社会风尚的效法，就是这样做也还不能制止啊，现在却又去尊重这些社会风尚，这是在教臣下犯上作乱而把它们作为治国的原则啊。

45.5 凡所治者，刑罚也；今有私行义者尊。社稷之所以立者，安静也；而躁险谗谀者任。四封之内所以听从者，信与德也；而陂知倾覆者使[1]。令之所以行，威之所以立者，恭俭听上；而岩居非世者显。仓廪之所以实者，耕农之本务也；而綦组、锦绣、刻画为末作者富[2]。名之所以成，城池之所以广者，战士也；今死士之孤饥饿乞于道，而优笑酒徒之属乘车衣丝。赏禄，所以尽民力易下死也；今战胜攻取之士劳而赏不沾，而卜筮、视手理、“狐”《虫》为顺辞于前者日赐[3]。上握度量，所以擅生杀之柄也；今守度奉量之士欲以忠婴上而不得见[4]，巧言利辞行奸轨以幸偷世者数御[5]。据法直言，名刑相当[6]，循绳墨诛奸人，所以为上治也，而愈疏远；谄施顺意从欲以危世者近习[7]。悉租税，专民力，所以备难充仓府也；而士卒之逃事伏匿、附托有威之门以避傜赋而上不得者万数。夫陈善田利宅，所以战士卒也；而断头裂腹、播骨乎平原野者，无宅容身，身死田夺；而女妹有色、大臣左右无功者，择宅而受，择田而食。赏利一从上出，所善制下也；而战介之士不得职，而闲居之士尊显。上以此为教，名安得无卑？位安得无危？夫卑名危位者，必下之不从法令、有二心务私学、反逆世者也；而不禁其行、不破其群以散其党，又从而尊之，用事者过矣。上世之所以立廉耻者，所以属下也〔8〕；今士大夫不羞污泥丑辱而宦，女妹私义之门不待次而宦。赏赐，所以为重也；而战斗有功之士贫贱，而便辟优徒超级〔9〕。名号诚信，所以通威也；而主揜障，近习女谒并行百官、主爵迁人〔10〕，用事者过矣。大臣官人，与下先谋比周，虽不法行，威利在下，则主卑而大臣重矣。

【注释】

〔1〕陂(bì)：不正。知：通“智”。

〔2〕綦(qí)：鞋带，用作动词。

〔3〕卜筮：见1.5注。虫：为“蛊”字之误。《蛊》，是《周易》中的卦名，《左传·僖公十五年》载卜徒父算卦时遇到《蛊》卦，他顺对方心意而编造出来的占辞说：“千乘三去，三去之余，获其雄狐。”所以韩非称之为“狐《蛊》”，并说他“为顺辞”。

〔4〕婴：通“撄”。

〔5〕轨：通“宄”。古代外奸叫“奸”，内奸叫“宄”。御：进用。

〔6〕刑：通“形”，情形，事实。

〔7〕谄：见22.34注。施：见20.11注。

〔8〕属：当作“厲”，字形相近而误。厲，通“励”，劝勉，激励。

〔9〕便辟(pián bì)：即“便嬖”，善于阿谀逢迎而得宠的人。

〔10〕行：使用。

【译文】

大致说来，国家之所以能治理好，是靠了刑罚；但现在有人私下里施行仁义却受到了尊重。国家的政权之所以能保持，是靠了安定平静；但那些吵吵嚷嚷、内心阴险、造谣中伤、阿谀奉承的人却得到了任用。四边国界之内之所以能听从君主，是靠了信用与奖赏；但那些奸邪巧诈、倾轧陷害别人的人却得到了使用。命令之所以能贯彻执行，威势之所以能树立起来，是靠了恭敬谦卑听从君主；但那些隐居深山而非议现实的人却赫赫有名。粮仓之所以能充实，是靠了耕地农民的重要劳动；但编织丝带、织锦刺绣、雕刻绘画这种从事不重要工作的人却发了财。君主的名望之所以能够成就，城市都邑之所以能够扩展增加，是靠了战士；但现在阵亡士兵的孤儿忍饥挨饿在路上讨饭，而那些供君主取乐的演员、陪同君主吃喝的酒鬼之辈却乘着车子穿着绸缎悠然自得。奖赏俸禄，是用来充分调动民众的力量、换取臣民为君主卖命的；但现在打了胜仗攻城略地的战士虽然劳苦却和奖赏不沾边，而那些在君主面前占卜算卦、看手相预测命运、用“获取雄狐”的《蛊》卦之类编造奉承话的人天天都得到赏赐。君主掌握的法律制度，是用来使君主控制住生杀之权的；但现在维护法律奉行制度的人想用忠言去打动君主却得不到接见，而那些花言巧语、内外作恶、以侥幸的心理欺世盗名的人却屡次得到任用。根据法度直言不讳，检验名实是否相符，遵照法律的准绳去惩处坏人，这是为君主治理国家所采取的措施，但这样的人却越来越被疏远；而那些阿谀奉承、搞歪门邪道、顺着君主的心意说话、按照君主的欲望办事以至于危害社会的人却被亲近宠爱。把租税全部收起来，把民众的人力物力全部集中起来，是用来防备祸患战争、充实粮仓国库的；但是士卒中那些逃避耕战躲藏起来、依附于权贵之门来逃避徭役赋税以使君主不能使用他们的人数以万计。设置肥沃的田地和便利的住宅，是用来激励士兵作战的；但是可能会被砍掉脑袋开肠剖腹、尸骨被抛撒在战场上的战士，却没有住宅能容身，而自己一死，田地也就被剥夺了；而那些大臣亲信没有什么功劳，只是因为他们的女儿、妹妹长得漂亮而嫁给了君主，就能挑选好的住宅而取得它，选择好的田地而靠它生活。奖赏一律从君主手中发放出来，是为了便于控制臣下；但披着铠甲作战的士兵得不到官职，而无所事事避世隐居的人却尊贵显赫。君主拿这样的事实来进行教育诱导，名声哪会不低下？君位怎能不危险？使君主名声低下、君位危险的，一定是下面那些不服从法令、和君主不一条心而搞私门学术、反对现实社会的人；可是现在不但不禁止他们的行为、不破坏他们的聚会以便拆散他们的私党，却还去尊重他们，这就是执政者的错误了。古代之所以要树立有关廉洁和羞耻的道德观念，是为了用来激励臣下的；但现在那些士大夫厚颜无耻地去干那种肮脏下流丑恶耻辱的勾当却当上了官，把女儿、妹妹嫁给了君主因而和君主有了私人交情的人家就不必依照官阶的次第来升官。赏赐，是用来使人尊贵的办法；但拼命作战而立了功劳的士兵却贫穷卑贱，而善于谄媚逢迎的小臣以及供君主取乐的优伶之徒却得到了越级提拔。君主的名位称号和他的实权确实相符，是用来使君主的威势上通下达的手段；但是现在君主被蒙蔽，而君主的亲信和为人说情的宫女却都能任用群臣百官、掌管对官员的颁爵和晋升，这就是当权者的过错了。大臣给人委任官职的时候，首先和部下密谋策划结党营私，即使不合法度，也照干不误，这样，威势和利禄便都掌握在臣子手中，那么君主就地位低下而大臣就贵重了。

45.6　夫立法令者，以废私也。法令行而私道废矣。私者，所以乱法也。而士有二心私学、岩居窞路、托伏深虑[1]，大者非世，细者惑下；上不禁，又从而尊之以名，化之以实，是无功而显、无劳而富也。如此，则士之有二心私学者，焉得无深虑、勉知诈与诽谤法令以求索与世相反者也[2]？凡乱上反世者，常士有二心私学者也。故《本言》曰："所以治者，法也；所以乱者，私也。法立，则莫得为私矣。"故曰：道私者乱[3]，道法者治。上无其道，则智者有私词，贤者有私意。上有私惠，下有私欲，圣智成群，造言作辞，以非法措于上。上不禁塞，又从而尊之，是教下不听上、不从法也。是以贤者显名而居，奸人赖赏而富。贤者显名而居，奸人赖赏而富，是以上不胜下也。

【注释】

〔1〕窞(dǎn)路：通“瘅露”，疲惫羸弱。

〔2〕知：通“智”。

〔3〕道：由。

【译文】

设置法令，是用来废除私利的。法令贯彻执行以后，谋私的歪门邪道就被废除了。私利这种东西，是扰乱法制的根源。但有些读书人和君主不一条心而搞私门学术、在山中隐居而弄得疲惫羸弱、依附于权贵之门躲藏起来冥思苦想，重则诽谤现实，轻则蛊惑人心；君主对此不加禁止，却还去用美好的名誉使他们得到尊重，用实际的利益使他们改变了穷困的处境，这是没有立功而显贵、没有费力而富裕啊。像这样，那么读书人中那些怀有异心搞私门学术的人，怎么能不挖空心思、努力施展其智巧进行招摇撞骗和诽谤法令来追求跟社会现实相背离的东西呢？凡是犯上作乱、反对现实社会的，常常是读书人中那些怀有异心搞私门学术的人。所以《本言》说：“国家之所以安定，是靠了法制；国家之所以混乱，是因为私利。法制建立了，那就没有人能谋取私利了。”所以说：依从私利来治国，国家就混乱；遵循法制来治国，国家就安定。君主没有掌握那统治术，那么聪明的人就会有维护私利的言论，贤能的人就会有谋取私利的意图。君主有了满足臣下私利的赏赐，臣下就有谋取私利的欲望，那些谋私的圣人、智者就会成群结伙，编造胡言乱语，杜撰奇谈怪论，用非法的手段来措置君主。君主不但不加禁止，还去尊敬这些人，这是在教臣下不听从君主、不服从法令啊。因此，那些所谓的贤人以显赫的名声处在高位，那些奸邪的人靠了赏赐而大发横财。所谓的贤人以显赫的名声处在高位，奸邪的人靠了赏赐而大发横财，因此君主不能制服臣民。

第十八卷

六反第四十六

（第四十六篇　六种反常现象）

46.1　畏死远难，降北之民也，而世尊之曰“贵生之士”。学道立方[1]，离法之民也，而世尊之曰“文学之士”。游居厚养，牟食之民也，而世尊之曰“有能之士”。语曲牟知[2]，伪诈之民也，而世尊之曰“辩智之士”。行剑攻杀，暴憿之民也[3]，而世尊之曰“磏勇之士”[4]。活贼匿奸，当死之民也，而世尊之曰“任誉之士”[5]。此六民者，世之所誉也。赴险殉诚，死节之民也，而世少之曰“失计之民”也。寡闻从令，全法之民也，而世少之曰“朴陋之民”也。力作而食，生利之民也，而世少之曰“寡能之民”也。嘉厚纯粹，整谷之民也[6]，而世少之曰“愚戆之民”也[7]。重命畏事，尊上之民也，而世少之曰“怯慑之民”也。挫贼遏奸，明上之民也，而世少之曰“謟谗之民”也[8]。此六民者，世之所毁也。奸伪无益之民六，而世誉之如彼；耕战有益之民六，而世毁之如此：此之谓“六反”。布衣循私利而誉之，世主听虚声而礼之，礼之所在，利必加焉。百姓循私害而訾之，世主壅于俗而贱之，贱之所在，害必加焉。故名赏在乎私恶当罪之民，而毁害在乎公善宜赏之士，索国之富强，不可得也。

【注释】

〔1〕方：道。

〔2〕牟：大。知：通“智”。

〔3〕儌(jiǎo)：“侥”的本字，侥幸。

〔4〕磏：磨刀石，引申指有棱角。

〔5〕任：保。誉：赞美。

〔6〕谷：通“悫”，诚实，谨慎。

〔7〕戇(zhuàng)：刚直而愚蠢，鲁莽。

〔8〕讇：同“谄”。

【译文】

贪生怕死、逃避危难，在战场上就一定是投降败北的逃兵，但社会上却把他们尊称为“珍重生命的高士”。学习古代帝王之道而创立自己的学说，是背离法度的腐儒，而社会上却把他们尊称为“研究古代文献的学士”。到处游说、寄居他国以取得丰厚的给养，是侵夺别人食物的寄生虫，而社会上却把他们尊称为“有才能的贤士”。讲起歪理来很聪明，是虚伪诡诈的骗子，而社会上却把他们尊称为“雄辩聪明的谋士”。动用利剑行凶杀人，是凶残冒险的暴徒，而社会上却把他们尊称为“刚正勇敢的斗士”。救活乱臣贼子、窝藏邪恶之人，是应该判处死刑的罪犯，但社会上却把他们尊称为“提供保举辩护的义士”。这六种人，是社会上所称赞的。为国家赴汤蹈火、为君主尽忠捐躯，是为节操而牺牲的烈士，但社会上却把他们贬低为“不会打算的傻瓜”。少听那些胡言乱语而一心服从君主的命令，是守法的良民，但社会上却把他们贬低为“没开化、见识少的笨蛋”。努力耕作来谋生，是创造财富的能人，但社会上却把他们贬低为“无能的草包”。善良厚道单纯质朴，是正派诚实的君子，但社会上却把他们贬低为“愚蠢幼稚的白痴”。重视命令而小心谨慎地去办公事，是尊重君主的贤人，但社会上却把他们贬低为“胆小怕事的窝囊废”。挫败乱臣贼子、制止坏人作恶，是使君主明察而不受蒙蔽的俊士，但社会上却把他们贬低为“阿谀奉承、说人坏话的马屁鬼”。这六种人，是社会上所诋毁的。邪恶诡诈无益于国家的人有六种，但社会上竟像那样来称赞他们；耕地作战有益于国家的人有六种，但社会上却像这样来诋毁他们：这就叫做“六种反常”。平民百姓考虑到私利因而称赞那些无益于国家的人，当代的君主听到了这种虚假的名声就礼貌地敬重他们，君主敬重的人，奖赏的好处就一定会加到他们头上。平民百姓考虑到对自己有害而诋毁那些有益于国家的人，当代的君主被这种世俗偏见所蒙蔽而鄙视他们，君主鄙视的人，刑罚的灾难就一定会加到他们头上。所以，名誉、奖赏给了那些谋私作恶、该受惩罚的人，而诋毁、刑罚却给了那些为国家做好事、应该得到奖赏的人，这样的话，想求得国家的富强，是不可能的啊。

46.2　古者有谚曰：“为政犹沐也，虽有弃发，必为之。”爱弃发之费而忘长发之利，不知权者也。夫弹痤者痛[1]，饮药者苦，为苦惫之故不弹痤饮药[2]，则身不活，病不已矣。

【注释】

〔1〕弹：用玉石磨制成的石针（砭）来治病。痤：见20.4.2注。

〔2〕惫：当作“痛”。

【译文】

古代有句谚语说：“治理国家好比洗头，即使会掉些头发，但一定要洗。”舍不得掉几根头发的耗费而忘记了洗头能促使头发生长的好处，就是不懂得权衡利弊得失的人了。用石针刺割痈疮是痛的，吃药是苦的，但如果因为痛苦的缘故而不愿治痈吃药，那就命也活不了，病也治不好了。

46.3 今上下之接，无子父之泽，而欲以行义禁下，则交必有郄矣[1]。且父母之于子也，产男则相贺，产女则杀之。此俱出父母之怀衽，然男子受贺，女子杀之者，虑其后便、计之长利也。故父母之于子也，犹用计算之心以相待也，而况无父子之泽乎？

【注释】

〔1〕郄：通“隙”。

【译文】

现在君臣之间的接触交往，并没有父子之间那样的恩泽，而君主却想用德行道义去控制臣下，那么君臣之间的关系就一定会出现裂痕了。再说父母亲对于子女，生了儿子就祝贺他，生了女儿就把她杀了。子女都是父母所生，但是儿子却受到祝贺，而对女儿却把她杀了，这是因为父母亲考虑到自己以后的利益、从自己的长远利益打算的缘故啊。所以，父母亲对于子女，尚且以盘算对自己是否有利的观念去对待他们，更何况是没有父子之恩的君臣呢？

46.4 今学者之说人主也，皆去求利之心，出相爱之道，是求人主之过父母之亲也，此不熟于论恩，诈而诬也，故明主不受也。圣人之治也，审于法禁[1]，法禁明著，则官法；必于赏罚，赏罚不阿，则民用官。官治则国富，国富则兵强，而霸王之业成矣。霸王者，人主之大利也。人主挟大利以听治，故其任官者当能，其赏罚无私，使士民明焉：尽力致死，则功伐可立而爵禄可致，爵禄致而富贵之业成矣。富贵者，人臣之大利也。

人臣挟大利以从事，故其行危至死，其力尽而不望。此谓“君不仁，臣不忠，则不可以霸王矣”〔2〕。

【注释】

〔1〕审：明。

〔2〕不可以：“不”为衍文。

【译文】

现在学者游说君主，都叫君主去掉求利的思想，而从相爱的原则出发，这是要求君主对臣民的爱超过父母对子女的爱，这是一种不善于讨论恩爱的无知之谈，是一种欺骗和杜撰，所以英明的君主是不接受的。圣人治理国家，明确地制定法律禁令，法律禁令明白清楚了，那么官府就能依法办事；坚决地实行赏罚，赏罚不偏私了，那么民众就能为官方出力。整个官僚机构治理好了，那么国家就富裕了；国家富了，那么兵力就会强大；这样，称霸称王的大业也就能建成了。称霸称王，是君主最大的利益。君主怀着这称霸称王的大目标来治理国家，所以他任用官吏的时候要求有相当的才能，他进行赏罚的时候就没有偏私，使战士民众都明白这样的道理：尽力拼命，那么功劳就可以建立而爵位俸禄就可以得到，爵位俸禄得到了，那么荣华富贵的事业就成就了。荣华富贵，是臣子最大的利益。臣子怀着这荣华富贵的大目标去做事，所以他们的行动即使很危险也能坚持到死，他们的力量即使花光了也没有什么怨恨。这叫做“君主对臣下不讲仁爱，臣下对君主不讲忠诚，就可以称霸称王了”。

46.5　夫奸，必知则备，必诛则止；不知则肆，不诛则行。夫陈轻货于幽隐，虽曾、史可疑也〔1〕；悬百金于市，虽大盗不取也。不知，则曾、史可疑于幽隐；必知，则大盗不取悬金于市。故明主之治国也，众其守而重其罪，使民以法禁而不以廉止。母之爱子也倍父，父令之行于子者十母；吏之于民无爱，令之行于民也万父。母积爱而令穷，吏用威严而民听从，严爱之策亦可决矣。且父母之所以求于子也，动作则欲其安利也，行身则欲其远罪也。君上之于民也，有难则用其死，安平则尽其力。亲以厚爱关子于安利而不听〔2〕，君以无爱利求民之死力而令行。明主知之，故不养恩爱之心而增威严之势。故母厚爱处，子多败，推爱也〔3〕；父薄爱教笞，子多善，用严也。

【注释】

〔1〕曾、史：见26.2注。

〔2〕关：措置。

〔3〕推：行。

【译文】

做坏事一定会被察觉，坏人就会有所戒备；一定会受到惩处，坏人就会停止作恶；不会被察觉，坏人就会放肆作恶；不会受到惩处，坏人就会为所欲为。如果把不值钱的货物放置在幽暗隐蔽的地方，即使是曾参、史鱼那样的廉洁正直之士也值得怀疑；把百金悬挂在市场上，即使是惯偷大贼也不会去拿。不被察觉，那么曾参、史鱼之类的廉洁正直之士在幽暗隐蔽的地方就值得怀疑；一定能被察觉，那么惯偷大贼不会去拿悬挂在市场上的黄金。所以英明的君主治理国家，多多设置对奸邪的防范措施而加重对奸邪的惩处，使民众因为严格的法令而受到约束，不依赖他们因为品德的廉洁而停止作恶。母亲对子女的爱是父亲的两倍，但在子女那里得到执行的父亲之命却是母亲的十倍；官吏对于民众没有什么恩爱，但他们在民众中得到贯彻执行的命令却是父亲的万倍。母亲积聚了母爱，但她对子女的发号施令却行不通；官吏利用刑罚的威严，民众就听从了；威严和仁爱的策略究竟应该采用哪一种也就可以决断了。况且父母亲对于子女所企求的，在行动工作方面则希望他们安全有利，在立身处世方面则希望他们远离罪过。君主对于民众，有了祸患战乱就利用他们为自己卖命，安定太平的时候就使他们为自己竭尽全力。父母亲怀着深厚的爱要把子女安置在安全有利的环境中而子女仍然不听从他们，君主凭着那没有仁爱、不为他们谋利的办法来求取民众为自己拼命卖力而命令却能贯彻执行。英明的君主懂得这个道理，所以不培养自己仁爱的心肠而加强自己威严的权势。所以母亲以深厚的爱对待子女，子女多半道德败坏，这是因为施行了爱啊；父亲没有深厚的爱，管教子女用竹板鞭打，子女多半品行善良，这是因为利用了威严啊。

46.6 今家人之治产也，相忍以饥寒，相强以劳苦，虽犯军旅之难、饥馑之患，温衣美食者，必是家也；相怜以衣食，相惠以佚乐，天饥岁荒，嫁妻卖子者，必是家也。故法之为道，前苦而长利；仁之为道，偷乐而后穷。圣人权其轻重，出其大利，故用法之相忍，而弃仁人之相怜也。学者之言，皆曰“轻刑”，此乱亡之术也。凡赏、罚之必者，劝、禁也。赏厚，则所欲之得也疾；罚重，则所恶之禁也急。夫欲利者必恶害，害者，利之反也。反于所欲，焉得无恶？欲治者必恶乱，乱者，治之反也。是故欲治甚者，其赏必厚矣；其恶乱甚者，其罚必重矣。今取于轻刑者，其恶乱不甚也，其欲治又不甚也。此非特无术也，又乃无行。是故决贤、不肖、愚、知之美[1]，在赏罚之轻重。且夫重刑者，非为罪人也。明主之法，揆也[2]。治贼，非治所揆也；治所揆也者，是治死人也。刑盗，非治所刑也；治所刑也者，是治胥靡也。故曰：重一奸之罪而止境内之邪，此所以为治也。重罚者，盗贼也；而悼惧者，良民也。欲治者奚疑于重刑？若夫厚赏者，非独赏功也，又劝一国。受赏者甘利，未赏者慕业，是报一人之功而劝境内之众也。欲治者何疑于厚赏？

【注释】

〔1〕知：通“智”。美：是“筴”字之误，“筴”同“策”。

〔2〕揆：度量。

【译文】

现在一般人家治理家业的时候，如果家长用忍受饥寒来抑制家庭成员的欲望，用吃苦耐劳来勉励家庭成员劳动，那么即使遭到战争的祸患、荒年的灾难，能够穿暖吃好的，一定是这种家庭了；如果家长用丰衣美食来怜爱家庭成员，用安逸享乐来疼爱家庭成员，那么如果碰上自然灾害造成的荒年，嫁掉妻子卖掉孩子的，一定是这种家庭了。如果把法治作为治国的原则，那么开始的时候艰苦，但有长远的利益；如果把仁爱作为治国的原则，那么苟且得到了暂时的快乐，但后来却会困苦。圣明的君主权衡这两种原则的利弊得失，从自己称霸称王的长远利益出发，所以利用法治对人民的强制作用，而抛弃仁爱之人对人民的怜爱。学者们的意见，都说“要减轻刑罚”，这是使国家混乱灭亡的措施啊。大凡赏、罚坚决，是为了鼓励立功和禁止犯罪。君主奖赏优厚，那么他想要得到的东西就会迅速取得；君主惩罚严厉，那么他所厌恶的东西就能很快禁止。想要得利的人必然厌恶受害，受害，是得利的反面。违反自己的欲望，哪能不厌恶？想要把国家治理好的人一定厌恶混乱，混乱，是治理的反面。所以，迫切想把国家治理好的人，他的奖赏一定是很优厚的；那种非常厌恶混乱的人，他的刑罚一定是很严厉的。现在主张减轻刑罚的人，他对混乱的厌恶肯定是不深的，他对治好国家的欲望也是不强烈的。这种人不但没有掌握治国的策略，而且也没有合乎法治的德行。所以，判断一个人德才好不好、头脑笨不笨的标准，就在他赏罚的轻重。况且加重刑罚，并不是为了要惩处人。英明君主的法律，是一种衡量人们行为的准则。惩治乱臣贼子，并不只是为了惩治法律所衡量到的罪犯；如果只是为了惩治法律所衡量到的罪犯，这就只是在惩治死人了。惩罚小偷，并不只是为了惩治被判刑的小偷；如果只是为了惩治被判刑的小偷，这就只是在惩治囚犯了。所以说：加重对一个坏人的惩罚以便制止国境内的邪恶，这才是进行惩治的目的。受到重罚的，是小偷和强盗；而恐惧的，是善良的民众。想要把国家治理好的人对于重刑为什么还要怀疑呢？至于那丰厚地奖赏，并不只是为了奖赏有功的人，而也是为了激励全国的人。受到奖赏的人乐于得利，没有受到奖赏的人羡慕受赏者的家业，这是酬劳了一个人的功劳而激励了国境内所有的民众。想要把国家治理好的人对于重赏为什么还要怀疑呢？

46.7　今不知治者皆曰：“重刑伤民。轻刑可以止奸，何必于重哉？”此不察于治者也。夫以重止者，未必以轻止也；以轻止者，必以重止矣。是以上设重刑者而奸尽止，奸尽止，则此奚伤于民也？所谓重刑者，奸之所利者细，而上之所加焉者大也。民不以小利加大罪，故奸必止者也。所谓轻刑者，奸之所利者大，上之所加焉者小也。民慕其利而傲其罪，故奸不止也。故先圣有谚曰：“不踬于山，而踬于垤。”山者大，故人顺之[1]；垤微小，故人易之也。今轻刑罚，民必易之。犯而不诛，是驱国而弃之也[2]；犯而诛之，是为民设陷也。是故轻罪者，民之垤也。是以轻罪之为民道也，非乱国也，则设民陷也，此则可谓伤民矣！

【注释】

〔1〕顺：通“慎”。

〔2〕驱：驾驭。

【译文】

现在不懂得治国的人都说：“重刑会伤害民众。轻刑就可以用来禁止奸邪了，为什么一定要用重刑呢？”这是不懂得治国之道的话。用重刑能制止的，并不一定能用轻刑加以制止；用轻刑能制止的，就一定能用重刑来制止了。因此君主设立了重刑的，那么坏人坏事就都被禁止了，坏人坏事全都被禁止了，那么这重刑对于民众又有什么伤害呢？所谓重刑，就是指坏人得到的好处很小，而君主加到他们头上的罪名却很大。人们决不会为了一点小小的好处而甘愿被加上重大的罪名，所以坏人就一定会停止作恶。所谓轻刑，就是指坏人得到的好处很大，而君主加到他们头上的罪名却很小。人们羡慕那很大的好处而不在乎那很小的罪名，所以坏人就不会停止作恶。所以先前的圣人有句谚语说：“人不会被高山绊倒，却会被小土堆绊倒。”山高大，所以人们对它小心谨慎；土堆微小，所以人们忽视它。现在如果减轻刑罚，民众一定会忽视它。如果民众犯了罪而不加惩处，这就是在治国的同时把国家给抛弃了；如果民众犯了罪而处罚他们，这就是在给民众设置陷阱。所以，轻微的惩处，是民众的小土堆。因此，把轻刑作为治理民众的原则，不是搅乱了国家，就是给民众设置了陷阱，这才可以说是伤害民众了。

46.8　今学者皆道书策之颂语〔1〕，不察当世之实事，曰：“上不爱民，赋敛常重，则用不足而下恐上〔2〕，故天下大乱。”此以为足其财用以加爱焉，虽轻刑罚，可以治也。此言不然矣。凡人之取重赏罚〔3〕，固已足之之后也；虽财用足而后厚爱之，然而轻刑，犹之乱也。夫当家之爱子，财货足用；货财足用，则轻用；

轻用，则侈泰。亲爱之，则不忍；不忍，则骄恣。侈泰，则家贫；骄恣，则行暴。此虽财用足而爱厚，轻利之患也〔4〕。凡人之生也，财用足则隳于用力〔5〕，上懦则肆于为非。财用足而力作者，神农也〔6〕；上治懦而行修者，曾、史也。夫民之不及神农、曾、史亦明矣。老聃有言曰："知足不辱，知止不殆。"夫以殆辱之故而不求于足之外者，老聃也。今以为足民而可以治，是以民为皆如老聃也。故桀贵在天子而不足于尊，富有四海之内而不足于宝。君人者虽足民，不能足使为天子，而桀未必以为天子为足也，则虽足民，何可以为治也？故明主之治国也，适其时事以致财物，论其税赋以均贫富，厚其爵禄以尽贤能，重其刑罚以禁奸邪，使民以力得富，以事致贵，以过受罪，以功致赏，而不念慈惠之赐，此帝王之政也。

【注释】

〔1〕策：通"册"。

〔2〕恐：是"怨"字之误。

〔3〕人之：当作"人主"。

〔4〕利：是"刑"字之误。

〔5〕隳：通"惰"。

〔6〕神农：传说中的远古人物，相传他创制耒、耜，发明农耕。

【译文】

现在学者都称说典籍中歌功颂德的空话，而不明了当代的实际情况，都说："君主不爱民众，赋税的征收一直很重，那么民众就会因为资财不够而怨恨君主，所以天下大乱。"这是认为，使民众的资、财富足，用这种方法对民众施加仁爱，那么即使减轻刑罚，也可以把国家治理好。这种说法是不对的。大凡君主采取厚赏重罚，本来就是已经使民众富足之后的事了；虽然在民众资财富足以后再去深深地爱他们，但如果减轻刑罚，还是会使人捣乱的。比如那主持家业的家长十分溺爱子女，因而子女们的钱财完全够用了；钱财完全够用，就会轻易乱花；轻易乱花，就会奢侈过分。而家长溺爱他们，就不去约束他们；不加约束，他们就骄横放纵起来。奢侈得过分，那么家境就会贫穷；骄横放纵，那么行为就会暴虐。这样看来，即使资财富足而爱得深厚，但减轻处罚管教，还是会造成祸患的。大凡人的生性，资财富足了就懒得用力劳动，君主软弱就会放肆地为非作歹。资财富足了还尽力劳动的，是神农；君主管理软弱而行为仍然美好的，是曾参、史鱼。一般的民众及不上神农、曾参、史鱼也是很明白的了。老聃有句话说："懂得满足就不会遭受耻辱，知道适可而止就不会有危险。"因为危险和耻辱的缘故而不再在足够的生活条件之外谋求利益的人，只有老聃。现在以为使民众富足就可以治理好国家，这是把民众都当作是老聃似的人了。那夏桀虽然高贵得处在天子的位置上，但并不满足于自己地位的尊贵；他虽然富裕得拥有了天下，但并不满足于已有的财宝。统治人民的君主即使能使民众的资财富足，也不能够使他们富足到当上天子，而如果碰上像夏桀那样的人，还不一定把当上天子看作为富足，那么，虽然使民众的资财富足了，又怎么可以用它来进行治国呢？所以英明的君主治理国家的时候，迎合那天时人事来获得财物，讨论确定那赋税的征收比例来调节贫富，加重那爵位俸禄来使贤能的人尽心竭力，加重那刑罚来禁止坏人坏事，使民众因为出力而得到财富，因为给国家办事而获得尊贵，因为有了过错而受到惩处，因为立功而获得奖赏，而不指望君主仁慈恩惠的赏赐，这才是帝王的政治措施啊。

46.9　人皆寐，则盲者不知；皆嘿[1]，则喑者不知。觉而使之视，问而使之对，则喑盲者穷矣。不听其言也，则无术者不知；不任其身也，则不肖者不知。听其言而求其当，任其身而责其功，则无术不肖者穷矣。夫欲得力士而听其自言，虽庸人，与乌获不可别也[2]；授之以鼎俎[3]，则罢健效矣[4]。故官职者，能士之“鼎俎”也，任之以事，而愚智分矣。故无术者得于不用，不肖者得于不任。言不用而自文以为辩，身不任而自饰以为高。世主眩其辩、滥其高而尊贵之[5]，是不须视而定明也，不待对而定辩也，喑盲者不得矣。明主听其言必责其用，观其行必求其功，然则虚旧之学不谈，矜诬之行不饰矣。

【注释】

〔1〕嘿：通“默”。

〔2〕乌获：古代的大力士。

〔3〕鼎俎：只指“鼎”而言。“俎”是连类而及之辞，无实际意义。古代用青铜制成的鼎有的重量较大，人们常以举鼎来比试气力。

〔4〕罢：通“疲”。

〔5〕滥：通“婪”。

【译文】

人都睡着了，那么瞎子就不会被人发现；都沉默了，那么哑巴也不会被人察觉。醒来让他们睁眼看东西，提问题叫他们回答，那么哑巴、瞎子就走投无路了。不听取他的言论，那么即使是没有学识的人也不会被发觉；不任用他本身，那么即使是没有才干的人也不会被看透。听取他的言论而要求它和事实相符，任用他本人而责求他办事的功效，那么没有学识、没有才干的人就走投无路了。想要得到大力士而只是听他的自我介绍，那么即使是平庸无能的人，也和大力士乌获不能区别了；拿大鼎交给他们举一下，那么谁疲弱、谁强健就分明了。官职这种东西，就是考察贤能之士的“大鼎”啊，把职事交给他们干一下，那么谁愚笨、谁聪明就能分清了。所以没有学识的人由于君主不听取他的言论而得志，没有才干的人由于君主不任用他本人而得志。他们的言论没被采用却还自我粉饰为有口才，他们本人没被任用却还自我粉饰为清高。当代的君主迷惑于他们的口才、贪图他们的清高而尊重他们，这是不等到他们看东西就确定他们视力好，不等到他们回答问题就确定他们口才好，这样，哑巴、瞎子之类的人就不会被发现了。英明的君主听取他们的言论时一定责求它的实际效用，观察他们的行为时一定责求它的功效，这样的话，那么空洞陈腐的学说就不会被宣扬，自吹自擂弄虚作假的行为就掩饰不住了。

八说第四十七

（第四十七篇　八种说法）

47.1　为故人行私谓之“不弃”，以公财分施谓之“仁人”，轻禄重身谓之“君子”，枉法曲亲谓之“有行”，弃官宠交谓之“有侠”〔1〕，离世遁上谓之“高傲”，交争逆令谓之“刚材”，行惠取众谓之“得民”。“不弃”者，吏有奸也；“仁人”者，公财损也；“君子”者，民难使也；“有行”者，法制毁也；“有侠”者，官职旷也；“高傲”者，民不事也；“刚材”者，令不行也；“得民”者，君上孤也。此八者，匹夫之私誉，人主之大败也。反此八者，匹夫之私毁，人主之公利也。人主不察社稷之利害，而用匹夫之私誉，索国之无危乱，不可得矣。

【注释】

〔1〕宠：尊重。

【译文】

有人为老朋友奔忙私事，世俗称之为“不抛弃朋友”；有人拿国家的财物散发施舍，世俗称之为“仁爱之人”；有人轻视俸禄而看重自身，世俗称之为“君子”；有人歪曲法制来偏袒亲人，世俗称之为“有德行”；有人放弃官职看重私交，世俗称之为“有义气”；有人逃离现实回避君主，世俗称之为“清高傲世”；有人互相争斗违抗禁令，世俗称之为“刚强之才”；有人施行恩惠收买民众，世俗称之为“得民心”。“不抛弃朋友”，官吏就会有邪恶的行为了；有了“仁爱之人”，国家的财产就会受到损害；有了“君子”，民众就难以驱使了；有了“有德行”的行为，法制就会遭到破坏；有了“有义气”的行为，官职就会出现空缺；有了“清高傲世”的道德观，民众就不侍奉君主了；有了“刚强的人才”，禁令就不能实行了；有了“得民心”的行为，君主就孤立了。这八种道德说教，使普通百姓得到了有利于个人的赞誉，却使君主受到了极大的损害。和这八种相反的道德观念，会使普通百姓得到有害于自己的毁谤，但却符合君主的国家利益。君主不去考察它们对国家是有利还是有害，却听从这些使普通百姓获得个人声誉的道德说教，这样，想求得国家不危险混乱，就不可能了。

47.2　任人以事，存亡治乱之机也。无术以任人，无所任而不败。人君之所任，非辩智，则修洁也。任人者，使有势也。智士者未必信也，为多其智，因惑其信也。以智士之计，处乘势之资而为其私急，则君必欺焉。为智者之不可信也，故任修士者，使断事也。修士者未必智，为洁其身，因惑其智。以愚人之所惛，处治事之官而为其所然，则事必乱矣。故无术以用人，任智，则君欺；任修，则君事乱。此无术之患也。明君之道：贱德义贵〔1〕，下必坐上〔2〕，决诚以参，听无门户，故智者不得诈欺；计功而行赏，程能而授事，察端而观失，有过者罪，有能者得〔3〕，故愚者不任事。智者不敢欺，愚者不得断，则事无失矣。

【注释】

〔1〕德义：当作“得议”。

〔2〕坐：见30.1.8注。

〔3〕得：通“德”，奖赏。

【译文】

把政事交给什么人，是国家存亡治乱的关键。如果君主没有手段来任用人，那么无论任用什么人都会把事情搞坏。君主任用的，不是能说会道聪明伶俐的人，就是品德优良廉洁奉公的人。任用人，就是使他有权势。聪明的人不一定忠诚，因为赞赏他们的才智，就糊涂地认为他们诚实可靠。这种人用聪明人的计谋，凭着掌握权势的条件来干他们自己的要事，那么君主就一定会被他们所欺骗。因为聪明的人不可信任，所以任用品德好的人，让他们来处理政事。品德好的人不一定聪明，因为觉得这种人廉洁，就糊涂地认为他们聪明。这种人以蠢人的糊涂，待在治理政事的官位上而去干他们认为对的事情，那么政事就一定会被搞乱了。所以，没有手段来任用人，如果任用聪明的人，君主就会受欺骗；如果任用品德好的人，君主的事情就会被搞乱。这是没有手段的祸患啊。英明君主的原则是：地位低的人可以议论地位高的人，部下不告发上司的罪行就同样定罪受罚，用检验的方法来判断事情的真相，听取意见时没有固定的门路，所以聪明的人不能欺骗君主；计算功劳后再实施奖赏，衡量才能后再授予职事，审视事情的起因来考察官吏的过失，有罪过的人就判罪处罚，有才能的人就奖励提拔，所以愚蠢的人就不可能承担职事。聪明的人不敢欺骗君主，愚蠢的人不得处理政事，那么国家的事情就没有失误了。

47.3　察士然后能知之，不可以为令，夫民不尽察。贤者然后能行之，不可以为法，夫民不尽贤。杨朱、墨翟[1]，天下之所察也，千世乱而卒不决，虽察而不可以为官职之令。鲍焦、华角[2]，天下之所贤也，鲍焦木枯，华角赴河，虽贤不可以为耕战之士。故人主之所察，智士尽其辩焉；人主之所尊，能士能尽其行焉。今世主察无用之辩，尊远功之行，索国之富强，不可得也。博习辩智如孔、墨，孔、墨不耕耨，则国何得焉？修孝寡欲如曾、史[3]，曾、史不战攻，则国何利焉？匹夫有私便，人主有公利。不作而养足，不仕而名显，此私便也；息文学而明法度，塞私便而一功劳，此公利也。错法以道民也[4]，而又贵文学，则民之所师法也疑；赏功以劝民也，而又尊行修，则民之产利也惰。夫贵文学以疑法[5]，尊行修以贰功，索国之富强，不可得也。

【注释】

〔1〕杨朱：见22.31注。墨翟：见32.0.1注。

〔2〕鲍焦、华角：都是古代所谓的清高廉洁之士。

〔3〕曾、史：见26.2注。

〔4〕错：通“措”。道：通“导”。

〔5〕疑：通“拟”，匹敌。

【译文】

只有明察之士才能懂得的东西，是不可以用作为法令的，因为民众并不都是明察的。只有贤能之人才能做到的事情，是不可以用作为法律的，因为民众并不都是贤能的。杨朱、墨翟，是天下所公认的明察之人，但千百年来的混乱局面他们终究解决不了，所以他们的学说虽然是明察的，但不可以用作为官府的法令。鲍焦、华角，是天下所公认的贤能之人，鲍焦抱着树木而死，华角投身黄河而亡，他们虽然贤能，但不能成为给国家种地打仗的人。所以，君主认为是明察的东西，有智慧的人就会在这上面尽力施展他们的口才去辨析；君主所推崇的东西，有能力的人就能在这上面竭尽自己的才干去大干。当代的君主把没有实际用处的辩说分析当作明察，又推崇没有实际功效的行为，再要想求得国家的富强，是不可能的啊。即使像孔丘、墨翟那样博学多识、善辩聪明，但孔丘、墨翟之类的人不会耕地锄草，那么国家能从他们那里得到什么好处呢？即使像曾参、史鱼那样讲究孝道、很少私欲，但曾参、史鱼之辈不会战斗冲锋，那么国家能从他们那里得到什么益处呢？百姓有个人的利益，君主有国家的利益。不劳动而给养充足，不做官而名声显赫，这是个人的利益；消灭文献典籍而彰明法度，遏止个人私利而专门按照功劳来行赏，这是国家的利益。君主设置了法制来引导民众，却又推崇文献典籍，那么民众所要遵守的法制也就有了相抗衡的东西；君主奖赏有功劳的人来鼓励民众，却又尊重修身养性品德美好的人，那么民众对于生产获利的事也就懒得去做了。推崇文献典籍来和法制相抗衡，尊重品德美好的人来和有功劳的人分庭抗礼，要想求得国家的富强，是不可能的啊。

47.4　搢笏干戚〔1〕，不适有方铁铦〔2〕；登降周旋，不逮日中奏百〔3〕；《狸首》射侯〔4〕，不当强弩趋发〔5〕；干城距冲〔6〕，不若堙穴伏櫜〔7〕。古人亟于德，中世逐于智，当今争于力。古者寡事而备简，朴陋而不尽，故有珧铫而推车者〔8〕。古者人寡而相亲，物多而轻利易让，故有揖让而传天下者。然则行揖让，高慈惠，而道仁厚，皆推政也〔9〕。处多事之时，用寡事之器，非智者之备也；当大争之世，而循揖让之轨，非圣人之治也。故智者不乘推车，圣人不行推政也。

【注释】

〔1〕搢(jìn)：插。干戚：干是盾牌，戚是斧的一种，这里指用于舞蹈的兵器道具。

〔2〕适：通“敌”。有方：是“酋矛”之误，一种长二丈的长矛。铦(xiān)：古代兵器，是一种顶端呈长针状的大矛。

〔3〕奏：通“走”。

〔4〕《狸首》：乐诗篇名，行射礼时诸侯奏《狸首》之歌作为发箭的节度。侯：箭靶。

〔5〕趋(cù促)：通“促”，急促，快速。

〔6〕干：捍卫。距：通“拒”。

〔7〕堙：通“烟”。橐：用牛皮制成的安装在炉灶旁的鼓风设备。

〔8〕珧(yáo)铫(yáo)：蚌壳制成的锄。推：当作“椎”。椎车是一种原始的用整块木料做成车轮的车子。

〔9〕推：当作“椎”。

【译文】

古代的人腰带上插着朝板来议论，手里拿着盾牌、大斧等兵器道具来跳舞，敌不过现在长矛、铁臿的刺杀；古代讲究如何上阶登堂、下阶退堂以及如何和客人迎送周旋等礼仪来录用人才，不及现在以能否在一个上午奔跑一百里来选取人才；古代奏起《狸首》的乐章来举行射靶的礼仪，抵不上现在强劲的弓弩快速发射；古代捍卫城邑、抵抗冲车的老办法，不如现在埋伏下风箱用烟来熏敌人地道的新办法。上古的人在道德上急于争先，中古的人在智谋上角逐优劣，现在的人在力量上较量强弱。古时候事情少，因而设备很简单，器具质朴简陋而不精致，所以有用蚌壳做成的锄头和用整块木料做成车轮的椎车。古时候人口稀少而互相亲爱，东西很多而看轻财利、容易谦让，所以有拱手让位而把统治天下的大权传给别人的。这样看来，那么奉行拱手谦让，崇尚慈善恩爱，以及称赞仁爱厚道，就都是椎车似的政治措施了。处在事情繁多的时代，而使用少事的古代所使用的简陋器具，并不是聪明人的措施；面对争夺激烈的社会，而遵循拱手谦让的老规矩，并不是圣人的治国之道。所以聪明的人不乘坐原始时代的椎车，圣人不奉行原始时代的政治措施。

47.5　法所以制事，事所以名功也[1]。法有立而有难，权其难而事成，则立之；事成而有害，权其害而功多，则为之。无难之法，无害之功，天下无有也。是以拔千丈之都，败十万之众，死伤者军之乘[2]，甲兵折挫，士卒死伤，而贺战胜得地者，出其小害计其大利也。夫沐者有弃发，除者伤血肉。为人见其难，因释其业，是无术之事也。先圣有言曰：“规有摩而水有波[3]，我欲更之，无奈之何！”此通权之言也。是以说有必立而旷于实者，言有辞拙而急于用者。故圣人不求无害之言，而务无易之事。人之不事衡石者[4]，非贞廉而远利也，石不能为人多少，衡不能为人轻重，求索不能得，故人不事也。明主之国，官不敢枉法，吏不敢为私利，货赂不行，是境内之事尽如衡石也。此其臣有奸者必知，知者必诛。是以有道之主，不求清洁之吏，而务必知之术也。

【注释】

〔1〕名：成。

〔2〕乘：“垂”字之误。“垂”通“锤”，三分之一(参见32.0.4注)。

〔3〕摩：通“磨”。

〔4〕事：从事。石：古代量器，十斗为一石。

【译文】

法律是用来制约事情的，事情是用来成就功绩的。法律有时候设立起来会产生祸患，权衡下来它虽有祸患，但事情却能办成，那就设立它；事情办成了如果会有害处，权衡下来它虽有害处，但成绩比害处多，那就去做它。没有祸患的法律，没有害处的事情，天下是没有的。因此，攻克千丈见方的大城市，打败人数多达十万的敌人，自己死伤的将士占了全军的三分之一，铠甲兵器被摧毁，士兵死的死、伤的伤，但还是庆贺战斗的胜利、取得了土地，这是因为考虑到它的害处小而好处大。洗头的人会掉些头发，除掉病灶的人会伤些血肉。如果有人看到了它们的祸患，就不再干这些事，这就是没有学识的行为了。先前的圣人说过这样的话："圆规有磨损，水面有波纹，我要换它们，但又没有门！"这是精通权变的言论啊。因此，学说有在道理上完全站得住而远离实际的，言论有措辞笨拙而切于实用的。所以圣人不去追求那些没有毛病的空话，而致力于做那些不可改变的事情。人们之所以不在秤和石这些量器上打主意，并不是因为正直廉洁而不追求财利，而是因为石不能为人们增多或减少原有的数量，秤不能为人们减轻或加重原有的重量，对它们有什么要求是不可能得到的，所以人们就不在它们上面花力气了。在英明的君主所统治的国家里，官员不敢歪曲法令，属吏不敢谋取私利，贿赂的事行不通，这样，国内的政事就都像秤、石那样处理得规范公正了。这样，他的大臣中若有干坏事的，就一定会被察觉；察觉了的，就一定加以惩处。因此，懂得统治术的君主，不去寻觅清白廉洁的官吏，而努力去掌握一定能察知臣下奸邪的方法。

47.6　慈母之于弱子也，爱不可为前。然而弱子有僻行，使之随师；有恶病，使之事医。不随师，则陷于刑；不事医，则疑于死[1]。慈母虽爱，无益于振刑救死，则存子者非爱也。子母之性，爱也；臣主之权，策也。母不能以爱存家，君安能以爱持国？明主者通于富强，则可以得欲矣。故谨于听治，富强之法也。明其法禁，察其谋计。法明，则内无变乱之患；计得，则外无死虏之祸。故存国者，非仁义也。仁者，慈惠而轻财者也；暴者，心毅而易诛者也。慈惠，则不忍；轻财，则好与。心毅，则憎心见于下[2]；易诛，则妄杀加于人。不忍，则罚多宥赦；好与，则赏多无功。憎心见，则下怨其上；妄诛，则民将背叛。故仁人在位，下肆而轻犯禁法，偷幸而望于上；暴人在位，则法令妄而臣主乖，民怨而乱心生。故曰：仁暴者，皆亡国者也。

【注释】

〔1〕疑：怀疑，恐怕。

〔2〕见：同“现”。

【译文】

慈祥的母亲对于幼小的孩子，爱得没有什么可以超在它前面的了。但是小孩有了邪恶的行为，还是要让他跟随老师学习；有了讨厌的疾病，还是要让他求医看病。如果不跟随老师学习，就会犯法受刑；不求医看病，就怕会死亡。慈祥的母亲虽然很爱孩子，但这种爱对于从刑罚中把孩子拯救出来或从死亡中把孩子救活的事情来说却毫无裨益，这样看来，那么使孩子得以生存的并不是爱。母子之间的天性，是互相亲爱；而君臣之间的权衡，却是互相算计。母亲不能用她的爱来保存家庭，君主哪能用爱来维持国家呢？英明的君主通晓了使国家富强的办法，就可以用来实现称王称霸的愿望了。所以谨慎地处理政事，是使国家富强的方法。必须彰明那法律禁令，审察那谋划计策。法律彰明了，那么在国内就不会有事变叛乱的祸患；计策得当，那么在国外就不会有死亡被俘的灾难。所以保存国家的办法，并不是靠奉行仁义。仁爱的人，是心地仁慈宽厚而看轻钱财的人；残暴的人，是心地残忍而轻率地施行处罚的人。心地仁慈宽厚，就下不了狠心；看轻钱财，就喜欢施舍。心地残忍，那么憎恨别人的心肠就会暴露给臣下；轻率地施行处罚，那么胡乱的杀戮就会降临到人们头上。不狠心，那么在处罚时就会有很多罪犯得到宽大赦免；喜欢施舍，那么在奖赏时就会有很多没有功劳的人得赏。憎恨别人的心肠暴露出来，那么臣下就会怨恨他们的君主；胡乱杀人，那么民众就会背叛君主。所以仁爱的人处在君位上，臣民就会肆无忌惮而轻易地违犯禁令法律，怀有侥幸的心理而指望从君主那里得到非分的赏赐；残暴的人处在君位上，那么法令就会被乱施滥用而臣下和君主就会离心离德，民众就会怨恨而叛乱的念头就会产生。所以说：仁爱的和残暴的人，都是使国家灭亡的人。

47.7　不能具美食而劝饿人饭，不为能活饿者也；不能辟草生粟而劝贷施赏赐，不能为富民者也。今学者之言也，不务本作而好末事，知道虚圣以说民[1]，此劝饭之说。劝饭之说，明主不受也。

【注释】

〔1〕知：通“智”。说：通“悦”，用作使动词。

【译文】

不能准备好美味佳肴而只是劝饥民吃饭，这并不是能救活饥民的人；不能除草开荒生产粮食而只是劝君主借贷施舍奖赏恩赐，不能算是使民众富足的人。现在学者们的言论，不着意于带有根本意义的开荒农耕而喜欢谈些施舍赏赐之类毫无重要意义的事情，只是巧诈地称道虚假的圣人来使民众高兴，这实在是些不拿出美味佳肴而劝饥民吃饭之类的空话。这种劝饥民吃饭之类的空话，英明的君主是不会接受的。

47.8　书约而弟子辩[1]，法省而民讼简，是以圣人之书必著论，明主之法必详尽事。尽思虑，揣得失，智者之所难也；无思无虑，挈前言而责后功，愚者之所易也。明主虑愚者之所易，以责智者之所难[2]，故智虑力劳不用而国治也。

【注释】

〔1〕辩：通“辨”。

〔2〕以：当作“不”。

【译文】

书写得简单扼要，学生们就容易理解；法律制定得简省明确，民众的争辩就简少而容易解决。因此圣人写的书一定使论点鲜明，英明的君主所制定的法律一定详尽地包括所要裁断的事情。绞尽脑汁来估量得失，这是聪明的人也感到为难的事；不要动脑筋，拿臣下事先发表的言论来责求他们以后办事的功效，这是愚笨的人也认为容易的事。英明的君主采取愚笨的人也认为是容易的办法，不追求聪明的人也感到困难的办法，所以脑子不用考虑、体力不用劳累而国家就可以治理好了。

47.9　酸甘咸淡，不以口断而决于宰尹，则厨人轻君而重于宰尹矣[1]。上下清浊，不以耳断而决于乐正，则瞽工轻君而重于乐正矣。治国是非，不以术断而决于宠人，则臣下轻君而重于宠人矣。人主不亲观听，而制断在下，托食于国者也。

【注释】

〔1〕于：语助词。

【译文】

酸甜咸淡，君主不亲自用嘴来品尝决断而由厨师长来决断，那么厨师就看轻君主而尊重厨师长了。音调的高低、音质的清扬和凝浊，君主不亲自用耳朵来聆听决断而由乐队队长来决断，那么乐队中的盲人乐师就看轻君主而尊重乐队队长了。治理国家的是非曲直，君主不亲自用法术来衡量决断而由宠爱的亲信来决断，那么臣下就看轻君主而尊重亲信了。君主如果不亲自了解处理政事，使裁断的大权掌握在臣子手中，那么君主就成了寄生在国内的傀儡了。

47.10 使人不衣不食而不饥不寒，又不恶死，则无事上之意。意欲不宰于君，则不可使也。今生杀之柄在大臣，而主令得行者，未尝有也。虎、豹必不用其爪牙而与鼷鼠同威〔1〕，万金之家必不用其富厚而与监门同资。有土之君，说人不能利〔2〕，恶人不能害，索人欲畏重己，不可得也。

【注释】

〔1〕鼷(xī)鼠：一种体形很小的鼠。

〔2〕说：通“悦”。

【译文】

假如人们不穿衣不吃饭而不感到饥饿不感到寒冷，又不厌恶死亡，那就不会有侍奉君主的心意了。人们的心思和欲望如果不能被君主所控制，那就不可能被君主使唤了。生杀的大权掌握在大臣手中，而君主的命令仍能贯彻执行的，还从来没有过。虎、豹如果不使用自己的脚爪和牙齿，那么它们的威风就和小老鼠一样了；拥有万金资财的人家如果不使用自己的财富，那么他们的物质条件就和贫苦的看门人没有什么两样了。拥有国土的君主，喜欢某人却不能使他得利，憎恶某人却不能使他受害，这样的话，要求得别人打心底里害怕、敬重自己，是不可能的啊。

47.11 人臣肆意陈欲曰“侠”，人主肆意陈欲曰

“乱”；人臣轻上曰“骄”，人主轻下曰“暴”。行理同实，下以受誉，上以得非〔1〕。人臣大得，人主大亡。

【注释】

〔1〕非：通“诽”。

【译文】

臣下随心所欲地展现自己的欲望被称为“侠义”，君主随心所欲地展现自己的欲望却被称为“昏乱”；臣下轻视君主被称为“高傲倜傥”，君主轻视臣下却被称为“残忍暴虐”。这两种行为从道理上来讲其实质是相同的，但臣下因此而得到赞誉，君主却因此而受到诽谤。臣下得到了大好处，而君主却遭受了大损失。

47.12 明主之国，有贵臣，无重臣。贵臣者，爵尊而官大也；重臣者，言听而力多者也。明主之国，迁官袭级〔1〕，官爵受功〔2〕，故有贵臣。言不度行而有伪〔3〕，必诛，故无重臣也。

【注释】

〔1〕袭：因循，沿着。

〔2〕受：同“授”。

〔3〕度(duó)：估量。

【译文】

在英明的君主所统治的国家里，只有地位高贵的臣子，没有地位重要的臣子。地位高贵的臣子，是指他的爵位高而官职大；地位重要的臣子，是指他的话能被君主听从而势力又大的人。在英明的君主所统治的国家中，晋升官职按照官阶等级来进行，官职爵位授给有功劳的人，所以有地位高贵的臣子。对那些说话不估量一下是否能做到而弄虚作假的臣子，一定加以惩处，所以就没有地位重要的臣子了。

八经第四十八

（第四十八篇　八条常规）

48.1　一、凡治天下，必因人情。人情者，有好恶，故赏罚可用；赏罚可用，则禁令可立而治道具矣。君执柄以处势，故令行禁止。柄者，杀生之制也；势者，胜众之资也。废置无度，则权渎；赏罚下共，则威分。是以明主不怀爱而听，不留说而计[1]。故听言不参，则权分乎奸；智力不用，则君穷乎臣。故明主之行制也天，其用人也鬼。天，则不非；鬼，则不困。势行教严，逆而不违；毁誉一行而不议。故赏贤罚暴，誉善之至者也；赏暴罚贤，举恶之至者也：是谓赏同罚异。赏莫如厚，使民利之；誉莫如美，使民荣之；诛莫如重，使民畏之；毁莫如恶，使民耻之。然后一行其法，禁诛于私家，不害功罪。赏罚必知之，知之，道尽矣。

因情

【注释】

〔1〕说：通“悦”。

【译文】

一、凭借人之常情

凡是要治理好天下，必须凭借人之常情。人之常情，有爱好也有厌恶，所以奖赏和刑罚就可以使用了；奖赏和刑罚可以使用，那么禁约法令就可以建立起来而治国的办法也就完备了。君主掌握了权柄而拥有威势，所以命令一下达人们就立即行动，禁约一发布人们就停止不做。权柄，是控制臣民生死的一种法定职分；威势，是制服众人的一种凭借。罢免任用官吏如果没有法度，那么君主的权力就不神圣了；赏罚大权如果和臣下共同掌握，那么君主的威势就分散了。因此英明的君主不怀着对某人的喜爱去听取意见，不带着过去的好感去谋划事情。君主听取臣下的意见如果不加以检验，那么权力就会分散到奸臣手中；君主对于政事如果不亲自费心操劳，那就会被臣下搞得走投无路。所以英明的君主行使法定的职权时像天一样公正无私，使用官吏时像鬼一样神秘莫测。像天一样公正无私，那就不会遭到非议；像鬼一样神秘莫测，那就不会陷入困境。君主的威势被运用，法治的教育又严厉，那么即使不顺人心，臣民也不敢违背；贬斥和赞誉一律按照法令来进行，那么臣民就不会议论纷纷。所以奖赏贤能的人，惩罚残暴的人，是推崇善行的最好办法；奖赏残暴的人，惩罚贤能的人，是推崇邪恶的极端做法：这些都可以说是奖赏合乎自己心意的人而惩罚不合自己心意的人。奖赏不如优厚一些，使民众贪图它；赞誉不如美好一些，使民众觉得它是一种光荣；处罚不如严厉一些，使民众害怕它；贬斥不如丑恶一些，使民众觉得它是一种耻辱。然后一心一意地推行那法制，禁止和谴责谋取私利的臣子，不妨害对有功有罪之人的赏罚。如何进行赏罚君主一定要知道，知道了这一点，治国的办法也就完备了。

48.2　二、力不敌众，智不尽物；与其用一人，不如用一国。故智力敌而群物胜，揣中则私劳，不中则有过。下君尽己之能，中君尽人之力，上君尽人之智。是以事至而结智，一听而公会。听不一，则后悖于前；后悖于前，则愚智不分。不公会，则犹豫而不断；不断，则事留。自取一，则毋堕壑之累。故使之讽，讽定而怒。是以言陈之曰[1]，必有策籍。结智者事发而验，结能者功见而谋成败[2]。成败有征，赏罚随之。事成，则君收其功；规败，则臣任其罪。君人者合符犹不亲，而况于力乎？事智犹不亲，而况于悬乎？故非。用人也不取同，同则君怒。使人相用，则君神；君神，则下尽；下尽，则臣上不因君；而主道毕矣。

主道

【注释】

〔1〕曰："日"字之误。

〔2〕见：同"现"。谋：审察评议。

【译文】

二、君主的统治方法

君主一个人的力量敌不过众人，一个人的智慧不能全部了解所有的事物；所以，与其使用自己一个人的智慧和力量，还不如利用全国人民的智慧和力量。所以，君主如果拿自己的智慧和力量去和众人万物较量，那么众人万物就会胜过君主；君主即使凭智力把事情猜测到了，那自己也会劳累；如果猜不中，那就还有过错。下等的君主只是竭尽自己的才能，中等的君主能充分发挥别人的力量，上等的君主能充分利用别人的智慧。因此，事情来了就应该集中众人的智慧，一一听取意见以后再把大家公开集合起来讨论。听取意见时如果不是先一个一个地分别进行而马上集中起来讨论，那么臣子在后来讲的话就会参照别人的观点而和他先前想讲的话相反；后来讲的话和原先想讲的话相反，那么臣子的愚蠢和聪明也就分不清了。如果逐一听取意见后不把大家公开集合起来讨论，那就会犹豫而不能决断；不能决断，那么事情也就拖下去了。君主对臣下的意见能独立自主地择取其中的一种，那就不会有掉入臣下所设的山沟陷阱的祸害。所以，君主先让臣下提意见，等他们把意见确定之后再严厉地斥责他们。因此臣下的言论发表的时候，一定要有簿册加以记录。集中众人智慧的，等事情发生以后，再检验一下谁的计谋正确；集中众人才能的，等功效表现出来以后，再考察一下各人的成败得失。成功和失败有了证验，奖赏和惩罚就按照它来进行。事情办成了，那么君主就收取它的功劳；谋划失败了，那么臣下就承担它的罪责。君主对于核对符信这种重要而又不费力的事尚且不亲自去做，更何况是那些要用力的事呢？君主对于稍动脑筋的事尚且不亲自去做，更何况是那些要费尽心机凭空推测的事呢？所以君主对具体的事情不应该去费心尽力。君主任用官吏时，不应该录用彼此意见相同的人；如果臣下相互附和，那么君主就应该严厉地加以斥责。使臣下相互对立而为君主所利用，那么君主就神妙莫测了；君主神妙莫测，那么臣下就会尽心竭力地为君主效劳；臣下尽心竭力地为君主效劳，那么臣子就不会向上来利用君主；这样，君主统治臣下的方法也就完备了。

48.3　三、知臣主之异利者王，以为同者劫，与共事者杀。故明主审公私之分，审利害之地，奸乃无所乘。乱之所生六也：主母，后姬，子姓，弟兄，大臣，显贤。任吏责臣，主母不放；礼施异等，后姬不疑[1]；分势不贰[2]，庶适不争[3]；权籍不失[4]，兄弟不侵；下不一门，大臣不拥[5]；禁赏必行，显贤不乱。臣有二因[6]，谓外内也。外曰畏，内曰爱。所畏之求得，所爱之言听，此乱臣之所因也。外国之置诸吏者，结诛亲昵、重帑[7]，则外不籍矣[8]；爵禄循功，请者俱罪，则内不因矣。外不籍，内不因，则奸宄塞矣。官袭节而进，以至大任，智也。其位至而任大者，以三节持之：

曰“质”，曰“镇”，曰“固”。亲戚妻子，质也；爵禄厚而必，镇也；参伍贵帑[9]，固也。贤者止于“质”，贪饕化于“镇”，奸邪穷于“固”。忍不制，则下上；小不除，则大诛；而名实当，则径之。生害事，死伤名，则行饮食；不然，而与其雠：此谓除阴奸也。医曰诡[10]，诡曰易。见功而赏，见罪而罚，而诡乃止。是非不泄，说谏不通，而易乃不用。父兄贤良播出曰“游祸”，其患邻敌多资。僇辱之人近习曰“狎贼”，其患发忿疑辱之心生。藏怒持罪而不发曰“增乱”，其患徼幸妄举之人起。大臣两重提衡而不踦曰“卷祸”[11]，其患家隆劫杀之难作。脱易不自神曰“弹威”，其患贼夫酖毒之乱起[12]。此五患者，人主之不知，则有劫杀之事。废置之事，生于内则治，生于外则乱。是以明主以功论之内，而以利资之外，故其国治而敌乱。即乱之道：臣憎，则起外若眩；臣爱，则起内若药。

起乱

【注释】

〔1〕疑：通“拟”，比，匹敌。

〔2〕贰：匹敌。

〔3〕适(dí)：通“嫡”。

〔4〕籍：通“阼”，势位。

〔5〕拥：通“壅”。

〔6〕臣：当作“乱臣”。

〔7〕结：通“诘”。帑(tǎng)：钱财。

〔8〕籍：通“藉”，依靠，凭借。

〔9〕参伍：当作“叁伍”，见 8.6 注。贵帑：“责怒”之误。

〔10〕医：“翳”字之误。

〔11〕提：持，拿着。衡：秤，引申为平衡。提衡：拿着秤，引申为保持平衡。踦(qī)：偏重，不平衡。

〔12〕酖(zhèn)：用鸩的羽毛泡成的毒酒。

【译文】

三、产生祸乱

君主懂得臣下和君主的利益是不同的，才能称王天下；认为君臣的利益是相同的，就要被臣下劫持；和臣下共同执政的，就会被臣下杀害。所以，英明的君主明白公和私的不同，清楚君臣之间各自的利害之所在，奸臣就无机可乘了。产生祸乱的根源有六种：太后，妻妾，子孙，弟兄，权臣，名声显赫的“贤士”。依照法律任用官吏，使用权术督责臣下，太后就不可能放荡；按照礼制来设置不同的等级名分，正妻和小妾就不可能地位相等；不把权势平等地分给儿子，庶子和嫡子就不可能争夺；权力和王位不丧失，兄弟就不可能来侵害；臣子不选自一条门路，权臣就不可能蒙蔽君主；禁止私行和奖赏有功的措施坚决贯彻执行，名声显赫的“贤士”就不可能犯上作乱。奸臣有两种可以凭借的力量，这就是国外的诸侯和国内的侍从。国外的诸侯是君主所害怕的，国内的侍从是君主所宠爱的。君主所害怕的人提出的要求总能获得满足，君主所宠爱的人说的话总会被听从，这两者就是奸臣所凭借的对象。对于从其他诸侯国来的建议安置各种官吏的那些人，君主追查并惩处了其中和奸臣关系亲密、因受了贿赂而拥有大量钱财的人，那么国外的诸侯就不能再成为奸臣的凭借了；君主按照功劳授予爵位俸禄，凡是为奸臣说情请求的侍从全都加以惩处，那么国内的侍从也就不能再成为奸臣的凭借了。国外的诸侯不能凭借，国内的侍从不能依靠，那么奸臣作乱的途径就被堵住了。官吏沿着级别来提拔，用这种方法直到把重大的职务委任给他们，这才是明智的。对于那官位极高而职务重大的人，要用三种制约的办法来控制他们：第一叫做“抵押”，第二叫做“安抚”，第三叫做“固定”。把他们的父母亲戚妻子儿女收养起来作为人质，是“抵押”；给予他们的爵禄不但优厚而且一定兑现，是“安抚”；将他们的种种言行放在一起加以对照检验而追究怒斥他们的过错，是“固定”。贤能的人会由于“抵押”而停止活动，贪婪的人会由于“安抚”而打消野心，邪恶的人会由于“固定”而走投无路。对残忍的奸臣不加制裁，就会使君主成为臣下；小的奸邪不除掉，就会导致大的惩处；如果罪名和罪行相当，就直接杀掉他。让他活着会坏事，把他杀了又会损害自己的名声，那就使用饮食来毒死他；如果不想这样干，也可以交给他的仇敌把他杀死：这叫做除掉暗地里的奸臣。臣下蒙蔽君主就是欺诈，欺诈就是搬弄是非。君主见到功劳才奖赏，见到罪行就惩罚，那么欺诈的手段就会被制止。君主不把对事情的肯定或否定意见泄漏出去，也不把臣下进说规劝的言论透露出去，那么搬弄是非的手段也就不会被使用了。君主让叔伯与兄弟以及贤能优秀的人才逃散出奔在外叫做“放走祸水”，它的祸患在于给相邻的敌国提供了很大的资助。君主和受过刑辱的人亲近叫做“亲近奸贼”，它的祸患在于这些人发泄怨恨的思想、恐怕再受到侮辱的思想会萌发他们作乱的念头。君主隐藏自己的愤怒而不发作、掌握了臣下的罪行而不揭露惩处叫做“增加祸乱”，它的祸患在于怀着侥幸心理而轻举妄动的被恨有罪之人会起来作乱。大臣有两个同时被君主重用、二者势均力敌而不相上下叫做“卷入祸害”，它的祸患是大臣私门势力强大而劫持杀害君主的灾难会发生。君主粗疏轻率而不使自己神妙莫测叫做“丢掉威势”，它的祸患是皇后杀害丈夫、妃子用毒酒毒死君主的乱子会出现。这五种祸患，君主如果不了解，就会发生被劫持被杀害的事情。罢免任用官吏的事情，由国内的君主出谋划策，那么国家就安定；由外国的诸侯出主意，那么国家就危乱。因此英明的君主在国内按照功劳来论定自己的臣子，在国外根据自己的利益而资助敌国的奸臣，所以他的国家安定而敌国危乱。国家走向危乱的途径是：臣下被君主憎恶，就会发动外国诸侯来制造祸乱，使君主像得了眼花病似地晕头转向；臣下被君主宠爱，就会发动国内的侍从来制造祸乱，使君主像吃了毒药一样危在旦夕。

48.4　四、叁伍之道[1]：行叁以谋多，揆伍以责失。行叁必拆，揆伍必怒。不拆则渎上，不怒则相和。拆之征足以知多寡，怒之前不及其众。观听之势，其征[2]：在比周而赏异也[3]，诛毋谒而罪同。言会众端，必揆之以地，谋之以天，验之以物，叁之以人。四征者符，乃可以观矣。参言以知其诚，易视以改其泽[4]，执见以得非常。一用以务近习，重言以惧远使。举往以悉其前，即迩以知其内，疏置以知其外。握明以问所暗，诡使以绝黩泄[5]。倒言以尝所疑，论反以得阴奸。设谏以纲独为，举错以观奸动[6]。明说以诱避过，卑适以观直谄。宣闻以通未见，作斗以散朋党。深一以警众心，泄异以易其虑。似类则合其参[7]，陈过则明其固。知罪辟罪以止威[8]，阴使时循以省衷[9]。渐更以离通比。下约以侵其上：相室，约其廷臣；廷臣，约其官属；兵士，约其军吏[10]；遣使，约其行介；县令，约其辟吏[11]；郎中[12]，约其左右；后姬，约其宫媛。此之谓条达之道。言通事泄，则术不行。

立道

【注释】

〔1〕叁伍：见8.6注。
〔2〕征：证验，应验。
〔3〕在：观察。
〔4〕泽：光泽，指表象。
〔5〕黩泄：通“媟媟”。
〔6〕错：通“措”。
〔7〕参：检验，验证。
〔8〕辟：刑。
〔9〕循：通“巡”。
〔10〕兵士约其军吏：当作“军吏约其兵士”。

〔11〕辟：通“僻”，偏。
〔12〕郎中：见6.4注。

【译文】

四、设立多方面考察检验的方法

所谓多方面考察检验的方法就是：利用多方面的情况加以比照来谋求更多的功效，度量多方面的情况加以检验来追究过失。利用多方面的情况加以比照时一定要解剖分析功效增多的原因，度量多方面的情况加以检验时一定要愤怒地斥责追查到的过失。不解剖分析功效增多的原因，臣子就会轻慢君主；不愤怒地斥责追查到的过失，臣子就会互相勾结狼狈为奸。解剖分析功效增多的原因所得到的证验足够用来了解臣子立功的多少，在愤怒地斥责臣子的过失之前不要去接触他的手下人。君主观察臣子行为与听取臣子意见的谋略，它的实际表现是：审察臣子紧密勾结的行为而奖赏那些和他们不合群的人，责罚不告发奸邪的人而惩处那些和他们抱成一团的人。对于臣子的言论，要汇合各方面的，而且一定要根据地利来衡量它，按照天时来合计它，凭借具体事物来检验它，根据人之常情来考察它。这四方面的证验都符合，这种言论就可以用它来观察臣子的行为了。用事实检验言论来了解臣子的忠诚，变换观察的角度来排除臣子表面的伪装，拿已经了解到的情况来发现臣子非同寻常的活动。君主要采取专职专任的办法来使亲近宠幸的臣子卖力工作，反复申述法律禁令来使出使远方的使者感到畏惧。让人列举臣子以往的事来详尽地了解他们的过去，派人靠近臣子来了解他们的内情，把臣子疏远地安置在外来了解他们的外在表现。拿已经了解清楚的情况来探问还不清楚的情况，用诡诈地差遣的办法来消除臣子轻慢不敬的行为。说与本意相反的话来试探自己所怀疑的事，研究事情的反面来发现隐蔽的奸臣。设置谏官来约束大臣的专断独行，提拔安置官吏来观察奸臣的动静。明白地宣传法制来引导臣子避免过错，谦卑地迎合臣子来观察他们是正直还是谄媚。利用已经听到的事情来了解还没有见到的事情，挑动奸党内部的争斗来瓦解他们的组织。深入地了解一件事情来使众人心中都有所戒惧，故意泄露不同的意见来改变奸臣的打算。对于类似的事情就把对它们的验证结果合在一起加以比较分析，列举臣子的过失就要指明他们对法令的固陋无知之处。知道臣子的罪恶后对他们的罪恶坚决处以刑罚，以便制止他们的耀武扬威；暗中派人时时巡察各地官吏，来省察他们是否忠诚。逐步更换官吏来拆散串通一气紧密勾结的奸党。君主应该和各级下属约定，来让他们侵犯控告他们的上司：对于宰相，约他朝廷上的大臣告发；对于朝廷上的大臣，约他的部下告发；对于军官，约他的士兵告发；对于派出的使者，约他的随行人员告发；对于县令，约他身旁的副官告发；对于郎中，约他的身边侍从告发；对于皇后姬妾，约她们的宫女告发。这就是上通下达的办法。但如果把这些下属的告密透露出去、把要办的事情泄漏出去，那么这种手段也就不能施行了。

48.5　五、明主，其务在周密。是以喜见则德偿〔1〕，怒见则威分。故明主之言隔塞而不通，周密而不见。故以一得十者，下道也；以十得一者，上道也。明主兼行上下，故奸无所失。伍、官、连、县而邻〔2〕，谒过赏、失过诛。上之于下，下之于上，亦然。是故上下贵贱相畏以法，相诲以和〔3〕。民之性，有生之实，有生之名。为君者有贤知之名〔4〕，有赏罚之实。名实俱至，故福善必闻矣。

参言〔5〕

【注释】

〔1〕见：同“现”。

〔2〕伍：古代地方行政组织，五家为一伍。官：“闾”字之误，“闾”即“里”，也是古代的地方行政组织，辖五十家。连：古代地方行政组织，辖二百家。

〔3〕和：当作“利”。

〔4〕知：通“智”。

〔5〕参言：应该是下一章的章目，第七章的章目“类柄”才是本章的章目，今译文移正。

【译文】

五、按照类推的原则使用赏罚大权

英明的君主，他所致力的事情在于谨慎严密而不露声色。因此，君主对某人的喜爱表现了出来，那么他行赏的恩德也得赔上；君主对某人的愤怒表现了出来，那么他用刑的威势就会被分掉。所以英明君主的言论总是严加封闭而不泄漏的，总是严加保密而不暴露的。靠君主一个人来发现十个人的邪恶活动，是下等的办法；用臣民十个人来发现一个人的邪恶活动，是上等的办法。英明的君主同时使用上等、下等的办法，所以邪恶的人就没有遗漏的了。伍、闾、连、县等各级组织如果是相邻的，便实施告发坏人就奖赏、放走坏人就惩处的办法。上司对于下属，下属对于上司，也是这样。所以上级和下级、高贵的和卑贱的，都用放走坏人会受到惩处的法令来互相威慑对方，都用告发坏人能得到奖赏的好处来互相劝导对方。人的本性，有的活着为了实权实利，有的活着为了美好的名声。做君主的既有了贤能智慧的名声，又有了赏罚的实权。名声和实权都得到了，所以他造福民众的功德、慈善贤明的美名一定会传颂于天下了。

48.6　六、听不参，则无以责下；言不督乎用，则邪说当上〔1〕。言之为物也，以多信，不然之物，十人云“疑”，百人“然乎”，千人不可解也。呐者言之疑，辩者言之信。奸之食上也〔2〕，取资乎众，籍信乎辩〔3〕，而以类饰其私。人主不餍忿而待合参〔4〕，其势资下也。有道之主听言，督其用，课其功，功课而赏罚生焉，故无用之辩不留朝。任事者知不足以治职〔5〕，则放官收〔6〕。

说大而夸则穷端，故奸得而怒。无故而不当为诬，诬而罪臣。言必有报，说必责用也，故朋党之言不上闻。凡听之道：人臣忠论以闻奸，博论以内一〔7〕。人主不智，则奸得资〔8〕。明主之道：已喜，则求其所纳；已怒，则察其所构；论于已变之后，以得毁誉公私之征。众谏以效智故〔9〕，使君自取一以避罪，故众之谏也败，君之取也。无副言于上以设将然，今符言于后以知谩诚语〔10〕。明主之道：臣不得两谏，必任其一语；不得擅行〔11〕，必合其参。故奸无道进矣〔12〕。

听法〔13〕

【注释】

〔1〕当：通“挡”。

〔2〕食：通“蚀”。

〔3〕籍：通“藉”（jiè），衬垫，资助。

〔4〕餍：饱也，引申为甚。

〔5〕知：通“智”。

〔6〕收：当作“收玺”。

〔7〕内(nà)：同“纳”。

〔8〕资：凭借，依托。

〔9〕故：巧，伪诈。

〔10〕今：犹“将”。符：验。

〔11〕行：道，言。

〔12〕道：由。

〔13〕听法：此章目今译文移至第七章，而把上一章的章目移于此，参见48.5注。

【译文】

六、检验言论

君主听取言论不加检验，就没有什么可以用来责求臣下了；

对于臣下的言论不根据是否有用来考察，就会有狡诈的谬说来蒙蔽君主。言语作为一种东西，依靠多说来取得人们的相信。不可能存在的东西，十个人说有，人们还会说声“有点怀疑”；一百个人说有，人们就会说“可能是有的吧”；一千个人说有，那就不可能消除人们对它的相信了。言语迟钝的人说起话来使人怀疑，能说会道的人说起话来使人相信。奸臣侵蚀君主的时候，借助于人多，又依靠辩说来助成君主对他的信任，还用类似的事例来掩饰他谋私的阴谋。君主如果对他们不是十分愤怒并依靠比较验证的办法来检验，他的权势就会资助给臣下了。掌握了统治术的君主听取臣下的言论时，审察它的用处，考核它的功效，功效一经考核，那么赏罚的依据就由此产生了，所以没有用处的辩说不会留在朝廷上。担任职务的官吏，如果他的才智不够用来料理职事，就罢免他的官职，收回他的官印。对于说大话而浮夸的人，就追根究底，所以奸邪的人能够被发现而受到愤怒的斥责。没有什么其他的缘故而办事的功效和他事先说的不相符，这就是欺骗；臣下搞欺骗，就要惩处他。对臣下的言论一定进行复核，对臣下的进说一定责求它的效用，所以同党之间互相吹捧的话就不敢对君主说了。大凡听取言论的方法：对于臣下忠诚的议论，就根据它来了解奸邪的情况；对于臣下广博的议论，就根据它来采纳一种意见。君主如果在听取意见时不明智，那么奸邪的人就有机可乘了。英明君主听取言论的方法是：听了感到高兴，那就仔细探索自己所接受的意见为什么使自己高兴；听了感到愤怒，那就仔细审察造成自己愤怒的言论到底怎么样；在自己的情绪已经变化之后再细加研讨，用这种方法来获得那言论是诋毁还是赞扬、是为公还是为私的证验。有些臣子用好多种说法规劝君主来施展他们的巧诈，让君主自己从中择取一种意见来逃避罪责，所以这具有多种说法的规劝即使败坏了事情，那责任也在于君主的择取了。所以君主应该不准臣下在事先的进说中加上辅助性的意见来假设将来可能会那样，而将拿臣下的言论和以后的事实进行验证来了解它们是欺人之谈还是诚实之语。英明君主的原则是：臣子不准同时用两种说法来规劝君主，而必须担保其中的一种说法；不得任意乱说，而必须使进说符合它的检验结果。所以，奸臣就没有办法混到朝廷里来了。

48.7　七、官之重也，毋法也；法之息也，上暗也。上暗无度，则官擅为；官擅为，故奉重无前[1]；奉重无前，则征多；征多，故富。官之富重也，乱功之所生也。明主之道：取于任[2]，贤于官，赏于功。言程[3]，主喜，俱必利；不当，主怒，俱必害；则人不私父兄而进其仇雠。势足以行法，奉足以给事，而私无所生，故民劳苦而轻官。任事者毋重，使其宠必在爵；处官者毋私，使其利必在禄；故民尊爵而重禄。爵禄，所以赏也；民重所以赏也，则国治。刑之烦也，名之缪也[4]；赏誉不当则民疑，民之重名与其重赏也均。赏者有诽焉[5]，不足以劝；罚者有誉焉，不足以禁。明主之道：赏必出乎公利，名必在乎为上。赏誉同轨，非诛俱行[6]。然则民无荣于赏之内[7]。有重罚者必有恶名，故民畏。罚，所以禁也；民畏所以禁，则国治矣。

类柄[8]

【注释】

〔1〕奉：通“俸”。

〔2〕于：语助词。任：能。

〔3〕程：法度。“程”字上探下省动词“当”，下文“不当”下承此省“程”。

〔4〕缪(miù)：通“谬”。

〔5〕有：通“又”。

〔6〕非：通“诽”。

〔7〕然则民无荣于赏之内：当作“然则民无荣于赏之外，有非于罚

之内”。

〔8〕类柄：这章目的译文移于第五章，上章章目的译文移于此章。参见上两章的注。

【译文】

七、遵从法度

官吏的权势大，是因为国家没有法度；法度的衰亡，是因为君主昏庸愚昧。君主昏庸而没有法度，那么官吏就为所欲为了；官吏为所欲为，所以他们的俸禄也就多得没有什么能超过它的了；官吏的俸禄多得无与伦比，那么赋税的征收就会增多；税收多了，所以官吏也就富了。官吏的富裕、贵重，是混乱的政事所造成的。英明君主的治国办法是：录用有才能的人，推崇忠于职守的人，奖赏有功劳的人。臣下推荐人才时所说的话合于法度，君主就高兴，推荐者和被推荐者一定都得到奖赏；如果不合法度，君主就发怒，推荐者和被推荐者一定都受到惩罚；这样的话，那么人们就不会偏袒自己的父兄而会推荐自己的仇敌。君主给臣下的权势足够使他们用来推行法制，给他们的俸禄足够用来供他们操办公事，因而谋取私利的行为就没有理由再发生，所以民众即使劳苦也不在乎做官。担任职务的人不要使他们的权力太大，要使他们的尊荣只表现在爵位上；处在官位上的人不准他们谋取私利，要使他们的利益只表现在俸禄上；所以人们尊重爵位而看重俸禄。爵位俸禄，是用来奖赏善行的；臣民看重用来奖赏善行的爵位俸禄，那么国家就能治理好了。刑罚的烦乱，是由于赞誉的错误；赏赐和赞誉两者不相称，那么臣民就会犹豫不决了，因为人们对赞誉的看重和他们对赏赐的看重是相同的。对受赏的人又加以毁谤，那就不能够用奖赏来鼓励人们行善；对受罚的人又加以赞誉，那就不能够用刑罚来禁止人们作恶。英明君主的治国原则是：进行奖赏，一定是由于对国家作出了有益的贡献；加以赞誉，一定是由于为君主出了力。赏赐和赞誉一致，诋毁和处罚并用。这样的话，那么臣民就没有和奖赏不合的荣誉，而有和处罚相合的诋毁。受到重罚的人一定有坏名声，所以臣民害怕。刑罚，是用来禁止邪恶的；臣民害怕用来禁止邪恶的刑罚，那么国家就能治理好了。

48.8　八、行义示，则主威分；慈仁听，则法制毁。民以制畏上，而上以势卑下，故下肆很触而荣于轻君之俗〔1〕，则主威分。民以法难犯上，而上以法挠慈仁〔2〕，故下明爱施而务赇纹之政〔3〕，是以法令隳。尊私行以贰主威〔4〕，行赇纹以疑法〔5〕；听之则乱治，不听则谤主；故君轻乎位而法乱乎官；此之谓无常之国。明主之道：臣不得以行义成荣，不得以家利为功；功名所生，必出于官法。法之所外，虽有难行，不以显焉，故民无以私名。设法度以齐民，信赏罚以尽民能，明诽誉以劝沮。名号、赏罚、法令三隅〔6〕，故大臣有行则尊君，百姓有功则利上，此之谓有道之国也。

主威

【注释】

〔1〕很：违逆。

〔2〕挠：屈。

〔3〕赇(qiú)：贿赂。纹："纳"字之误。

〔4〕贰：匹敌。

〔5〕疑：通"拟"，比，匹敌。

〔6〕名号：名声，指上文的"诽誉"。隅：当作"偶"，合。

【译文】

八、君主的威势

私人的德行和道义受到表彰，那么君主的威势就会被支解；慈惠仁爱的说教被听信，那么法令制度就会被毁坏。臣民因为君主那法定的职权而害怕君主，如果君主拿自己的权势去谦卑地奉迎臣下，那么臣下就会放肆地违反触犯法令而以轻视君主的习俗为光荣，所以君主的威势就会被支解。臣民因为法制而难以侵犯君主，如果君主拿法制去屈从于慈惠仁爱的说教，那么臣下就会公开地宣扬仁爱施舍而大搞行贿受贿的腐败政治，因此法令会被毁坏。推崇臣民谋取私利的行为来和君主的威势分庭抗礼，大搞行贿受贿的勾当来和法治抗衡；君主如果听凭这种现象泛滥，那么它就会扰乱法治，如果不放任它，那么臣民就会诽谤君主；所以君主处在君位上也被人看轻，而法制则在官府中被搞得混乱不堪；这叫做没有法度的国家。英明君主的治国原则是：臣下不能靠私人的德行和道义来造成自己的荣誉，不能拿为私家谋取利益的事情作为自己的功劳；产生功劳名誉的根据，一定来自国家的法度。国法所摒弃的，即使具有难以做到的德行，也不因此而显扬，所以臣民就没有因为私人的德行而得到名誉的。靠设置法律制度来统一臣民的言行，靠赏罚守信用来充分发挥臣民的才能，靠公开进行赞誉和毁谤来鼓励行善和阻止作恶。赞誉毁谤、奖赏惩罚、法律命令三者结合起来使用，所以大臣有德行是因为他们尊敬君主，百姓有功劳是因为他们做了有益于君主的事，这才可以叫做有法度的国家啊。

第十九卷

五蠹第四十九

（第四十九篇　五种蛀虫）

49.1　上古之世〔1〕，人民少而禽兽众，人民不胜禽兽虫蛇〔2〕。有圣人作，构木为巢以避群害，而民悦之，使王天下，号曰有巢氏〔3〕。民食果蓏蜯蛤〔4〕，腥臊恶臭而伤害腹胃〔5〕，民多疾病。有圣人作，钻燧取火以化腥臊〔6〕，而民说之〔7〕，使王天下，号之曰燧人氏〔8〕。中古之世〔9〕，天下大水，而鲧、禹决渎〔10〕。近古之世〔11〕，桀、纣暴乱〔12〕，而汤、武征伐〔13〕。今有构木钻燧于夏后氏之世者〔14〕，必为鲧、禹笑矣；有决渎于殷、周之世者〔15〕，必为汤、武笑矣。然则今有美尧、舜、汤、武、禹之道于当今之世者，必为新圣笑矣。是以圣人不期修古〔16〕，不法常可〔17〕，论世之事，因为之备。宋人有耕田者，田中有株，兔走触株，折颈而死，因释其耒而守株，冀复得兔。兔不可复得，而身为宋国笑。今欲以先王之政治当世之民，皆守株之类也。

【注释】

〔1〕上古之世：远古时代，这里所指，相当于原始社会的原始群

时期。

〔2〕胜：能承受。不胜：经受不住。

〔3〕有巢氏：传说中的人名，因为他发明了巢居，所以称为有巢氏。

〔4〕果蓏(luǒ)：瓜果。古代木本植物的果实叫“果”，草本植物的果实叫“蓏”。蜯：同“蚌”。

〔5〕臭(xiù)：气味。恶臭：难闻的气味。

〔6〕燧(suì)：古代用来钻火的材料，有金属和木材两种，晴天用金燧反射太阳光来取得火种，阴天用木燧来取火。钻燧取火：就是钻木取火，是用钻子钻木，让它摩擦生热而取得火种的一种方法。

〔7〕说：通“悦”，喜爱。

〔8〕燧人氏：传说中的人物，因为他发明了钻木取火的方法，所以称他为燧人氏。

〔9〕中古之世：中古时代，这里所指，相当于原始社会的氏族公社时期。

〔10〕鲧(gǔn)：见34.3.3注。鲧其实并没有采取“决渎”的方法，韩非在这里只是连带提及而已(古人的文章中，经常有这种情况)，并不是肯定他在治水方面有功，所以下文没有提“鲧”。禹：见10.6注。决：掘开堵塞水流的地方，疏通。渎：河流，河道。古代把长江、淮河、黄河、济水称为四渎。

〔11〕近古之世：近古时代，这里所指，相当于奴隶制社会。

〔12〕桀、纣：见10.3注。

〔13〕汤：见3.2注。武：周武王，见1.5注。

〔14〕今：假如。

〔15〕殷：见4.2注。

〔16〕修：学习，遵循。

〔17〕法：效法。常：永久的，固定不变的。可：合适，可行。常可：指永远合适的制度和办法，等于说“常规”、“惯例”、“老规矩”。

【译文】

在远古时代，人口稀少而禽兽众多，人们敌不过禽兽虫蛇。这时有一位圣人出现了，他教人们架起木头搭成像鸟窝一样的住处来避免各种禽兽的伤害，因而民众爱戴他，让他统治天下，称他为有巢氏。当时民众吃野生的瓜果和河蚌蛤蜊等水产动物，腥臭难闻而且伤害肠胃，所以人们经常生病。这时有一位圣人出现了，用钻擦木燧的方法取得火种来除去腥臭，因而民众爱戴他，让他统治天下，称他为燧人氏。在中古时代，天下洪水泛滥，因而鲧、禹疏通河道。在近古时代，夏桀、商纣王残暴昏乱，因而商汤、周武王起兵讨伐。假如在夏王朝统治的那个时代还有人架起木头搭成鸟窝似的住处来居住或者钻擦木燧来取火种，那就一定会被鲧、禹耻笑了；假如在商朝、周朝那个时代还有人整天去疏通河道，那就一定会被商汤、周武王耻笑了。这样的话，那么如果在当今这个时代还有人赞美尧、舜、商汤、周武王、夏禹的政治措施，那就一定要被新时代的圣人所耻笑了。因此圣人不指望学习照搬古代的一套，不墨守成规，而是考察研究当今社会的情况，从而给它制定相应的措施。宋国有一个翻地的人，他田里有一个树桩子，一只兔子奔跑的时候撞在这树桩上，折断了脖子死了，他便放下自己手中的木锹而守在树桩旁边，希望再捡到兔子。兔子当然不可能再得到了，而自己却被宋国人所耻笑。现在假如想用古代帝王的政治措施来治理当代的民众，就都是些守株待兔之类的笑话了。

49.2　古者丈夫不耕〔1〕，草木之实足食也；妇人不织，禽兽之皮足衣也。不事力而养足，人民少而财有余，故民不争。是以厚赏不行，重罚不用，而民自治。今人有五子不为多，子又有五子，大父未死而有二十五孙。是以人民众而货财寡，事力劳而供养薄，故民争，虽倍赏累罚而不免于乱。

【注释】

〔1〕丈夫：泛指成年的男子。

【译文】

古时候成年的男子不耕种，野草树木的果实也就够吃了；妇女不纺织，禽兽的皮也就够穿了。不从事耕种纺织等体力劳动而给养充足，人口稀少而财物有余，所以人们不互相争夺。因此优厚的奖赏不必实行，严厉的刑罚不必使用，而人们自然安定无事。现在一个人有五个儿子不算多，而每个儿子又有五个儿子，祖父还没有死就有了二十五个孙子。因此人口众多而财物缺少，从事劳动很辛苦而给养却很微薄，所以人们才互相争夺，即使加倍奖赏、屡次处罚而仍然不能避免祸乱的发生。

49.3 尧之王天下也，茅茨不翦〔1〕，采椽不斫〔2〕；粝粢之食〔3〕，藜藿之羹〔4〕；冬日麑裘〔5〕，夏日葛衣〔6〕；虽监门之服养，不亏于此矣。禹之王天下也，身执耒臿以为民先〔7〕，股无胈〔8〕，胫不生毛〔9〕，虽臣虏之劳，不苦于此矣。以是言之，夫古之让天子者，是去监门之养，而离臣虏之劳也，古传天下而不足多也〔10〕。今之县令，一日身死，子孙累世絜驾〔11〕，故人重之。是以人之于让也。轻辞古之天子，难去今之县令者，薄厚之实异也。夫山居而谷汲者，媵腊而相遗以水〔12〕；泽居苦水者，买庸而决窦〔13〕。故饥岁之春，幼弟不饷；穰岁之秋，疏客必食〔14〕。非疏骨肉爱过客也，多少之实异也。是以古之易财，非仁也，财多也；今之争夺，非鄙也，财寡也。轻辞天子，非高也，势薄也；争土橐〔15〕，非下也，权重也。故圣人议多少、论薄厚为之政。故罚薄不为慈，诛严不为戾，称俗而行也〔16〕。故事因于世，而备适于事。

【注释】

〔1〕翦：通“剪”。

〔2〕采：栎木。

〔3〕粝：粗米。粢(cí)：通“餈”，稻饼，用整粒米做成的饼。粝粢之食：指粗劣的食物。

〔4〕藜：一种野菜。藿：豆叶。

〔5〕麑(ní)：小鹿。麑裘：泛指质量粗糙的兽皮衣服。

〔6〕葛：葛麻，一种多年生的蔓草，茎的纤维可以织成布。葛布粗糙，俗称夏布。

〔7〕臿(chà)：挖土的农具。

〔8〕股：大腿。胈(bá)：肥肉。

〔9〕胫不生毛：形容禹奔走劳苦，连腿上的汗毛也磨光了。

〔10〕古：通“故”。

〔11〕絜(xié)：约。絜驾：约车，把马套在车上，此指享受富贵，出门乘车。周礼规定，大夫以上的官员，出门乘车不步行。

〔12〕膢(lóu)：楚国人二月间祭祀饮食神的节日。腊：古代年末(冬至后第三个戌日)祭祀百神的节日。遗(wèi)：赠送。

〔13〕庸：同“佣”，被雇用的人，出卖劳动力的人。买庸：雇工。窦：通“渎”，沟渠，水道。决窦：疏通水道。

〔14〕食(sì)：供给食物，拿食物给……吃。

〔15〕土：当作“士”，通“仕”，做官。橐：通“托”，依托，依附，指依附诸侯、大夫等贵族。

〔16〕称(chèn)：适合，适应。俗：习俗，指社会情况。

【译文】

尧统治天下的时候，茅草盖的屋顶也不加修剪，栎木做的椽子也不加砍削；吃的是粗米、稻饼之类的粗粮和野菜豆叶之类熬煮的菜羹；冬天只穿小鹿皮做的皮衣，夏天只穿葛布做的粗布衣；就是现在看门人的衣服给养，也不会比这更少的了。禹统治天下的时候，亲自拿着木锹铁铲把自己作为民众的带头人，累得大腿上都没有肥肉，小腿上都不长汗毛，即使是奴隶们的劳役，也不会比这更苦的了。根据这种情况来说，那么古代让掉天子的职位，就不但是丢掉了看门人的给养，而且还摆脱了奴隶般的劳役，所以把统治天下的大权传给别人并不值得称赞。现在的县令，一旦自己死了，他的子孙接连几代都享受出门乘车的特殊待遇，所以人们才很看重这个官职。因此，人们对于辞让职位这件事，可以轻易地辞去古代的天子，却难以舍弃现在的县令，这是因为待遇上微薄优厚的实际情况不一样啊。在山上居住而从山谷中取水的人们，每逢祭祀的节日就把水作为礼物互相馈赠；在洼地居住而被水涝害苦的人们，却要雇佣劳力来开沟排水。所以在荒年的春天，就是幼小的弟弟也不给他东西吃；而在丰年的秋天，即使是关系疏远的过客也一定要请他吃饭。这并不是要疏远自己的骨肉之亲而偏爱过路的客人，而是因为粮食或多余或缺少的实际情况不一样啊。因此古代的人看轻财物，并不是因为心地仁慈，而是因为财物绰绰有余；现在的人争夺财物，并不是因为卑鄙无耻，而是因为财物太少了。古代的人轻易地辞去天子的高位，并不是因为品德高尚，而是因为当时天子的权势很小；今天的人争着去做官或依附权势，并不是因为志趣低下，而是因为当官的权力很大。所以，圣人计议社会财富的多少、考查权势的轻重来给它制定相应的政治措施。所以处罚轻微并不是因为仁慈，惩办严厉也不是因为残暴，而都是适应了社会的实际情况来办事罢了。所以社会情况总是随着时代的变化而变化着，而政治措施就应该适应变化着的社会情况。

49.4　古者文王处丰、镐之间[1]，地方百里，行仁义而怀西戎[2]，遂王天下。徐偃王处汉东[3]，地方五百里，行仁义，割地而朝者三十有六国[4]。荆文王恐其害己也[5]，举兵伐徐，遂灭之。故文王行仁义而王天下，偃王行仁义而丧其国，是仁义用于古不用于今也。故曰：世异则事异。当舜之时，有苗不服[6]，禹将伐之。舜曰："不可。上德不厚而行武，非道也。"乃修教三年，执干戚舞[7]，有苗乃服。共工之战[8]，铁铦矩者及乎敌[9]，铠甲不坚者伤乎体[10]。是干戚用于古不用于今也。故曰：事异则备变。上古竞于道德，中世逐于智谋，当今争于气力。齐将攻鲁，鲁使子贡说之[11]。齐人曰："子言非不辩也[12]，吾所欲者土地也，非斯言所谓也。"遂举兵伐鲁，去门十里以为界。故偃王仁义而徐亡，子贡辩智而鲁削。以是言之，夫仁义辩智，非所以持国也。去偃王之仁，息子贡之智，循徐、鲁之力使敌万乘，则齐、荆之欲不得行于二国矣[13]。

【注释】

〔1〕文王：见3.2注。丰：地名，位于今陕西省户县东北。文王从岐山之下迁都于丰邑。镐(hào)：地名，位于今陕西省西安市西南，距丰邑二十五里。武王由丰邑迁都于镐，称镐京。这里的"镐"只是连类而及之词，与上文的"鲧"相似。

〔2〕戎：见10.6注。

〔3〕徐偃王：见21.1.2注。

〔4〕有：通"又"。

〔5〕荆：见1.2注。荆文王：见13.1注。楚文王上距周穆王已有二三百年，所以，有人认为他不可能伐灭徐偃王。关于徐偃王被灭的事，古籍上有多种说法，可能都是根据民间传说记载的。韩非这里说楚文王伐灭徐偃王，也可能只是一种传说而已；当然，也可能楚国的文王不止一个，这里的楚文王不是指熊赀而言。

〔6〕有：名词词头，没有实际意义。苗：见42.2注。

〔7〕干：盾牌。戚：古代兵器，是斧的一种。执干戚舞：拿着兵器跳舞。兵器不用来作战，而用作跳舞的道具，说明舜不用武力，而用音乐舞蹈来进行精神感化。

〔8〕共工：见34.3.3注。

〔9〕铦：见47.4注。矩：通"巨"，巨大，指长。及：到。乎：于。

〔10〕铠甲：古代打仗时穿的护身战衣，用皮革或金属薄片制成。

〔11〕子贡：见23.22注。说(shuì)：游说，劝说。

〔12〕子：您。古人对对方的尊称。辩：(言词)动听而有理。

〔13〕行：实行，实现。

【译文】

古时候周文王住在丰、镐之间，领土才方圆百里，他推行仁义之道而感化了西戎，结果便统治了天下。徐偃王统治着汉水以东的地区，领土有五百里见方，他也推行仁义之道，因此而把土地割让给他并向他朝拜称臣的有三十六个国家。楚文王怕他会危害到自己，所以起兵攻打徐国，便把它消灭了。所以周文王推行仁义之道而称王天下，徐偃王推行仁义之道却丢掉了自己的国家，这说明仁义之道适用于古代而不适用于今天。所以说：时代不同了，那么社会上的事情也就不一样了。在舜统治天下的时候，苗族不肯归顺，禹准备去讨伐他们。舜说："不行。君主的德行不深厚却使用武力，这不是个正确的办法。"于是就用了三年时间修行德教，拿着盾牌、大斧等武器跳舞来进行精神感化，苗族便归顺了。到了共工打仗的时候，兵器长的就刺到了敌人，铠甲不坚固的就伤了身体。这说明拿着盾牌、大斧等武器跳舞来进行精神感化的办法只适用于古代而不适用于现代。所以说：社会情况不同了，那么措施也就要跟着改变。上古时代人们主要是在道德上竞赛高低，中古时代人们主要是在智谋上角逐优劣，时到如今人们主要在力量上较量强弱。齐国将要攻打鲁国的时候，鲁国派子贡去游说齐国人。齐国人说："您的话不是没有道理，但我们想要的是土地，而不是这些话中所讲的道理啊。"于是就起兵攻打鲁国，把距离鲁国国都城门十里的地方作为国界。所以徐偃王推行仁义之道而徐国被消灭了，子贡富有口才和智谋而鲁国被削减了领土。根据这种情况来说，那么推行仁义之道、运用口才智谋，都不是用来保全国家的办法。如果当初抛弃徐偃王的仁义，不用子贡的智谋，依靠徐、鲁两国的力量让他们去抵抗拥有万辆兵车的强国，那么齐、楚两国的欲望也就不能够在徐、鲁两国得逞了。

49.5　夫古今异俗，新故异备。如欲以宽缓之政治急世之民，犹无辔策而御駻马〔1〕，此不知之患也〔2〕。今儒、墨皆称先王兼爱天下〔3〕，则视民如父母。何以明其然也？曰："司寇行刑〔4〕，君为之不举乐；闻死刑之报，君为流涕。”此所举先王也。夫以君臣为如父子则必治，推是言之，是无乱父子也[5]。人之情性，莫先于父母[6]，父母皆见爱而未必治也[7]。虽厚爱矣，奚遽不乱？今先王之爱民，不过父母之爱子；子未必不乱也，则民奚遽治哉？且夫以法行刑，而君为之流涕，此以效仁[8]，非以为治也。夫垂泣不欲刑者，仁也；然而不可不刑者，法也。先王胜其法，不听其泣，则仁之不可以为治亦明矣。

【注释】

〔1〕策：古代的一种竹制马鞭，头上有刺。

〔2〕知：通“智”，明智。

〔3〕兼爱：泛爱，普遍地爱。儒家提倡王道、仁政，称颂尧、舜爱民，宣扬“仁者爱人”、“泛爱众”，是为了“以德服人”，更好地统治人民。墨家提倡“兼爱”，宣扬爱无差等，则反映了小私有者的政治愿望。这两种政治主张虽然不完全相同，但对于争于气力的战国时代来说，都是一种空想，所以韩非把它们合在一起加以批评。

〔4〕司寇：古代掌管刑狱的最高一级的官吏。

〔5〕乱：纷乱，不太平。

〔6〕莫先于父母：没有比父母更领先的。

〔7〕见（xiàn）：同“现”，表现。

〔8〕效：显示。

【译文】

古代和现代的社会习俗不一样，所以新旧时代的政治措施也不一样。如果想用儒家所提倡的宽松和缓的政治措施去治理处在急剧变动时代的民众，就好像没有缰绳和马鞭去驾驭凶悍的烈马，这是不明智所造成的过错啊。现在儒家、墨家都称颂古代帝王同时爱普天下的人，就像父母那样来对待民众。用什么来说明古代帝王是这样的呢？他们说：“司法大臣执行刑罚的时候，君主因此而不再演奏音乐；听到死刑的判决，君主为犯人流泪。”这就是他们所推崇的古代帝王啊。他们以为君臣关系像父子关系那样就一定会天下太平，由此推论，那就没有关系不和睦的父子了。人的感情，没有超过父母对待子女的，但父母都付出了对子女的爱而家庭却未必就能和睦。可见虽然爱得很深了，哪能就不发生纠纷了呢？那古代帝王对民众的爱，不能超过父母对子女的爱；子女受到父母的爱，未必就不发生纠纷，那么提倡古代帝王对民众的爱，民众哪能就可以治理好呢？再说那按照法令执行刑罚的时候，君主为犯人流泪，这不过是用它来表示仁爱罢了，而并不是要把它作为治理国家的办法。挂着眼泪哭泣而不想用刑罚，是仁爱的表现；但是不能不用刑罚，是法治的需要。古代帝王治理国家时还是优先搞他的法治，而不顺从自己仁爱的哭泣去废除刑罚，那么仁爱不可以用来作为治国的办法也就很明白的了。

49.6　且民者固服于势，寡能怀于义。仲尼〔1〕，天下圣人也，修行明道以游海内，海内说其仁、美其义而为服役者七十人〔2〕。盖贵仁者寡，能义者难也。故以天下之大，而为服役者七十人，而为仁义者一人。鲁哀公〔3〕，下主也，南面君国〔4〕，境内之民莫敢不臣。民者固服于势，势诚易以服人，故仲尼反为臣而哀公顾为君〔5〕。仲尼非怀其义，服其势也。故以义，则仲尼不服于哀公；乘势，则哀公臣仲尼。今学者之说人主也，不乘必胜之势，而务行仁义则可以王，是求人主之必及仲尼，而以世之凡民皆如列徒，此必不得之数也。

【注释】

〔1〕仲尼：见3.2注。

〔2〕说：通“悦”，喜爱。为服役：给他做事，指做他的门徒。

〔3〕鲁哀公：见30.0.1注。

〔4〕南面：面向南。古代以面向南为尊位，国君在朝廷上面向南接受臣下的朝见。君：用作动词，为君。

〔5〕顾：反。

【译文】

况且民众本来就屈服于权势，很少能被仁义所感化。孔丘，是天下的圣人，他修养德行、宣扬儒家学说而周游天下，可是天下喜欢他的仁爱思想、赞美他的道义学说而给他效劳的门徒只有七十个。可见崇尚仁爱的人很少，而能够实行道义的人也实在难得啊。所以即使凭借着天下的广大，给他效劳的也只有七十个人，而真正奉行仁义的只有孔丘一个人。鲁哀公，是个才智低下的君主，他向南坐在朝廷上做国家的君主，国境内的民众没有哪一个敢不称臣服从。民众本来就屈服于权势，而权势也确实容易用来制服人，所以孔丘虽然是圣人，却反而做了臣子，而鲁哀公虽然低能，却反而做了君主。孔丘并不是被鲁哀公的仁义所感化了，而是屈服于他的权势啊。所以，根据仁义，那么孔丘就不会屈服于鲁哀公；但是凭借权势，那么鲁哀公就可以使孔丘称臣服从。现在的儒生去游说君主，不是劝君主去凭借必定可以制服人的权势，反而说什么致力于推行仁义之道就可以称王天下，这就是要求君主一定要及得上孔丘，而以为世上的普通老百姓都会像孔丘的各个门徒那样，这肯定是一种不可能实现的道理啊。

49.7　今有不才之子，父母怒之弗为改，乡人谯之弗为动[1]，师长教之弗为变。夫以父母之爱、乡人之行、师长之智三美加焉，而终不动，其胫毛不改。州部之吏操官兵、推公法而求索奸人[2]，然后恐惧，变其节[3]，易其行矣。故父母之爱不足以教子，必待州部之严刑者，民固骄于爱、听于威矣。故十仞之城，楼季弗能逾者[4]，峭也；千仞之山，跛牂易牧者[5]，夷也。故明王峭其法而严其刑也[6]。布帛寻常[7]，庸人不释；铄金百溢[8]，盗跖不掇[9]。不必害，则不释寻常；必害手，则不掇百溢。故明主必其诛也。是以赏莫如厚而信，使民利之；罚莫如重而必，使民畏之；法莫如一而固，使民知之。故主施赏不迁，行诛无赦，誉辅其赏，毁随其罚，则贤、不肖俱尽其力矣。

【注释】

〔1〕乡人：乡大夫，掌管乡中政教禁令的官。谯(qiào)：通“诮”，责备，责骂。

〔2〕州部：见42.1.1注。推：推行，执行。

〔3〕节：节操，品行。

〔4〕楼季：战国时魏文侯的弟弟，善于奔跑跳跃。

〔5〕跛(bǒ)：瘸(qué)了腿。牂(zāng)：母羊。

〔6〕峭：严峻，严厉。峭其法：使他的法纪严峻，即立法严峻。

〔7〕布帛：古代棉麻织品称为“布”，丝织品称为“帛”。寻常：古代长度单位，八尺为一寻，两寻为一常。

〔8〕溢：通“镒”，古代重量单位，二十两(一说二十四两)为一镒。

〔9〕盗跖(zhí)：见26.2注。掇(duó)：拾取。

【译文】

现在有一个不成器的小子，父母愤怒地斥责他，他并不因此而悔改；乡大夫责备他，他也不因此而动心；老师教育他，他也并不因此而转变。拿父母的疼爱、乡大夫的品德、老师的智慧这三种美好的东西施加到他身上，但他始终无动于衷，连他小腿上的一根汗毛也没有改变。然而，当地方衙门中的差役拿着官府的武器、执行国家的法令而搜捕坏人的时候，他也就恐惧了，既改变了他原来的习气，又改变了他原来的行为。所以父母的疼爱不能够用来教育好子女，必须依靠衙门中的严厉刑罚才能使不成器的子女改邪归正，这是因为人们本来就是受到了宠爱便会骄横放纵、见到了威势便会俯首听从的缘故啊。所以七丈高的城墙，就是善于跳跃登高的楼季也不能越过，这是因为它险峻陡峭啊；上千丈高的大山，就是瘸了腿的母羊也容易被赶上去放牧，这是因为它坡度平缓啊。所以英明的帝王总是严峻地制订他的法律而且严厉地执行他的刑罚。纺织品即使只有一两丈，平常的人也舍不得放手；熔化的金子即使有几千两，就是贪婪的盗跖也不敢去拾取。不一定有害，那么就是一两丈的纺织品也不肯放弃；肯定会伤害手，那么就是几千两的黄金也不敢去捡。所以英明的君主一定严格地实施他的刑罚。因此，奖赏不如优厚而且讲信用，使人们贪图它；处罚不如严厉而且一定执行，使人们害怕它；法律不如统一而且固定，使人们能了解它。所以，君主如果施行奖赏不随意变动，执行刑罚没有赦免，再用称赞表扬来辅助他的奖赏，用毁坏名声来伴随他的处罚，那么德才好的人和德才不好的人就都会为君主竭尽自己的力量了。

49.8　今则不然。以其有功也爵之，而卑其士官也〔1〕；以其耕作也赏之，而少其家业也；以其不收也外之，而高其轻世也；以其犯禁也罪之，而多其有勇也。毁誉、赏罚之所加者相与悖缪也〔2〕，故法禁坏而民愈乱。今兄弟被侵必攻者，廉也〔3〕；知友被辱随仇者〔4〕，贞也。廉贞之行成，而君上之法犯矣。人主尊贞廉之行，而忘犯禁之罪，故民程于勇而吏不能胜也〔5〕。不事力而衣食，则谓之能；不战功而尊，则谓之贤。贤能之行成，而兵弱而地荒矣〔6〕。人主说贤能之行〔7〕，而忘兵弱地荒之祸，则私行立而公利灭矣〔8〕。

【注释】

〔1〕卑：贬低。士官：即仕官，做官。

〔2〕悖：违背。缪(miù)：通“谬”，荒谬，错误。

〔3〕廉：正直，方正，有棱角。

〔4〕随仇：追逐仇人，即报仇。
〔5〕程：显示，表现。
〔6〕前一“而”字同“则”。
〔7〕说：通“悦”。
〔8〕私行：谋取臣下私利的行为，指上文所说的廉贞、贤能之行。关于“公”、“私”，可参见6.2注。

【译文】

现在却不是这样。因为他有功劳而授给他官爵，却又鄙视他做官；因为他努力耕作而奖赏他，却又看不起他创立家业；因为他不接受官爵而疏远他，却又推崇他轻视世俗名利；因为他触犯禁令而惩罚他，却又赞美他有勇气。诋毁和赞誉、奖赏和惩罚所施加的对象是这样的互相矛盾错乱，所以法律禁令被破坏而民众越来越混乱。现在兄弟遭到侵犯而一定帮助兄弟反击报复的，被认为是正直；知心朋友受到侮辱而给朋友报仇的，被认为是忠贞。这种正直和忠贞的德行养成了，那么君主的法令就被违犯了。君主尊重他们这种忠贞、正直的德行，而忘记了他们违犯禁令的罪行，所以人们就尽力显示自己的勇敢而官吏也就不能制服他们了。不从事耕织等体力劳动而有穿有吃的，就说他有本事；不作战立功而能取得高官厚禄的，就说他有德才。这种有德才和有本事的德行养成了，那么国家也就兵力衰弱而土地荒芜了。君主喜欢他们这种有德才和有本事的德行，而忘记了兵力衰弱和土地荒芜的祸害，那么臣下谋取私利的行为就站住了脚而国家的利益也就丧失了。

49.9　儒以文乱法〔1〕，侠以武犯禁〔2〕，而人主兼礼之，此所以乱也。夫离法者罪，而诸先生以文学取；犯禁者诛，而群侠以私剑养。故法之所非，君之所取；吏之所诛，上之所养也。法、趣、上、下〔3〕，四相反也〔4〕，而无所定，虽有十黄帝不能治也〔5〕。故行仁义者非所誉，誉之则害功；文学者非所用，用之则乱法。

楚之有直躬[6]，其父窃羊，而谒之吏[7]。令尹曰[8]："杀之！"以为直于君而曲于父[9]，报而罪之。以是观之，夫君之直臣，父之暴子也[10]。鲁人从君战，三战三北。仲尼问其故，对曰："吾有老父，身死莫之养也。"仲尼以为孝，举而上之。以是观之，夫父之孝子，君之背臣也。故令尹诛而楚奸不上闻[11]，仲尼赏而鲁民易降北。上下之利，若是其异也，而人主兼举匹夫之行[12]，而求致社稷之福，必不几矣[13]。

【注释】

〔1〕文：又称"文学"，见3.1注。

〔2〕侠：侠士，侠客，有武艺并甘心为主人卖命的刺客。

〔3〕法：指"法之所非"。趣：通"取"，指"君之所取"。上：指"上之所养"。下：指"吏之所诛"。

〔4〕四相反：实际上只是指"法"、"取"相反，"上"、"下"相反。

〔5〕黄帝：见8.8注。

〔6〕直躬：字面的意思是正身，这里用作人名，是指一个正直地对待自己的人。

〔7〕谒(yè)：禀告，告发。

〔8〕令尹：见2.3.1注。

〔9〕曲：不直，不道德，这里指不孝。

〔10〕暴：欺凌，损害。暴子：损害父亲的儿子，即逆子，不孝之子。

〔11〕闻：使……听见，报告。

〔12〕兼：并，同时。人主在"举匹夫之行"的同时，又"求致社稷之福"，所以说"兼"。匹夫之行：韩非认为民众都有自利之心，所以用"匹夫之行"来指一切为个人利益着想的品行。

〔13〕几：通"冀"，希望。

【译文】

儒家用文献典籍来扰乱法治，侠客用武力来违犯禁令，然而君主对这两种人都以礼相待，这就是国家混乱的原因。违反法律的应该加以治罪，但儒生们却靠研究文献经典而被录用了；触犯禁令的应该加以惩处，但成群的侠客却靠了为臣下的私利去行刺而被供养。所以，法律所否定的，却是君主所录用的；官吏所惩处的，却是君主所供养的。法律所否定的和君主所录用的、君主所供养的和官吏所惩处的，这四种情况互相矛盾，而又没有一个确定的是非标准，那么即使有十个黄帝也不能把国家治理好啊。所以奉行仁义之道的并不是应当称赞的人，称赞了他们就会危害耕战的工作；研究文献经典的并不是应当任用的人，任用了他们就会扰乱法治。楚国有个正直的人叫直躬，他的父亲偷了羊，他便把这件事报告给了官吏。令尹说："把他杀了！"认为他对君主虽然正直忠诚，但对父亲却大逆不道，所以判了罪而把他惩处了。由此看来，那君主的忠诚正直之臣，便是父亲的逆子啊。鲁国有个人跟随君主去打仗，三次交战他三次败退逃跑。孔丘问他什么缘故，他回答说："我家里还有年老的父亲，我死了就没有人去赡养他了。"孔丘认为他是孝子，就推举他而让他升了官。由此看来，那父亲的孝子，便是君主的叛臣啊。所以，令尹杀了告发父亲的直躬，楚国的坏人坏事就不再有人向上告发了；孔丘奖励了逃兵，鲁国人打起仗来就容易投降敌人和临阵败逃了。君主和臣民的利益，它们的不同就像这样，但君主却在推崇平民百姓一切为个人利益着想的品行的同时，又想求得土地神、谷神对自己的保佑，这肯定是没有指望的了。

49.10　古者苍颉之作书也〔1〕，自环者谓之"厶"〔2〕，背厶谓之"公"〔3〕。公私之相背也，乃苍颉固以知之矣〔4〕。今以为同利者，不察之患也。然则为匹夫计者，莫如修行义而习文学。行义修则见信，见信则受事；文学习则为明师，为明师则显荣：此匹夫之美也。然则无功而受事，无爵而显荣，为有政如此〔5〕，则国必乱，主必危矣。故不兼容之事，不两立也。斩敌者受赏，而高慈惠之行；拔城者受爵禄，而信廉爱之说[6]；坚甲厉兵以备难[7]，而美荐绅之饰[8]；富国以农，距敌恃卒[9]，而贵文学之士；废敬上畏法之民，而养游侠私剑之属。举行如此，治强不可得也。国平养儒侠，难至用介士[10]。所利非所用，所用非所利。是故服事者简其业，而游学者日众，是世之所以乱也。

【注释】

〔1〕苍颉(jié)：相传是黄帝时的史官，据说他创造了汉字。其实，文字不可能由一个人来创造，苍颉可能是古代文字的搜集和整理者。

〔2〕环：旋绕。厶："私"的古字，其笔画绕自己旋转而成，象征着专为自己盘算。

〔3〕公：字形由"八"、"厶"构成。"八"的本意是违背。这两句揭示了字形和字义之间的联系，所以语带双关。从字形上来说，笔画环绕自身是"厶"，"八"和"厶"则构成"公"；从字义上来说，绕着自己转叫作"私"，和"私"相对立的叫作"公"。

〔4〕以：通"已"。

〔5〕为：如果。

〔6〕廉：当作"兼"。墨家宣扬兼爱、非攻的主张，与"拔城"是相反对的。

〔7〕厉：通"砺"，磨。难：灾难，指战争。

〔8〕荐(jìn)：通"搢"(jìn)，插。绅：宽大的衣带。荐绅：即"搢绅"，古代官吏上朝时把笏(hù，朝见君主时拿的手版)插在衣带间，叫作搢绅，后来就把做官的称为"搢绅"。这里指穿着宽袍、束着大带服装而不从事耕战的儒生。

〔9〕距：通"拒"，抵抗。

〔10〕介：通"甲"。

【译文】

古时候苍颉创造文字，把自己围绕着自己转的字形"厶"叫做"私"，把与"厶"字相背的字形称为"公"。可见公和私的相互对立，就是苍颉本来也已知道这个道理了。现在还认为公和私的利益相同，这是不加考察所造成的过错啊。这样的话，那么为平民百姓打算，就不如修养德行道义而学习文献经典。德行道义的修养搞好了，就会被君主所信任，被君主所信任，就能得到官职；文献经典学好了，就可以成为高明的经学大师，成了高明的经学大师，就显赫荣耀了：这是平民百姓的美差啊。这样的话，那么没有功劳就能得到官职，没有爵位也可以显赫荣耀，如果有这样的政治情况，那么国家就一定会混乱，君主就一定会危险了。那互不相容的事情，是不能并存的。勇猛杀敌的人给他奖赏，却又推崇仁爱的行为；攻克城池的人授予他爵位和俸禄，却又信奉“兼爱”、“非攻”的学说；加固铠甲磨快兵器来防备战争，却又赞美儒生那种宽袍大带的服饰；使国家富裕要依靠农民，抵抗敌人要依靠战士，却又敬重研治文献经典的儒生；抛弃了那些尊敬君主、谨慎守法的人不用，却去收养游侠刺客之流。君主的行为像这样，那么国家的太平强盛是不可能得到的。国家太平的时候收养儒生和侠客，战争来了却使用身披铠甲的战士。得到利益的人不是被使用的人，被使用的人又不是得到利益的人。所以从事耕战等工作的人怠慢荒废了自己的事业，而游侠和儒生一天比一天多起来，这就是社会混乱的原因啊。

49.11　且世之所谓贤者，贞信之行也；所谓智者，微妙之言也。微妙之言，上智之所难知也。今为众人法，而以上智之所难知，则民无从识之矣。故糟糠不饱者不务粱肉，短褐不完者不待文绣[1]。夫治世之事，急者不得，则缓者非所务也。今所治之政，民间之事——夫妇所明知者不用，而慕上知之论[2]，则其于治反矣。故微妙之言，非民务也。若夫贤良贞信之行者[3]，必将贵不欺之士；贵不欺之士者，亦无不欺之术也。布衣相与交，无富厚以相利[4]，无威势以相惧也，故求不欺之士。今人主处制人之势，有一国之厚，重赏严诛，得操其柄，以修明术之所烛，虽有田常、子罕之臣[5]，不敢欺也，奚待于不欺之士？今贞信之士不盈于十，而境内之官以百数，必任贞信之士，则人不足官。人不足官，则治者寡而乱者众矣。故明主之道：一法而不求智，固术而不慕信。故法不败，而群官无奸诈矣。

【注释】

〔1〕短：通“裋”（shù）。短褐（hè）：粗布衣服。

〔2〕慕：羡慕，崇尚。知：通“智”。上知之论：指“微妙之言”。

〔3〕贤：以……为贤，看重，推崇。良：衍文。

〔4〕厚：财富。利：贪，用作使动词。相利：即“利人”，使人追求自己。

〔5〕田常：见3.2注。子罕：见7.1注。

【译文】

况且社会上所谓的贤能，是指做出一些忠贞诚实的行为；所谓的聪明，是指说一些深奥玄妙的言辞。那些深奥玄妙的言辞，是最聪明的人也难以理解的。现在制定民众所遵守的法规，却使用这些最聪明的人都难以理解的言辞，那么民众就没有办法了解它了。那连酒糟、稻糠都还吃不饱的人不会去追求米饭和鱼肉，连粗布衣服都还不完整的人不会去期待绣有花纹的华丽服装。同样，治理国家的政务，紧急的事情还没有能得到解决，那么不紧迫的事情就不是所要从事的了。现在治理国家的政治措施，对于民间的处事方法——一般男女都能明白地理解的办法不去采用，却去追求那些最聪明的人都难以理解的言论，那么这对于治理国家来说就是在背道而驰了。所以，那些深奥玄妙的言论，并不是民众所追求的东西。至于把忠贞诚实的行为看成是贤能的君主，一定会尊重不搞欺骗的老实人；尊重老实人的君主，也实在是没有不被欺骗的手段啊。平民百姓互相结交，既没有财富来使对方追求自己，又没有权势来使对方害怕自己，所以要寻求不搞欺骗的老实人。现在君主占有了制服别人的权势，拥有了全国的财富，无论是优厚的奖赏还是严厉的处罚，都能掌握它们的行使权，可以用它们来整治高明的统治手段所洞察到的事情，因此即使有田常、子罕似的臣子，也不敢进行欺骗，哪里还要依靠不搞欺骗的老实人呢？现在忠贞诚实的人不满十个，而国内的官职却数以百计，如果一定要任用忠贞诚实的人，那么能做官的合格人才就不够用来应付官职的需要。能做官的合格人才不够用来应付官职的需要，那么能够把政事治理好的官吏就少了，而把政事搞乱的官吏就多了。所以英明君主的治国办法是：专一地实行法治而不去访求那些搬弄玄妙之辞的所谓聪明人，牢固地掌握权术而不去仰慕那些忠贞诚实的所谓老实人。所以法治不会被破坏，而官吏们也就没有邪恶欺诈的行为了。

49.12　今人主之于言也，说其辩而不求其当焉[1]；其用于行也，美其声而不责其功焉。是以天下之众，其谈言者务为辩而不周于用，故举先王言仁义者盈廷，而政不免于乱；行身者竞于为高而不合于功，故智士退处岩穴，归禄不受，而兵不免于弱。兵不免于弱，政不免于乱，此其故何也？民之所誉，上之所礼，乱国之术也。今境内之民皆言治，藏商、管之法者家有之[2]，而国愈贫，言耕者众、执耒者寡也；境内皆言兵，藏孙、吴之书者家有之[3]，而兵愈弱，言战者多、被甲者少也[4]。故明主用其力，不听其言；赏其功，必禁无用。故民尽死力以从其上。夫耕之用力也劳，而民为之者，曰：可得以富也。战之为事也危，而民为之者，曰：可得以贵也。今修文学，习言谈，则无耕之劳而有富之实，无战之危而有贵之尊，则人孰不为也？是以百人事智而一人用力。事智者众，则法败；用力者寡，则国贫。此世之所以乱也。

【注释】

〔1〕说：通“悦”。

〔2〕商、管：商鞅、管仲，两人都重视农耕（见《商君书·垦令篇》、《管子·地员篇》）。商管之法：指他们的著作。《商君书》一书，旧题商鞅撰，现存二十四篇，其中明显有后代人的作品，它实际上是商鞅的遗著与后世法家记述商鞅言行的著作的汇编。现存《管子》一书，共七十六篇，实际上是法家学者依托管子之名而纂集的杂家著作，它包容了各家言论。

〔3〕孙、吴：见26.3注。

〔4〕被（pī）：通“披”。

【译文】

现在君主对于臣下的言谈，只喜欢它的悦耳动听而不去责求它是否与事实相符；君主用臣下去做事，只欣赏他的名声而不去责求他的功效。因此，天下的民众，其中游说的人都致力于说得动听而不切合实用，所以推崇古代帝王而大谈仁义的儒生挤满了朝廷，但国家的政局仍然不能免于混乱；修身积德的人都争着装作清高而没有实际的功效，所以聪明的人隐居在深山洞穴之中，归还君主给他们的俸禄而不愿意接受官爵，因而国家的兵力不能免于削弱。国家的兵力不能免于削弱，政局不能免于混乱，这里面的原因是什么呢？就是因为民众所赞誉的，君主所尊重的，都是些使国家混乱的办法。现在国境内的民众都在谈论治国的问题，家家都藏有商鞅、管仲的论法著作，但是国家却越来越穷，这是因为空谈耕作的人很多而拿着农具去种地的人很少的缘故啊；现在国境内的民众都在谈论打仗的问题，家家都藏有孙子、吴起的军事著作，但是国家的兵力却越来越弱，这是因为空谈战争的人很多而披着铠甲去打仗的人很少的缘故啊。所以英明的君主使用臣民的力气，而不去听他们的空谈；奖赏他们的功劳，而坚决禁止没有实际效用的行为。所以民众都拼命尽力来侍奉他们的君主。

种地要使用力气，是很劳苦的，而民众之所以去干这种事，是认为：可以靠它使自己富裕起来。打仗作为一种事业，是很危险的，而民众之所以去干这种事，是认为：可以靠它使自己显贵起来。现在研究文献典籍，学习谈论辩说，那就没有种地的劳苦便有了富裕的实利，没有打仗的危险便得到了显贵的高官，那么人们哪一个不愿干呢？因此很多人去从事研究文献典籍、学习谈论辩说等智力活动而只有百分之一的人去干种地、打仗等使用力气的事。从事智力活动的人多了，那么法治就会败坏；使用力气的人少了，那么国家就会贫穷。这就是社会混乱的原因啊。

49.13　故明主之国，无书简之文〔1〕，以法为教；无先王之语，以吏为师；无私剑之捍〔2〕，以斩首为勇。是境内之民，其言谈者必轨于法〔3〕，动作者归之于功，为勇者尽之于军。是故无事则国富，有事则兵强，此之谓王资。既畜王资而承敌国之舋——超五帝侔三王者〔4〕，必此法也。

【注释】

〔1〕书简：书籍。上古没有纸，书由竹简编成，所以称书简。书简之文，指上文提到的“文学”，即儒家经典。

〔2〕捍：通“悍”，强悍，凶狠。

〔3〕轨：遵循。

〔4〕畜：通“蓄”，积蓄。承：通“乘”，趁着，凭借，利用。舋(xìn)：同“衅”，缝隙，这里引申为弱点、破绽的意思。五帝：说法不一，一般是指黄帝、颛顼(zhuān xū)、帝喾(kù)、尧、舜。侔：等同，相等。三王：指夏禹、商汤、周文王。

【译文】

所以在英明君主所统治的国家里，废除书籍上的文献经典，而拿法令作为教育的内容；摒弃古代帝王的陈词滥调，而用执法的官吏做老师；制止私门豢养的刺客的强暴行径，而把上阵杀敌当作为勇敢。这样，国境内的民众，其中游说的人一定会把自己的言论纳入于法令的轨道，做事的人一定会把自己的力量集中到有实际功效的农业生产上来，施展勇力的人一定会把自己的勇敢全部用在从军杀敌上。所以，如果没有战事，那么国家就富足；如果有战事，那么兵力就强大。这就是称王天下的资本。已经积蓄了称王天下的资本，再利用敌国的漏洞——要超过五帝、等同三王，一定得采用这种办法啊。

49.14　今则不然。士民纵恣于内，言谈者为势于外。外内称恶[1]，以待强敌，不亦殆乎？故群臣之言外事者，非有分于从衡之党[2]，则有仇雠之忠而借力于国也[3]。从者，合众弱以攻一强也；而衡者，事一强以攻众弱也：皆非所以持国也。今人臣之言衡者皆曰："不事大，则遇敌受祸矣。"事大未必有实，则举图而委、效玺而请兵矣[4]。献图则地削，效玺则名卑；地削则国削，名卑则政乱矣[5]。事大为衡，未见其利也，而亡地乱政矣。人臣之言从者皆曰："不救小而伐大，则失天下[6]；失天下，则国危；国危而主卑。"救小未必有实，则起兵而敌大矣。救小未必能存，而交大未必不有疏，有疏，则为强国制矣。出兵则军败，退守则城拔。救小为从，未见其利，而亡地败军矣。是故事强，则以外权士官于内[7]；救小，则以内重求利于外。国利未立，封土厚禄至矣；主上虽卑，人臣尊矣；国地虽削，私家富矣。事成，则以权长重；事败，则以富退处。人主之听说于其臣[8]，事未成则爵禄已尊矣；事败而弗诛，则游说之士孰不为用矰缴之说而徼幸其后[9]？故破国亡主，以听言谈者之浮说。此其故何也？是人君不明乎公私之利，不察当否之言，而诛罚不必其后也。皆曰："外事，大可以王，小可以安。"夫王者，能攻人者也；而安，则不可攻也。强，则能攻人者也；治，则不可攻也。治强不可责于外[10]，内政之有也[11]。今不行法术于内，而事智于外[12]，则不至于治强矣。

【注释】

〔1〕称：举，行。

〔2〕分(fèn)：份，全数的一部分，从属关系。有分于：在……中占有一份，从属于。从(zòng)：通"纵"，见1.2注。衡：通"横"，东西为横，这里指连横。秦国为了对付合纵，采纳张仪的主张，与六国分别结成联盟，以便各个击破。由于秦国在六国的西面，东西联合，所以称"连横"。

〔3〕雠：同"仇"，仇敌。忠：同"衷"，心思，私衷。

〔4〕则：却。举图而委：把地图交给大国，指割让国土。效玺：献出国君的印章，指取消独立的地位而做大国的臣子。

〔5〕名卑句：名声低下，发布的命令就难以实行，所以政治就混乱了。

〔6〕天下：指山东合纵的各诸侯国。

〔7〕士：通"仕"。士官：做官。

〔8〕这句回应49.12的"今人主之于言也，说其辩而不求其当焉"。

〔9〕矰(zēng)：弋(yì)射的短箭。缴(zhuó)：系在箭上的生丝线。矰缴：带丝线的箭，射出后可以收回，即使射不到鸟，箭也不会丢失。这里用作比喻，指纵横家用来猎取功名富贵的虚言浮词，就像用来猎取鸟雀的矰缴一样，有得而无失。矰缴之说：指有得无失的言论。徼幸其后：希望在那以后获得意外的功名利禄。

〔10〕责：求。

〔11〕有：取。

〔12〕事智：从事智力活动，指游说。

【译文】

现在却不是这样。儒生、游侠等人在国内放纵恣肆，为所欲为，游说君主的纵横家在国外造就自己的势力。他们内外作恶，君主靠这种条件来对付强大的敌人，不也是很危险了吗？所以群臣之中那些议论外交事务的人，不是和合纵或连横的朋党有关系，就是有报仇的私衷而想借用国家的力量。所谓合纵，就是联合许多弱小的国家去攻打一个强大的国家；而所谓连横，就是侍奉一个强大的国家去攻打众多弱小的国家：它们都不是用来保全国家的办法。现在臣子中那些主张连横的都说："不侍奉大国，那么一碰上敌人就一定会遭殃了。"侍奉大国不一定有什么实际成果，却首先得拿自己的地图去交给大国、并献上君主的印玺来请求军事援助了。献上了地图，国家的领土就减少了；献上了印玺，国君的名声就低下了；国家的领土减少，国家就削弱了；国君的名声低下，国内的政事就混乱了。侍奉大国搞连横，还没有见到它的好处，却已经丧失了国土、搞乱了政事。臣子中那些主张合纵的都说："不去援救小国而攻打大国，就会失去诸侯各国的信任；失去诸侯各国的信任，那么国家就危险了；国家危若累卵，那么君主的地位就低下了。"援救小国不一定有什么实际效果，却首先得发动军队去和大国作战了。援救小国不一定就能保存它，而和大国交战不一定就没有疏忽之处，有了疏忽之处，那就会被强大的秦国控制了。如果出兵进攻，那么军队就会被打败；如果退兵防守，那么城池就会被攻克。援救小国搞合纵，还没有看到它的好处，却已经使国土沦丧、军队溃败了。所以，侍奉强国，就让那些主张连横的人靠了国外的权势在国内做了官；援救小国，就让那些主张合纵的人靠了国内的权势到国外去谋求私利。国家的利益还没有成就，搞合纵连横的人却得到了分封的领地和优厚的爵禄；君主即使地位降低，而臣下的地位却提高了；国家的领土虽然减少了，但臣下的家园却富足了。事情如果办成了，那么这些纵横家就会凭借取得的权势长期被重用；事情如果失败了，那么他们就依靠获得的财富隐居起来。君主听信这些搞合纵连横的臣子的说法，结果事情没有办成，而他们的爵位俸禄就已经很高了；事情就是失败了，他们也不受惩处，那么游说的人有哪一个不去干这种利用有得无失的言论来碰运气的事呢？所以，使国家破灭，使君主死亡，都是因为听信了这些纵横家的空谈。造成这种状况的原因是什么呢？这是因为君主对公私之间的利益不能明辨，对得当与不得当的言论不会审察，而在事败之后又不能坚决地惩罚他们啊。君主们都说：“搞外交活动，收效大的可以称王天下，收效小的可以保持国家的安全。”所谓称王天下，是指能进攻别人；而所谓安全，那就不可能被别人攻破。所谓强大，就是能进攻别人；所谓安定，那就不可能被别人攻破。国家的安定强大不能求助于外交活动，而只能从搞好国内的政务中取得。现在不在国内实行法治术治，却在外交上费心劳神，那就不可能达到国治兵强的地步了。

49.15　鄙谚曰：“长袖善舞，多钱善贾。”此言多资之易为工也。故治强易为谋，弱乱难为计。故用于秦者，十变而谋希失〔1〕；用于燕者〔2〕，一变而计希得。非用于秦者必智，用于燕者必愚也，盖治乱之资异也。故周去秦为从〔3〕，期年而举〔4〕；卫离魏为衡〔5〕，半岁而亡〔6〕。是周灭于从，卫亡于衡也。使周、卫缓其从衡之计，而严其境内之治；明其法禁，必其赏罚；尽其地力以多其积，致其民死以坚其城守；天下得其地，则其利少；攻其国，则其伤大；万乘之国莫敢自顿于坚城之下，而使强敌裁其弊也：此必不亡之术也。舍必不亡之术而道必灭之事〔7〕，治国者之过也。智困于内而政乱于外〔8〕，则亡不可振也。

【注释】

〔1〕希：同“稀”，稀少。

〔2〕燕(yān)：见 1.2 注。

〔3〕周去秦为从：见 22.20 注。

〔4〕期(jī)年：一周年。

〔5〕卫：见10.8注。魏：见1.2注。卫离魏为衡：卫是周初所封的诸侯国，公元前660年被翟击败后，迁都楚丘(今河南滑县)，从此成为小国，后又迁都帝丘(今河南濮阳)，一直依附于魏国。公元前253年，卫国背离魏国和秦国连横，为魏国所灭，成为魏国的附庸。后来秦国把它迁到野王(今河南沁阳)，作为秦的附庸。公元前209年为秦所灭。

〔6〕亡：韩非所说的“亡”，指君主无权(参见11.4)。卫国成为附庸后，君主没有主权，所以说“亡”。

〔7〕道：由，遵行。道必灭之事：做一定会灭亡的事情，指搞合纵连横。

〔8〕这句当作“智困于外而政乱于内”。

【译文】

俗话说：“袖子长有利于跳舞，本钱多好做买卖。”这是说凭借的条件优裕，就容易把事情做好。所以安定强盛的国家容易给它出主意，衰弱混乱的国家就难以给它想办法。所以被强大的秦国所任用的人，情况即使多次发生了变化而他的计谋也很少失败的；被弱小的燕国所任用的人，情况即使只变化了一次而他的计谋也很少获得成功。这并不是被秦国任用的人一定聪明，而被燕国任用的人一定愚蠢，而是因为他们所凭借的条件有安定与混乱的区别啊。所以西周背离了秦国搞合纵，一年就被攻克了；卫国背离了魏国搞连横，半年就丧失了主权。这样看来，西周是由于搞合纵而亡了国，卫国是由于搞连横而亡了国。假如西周、卫国慢一点实施他们合纵、连横的计划，而加紧他们国内的治理；彰明他们的法律禁令，坚决地实行赏罚；充分发挥国内土地的生产能力来增加自己的积蓄，引导他们的民众甘愿拼死来加强城池的守卫；其他的诸侯国如果要夺取他们的领土，那么得到的好处将会很少；如果要攻打他们的国家，那么遭到的伤亡将会很大；那么即使是拥有万辆兵车的大国也不敢在这种坚固的城防之下把自己拖得困顿不堪，而让强大的敌人抓住自己疲乏的机会来制裁自己：这才是使自己的国家一定不会灭亡的办法啊。抛弃了这种一定不会亡国的办法而去干势必会亡国的事情，这是治国者的过错啊。在外交上无计可施而在国内又政局混乱，那么国家就会灭亡而不可挽救了。

49.16 民之政计〔1〕，皆就安利如辟危穷〔2〕。今为之攻战〔3〕，进则死于敌，退则死于诛，则危矣；弃私家之事而必汗马之劳〔4〕，家困而上弗论，则穷矣。穷危之所在也，民安得勿避？故事私门而完解舍〔5〕，解舍完则远战〔6〕，远战则安。行货赂而袭当涂者〔7〕，则求得；求得，则私安；私安，则利之所在，安得勿就？是以公民少而私人众矣。

【注释】

〔1〕政：通“正”，正常，通常。

〔2〕就：靠近，指追求。如：而。辟：通“避”。

〔3〕为：使，让。

〔4〕汗马：使战马出汗，指艰苦的战斗。

〔5〕完：修缮，使完好。解：通“廨”（xiè）。解舍：官府，官舍，官吏办事及居住的处所。

〔6〕远战：远离战争，指逃避兵役。这是用走私门的办法来逃避兵役。

〔7〕袭：因袭，追随，依附。涂：通“途”。

【译文】

人们通常的盘算，都是追求安全和利益而避开危险和穷困。现在让他们去打仗，前进就会死在敌人手中，后退就会死于刑罚，那就够危险的了；丢掉了自己的家业而一定会遭到激战的劳苦，家中贫困而君主不加过问，那就够穷困的了。穷困、危险的地方，人们怎能不躲避？所以人们便侍奉在权贵大臣的门下而给他们修缮房屋；权贵大臣的官舍修好了，就可以不去打仗；不去打仗，就安全了。或者进行贿赂去追随当权者，那么对富贵利禄的要求就能得到满足；对官爵的要求能得到满足，那么个人就安逸了；

个人安逸，就是有利的事情，人们哪能不去追求呢？因此为国家为君主出力的人少而为大臣权贵出力的人就多了。

49.17　夫明王治国之政，使其商工游食之民少而名卑，以寡趣本务而趋末作〔1〕。今世近习之请行〔2〕，则官爵可买；官爵可买，则商工不卑也矣。奸财货贾得用于市〔3〕，则商人不少矣。聚敛倍农而致尊过耕战之士，则耿介之士寡而高价之民多矣。

【注释】

〔1〕趣(qū)：趋向。本务：根本的事务，指农业。末作：不重要的劳作，指工商。

〔2〕近习：亲近熟悉的人，指君主左右的亲信。

〔3〕用：采用，指施行。

【译文】

英明君主治理国家的政策，是使自己国内的商人、工匠和不定居而到处混饭吃的人尽量减少而且名声低下，这是因为人们很少愿意去从事农耕而都愿意去经营工商业。当今这个社会，君主的亲信受人贿赂托付而向君主说情请求的事能行得通，所以官职爵位就可以花钱买到；官职爵位可以买到，那么商人、工匠的地位就不卑贱了。不义之财的投机买卖能在市场上通行，那么商人的收入就不会少了。商人搜刮到的钱财比农民的收入要多一倍而得到的尊贵地位又超过了种地打仗的人，那么光明正大地依法立功的耕战之士就会减少而抬高物价非法牟利的商人就会增多了。

49.18　是故乱国之俗：其学者，则称先王之道以籍仁义〔1〕，盛容服而饰辩说〔2〕，以疑当世之法〔3〕，而贰人主之心。其言古者〔4〕，为设诈称〔5〕，借于外力，以成其私，而遗社稷之利。其带剑者，聚徒属，立节操，以显其名，而犯五官之禁〔6〕。其患御者〔7〕，积于私门，尽货赂，而用重人之谒，退汗马之劳。其商工之民，修治苦窳之器〔8〕，聚弗靡之财〔9〕，蓄积待时，而侔农夫之利〔10〕。此五者，邦之蠹也。人主不除此五蠹之民，不养耿介之士，则海内虽有破亡之国、削灭之朝，亦勿怪矣。

【注释】

〔1〕籍：通“藉”，凭借。

〔2〕盛：整齐华美。盛容服：使仪表端庄、服饰华美。指儒生们讲究容貌穿着，装出道貌岸然的样子。

〔3〕疑：通“拟”，匹敌，抗衡。

〔4〕言古者：当作“言谈者”，指纵横家。

〔5〕为：通“伪”，虚假。为设：虚构，即捏造事实，弄虚作假。诈称：谎说。

〔6〕五官：指司徒、司马、司空、司士、司寇五种重要官职。国家的大权由他们分职执掌。

〔7〕御：抵御，抵抗，指作战。患御者：担心去打仗的人，即上文提到的那些依附私门而逃避兵役的人。

〔8〕苦(gǔ)：通“盬”，粗劣。窳(yǔ)：粗劣，不坚实。这句针对工匠而言。

〔9〕弗：通“费”。这句针对商人而言。

〔10〕侔：通“牟”，谋取。

【译文】

所以扰乱国家的风气是：那些学习研究文献典籍的儒生，便称颂古代帝王的政治措施而凭借仁义进行说教，讲究仪表服饰并修饰言辞高谈阔论，用这种方法来和当代的法治相抗衡，而使君主的思想不能专一地扑在法治上。那些到处游说的纵横家，捏造事实，编造谎言，借助于外国的力量，来成就他们的私利，而丢掉了国家的利益。那些佩带宝剑的侠客，纠合了党徒部属，标榜气节操守，以此来显扬自己的名声，而肆意触犯国家各个部门颁发的禁令。那些担心去打仗的人，聚集在权贵门下，用尽财货进行贿赂，利用权贵大臣的说情请托，来逃避作战的劳苦。那些从事商业和手工业的人，制造粗劣的器物，搜罗了供人挥霍浪费的货物，将它们囤积起来等待时机，以此来牟取农民的利益。这五种人，是国家的蛀虫。君主如果不除去这五种蛀虫似的人，不培养光明正大的耕战之士，那么天下即使有残破沦亡的国家、削弱覆灭的朝廷，也不必奇怪了。

显学第五十

（第五十篇　显赫的学派）

50.1　世之显学，儒、墨也。儒之所至[1]，孔丘也[2]。墨之所至，墨翟也[3]。自孔子之死也，有子张之儒[4]，有子思之儒[5]，有颜氏之儒[6]，有孟氏之儒[7]，有漆雕氏之儒[8]，有仲良氏之儒[9]，有孙氏之儒[10]，有乐正氏之儒[11]。自墨子之死也，有相里氏之墨[12]，有相夫氏之墨[13]，有邓陵氏之墨[14]。故孔、墨之后，儒分为八，墨离为三，取舍相反不同，而皆自谓真孔、墨。孔、墨不可复生，将谁使定世之学乎？孔子、墨子俱道尧、舜，而取舍不同，皆自谓真尧、舜。尧、舜不复生，将谁使定儒、墨之诚乎？殷、周七百余岁[15]，虞、夏二千余岁[16]，而不能定儒、墨之真[17]；今乃欲审尧、舜之道于三千岁之前[18]，意者其不可必乎！无参验而必之者，愚也；弗能必而据之者，诬也。故明据先王[19]，必定尧、舜者，非愚则诬也。愚诬之学[20]，杂反之行[21]，明主弗受也。

【注释】

〔1〕至：极。

〔2〕孔丘：见3.2注。

〔3〕墨翟(dí)：见32.0.1注。

〔4〕子张：春秋时陈国人，孔丘的弟子，姓颛(zhuān)孙，名师，子张是他的字。《论语》中记有他的言论。子张之儒：传述子张思想的儒家学派。

〔5〕子思：见38.1.1注。

〔6〕颜氏：孔丘弟子中姓颜的有八个人，即颜无繇(yóu)、颜回、颜幸、颜高、颜祖、颜之仆、颜哙(kuài)、颜何。这里当指颜回。

〔7〕孟氏：指孟轲，字子舆，约生于公元前372年，卒于公元前289年，战国时邹(在今山东省邹城市)人。他是子思的再传弟子，孔丘以后儒家学派最有权威的代表人物，因此后世常以“孔孟”连称。他的言行，主要记录在他与他的弟子所著的《孟子》一书中。孟子思想的核心是仁义，它的政治主张是“行仁政”以“王天下”。“行仁政”的理论基础是他的“性善论”，“行仁政”的思想基础是他的民本思想。他的思想和孔丘的思想合称为孔孟之道，汉代以后一直是我国封建社会的统治思想。

〔8〕漆雕氏：姓漆雕，名启，字子开，孔丘弟子。据《汉书·艺文志》记载，他的后代著有《漆雕子》十二篇，成为儒家中的一派。

〔9〕仲良氏：指战国时鲁国的仲梁子。他继承了曾参(shēn)、子夏的学说。

〔10〕孙氏：指公孙尼子，是孔丘的再传弟子，据《汉书·艺文志》记载，他著有《公孙尼子》二十八篇。

〔11〕乐正氏：指乐正子春，见23.32注。

〔12〕相里氏：指相里勤，他与他的弟子们着重继承了墨家勤俭力行的作风。

〔13〕相夫氏：一作伯夫氏。

〔14〕邓陵氏：即邓陵子，楚国人，是南方一个墨家学派的代表人物，他较多地继承了墨家的理论学说。

〔15〕殷：见4.2注。儒家学派主张恢复周礼，宣称自己的学说发源于商末周初的周公(姬旦)，所以韩非从那时算起。

〔16〕虞、夏：见10.6注。墨家学派主张恢复夏道，假托自己的学说源于虞、夏之际的夏禹，所以韩非从那时算起。

〔17〕儒、墨之真：指儒家所宣扬的七百年前的周道和墨家所称说的两千年前的夏道的真相。

〔18〕乃：却，竟然。审：审察，弄明白。三千岁：从虞、夏之际到

韩非的时候仅两千多年，加上舜在位的四十八年，仍是两千多年。这里说“三千岁”，是为了和虞、夏之际的“二千余岁”相区别，用来表示尧、舜的时代比夏禹更早，并不是确数。

〔19〕先王：指儒、墨所称颂的尧、舜、禹、汤、文、武。明据先王：宣扬先王之道，并把它当作根据。

〔20〕愚诬之学：针对“孔子、墨子俱道尧、舜”而言。

〔21〕杂反之行：针对儒、墨后学而言。儒、墨各派取舍不同，所以称之为“杂”；各派取舍相反，所以称之为“反”。

【译文】

当代名声显赫的学派，是儒家、墨家。儒家造诣最高的，是孔丘。墨家造诣最高的，是墨翟。自从孔子死了以后，有子张一派的儒家，有子思一派的儒家，有颜回一派的儒家，有孟轲一派的儒家，有漆雕启一派的儒家，有仲梁子一派的儒家，有公孙尼子一派的儒家，有乐正子春一派的儒家。自从墨子死了以后，有相里勤一派的墨家，有相夫子一派的墨家，有邓陵子一派的墨家。所以孔子、墨子死了以后，儒家分成八派，墨家分为三派，他们采取的和舍弃的主张互相对立，各不相同，但都说自己的主张是真正的孔子、墨子的思想。孔子、墨子不可能再活过来，那将让谁来判定当代的这些学派是不是得到了孔、墨的真传呢？孔子、墨子都称道尧、舜，但他们所采取的和舍弃的主张也不同，却也都说自己的主张是真正的尧、舜的思想。尧、舜不可能再活过来，那将让谁来确定儒家、墨家究竟哪一家的说法是真的呢？从儒家所崇尚的商、周之际到现在七百多年，从墨家所向往的虞、夏之际到现在二千多年，尚且不能断定儒家所宣扬的周道、墨家所称说的夏道在当时的真相；现在却想弄清三千年之前的尧、舜之道，想必那是不可能确定的吧！不用事实加以验证就对事物作出决断，是一种愚蠢；不能确定事物的真假就把它作为依据，是一种欺骗。所以，那种宣扬并依据古代帝王之道，肯定尧、舜事迹的行为，不是愚蠢的就是骗人的。愚蠢骗人的学说，杂乱矛盾的行为，英明的君主是不会接受的啊。

50.2　墨者之葬也[1]，冬日冬服[2]，夏日夏服，桐棺三寸[3]，服丧三月，世主以为俭而礼之。儒者破家而葬，服丧三年，大毁扶杖，世主以为孝而礼之。夫是墨子之俭，将非孔子之侈也；是孔子之孝，将非墨子之戾也[4]。今孝、戾、侈、俭俱在儒、墨，而上兼礼之。漆雕之议，不色挠[5]，不目逃，行曲则违于臧获[6]，行直则怒于诸侯，世主以为廉而礼之[7]。宋荣子之议[8]，设不斗争[9]，取不随仇，不羞囹圄，见侮不辱，世主以为宽而礼之。夫是漆雕之廉，将非宋荣之恕也；是宋荣之宽，将非漆雕之暴也。今宽、廉、恕、暴俱在二子，人主兼而礼之。自愚诬之学、杂反之辞争，而人主俱听之，故海内之士，言无定术[10]，行无常议[11]。夫冰炭不同器而久，寒暑不兼时而至，杂反之学不两立而治。今兼听杂学、缪行、同异之辞[12]，安得无乱乎？听行如此，其于治人又必然矣。

【注释】

〔1〕葬：指丧葬制度。墨家主张节葬，丧葬力求节俭。

〔2〕冬日冬服：冬天用冬天的服装。这是指人死在冬天就穿着冬季的衣服下葬而不另做葬衣。

〔3〕桐棺：用桐木做的棺材。桐木木质疏松，容易腐烂，不宜作建造房屋的材料，用它做棺材，可以节约有用的木材。三寸：形容棺材板很薄。

〔4〕戾(lì)：不讲情理，违反人情，这里指不孝。

〔5〕挠：屈服。不色挠：指不动声色、泰然自若。

〔6〕臧获：奴隶。

〔7〕廉：有棱角，方正，刚直。

〔8〕宋荣子：即宋钘(jiān)，又称宋牼(kēng)，战国时宋国人。《汉

书·艺文志》将他列为小说家，可以想见，他可能较多地继承了墨子关于鬼神灵验方面的论述，因而韩非把他作为墨家学派来批判。

〔9〕设：设言，铺陈言论，提倡。

〔10〕术：思想，学说。言无定术：指学派众多，相互争鸣。

〔11〕常：固定的。议：言论，意见，主张。行无常议：做事没有固定的主张。指各学派各行其是，没有统一的行为规范。

〔12〕杂学：指“言无定术”。缪(miù)：通“谬”，荒谬。缪行：指“行无常议”。同异：指取舍相反不同、相互矛盾的主张。

【译文】

墨家的丧葬主张是，人死在冬天就穿着冬季的衣服下葬，死在夏天就穿着夏季的衣服下葬；用桐木做的棺材，棺材板只需三寸厚；为父母守丧只要三个月；当代的君主认为他们节俭而敬重他们。儒家不惜倾家荡产来搞丧葬，为父母守丧要三年，而且要哀痛得极大地毁坏自己的身体，以致要别人搀扶才能站起来、拄着拐杖才能走路，当代的君主认为他们孝顺父母而敬重他们。如果肯定墨子的节约俭朴，就必定要否定孔子的奢侈浪费；如果赞成孔子的孝顺父母，就必定要反对墨子的违背人情。现在孝顺、无情、奢侈、节俭都包含在儒家、墨家的主张之中，而君主却同时敬重他们。漆雕子的主张是，面对威胁不在脸色上露出屈服的表情，不在眼睛里显出逃避的神色；如果自己行为不正，那么对于地位低下的奴仆都回避退让；如果自己行为正直，那么对于地位高贵的诸侯也敢严厉斥责；当代的君主认为他方正刚直而敬重他。宋荣子的主张，所宣扬的言论是不和别人争斗，所采取的态度是不追逐仇人加以报复，不把坐牢当作羞耻，被欺侮也不以为耻辱，当代的君主认为他宽宏大量而敬重他。如果肯定漆雕子的刚正，就必定要否定宋荣子的宽恕；如果赞成宋荣子的大度，就必定要反对漆雕子的凶暴。现在大度、刚正、宽恕、凶暴都包含在他们二人的主张之中，君主却同时去敬重他们。自从愚蠢骗人的学说、杂乱矛盾的说法互相争辩以来，君主对它们全都听从，所以天下的文人，说话没有确定的思想原则，做事没有固定的道德准则。冰块和炭火放在同一个容器里不可能持久，严寒和炎热不可能在同一个季节中到来，杂乱矛盾的学说不可能同时并存而将国家治理好。现在君主同时接受这些杂乱的学说、荒谬的行为、互相矛盾的言论，国家哪能不混乱呢？君主听取言论做起事来像这个样子，那么他在治理民众方面也必定是这样的了。

50.3　今世之学士语治者多曰："与贫穷地以实无资。"今夫与人相若也，无丰年旁入之利而独以完给者〔1〕，非力则俭也。与人相若也，无饥馑、疾疚、祸罪之殃独以贫穷者〔2〕，非侈则墯也〔3〕。侈而墯者贫，而力而俭者富。今上征敛于富人以布施于贫家，是夺力俭而与侈堕也，而欲索民之疾作而节用，不可得也。

【注释】

〔1〕完：完好，保全。给(jǐ)：丰足，给养充足。

〔2〕饥：粮食不丰收。馑：蔬菜不丰收。疚：久病。罪：犯罪而被惩处。殃：祸害，残害。

〔3〕墯：同"惰"，懒惰。

【译文】

当代的学者中谈论治国的人多半说："把土地赐给贫穷的人，以便使这些没有资财的人充实富足起来。"现在那些和别人条件相似，没有丰收的年成和额外收入的利益而唯独能自给自足的人，不是因为勤劳就是因为节俭。那些和别人条件相似，没有遭到荒年、久病、灾祸、刑罚的残害而偏偏贫穷的人，不是因为奢侈就是因为懒惰。奢侈而懒惰的人贫穷，勤劳而节俭的人富裕。现在君主向富人征收财物来施舍给贫穷的人家，这是在掠夺勤劳节俭的人而赏赐奢侈懒惰的人，这样的话，想求得民众勤快耕作和省吃俭用，是不可能的啊。

50.4　今有人于此，义不入危城、不处军旅、不以天下大利易其胫一毛[1]，世主必从而礼之[2]，贵其智而高其行，以为轻物重生之士也。夫上所以陈良田大宅、设爵禄，所以易民死命也。今上尊贵轻物重生之士，而索民之出死而重殉上事，不可得也。藏书策[3]，习谈论，聚徒役[4]，服文学而议说，世主必从而礼之，曰："敬贤士，先王之道也。"夫吏之所税，耕者也；而上之所养，学士也。耕者则重税，学士则多赏，而索民之疾作而少言谈，不可得也。立节参民[5]，执操不侵，怨言过于耳，必随之以剑，世主必从而礼之，以为自好之士。夫斩首之劳不赏，而家斗之勇尊显，而索民之疾战、距敌而无私斗[6]，不可得也。国平则养儒侠，难至则用介士[7]。所养者非所用，所用者非所养，此所以乱也。且夫人主于听学也，若是其言，宜布之官而用其身；若非其言，宜去其身而息其端。今以为是也，而弗布于官；以为非也，而不息其端[8]。是而不用，非而不息，乱亡之道也。

【注释】

〔1〕义：合宜的道德、行为或道理。这里是意动用法，意思是：认为……是合宜的道德、行为。它的宾语一直贯到"不以天下大利易其胫一毛"。不以天下大利易其胫一毛：拔掉自己腿上的一根毫毛能够使天下人都得利，他也不愿干。这是战国时期杨朱学派的基本思想。

〔2〕从：顺从，听从。

〔3〕策：通"册"，古代用竹简编成的书籍。这里指记载先王之道的典籍。

〔4〕徒役：弟子，古代弟子侍奉先生称为服役，所以称"徒役"。

〔5〕立：树立。参：聚集。

〔6〕疾：急切地从事。距：通"拒"，抵抗。

〔7〕介士：即甲士。

〔8〕端：开头，苗头。息其端：他们的言论刚露头就加以消灭。

【译文】

现在有人在这里，主张不进入有战争危险的城池、不待在军队之中、不拿天下的大利来换取自己小腿上的一根汗毛，当代的君主一定因此而敬重他，珍视他的见识而推崇他的品行，把他看作是轻视物质利益、珍重自己生命的人。君主之所以拿出肥沃的土地和宽敞的住宅，设置官爵和俸禄，是为了用它来换取民众为自己卖命的。现在君主尊重轻视物质利益而珍重自己生命的人，那么要求得民众豁出生命、看重君主的事业并愿意为它献身，是不可能的啊。现在有人收藏图书典籍，练习言谈辩论，收揽门徒，熟读文献典籍来高谈阔论、进行游说，当代的君主一定因此而敬重他，还说："尊敬贤能的人，是古代圣明帝王的原则。"官吏征税的对象，是种地的农民；而君主供养的人，却是学者。对种地的就从重收税，对学者却多加奖赏，像这样，要求得民众勤快地耕作而少去从事议论辩说，是不可能的啊。现在有人标榜气节来聚集党徒，坚守节操而不容侵犯，怨恨他的话一传到他耳朵里，他一定会拿着剑去追杀那怨恨他的人，当代的君主一定因此而敬重他，把他看作是爱惜自己声誉的人。那为国杀敌的功劳得不到奖赏，而为私家争斗的所谓勇士却尊贵显赫，像这样，要求得民众奋勇作战、抵抗敌人而不为私家争斗，是不可能的啊。国家太平的时候供养儒生和侠客，战祸来了却使用身穿铠甲的战士。所供养的人不是所使用的人，所使用的人不是所供养的人，这是产生祸乱的原因。再说，君主在听取各种学说的时候，如果认为那言论是对的，就应该在官府中公布这些言论并任用发表这些言论的人；如果认为那言论是不对的，就应该除去发表这些言论的人而消灭这些言论的根源。现在君主认为是对的，也不在官府中加以公布；认为不对的，也不消灭它的根源。认为对而不加采用，认为错而不加消灭，这是使国家混乱灭亡的做法啊。

50.5　澹台子羽[1]，君子之容也，仲尼几而取之[2]，与处久而行不称其貌。宰予之辞[3]，雅而文也，仲尼几而取之，与处久而智不充其辩[4]。故孔子曰："以容取人乎，失之子羽；以言取人乎，失之宰予。"故以仲尼之智而有失实之声。今之新辩滥乎宰予[5]，而世主之听眩乎仲尼，为悦其言，因任其身，则焉得无失乎？是以魏任孟卯之辩[6]，而有华下之患[7]；赵任马服之辩[8]，而有长平之祸。此二者，任辩之失也。夫视锻锡而察青黄[9]，区冶不能以必剑[10]；水击鹄雁，陆断驹马，则臧获不疑钝利[11]。发齿吻形容[12]，伯乐不能以必马[13]；授车就驾[14]，而观其末涂[15]，则臧获不疑驽良。观容服，听辞言，仲尼不能以必士；试之官职，课其功伐[16]，则庸人不疑于愚智。故明主之吏，宰相必起于州部[17]，猛将必发于卒伍[18]。夫有功者必赏，则爵禄厚而愈劝；迁官袭级[19]，则官职大而愈治。夫爵禄大而官职治，王之道也。

【注释】

〔1〕澹(tán)台子羽：姓澹台，名灭明，字子羽，春秋时鲁国武城(今山东费县西南)人，孔丘的弟子。

〔2〕几(jī)：通"讥"，察看，查看。取：选取。

〔3〕宰予：见3.2注。

〔4〕充：满，及得上。辩：口才。

〔5〕滥：虚浮，失真，不切实。

〔6〕孟卯：见22.2注。

〔7〕华下：见1.3注。华下之患：公元前273年，魏国任用孟卯攻打韩国，秦将白起救韩，在华阳大破魏军，孟卯逃走，魏军十五万被歼，魏国被迫割地求和。

〔8〕马服：见27.1注。

〔9〕锻锡：古代锻炼金属时掺的锡。

〔10〕区(ōu)冶：即区冶子，春秋时越国人，善于铸剑。

〔11〕不疑：不疑惑，分得清。

〔12〕发：打开。吻：嘴唇。发齿吻：这是察看牲口年龄的一种方法。“形容”上当有“相”字。

〔13〕伯乐：见23.1注。

〔14〕授车：指授车于马，也就是给马套上车。就：去，开始从事。驾：驾驶。

〔15〕涂：通“途”，路途。

〔16〕课：考核。伐：功劳。

〔17〕起：兴起，产生。州部：古代地方基层行政单位。

〔18〕发：出，产生。卒伍：古代军队的基层单位，百人为“卒”，五人为“伍”。

〔19〕迁：升。袭：因袭，沿着。

【译文】

澹台子羽，有君子的仪表，孔子察看了他的容貌就收他为弟子，和他相处久了就发现他的行为和他的仪表并不相称。宰予的措辞，高雅纯正而有文采，孔子考察了他的言辞就收他为弟子，和他相处久了就发现他的智慧不及他的口才。所以孔子说：“凭仪表来取人嘛，我在子羽身上出了差错；凭言辞来取人嘛，我在宰予身上有了过失。”所以凭孔子这样的聪明才智也还有考察结果不能符合实际的感叹之声。现在新出现的辩说比宰予的措辞更加浮夸动听，而当代的君主听起话来却比孔子还要糊涂，因为喜欢他们的言论，就去任用他们本人，那怎么能没有过失呢？因此，魏国因为孟卯的能说会道而任用了他，结果就造成了华阳城下的灾难；赵国因为马服君赵括的能说会道而任用了他，结果就造成了长平的灾祸。这两件事，都是根据辩才来任用人的过失啊。细看冶炼时掺入多少锡以及观察铸剑时火色是青是黄，就是善于铸剑的区冶也不能凭此来断定剑的利钝；在水面上砍杀天鹅和大雁，在陆地上斩杀大小马匹，那么就是奴仆也分得清剑的利钝。掰开马嘴看牙齿，端详形体容貌，就是善于相马的伯乐也不能凭此来肯定马的优劣；拿车子给马套上，让马去拉着车跑，然后看它所能到达的终点，那么就是奴仆也分得清是劣马还是好马。观察容貌服装，听取辞说言谈，就是孔子也不能凭此来确定士人是否贤能；用官职来试验他，考核他的工作成绩，那么就是平常的人也分得清他们是愚蠢还是聪明。所以英明的君主所统治下的官吏，宰相一定是从州部那样的基层衙署中提拔上来的，勇猛的将军一定是从士兵队伍中选拔出来的。有功劳的人一定给予奖赏，那么赏赐的爵位越高、俸禄越多就越能使受赏的人得到鼓励；按照官阶等级逐渐提升官职，那么授予的官位越高、职务越大就越能使任职的人治理好政事。用高爵厚禄大官要职来促使官吏把政事办好，这是称王天下的办法啊。

50.6　磐石千里，不可谓富；象人百万[1]，不可谓强。石非不大，数非不众也，而不可谓富强者，磐不生粟，象人不可使距敌也[2]。今商官、技艺之士亦不垦而食，是地不垦与磐石一贯也。儒侠毋军劳[3]，显而荣者，则民不使与象人同事也。夫祸知磐石象人[4]，而不知祸商官儒侠为不垦之地、不使之民[5]，不知事类者也。

【注释】

〔1〕象人：俑人，古代殉葬时用木头、陶土等材料做的假人。

〔2〕使：用，使唤。距：通“拒”，抵抗。

〔3〕毋：通“无”，没有。

〔4〕祸知：当作“知祸”。祸：意动用法，把……当作祸害。

〔5〕为：做，造成。

【译文】

拥有千里见方的大石头，不可以称为富裕；拥有上百万的木偶陶俑，不可以称为强大。这石头不是不大，这木偶陶俑的数量不是不多，却不可以称为富强，是因为大石头不能生产粮食，木偶陶俑不可以派他们去抵抗敌人。现在那些用金钱买得官爵的商人以及有技术的工匠也都是不种地而混饭吃，这样，那么土地就得不到开垦而和大石头一样了。儒生和侠客没有战功，却显贵而荣耀，那么民众就会不听使唤而和木偶陶俑俱有同样的使用价值了。只知道把不能生产粮食的大石头和不能抵抗敌人的木偶陶俑看作为祸害，却不知道那些买官做的商人和儒生、侠客等在制造不开垦的土地和不听使唤的民众也同样是祸害，这是不懂得事物类比的人啊。

50.7　故敌国之君王〔1〕，虽说吾义〔2〕，吾弗入贡而臣〔3〕；关内之侯〔4〕，虽非吾行，吾必使执禽而朝〔5〕。是故力多，则人朝；力寡，则朝于人；故明君务力。夫严家无悍虏，而慈母有败子。吾以此知威势之可以禁暴，而德厚之不足以止乱也。

【注释】

〔1〕敌：匹敌。

〔2〕说：通“悦”。吾：我，这里指君主。

〔3〕入：交纳，使动用法。贡：进献的物品。臣：使动用法，使……称臣。

〔4〕关内之侯：边关以内的封侯，这里泛指在自己管辖范围内封有爵位的人。

〔5〕禽：鸟兽的总称。执禽：根据古代的礼制，臣下必须拿着一定品种的禽类作为礼物前来朝见尊长，以表示顺服，如诸侯执皮帛、卿执羔（小羊）、大夫执雁、士执雉（野鸡）、庶人执鹜（鸭子）、工商执鸡。

【译文】

和自己势均力敌的国家的君主，即使喜爱我的道德准则，我也不能使他们进献贡品而向我称臣；边关以内的封侯，即使反对我的德行，我也一定能使他们拿着禽类的礼物来朝拜。所以力量强大，别人就会来朝拜；力量弱小，就要向别人朝拜；所以英明的君主致力于壮大自己的力量。在管教严厉的家庭中没有强横凶狠的奴仆，而在慈母的溺爱下反会出败家子。我因此知道威严的权势可以用来禁止暴行，而德行的深厚不能够用来制止祸乱。

50.8　夫圣人之治国，不恃人之为吾善也，而用其不得为非也。恃人之为吾善也，境内不什数〔1〕；用人不得为非，一国可使齐。为治者用众而舍寡，故不务德而务法〔2〕。夫必恃自直之箭〔3〕，百世无矢〔4〕；恃自圜之木〔5〕，千世无轮矣。自直之箭，自圜之木，百世无有一，然而世皆乘车射禽者何也？隐栝之道用也〔6〕。虽有不恃隐栝而有自直之箭、自圜之木，良工弗贵也。何则？乘者非一人，射者非一发也。不恃赏罚而恃自善之民，明主弗贵也。何则？国法不可失，而所治非一人也。故有术之君，不随适然之善，而行必然之道〔7〕。

【注释】

〔1〕什：以十为一个单位。不什数：不能用十为单位来计数，即不到十个，这是形容很少。

〔2〕德：指儒家所提倡的德治，即上文的“为吾善”。法：指法治，即上文的“不得为非”。

〔3〕箭：造箭用的小竹。

〔4〕世：代，古代以三十年为一世。

〔5〕圜（yuán）：通“圆”。

〔6〕隐栝（kuò）：竹木的整形工具。

〔7〕必然之道：指“一国可使齐”的“不得为非”的法术。

【译文】

圣明的君主治理国家，不依靠人们自觉地为自己做好事，而要使他们不得为非作歹。依靠人们自觉地为自己做好事，那么做好事的人在国内就数不满十个；使人们不得为非作歹，那就可以使全国的人行动一致。搞政治的人采用对多数人有效的统治办法而舍弃只对少数人有效的政治措施，所以不致力于德化而致力于法治。一定要靠生来就笔直的竹竿去做箭，那么等个上千年也不会有箭了；一定要靠生来就很圆的树木去做车轮，那么等个上万年也不会有车轮了。生来就笔直的竹竿，生来就很圆的树木，上千年也没有一棵，但是人们世世代代都能乘车子、射鸟兽，这原因是什么呢？是因为加工整形的办法被使用了。即使有不依靠加工整形而存在着生来就笔直的竹竿、生来就很圆的树木，手艺高超的工匠也是不会看重的。为什么呢？因为乘车的并不只是一个人，射箭的并不只射一支箭。不依靠赏罚而依靠生来就善良的人，这种主张英明的君主是不会推崇的。为什么呢？因为国家的法制不可以丢掉，而所要治理的并不只是一个人。所以掌握了统治方法的君主，不追求偶然的善行，而采用一定可以生效的办法。

50.9　今或谓人曰："使子必智而寿。"则世必以为狂〔1〕。夫智，性也；寿，命也。性命者，非所学于人也。而以人之所不能为说人〔2〕，此世之所以谓之为狂也〔3〕。谓之不能，然则是谕也〔4〕。夫谕，性也。以仁义教人，是以"智与寿"说也，有度之主弗受也。故善毛啬、西施之美〔5〕，无益吾面；用脂泽粉黛〔6〕，则倍其初。言先王之仁义，无益于治；明吾法度，必吾赏罚者，亦国之脂泽粉黛也。故明主急其助而缓其颂，故不道仁义。

【注释】

〔1〕狂：通"诳"，说谎，欺骗。

〔2〕说：通“悦”，使……喜欢，讨好。
〔3〕谓：以为。
〔4〕谕：明白，了解。
〔5〕毛啬（qiáng）：春秋时的美女，越王的妾。西施：春秋时越国的著名美女。传说越王失败时，范蠡求得西施，献给吴王夫差，吴王答应议和。后来越王灭吴，将西施归还范蠡，两人退隐于太湖。
〔6〕粉：傅面用的白粉。黛：画眉用的青黑色颜料。

【译文】

如果现在有人对别人说：“我一定使您又聪明又长寿。”那么人们一定会认为他是在骗人。因为聪明，是一种天性；寿限，是一种命运。天性和命运，不是从别人那里所能学得到的。现在拿人力不可能做到的事情去讨好人家，这就是人们认为他是在骗人的原因。认为这种使别人聪明长寿的事情是不可能的，这样才算是明白了。那明白，就在于懂得了人的天性。用仁义道德来教导别人，这就是在用“使人聪明和长寿”的鬼话来劝说，掌握了法度的君主是不会接受的。所以赞美毛啬、西施的美丽，对自己的容貌毫无益处；使用胭脂、发油、白粉、青黛来化妆一下，就能使自己的容貌比原来加倍美丽。空谈古代帝王的仁义，对于治理国家毫无好处；彰明自己的法度，坚决执行自己的赏罚，这也就是国家的胭脂、发油、白粉、青黛啊。所以英明的君主加紧实行那些对治国有实际帮助的法度和赏罚而怠慢那对古代帝王的称颂，所以不去空谈仁义。

50.10　今巫祝之祝人曰〔1〕：“使若千秋万岁。”“千秋万岁”之声括耳〔2〕，而一日之寿无征于人，此人所以简巫祝也。今世儒者之说人主，不善今之所以为治，而语已治之功；不审官法之事，不察奸邪之情，而皆道上古之传誉、先王之成功。儒者饰辞曰：“听吾言，则可以霸王。”此说者之巫祝，有度之主不受也。故明主举实事，去无用，不道仁义者故[3]，不听学者之言。

【注释】

〔1〕巫祝：古代以装神弄鬼为人祈祷、祝福的人。

〔2〕括：通“聒”（guō），喧扰，声音嘈杂。聒耳：在耳边喧闹。

〔3〕道：谈论。者：通“诸”，之，的。故：事。

【译文】

现在巫师和祝告人祝福大家说：“使你们长生千岁、延寿万年。”这种千岁万年的声音虽然喧闹震耳，但在人们中连延长一天寿命的应验也没有，这就是人们轻视巫师和祝告人的原因。现在世上的儒生去游说君主，不赞美现在可以用来治理好国家的办法，却谈论一些古代已经取得的政治业绩；不去弄清楚官府法令方面的事情，不去考察奸诈邪恶的情况，却都去称道远古的传说美谈和古代帝王的成就功绩。儒生们还花言巧语地说：“听了我们的话，就可以称霸称王。”这是游说者中的巫师和祝告人，掌握了法度的君主是不会接受他们那一套的。所以英明的君主做有实际效果的事情，抛弃没有实际效用的空谈，不谈论仁义的事，不听信学者的话。

50.11　今不知治者必曰：“得民之心。”欲得民之心而可以为治，则是伊尹、管仲无所用也[1]，将听民而已矣。民智之不可用[2]，犹婴儿之心也。夫婴儿不剔首则腹痛[3]，不揊痤则寖益[4]。剔首、揊痤，必一人抱之，慈母治之，然犹啼呼不止，婴儿子不知犯其所小苦致其所大利也[5]。今上急耕田垦草以厚民产也[6]，而以上为酷；修刑重罚以为禁邪也，而以上为严；征赋钱粟以实仓库，且以救饥馑、备军旅也，而以上为贪；境内必知介而无私解[7]，并力疾斗，所以禽虏也[8]，而以上为暴。此四者，所以治安也，而民不知悦也。夫求圣通之士者，为民知之不足师用[9]。昔禹决江浚河[10]，而民聚瓦石；子产开亩树桑[11]，郑人谤訾[12]。禹利天下，子产存郑人，皆以受谤，夫民智之不足用亦明矣。故举士而求贤智，为政而期适民，皆乱之端，未可与为治也[13]。

【注释】

〔1〕伊尹、管仲：见 3.2 注。

〔2〕智：通“知”。

〔3〕副首：古代用针砭治疗疾病的一种方法。婴儿腹泻疼痛，在头顶部的“百会”穴位用针砭挑刺，即可止腹痛。

〔4〕擗(pì)：“副”(pì)的俗字，下文“揊”是异体字，割破，剖开。痤(cuó)：疖子。寖(qīn)：逐渐。益：增加，指病情加重。

〔5〕子：可能是“之”字的音误。犯：触犯，冒犯。致：送给，使得到。

〔6〕厚：富足，使动用法，使……富足，增多。

〔7〕介：铠甲，指披甲上阵。知介：指懂得军事，会打仗。解：解除，指免除兵役。当时，往往有人通过给私门贵族服劳役的方法来逃避兵役，参见 49.16。

〔8〕禽：通“擒”。

〔9〕师：效法，学习。

〔10〕决：掘开堵塞水流的地方，疏通。浚：挖深，疏通。

〔11〕子产：见 30.0.2 注。

〔12〕谤：毁谤。訾(zǐ)：诋毁，非议。郑人谤訾：事见《左传·襄公三十年》。

〔13〕与：以。

【译文】

现在不懂得治国方法的儒生总是说：“要得民心。”一心想着得民心如果可以拿来作为治国的方法，那么伊尹、管仲之类的人就没有用处了，而只要听任民众就是了。民众的见解不可以采用，就像婴儿的想法不可以采用一样。对于婴儿，如果不用针砭挑刺他头部的穴位，就不能制止他的腹痛；不割治疖子就会使病情逐渐加重。但给婴儿挑刺头部、割治疖子的时候，一定要一个人抱住他，由仁慈的母亲给他医治，但他还是哭喊不停，这是因为婴儿不懂得使他受一些小小的痛苦能使他得到很大的好处。现在君主加紧督促民众耕地开荒来增多民众的家产，而民众却把君主看作为残酷；君主整治刑法、加重惩罚用来禁止邪恶，而民众却把君主看作为严厉；君主征收赋税钱粮来充实粮仓国库，将用它来救济灾荒、准备战争，而民众却把君主看作为贪婪；君主要求国内的民众必须懂得如何披上铠甲上阵杀敌而不准投靠私门贵族来免除兵役，必须同心协力奋勇作战，这是为了擒获俘虏，而民众却把君主看作为暴虐。这四种措施，是用来使国家长治久安的，但民众却不懂得喜欢它们。君主所以要寻觅圣明通达的人才，是因为民众的见解不值得顺从和采用。从前夏禹开江挖河，而民众却堆积了瓦片石块去打他；子产提倡开垦田地种桑养蚕，而郑国人却咒骂他。夏禹使天下的人都得利，子产体恤郑国人，但都因此而遭到诽谤，民众的见解不值得采用也就是很明白的了。所以君主选拔人才的时候去访求贤能智慧的儒生，处理政事的时候指望迎合民众，都是祸乱的根源，是不可以用来治国的。

第二十卷

忠孝第五十一

（第五十一篇　忠诚与孝顺）

51.1　天下皆以孝悌忠顺之道为是也，而莫知察孝悌忠顺之道而审行之，是以天下乱；皆以尧、舜之道为是而法之，是以有弑君，有曲于父[1]。尧、舜、汤、武，或反君臣之义、乱后世之教者也。尧为人君而君其臣，舜为人臣而臣其君，汤、武为人臣而弑其主、刑其尸，而天下誉之，此天下所以至今不治者也。夫所谓明君者，能畜其臣者也[2]；所谓贤臣者，能明法辟、治官职以戴其君者也[3]。今尧自以为明而不能以畜舜，舜自以为贤而不能以戴尧；汤、武自以为义而弑其君长，此明君且常与而贤臣且常取也。故至今为人子者有取其父之家、为人臣者有取其君之国者矣。父而让子，君而让臣，此非所以定位一教之道也。

【注释】

〔1〕曲：见 49.9 注。

〔2〕畜：驯顺。

〔3〕辟(bì)：法。

【译文】

天下的人都认为孝顺父母、敬爱兄长、忠于君主、服从丈夫的道德准则是正确的，却没有人懂得去仔细考察它然后再慎重地去实行它，因此天下就混乱了；天下的人都认为尧、舜的做法是正确的而去效法它，因此有杀死君主的，有背叛父亲的。唐尧、虞舜、商汤、周武王，或许就是违反了君臣之间的道德准则而扰乱了后世教化的罪魁祸首。尧当君主，却把自己的臣子舜奉为君主；舜当臣子，却把自己的君主尧当作臣子；商汤、周武王作为臣子，却杀害自己的君主、斩割君主的尸体；然而天下的人却赞誉他们，这就是天下直到现在都不太平的原因啊。所谓英明的君主，是能够驯服自己臣子的人；所谓贤能的臣子，是能够彰明法度、忠实履行自己的职守来拥戴自己君主的人。现在尧自以为英明而不能用这种英明来驯服舜，舜自以为贤能而不能用这种贤能来拥戴尧，商汤、周武王自以为有道义而杀害了自己的君主，这就是一方面那些自以为英明的君主常常交出权力而另一方面那些自以为贤能的臣子常常夺取权力的情况。所以直到现在，做儿子的有夺取父亲家业的，做臣子的有夺取君主政权的。父亲把家业让给儿子，君主把政权让给臣子，这决不是用来确定名位、统一教化的办法啊。

51.2　臣之所闻曰：“臣事君，子事父，妻事夫。三者顺，则天下治；三者逆，则天下乱。”此天下之常道也，明王贤臣而弗易也。则人主虽不肖，臣不敢侵也。今夫上贤、任智、无常，逆道也[1]，而天下常以为治。是故田氏夺吕氏于齐[2]，戴氏夺子氏于宋[3]。此皆贤且智也，岂愚且不肖乎？是废常上贤则乱，舍法任智则危。故曰：上法而不上贤。

【注释】

〔1〕上：通“尚”。

〔2〕田氏夺吕氏于齐：见4.2注。

〔3〕戴氏夺子氏于宋：见7.1注。

【译文】

我所听到的说法是："臣子侍奉君主，儿子侍奉父亲，妻子侍奉丈夫。顺从了这三种秩序，那么天下就太平了；违背了这三种秩序，那么天下就混乱了。"这是治理天下的永恒法则，就是英明的帝王、贤能的臣子也不能加以改变的。遵循了这永恒的政治法则，那么君主即使没有德才，臣下也不敢侵害他。现在尊崇贤人、任用智者而不遵循这永恒的政治法则，实是倒行逆施的措施，而天下的君主却常常将此作为治国的方法。所以田氏在齐国夺取了吕氏的政权，戴氏在宋国夺取了子氏的政权。这些臣子都贤能而且有智慧，难道是愚蠢而又无能的么？这样看来，废弃那永恒的政治原则而尊崇贤人，国家就混乱；抛掉了法度而任用智者，君主就危险。所以说：要尊奉法度而不要崇尚贤能。

51.3 记曰："舜见瞽瞍，其容造焉[1]。孔子曰：'当是时也，危哉，天下岌岌！有道者，父固不得而子，君固不得而臣也。'"臣曰：孔子本未知孝悌忠顺之道也。然则有道者，进不为臣主、退不为父子耶[2]？父之所以欲有贤子者，家贫则富之，父苦则乐之；君之所以欲有贤臣者，国乱则治之，主卑则尊之。今有贤子而不为父，则父之处家也苦；有贤臣而不为君，则君之处位也危。然则父有贤子，君有贤臣，适足以为害耳，岂得利焉哉？所谓忠臣，不危其君；孝子，不非其亲[3]。今舜以贤取君之国，而汤、武以义放弑其君，此皆以贤而危主者也，而天下贤之。

【注释】

〔1〕造焉：即“造然”，见37.1.1注。

〔2〕臣主：当作“主臣”。

〔3〕非：违。

【译文】

典籍上记载说：“舜见到父亲瞽瞍来朝见他，他的表情惊恐不安。孔子说：‘在这个时候，天下岌岌可危啊！像舜这样有道德的人，他的父亲本来就不能够把他当作儿子来看待，他的君主本来就不能够把他当作臣子来看待。’”我说：孔子根本就不懂得孝顺父母、敬爱兄长、忠于君主、服从丈夫的道德准则。照他这种说法，那么有道德的人，上朝就可以不做君主的臣子、回家就可以不做父亲的儿子了吗？父亲之所以希望自己有贤能的儿子，是因为家里贫穷时就可以靠他们使家庭富裕起来，父亲痛苦时就可以靠他们使父亲高兴起来；君主之所以希望自己有贤能的臣子，是因为国家混乱时就可以靠他们把国家治理好，君主卑微时就可以靠他们使君主尊贵起来。现在有了贤能的儿子而不帮助父亲，那么父亲住在家里就很痛苦；有了贤能的臣子而不辅佐君主，那么君主处在君位上就很危险。这样的话，那么父亲有了贤能的儿子，君主有了贤能的臣子，就只能够用他们来造成祸害罢了，哪里能从他们身上得到什么好处呢？所谓忠臣，应该不危害自己的君主；所谓孝子，应该不违拗自己的父母。现在舜靠了贤能夺取了君主的大权，而商汤、周武王凭着道义流放、杀害了自己的君主，这些都是凭借贤能来危害君主的人啊，而天下的人却认为他们贤能。

51.4 古之“烈士”，进不臣君，退不为家，是进则非其君、退则非其亲者也。且夫进不臣君，退不为家，乱世绝嗣之道也。是故贤尧、舜、汤、武而是烈士，天下之乱术也。瞽瞍为舜父而舜放之，象为舜弟而杀之。放父杀弟，不可谓仁；妻帝二女而取天下〔1〕，不可谓义。仁义无有，不可谓明。《诗》云："普天之下，莫非王土；率土之滨，莫非王臣。"信若《诗》之言也，是舜出则臣其君，入则臣其父、妾其母、妻其主女也。故烈士内不为家，乱世绝嗣；而外矫于君〔2〕，朽骨烂肉施于土地、流于川谷，不避蹈水火〔3〕。使天下从而效之，是天下遍死而愿夭也。此皆释世而不治是也。

【注释】

〔1〕帝二女：尧的两个女儿，其长女名娥皇，次女名女英。

〔2〕矫：违背。

〔3〕朽骨烂肉施于土地流于川谷不避蹈水火：当作"不避蹈水火，朽骨烂肉施于土地、流于川谷"。

【译文】

古代所谓的"贞节之士"，上朝不臣服于君主，回家不为家庭出力，这是在朝廷上背叛自己的君主、在家里背叛自己父母的人啊。况且，在朝廷上不向君主称臣，在家中不为家庭出力，是扰乱社会秩序、断绝子孙后代的做法。所以称颂唐尧、虞舜、商汤、周武王而肯定贞节之士，是社会上扰乱人心的学说啊。瞽瞍是舜的父亲而舜把他流放了，象是舜的弟弟而舜把他杀了。舜流放父亲、杀害弟弟，不可以称为仁；娶了尧的两个女儿而夺取了尧的君位，不可以称为义。没有仁义，不可以称为贤明。《诗经·小雅·北山》说："普天之下，都是天子的土地；四海之内，都是天子的臣民。"果真像《诗经》上所说的那样，那么舜来到朝廷就应该把他的君主当作为臣子了，回到家中就应该把自己的父亲当作臣仆、把自己的母亲当作奴婢、把他君主的女儿当作妻子了。所以贞节之士在家中不为家庭出力，扰乱社会秩序而断绝子孙后代；而走出家门来到社会上就和君主作对，不辞赴汤蹈火，不怕自己腐烂的尸骨被抛撒在野地、漂流在河川峡谷。如果让天下的人都跟着效法他们，那么天下到处会有死人而大家都愿意早死了。这些都是置社会于不顾而不努力整治社会的人啊。

51.5　世之所为“烈士”者[1]，虽众独行[2]，取异于人，为恬淡之学而理恍惚之言。臣以为：恬淡，无用之教也；恍惚，无法之言也。言出于无法、教出于无用者，天下谓之察。臣以为：人生必事君、养亲，事君、养亲不可以恬淡；之人必以言论忠信法术[3]，言论忠信法术不可以恍惚。恍惚之言，恬淡之学，天下之惑术也。孝子之事父也，非竞取父之家也；忠臣之事君也，非竞取君之国也。夫为人子而常誉他人之亲，曰：“某子之亲，夜寝早起，强力生财以养子孙臣妾。”是诽谤其亲者也。为人臣常誉先王之德厚而愿之，是诽谤其君者也。非其亲者，知谓之不孝；而非其君者，天下贤之；此所以乱也。故人臣毋称尧舜之贤、毋誉汤武之伐、毋言烈士之高、尽力守法、专心于事主者为忠臣。

【注释】

〔1〕为：通“谓”。

〔2〕虽：繁体字作“雖”，“雖”为“離”（离）字之误。

〔3〕之：当作“治”。

【译文】

现在社会上所谓的贞节之士，脱离民众而自行其是，标新立异而与众不同，搞那种清静淡泊不热衷名利的学问而研究那种隐约模糊难以捉摸的言论。我认为：清静淡泊，是毫无用处的说教；隐约模糊，是没有法度的言论。言论发表出来属于没有法度、说教宣扬出来属于没有用处的人，社会上却说他们明察。我认为：

人生活在社会上一定要侍奉君主、赡养父母，而侍奉君主、赡养父母就不可以清静淡泊；治理民众一定要依靠忠实于法术的言论，而忠实于法术的言论就不可以模糊不清。隐约模糊的言论，清静淡泊的学问，是社会上蛊惑人心的学说啊。孝子侍奉父亲，不是为了争夺父亲的家产；忠臣侍奉君主，不是为了夺取君主的政权。做儿子的如果常常称赞别人的父亲，说："某人的父亲，很晚睡觉很早起床，努力创造财富来抚养子孙奴婢。"这就是诽谤自己父亲的儿子。做臣子的如果常常赞誉古代帝王的德行深厚而仰慕他们，这就是诽谤自己君主的臣子。非议自己父亲的人，人们知道把他们称作为不孝；而非议自己君主的人，天下的人却认为他们贤能；这就是认会混乱的原因啊。所以臣子中那些不称颂尧舜的贤能、不赞誉商汤周武王的征伐、不宣扬贞节之士的清高、竭尽全力遵纪守法、一心一意侍奉君主的人才是忠臣。

51.6　古者黔首悗密惷愚〔1〕，故可以虚名取也。今民儇诇智能〔2〕，欲自用，不听上。上必且劝之以赏，然后可进；又且畏之以罚，然后不敢退。而世皆曰："许由让天下，赏不足以劝；盗跖犯刑赴难，罚不足以禁。"臣曰：未有天下而无以天下为者，许由是也；已有天下而无以天下为者，尧、舜是也。毁廉求财，犯刑趋利，忘身之死者，盗跖是也。此二者，殆物也。治国用民之道也，不以此二者为量。治也者，治常者也；道也者，道常者也。殆物妙言，治之害也。天下太上之士，不可以赏劝也；天下太下之士，不可以刑禁也。然为太上士不设赏，为太下士不设刑，则治国用民之道失矣。

【注释】

〔1〕悗（mèn）：通"勉"。悗密：即"黾勉"，双声联绵字，勤奋努

力、刻苦耐劳的样子。

〔2〕儇(xuān)：聪明伶俐。诇(xiòng)：暗中刺探，引申为奸诈。

【译文】

古代的老百姓刻苦耐劳而又蠢笨愚昧，所以可以用毫无实际利益的空洞名声去争取他们。现在的民众机灵狡诈而又聪明伶俐，一心为自己着想，不听从君主。君主一定要用奖赏去鼓励他们，然后才能使他们前进；又要用刑罚来畏慑他们，然后才能使他们不敢后退。但是社会上的人却都说："许由推辞统治天下的大权，可见奖赏并不能够用来激励人；盗跖触犯刑律而不避危难，可见刑罚也不能够用来制约人。"我说：没有掌握天下的统治权而又不是着眼于天下的统治权去做事的，许由就是如此；已经掌握了天下的统治权而又不是着眼于天下的统治权去做事的，尧、舜就是这样。败坏廉洁的道德准则去谋求财富，触犯刑律去追求私利，把自己的死亡置之度外的，盗跖就是如此。许由、盗跖这两个人的情况，都是危险的事情。治理国家、使用民众的方法，不能拿这两种极端的情况来进行衡量。所谓治理，是指治理通常的民众而言；所谓方法，也是指治理通常情况的方法。危险极端的事情和玄妙莫测的言论，都是治国的祸害。天下最上等的清高之士，不能够用奖赏来激励他们；天下最下等的贪婪之徒，不能够用刑罚来禁止他们。但是因为有了这些最上等的人而不设置奖赏，因为有了这些最下等的人而不设置刑罚，那么治理国家和使用民众的方法也就被丢掉了。

51.7　故世人多不言国法而言从横〔1〕。诸侯言从者曰："从成必霸。"而言横者曰："横成必王。"山东之言从横未尝一日而止也〔2〕，然而功名不成，霸王不立者，虚言非所以成治也。王者，独行谓之"王"。是以三王不务离合而正〔3〕，五霸不待从横而察，治内以裁外而已矣。

【注释】

〔1〕从横：见49.14注。

〔2〕山东：战国时称崤山（在今河南省洛宁县西北）或华山以东为“山东”，此指齐、楚、燕、韩、赵、魏六国。

〔3〕三王：指夏禹、商汤、周文王。

【译文】

现在社会上很多人不谈国家的法治而大谈合纵连横。诸侯各国主张合纵的人说：“合纵成功就一定能称霸天下。”而主张连横的人说：“连横成功就一定能称王天下。”崤山以东齐、楚、燕、赵、韩、魏等六国谈论合纵连横一天也没有停止过，但是功业名望并没有成就，称霸称王的大业并没有建立，这是因为空谈并不是使治国取得成效的办法啊。“王”这个称号呢，能够独立自主地做事才可以称他为“王”。因此，三王不去搞纵横捭阖就能匡正天下，五霸不依靠纵横捭阖就能使天下政治清明，用治理好国内的办法来制裁天下就是了。

人主第五十二

（第五十二篇　臣民的君主）

52.1　人主之所以身危国亡者，大臣太贵、左右太威也。所谓贵者，无法而擅行，操国柄而便私者也。所谓威者，擅权势而轻重者也。此二者，不可不察也。夫马之所以能任重引车致远道者，以筋力也。万乘之主、千乘之君所以制天下而征诸侯者，以其威势也。威势者，人主之筋力也。今大臣得威，左右擅势，是人主失力；人主失力而能有国者，千无一人。虎、豹之所以能胜人、执百兽者，以其爪牙也；当使虎、豹失其爪牙[1]，则人必制之矣。今势重者，人主之爪牙也；君人而失其爪牙，虎、豹之类也。宋君失其爪牙于子罕，简公失其爪牙于田常，而不蚤夺之[2]，故身死国亡。今无术之主皆明知宋、简之过也，而不悟其失，不察其事类者也。

【注释】

〔1〕当使：通“倘使”。

〔2〕蚤：通“早”。

【译文】

君主之所以生命有危险、国家政权会丧失，是因为大臣太尊贵、左右侍从太威风。我这里所说的尊贵，是指不遵守法令而独断专行，掌握了国家大权来谋取私利。我这里所说的威风，是指独揽权势而能左右一切，对事情的处理要轻就轻、要重就重。这两种情况，不可以不加审察啊。马之所以能负重拉车走很远的路，是靠了筋力。拥有万辆兵车的大国君主、拥有千辆兵车的小国君主之所以能制服天下而征伐诸侯，是靠了他们的威力和权势。威力和权势，就是君主的筋力。现在大臣取得了威力，侍从独揽了权势，那么君主就丧失了力量；君主丧失了力量而能拥有国家政权的，一千个人之中也没有一个。虎、豹之所以能胜过人而擒住各种野兽，是靠了它们的脚爪和牙齿；假如虎、豹丧失了它们的脚爪和牙齿，那么人们就一定能制服它们了。现在权势这种东西，就是君主的爪牙；统治民众的君主如果失去了自己的爪牙，那就成了失去爪牙的虎、豹之类了。宋桓侯把自己的爪牙丢给了子罕，齐简公把自己的爪牙丢给了田常，而不及早夺回它们，所以自己被杀死而国家政权也丧失了。现在没有掌握统治术的君主都明白地知道宋桓侯、齐简公的过错，却不明白自己的过失，这实在是不明白自己的政事与宋桓侯、齐简公之事的相似啊。

52.2　且法术之士与当途之臣，不兼容也。何以明之？主有术士，则大臣不得制断，近习不敢卖重；大臣、左右权势息，则人主之道明矣。今则不然，其当途之臣得势擅事以环其私[1]，左右近习朋党比周以制疏远，则法术之士奚时得进用？人主奚时得论裁？故有术不必用，而势不两立，法术之士焉得无危？故君人者非能退大臣之议而背左右之讼、独合乎道言也，则法术之士安能蒙死亡之危而进说乎？此世之所以不治也。

【注释】

〔1〕环其私：绕着自己的私利转，即谋求私利。

【译文】

况且法术之士和掌权的大臣，是互不相容的。用什么来说明它呢？君主有了法术之士，那么大臣就不能专制独断，君主身边的亲信就不敢卖弄权势；大臣、侍从的权势没有了，那么君主的治国原则就能明确地贯彻下去了。现在却不是这样，那些掌权的大臣获得了权势而擅自处理政事来谋求私利，君主身边的侍从亲信拉党结派紧密勾结来整那些关系疏远的法术之士，那么法术之士什么时候能得到选拔任用？君主什么时候能论断裁决？所以法术之士即使掌握了统治术也不一定被任用，而又和当权的大臣势不两立，那么法术之士哪能没有危险呢？所以当君主的如果不能摒除大臣的议论、不理睬左右侍从的告状、独立地和那些符合治国原则的法术之言保持相同的主张，那么法术之士哪能冒着死亡的危险来向君主进献自己的学说呢？这就是社会不能治理好的原因啊。

52.3　明主者，推功而爵禄，称能而官事，所举者必有贤，所用者必有能，贤能之士进，则私门之请止矣。夫有功者受重禄，有能者处大官，则私剑之士安得无离于私勇而疾距敌〔1〕？游宦之士焉得无挠于私门而务于清洁矣〔2〕？此所以聚贤能之士而散私门之属也。今近习者不必智，人主之于人也或有所知而听之〔3〕，入因与近习论其言，听近习而不计其智，是与愚论智也；其当途者不必贤，人主之于人或有所贤而礼之，入因与当途者论其行，听其言而不用贤，是与不肖论贤也。故智者决策于愚人，贤士程行于不肖，则贤智之士奚时得用？

而人主之明塞矣。昔关龙逄说桀而伤其四肢，王子比干谏纣而剖其心，子胥忠直夫差而诛于属镂。此三子者，为人臣非不忠，而说非不当也，然不免于死亡之患者，主不察贤智之言而蔽于愚不肖之患也。今人主非肯用法术之士，听愚不肖之臣，则贤智之士孰敢当三子之危而进其智能者乎？此世之所以乱也。

【注释】

〔1〕距：通“拒”。

〔2〕挠：通“桡”，曲，不直，引申为叛逆。

〔3〕知：通“智”。

【译文】

英明的君主，根据功劳来授予爵位俸禄，衡量才能来授予官职政事，被提拔的人一定有很好的德才，被任用的人一定有很强的能力。有德才有能力的法术之士得到进用，那么权贵之家的请托就被遏止了。有功劳的人得到高薪厚禄，有能力的人身居高官要职，那么为权贵私家行刺的侠客怎么能不抛弃私斗之勇而奋力抗击敌人？靠游说去谋求官职的人又怎么能不离开权贵之门而致力于廉洁奉公呢？这就是聚集贤能之士而驱散豪门之徒的办法。现在君主身边的亲信不一定聪明，而君主在人们中间有时发现了自己认为是有智慧的人而听取了他们的意见，但回来后却又和亲信评论他们的意见，听从亲信的话而不再考虑那些聪明人的意见，这便是和愚蠢的人来评论聪明的人了；那些当权的人不一定贤能，而君主在人们中间有时发现了自己认为是贤能的人而礼遇敬重他们，但回来后却又和当权的人评论他们的德行，听从当权者的话而不再任用那些贤能的人，这便是和没有德才的人来评论有德才的人了。所以有智慧的人要由愚蠢的人来裁决自己的计谋，有德才的人要由无能之辈来评定自己的德行，那么有德才有智慧的人什么时候才能得到任用？而君主的明智也就被堵塞了。从前关龙逢劝说夏桀而伤害了自己的四肢，王子比干劝说商纣王而被剖开了自己的心脏，伍子胥对夫差忠诚正直而死于属镂宝剑。这三位先生，做臣子并不是不忠，而说的话并不是不当，但却不能避免死亡的灾难，这是君主不能明察贤能聪明者的言论而被愚蠢无能的臣子所蒙蔽而造成的祸患啊。现在君主不肯任用法术之士，而听从愚蠢无能的臣子，那么贤能聪明的法术之士有哪一个敢冒关龙逢、比干、伍子胥那样的危险来进献自己的智慧和才能呢？这就是社会混乱的原因啊。

饬令第五十三

（第五十三篇 端正命令）

53.1 饬令，则法不迁；法平，则吏无奸。法已定矣，不以善言售法〔1〕。任功，则民少言；任善，则民多言。行法曲断〔2〕，以五里断者王〔3〕，以九里断者强，宿治者削。

【注释】

〔1〕售：通“雠”，对。

〔2〕曲：乡曲，乡里。

〔3〕里：古代的地方行政组织，辖五十家。

【译文】

君主使自己的命令公正不偏而合于法制，那么法律就不会随意变动而游移不定；法治公正不阿，那么官吏就没有邪恶的行为。法度已经确立了，君主就不拿那些仁义道德之类的好话来和法度相对立。任用有功劳的人，那么民众就少说空话；任用空谈仁义道德等好话的人，那么民众就多说空话。实行了法治就可以在乡村中断案，在五个村内便可以断案的国家就能称王天下，在九个村内可以断案的国家就能强盛，事情拖拉而不能及时解决的国家就会削弱。

53.2　以刑治，以赏战，厚禄以用术。行都之过，则都无奸市。物多末众，农弛奸胜，则国必削。民有余食，使以粟出爵[1]，必以其力，则农不怠。三寸之管毋当，不可满也。授官爵出利禄不以功，是无当也。国以功授官与爵，此谓以成智谋，以威勇战[2]，其国无敌。国以功授官与爵，则治见者省[3]，言有塞，此谓以治去治、以言去言。以功与爵者也，故国多力，而天下莫之能侵也。兵出，必取；取，必能有之；案兵不攻，必富。朝廷之吏，小者不毁[4]，效功取官爵，廷虽有辟言[5]，不得以相干也，是谓以数治。以力攻者，出一取十；以言攻者，出十丧百。国好力，此谓以难攻；国好言，此谓以易攻。

【注释】

〔1〕出爵：使爵出，即捐取官爵。

〔2〕威：尊严，使动用法。

〔3〕见：同“现”，指出仕。

〔4〕小：小看。

〔5〕辟：通“僻”，邪僻。

【译文】

用刑罚来治理国家，用奖赏来鼓励作战，使俸禄优厚，而且使用权术。巡察都市中的违法行为，那么都市中就没有奸诈违法的买卖。如果供人浪费的货物很多，从事工商业的人很多，农业放松了，非法牟利的邪恶活动占了上风，那么国家必然削弱。民众有了余粮，就让他们用粮食来捐取官爵，取得官爵必须依靠自己的力量，那么农民就不会懈怠了。三寸长的竹管如果没有底，就不可能装满。授予官职爵位、下发奖赏俸禄如果不按照功劳，这就等于竹管没了底。国家按照功劳授予官职、给予爵位，这叫做用官职爵位来成就智谋，用官职爵位来使勇敢作战得到尊重，这样的国家是无敌的。国家根据功劳来授予官职、给予爵位，那么处理做官的问题就省事了，而空话也就被杜绝了，这叫做用政治措施去消除政治措施、用言论去消除言论。按照功劳来授予官爵，所以国家实力雄厚，而天下没有谁能够侵犯它。它的军队如果出征，就一定能取得别国的土地；夺取了土地，就一定能占有它；如果按兵不动，不去攻打别国，国家就一定会富足。朝廷上的小吏，即使是被人瞧不起的，也不受到毁谤，他们作出了贡献，照样可以取得官爵，朝廷上即使有人说坏话，也不能干扰这种按功得官的做法，这叫做用法度来治国。国家靠实力去进攻别国的，使出一份力量可以取得十份的成果；凭空话去进攻别国的，使出十份的力量将会造成百份的损失。国家崇尚实力，这叫做拿难以得到的东西去进攻；国家爱好空谈，这叫做拿容易得到的东西去进攻。

53.3　其能〔1〕，胜其害，轻其任，而道坏余力于心，莫负乘宫之责于君。内无伏怨。使明者不相干，故莫讼；使士不兼官，故技长；使人不同功，故莫争。言此谓易攻〔2〕。

【注释】

〔1〕其能：此下至“故莫争”是《用人》篇的错简，现参照《用人》原文译出。

〔2〕言此谓易攻：此五字为衍文，今不译。

【译文】

臣下都能够处在适宜的岗位上得心应手地发挥自己的才能，胜任自己的官职，觉得自己的负担很轻松，而又没有谁在心里想留下一点力量，也没有谁对君主负有兼任其他职务的责任。在国内，臣民没有潜藏在心底的怨恨。英明的君主使臣子的职事互不相干，所以没有人再会争辩诉讼；使臣子不兼任其他的职务，所以各人的本领就能长进；使人们不去建立同样的功劳，所以没有人再会竞争抢夺。

53.4 重刑少赏，上爱民，民死赏；多赏轻刑，上不爱民，民不死赏。利出一空者〔1〕，其国无敌；利出二空者，其兵半用；利出十空者，民不守。重刑明民，大制使人，则上利。行刑，重其轻者，轻者不至，重者不来，此谓以刑去刑。罪重而刑轻，刑轻则事生，此谓以刑致刑，其国必削。

【注释】

〔1〕空：通“孔”。

【译文】

加重刑罚，不滥加奖赏，这是君主爱护民众，民众就会拼命去争取奖赏；滥加奖赏，减轻刑罚，这是君主不爱护民众，民众也就不会拼命争取奖赏。奖赏出于国君一个人之口的，这国家就无敌；奖赏出于国君、大臣两个人之口的，这国家的军队就只有一半听国君使用；奖赏出于十个人之口的，民众就保不住而不会听从君主的使唤了。用严厉的刑罚来使民众明确什么事不可以做，用重大的法律制度来指使人们去干应该干的事，那么君主就有利了。执行刑罚，对那些犯轻罪的人使用重刑，那么，犯轻罪的人也就不会产生，而犯重罪的人就更不会出现了，这叫做用刑罚来消除刑罚。如果犯的罪很重而所施加的刑罚很轻，刑罚用得轻了，那么犯罪的事就会发生，这叫做用刑罚来招致刑罚，这国家必然会削弱。

心度第五十四

（第五十四篇　民心和法度）

54.1　圣人之治民，度于本，不从其欲，期于利民而已。故其与之刑，非所以恶民，爱之本也。刑胜而民静，赏繁而奸生。故治民者，刑胜，治之首也；赏繁，乱之本也。夫民之性，喜其乱而不亲其法。故明主之治国也，明赏，则民劝功；严刑，则民亲法。劝功，则公事不犯；亲法，则奸无所萌。故治民者，禁奸于未萌；而用兵者，服战于民心。禁，先其本者治；兵，战其心者胜。圣人之治民也，先治者强，先战者胜。夫国事，务先而一民心，专举公而私不从，赏告而奸不生，明法而治不烦。能用四者强，不能用四者弱。夫国之所以强者，政也；主之所以尊者，权也。故明君有权有政，乱君亦有权有政，积而不同〔1〕，其所以立异也。故明君操权而上重，一政而国治。故法者，王之本也；刑者，爱之自也〔2〕。

【注释】

〔1〕积：通“绩”。

〔2〕自：古“鼻”字，“鼻”表示开始。

【译文】

圣人治理民众，考虑民众的根本利益，而不去顺从他们的欲望，只期望有利于民众罢了。所以，圣人给民众设置刑罚，并不是因为憎恨民众，而是出于爱护民众的根本考虑。刑罚占了优势，民众就会安宁；奖赏乱施滥用，奸邪就会滋生。所以治理民众，刑罚占优势，是使国家安定的开端；奖赏繁滥，是使国家混乱的祸根。民众的本性，喜欢国家混乱而不爱国家的刑法。所以英明的君主治理国家，明确地实施奖赏，那么民众就受到鼓励而去立功；严厉地使用刑罚，那么民众就依从国法。民众受到鼓励去立功，那么国家的政事就不会受到侵扰；民众依从国法，那么奸邪就无从发生。所以治理民众，要把奸邪禁止在尚未发生之时；用兵打仗，要使民众的思想适应战争。禁止奸邪，在奸邪的本源还没有产生之时进行禁止，就能治理好；用兵打仗，利用民众的自觉思想来作战，就会胜利。圣人治理民众，抢先治理奸邪之心，所以能强大；战前做好思想动员，所以会胜利。治理国家的大事，要努力贯彻这种抢先的原则来统一民众的思想认识，专门推崇公家的利益而不顺从私利，奖赏告发奸邪的人来使奸邪不发生，彰明法度来使国家的治理不烦乱。能够采用这四种办法的，国家就强盛；不能使用这四种办法的，国家就衰弱。国家之所以强大，是靠了政策；君主之所以尊贵，是靠了权力。英明的君主有权力有政策，昏乱的君主也有权力有政策，但成绩却不同，这是因为他们确立的原则不一样啊。所以英明的君主掌握住权力，自己就得到尊重；专一地实行法治的策略，国家就安定太平。所以，法治，是称王天下的基础；用刑，是爱护民众的开始。

54.2　夫民之性，恶劳而乐佚〔1〕。佚则荒，荒则不治，不治则乱，而赏刑不行于天下者必塞。故欲举大功而难致而力者，大功不可几而举也〔2〕；欲治其法而难变其故者，民乱不可几而治也。故治民无常，唯治为法。

法与时转则治，治与世宜则有功。故民朴，而禁之以名，则治；世知[3]，维之以刑，则从。时移而治不易者乱，能治众而禁不变者削[4]。故圣人之治民也，法与时移而禁与能变。

【注释】

〔1〕佚：通“逸”，安逸。

〔2〕几：通“冀”，希望。

〔3〕知：通“智”。

〔4〕治：衍文。

【译文】

民众的本性，厌恶劳苦而喜欢安逸。喜欢安逸，事业就要荒废；事业荒废了，政事就不能治理好；政事不能治理好，国家就会混乱；而赏罚不能在全国实行，君主就一定会被蒙蔽。所以想要建立丰功伟绩而难以取得民众力量的，丰功伟绩就不可能指望被建立起来；想要搞好自己的法治而又难以改变陈规旧章的，民众必然混乱而不可能指望把他们治理好。所以治理民众没有永恒不变的常规，只要能治理好国家的就是合宜的法度。法度能随着时代的发展而进行变革，国家就能治理好；治理的措施和社会情况相适合，治理就会见功效。所以民众质朴，只要用好名声或坏名声来制约他们，就能把他们治理好；社会上的人智巧奸诈，就要用刑罚来约束他们，才能使他们服从。时代发展了而治理的措施不改变的国家就会混乱，能人增多而禁令不改变的国家就会削弱。所以圣人治理民众，法制随着时代的发展而进行变革，禁令随着智能的发展而加以改变。

54.3　能越力于地者富，能起力于敌者强，强不塞者王。故王道，在所开，在所塞，塞其奸者必王。故王术，不恃外之不乱也，恃其不可乱也。恃外不乱而治立者削[1]，恃其不可乱而行法者兴。故贤君之治国也，适于不乱之术。贵爵，则上重，故赏功爵任而邪无所关[2]。好力者，其爵贵；爵贵，则上尊；上尊，则必王。国不事力而恃私学者，其爵贱；爵贱，则上卑；上卑者必削。故立国用民之道也，能闭外塞私而上自恃者[3]，王可致也。

【注释】

〔1〕治立：当作“立治”。

〔2〕任：能力。关：措置。

〔3〕上：通“尚”，崇尚。

【译文】

能够在农耕上发挥民众力量的国家就富裕，能够在对敌作战中发动民众力量的国家就强大，强大得不能被阻挡的国家就能称王天下。所以称王天下的途径，就在于开发民力，但也在于禁止奸邪，能够禁止国内奸邪的国家一定能称王天下。所以称王天下的策略，不是依靠外国不来捣乱，而是依靠自己不可能被捣乱。依靠外国不捣乱来确立治国方法的国家就会削弱，依靠自己不可能被捣乱而推行法治的国家就能兴盛。所以贤明的君主治理国家，遵奉不可能被人捣乱的策略。人们看重爵位，那么君主就会被尊重，所以奖赏有功劳的人、把爵位封给有能力的人而邪恶的人就没有什么地方可插足了。崇尚使用民力的国家，它的爵位就被人看重；爵位被人看重，那么君主就受到尊敬；君主受到尊敬，就一定能称王天下。国家不致力于使用民力进行耕战而依靠那些私自搞学术的人，它的爵位就被人看轻；爵位被人看轻，那么君主就卑贱了；君主卑贱的国家就一定会削弱。所以维持国家使用民众的办法，如果是能够杜绝外国的捣乱、禁止搞私门学术而着重依靠自己力量的，那么称王天下的功业就可以取得了。

制分第五十五

（第五十五篇　掌握界限）

55.1　夫凡国博君尊者，未尝非法重而可以至乎令行禁止于天下者也。是以君人者分爵制禄，则法必严以重之[1]。夫国治则民安，事乱则邦危。法重者得人情，禁轻者失事实。且夫死力者，民之所有者也，人情莫不出其死力以致其所欲；而好恶者，上之所制也，民者好利禄而恶刑罚，上掌好恶以御民力，事实不宜失矣。然而禁轻事失者，刑赏失也。其治民不秉法、为善也如是，则是无法也。

【注释】

〔1〕法必严以重之：等于说“必严而重法”。“严”、“重”用作使动词。之：复指“法”。

【译文】

凡是国土广大、君主尊贵的，从来没有不是法制严厉因而可以达到一下达命令天下的人们就立即行动、一发布禁约天下的人们就停止不做的。因此，君主分别爵位等级、制定俸禄标准，就一定要使法制严格而且厉害。国家太平，那么民众就安定；政事混乱，那么国家就危险。法制严厉是适合人之常情的，法禁松弛会失去政事的实际功效。况且那种拼命用力的行为，是民众所具有的，他们的心情无非是想付出自己的生命和气力去取得他们想要得到的东西；而民众的爱好和厌恶，是君主能够加以控制的。民众喜欢利禄而厌恶刑罚，君主掌握住这种喜欢和厌恶的心理来使用民力，政事的实际功效就不应该丧失了。这样去做了而还是法禁松弛、政事没有取得成效的，是因为赏罚有了失误。君主治理民众时不掌握法度而像这样去行善，那就等于没有法制了。

55.2　故治乱之理〔1〕，宜务分刑赏为急。治国者莫不有法，然而有存有亡；亡者，其制刑赏不分也。治国者，其刑赏莫不有分。有持以异为分，不可谓分。至于察君之分，独分也，是以其民重法而畏禁，愿毋抵罪而不敢胥赏〔2〕。故曰：不待刑赏而民从事矣。

【注释】

〔1〕治乱：偏义复词，指“治”。

〔2〕胥：通“须”，等待。

【译文】

所以治理国家的办法，应把致力于确定刑罚和奖赏的界限作为最迫切的任务。治理国家的君主，没有谁没有法度，但是国家却有存有亡；那亡国的原因，是因为他掌握刑罚和奖赏时没有个确定的界限。治理国家的君主，他的刑罚和奖赏无不有一定的界限。有的君主所坚持的是拿不同的标准作为界限，这不能说是什么界限。至于明察的君主所确定的界限，是以独一的法度作为界限，因此他统治下的民众尊重法度而不敢触犯禁令，希望不要犯法判罪而不敢期待非分的奖赏。所以说：不等到使用刑罚和奖赏而民众就已经卖力做事了。

55.3 是故夫至治之国，善以止奸为务。是何也？其法通乎人情，关乎治理也。然则去微奸之道奈何？其务令之相规其情者也[1]。则使相窥奈何？曰：盖里相坐而已[2]。禁尚有连于己者[3]，理不得相窥[4]，惟恐不得免。有奸心者不令得忘[5]，窥者多也。如此，则慎己而窥彼，发奸之密。告过者免罪受赏，失奸者必诛连刑。如此，则奸类发矣。奸不容细，私告任坐使然也[6]。

【注释】

〔1〕规：通“窥”。

〔2〕里：古代的地方行政组织，辖五十家。坐：判罪受罚，这里指“连坐”，即联保组织中有一人犯罪，其他的人如果不告发，就连带一同受罚。

〔3〕尚：通“倘”。

〔4〕理：法。不得：当作“不得不”。

〔5〕忘：“志”字之误。

〔6〕任：保。

【译文】

因此那种治理得最好的国家，善于把禁止奸邪作为自己的首要任务。这是为什么呢？是因为禁奸的方法和人之常情相通，关系到治国的道理。既然这样，那么除去那些隐微难察的奸邪行为的办法又是什么呢？那就是务必使民众互相监视彼此的隐情。那么使民众互相监视的办法又是什么呢？那就是：同村的人互相担保、株连受罚而已。禁令倘有牵连到自己的，按照法律不得不互相监视，只怕别人犯罪而使自己不能免受惩处。有阴谋的人不会让他得逞，这是因为监视的人很多。像这样，那么民众不但自己会小心谨慎，而且会监督好别人，会揭发坏人的秘密。告发奸邪的人免罪受赏，让奸邪漏网的人一定连带受到惩罚。像这样，那么凡属于奸邪一类的人就都被揭发出来了。奸邪的事，就连极微小的也不容存在，这是私人告发和担保连坐造成的啊。

55.4 夫治法之至明者，任数不任人。是以有术之国，不用誉，则毋适[1]，境内必治，任数也；亡国，使兵公行乎其地，而弗能圉禁者[2]，任人而无数也。自攻者人也，攻人者数也。故有术之国，去言而任法。

【注释】

〔1〕毋：通“无”。适：通“敌”。

〔2〕圉：通“御”。

【译文】

最高明的治国方法，是利用法度而不依靠个人的智慧。因此掌握了统治方法的国家，不任用享有盛誉的贤人，就能无敌于天下，国内也一定治理得很好，这是因为利用了法度啊；而丧失了主权的国家，让敌兵在自己的领土上公然横行霸道，却不能防御和制止，这是因为只依靠个人的智慧而没有利用法度啊。自取灭亡，是因为只依靠个人的智慧；能攻打别国，是因为利用了法度。所以掌握了统治方法的国家，摒除空谈而利用法度。

55.5 凡畸功之循约者难知，过刑之于言者难见也，是以刑赏惑乎贰。所谓循约难知者，奸功也；臣过之难见者，失根也。循理不见虚功，度情诡乎奸根[1]，则二者安得无两失也？是以虚士立名于内，而谈者为略于外，故愚、怯、勇、慧相连而以虚道属俗而容乎世。故其法不用，而刑罚不加乎僇人。如此，则刑赏安得不容其二？实故有所至[2]，而理失其量，量之失，非法使然也，法定而任慧也。释法而任慧者，则受事者安得其务？务不与事相得，则法安得无失，而刑安得无烦？是以赏罚扰乱，邦道差误，刑赏之不分白也。

【注释】

〔1〕诡：欺骗。

〔2〕故：通“固”。

【译文】

大凡那些符合立功条例的不正当的功劳，是难以识别的；那些在言论中的罪过，是难以发现的。因此，刑罚、奖赏的实施往往会被这种表里不一的情况所惑乱。所谓符合立功条例而难以识别的不正当的功劳，是奸邪的功劳；臣下那些难以发现的过错，是造成刑赏失误的祸根。根据通常的事理来观察就不能发现虚假的功劳，按照通常的情理来衡量就会被奸邪的祸根所欺骗，这样的话，那么奖赏和刑罚两个方面怎么能不双双失误呢？因此，立有虚假功劳的人在国内树立了名声，而游说之士在国外进行谋划，所以，不懂政治的书呆子、逃避战争的胆小鬼、勇于私斗的暴徒、聪明善谈的辩士互相勾结而凭借空洞无用的道德说教以及对世俗的迎合来取容于社会。所以，这些国家的法制不能推行，而刑罚不能施加于罪人。像这样，那么在刑罚和奖赏的执行过程中怎么会不包容那种不一致的情况呢？刑赏的实际功效本来应该有所成就，但按照常理来考察却失去了应有的度量，度量的失误，并不是法制造成的，而是因为法制虽已订定却又用了智慧的缘故。放弃法治而依靠智慧，那么接受职事的官吏怎么能够知道自己应该怎么做？官吏的做法不和职事相当，那么法治哪能没有失误？而刑罚又怎么能不烦乱？因此赏罚混乱，治国之道错误，这是因为刑罚和奖赏的实施界限没有分辨明白的缘故啊。